Geleitwort des Ministerpräsidenten Brandenburgs, Manfred Stolpe, für das Brandenburg-Magazin

Liebe Leserinnen, liebe Leser,

der Start im vergangenen Jahr war gut, nun geht das Brandenburg-Magazin in die zweite Ausgabe. Anzeigenkunden aus Wirtschaft, Verwaltung und Kultur aktualisieren ihre Offerten, so daß eins gewiß ist: Geschäftsreisende und Touristen, aber auch wir, die Bürgerinnen und Bürger des Landes, halten mit der neuen Ausgabe zahlreiche Informationen über kommunale und landespolitische Entwicklungen in der Hand. Allein die Vielzahl der Stadtpläne dürfte das Interesse zahlreicher Menschen wecken.

Das Magazin nimmt mit Teilen in seinem Inhalt vorweg, woran beide Seiten intensiv arbeiten - die allmähliche Zusammenführung von Berlin und Brandenburg zu einem Bundesland.

Möge auch diese neue Ausgabe die Erwartungen der Nutzer erfüllen und als umfangreiche Auskunftsquelle über Brandenburg und die deutsche Hauptstadt von Hand zu Hand gehen.
Ihnen allen viel Freude mit dem Magazin.

Manfred Stolpe

Geleitwort des Regierenden Bürgermeisters von Berlin, Eberhard Diepgen, für das Brandenburg-Magazin

Liebe Leserinnen und Leser,

Berlin ist nicht nur Hauptstadt und künftiger Regierungssitz, sondern es bildet zusammen mit dem Brandenburger Umland auch einen der bedeutendsten Wirtschaftsstandorte Deutschlands und Mittel-Europas. Daß dieser Standort auch eine gemeinsame Regierung erhält, ist hoffentlich nur noch eine Frage der Zeit.

Schließlich ist Berlin immer Bestandteil Brandenburgs und später Preußens gewesen. Die Trennung vom Umland ist anders als bei den hanseatischen Stadtstaaten unhistorisch und eine Folge des zweiten Weltkrieges.

Berlin ist einerseits der große Gewinner der Wiedervereinigung, denn es gewinnt mit der Freiheit auch sein Umland zurück. Andererseits sind die Belastungen der Berliner durch die Einheit auch die größten, denn Berlin durchlebt gleich drei Wiedervereinigungen: Die des ganzen Landes, die der beiden Stadthälften und demnächst die mit dem Umland.

Auch auf diese dritte Vereinigung können wir nicht verzichten, wenn unser Land in einem Europa der Regionen wettbewerbsfähig sein soll. Berlin-Brandenburg gehört mit seinen rund sechs Millionen Einwohnern zwar immer noch zu den kleineren Regionen, doch durch die wechselvolle Kombination von Stadt und Land, von Industrie und Natur, von Geschichte und Kultur zählt es mit zu den attraktivsten.

Eberhard Diepgen

Die Angaben in diesem Magazin sind nach bestem Wissen zusammengestellt. Wegen der Möglichkeit kurzfristiger Änderungen kann jedoch eine Gewähr für die Richtigkeit nicht übernommen werden. Anregungen und, soweit erforderlich, Berichtigungen sind jederzeit willkommen.

Inhalt

Impressum

Brandenburg - Magazin,
Ausgabe II/6 '93
Auflage 100.000
Herausgeber der
Ländermagazin-Serie
Erka Verlag (VDZ-Nr. 180 43)
Gesellschaft für kartographische
Druckerzeugnisse mbH
Neuköllner Straße 308 - 312
12357 Berlin
Telefon 030/6620071
Telefax 030/6620070

Geschäftsführer:
Carsten König, Michael Sommerfeld

Redaktion/Redaktionsleitung:
Michael Sommerfeld

Anzeigenleitung/Kundenservice:
Carsten König

Verlagsdirektion Bereich Anzeigenverkauf:
Peter Weidner

Gestaltung/Kartographie:
Reinhard Drawert

Fotografie:
Verlagseigenes Fotoarchiv
Zusätzliches Bildmaterial:
Titelfoto: Das Neue Palais Potsdam
Ullstein - L. Willmann

Kartographie:
Justus Perthes Verlag /
Hermann Haack Verlag Gotha
(Übersichtskarte Brandenburg)
und verlagseigene Produktionen

Wir bedanken uns für die freundliche Unterstützung und für die Zurverfügungstellung von Texten und Bildmaterial bei den Stadtverwaltungen, Landratsämtern sowie Fremdenverkehrsämtern und -vereinen.

GEWIKA GmbH
im Auftrag für den ERKA Verlag
Neuköllner Straße 308 - 312
12357 Berlin
Telefon 030/6620071
Telefax 030/6620070
Geschäftsführer:
Michael Sommerfeld

Vertrieb/Einzelhandel:
Horst von Ozenski

Satz, Gestaltung und
Layouterstellung
logis werbung gmbH,
Brückenstraße 1,
10179 Berlin
Telefon 030/2791622
Telefax 030/2791629

Anzeigengestaltung
logis werbung gmbH,
Brückenstraße 1,
10179 Berlin
Telefon 030/2791622
Telefax 030/2791629

Lithographie
REPRO - SCHMIDT
Tobelgasse 1
A - 6850 Dornbirn
Telefon 0043/5572/31511
Telefax 0043/5572/31514

Druck und buchbinderische
Verarbeitung
Universitätsdruckerei
H. Stürtz AG Würzburg
Beethovenstr. 5
97080 Würzburg
Tel. (0931) 385-0
Fax (0931) 385-200

ISBN 3-930138-05-0
2. neubearbeitete Auflage
(ISBN 3-930138-00-x Erstausgabe)

In folgenden Verkaufsstellen des Landes Brandenburg und Berlin ist die Länder-Magazinserie ständig vorrätig:

Die Länder-Magazinserie erhalten Sie u. a. im Zeitschriften- und Buchhandel sowie an Tankstellen.

Berlin

ADAC Berlin-Brandenburg
Bundesallee 29-30
10171 Berlin

Berliner Missionsbuchhandlung
Georgenkirchstraße 70
10249 Berlin

Buchhandlung Am Markt
Carl-Schurz-Straße 48
13597 Berlin

Buchhandlung Böhm
Kolonnenstraße 14-15
10829 Berlin

Buchhandlung Fnac
Meineckestraße 20-24
10719 Berlin

Buchhandlung Friebe
Kaiser-Wilhelm-Straße 1
12247 Berlin

Exlitteris
Buchhandlung Hellersdorf
Ernst-Bloch-Straße 29
12619 Berlin

Buchhandlung Kiepert
Stadtmitte
Friedrichstraße 63
10177 Berlin

Buchhandlung Kiepert KG
Hardenbergstraße 4-5
210623 Berlin

Buchhandlung Schusinski
Hildburghauser Straße 29
12279 Berlin

Bücherbogen
Kochstraße 19
10969 Berlin

Carlsen + Brandt
Mecklenburg. Großbuchhandlung
Schwanebecker Chaussee 5-9
13125 Berlin

Evangelische Buchhandlung
Seelower Straße 2
10439 Berlin

JF Lehmanns med. Buchhandlung
Hardenbergstraße 11
10623 Berlin

Neue Berliner Buchhandlung
Leipziger Straße 5-7
10117 Berlin

Röhr & Hoyer GmbH
Buchhandlung
Eichborndamm 19
13403 Berlin

Walthers Buchladen
Bismarckstraße 3
12157 Berlin

Schweitzer Sortiment Berlin
Fachbuchhandel
Lützowstraße 105
10785 Berlin

Tegeler Bücherstube
Buddestraße 10
13507 Berlin

Buchhandlung Holzapfel
Teltower Damm 27
14169 Berlin

Tell Buchhandel GmbH
Thielallee 34
14195 Berlin

BP - Tankstelle
Neuköllner Straße 250-256
12357 Berlin

Spree-Neisse-Kreis

Cottbus

Buchhaus Heron
Mauerstraße 8
03046 Cottbus

Bahnhofsbuchhandlung
Vetschauer Straße
03048 Cottbus

JET - Tankstelle
R. Mrosk
Stadtring 2e
03042 Cottbus
Tel. 0355 / 713150

Peitz

FINA Station
Gerald Bachmann
Cottbuser Straße an der B 97
03185 Peitz
Tel. 035601 / 30888
Fax 035601 / 30889

Oder-Spree-Kreis

Frankfurt/Oder

Ulrich von Hutten
Buchhandlung
Platz der Einheit
15230 Frankfurt/Oder

Neue Märkische Buchhandels-
Gesellschaft mbH
An der Wildbahn
15203 Frankfurt/Oder-Markendorf

Märkische Buchhandlung
„Modernes Antiquariat“
Kleine Oderstraße 9
15230 Frankfurt/Oder

Toußrist-Information
Frankfurt/Oder
Karl-Marx-Straße 8 A
15230 Frankfurt/Oder

elf-minol-SB-Station
An der Autobahn 1
15236 Frankfurt/Oder

Eisenhüttenstadt

Buchhaus Jachning
Lindenallee 9
15890 Eisenhüttenstadt

Märkische Buchhandlung
Kastanienallee 3
15890 Eisenhüttenstadt

Beeskow

Buchhandlung Zweigart
Berliner Straße 21
15848 Beeskow

Fürstenwalde

DEA-Tankstelle
August-Bebel-Straße 71
15517 Fürstenwalde

Märkische Buchhandlung
Eisenbahnstraße 143
15517 Fürstenwalde

Müllrose

Aral-Service-Center
Frankfurter Straße
15299 Müllrose

Märkisch-Oderland-Kreis

Bad Freinwalde

Der Bücherfreund
Buchhandlung
Inh. R. Schröder
Hauptstraße 10
16259 Bad Freienwalde
Tel. 03344 / 2092

DEA Autoport
Mirko Krüger
Wriezener Straße 51
16259 Bad Freienwalde
Tel. 03344 / 3883

Seelow

Buchhandlng Seelow
Inh. Karin Guderjahn
Frankfurter Straße 59
15306 Seelow
Tel. 03346 / 205

TOTAL SB-Tankstelle
Rolf Behrendt
Kraftfahrzeugmechanikermeister
Frankfurter Straße 33a
15306 Seelow
Tel. 03346 / 669

Märkische Buchhandlung
Am Markt 8
16269 Wriezen

Buckow

Märkische Buchhandlung
Königstraße 4
15377 Buckow

Müncheberg

Märkische Buchhandlung
Poststraße 7
15374 Müncheberg

Barnim-Kreis

Bernau

Märkische Buchhandlung
Brauerstraße 7
16321 Bernau

Eberswalde

Agip-Service-Station
Gero Schulzke
Kfz.-Meisterbetrieb
Freienwalder Straße 47a
16225 Eberswalde
Tel. 03334 / 212646 u. 212171

City-Buchhandlung
Inh. D. Darnstadt
Eisenbahnstraße 90
16225 Eberswalde
Tel./Fax 03334 / 222419

Gutenberg Buchhandlung
Inh. Astrid Retschlag
Eisenbahnstraße 70
16225 Eberswalde
Tel. 03334 / 24840

Uckermark-Kreis

Schwedt/Oder

Märkische Buchhandlung
Lindenallee 36
16303 Schwedt/Oder

Oberhavel-Kreis

Oranienburg

ARAL-Tankstelle
B96/Chausseestraße 60
16515 Oranienburg

Nassenheide

Shell Station
B96/Ecke Grüneberger Weg 1 a
16515 Nassenheide

Gransee

DEA Autoport Gransee
Oranienburger Straße 35
16775 Gransee

Löwenberg

Aral Tankstelle
Berliner Straße 5
16775 Löwenberg

Linum

BP Tankstelle
„Linumer Bruch“-Süd
16833 Linum

Ost-Prignitz-Ruppin-Kreis

Kyritz

„Bücherecke“
Marktplatz 13
16856 Kyritz

Havelland-Kreis

Ziesar

DEA-Tankstelle
Ziesar-Nord-BAB 2
Gartenstraße 11 a
14793 Ziesar

Potsdam-Mittelmark-Kreis

Potsdam

Alexander v. Humboldt
Buchhandlungs GmbH
Am Kanal 47
14467 Potsdam

Wist & Ressel GbR
Literaturladen
Dortusstraße 17
14467 Potsdam

Internationales Buch
Potsdam
Brandenburger Straße 41-42
14467 Potsdam

Brandenburg

Auto-Technik Tankstellen GmbH
Warschauer Str.23
14772 Brandenburg
Tel. 03381 / 702225

BP-Tankstelle, Bärbel Wolf
Potsdamer Str.22
14776 Brandenburg
Tel./Fax 03381 / 23948

Buchhaus Melcher
Katharinenplatz 12, Eingang Steinstraße
14776 Brandenburg/Havel
Tel. 03381 / 24393

Michendorf

elf-minol-SB-Station,
Kurth, Carsten
An der Autobahn A10
14552 Michendorf

Werder

ARAL - Tankstelle, Bernd Hübner
Potsdamer Str.82
14542 Werder

Teltow-Fläming-Kreis

Ludwigsfelde

Brunnen-Buchhandlung
A.-Saefkow-Ring
14965 Ludwigsfelde

Blankenfelde

Blankenfelder Buchhandlung
Karl-Liebknecht-Straße 36
15827 Blankenfelde

Dahme-Spreewald-Kreis

Bestensee

Buchhandlung A. Balz
Papier und Schreibwaren
Hauptstraße 35
15741 Bestensee

Lübben

elf-minol-SB-Station
Marco Barth
Frankfurter Straße
15907 Lübben

Waltersdorf

ESSO - Station Volker Blättermann
BAB 113 Richtung Berlin
15732 Waltersdorf " Ost "

Zeesen

Q1 Tankstelle,
AMZ Autohaus Zeesen GmbH
Karl-Liebknecht-Str.60-62
Tel. 03375 / 902048
15711 Zeesen

Oberspreewald-Lausitz-Kreis

Boblitz

elf-minol-SB-Station
Norbert Stark
Chausseestraße
03222 Boblitz

Calau

Buchhandlung
H. Lehnert
Cottbuser Straße 20
03205 Calau
Tel. 0354 / 2244

TOTAL Tankstelle
Thomas Reim
Vetschauer Straße 9
03205 Calau

Vetschau

elf-minol-DB-Station
Dieter Ritzmann
Berliner Straße
03226 Vetschau

Wiederverkäufer, welche die komplette Länder-Magazinserie in ihr Sortiment aufnehmen wollen, werden in den folgenden Ausgaben veröffentlicht.

ANGERMÜNDE

Aus der Stadtgeschichte

Als Jahr der Verleihung der Stadtrechte an Angermünde wird 1233 angenommen. Ab 1313 wurde die Stadt bis ins 19. Jahrhundert hinein Neu-Angermünde genannt. Angermünde gehörte außerdem seit 1340 dem Verband der Hanse an. Um 1600 lebten 1.480 Einwohner in der Stadt. Nach dem 30jährigen Krieg, in dem die Gebäude der Stadt stark verwüstet wurden und die Einwohnerzahl bis auf ca. 100 sank, ging der Aufbau nur langsam voran. Erst zum Ende des 17. Jahrhunderts, mit der Zuwanderung hugenottischer Familien ab 1687 und Errichtung einer Garnison mit ca. 300 Soldaten mit Anhang 1694, kam wieder wirtschaftliche Bewegung in die Stadt. 1817 wurde Angermünde Kreisstadt und damit Mittelpunkt des damaligen Landkreises.

Ab Mitte des 19. Jahrhunderts ließen sich neue Betriebe in der Stadt nieder, außerdem wurden Kirchen, Verwaltungs- und Versorgungseinrichtungen erbaut. Da die Stadt 1945 kampflos den sowjetischen Truppen übergeben wurde, konnte sie vor der völligen Zerstörung bewahrt werden. Die historische Altstadt Angermündes ist weitgehend erhalten; auf einen mittelalterlichen Stadtgrundriß hat sich schließlich eine Bebauung aus dem 18. und 19. Jahrhundert durchgesetzt. Der Altstadt wird hohe Bedeutung, auch für die wirtschaftliche Zukunft Angermündes, beigemessen. Es gibt nur wenige so weitgehend erhaltene historische Stadtkerne im Land Brandenburg, so daß - eine Sanierung vorausgesetzt - davon eine starke Anziehungskraft für den Fremdenverkehr und langfristig möglicherweise auch auf die Wohnstandortwahl im Einzugsbereich Groß-Berlin ausgehen wird. Denn die Entwicklung des Fremdenverkehrs im Gemeindegebiet soll für die Zukunft Angermündes von großer Bedeutung sein. (Quelle Stadtverwaltung)

ANGERMÜNDE

PLZ 16278
Vorwahl 03331

Kfz.-Kennz.: ANG

Einwohner Stadt: 11.400

Fläche Stadtgebiet: 43,97 qkm

Rathausportal

Wirtschaftsstruktur

Die Stadt Angermünde hat in den letzten 40 Jahren eine Fehlentwicklung über sich ergehen lassen müssen, an deren Schäden sie noch lange laborieren wird. Wohn-, Gewerbe- und Industrieflächen sind wahllos zerstreut. Ein Entwicklungskonzept lag nicht vor. Der Flächennutzungsplan wurde in der komplizierten Zeit der Wende innerhalb eines Jahres erstellt. Die vorbereitende Bauleitplanung legt, bezogen auf den Planungszeitraum von 15 Jahren, folgende Hauptziele der Stadtentwicklung vor: Erhalt der vorhandenen städtebaulichen Grundfigur und der engen räumlichen Verzahnung von Stadtkörper und offener Landschaft; Sanierung der Altstadt und Weiterentwicklung zu einem regionalen Versorgungskern; Neubau von 500 bis 1000 Wohnungen; Erschließung neuer Gewerbegebiete und die Schaffung neuer Arbeitsplätze; Erneuerung und Ausbau der technischen Infrastruktur; Wiederherstellung der Landschaft im Zuge der Neustrukturierung der Landwirtschaft und eine starkere Verflechtung der östlichen Altstadt mit den westlichen Neubaugebieten.

Unternehmen des Bauwesens, des Verkehrswesens, der Lebensmittelindustrie sowie mittelständische Unternehmen aus Dienstleistung, Handwerk und Gewerbe sind in der Region ansässig. Angermünde bietet Industrie- und Gewerbegebiete in verkehrsgünstiger Lage. (Quelle: Stadtverwaltung)

Sehenswürdigkeiten Ausflugsziele

Die Stadt Angermünde liegt in der süd-östlichen Uckermark im Land Brandenburg. Sie ist gebettet in die seenreiche Grundmoränenlandschaft der uckermärkischen Platte.

Diese reizvolle Landschaft ist im Westen und Norden der Stadt von großen zusammenhängenden Laub- und Mischwaldgebieten sowie im Süden und Osten von offenen, hügeligen Feldflächen und Niederungen geprägt.

Alte Bürgerhäuser und verträumte Fachwerkbauten prägen das Gesicht der Stadt. Bei einigen fehlt noch die Farbe, aber ein großer Teil ist bereits wieder sehr hübsch anzuschauen.
Die 750 Jahre alte Stadtmauer is ein bedeutendes Zeugnis der Vergangenheit. Sie schließt in einem kleinen Park fast im Zentrum Angermündes einen Pulverturm aus dem 14. Jahrhundert ein. Auf dessen Spitze nistet seit Jahren ein Storchenpaar. Der Turm selbst beherbergt einen Teil Teil der Ausstellungsstücke des Heimatmuseums und ist von innen

Altstadt

besteigbar. Die Mitarbeiter des Museums (Tel. 32249) führen Sie von hier aus gern weiter zum Franziskanerkloster, einer gotischen Hallenkirche, die im 15. Jahrhundert erbaut wurde. Um dieses Baudenkmal ranken sich zahlreiche Legenden.

Ein Schmuckstück von innen und außen ist die Marienkirche, ein gotischer Bau mit beeindruckender Westportalseite aus Feldsteinen. Die Große Orgel zieht Organisten von weither an, und ihre Konzerte sind ein kulturelles Erlebnis.

Das Biosphärenreservat „Schorfheide-Chorin", das von der UNESCO 1990 als geschützte Kulturlandschaft von internationaler Bedeutung anerkannt wurde.

Unweit von Angermünde befindet sich im Biosphärenreservat das Naturschutzgebiet „Fischteiche Blumenberger Mühle" mit 22 größeren und kleineren Teichen. In diesem Gebiet wird ein Modell-Informationszentrum errichtet, das dem naturverbundenen Besucher die Möglichkeit gibt, die Landschaft zu genießen und sich gleichzeitig weiterzubilden und zu informieren.

Ein weiteres wichtiges Großschutzgebiet ist das im Aufbau begriffene Deutsch-Polnische Nationalparkprojekt „Unteres Odertal". Um erholungssuchenden Besuchern die Möglichkeit zu bieten, die Landschaft in ihrer Vielfalt und Schönheit kennenzulernen, sind zur Zeit bereits ca. 350 km Wanderwege im Territorium markiert und für den Fuß- und Fahrradwanderer vorbereitet.
(Quelle: Stadtverwaltung)

Verkehrs-anbindungen

Bahnverbindung:
Knotenpunkt der Strecken Berlin-Stralsund, Berlin-Stettin, Angermünde-Schwedt, Angermünde-Dresden
Autobahn:
A 11, Berlin-Stettin
5 Anschlußstellen zum Kreis
Bundesstraßen:
B 2, B 116, B 198, B 113
Wasserstraßen:
Verbindung zur Oststee und allen Binenwasserstraßen über die Oder und Hohensaaten-Friedrichsthaler-Wasserstraße
Häfen:
Bollwerk entlang des Kanals und der Oder, mehrere geplante Yachthäfen
Flugplätze:
- für Sport- und Geschäftsverkehr, Gatow
- für Sport- und Geschäftsverkehr, Eberswalde-Finow 25 km
-Verkehrsflughäfen Berlin, 70 km
(Quelle: Stadtverwaltung)

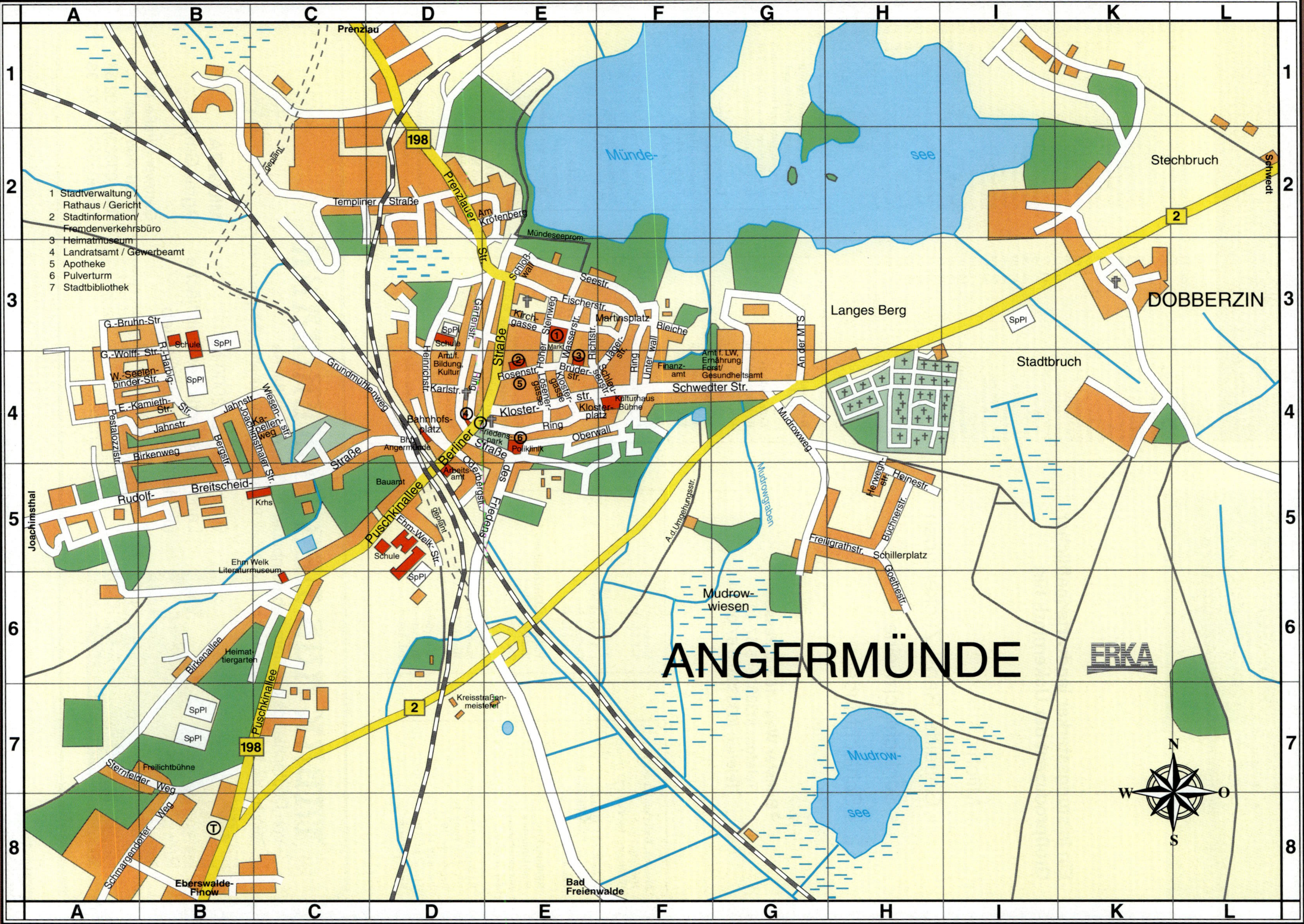
ANGERMÜNDE
1 Stadtverwaltung / Rathaus / Gericht
2 Stadtinformation/ Fremdenverkehrsbüro
3 Heimatmuseum
4 Landratsamt / Gewerbeamt
5 Apotheke
6 Pulverturm
7 Stadtbibliothek
Mündesee
Mudrowsee
Mudrowwiesen
Mudrowgraben
DOBBERZIN
Stechbruch
Stadtbruch
Langes Berg
Prenzlau
Schwedt
Joachimsthal
Eberswalde-Finow
Bad Freienwalde
Prenzlauer Str.
Templiner Straße
Berliner Straße
Schwedter Str.
Puschkinallee
Straße des Friedens
Grundmühlenweg
Rudolf-Breitscheid-Straße
Joachimsthaler Str.
Birkenallee
Sternfelder Weg
Schmargendorfer Weg
Mündeseeprom.
Am Krotenberg
Seestr.
Fischerstr.
Martinsplatz
Bleiche
Kirchgasse
Steinweg
Wasserstr.
Richtstr.
Jägerstr.
Unter wall
Ring
Rosenstr.
Hoher Steinweg
Brudergasse
Klostergasse
Klosterstr.
Klosterplatz
Kulturhaus Bühne
Oberwall
Karlstr.
Heinrichstr.
Gartenstr.
Bahnhofsplatz
Oderbergstr.
Ehm-Welk-Str.
Mudrowweg
An der MTS
A.d.Umgehungsstr.
Heinestr.
Herweghstr.
Büchnerstr.
Freiligrathstr.
Schillerplatz
Goethestr.
G.-Bruhn-Str.
G.-Wolff-Str.
R.-Harbig-Str.
W.-Seelenbinder-Str.
E.-Kamieth-Str.
Jahnstr.
Kapellenweg
Wiesenstr.
Bergstr.
Birkenweg
Pestalozzistr.
Amt f. LW, Ernährung Forst/ Gesundheitsamt
Finanzamt
Amt f. Bildung, Kultur
Arbeitsamt
Bauamt
Schule
SpPl
Krhs
Poliklinik
Friedenspark
Bhf. Angermünde
Markt
Ehm Welk Literaturmuseum
Heimattiergarten
Freilichtbühne
Kreisstraßenmeisterei
geplant
ERKA
N
O
S
W
198
2

Straßenverzeichnis der Stadt Angermünde

Am Krötenberg	D2 - E2
An der MTS	G3
An der Umgehungsstr.	F5
Bahnhofsplatz	D4
Bergstr.	B4 - B5
Berliner Str.	D4 - E3
Birkenallee	A7 - C6
Birkenweg	A4 - B4
Bleiche	F3
Brüderstr.	E4
Büchnerstr.	H5
Ehm-Welk-Str.	D5
Ernst-Kamieth-Str.	A4 - B4
Fischerstr.	E3 - F3
Freiligrathstr.	G5 - H5
Gartenstr.	D3 - D4
Georg-Wolff-Str.	A4 - B3
Goethestr.	H5 - H6
Grundmühlenweg	C4 - D4
Gustav-Bruhn-Str.	A3 - B3
Heinestr.	H5
Heinrichstr.	D3 - D4
Herweghstr.	H4 - H5
Hoher Steinweg	E3 - E4
Jägerstr.	F3 - F4
Jahnstraße	A4 - C4
Joachimsthaler Str.	B4 - C5
Kapellenweg	C4
Karlstraße	D4
Kirchgasse	E3
Klostergasse	E4
Klosterplatz	E4 - F4
Klosterstr.	E4
Lösenergasse	E4
Markt	E3 - E4
Martinsplatz	F3
Mudrowweg	G4
Mündeseepromenade	D2 - E3
Oberwall	E4 - F4
Oderbergstr.	D4 - D5
Pestalozzistr.	A3 - A5
Prenzlauer Straße	D2 - E3
Puschkinallee	C7 - D5
Ring	D4 - E3/F3 - F4
Rosenstraße	E4
Rudolf-Breitscheid-Str.	A5 - D4
Rudolf-Harbig-Str.	B3 - B4
Schillerplatz	H5
Schleusenstr.	E4 - F4
Schloßwall	E3
Schmargendorfer Weg	A8 - B8
Schwedter Str.	F4 - H4
Seestraße	E3 - F3
Sternfelder Weg	A7 - B7
Straße des Friedens	D4 - D5
Templiner Str.	C2 - D2
Unterwall	F3 - F4
Wasserstr.	E3 - E4
Werner-Seelenbinder-Str.	A4 - B4
Wiesenstr.	C4

Museen, Galerien, Theater
Heimatmuseum
Brüderstr. 18, Tel. 3 22 49

Ehm-Welk-Literatur-museum, Puschkinallee 10,
Tel. 3 33 81

Bibliotheken
Stadtbibliothek
Berliner Str. 1,
Tel. 3 26 51

Banken und Sparkassen
Dresdner Bank AG
Brüderstr. 19,
Tel. 3 22 35

Kreissparkasse
Markt,
Tel. 326 27

Raiffeisenbank
Uckermark eG
Berliner Str. 76,
Tel. 322 05

Volksbank Eberswalde eG
Brüderstr. 11,
Tel. 325

Ämter/ Beratungsstellen
Stadtverwaltung
Markt 24, Tel. 26 00 11

Gewerbeamt,
Breitscheidstraße 2,
Tel. 32469

Krankenhäuser/ Apotheken

Krankenhaus
R.-Breitscheid-Str. 37
Tel. 27 10

Poliklinik,
Am Friedenspark
Tel. 3 25 95

Schnelle Medizinische Hilfe
Tel. 115

Adler-Apotheke
Rosenstr. 5, Tel. 3 23 48

Krankentransport des DRK
Klosterstr. 43,
Tel. 3 22 22

Bäder, Sport- und Freizeiteinrichtungen
Jahn- Sportplatz
Kegelbahn Sporthallen

Heimattiergarten Stadtpark
Tel. 3 21 43

Naturlehrwald Sternfelder Tanger

Mündesee mit Bootsverleih
Wolletzsee mit Badestrand, Campingplatz und Bootsverleih
Wanderwege im westlichen Teil des Gemeindegebietes

Fremdenverkehrs-einrichtung
Angermünde-Information,
Rosenstraße 15,
Tel. 3 22 68

Förderverein für die Region Gartz/Oder
Stettiner Str. 37c
Tel. 03332/ 2 68

Hotels/ Pensionen
über Angermünde-Information
Rosenstraße 15, Tel.: 3 22 68

- IATEL
Hotel-Restaurant
Apfelallee, Zützen
(an der B2)

- Hotel "Vier Jahreszeiten"
Puschkinallee 11
Tel. 23366

BAD FREIENWALDE

Aus der Stadtgeschichte

Am 13. Juni 1316 wird die Stadt „Vrienwalde“ erstmals urkundlich erwähnt. Freienwalde hat eine wechselvolle Geschichte mit Höhen und Tiefen erlebt. Sie ist die älteste Kurstadt der Mark Brandenburg. Der Ortsname erlaubt zwei Bedeutungen: 1. Bezugnahme auf die neue Heimat der Ansiedler am Rande des Barnimwaldes; 2. Befreiung der ersten Siedler von bestimmten Abgaben. 1364 bezeichnete man Freienwalde als unbefestigte Stadt mit Marktrecht. Sie gehörte damals noch zu den Städten der Mark Brandenburg, die dem Landesherrn direkt unterstanden.

Etwa um das Jahr 1374 übertrug der Markgraf Freienwalde dem Adelsgeschlecht von Uchtenhagen zu Lehen, und die Stadt gehörte über 400 Jahre lang zu den feudalabhängigen Mediatstädten Brandenburgs. Im Landbuch Kaiser Karls IV. wird 1375 diese tiefgreifende Veränderung im Rechtsstatus der Stadt erstmals in folgendem Wortlaut angezeigt: „Freyenwalde a. et H. de Uchtenhagen haben a domino inpheudum“. Die Bürger hatten Geld- und Naturalabgaben an den Landesherrn, den Stadtschulzen von Frankfurt an der Oder und u. a. an die Nonnen in Zehden zu leisten. Für ihren Stadtherrn mußten sie von Zeit zu Zeit Hand- und Spanndienste bei Bauarbeiten erbringen - die Schüttung des 1542 vollendeten Weidendammes in das Oderbruch.

Die Selbstverwaltung der Stadt war unter dem Geschlecht der Uchtenhagen sehr eingeschränkt, da diese, außer dem Grundeigentum, auch die gesamte Gerichtsbarkeit und das Kirchenpatronat besaßen. Sie setzten nach Belieben Richter und Schöffen, Bürgermeister und Ratsmannen ein. Nicht einmal einen Kuhhirten durfte der Rat der Stadt im Jahre 1532 ohne Wissen der von Uchtenhagen einstellen, ganz zu schweigen von der Aufnahme eines Neubürgers.
Am 21. März 1618 starb Hans von Uchtenhagen als letzter seines Stammes und wurde mit Schild und Schwert vor dem

BAD FREIENWALDE

PLZ 16259
Vorwahl 03344

Kfz.-Kennz.: FRW

Einwohner Stadt: 11.050

Fläche Stadtgebiet: 41,96 qkm

Der Bismarckturm (wurde 1895 aus Spendenmitteln errichtet)
Foto: Stadtverwaltung

Altar der Freienwalder Nikolaikirche beigesetzt. Mit seinem Tod endete die mehr als 200jährige adlige Stadtherrschaft, und Freienwalde, zu Beginn des 17. Jahrhunderts unbedeutend mit 700 bis 800 Einwohnern, begann seine selbständige bürgerliche und gewerbliche Entwicklung.

Der 30jährige Krieg berührte Freienwalde ab dem Jahr 1627. Einquartierungen und Requirierungen lösten einander ab. Zu all dem raffte die Pest einen Großteil der Stadtbewohner dahin. Plünderer überfielen die Stadt, es kam zu Verwüstungen und Hungersnot, und im August 1638 lebten nur noch 74 Bürger in dieser Stadt - Zum Ende des Krieges waren die Gassen mit Flieder, Nesseln und Gestrüpp zugewachsen. Die Hälfte der Bürgerhäuser war eingefallen, während sich in den anderen die Spuren eines beispiellosen Vandalismus fanden. Nur langsam konnte sich Freienwalde von diesem Schlag erholen.

Seit etwa 1790 hielt sich jeden Sommer die Königin Friederike Luise in Freienwalde auf und ließ sich als Logierhaus am Hang des Apothekenberges einen Pavillon errichten, das sogenannte Teehäuschen. Bei dieser Wahl war die Nähe zu Berlin und die reizvolle Umgebung von Freienwalde, als Oase in der sonst mit landschaftlichen Schönheiten weniger ausgestatteten Mittelmark, nicht unwesentlich. In der Folge wirksamer finanzieller Unterstützung und Förderung durch den Landesherrn kam es Ende des 18. Jahrhunderts zu einer wirtschaftlichen und kulturellen Blütezeit in der Stadt Freienwalde. 1797 wählte die Königin Freienwalde zu ihrem Witwensitz, weshalb David Gilly 1798/99 neben dem Pavillon ein Landhaus baute, das zu den Kleinodien Brandenburgischer Landbaukunst des Klassizismus gehört. Auch Karl Friedrich Schinkel und Carl Gotthard Langhans haben durch ihre Bauten dem äußeren Erscheinungsbild der Stadt ihren Stempel aufgedrückt. Nach dem Tode der Königin Friederike Luise im Jahre 1805 und durch Preußens Niederlage im Jahre 1806 wurde das Bad wieder vernachlässigt und heruntergewirtschaftet. 1815 begann man mit der Verlegung des Landratsamtes und der Kreisverwaltung von Wriezen nach Freienwalde. 1832 kaufte

Bad Freienwalde / Stadtansicht Foto: Stadtverwaltung

die Stadt den Gesundbrunnen für 150 000 Taler.

Eingeführte und zunächst auf Geheimrezept verabreichte Moorbäder sollten sich auf Dauer zur wichtigsten balneologischen Behandlungsmethode entwickeln. - Jedoch dauerte es mit dem Aufschwung des Badebetriebes bis zur Jahrhundertwende. Unterstützend wirkte sich die Eröffnung der Eisenbahnstrecke Neustadt-Eberswalde-Wriezen am 15. Dezember 1866 aus, die zehn Jahre später bis nach Angermünde führte.
Nach der staatlichen Anerkennung als Kur- und Badeort und der Verleihung der offiziellen Bezeichnung „Bad Freienwalde" im Jahre 1925 florierte der Badebetrieb neu.

Die Stadt wurde zum bevorzugten Refugium des Berliner Mittel- und Kleinbürgertums, besonders jüdischer Kaufleute. Zimmervermietung und Betreuung entsprachen damals dem europäischen Standard. Jede Feder, die über Freienwalde schrieb, tat dies auf ihre eigene Weise. Doch alle Beschreibungen haben eines gemeinsam: sie preisen die Schönheit und den Reiz der landschaftlichen Lage dieser Stadt. Am kürzesten hat es Theodor Fontane geschafft, diesen Schatz zu beschreiben: „Freienwalde - hübsches Wort für hübschen Ort!"
(Quelle: Stadtverwaltung)

Wirtschaftsstruktur

Mit der Entdeckung heilkräftiger Quellen setzte in Freienwalde ein allmählicher Aufschwung ein, der das Gesicht der Stadt in den folgenden drei Jahrhunderten prägen sollte. Freienwalde gilt als der älteste und bedeutendste Badeort in der Mark Brandenburg. Die Geschichte des Gesundbrunnens ist eng mit den Bedürfnissen und Interessen der jeweiligen Landesherren verbunden gewesen. Brandenburgischer Adel und später das aufsteigende Bürgertum waren Akteure des Badebetriebes und erkoren sich Freienwalde seit Anfang des 19. Jahrhunderts zu ihrem Modebad. Mit dem 2. Weltkrieg verlor Bad Freienwalde seine Bedeutung als Kur- und Bäderstadt.

Die Kureinrichtung wird 1952 als Rheumasanatorium und Moorbad wiedereröffnet. Das Vorkriegsniveau als Kur- und Bäderstadt kann nicht annähernd erreicht werden. - Mit der Öffnung der Berliner Mauer am 9. November 1989 und Wiedervereinigung der Deutschen am 3. Oktober 1990 ergeben sich neue Möglichkeiten der wirtschaftlichen Entwicklung. Auch hat die landschaftlich reizvoll gelegene Stadt, bedingt durch ihre Lage und Tradition, die Chance, wieder eine anerkannte Kur- und Bäderstadt zu werden. Zur Zeit wird mit mehreren Investoren verhandelt, um weitere Einrichtungen, die für die Kur- und Bäderstadt erforderlich sind, in Bad Freienwalde anzusiedeln.
(Quelle: Stadtverwaltung)

Sehenswürdigkeiten Ausflugsziele

Das Schloß Rathenaustraße, Tel. 34 07 (Führungen nach tel. Anmeldung). 1909 ging das Schloß in den Besitz des Generaldirektors der AEG, Walter Rathenau, über, der es liebevoll und stilgetreu restaurieren ließ und ab 1919 im Rahmen der Rathenau-Stiftung GmbH zur Besichtigung freigab. Nach der Ermordung Rathenaus schenkten dessen Erben Schloß und Park dem Kreis Oberbarnim, der es als Begegnungsstätte kulturell Interessierter nutzte.

Nach 1945 wurde leider die wertvolle Inneneinrichtung geplündert. Zum Glück blieb wenigstens das Gebäude nahezu unversehrt erhalten. Des weiteren sehenswert sind das Schiffshebewerk Niederfinow, der Storchenturm Rathsdorf, die Carlsburg Falkenberg, der Baa-See und der Aussichtsturm.
(Quelle: Stadtverwaltung)

Verkehrsanbindungen

Bad Freienwalde liegt ca. 60 km östlich von Berlin.
Die Fahrzeit beträgt ca. 1,5 Stunden über die B 158.
Per Bahn erreicht man die Stadt via Berlin und Eberswalde - per

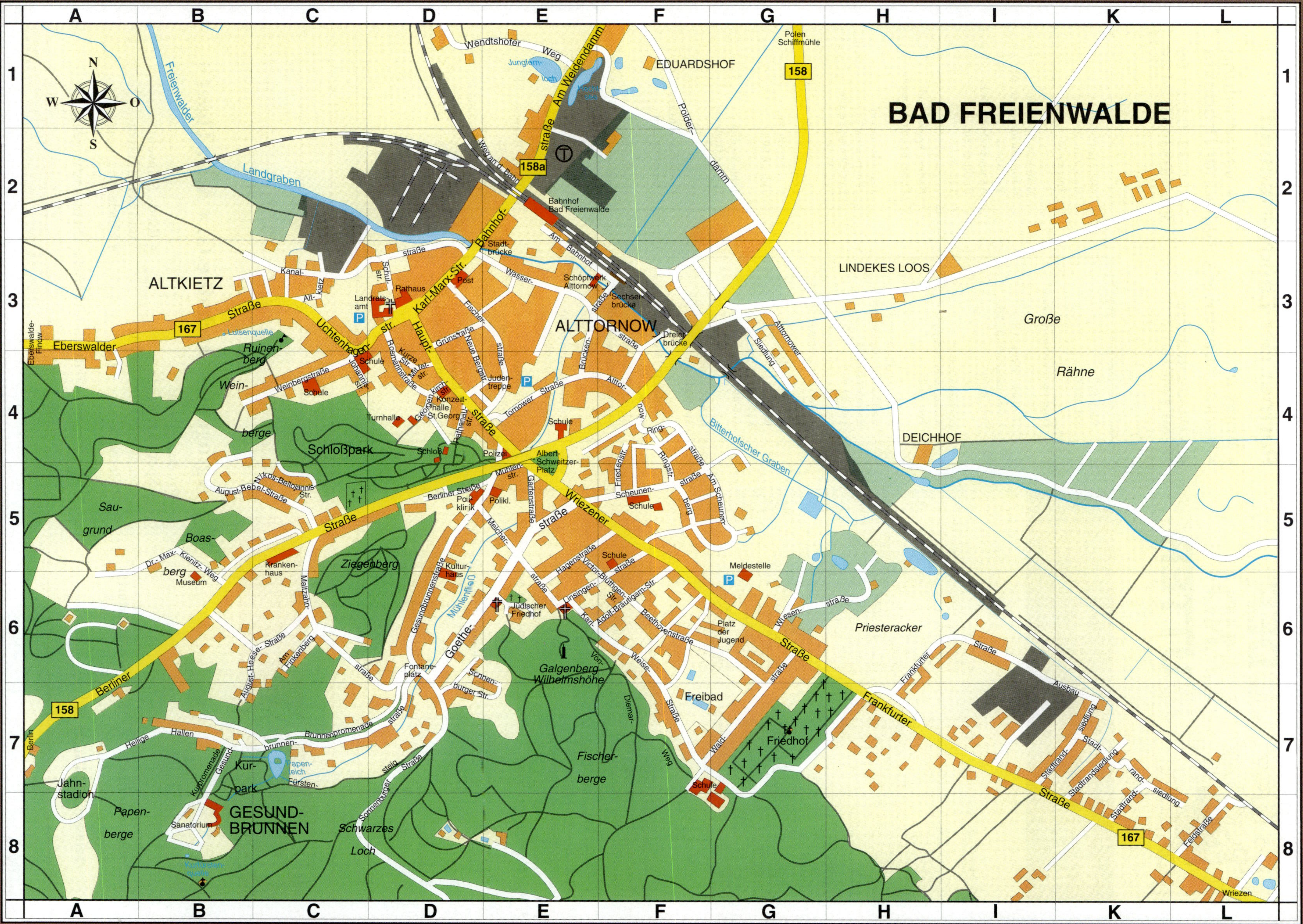
BAD FREIENWALDE
ALTKIETZ
ALTTORNOW
EDUARDSHOF
LINDEKES LOOS
DEICHHOF
GESUND-BRUNNEN
Große
Rähne
Priesteracker
Bahnhof Bad Freienwalde
Rathaus
Post
Landratsamt
Schule
Friedhof
Freibad
Schloßpark
Ziegenberg
Galgenberg Wilhelmshöhe
Fischerberge
Schwarzes Loch
Papenberge
Jahnstadion
Sanatorium
Kurpark
Krankenhaus
Museum
Meldestelle
Landgraben
Freienwalder
Eberswalder Straße
Uchtenhagen
Karl-Marx-Str.
Bahnhofstraße
Hauptstraße
Berliner Straße
Wriezener Straße
Frankfurter Straße
Goethestraße
Polderdamm
Am Weidendamm
158
158a
167

Straßenverzeichnis der Stadt Bad Freienwalde

Adolf-Bräutigam-Str.	E4-F6
Albert-Schweitzer-Platz	E4-E5
Altkietz	C3
Alttornow	E4-F4
Alttornower Siedlung	G3-G4
Am Bahnhof	C2-F3
Am Finkenberg	C6
Am Scheunenberg	F5-G5
Am Weidendamm	E1-F1
August-Bebel-Str.	B4-C5
August-Heese-Str.	B7-C6
Bahnhofstr.	C3-E1
Beethovenstr.	F6-G6
Berliner Str.	A7-D5
Brückenstr.	E4-F3
Brunnenpromenade	C7-D7
Dr.-Max-Kienitz-Weg	A6-B6
Eberswalder Str.	A3-C3
Feldstr.	L8
Fischerstr.	D3-E4
Fontaneplatz	D6
Frankfurter Str.	H7-L8
Frankfurter Straße Ausbau	H7-K7
Friedensstr.	F4-F5
Fürstensteig	C7-D7
Gartenstr.	E5
Georgenkirchstr.	D4
Gesundbrunnenstr.	B8-E4
Goethestr.	D6-E5
Grünstr.	D3
Hagenstr.	E6-F5
Hauptstr.	D3-E4
Heilige Hallen	A7-B7
Johannisstr.	C4
Judentreppe	E4
Kanalstr.	C3-D3
Karl-Marx-Str.	D3
Karl-Weise-Str.	D4
Kurze Str.	D4
Linsingstr.	E6-F5
Maltzahnstr.	C5-D6
Melcherstr.	E5-E6
Mittelstr.	D4
Mühlenstr.	E5
Neue Bergstr.	D4-E4
Nikos-Bellojannis-Str.	C5
Platz der Jugend	G6
Polderdamm	F1-G2
Rathenaustr.	D4
Ringstr.	F4-F5
Rosmarinstr.	D3-D4
Scheunenstr.	E5-F5
Schulstr.	D3
Sonnenburger Str.	C8-E6
Stadtrandsiedlungl	7-L8
Tornower Str.	E4
Uchtenhagenstr.	C3-D3
Victor-Blüthgen-Str.	E5-F6
Von-Diemar-Weg	E6-F7
Waldstr.	F7-G8
Wasserstr.	E3-F3
Weg an der Bahn	D2-E2
Weinbergstr.	C4
Wendtshofer Weg	D1-E1
Wiesenstr.	G6-H6
Wriezener Str.	E5-H6

Bus von den S-Bahnstationen Strausberg, Ahrensfelde und Bernau. Mit dem Auto gelangt man aus dem Norden über die E 28 (Ausfahrt Blumberg, B 158) und aus dem Süden über die Ausfahrt Blumberg des Berliner Ringes nach Bad Freienwalde. (Quelle: Stadtverwaltung)

Museen, Galerien, Theater

Oderlandmuseum,
Uchtenhagenstraße 2,
Tel. 20 56

Kurlichtspiele
Hauptstraße 11,
Tel. 34 90

Kulturhaus/
Kurtheater,
Gesundbrunnenstraße 12,
Tel. 21 06

Konzerthalle in St. Georg,
Georgenkirchstraße,
Tel. 20 71

Bibliotheken

Stadtbibliothek,
Schloß,
Tel. 20 15

Banken und Sparkassen

Deutsche Bank AG
Uchtenhagenerstr. 28,
Tel. 36 60

Kreissparkasse,
K.-Marx-Straße 5,
Tel. 36 25

Raiffeisen Bank und Handelsgenossenschaft
Bahnhofstr. 24,
Tel. 21 95

Ämter/Beratungsstellen

Stadtverwaltung,
Rathaus,
Karl-Marx-Straße 1,
Tel. 40 01

Krankenhäuser/ Apotheken

Fachklinik, Moorbad
Klinik f. Orthopädie und Rheumatologie,
Gesundbrunnenstraße,
Tel. 34 46

Schloßparkambulanz,
Berliner Straße 1,

Krankenhaus,
Berliner Straße 20,
Tel. 40 61

Krankenhaus,
Sonnenburger Weg 11,
Tel. 601

Alte Apotheke,
Hauptstr. 43,
Tel. 20 78

Brunnen-Apotheke,
Gesundbrunnenstr. 21,
Tel. 36 03
Apotheke/Poliklinik,
Berliner Str. 1,
Tel. 36 57

Bäder, Sport- und Freizeiteinrichtungen

Jugendzentrum
„Forty nine",
Karl-Weise-Straße,
Tel. 35 70

Freibad,
Waldstraße 26,
Tel. 28 00

Jahn-Stadion,
Heilige Hallenz,
Tel. 23 32

Fremdenverkehrs-einrichtungen

Oberbarnim-Informationen,
Karl-Marx-Straße 25,
Tel. 34 02

Hotels/Pensionen

- Hotel, Hauptstr. 21
Tel. 52 15

- Hotel „Zum Löwen",
Hauptstr. 41,
Tel. 52 15

BAD LIEBENWERDA

Aus der Stadtgeschichte

Die Stadt Bad Liebenwerda, mit einem Stadtrecht seit 1304, im Süden des Landes Brandenburg liegend, ist mit 12 Quadratkilometern Gesamtfläche und einer Einwohnerzahl von 6000 eine kleine, idyllische Kurstadt. Die Bevölkerungsdichte beträgt 93 Einwohner je Quadratkilometer. Zahlreiche kulturhistorisch wertvolle Bauten bereichern die Stadt. Dort wurde der gesamte Altstadtbereich auf Grund der Geschlossenheit und ursprünglichen Gestalt des städtebaulichen Raumes zur Denkmalschutzzone erklärt.
(Quelle: Stadtverwaltung)

Stadtgeschichte - Eine kurze Chronik von Bad Liebenwerda

Nach der Völkerwanderung siedelten sich in dem Gebiet slawische Stämme an. Nach Rückeroberung durch die Germanen entstanden dann an der Schwarzen Elster Burgen - so auch in Liebenwerda.

Liebenwerda wird 1231 unter dem Vogt Otto von Ileburg erstmals urkundlich erwähnt. Zu dieser Zeit muß es schon einen Pfarrer und eine Kirche gegeben haben.

Im Jahre 1304 ist das Stadtrecht verliehen worden. Darüber gibt eine Beurkundung Auskunft, wonach es heißt: „in nostra ciuitate Liuenwerda" in unserer Stadt Liebenwerda). Einwandernde deutsche Ansiedler fanden eine slawische Fischersiedlung (Stadtwinkel) vor; im Osten stand ein deutsches Castell auf einer Insel. Diese Anlage dürfte zwischen 950 und 1050 entstanden sein.

Im 14. Jahrhundert wird die Stadt auch als Wallfahrtsort bezeichnet. Außer der Stadtkirche und der Burgkapelle hat es noch weitere drei Kapellen in der Nähe der Stadttore gegeben. Aufgrund des großen Zulaufes entwickelte sich dann ein Marktwesen, was sich wirtschaftlich sehr positiv auswirkte. Später erfolgte die Umwandlung der Burganlagen zum Schloß.
Dr. Martin Luther weilte 1519 zu einem Streitgespräch mit dem päpstlichen Notar in der Stadt.

BAD LIEBENWERDA

PLZ 04924
Vorwahl 035341

Kfz.-Kennz.:LIB

Einwohner Stadt: 6.100

Fläche Stadtgebiet: 12,0 qkm

Er soll 1544 erneut im Ort gewesen sein und zwar zur festlichen Einführung des ersten Superintendenten M. Gilbert.

Ausgang des Mittelalters stellt sich die Stadt als voll ausgebildetes Stadtwesen mit großen Märkten und vielseitigen Handwerksinnungen dar.
In der Kipper- und Wipperzeit (1621 - 1623) gab es im Ort eine Münzprägungsstätte.
Stadtbrände von 1437, 1487 und 1530 werden schon vor dem 30-jährigem Krieg genannt.
Während des 30-jährigen Krieges plünderten und brandschatzten schwedische Truppen, insbesondere 1634 und 1637, die Stadt. Bürgermeister Borßtorff wurde 1634 zu Tode geschleift.

1663 gab es in Liebenwerda wieder 105 notdürftig hergerichtete Häuser. Einquartierungen sächsischer Truppen bereiteten der Stadt viel Ärger.

1798 wurde die Stadt infolge eines Blitzschlages von einem Großbrand getroffen. Rathaus und 45 Gebäude brannten ab.
1806 wuchs der passive Widerstand gegen die Bestrebungen des

Rathaus Foto: Stadtverwaltung

sächsischen Landesherren auch in Liebenwerda, weil er sich mit Napoleon verbündet hatte. Mit großer Genugtuung empfanden die Einwohner dann 1813 die Niederlage der französischen Armee, die geschlagen auch teilweise durch die Straßen der Stadt zog, gefolgt von den Preußen und Russen.

Ab 1816 wurde Liebenwerda preußische Kreisstadt. Um 1835 hatte der Ort 1700 Einwohner und 230 Häuser.

In der Zeit von 1841 bis 1848 hielt ein neuer freiheitsbezogener Geist Einzug, ausgelöst durch solche Männer wie Rektor Jülich, Buchdrucker Vonrad, Senator Bornmann und Echtermeyer.

1848 brannte das alte Schulgebäude nieder. Anschließend begann der langersehnte Neubau am Markt.

1874 konnte die Bahnstrecke Falkenberg - Kohlfurt eröffnet werden. Im gleichen Jahr ist die Gemeinde Stadtwinkel eingemeindet worden.

1887 eröffnete R. Reiß seinen Produktionsbetrieb. Dann folgte eine weitere angemessene Industrialisierung entsprechend der vorhandenen Struktur.

1883 ist die katholische Kirche fertiggestellt worden.

1905 eröffnete das Eismoorbad den Kurbetrieb.

1912 erfolgte die Eingemeindung der Kolonie Maasdorf (ab Schützenhaus bis Ortsausgang). Die Eingemeindung von Neudobra geschah 1939.

1896 entstand an der Schloßäckerstraße ein Krankenhaus mit 22 Betten.

1925 ist der Stadt der Titel „Bad" verliehen worden.

In der Zeit von 1934 - 1939 vollzog sich eine Ausdehnung des Stadtgebietes nach Süden durch den Siedlungsbau.

Im Mai 1944 entging die Stadt einer schweren Zerstörung infolge eines Luftangriffes.

Während der 40-jährigen sozialistischen Planwirtschaft sind in den Bereichen Kultur, des Sports, des Gesundheitswesens sowie des Bildungswesens zweckentsprechende Objekte geschaffen worden. Große Defizite entstanden jedoch auf dem Gebiet einer kontinuierlichen Stadtentwicklung sowie auf dem Gebiet des Umweltschutzes.

Lubwartturm Foto: Stadtverwaltung

Im Herbst 1989 vollzog sich auch in der Stadt eine friedliche Revolution, die im wesentlichen von Bürgerbewegungen getragen war. Hierbei übten die kirchlichen Kräfte einen positiven Einfluß aus.
Im Rahmen der Gebietsreform im Jahr 1991 bildete die Stadt Bad Liebenwerda als geschäftsführende Gemeinde mit 6 amtsangehörigen Gemeinden das Amt Bad Liebenwerda. Bereits zu diesem Zeitpunkt hatten sich 7 weitere Gemeinden zur Eingemeindung in die Stadt Bad Liebenwerda entschlossen.
Im Rahmen der Vorbereitung der Kommunalwahl im Dezember 1993 haben sich auch die bisherigen Amtsgemeinden zur Eingemeindung entschlossen, so daß Bad Liebenwerda eine der ersten Großgemeinden im Land Brandenburg sein wird.

Die Einwohnerzahl der Stadt wird sich damit verdoppeln. Das Stadtgebiet wird dann eine Fläche von ca. 62 qm umfassen. (Quelle: Stadtverwaltung)

Wirtschaftsstruktur

Bad Liebenwerda verfügt über ein Eismoorbad - gelegen an der Schwarzen Elster -, das durch eine in diesem Jahr neueröffnete, moderne Rheuma-Klinik mit 200 Betten ergänzt wird.
Es sind Unternehmen der Getränkeindustrie, der graphischen Industrie und aus der Möbelfertigung ansässig.
Für die Zukunft ist der Aufbau und die Gestaltung des Naturparks „Niederlausitzer Heidelandschaft" vorgesehen, der sich nordöstlich über Bad Liebenwerda erstreckt. Er umfaßt das Territorium nördlich der Schwarzen Elster von Wahrenbrück bis Grünewalde im Süden und von Domsdorf bis Sorno im Norden, mit einer etwaigen Größe von 270 ha.
Der zu diesem Zweck gegründete Verein dient der Verbesserung der Umweltbedingungen, zur Sicherung von Landschaftsschutzgebieten und Naturdenkmälern sowie der tourismusmäßigen Erschließung.
Die Stadt Bad Liebenwerda hat es sich zur Aufgabe gemacht, sich als Kur-, Tourismus- und Kongreßstadt zu profilieren. Dazu ist vorgesehen, den südlich der Schwarzen Elster bis Mühlgraben gelegenen Bereich als Kur- und Erholungspark weiter auszubauen.
Als touristischen Anziehungspunkt für die Bürger der Stadt und der Umgebung ist der Ausbau des nahegelegenen Waldbades Zeischa zu einem Freizeit- und Erlebnisbad in Vorbereitung.

Die strukturelle und wirtschaftliche Situation der Stadt wird geprägt durch die bereits erwähnte Kurklinik der RHM Altenheim- und Klinikgruppe Bad Dürkheim, die REISS-Zeichentechnik GmbH, Mineralquellen Bad Liebenwerda GmbH, verschiedene Baubetriebe sowie Klein- und Mittelindustrie.
Zur infrastrukturellen Entwicklung von Bad Liebenwerda soll einerseits der Kurbetrieb ausgebaut und andererseits Aussiedlungsmöglichkeiten in Form von Gewerbegebieten für klein- und mittelständische Unternehmen geschaffen werden.
Das Ende des Jahres 1992 fertiggestellte Gewerbegebiet Nord, gelegen links der Ortsausfahrt der B 101 in Richtung Herzberg, ist ein erster Schritt dazu.

Alle Kommunen sind durch befestigte Straßen des klassifizierten Straßennetzes erreichbar. Innerhalb des Binnenwas-

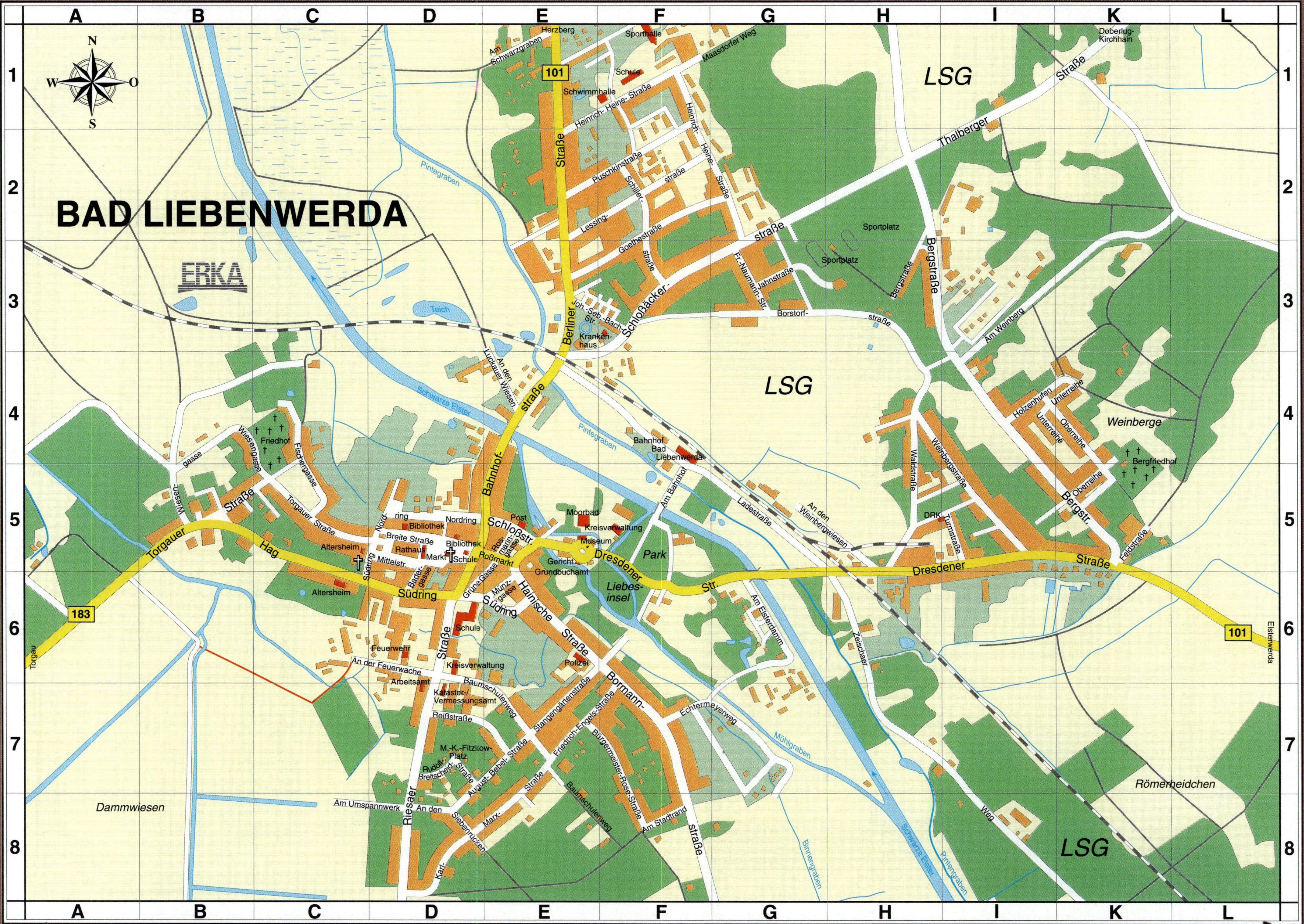
BAD LIEBENWERDA
ERKA
LSG
Weinberge
Römerheidchen
Dammwiesen
Park
Liebesinsel
Sportplatz
Friedhof
Bergfriedhof
Bahnhof Bad Liebenwerda
Krankenhaus
Schwimmhalle
Sporthalle
Schule
Bibliothek
Rathaus
Markt
Post
Moorbad
Kreisverwaltung
Museum
Gericht
Grundbuchamt
Polizei
Feuerwehr
Arbeitsamt
Kataster-/Vermessungsamt
Altersheim
DRK
Teich
Schwarze Elster
Pintegraben
Mühlgraben
Binnengraben
Pintengraben
Berliner Straße
Bahnhof-straße
Dresdener Straße
Dresdener Str.
Torgauer Straße
Hag
Thalberger Straße
Bergstraße
Bergstr.
Schloßäcker-straße
Borstorf-straße
Hainische Straße
Bormann-straße
Riesaer Straße
Südring
Nordring
Schloßstr.
Roßmarkt
Mittelstr.
Breite Straße
Wiesengasse
Fischergasse
Am Weinberg
Weinbergstraße
Waldstraße
Turmstraße
Holzenhufen
Unterreihe
Oberreihe
Feldstraße
Ladestraße
Zeischaer Weg
Am Elsterdamm
Echtermeyerweg
An den Weinbergwiesen
An den Luckauer Wiesen
Am Bahnhof
Heinrich-Heine-Straße
Puschkinstraße
Schillerstraße
Lessingstraße
Goethestraße
Fr.-Naumann-Str.
Jahnstraße
Joh.-Seb.-Bach-Str.
Maasdorfer Weg
Am Schwarzgraben
Herzberg
Doberlug-Kirchhain
Elsterwerda
Torgau
Reißstraße
Baumschulenweg
Stangengartenstraße
Friedrich-Engels-Straße
Bürgermeister-Rose-Straße
Am Stadtrand
August-Bebel-Straße
M.-K.-Fitzkow-Platz
Rudolf-Breitscheid-Straße
Karl-Marx-Straße
An den Siebenrücken
Am Umspannwerk
An der Feuerwache
Badergasse
Grüne Gasse
Münzgasse
101
183

Hirtenmädchen "Barbara" Foto: Stadtverwaltung

serstraßennetzes steht der Elbhafen in Mühlberg zur Verfügung.
Für Brottewitz ist ein neuer Elbhafen geplant.

Die Stadt Liebenwerda hat sich vorrangig zur Aufgabe gemacht, sich als Kurstadt zu profilieren. Dazu ist vorgesehen, den südlich der Schwarzen Elster bis Mühlgraben gelegenen Bereich als Kur- und Erholungspark weiter auszubauen. In dem zusammenhang sind in diesem Bereich neue Kur- und Klinikeinrichtungen geplant bzw. vorbereitet.
Die bestimmende strukturelle und wirtschaftliche Situation der Stadt wird geprägt durch entsprechende Verwaltungen, das Arbeitsamt, die REISS-Zeichentechnik GmbH, Mineralquellen Bad Liebenwerda GmbH, verschiedene Baubetriebe sowie Klein- und Mittelindustrie.

Zur infrastrukturellen Entwicklung von Bad Liebenwerda soll einerseits der Kurbetrieb ausgebaut und andererseits Anssiedlungsmöglichkeiten in Form von Gewerbegebieten für klein- und mittelständische Unternehmen geschaffen werden (Quelle: Stadtverwaltung)

Sehenswürdigkeiten Ausflugsziele

Das Stadtwappen

In Silber ein spitzbedachter, runder, fenster- sowie torloser, blauer Turm. Darin auf einem silbernen Schild drei rote Herzen.
Unser Wappen entstammt einem Siegel, das schon 1487 verwendet wurde. Der Turm ist das Symbol für eine alte Wasserburg auf der Elsterinsel. Der Ortsname dürfte im Zusammenhang mit der Bezeichnung „Lubwart" stehen. Folgende Ortsnamen werden noch genannt: „Lubigewartha" - „Lubenvorta" - „Livenwerde". In der Lichtenberger Chronik wird auch die Vermutung ausgesprochen, daß die alte Wasserburg auf der Elsterinsel anfangs nach der Göttin „Liöbna-Warte" genannt wurde. Es ist jedoch auch möglich, daß der Name eine Kombination aus dem slawischen „Luby" (lieblich) und dem deutschen „werder" (Insel) darstellt und Burgwerder bedeutet. Immerhin liegt diese Bezeichnung sehr nahe, da Slawen und Deutsche hier ansässig waren.
Die Stadtfarben sind weiß-rot.

Die vorhandene bauliche Restsubstanz des ehemaligen Schlosses geht auf die im 12. Jahrhundert errichtete Burg zurück. Der Umbau der Burg

Straßenverzeichnis der Stadt Bad Liebenwerda

Eisenmoorbad Foto: Stadtverwaltung

zum Schloß erfolgte in Etappen vom 14. - 16. Jahrhundert. Nach einem größeren Schloßbrand im 18. Jahrhundert erfolgte der Wiederaufbau. Das Museum ist in einem ehemaligen Gebäude des Hauptschlosses untergebracht. Der Lubwartturm auf dem ehemaligen Burghof dient als Aussichtsturm.

Die evangelische St. Nikolai-Kirche ist ein spätgotischer Backsteinbau. Schon vor 1231 muß die erste Kirche am gleichen Standort gestanden haben. Die Kirche ist mehrfach zerstört worden. Die kleinere katholische Kirche wurde 1883 erbaut.

Zu den wichtigsten Denkmälern der Stadt zählen:
- die Stadtkirche mit Inventar als Gotisches Bauwerk
- das Rathaus, erbaut 1800
- Das Bürgerhaus am Markt von 1789 (heute Druckerei)
- der Lubwartturm, ehemaliger Burg- und Schloßturm, 12.-13. Jahrhundert
- das Gericht
- das Fachwerkhaus in der Rosmaringasse
- der Marktbrunnen mit Barbara von 1910
- die Wasserschöpferin, ein Eisenkunstguß aus dem 19. Jahrhundert.

Wanderziele in der Umgebung (Entfernungen von Stadtmitte)

Naherholungszentrum Waldbad Zeischa
Entfernung: 3,7 km über Zeischa oder Bundesstraße 101

Naturbad, vormals Kiesabbaugebiet, umgeben von einem Waldgürtel, Zeltplatz sowie Bungalowsiedlungen, Vermietung von Strandkörben, Booten und Wassertretern, Strand und Parkplatz bewacht.
- Umgebung von Zeischa Forstpflanzenanbaugebiet
- Grab des Bürgermeisters Elias Borstorff
- Bahnverbindung ca. 2 km.

Maasdorfer Teiche
- zwischen Maasdorf und Thalberg
Entfernung: 3,0 km
- Wer die Natur noch echt erleben möchte, der findet hier ansprechende Fotomotive. Pflanzen- und Vogelwelt locken zu jeder Jahreszeit die Besucher an.

Gemeinde Dobra
Entfernung: 3,4 km
- Der Ort wurde schon 1315 genannt. Vormals slawischer Herkunft. Die kleine Kirche ist uralt und gehört zur Parochie Liebenwerda. Dobra gehört mit zum Naherholungsgebiet Zeischa.

Rothensteiner Felsen
Entfernung 8,4 km
(zwischen Winkel und Rothstein)
Die ehemalige Annahme von Geologen, daß der Felsen die höchste Spitze eines Gebirges aus der Eiszeit sei, wurde entkräftet. Das eigenartige Naturgebilde wird viel besucht.

Burgwall bei Kosilenzien
Entfernung: 8,3 km
- Die Wallburg dürfte zwischen 800 und 1000 vor unserer Zeitrechnung in der jüngeren Bronzezeit entstanden sein. Den Ausgrabungen nach zu urteilen, ließen sich dann die Sorbenwenden darauf nieder.
Der Wallumfang beträgt 550 Meter in einer Höhe von ca. 5 Metern.
Die Innenfläche bedeckt etwa 30.000 qm.

Ausgedehnte Wälder und Wasserflächen, Baudenkmäler, Schlösser, Parks und landwirtschaftliche Schönheiten kennzeichnen die Region. Hervorzuheben sind sieben Naturschutzgebiete, sieben Landschaftsschutzgebiete und 30 Flächennaturdenkmale sowie der entstehende Naturpark "Niederlausitzer Heidelandschaft".

Für die Zukunft ist der Aufbau und die Gestaltung des Naturparks "Niederlausitzer Heidelandschaft" vorgesehen, der sich über den nordöstlichen Teil der Region Bad Liebenwerda erstreckt. Er umfaßt das Territorium nördlich der Schwarzen Elster von Wahrebrück bis Grünewalde im Süden und von Domsdorf bis Sorno im Norden, mit einer etwaigen Größe von 270 ha. Der zu diesem Zweck gegeründete Verein dient zur Verbesserung der Umweltbedingungen, zur Sicherung von Landschaftschutzgebieten und Naturdenkmälern sowie der tourismusmäßigen Erschließung.
(Quelle: Stadtverwaltung)

Verkehrs-anbindungen

Bahn Falkenberg - Ruhland mit Anbindung von Görlitz - Magdeburg
Bundesstraßen:
B 101 Berlin-Dresden
B 183 Torgau-Leipzig ab Stadtmitte.
(Quelle: Stadtverwaltung)

Museen, Galerien, Theater

Museum
Dresdener Str. 15
Tel. 10530

Musikschule
Markt 18
Tel. 10555

Bibliotheken

Kinderbibliothek
Markt 18
Tel. 10555

Stadtbibliothek
Breite Str. 15
Tel. 2775

Banken und Sparkassen

Dresdener Bank AG
Hainschestr 2
Tel. 10493

Kreissparkasse
Dresdener Str. 11
Tel. 990

Raiffeisenbank
Markt 7/8
Tel. 10369

Ämter/ Beratungsstellen

Stadtverwaltung
Markt 1
Tel. 1550

Krankenhäuser, Apotheken

Krankenhaus
Schloßäckerstr. 5
Tel. 2244

Krankentransport
Deutsches Rotes Kreuz
Turmstraße 6
Tel. 10422

Löwenapotheke
Breite Str. 17
Tel. 10313

Marienstift
Hag 5
Tel. 944

St.-Nikolaus-Stift
Südring 2
Tel. 2788

Notarzt: Dringl. Medizin. Hilfe Elsterwerda
Tel. 03533/6166

Notruf Polizei
Tel. 110

Notruf Feuerwehr
Tel. 112

Bäder, Sport- und Freizeiteinrichtungen

Moorbad
Dresdener Str. 19
Tel. 10451

Waldbad Zeischa
Tel. 10398

Schwimmhalle
Heinrich-Heine-Str. 44
Tel. 10507

Kegelbahn, Sportplatz
Schloßäckerstr. 42

Fremdenverkehrs-einrichtungen

Informationsbüro
Markt 18
Tel. 10655

Hotels / Pensionen

-Hotel "Weißes Roß",
Markt 5,
Tel. 466

-Pension Bräunig,
Thalberger Str. 2,
Tel. 2740

BEESKOW

Aus der Stadtgeschichte

Erste Siedlungsanfänge fallen in die Zeit vor dem 12. Jahrhundert. Um diese Zeit entstand der Fischerkiez, das älteste Siedlungsgebiet der Stadt. Als Jahr der eigentlichen Stadtgründung wird 1253 genannt.

Gegenüber dem Fischerkiez, der bis heute seinen Charakter bewahrt hat und reizvoll anzusehen ist, errichteten im 13. Jahrhundert die Ritter von Strele eine Wasserburg. Davon kündet der noch erhaltene Burgfried. Im 16. Jahrhundert fiel die Burg an den Bischof von Lebus. Dieser ließ auf dem Burggelände ein weiteres Gebäude errichten, welches heute als

BEESKOW

PLZ 15848
Vorwahl 03366

Einwohner Stadt:
9.000

Fläche Stadtgebiet:
43,65 qkm

Pfarrkirche

Museum, „Altes Amt“ genannt, genutzt wird. Beeskow war damals von einer imposanten Stadtmauer mit zahlreichen Wachtürmen umgeben. Große Teile der alten Stadtmauer sind erhalten geblieben, ein Abschnitt konnte vollständig restauriert werden. Beeskows Stadtgrundriß ist weitgehend bis heute so erhalten geblieben, wie er damals angelegt worden ist.

Die große spätgotische Pfarrkirche, St. Marien, wurde zwischen 1388 und 1511 erbaut. Der Kirchturm erhielt seinerzeit auf jeder Seite ein Uhrenzifferblatt, nur auf der Ostseite, in der Richtung des Fischerkiezes, fehlte dieses. - Wie kam es wohl dazu?
Der Überlieferung zufolge wurden für diese Uhr Gelder von den Beeskowern eingetrieben, welche notgedrungen zahlten. Nur die Bürger des Fischerkiezes verweigerten ihre Zahlung so beharrlich, daß sie zur Strafe kein Zifferblatt für ihre Richtung erhalten haben. 1945 brannte die Kirche aus. Jetzt werden umfangreiche Restaurierungsarbeiten begonnen.

Im 19. Jahrhundert wandelte sich Beeskow zum typischen preußischen Garnisons- und Beamtenstädtchen.
Nach dem zweiten Weltkrieg begann die Entwicklung Beeskows zum wirtschaftlichen und geistig-kulturellen Zentrum der fast 1000 Quadratkilometer großen Region.
(Quelle: Stadtverwaltung

Wirtschaftsstruktur

Beeskows Wirtschaft wird im wesentlichen von mittelständischen Unternehmen geprägt. Ein neues, für Investoren interessantes, Gewerbegebiet, der Charlottenhof, wurde im August 1992 fertiggestellt. Modernste Kommunikationstechniken, durch Telekom in Beeskow eingerichtet, garantieren den schnellen und sicheren Kontakt mit Partnern in Deutschland und ganz Europa.
(Quelle: Stadtverwaltung)

Sehenswürdigkeiten Ausflugsziele

Beeskow liegt besonders reizvoll inmitten von Wiesen und Wäldern und in unmittelbarer Nähe zur Spree. Diese bestimmt auch wesentlich den Charakter der Stadt. Spazierwege entlang der Spree, des Fischerkiezes oder auch der Burganlage bieten dem Besucher interessante Ausblicke und Erholung zugleich.
Die Nähe der Spree ermöglicht es angeln zu gehen, Bootsfahrten zu unternehmen - ein Ruderzentrum bietet entsprechende Möglichkeiten -, die ehemalige Flußbadeanstalt - das heutige Familienzentrum - zu besuchen sowie die Tennisanlagen, Turnhallen, Sportplätze, eine Vierbahnenkegelhalle und das Kleinsolarium des Sport- und Freizeitzentrums zu nutzen. Zahlreiche Gasthäuser laden zum Verweilen ein.

Spreeansicht

BEESKOW
ERKA
A
B
C
D
E
F
1
2
3
4
5
6
7
8
9
CHARLOTTENHOF
Reit-platz
Industrie-
straße
Raßmannsdorfer
Weg
Straße
Radinkendorfer
Waldweg
Wiesenweg
Tränkeweg
Ackerweg
Oegelnischer See
Luch-wiesen
Luchgraben
Fürstenwalder
Am Spanplattenwerk
Neuer Weg
Raßmannsdorfer
Gärtnerei
Kurzer Weg
Feldstraße
Grüner Weg
Bhf. Beeskow
Hafenstraße
Am Bahnhof
Spree
Luchgraben
Kino
Schule
Im Luch
Am Graben
Poststraße
Weststraße
Adrianstr.
Ostvorstadt
Fontanestraße
Oegelfließ
Luchstraße
Schulstraße
Schule
Eug.-Richter-Straße
Poststr.
Mauerstraße
Mauer-str.
Oststraße
Ringstr.
2 Adrianstr.
Breite
Straße
Luchstraße
Schützen-
Kranken-haus
Bussinkstr.
Stadt-verwaltung
Markt
Kirchpl.
Ring
Schleuse
Spreeau
Zeppelinstraße
Rouanetstraße
Liebknecht-
Goethestraße
Schule
Schillerstr.
Landrats-amt
Schützen-haus
Berliner
Klosterstr.
Brand
Spree-
Schule
Museum
Burg
87
Hanne-mannei
Wiesenring
Gymna-sium
1 Bodelschwingh-straße
Fischerstr.
Mittel-str.
Quer-str.
Rosenstr.
Uferstr.
Kietz
Frankfurter
Straße
Schiffbauerstr.
Frankfurter Chaussee
Schneeberger Weg
Kiefern-weg
Stadt-haus
Landrats-amt
Breitscheid-straße
Garten-
straße
Wiesenring
Gartenstr.
Bahrensdorfer See
Krugersdorfer
Straße
Storkow
246
Storkower
Straße
Kohlsdorfer Straße
Lübbener Chaussee
Berthold-platz
Spree
Bahrensdorfer Straße
Chaussee
Am Mühlenberg
Obergarten
Siedlerweg
246
Stadion
Boots-ausleih
Sport-platz
87
Lübben
Schule
Maulswerder
Friedländer
168
N
W
O
S

Das Kultur- und Bildungszentrum „Burg Beeskow" bietet dem wißbegierigen Gast viel Neues. In den historischen Räumlichkeiten werden zahlreiche Kulturveranstaltungen angeboten. Neu eingerichtet wurde ein Burgcafé. Im Rahmen der Fertigstellung des Burgkomplexes werden noch weitere gastronomisch-kulturelle Ideen verwirklicht.
(Quelle: Stadtverwaltung)

Verkehrsanbindungen

Beeskow liegt ca. 25 km von der nächsten Autobahnanschlußstelle zum Berliner Ring entfernt, die Flughäfen Berlin-Schönefeld oder Tegel sind mit dem Auto in einer knappen Stunde erreichbar. Früher kreuzten sich in Beeskow die alten Handelsstraßen Frankfurt/O. - Leipzig - Frankfurt/M. - heute moderne Bundesstraßen. Mit der Bundesbahn erreicht man Beeskow direkt von Berlin, Frankfurt/O. und Cottbus.
(Quelle: Stadtverwaltung)

Museen, Galerien, Theater
Kultur- und Bildungszentrum
Burg Beeskow
Frankfurter Straße 23,
Tel. 2 05 79

Musikschule
Breitscheidstr. 1,
Tel. 2 64 54

Bibliotheken
Stadt- und Kreisbibliothek
Breitscheidstr. 1,
Tel. 2 04 67

Banken und Sparkassen
Kreissparkasse Beeskow
Berliner Straße 34,
Tel. 5 07

Raiffeisenbank
Breite Str. 39
Tel. 3 66/26

Beratungsstellen/Ämter
Stadtverwaltung Beeskow
Berliner Straße 30,
Tel. 3 20

Landratsamt
Breitscheidstr. 7,
Tel. 3 50

Kreisamt Polizei
Fürstenwalder Straße 3,
Tel. 2 07 36

Medizinische und soziale Betreuung
Medizinische Betreuung
Tel. 2 07 31

Kreiskrankenhaus
Eugen-Richter-Str. 3-5,
Tel. 2 07 31

Bäder, Sport- u. Freizeiteinrichtungen
Sport- und Freizeitzentrum
Bertholdpl. 1, Tel. 2 64 02

Straßenverzeichnis der Stadt Beeskow

Ackerweg	E3
Adrianstr.	D6
Am Bahnhof	D5
Am Graben	C5-C6
Am Mühlenberg	E8-E9
Am Spanplattenwerk	C4-D4
Bahnhofstr.	C6-D5
Bahrensdorfer Str.	E8
Berliner Str.	C6-D6
Bertholdplatz	B8
Bodelschwinghstr.	C6-C7
Brandstr.	C7-D6
Breite Str.	C6-D6
Breitscheidstr.	B8-C7
Eugen-Richter-Str.	B6
Feldstr.	B5-C5
Fischerstr.	D7
Fontanestr.	D6
Frankfurter Chaussee	E8-F7
Frankfurter Str.	D7-E8
Friedländer Chaussee	E8-E9
Fürstenwalder Str.	C4-C5
Gartenstr.	B8-C7
Goethestr.	B7
Grüner Weg	B5
Hafenstr.	D5-E5
Hannemannei	F7
Im Luch	B5-B6
Industriestr.	C3-D3
Kiefernweg	A7-A8
Kirchplatz	C7-D6
Klosterstr.	C7
Kohlsdorfer Str.	A8
Krügersdorfer Str.	E8-F8
Kurzer Weg	B4-C5
Liebknechtstr.	B7-C6
Luchstr.	B6-C6
Lübbener Chaussee	A9-B8
Markt	C6-C7
Mauerstr.	C6-D6
Mittelstr.	D7
Neuer Weg	C4-D4
Oststr.	C6-D6
Ostvorstadt	D6
Poststr.	C6
Puschkinstr.	C6-C7
Querstr.	D7
Radinkendorfer Str.	D5-E2
Rathenaustr.	B7
Raßmannsdorfer Str.	C4-C5
Raßmannsdorfer Weg	D1-D3
Ringstr.	D6-D7
Rosenstr.	D7
Rouanetstr.	B6-B7
Schiffsbauerstr.	E7
Schillerstr.	B7
Schneeberger Weg	F7
Schulstr.	C6
Schützenstr.	B6-C7
Siedlerweg	E8-F8
Spreestr.	C7-D6
Storkower Str.	A8
Tränkeweg	E2-E3
Uferstr.	D7
Waldweg	E2
Weststr.	C6
Wiesenring	A7-B8
Wiesenweg	E2
Zeppelinstr.	B6-B7

Familienzentrum
Gartenstraße
Tel. 2 63 26

Jugend Öko-Hof
Frankfurter Chaussee
Tel. 2 61 53

Ruderzentrum Uferstr.
Tel. 2 61 95

Schützenhaus
Breitscheidstr.
Tel. 2 04 29

Fremdenverkehrseinrichtungen
Märkische Tourismuszentrale
Bahnhofstr. 34,
Tel. 2 29 49

Hotels/Pensionen
- Märk. Gutshaus
Frankfurter Chaussee 49,
Tel. 2 00 53

- Märkischer Hof
Radinkendorfer Str.
Tel. 2 16 77

BELZIG

Aus der Stadtgeschichte

Der Bergfried. Im westlichen Teil des Burghofes steht inmitten von Mauerresten der alten Burganlage aus dem 12. Jahrhundert auf einem 5 m hohen Hügel der Bergfried. Im Volksmund wird dieser Turm der Butterturm genannt. Die Legende erzählt, daß bei seinem Bau Butter, Milch und Quark verwendet wurden. Der Turm ist der älteste Teil der Burg Eisenhardt. Seine Entstehung ist mit dem Bau der Burganlage im 12. Jahrhundert verbunden. Der Bergfried hat einen Durchmesser von 12 m und ist 33 m hoch. Die Stärke der Mauer am Fuß des Turmes beträgt 3,75 m, durch innere Absätze, die die einzelnen Stockwerke begrenzen, verjüngt sich die Mauer nach oben hin auf 2 m. Der ursprüngliche Eingang lag in 12 m Höhe. Auf der nördlichen Seite des Turmes ist noch heute die Türöffnung zu sehen, die über eine Holztreppe zu erreichen war. Die Antwort, warum der Eingang so weit oben war, liegt im ursprünglichen Verwendungszweck des Bergfrieds begründet. In fast allen Fällen wurde er als erstes Bauglied einer Burg gebaut. Einerseits bot er Schutz vor Angreifern, andererseits konnte er als Wohnstätte genutzt werden. War die Burg fertig, diente er als Aussichtspunkt und letzte Zufluchtsstätte. Für die Kriegstechnik des 12. Jahrhunderts war er fast uneinnehmbar.

Die wahrscheinlich erste

BELZIG

PLZ 14806
Vorwahl 033841

Kfz.-Kennz.: BEL

Einwohner Stadt: 8.000

Fläche Stadtgebiet: 37 qkm

Altstadt

Burg Eisenhardt

urkundliche Erwähnung Belzigs kann man einer Urkunde des Kaisers Otto III. entnehmen, in welcher er 997 einen Burgward „Belizi“ erwähnt. Die älteste erhaltene Urkunde, in der Belzig - diesmal sicher - erwähnt wird, stammt aus dem Jahr 1161. Sie wurde vom Bischof von Brandenburg ausgestellt. Um 1250 fällt die Grafschaft Belzig als erledigtes Lehen an Sachsen zurück. In einer Fehde zwischen dem Erzbischof von Magdeburg Günther und Otto IV. von Brandenburg im Jahr 1278 wird die Burg von den Magdeburgern zerstört. In einer Urkunde Rudolf I. (1348) wird Belzig erstmalig als „Städtlein“ bezeichnet. Mitte des 14. Jahrhunderts entsteht in der Stadt ein Ratskollegium, an dessen Spitze ein Bürgermeister steht. Im Jahr 1530 wird die erste Kirchenvisitation im Amt Belzig durchgeführt. Die Kommission für das Amt wird von Martin Luther geführt. Siebzehn Jahre später, im Schmalkaldischen Krieg, wird Belzig von kaiserlichen Truppen überfallen und angesteckt.

Im Dreißigjährigen Krieg wird die Stadt und die Burg 1636 von schwedischen Söldnern fast gänzlich zerstört. Das volle Stadtrecht erhält Belzig durch den Ankauf wichtiger Stadtrechte von August dem Starken im Jahre 1702.

Durch die Belastungen des Siebenjährigen Krieges und Witterungsunbilden wird die Not der Bevölkerung fast unerträglich.
1813 - während des Gefechts bei Hagelberg zieht der russische General Wittgenstein mit seinen Truppen in Belzig ein und bezieht in der Burg Quartier. Die russischen Kosaken unter Tschernyschew nehmen Einfluß auf die Zerschlagung einer französischen Formation unter General Girard im Gefecht bei Hagelberg.

Mit dem Jahr 1815 beginnt ein neuer Geschichtsabschnitt für Belzig. Gemäß den Beschlüssen des Wiener Kongresses wird das Amt Belzig, das zuvor zu Sachsen gehörte, Preußen zugesprochen. Kurz darauf entsteht aus der Zauche und dem Amt Belzig der Zauch-Belziger-Kreis. Bei der Einweihung des Denkmals auf dem Hagelberg durch den preußischen König Friedrich Wilhelm IV. (1849) werden durch ihn umfangreiche Reparaturarbeiten an der stark verkommenen Burganlage angeordnet. Die Burg erhält in der Folgezeit ihr heutiges Aussehen. Wirtschaftlichen Aufschwung erfuhr Kleinstadt Belzig durch den Bau der Bahn Berlin-Wetzlar (1875/1877). 1901/1904 wird die Brandenburger Städtebahn gebaut und zwischenzeitlich, im Jahr 1900 nach zweijähriger Bauzeit, entsteht die Lungenheilstätte. Durch den Bau des Elektrizitätswerkes verbessern sich Wohn- und Beleuchtungsverhältnisse in der Stadt. 1914 wird das Dorf Sandberg unterhalb der Burg eingemeindet. Anfang der 50er Jahre wird der alte Kreis Zauch-Belzig im Zuge der Verwaltungsreform aufgelöst und neue Grenzen für den Kreis Belzig werden festgelegt. Im April 1993 wurde durch den Landtag des Landes Brandenburg Belzig als Kreissitz für den neuen Großkreis festgelegt,der sich aus den landkreisenPotsdam, Brandenburg, und Belzig sowie dem Amt Treuenbrietzen zusammensetzt. Er umfaßt eine Fläche von 2.732 qm und weist eine Einwohnerzahl von ca. 174.000 auf
(Quelle: Stadtverwaltung)

Wirtschaftsstruktur

Belzig ist überwiegend von kleinen Handwerksbetrieben und mittelständischen Unternehmen geprägt, Industriebetriebe sind nur wenige angesiedelt. Im Technologie und Gründerzentrum

BELZIG
ERKA
Waldsiedlung
Sportplatz
Schule
Bad
Belzig
Galgenberg
Hoher Fläming
Stollenberg
Weinberg
Weinbergsiedlung
Neue Mühle
Mittelberg
Hintermühle
Stadion
Sporthalle
Krankenhaus
Kath. Kirche
Gertraudenkirche
St. Marienkirche
Amtsgericht
Landratsamt
Reißigerhaus
Rathaus
Stadtbibliothek
Apotheke
Post
Polizei
Burg Eisenhardt
Bergfried
Museum
Bricciuskapelle
Bahnhof Belzig
Busbahnhof
Freizeit- u. Erlebnisbad
Bruno-Kühn-Platz
Wiesenburger Brücke
Brandenburg
Beelitz
Treuenbrietzen
Wiesenburg
Brandenburger Straße
Niemegker Straße
Brücker Straße
Landstraße
Gliener Straße
Ernst-Thälmann-Straße
Puschkinstraße
Wittenberger Straße
Alte Wittenberger Straße
Bahnhofstraße
Mehlsdorfer Weg
102
246
A B C D E F G H I K L
1 2 3 4 5 6 7 8

„Fläming", mit Sitz im Papendorfer Weg 1, werden günstige Bedingungen für Existenzgründungen und Ansiedlungen geboten.
Z. Z. wird durch die Stadt Belzig ein 25 ha großes Gewerbegebiet erschlossen. Ein Versorgungszentrum am Busbahnhof, mit einem Hotel, Gastronomie und Einkaufsmöglichkeiten soll zur Verbesserung der Infrastruktur und des Tourismus beitragen. Baubeginn war III. Quartal 1993. Nach umfangreichen Umbau- und Erweiterungsmaßnahmen wurde im Oktober 1993 eine Rehaklinik mit 240 Betten eröffnet.

Sehenswürdigkeiten Ausflugsziele

Die besondere Attraktion der Stadt Belzig ist die Burg Eisenhardt. Die Gemäuer dieses alten Hauses beheimaten zur Zeit ein Museum und ein Burgcafe sowie das Standesamt. Für die Freizeitgestaltung steht das Freizeit- und Erlebnisbad mit verschiedenen Attraktionen und einer 55 m Rutsche zur Verfügung.
Sehenswert ist weiterhin die Innenstadt mit dem wiedererrichteten Rathaus, dem Reisiger Haus und die wunderschöne Landschaft rund um Belzig.

Traditionsveranstaltungen
Die alljährlich im August stattfindende Belziger Burgfestwoche bildet einen Höhepunkt im kulturellen Leben der Stadt. Diese Festwoche ist über die Grenzen Belzigs hinaus bekannt und ein Magnet für viele Besucher.
Großen Zuspruch finden die traditionsreichen Veranstaltungen des Belziger Karnevalklubs, denen jedes Jahr Beifall gezollt wird.
(Quelle: Stadtverwaltung)

Museen, Galerien, Theater
Kulturbund
Große-Str. 53
Tel. 20 69
Heimatmuseum
Planeberg 9
Tel. 26 68

Bibliotheken
Stadtbibliothek,
Mönchenkirchenplatz 4
Tel. 25 18

Banken und Sparkassen
Deutsche Bank AG
Planeberg 2-4 Tel. 25 75
Genossenschaftsbank
Markt, Tel. 23 79
Sparkasse
Markt 15
Tel. 26 90

Ämter / Beratungsstellen
Stadtverwaltung Markt 17
Telefon 27 71
Landratsamt
Am Dammtor 16
Tel. 440

Krankenhäuser / Apotheken
Krankenhaus Badergasse 9
Tel. 26 26
Krankentransport
Tel. 24 64
Schnelle med. Hilfe
Tel. 115
Ärztehaus
Tel. 23 26

Bäder, Sport- und Freizeiteinrichtungen
Touristische Angebote:
Reittouristik, Kutschfahrten, Reitschule (Reiterverein „Fläming",
Reiterhof & Pension Böttcher)
Freibad
Öffnungszeiten
08.00 - 20.00 Uhr
von Mai - September
Schloßpark mit kleinem Tierpark
ganztägig geöffnet
Flugplatz (Zellendorf)
Rundflüge

Fremdenverkehrseinrichtungen
Jüterbog-Information
Informationszentrum
Markt, Tel. 27 71/20

Hotels / Pensionen
Hotel „Am Goldenen Stern",
Markt 14, Tel. 25 97
Hotel „Klosterhof",
Klosterstraße 13,

Kloster Zinna
„Fläming-Schenke",
Rohrbeck, Tel. 21 79
Pension und Reiterhof,
Hauptstr. 10

Straßenverzeichnis der Stadt Belzig

Alte Wittenberger Str.	E7-E8
Am Bahnhof	G7
Am Stadtgraben	E4
Am Weinberg	I3-K3
August-Bebel-Str.	H6-H7
Baderstr.	E5-E6
Bahnhofsgasse	F6
Bergholzer Str.	E8
Berliner Str.	F6-G5
Bertolt-Brecht-Str.	I4-K4
Birkenweg	I4-K3
Borner Str.	C8-D7
Brandenburger Str.	F4-H2
Brücker Landstr.	G5-K4
Brunenstr.	G4
Bruno-Kühn-Platz	F2
Clara-Zetkin-Str.	H4-H5
Eisenbahnstr.	H7
Erich-Weinert-Str.	K4-K6
Ernst-Thälmann-Str.	D4-F4
Fichtesr.	H4
Flämingweg	E8-F7
Forstweg	B2
Freigraben	F5
Friedrich-Ebert-Ring	H3-I1
Friedrich-Engels-Str.	G6-H6
Friedrich-Friesen-Weg	I3
Friedrich-Ludwig-Jahn-Str.	H4-I4
Friedrich-Schiller-Str.	I5
Gliener Str.	B6-D4
Goethestr.	I4-K5
Grüner Grund	C5-D5
Hagelberger Str.	C5-D5
Hahnengrund	A6
Hans-Marchwitza-Str.	I5-K5
Heinrich-Heine-Str.	I5-K6
Hirtengasse	F5
Im Winkel	F6
Johannes-R.-Becher-Str.	K4
Karl-Liebknecht-Str.	G6-H5
Karl-Marx-Str.	H5-H7
Kiefernweg	F1
Kirchhofstr.	G3-G4
Kirchplatz	E5
Lübnitzer Str.	C3-E5
Magdeburger Str.	E5
Markt	E5
Martin-Luther-Str.	F2-G3
Mauerstr.	F5-F6
Mehlsdorfer Weg	G7-G8
Mühlenhölzchen	F5-G4
Mühlenweg	I2-K2
Niemegker Str.	F4-K6
Niemöllerstr.	E4-E5
Papendorfer Weg	C5
Puschkinstr.	E3-F4
Reißiger Str.	E5
Ringstr.	F1-F2
Rosa-Luxemburg-Str.	F1-F2
Rudolf Breitscheid-Str.	F2-G1
Sandberger Str.	E5-F6
Schloßstr.	E6-E7
Schloßtor	D6-E6
Schwanebecker Weg	H4-I3
Stadionweg	D2-F2
Steinstraße	D4-E3
Straße der Einheit	E5-F4
Straße der Jugend	F1
Töpfergasse	F5
Wallgasse	E5
Wallstr.	E5-E6
Weitzgrunder Str.	F3-F4
Weitzgrunder Weg	E1-F2
Wiesenburger Sr.	E5
Wittenberger Str.	D7-E7

Verkehrsanbindungen

Die Stadt Belzig liegt in der wunderschönen Fläminglandschaft. Die höchste Erhebung des Flämings und damit des gesamten Landes Brandenburg, ist der Hagelberg mit 201 m. Er befindet sich nur 5 km entfernt von Belzig.
Belzig erreicht man:
Mit dem Eilzug ab Berlin-Hauptbahnhof, mit der Regionalbahn R6 von Wannsee nach Belzig, 3 x täglich;
Mit dem Personenzug ab Potsdam-Drewitz, stündlich;
Mit dem Bus ab Potsdam, Busbahnhof;
Mit dem Auto über die Bundesautobahn in Richtung Nürnberg/Abfahrt Niemegk oder Brück.
Entfernungen zu einigen Städten:
Berlin 80 km
Potsdam 50 km
Brandenburg 35 km
(Abfahrt/Autobahn Richtung Hannover - 25 km)
Treuenbrietzen 30 km
Jügerbog 40 km
Lutherstadt Wittenberg 55 km
Magdeburg 100 km
Leipzig 100 km
Dessau 50 km
Landschaftspark Wörlitz 65 km
(Quelle: Stadtverwaltung)

BERNAU

Aus der Stadtgeschichte

Bernau liegt in der Mark Brandenburg, nördlich von Berlin. Die Stadt ist gut mit der S-Bahn oder dem Auto zu erreichen. Sie bietet einen idealen Ausgangspunkt für die unterschiedlichsten Wanderungen zu Fuß oder mit dem Rad in die weiten Wälder und an die zahlreichen Seen der Umgebung. Die Stadt hat in ihrer über 700jährigen Geschichte viel erlebt. Sagenhaftes umgibt die Gründung der Stadt Bernau. Albrecht der Bär, ein askanischer Markgraf, soll um das Jahr 1140 bei der Jagd nach Bären in eine Waldschenke eingekehrt sein. Das dort ausgeschenkte, dunkelbraune, schmackhafte Bier habe ihm so vortrefflich gemundet, daß er beschloß, an diesem schönen Ort eine Stadt zu gründen. Die genauen Umstände und Daten der Gründung Bernaus sind jedoch nicht bekannt, da die Urkunden darüber bei den großen Stadtbränden vernichtet wurden.

BERNAU

PLZ 16321
Vorwahl 03338

Kfz.-Kennz.: BER

Einwohner Stadt: 20.000

Fläche Stadtgebiet: 46 qkm

Die älteste nachweisbare Erwähnung der Stadt Bernau liegt in Form eines Schreibens vom 05. Dezember 1226 des Papstes Bonifatius VIII. an den Probst von Bernau vor. Der kleine Ort, in der Nähe der Panke-Quelle, entwickelte sich zu einer blühenden und angesehenen Stadt mit regem Markttreiben und weitreichenden Handelsbeziehungen. Ihren Reichtum verdankt sie der Tuchmacherei und der Bierbrauerei. Das berühmte Bernauer Schwarzbier war weit über die Grenzen der Mark Brandenburg bekannt und begehrt. Zeugnisse dieser Zeit sind die heute noch gut erhaltene St. Marienkirche und die Stadtbefestigungsanlagen.

Wohlstand und Ansehen der Stadt wurden durch die Pest und den Dreißigjährigen Krieg beendet. Erst in der Mitte des 19. Jahrhunderts erlangte Bernau stattliche Größe und mit dem Anschluß an die Eisenbahn Bedeutung.
Ein weiteres Ereignis, durch das Bernau auch bekannt wurde, ist die Abwehr der Hussiten. Da über den eigentlichen Hergang so gut wie nichts überliefert wurde, wird häufig darüber gestritten. Geklärt dürfte jedoch sein, daß die Hussiten die Stadt nicht bezwungen haben.
Im Jahre 1882 wurde das erste Hussitenfest mit Festspiel gefeiert, das bis in die 50er Jahre traditionell begangen wurde und 1992 erstmals wieder in dieser Form zu neuem Leben erweckt wurde.

Das heutige Stadtbild ist geprägt von der ca. 1496 m langen gut erhaltenen Stadtmauer, die den Stadtkern fast völlig umschließt, dem grünen Gürtel der ehemaligen Wallanlage, dem Schwanenteich und dem Stadtpark. Rekonstruierte und neuerbaute Häuser fügen sich gemeinsam in den Charakter der alten Stadt ein. - Es ist gelungen, den alten Straßenplan zu erhalten. (Quelle: Fremdenverkehrsamt)

Külzpark am Steintor   Foto: Stadtverwaltung

St. Marien zu Bernau

Einer der vielen Besucher der Kirche, ein Bauarbeiter aus Berlin, der am Fernsehturm arbeitet, sagte im Gespräch, er wolle jetzt endlich einmal sehen, was es mit dieser riesigen roten Dachfläche, die er vom Berliner Fernsehturm sehen konnte, auf sich hat. Nach Besichtigung der Kirche war er äußerst froh, seiner Neugierde nachgegeben zu haben, denn alles, was unter diesem Kirchendach ist, sei ungeheuer beeindruckend.
Der Mann hat zweifellos recht. Die St.-Marien-Kirche ist eine der schönsten und bemerkenswertesten Kirchen des märkischen Raumes. Noch heute beherrschen das mächtige Dach der Pfarrkirche und ihre Ziergiebel das Stadtbild von Bernau. Die 3.600 Quadratmeter Dachfläche sind nicht zu übersehen. Aus allen Richtungen anreisende Besucher nehmen den auf der höchsten Erhebung des Stadtgeländes errichteten Kirchenbau wahr. Die Gründung der Bernauer Kirche reicht in die Zeit der Besiedlung dieses Landstriches zurück. Bei Ausgrabungen freigelegte Fundamente einer Feldsteinkirche belegen das. Ein noch sichtbarer Beweis ist ein romanisches Portal in der Nordseite der St.-Marien-Kirche.
Im Mittelalter war Bernau eine Stadt von nicht geringer Bedeutung. Durch Bernau führten wichtige Heer- und Handelswege.

Die Wohlhabenheit der Stadt blühte vom 14. bis zum 16. Jahrhundert dank des damals berühmten Bernauer Bieres und viel gehandelter Tuche. Große kirchliche Bedeutung kam Bernau als Erzpriestersitz zu. Der Bernauer Propst Cyriakus erlangte Berühmtheit durch einen Vorfall, der die Beziehungen zwischen Bernau und der Doppelstadt Berlin und Cölln schwer belastete. 1325 wurde der Propst bei einer Predigt in der Berliner Marienkirche von erzürnten Berlinern erschlagen. Vor der Marienkirche steht noch heute ein Sühnekreuz, der Papst legte damals Berlin in Bann, und über 100 Jahre erhielt Bernau ein Bußgeld. Daß große Mengen Geld für den Kirchenbau notwendig waren, steht wohl außer Frage.

ERKA

Am Katzenellenbogen Foto: Stadtverwaltung

Das heutige Aussehen der St.-Marien-Kirche ist bestimmt durch die Neu- und Umbauten des 15. und 16. Jahrhunderts und den erst 1846 angefügten Turm. Schon um 1280 hatte der Bernauer Kirchenbau das Aussehen einer gotischen Basilika mit Westquerturm von fast den Ausmaßen des heutigen Baues. Um 1400 erfolgte der Anbau der zwei Nordschiffe. Diese waren der erste Bauabschnitt einer großen Bauphase, in deren Verlauf ab 1460 der Hochaltarraum mit dem Chorumgang, das Hauptschiff, das südliche Seitenschiff, der Sakristeianbau mit einer Empore und die zweigeschossige Südkapelle entstanden. Außergewöhnlich ist der Innenraum mit dem vierschiffigen Hallenlanghaus und dem dreischiffigen Umgangschor. Die Vielschichtigkeit der Bauvorgänge wird besonders deutlich durch die unterschiedlichsten Formen der Deckengewölbe.
Es sind schlichte Sternformen in den nördlichen Seitenschiffen, ein Sternnetz im Mittelschiff, reiches dekoratives Netzmuster im südlichen Seitenschiff und reines Kreuzrippengewölbe im Chorraum. 1519, so besagt es auch eine Inschrift im Gewölbe der Kanzel, war der Kirchenbau abgeschlossen.
Die alte Doppelturmanlage wurde im vorigen Jahrhundert wegen Baufälligkeit abgetragen und durch den jetzigen Turm ersetzt. Seit 1975 wird die St.-Marien-Kirche restauriert. Nach umfassenden Außenarbeiten am Dachstuhl, Dach, Turm, Mauerwerk und Fenstern begannen die Restaurierungsarbeiten im Innenraum. Ergebnis dieser Restaurierung ist die Erstellung des Innenraum-Eindruckes der St.-Marien-Kirche von 1520 im Zusammenklang mit der dazu gehörenden geschlossenen Ausstattung. Die Weiß-Ausmalung mit dem Doppelfugennetz, die farbliche und ornamentale Gestaltung sind gesicherte denkmalpflegerische Erkenntnisse.

Zu den Kunstwerken der Marienkirche:
Chor mit Umgang
Hochaltar, um 1520, aus dem Umkreis Lukas Cranach d. Ä. Im Mittelschrein die Szene der Marienkrönung, musizierende Engel und Heiligenfiguren. In den Seitenflügeln je 12 Apostel- und Märtyrerfiguren. Über dem Schrein Christus zwischen Petrus und Paulus. Über ihren Baldachinen der Hl. Georg zwischen Andreas und Jakobus. Die Meister der kunstvollen, vergoldeten und polycrom bemalten Schnitzfiguren und Ornamente sind nicht bekannt. Beim Schließen des inneren Flügelpaares entsteht eine aus 32 Maltafeln bestehende Bilderwand mit 16 Motiven aus dem Marienleben und Kindheitsgeschichten Jesu und 16 Motiven über das Leiden und die Auferstehung Christi. Alle Motive sind mit Goldgrund unterlegt. Das geschlossene äußere Flügelpaar ergibt eine zweite Bildwand mit 32 Szenen aus Heiligen- und Märtyrerlegenden. Auf der Predella, dem geschwungenen geformten Fuß des Schreins, vier gemalte Motive aus der Nicolaus-Legende.
Triumphkreuzgruppe, von 1490, Gekreuzigten und eine kleine

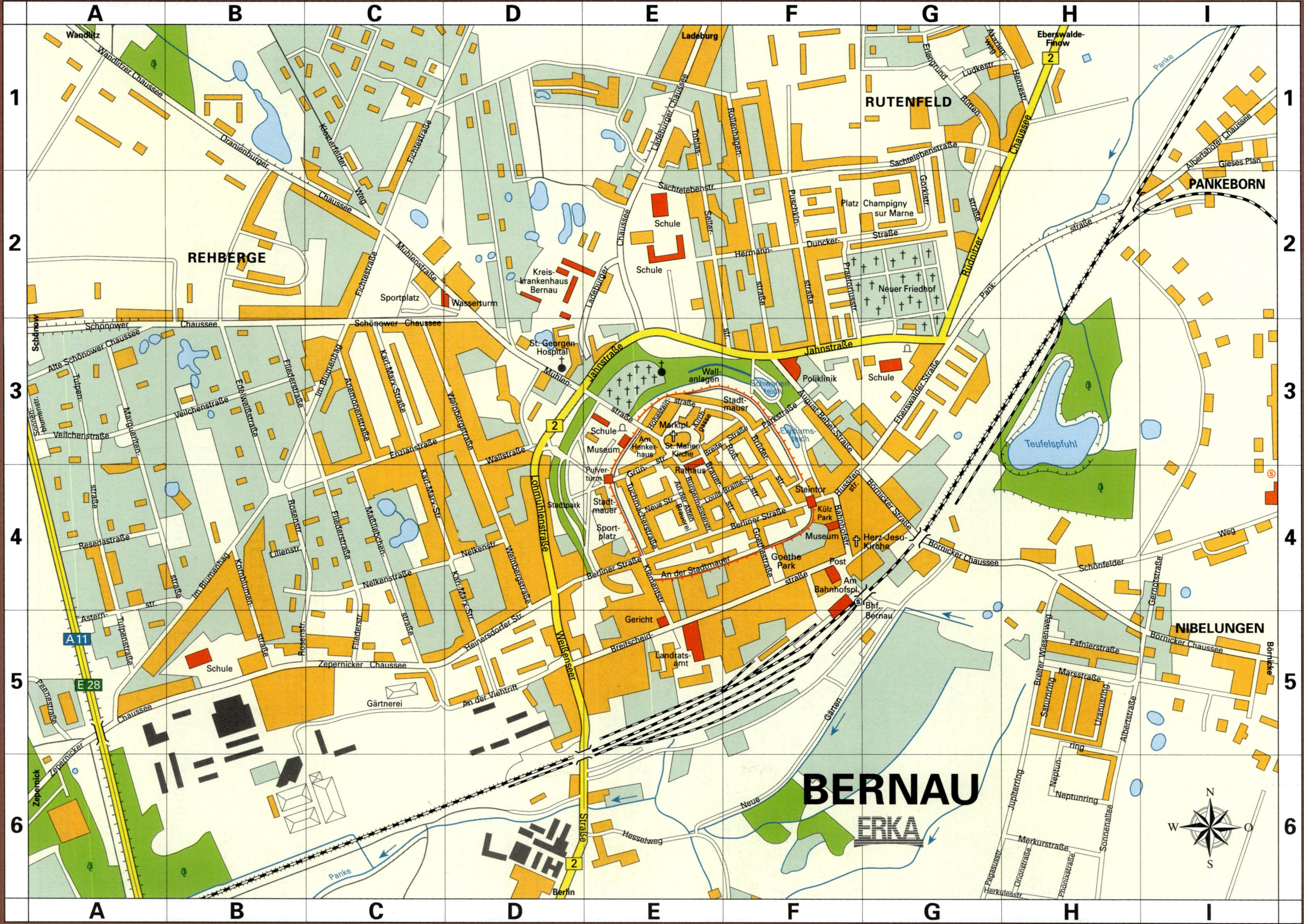
BERNAU
ERKA
RUTENFELD
REHBERGE
PANKEBORN
NIBELUNGEN
Wandlitz
Ladeburg
Eberswalde-Finow
Börnicke
Zepernick
Schönow
Berlin
Teufelspfuhl
Neuer Friedhof
Platz Champigny sur Marne
Kreiskrankenhaus Bernau
St. Georgen Hospital
Wasserturm
Sportplatz
Schule
Poliklinik
Wallanlagen
Marktpl.
St. Marien Kirche
Rathaus
Steintor
Pulverturm
Henkerhaus
Museum
Stadtmauer
Stadtpark
Goethe Park
Külz Park
Herz-Jesu-Kirche
Post
Bhf. Bernau
Gericht
Landratsamt
Gärtnerei
Jahnstraße
Lohmühlenstraße
Weißenseer Straße
Berliner Straße
Börnicker Chaussee
Rüdnitzer Chaussee
Zepernicker Chaussee
Schönower Chaussee
Oranienburger Chaussee
Wandlitzer Chaussee
Ladeburger Chaussee
Mühlenstraße
Karl-Marx-Straße
Breitscheidstraße
Pankstraße
Eberswalder Straße
A 11
E 28

An der Stadtmauer Foto: Stadtverwaltung

Jakobus-Figur auf dem Triumphbalken zwischen den Eingangspfeilern zum Chor. Madonna mit dem Kind unter dem Baldachin, um 1520 Taufstein in Pokalform, spätromanische Kanzel, 1609, mit kronenartigem Schalldeckel.

Im Umgang von Nord nach Süd: Pastorenbildnisse und Grabsteine
Altarweihinschrift, von 1479, 1988 entdeckt
Taufbecken mit Aufsatz, 1609
Sakramentshaus, um 1480, an der Nordseite
„Schmerzensmann“ enthält einen eingebauten hölzernen Schrank, dessen äußere Flügeltüren Gemälde aus dem 15. Jahrhundert und rückseitig Rankenmalereien tragen.
Die Innentüren sind mit Schmiedeeisenbeschlägen reich verziert. Darüber ein Tafelbild „Das Schweißtuch der Veronika“. Im gemauerten Spitzbogenfeld „Gregorsmesse“, restauriert.

Holzrelief, von 1501, „Geißelung Christi“, Buchsbaum Schnitzerei

Etaphien und sakrale Bilder, 16. und 17. Jahrhundert
Bürgermeisterstuhl“, 16. Jahrhundert, mit schöner Intarsienarbeit und geschnitzter Wange mit Stadtwappen

Mittelschiff
Gedenktafel von 1885, für den Schwedenkönig Gustav Adolf
Orgelempore aus dem 19. Jahrhundert, ebenso der Orgelprospekt, der 1989 mit einer 29-stimmigen Orgel der Fa. Voigt, Bad Liebenwerder, ausgestattet wurde. Das Bürger-Chor, unter der Orgelempore, 1710 erbaut, die Brüstung mit Schrift und Malerei gestaltet, wird noch restauriert.

Nordschiffe
Emporen, vom Anfang des 17. Jahrhunderts, Tuchmacher-, Schuhmacher- und Knecht-Chor, die Brüstung mit Ölbildern alttestamentarischer Szenen geschmückt. Unter den Emporen reiche ornamentale Deckengestaltung.
Wandbilder, an der Nordwand „Christopherus“, an der Westwand „Jüngstes Gericht“, noch freizulegende Fresken. Sandsteinrelief, um 1425, „Christus in Gethsemane“, farbig gefaßt, mit Stadtansicht im Hintergrund.
Gestühl, 17. Jahrhundert, mit geschnitztem Schmuckwerk, sogenanntes Wechselgestühl, entsprechend der liturgischen Handlung konnte der Sitz gewechselt werden, ist nicht am ursprünglichen Platz.

Südschiff
Mittelalterliches Mahnbild, Fresco über dem Eingang zur südlichen Vorhalle, „Das gute und das schlechte Gebet“, bei Restaurierungsarbeiten entdeckt und gesichert. Zeigt Christus an der Säule, rechts Gestalt mit Rosenkranz, links Gestalt mit Kasten, Renaissance-Kleidung, Schriftbänder in niederdeutscher Mundart.

In der Vorhalle reiche farbliche Gestaltung von Rippen, Schlußsteinen und Türprofilen.

Torso eines gemalten Kruzifixes deutet auf frühe sakrale Verwendung des Raumes.
Orgel-Seitenchor, wie die Emporen der Nordseite, die Ölbilder für die Brüstungsfelder befinden sich in der Restaurierung.

Die St.-Marien-Kirche lädt zu einem Besuch ein und bietet ein umfangreiches Programm kirchenmusikalischer Veranstaltungen, die ein beeindruckendes Musikerlebnis sichern. An jedem Sonntag und an allen Feiertagen wird zum Gottesdienst eingeladen. Die Öffnungszeiten für Besichtigungen sind in Tageszeitungen und Veranstaltungsprogrammen veröffentlicht.

Interessante Bücher und Broschüren vermitteln weitere Informationen über Bernau, seine Geschichte und seine Kirche St. Marien.
(Quelle: Stadtverwaltung)

Straßenverzeichnis der Stadt Bernau

Akazienweg	G1 - H1
Albertshofer Chaussee	I1 - I2
Albertstr.	H5 - I5
Alte Schönower Chaussee	A3
An der Alten Brauerei	E4
An der Stadtmauer	E4 - F4
An der Viehtrift	D5
Anemonenstr.	C3
Asternstr.	A4 - A5
August-Bebel-Str.	F3
Bahnhofstr.	F4
Berliner Str.	D4 - F4
Börnicker Chaussee	G4 - I5
Börnicker Str.	G4
Brauerstr.	E3 - F4
Breite Str-	E3 - F3
Breiter Wiesenweg	H4 - H5
Breitscheidstr.	E5 - F4
Brüderstr.	F3 - F4
Bürgermeisterstr.	E4
Büttenstr.	G1 - G2
Eberswalder Str.	G3
Edelweißstr.	B3 - B4
Eilchenstr.	A3 - B3
Enzianstr.	B4 - D3
Erlengrund	G1
Fafnierstr.	H5
Fichtestr.	C2 - D1
Fliederstr.	B3 - C5
Gernotstr.	I4 - I5
Gieses Plan	I1
Goethestr.	F4
Gorkistr.	G1 - G2
Grünstr.	E3 - E4
Heinersdorfer Str.	D4 - D5
Henzestr.	H1
Herkulesstr.	G6 - H6
Hermann-DunckerStr.	F2 - G2
Hesselweg	E6
Hohesteinstr.	E3
Hussitenstr.	F4
Im Blumenhag	B4 - C3
Jahnstr.	E3 - G3
Jupiterring	H5 - H6
Karl-Marx-Str.	C3 - D5
Kirchgasse	E3
Klementstr.	E4 - E5
Klosterfelder Weg	C1 - C2
Kornblumenstr.	B4 - B5
Ladeburger Chaussee	E1 - E3
Lilienstr.	B4
Lohmühlenstr.	D3 - D4
Louis-Braille-Str.	E4 - F4
Lüdkestr.	G1 - H1
Margueritenstr.	A3 - B4
Marktplatz	E3
Marsstr.	H5
Maßliebchenstr.	C4 - C5
Merkurstr.	H6
Mühlenstr.	C2 - E3
Nelkenstr.	C4 - D4
Neptunring	H5 - H6
Neue Gärten	F6 - G5
Neue Str.	E4
Oranienburger Chaussee	B1 - C2
Orionstr.	H6
Pankstr.	G3 - H2
Parkstr.	F3
Peenestr.	A5
Pegasusstr.	G6
Phönixstr.	H6
Praetoriusstr.	F2 - F3
Puschkinstr.	F2 - F3
Resedastr.	A4
Rollenhagenstr.	F1 - F3
Rosenstr.	B4 - B5
Roßstr.	F3 - F4
Rüdnitzer Chaussee	G3 - H1
Sachtelebenstr.	E2 - G1
Saturnring	H5
Schönfelder Weg	H4 - I4
Schönower Chaussee	A3 - D3
Sonnenallee	H6
Sonnenblumenstr.	A3
Tobias-Seiler-Str.	E1 - F3
Tuchmacherstr.	E4
Tulpenstr.	A3 - A5
Uranusring	H5
Wallstr.	D3
Wandlitzer Chaussee	A1
Weinbergstr.	C3 - D4
Weissenseer Str.	D5 - D6
Zepernicker Chaussee	A6 - C5

Wirtschafts-struktur

In Bernau sind Betriebe des Elektromaschinen- und Anlagenbaues, Fahrzeugausrüstungsbaues, der Energieversorgung, Bauunternehmen, ein Lederwarenbetrieb, Backwarenunternehmen und ein Chemiebetrieb ansässig.
(Quelle: Stadtverwaltung)

Sehenswürdigkeiten Ausflugsziele

- St.-Marienkirche mit seltenem Flügelaltar mit Bildtafeln aus der Schule von Lukas Cranach d. Ä.
- Herz-Jesu-Kirche, einseitige Hallenkirche norddeutscher Backsteingotik, 1908 erbaut
- Kantorhaus, Stiftung von 1582/83 von der reichen Tuchmachergilde für den Kantor, heute Sitz der Musikschule.
- Steintor, seit 1882 Heimatmuseum
- ca. 1496 m lange Stadtmauer
- Adler-Apotheke
- St. Georgenhospital, 1328 von der Tuchmachergilde gestiftet, 1432 von den Hussiten niedergebrannt und im 15. Jahrhundert neu erbaut.

Sonstige Ausflugsziele:
- Liepnitzsee (Wander- und Badeparadies)
- Orte der Umgebung wie Lanke, Biesenthal und Ruhsdorf, an herrlichen Seen gelegen sowie
- Ladeburg, Lobetal, Rüdnitz und Basdorf mit seiner Kirche aus dem Jahre 1250
- Kleintierzoo in Ladeburg
- Blumberg mit Barockschloß und Lennépark
- Lindenberg mit Wehrkirche aus dem 14. Jahrhundert

Sicher befanden sich die verschiedenen Bernauer Rathäuser seit alters her auf etwa gleichem Grund, denn Bernau wurde planmäßig angelegt, wie man noch heute unschwer an der Straßenführung innerhalb des Mauerringes nachvollziehen kann.

Das erste Bernauer Rathaus dürfte ein eher bescheidener Bau gewesen sein, der in den Jahren der Stadtgründung (um 1232) mit aufgerichtet worden ist. Dieser Bau brannte allerdings beim ersten Bernauer Stadtbrand im Jahre 1406 nieder.

Als im Jahre 1432 die Hussiten die Stadt belagerten, war in Bernau bereits ein neues und legt man den gestiegenen Wohlstand der Bernauer Bürgerschaft zugrunde, sicher auch repräsentatives Rathaus errichtet worden. Die Hussiten konnten es nicht zerstören, da sie es gar nicht erst zu Gesicht bekamen. Dafür schafften es gut 50 Jahre später (1483) die Bernauer selbst durch die fahrlässige Verursachung des zweiten großen Stadtbrandes. Und so wurde auch das zweite Bernauer Rathaus ein Raub der Flammen.
Nun errichteten die Bernauer wiederum ein neues, ihr drittes Rathaus, welches das schönste von allen werden sollte und über 300 Jahre Bestand hatte. Die Beschreibungen des Bernauer Chronisten, Tobias Seiler (1681-1741) und anderer Zeitzeugen vermitteln uns ein recht plastisches Bild von den Ausmaßen dieses prachtvollen, vermutlich im gotischen Stil errichteten Rathauses, seiner räumlichen Beschaffenheit und Ausstattung, sowie von den zahlreichen An- und Nebenbauten, die zusammen mit dem Rathaus einen regelrechten Gebäudekomplex bildeten. Insgesamt beanspruchte dieser Rathauskomplex in der Stadt, die ja damals auf den Raum innerhalb der Ringmauer begrenzt war und nur ca. ein Viertel der heutigen Einwohnerzahl aufzuweisen hatte, nahezu doppelt so viel Platz, wie das

Am Pulverturm Foto: Stadtverwaltung

heutige Rathaus mit Seitenflügel. Dennoch vermochte der Rathausbau nicht mit der gewaltigen, das Stadtbild bis heute deminierenden St.-Marien-Kirche zu konkurrieren, wie ein alter Kupferstich des Nürnberger Meisters, Merian d. Ä. veranschaulicht. Ausmaße und zentrale Lage des Rathauses verweisen aber unzweifelhaft auf die gewachsene Stärke und Bedeutung eines aufstrebenden Bürgertums im mittelalterlichen Bernau.

Vor allem durch den Dreißigjährigen Krieg (1618-1648) büßte Bernau seinen einstigen Wohlstand nahezu vollends ein. Hausstellen in der Stadt wurden wüst, Gebäude verfielen und auch der Zustand des Rathauses nahm mit der Zeit immer bedrohlichere Ausmaße an. So faßte der Magistrat dann Ende des 18. Jahrhunderts eine komplette Restauration des Rathauses ins Auge. Leider fehlten die nötigen Mittel und man entschloß sich nach einigem Hin und Her zu einem kostengünstigeren Neubau.

Das alte Rathaus mit südlich belegenen Bauten wurde in den Jahren 1799/1800 abgerissen. Auf den nun freien Baugrund entstand zunächst (1801-1803) zur Bürgermeisterstraße hin ein neues Hauptwachtgebäude. Anschließend (1803/1805) stellten Bernauer Handwerker das neue Rathausgebäude fertig, welches bis heute im Bernauer Stadtbild durch die Nüchternheit seiner klassizistischen Architektur besticht.

Klassizistische Bauwerke, die durch ihre schnörkellose Direktheit und schlichte Eleganz hervorragend mit der einfachen Schönheit der märkischen Landschaft und ihrer Bewohner harmonieren, folgten oftmals auch in der innenarchitektonischen Ausstattung den Prinzipien der Zweckmäßigkeit. Anders offenbar beim Bernauer Rathaus. Hier entstand, wie den Beschreibungen des Bernauer Chronisten, August Wernicke (1843-1912) zu entnehmen ist, ein eher unzweckmäßiger Zweckbau, der zudem auch noch erhebliche Mängel in der Bauausführung aufwies. So mußte z. B. 1819/1820 das ursprünglich Walmdach einer Generalreparatur unterzogen werden, wobei es seine heutige, angewalmte Form erhielt. Das Hauptwachtgebäude gar wurde vollständig niedergerissen und 1853/1854 durch einen vergrößerten, in den Westgiebel des Rathauses ragenden Neubau, den heutigen Rathausseitenflügel, ersetzt. Viele, viele weitere, kleinere und größere Reparaturen, Umbauten und Restaurierungen kamen mit den Jahren hinzu.

Und heute ... - beantworten Sie die Frage selbst, indem Sie auf Ihren Entdeckungen in Bernau das Rathaus, vielleicht bei einem Besuch im Fremdenverkehrsamt während der Hussitenfestspiele, etwas genauer unter die Lupe nehmen. Aber bedenken Sie:

Es ist zwar nicht alles Gold, was glänzt, jedoch alles was nicht glänzt, muß darum nicht weniger wertvoll sein.
J. Cantow

Verkehrsanbindungen

- S-Bahnanschluß nach Berlin (alle 20 Minuten)
- Fernbahn Strecke Leipzig-Berlin-Stralsund
- Busbahnhof für den Personennahverkehr
- Autobahnanschluß A10 (Berliner Ring) A11 (Prenzlau)
- Bundesstr. B2 (Berlin-Szczecin)

Museen, Galerien, Theater

Galerie,
Bürgermeisterstraße 4,
Tel. 80 68

Galerie „Waldkater“,
Wandlitzer Chaussee 101
Tel.57 64

Heimatmuseum
Steintor,
Berliner Straße
Tel. 29 24 und

Henkerhaus,
Am Henkerhaus,
Tel. 22 45

Kinderbibliothek,
Jahnstr. 40 - 45,
Tel. 23 49

Banken und Sparkassen

Berliner Volksbank e. G.
Mühlenstraße 45,
Tel. 57 78

Deutsche Bank AG
Bürgermeisterstr. 25,
Tel. 37 31

Kreissparkasse Bernau
Brauerstr. 18
Tel. 55 804

Krankenhäser/Apotheken

Kreiskrankenhaus
Ladeburger Chaussee 3,
Tel. 6 90

Adler-Apotheke
Bürgermeisterstr. 8,
Tel. 54 39

Phönix-Apotheke
Sonnenallee 4,
Tel. 89 41

Apotheke Frank
Fafnierstraße 2,
Tel. 50 38

Fremdenverkehrs-einrichtung

Fremdenverkehrsamt
Marktplatz 2,
Tel. 36 53 86-9

Hotels/Pensionen

Comfort Hotel
Bernau
Zepernicker
Chaussee 39-53,
Tel. 29 71

Sternwarte,
Fliederstraße/
Ecke Enzianstraße,
Tel. 21 02

Bibliotheken

Stadtbibliothek
Marktplatz 2,
Tel. 36 53 36

Ämter/Beratungsstellen

Stadtverwaltung
Marktplatz 2,
Tel. 36 50

Landratsamt
Breitscheidstraße,
Tel. 6 40

Kaisergarten Apotheke,
Breitscheidstr. 32,
Tel. 89 59

Bäder, Sport- und Freizeiteinrichtungen

Sportplatz Am Wasserturm
Oranienburger Straße 11,
Tel. 55 38

Hotel-Restaurant
Seeschloß,
Am Obersee, Lanke
Tel. 03337/3720

Herberge & Restauration
„Schwarzer Adler“
Berliner Straße 33,
Tel. 38 671

BERLIN BUND

Reichtagsgebäude

Aus der Stadtgeschichte

Um 8000 v. Chr. beginnt die Besiedlung im Raum Berlin.
11.-10.- Jh. Verdichtung der Besiedlung.
Um 700 Frühgermanische Landnahme von Nordwesten her.
n. Chr.
1. Jh. Besiedlung durch die Semnonen
Um 200 Abwanderung der Semnonen nach Süddeutschland, danach spärliche germanische Besiedlung.
6./7. Jh. Landnahme durch Slawen.
8. Jh. Burgwallanlage südlich von Spandau
Um 825 Älteste slawische Burganlage von Köpenick.
1134-1170 Albrecht d. Bär, erster Markgraf von Brandenburg aus dem Hause der Askanier. Führende Gestalt der deutschen Ostkolonisation.

ESHAUPTSTADT

"Rotes Rathaus"

BERLIN

Vorwahl 030

Kfz.-Kennz.: B

**Einwohner Stadt:
3.433.700**

**Fläche Stadtgebiet:
889,08 qkm**

1157 Eroberung des Landes durch Albrecht d. Bären.
1170-1184 Otto I. Unter ihm Kolonisation und Christianisierung des westlichen Teltow (südlich der Spree). Um diese Zeit Gründung von Berlin und Cölln.
1184-1205 Otto II.
1197 Erste Erwähnung von Spandau.
1205-1220 Albrecht II.
1221-1231 Markgräfin Mechthild als Lehnsvormund ihrer Söhne:
1231-1267 Johann I. (+ 1266) und Otto III.
1237 Erste urkundliche Erwähnung von Cölln.
1244 Erste urkundliche Erwähnung von Berlin
Um 1247 Erste Ringmauer um Berlin.
1266-1281 Johann II.
1266-1308 Otto IV. mit dem Pfeil.
1307 Vereinigung von Berlin und Cölln zu einer Stadt.
1308-1319 Waldemar d. Gr.
Um 1319 Gemeinsame Stadtmauer von Berlin und Cölln.
1319-1320 Heinrich d. Kind. Mit ihm endet die Geschichte der Askanier.
1323-1347 Ludwig I. d. Ä. Er erhält die Mark als Reichslehen von seinem Vater, Kaiser Ludwig d. Baiern aus dem Hause Wittelsbach.
1324 Kämpfe zwischen der auf päpstlicher Seite stehenden alten sächsisch-askanischen Partei und den kaisertreuen Anhängern der Wittelsbacher führen zur Ermordung des Propostes von Bernau. Berlin wird mit dem päpstlichen Bann belegt (erst 1347 aufgehoben).
1348 Stadtbrand.
1348-1350 Herrschaft des falschen Markgrafen Waldemar.
1350-1365 Ludwig II. d. Römer
1365-1373 Otto d. Faule von Wittelsbach. Er verkauft seine Rechte an der Mark an Kaiser Karl IV.
1373-1378 Kaiser Karl IV. aus dem Hause Luxemburg. Er läßt 1375 als ein Inventar seines Besitzes „Das Landbuch der Mark" anlegen.
1376, 1380 Verheerende Stadtbrände
1378-1415 Sigismund (ab 1410 König). Verunsicherung des Landes durch mächtige Adelsfamilien (v. Quitzow, v. Bredow).
1398-1415 Verpfändung der Mark an Markgraf Jobst von Mähren.
1411-1414 Verwaltung der Mark durch den Burggrafen Friedrich VI. von Nürnberg aus dem Hause Hohenzollern.
1415-1440 Friedrich VI. wird die Mark als Kurfürstentum übertragen. Er heißt als Kurfürst Friedrich I.
1432 Befestigung des Zusammenschlusses von Berlin und Cölln zur Stärkung der Stadt gegen den Kurfürsten.
1440-1970 Friedrich II. Eisenzahn.
1443-1451 Bau des Schlosses in Cölln.
1448 Aufstand der Berliner und Cöllner Bürger gegen den Kurfürsten („Berliner Unwille").
1470-1486 Albrecht Achilles.
1484 Stadtbrand.
1486-1499 Johann Cicero.
1499-1535 Joachim I. Nestor.
1510 Judenverfolgung.
1535-1571 Joachim II. Hektor.

Schloß Bellevue

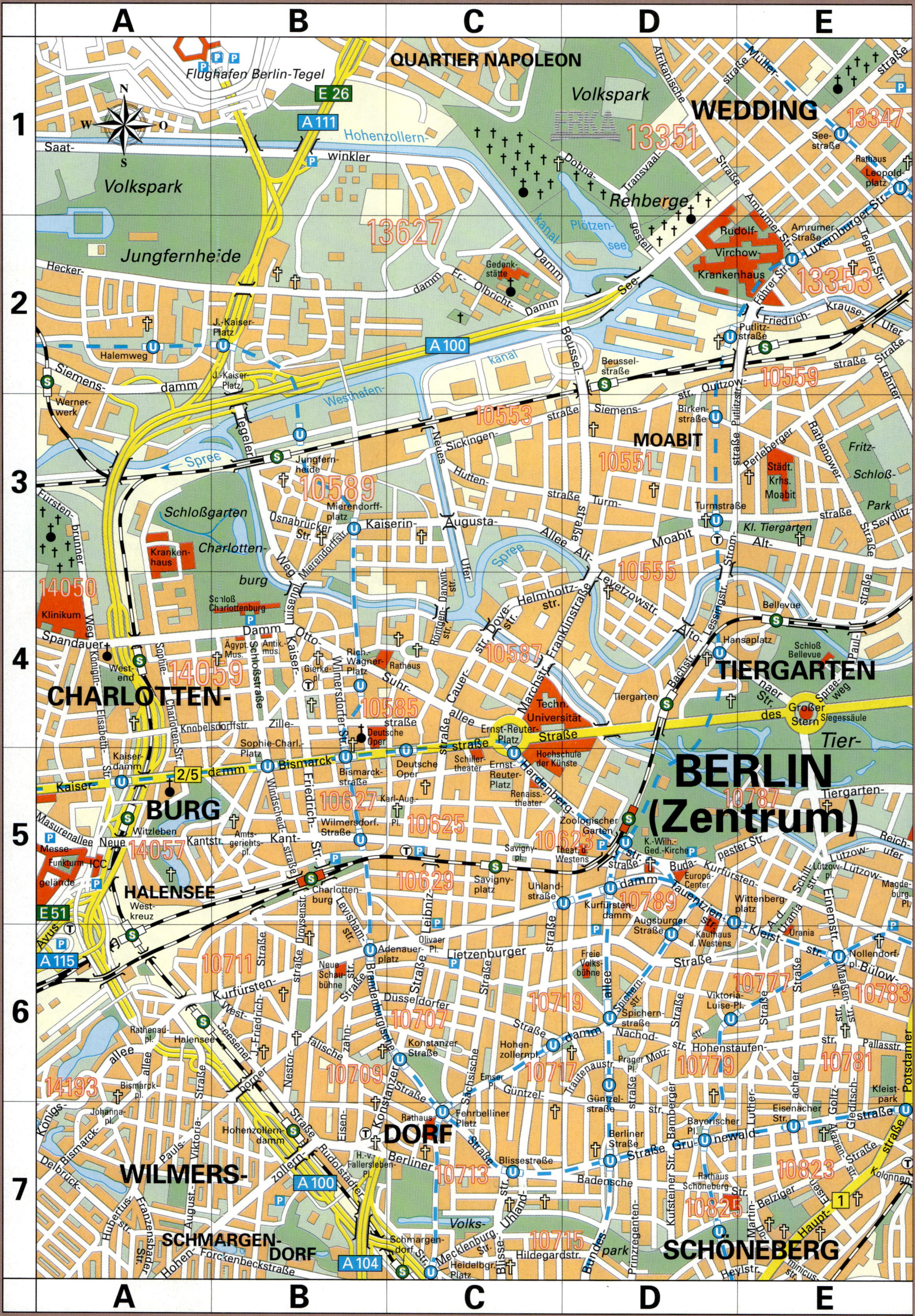

A B C D E
1 2 3 4 5 6 7
Flughafen Berlin-Tegel
QUARTIER NAPOLEON
Volkspark
WEDDING
13351
13347
Hohenzollern-
Saat-
winkler
Volkspark
Jungfernheide
Rehberge
Plötzensee
13627
Rudolf-Virchow-Krankenhaus
13353
Gedenkstätte
Friedrich-
Krause-
Ufer
Halemweg
J.-Kaiser-Platz
A 100
A 111
E 26
kanal
Westhafen-
Siemens-
damm
Wernerwerk
Spree
Beussel-straße
10559
10553
MOABIT
10551
Jungfernheide
10589
Schloßgarten
Charlottenburg
Krankenhaus
Fritz-Schloß-Park
Städt. Krhs. Moabit
Kl. Tiergarten
Turmstraße
Alt-Moabit
Kaiserin-Augusta-Allee
10555
Helmholtzstr.
Levetzowstr.
14050
Klinikum
Schloß Charlottenburg
Spandauer Damm
Bellevue
Schloß Bellevue
Hansaplatz
TIERGARTEN
10587
Techn. Universität
Großer Stern
Siegessäule
14059
CHARLOTTEN-
10585
Ernst-Reuter-Platz
Straße des 17. Juni
Tiergarten
Deutsche Oper
Bismarckstraße
Hochschule der Künste
Kaiserdamm
2/5
BURG
10627
10625
Hardenberg
BERLIN (Zentrum)
10787
Zoologischer Garten
K.-Wilh.-Ged.-Kirche
Messe-gelände
Funkturm
ICC
Neue Kantstr.
14057
HALENSEE
Westkreuz
Charlottenburg
Savignyplatz
10629
10623
Europa-Center
Kurfürstendamm
10789
Kaufhaus d. Westens
Wittenbergplatz
Nollendorfpl.
Bülow-
Lützow-
E 51
Avus
A 115
10711
Kurfürsten-
Adenauerplatz
Lietzenburger
Olivaer Pl.
Neue Schaubühne
Freie Volksbühne
10777
10783
Viktoria-Luise-Pl.
Dusseldorfer
10707
10719
Spichernstraße
Nachod-
Hohenstaufen-
10779
10781
14193
Halensee
Rathenau-pl.
Konstanzer Straße
10709
Hohenzollernpl.
10717
Güntzelstraße
Kleistpark
Potsdamer
Fehrbelliner Platz
DORF
Berliner Straße
Bayerischer Pl.
Eisenacher Str.
Grunewald
Hohenzollerndamm
WILMERS-
A 100
10713
Blissestraße
Badensche
10823
Rathaus Schöneberg
10825
SCHMARGENDORF
Hohen-Forckenbeckstraße
A 104
Volkspark
10715
Hildegardstr.
Heidelberger Platz
SCHÖNEBERG
Heylstr.

F
G
H
I
K
1
2
3
4
5
6
7
PRENZLAUER
BERG
MITTE
FRIEDRICHS-
HAIN
KREUZ-
BERG
TREPTOW
NEUKÖLLN
RIXDORF
Volkspark
Humboldthain
Volkspark
Friedrichshain
garten
Volkspark
Hasenheide
Viktoriapark
Flughafen
Berlin-Tempelhof
Spree
Landwehrkanal
Unter den Linden
Karl-Marx-Allee
Greifswalder Straße
Danziger Str.
Schönhauser Allee
Alexanderplatz
Potsdamer Platz
Charité
Reichstag
Museum für Verkehr und Technik
13357
13355
10437
10409
10435
10405
10407
10115
10557
10119
10178
10249
10243
10117
10785
10969
10997
10963
10783
10999
10961
10967
10965
12047
12045
13086

1539 Übertritt Joachims II. zur Reformation.
1557-1594 Bau der Zitadelle Spandau.
1571-1598 Johann Georg.
1576, 1598, 1611 Schwere Pestepidemien.
1598-1608 Joachim Friedrich.
1608-1619 Johann Sigismund.
1613 Übertritt Johann Sigismunds vom lutherischen zum reformierten Bekenntnis. Danach Streitigkeiten zwischen den Reformierten und den Lutheranern.
1619-1640 Georg Wilhelm. Die Stadt leidet unter dem 30jährigen Krieg und unter der Pest (1630/31).
1638-1643 Rückzug des Hofes nach Königsberg.
1640-1688 Friedrich Wilhelm, der Große Kurfürst, Gesundung und Ausbau der Stadt. Anlage des Friedrichswerder, der Dorotheenstadt und der Friedrichstadt.
1658-1683 Ausbau Berlins zur Festung.
1685 Aufnahme der Hugenotten, der aus Frankreich vertriebenen Reformierten.
1688-1713 Friedrich III.
1701 Friedrich III. krönt sich in Königsberg zum König von Preußen und heißt als solcher Friedrich I.
1709 Die fünf Magistrate von Berlin, Cölln, Friedrichswerder, Dorotheenstadt und Friedrichstadt werden vereinigt. Der Sitz des vereinigten Magistrats ist das Cöllnische Rathaus.
1713-1740 Friedrich Wilhelm I.
1732-1734 Abriß der Stadtbefestigung und Errichtung einer Zollmauer.
1740-1786 Friedrich II. d. Gr.
1760 Besetzung Berlins im 7jährigen Krieg durch russische und österreichische Truppen.
1786-1797 Friedrich Wilhelm II.
1797-1840
Friedrich Wilhelm III.
1806-1808 Besetzung Berlins durch die Franzosen.
1809 Wahl einer Stadtverordnetenversammlung nach der Steinschen Städteordnung, Gründung der Universität.
1840-1861 Friedrich Wilhelm IV.
1847 Der erste (vereinigte) Landtag Preußens in Berlin.
1848 Revolution in Berlin.
1861-1888 Wilhelm I.
1866 Berlin wird Hauptstadt des Norddeutschen Bundes.
1871 König Wilhelm I. wird Deutscher Kaiser. Berlin wird Hauptstadt des Deutschen Reiches.
1888 Friedrich III.
1888-1918 Wilhelm II.
1911 Gründung des Zweckverbandes „Groß-Berlin".
1918 Ausrufung der Republik.
1920 Zusammenfassung Berlins und seiner Vororte (8 Städte, 59 Landgemeinden und 27 Gutsbezirke) zu einer einzigen, in 20 Bezirke unterteilten ‚Stadtgemeinde.
1933 Adolf Hitler wird Reichskanzler.
1935 Das Reichsstatthaltergesetz beendet die Existenz Preußens.
1939-1945 Der 2. Weltkrieg verursacht in Berlin schwerste Zerstörungen.
1945 Teilung der Stadt in vier den Siegermächten unterstehende Sektoren.
1946 Berlin wird Stadtstaat.
1947 Formelle Auflösung des Landes Preußen durch die Alliierten.
1948-1949 Blockade West-Berlins durch die Sowjets und Spaltung der Stadt.
1950 Inkrafttreten der neuen Verfassung Berlins in West-Berlin.
1961 Bau der Mauer.
1972 Viermächteabkommen, das die Bindung West-Berlins an die Bundesrepublik entwickelt und Besuche von West-Berlinern im Ostteil der Stadt ermöglicht.
1989 Zusammenbruch der SED-Herrschaft. Beginn des Abbruchs der Mauer. Zusammenarbeit der Behörden in beiden Stadthälften.
1990 Wiedervereinigung.
1991 Beschluß, den Regierungssitz nach Berlin zu verlegen.

Bibliotheken

Kunstbibliothek (SMPK), [10623] Jebbenstr. 2, Tel. 31 01 16
Staatsbibliothek Preußischer Kulturbesitz, Potsdamer Str. 33, Tel. 2 66-1
Landesbildstelle, [10555] Wickingerufer 7, Tel. 3 90 92-1
Deutsche Staatsbibliothek, Unter den Linden 8, Tel. 2 86-0

Bäder, Sport- u. Freizeiteinrichtungen

Eissporthalle Berlin, Jafféstr., Tel. 30 38-0
Eissportanlage Lankwitz, Leonorenstr. 37, Tel. 79 04-25 88
Eisstadion Neukölln, Oderstr. 5a, Tel. 68 09-26 35
Eisstadion Wilmersdorf, Fritz-Wildung-Str. 9, Tel. 8 24 10 12
Erika-Heß-Eisstadion, Müllerstr. 185, Tel. 4 65 90 66
Olympiastadion, Olympischer Platz, Tel. 3 04 06 76
Olympia-Schwimmstadion, Olympischer Platz (Osttor), Tel. 3 05 30 20
Radrennbahn Schöneberg, Sachsendamm, Tel. 7 38-1
Regattastrecke Gatow auf der Havel
Regattastrecke Grünau auf der Dahme, Regattastr. 122
Sport- und Erholungszentrum (SEZ), Landsberger Allee, Tel. 43 28 35 05
Sport- und Lehrschwimmhalle Schöneberg, Sachsendamm 11, Tel. 7 83 30 05/04
Trabrennbahn Karlshorst, Treskowallee, Tel. 5 09 08 01
Trabrennbahn Mariendorf, Mariendorfer Damm, Tel. 7 40 11

Fremdenverkehrseinrichtungen

Verkehrsamt Berlin, [10825] Martin-Luther-Str. 105, Tel. 21 23-4
Tourist-Information, [10787] Budapester Str. (Europa-Center), Tel. 2 62 60 31
Berlin-Information, [10117] Neustädtische Kirchstr. 3, Tel. 2 20 24 51
Informationszentrum am Fernsehturm, [10178] Panoramastr. 1, Tel. 2 42 45 12

Bezirksämter und Bezirksrathäuser

Regierender Bürgermeister, Senatskanzlei, Rotes Rathaus, [10178] Jüdenstr. 1, Tel. 24 01-0 u. 26 95-0

Charlottenburg, [10585] Otto-Suhr-Allee 100, Tel. 34 30-1

Friedrichshain, [10247] Petersburger Str. 86-92, Tel. 5 80 08 11

Straßenverzeichnis Berlin-City (auszugsweise) mit den neuen Postleitzahlen

Ackerstr.(10115,13355) ... G2-H3
Adalbertstr.(10179,10997,10999) ... I5-I6
Admiralstr.(10999) ... I6
Afrikanische Str.(13351) ... D1-E1
Akazienstr.(10823) ... E7
Alexanderstr.(10179) ... I4
Alexandrinenstr.(1099) ... H5-H6
Alt-Moabit(10557,10559,10555) ... D3-F4
Alte Jacobstr.(10179,10969) ... H5-H6
Altonaer Str.(10555,10557) ... D4-E4
Am Friedrichshain(10407) ... I3-K3
Amrumer Str.(13353) ... E1-E2
Amtsgerichtsplatz(14057) ... B5
An der Urania(10787) ... E5-E6
Anhalter Str.(10963) ... G5
Auguste-Viktoria-Str.(14193) ... A6-A7
Avus(14055) ... A5-A6
Bachstr.(10555) ... D4
Badensche Str.(10715,10825) ... C7-E7
Badstr.(13357) ... F1-G1
Baerwaldstr.(10961) ... H6-H7
Bamberger Str.(10777,10779) ... D6-D7
Behmstr.(13357,10439) ... G1-H1
Bellermannstr.(13357) ... G1
Belziger Str.(10823) ... E7
Bergmannstr.(10961) ... G7-H7
Berliner Str.(10715,10713) ... C7-D7
Bernauer Str.(13355) ... G2
Beusselstr.(10553) ... D2-D3
Bismarckallee(14193) ... A6-A7
Bismarckplatz(14193) ... A6
Bismarckstr.(12683 ... B5-C4
Blissestr.(10713) ... C7
Blücherplatz(10961) ... G6
Blücherstr.(10961) ... H6-H7
Boelkestr.(12101) ... F7
Bornholmer Str.(12309) ... G1-H1
Bötzowstr.(10407) ... K2-K3
Brandenburgische Str.(10707,10713) ... B6-C7
Breite Str.(10178) ... H4
Brückenstr.(10178) ... I4-I5
Brunnenstr.(10115,10119,13355) ... G1-H3
Budapester Str.(10787) ... D5-E5
Bülowstr.(10783) ... E6-F6
Bundesallee(10715,10717,10719,12161) ... D6-D7
Cauerstr.(10587) ... C4
Chamissoplatz(10965) ... G7
Chausseestr.(10115,13353) ... F2-G3
Columbiadamm(10965) ... G7-I7
Danziger Str.(10437) ... I2-K2
Darwinstr.(10589) ... C3-C4
Delbrückstr.(14193) ... A7
Dohnagestell(13351) ... D1-D2
Dominicusstr.(10823,10827) ... E7
Dovestr.(10587) ... C4
Droysenstr.(10629) ... B5-B6
Dudenstr.(10965) ... F7-K7
Düsseldorfer Str.(10707,10789) ... B6-C6
Eberswalder Str.(10437) ... H2
Einemstr.(10785,10787) ... E5-E6
Eisenacher Str.(10777,10781,10823) ... E6-E7
Eisenzahnstr.(10709) ... B6-B7
Elbinger Str.(10409) ... K2-K3
Emser Platz(10719) ... C6
Entlastungsstr.(12203) ... F4-F5
Ernst-Reuter-Platz(10587) ... C4
Fennstr.(13347,13353) ... F2
Fichtestr.(10967) ... I6-I7
Flottwellstr.(10785) ... F5-F6
Flughafenstr.(12049,12053) ... I7-K7
Föhrer Str.(13353) ... E2
Forckenbeckstr.(14199) ... A7-B7
Franklinstr.(10587) ... C4-D3
Franzensbader Str.(14193) ... A7
Friedenstr.(10249) ... I3-K4
Friedrich-Krause-Ufer(13353) ... E2
Friedrich-List-Ufer(10557) ... F3-F4
Friedrich-Olbricht-Damm(13627) ... C2
Friedrichstr.(10117,10969) ... G3-G6
Friesenstr.(10965) ... G7
Fürstenbrunner Weg(14050,14059) ... A3-A4
Gendarmenmarkt(10117) ... G4
General-Pape-Str.(12101) ... F7
Gertraudenstr.(10178) ... H4-H5
Gierkeplatz(10585) ... B4
Gitschiner Str.(10969) ... H6
Gleditschstr.(10781,10823 ... E6-E7
Gneisenaustr.(10961) ... G6-H7
Goebenstr.(10783) ... F6
Golßener Str.(10965) ... H7
Goltzstr.(10781) ... E6-E7
Görlitzer Ufer(10997) ... K6
Greifswalder Str.(10405 ... I3-K1
Grellstr.(10409) ... I1-K2
Grimmstr.(10967) ... H6-I6
Großbeerenstr.(12209) ... G6-G7
Großer Stern(10557) ... E4
Grunerstr.(10179) ... H4-I4
Grunewaldstr.(10823,10825) ... D7-E7
Güntzelstr.(10717) ... C6-D7
Gustav-Adolf-Str.(13086) ... K1
Hallesches Ufer(10963) ... F6-G6
Hans-Beimler-Str.(10178.10249,10405) ... I3-I4
Hardenbergstr.(10623) ... C5
Hasenheide(10967) ... H7-I7
Hauptstr.(10827) ... E7
Heckerdamm(13627) ... A2-C2
Heidestr.(10557) ... F2-F3
Heinrich-Heine-Platz(10179) ... H5-I5
Helmholtzstr.(10587) ... C4-D4
Hermannstr.(12049,12051) ... I7
Heylstr.(10825) ... D7-E7
Hildegardstr.(10715) ... C7-D7
Hoffmann-von-Fallersleben-Platz(10713) ... B7
Hohenstaufenstr.(10779,10781) ... D6-E6
Hohenzollerndamm(10713,10717,14199) ... A7-D6
Holzmarktstr.(10179,10243) ... I4-K5
Hornstr.(10963) ... G6
Hosemannstr.(10409) ... K1-K2
Hubertusallee(14193) ... A6-A7
Hussitenstr.(13355) ... G2
Huttenstr.(10553) ... C3-D3
Inselstr (10179) ... H4-I5
Invalidenstr.(10115.10557) ... E3-H3
Joachim-Friedrich-Str.(10711) ... B6
Johannaplatz(14193) ... A7
Jüterboger Str.(10965) ... G7-H7
Kaiser-Friedrich-Str.(10585.10627) ... B4-B5
Kaiserdamm(14057) ... A5-B5
Kaiserin-Augusta-Allee(10553,10589) ... B3-D3
Kantstr.(10623,10625,10627) ... B5-D5
Karl-August-Platz(10625) ... C5
Karl-Liebknecht-Str.(10178) ... H4-I3
Karl-Marx-Allee(10178,10243) ... I4-K4
Karl-Marx-Str.(12043,12055,12057) ... I7-K7
Kastanienallee(10119) ... H2-H3
Katzbachstr.(10965) ... F6-F7
Kemperplatz(10785) ... F5
Kleiststr.(10787) ... E6
Kniprodestr.(10237) ... K2-K3
Knobelsdorffstr.(14050,14059) ... A4-B4
Kochstr.(10969) ... G5-H5
Kolonnenstr.(10827.10829) ... E7-F7
Kollwitzstr.(10408,10435) ... I2-I3
Königin-Elisabeth-Str.(14059) ... A4-A5
Königsallee(14193) ... A6-A7
Konstanzer Str.(10707,10709) ... B7-C6
Köpenicker Str.(10179,10997) ... I5-K5
Körtestr.(10967) ... H6-H7
Kottbusser Damm(10967) ... I6-I7
Kreuzbergstr.(10965) ... F7-G7
Kufsteiner Str.(10825) ... D7
Kurfürstendamm(10707,10709,10711,
10719) ... A6-D5
Kurfürstenstr.(10785,10787) ... D5-F6
Landsberger Allee(10249.10365,10367,10369,
10407 12679,12681,13055) ... K3
Langenscheidtstr.(10827) ... E7-F7
Lausitzer Platz(10997) ... I6-K6
Lehrter Str.(10557) ... E2-F3
Leibnizstr.(10625,10629,10625) ... C4-C5
Leipziger Platz(10117) ... F5-G5
Leipziger Str.(10117) ... G4-H4
Leopoldplatz (13353) ... E4
Lessingstr.(10555) ... D4
Levetzowstr.(10555) ... D4
Levishamstr.(10629) ... B5-B6
Lichtenberger Str.(10178,10179,10243,12209,
12279) ... I3-I4
Lietzenburger Str.(10707,10719,10789) ... C6-D6
Lilienthalstr.(10965) ... H7
Lindenstr.(10969) ... H5-H6
Lobeckstr.(10969) ... H5-H6
Loewenhardtdamm(12101) ... F7
Luisenplatz(10585) ... B4
Luisenstr.(10117) ... G3-G4
Lützowplatz(10785) ... E5
Lützowstr.(10785,10785,10787) ... E5-F5
Lützowufer(10785,10787) ... E5
Luxemburger Str.(13353) ... E1-E2
Maaßenstr.(10777) ... E6
Magdeburger Platz(10785) ... E5-F5
Manfred-von-Richthofen-Str.(12101) ... G7
Manteuffelstr.(10997,10999) ... I6-K5
Marchstr.(10587) ... C4
Mariannenplatz(10997) ... I5
Mariannenstr.(10997,10999) ... I5-I6
Martin-Luther-Str.(10177,10779,10825) ... E6-E7
Marx-Engels-Platz(10315) ... H4
Masurenallee(14057) ... A5
Maybachufer(12045,12047) ... I6-K7
Mecklenburger Str.(14197) ... C7
Mehringdamm(10961,10965) ... G6-G7
Mehringplatz(10969) ... G6
Metzer Str.(10405) ... I3
Michael Kirchplatz(10179) ... I5
Michael Kirchstr.(10179) ... I4-I5
Mierendorffstr.(10589) ... B3-B4
Möckernstr.(10963,10965) ... G5-G6
Molkenmarkt(10179) ... H4
Mollstr.(10178,10249,10405) ... I3
Moltkestr.(10629) ... F4
Monumentenstr.(10829,10965) ... F7
Motzstr.(10777,10779) ... D6-E6
Mühlendamm(10178) ... H4
Mühlenstr.(10243) ... K5
Müllerstr.(13349,13353) ... E1-F2
Münzstr.(10178) ... H3
Nachodstr.(10779) ... D6
Nestorstr.(10709,10711) ... B6
Nettelbeckplatz(13125) ... F1
Neue Kantstr.(14057) ... A4-B5
Neues Ufer(10553) ... C3-C4
Obentrautstr.(10963) ... G6
Olivaer Platz(10707) ... C6
Oranienburger Str.(10117,l0178) ... G3-H3
Oranienplatz(10999) ... I5
Oranienstr.(10969,10997,10999) ... H5-I6
Osnabrücker Str.(10589) ... B3
Ostseestr.(10409) ... K1
Otto-Suhr-Allee(10585) ... B4-C4
Pallasstr.(10781) ... E6
Pankstr.(13357) ... F1-G1
Pannierstr.(12043,12047) ... K6-K7
Pappelallee(12435) ... I1-I2
Pariser Platz(10117) ... F4-G4
Paul-Lincke-Ufer(10999) ... I6-K6
Paulsborner Str.(10709,14193) ... A7-B6
Paulstr.(10557) ... E3-E4
Perleberger Str.(10559) ... E2-E3
Pflügerstr.(12045) ... I6-K7
Pistoriusstr.(13086) ... K1
Planufer(10967) ... H6-I6
Platz der Vereinten Nationen(10249) ... I3-K3
Platz vor dem Neuen Tor(10115) ... G3
Platz vor dem Brandenburger Tor(13589) ... F4
Potsdamer Platz(10785) ... F5-G5
Potsdamer Str.(10783,10785) ... E6-F5
Prager Platz(10779) ... D6
Prenzlauer Allee(10405,10409) ... I1-I3
Prenzlauer Berg(10405) ... I3
Prenzlauer Promenade(13086,13189) ... I1
Prinzenallee.(13357) ... G1
Prinzenstr.(10969) ... H5-H6
Prinzregentenstr.(10715,10717) ... D6-D7
Putlitzstr.(10551) ... D3-E2
Quitzowstr.(10551,10559) ... D2-E2
Rathenauplatz(12459) ... A6
Rathenower Str.(10559) ... E3
Reichenberger Str.(10999) ... I6-K6
Reichpietschufer(10785) ... E5-F5
Reinickendorfer Str.(13347) ... F1-F2
Reuterstr.(12043,12047,12053) ... I6-I7
Ritterstr.(10969) ... H5-I6
Robert-Koch-Platz(12621) ... F3-G3
Roelckestr.(13086,13088) ... K1
Röntgenstr.(10587) ... C4
Rosa-Luxemburg-Str.(10178) ... H3
Rosenthaler Str.(10119,10178) ... H3
Rudolstädter Str.(10718) ... B7-C7
Saatwinkler Damm(13599,13627,13629) ... A1-C2
Sächsische Str.(10717) ... C6-C7
Savignyplatz(10623) ... C5
Schillstr.(10785) ... E5
Schlesische Str.(10997) ... K6
Schloßstr.(14059) ... B4-B5
Schöneberger Str.(10963) ... F6-G5
Schöneberger Ufer(10785) ... F5
Schönhauser Allee(10119,10435,10437,
10439) ... H3-I1
Schulstr.(13347) ... E1-F1
Schwedter Str.(10119,10435) ... H1-H3
Seesener Str.(10709,10711) ... B6-B7
Seestr.(13353) ... D2-F1
Sellerstr.(13353) ... F2
Seydlitzstr.(12247,12249) ... E3-F3
Sickingenstr.(10553) ... C3-D3
Siemensdamm(13627,13629) ... A2
Siemensstr.(10551) ... D2-D3
Skalitzer Str.(10997,10999) ... I6-K6
Sonnenallee(12045,12047,12057,12059,
12437) ... I7-K7
Sophie-Charlotten-Str.(14169) ... A4-A5
Spandauer Damm(14050,14052,14059) ... A4-B4
Spandauer Str.(10178) ... H4
Spichernstr.(10777) ... D6
Spreeweg(10557) ... E4
Stahlheimer Str.(10439) ... I1
Storkower Str.(10367,10369,10407,10409) ... K2
Stralauer Str.(10179) ... H4-I4
Straße der Pariser Kommune(10243) ... K4-K5
Straße des 17. Juni(10623) ... C4-F4
Stresemannstr.(10117,10963) ... F5-G6
Stromstr.(10551,10555) ... D3
Swinemünder Str.(10435,13355) ... G1-H2
Taborstr.(10997) ... K6
Tauentzienstr.(10789) ... D5
Tegeler Str.(13353) ... E2-F2
Tegeler Weg(10589) ... B3-B4
Tempelhofer Damm(12099,12101) ... G7
Tempelhofer Ufer(10961,10963) ... F6-G6
Tiergartenstr.(10785) ... E5-F5
Toleranzstr.(10963) ... G4-G5
Transvaalstr.(13351) ... D1-E1
Trautenaustr.(10717) ... D6
Turmstr.(10551,10559) ... D3-E3
Uhlandstr.(10623,10715,10717,10719) ... C5-C7
Unter den Linden(10117) ... G4-H4
Urbanstr.(10961,10967) ... H6-I7
Usedomer Str.(13355) ... G2
Wassertorplatz(10999) ... H6-I6
Wedekindstr.(10243) ... K4
Weinbergsweg(10119) ... H3
Werderstr.(10117) ... H4
Weserstr.(10247) ... I7-K7
Westfälische Str.(10709,10711) ... B6-C6
Wichertstr.(10439) ... I1
Wiener Str.(10999) ... I6-K6
Wiesenstr.(13357) ... F1-G2
Wilhelm-Pieck-Str.(10115,10119) ... G3-I3
Wilhelmstr.(10117) ... G5-G6
Wilmersdorfer Str.(10585,10627,10629) ... B4-B6
Windscheidstr.(10627) ... B5
Winsstr.(10405) ... I2-I3
Wisbyer Str.(10439,13189) ... I1
Wrangelstr.(10997) ... I5-K6
Yorckstr.(10965) ... F6-G6
Zillestr.(10585) ... B4-C4
Zionskirchplatz(10119) ... H2
Zossener Str.(10961) ... G6-G7
Züllichauer Str.(10965) ... H7

ERKA

Schloß Charlottenburg

Nikolaiviertel

Gendarmenmarkt

Hellersdorf, [12692]
Hellersdorfer Str. 171,
Tel. 5 60 01 11
Hohenschönhausen, [13055]
Große-Leege-Str. 103,
Tel. 55 44-0
Köpenick, [12555]
Alt-Köpenick 21,
Tel. 6 52 30
Kreuzberg, [10965]
Yorkstr. 4-11,
Tel. 25 88-1
Lichtenberg, [10367]
Möllendorffstr. 6,
Tel. 55 04-0
Marzahn, [12681]
Helene-Weigel-Platz 8,
Tel. 54 07-0
Mitte, [10178]
Alexanderplatz 1,
Tel. 24 47-0
Neukölln, [12043]
Karl-Marx-Str. 83,
Tel. 68 09-1
Pankow, [13187]
Breite Str. 24a-26,
Tel. 4 80 08 01
Prenzlauer Berg, [10405]
Fröbelstr. 17,
Tel. 4 20 09 11
Reinickendorf, [13437]
Eichborndamm 215-239,
Tel. 41 92-1
Schöneberg, [10825]
John-F.-Kennedy-Platz,
Tel. 7 83-1
Spandau, [13597]
Carl-Schurz-Str. 2-6,
Tel. 33 03-1
Steglitz, [12163]
Schloßstr. 80,
Tel. 79 04-1
Tempelhof, [12099]
Tempelhofer Damm 165-169,
Tel. 75 60-1
Tiergarten, [10551]
Turmstr. 35,
Tel. 39 05-0
Treptow, [12435]
Neue Krugallee 4,
Tel. 2 72 88 71
Wedding, [13353]
Müllerstr. 146-147, Tel. 4 57-0
Weißensee, [13088]
Berliner Allee 252-260,
Tel. 9 65 43 51
Wilmersdorf, [10707]
Fehrbelliner Platz 4,
Tel. 86 41-0
Zehlendorf, [14163]
Kirchstr. 1-3,
Tel. 8 07-1

Polizeipräsidium, [12101]
Platz der Luftbrücke 6,
Tel. 6 99-0
Direktion Spezialaufgaben u.
Verbrechensbekämpfung,
[10823] Gothaer Str. 19,
Tel. 78 10 71
Wasserschutzpolizei, [12437]
Baumschulenstr. 1,
Tel. 6 32 80 57
Deutsche Lebensrettungs-Gesellschaft (DLRG), LV Berlin,
[13595] Am Pichelsee 20,
Tel. 3 62 30 21
Deutsches Rotes Kreuz (DRK),
LV Berlin, [12161]
Bundesallee 73,
Tel. 85 00 5-0
Johanniter-Unfall-Hilfe e. V.
Landesverband, [12205]
Berner Str. 2-3,

Theater, Opern, Konzerte Kabatetts

Berliner Ensemble, [10117]
Bertolt-Brecht-Platz,
Tel. 2 88 81 55
Berliner Kammerspiele,
Theater der Jugend, [10559]
Alt-Moabit 99, Kasse
Tel. 3 91 55 43
Berliner Komödianten, [10711]
Damaschkestr. 21, Kasse
Tel. 3 23 91 09
carrousel
Theater an der Parkaue,
[103667]
Hans-Rodenberg-Platz 1,
Tel. 55 17 03 18
Deutsche Oper Berlin, [10627]
Bismarckstr. 34-37,
Tel. 3 41 02-49
Deutsche Staatsoper, [10117]
Unter den Linden 5-7,
Tel. 2 00 47 62

Deutsches Theater, [10117]
Schumannstr. 13a, Kasse
Tel. 28 71-2 25
Deutschlandhalle, [14055]
Messedamm 26, Verwaltung
Tel. 30 38-0,
Kasse Tel. 30 38-43 87
Die Distel, [10117]
Friedrichstr. 101, Kasse
Tel. 2 07 12 91
Die Kullerköpfe, Theater mit Puppen, [10625]
Leibnizstr. 83,
Tel. 31 61 36
Die Stachelschweine, [10789]
Europa-Center,
Tel. 2 61 47 95
Die Wühlmäuse, [10777]
Nürnberger Str. 33,
Tel. 2 13 70 47
Freie Theateranstalt, [14059]
Klausenerplatz 19,
Tel. 3 21 58 89, Kasse
Tel. 3 25 50 23
Freie Volksbühne Berlin,
[10719] Schaperstr. 24,
Kasse Tel. 8 81 37 42
Freilichtbühne Rehberge,
Wedding, Petersallee,
Tel. 4 51 46 34
Friedrichstadtpalast, [10117]
Friedrichstr. 107, Kasse
Tel. 2 83 64 74
Grips Theater, [10557]
Altonaer Str. 22, Kasse
Tel. 3 91 40 04
Hansa Theater, [10555]
Alt-Moabit 48,
Tel. 3 91 44 60
Haus des Lehrers, [10178]
Alexanderplatz 4,
Tel. 2 44 12 21
Hebbel-Theater, [10963]
Stresemannstr. 29, Kasse
Tel. 2 51 01 44
Hochschule der Künste
Konzertsaal, [10623] Hardenbergstr. 332, Kasse
Tel. 31 85-23 74
Intimes Theater, [10969]
Oranienstr. 162,
Tel. 65 10 00
Junges Theater, [10965]
Friesenstr. 14, Kasse
Tel. 6 92 87 35
Kammermusiksaal der Philharmonie, [10785]
Matthäikirchstr. 1, Kasse
Tel. 2 61 43 83
Kammerspiele des DT, [10117]
Schumannstr. 13a, Kasse
Tel. 28 71-2 26
Klecks Kindertheater, [12047]
Schinkestr 89,
Tel. 6 93 77 31
Kleines Theater, [12161]
Südwestkorso 64,
Tel. 8 21 30 30
Komische Oper, [10117]
Behrenstr. 55-57, Kasse
Tel. 2 29 25 55
Komödie, [10719]
Kurfürstendamm 206,
Tel. 8 82 78 93
Künstlerhaus Bethanien,
[10997] Mariannenplatz 2,
Tel. 6 14 80 10
La vie en rose (Revuetheater),
[10789] Europa-Center,
Tel. 3 23 60 06

Loft, [10777]
Nollendorfplatz 5,
Tel. 2 16 10 20
Mehringhof-Theater, [10961]
Gneisenaustr. 2a,
Tel. 6 91 50 99
Maxim-Gorki Theater
in der Singakademie, [10117]
Am Festungsgraben,
Tel. 2 08 27 48
Metropol, [10777]
Nollendorfplatz 5,
Tel. 2 16 41 22
Metropol-Theater, [10117]
Friedrichstr. 101-102,
Tel. 2 03 64-0
Multivision Berlin, [10789]
Europa-Center,
Tel. 2 61 79 07
Naturtheater Volkspark, Neukölln,
Hasenheide,
Tel. 6 21 95 36
Neuköllner Oper, [12043]
Karl-Marx-Str. 131,
Tel. 6 87 60 61
Philharmonie, [10785]
Matthäikirchstr. 1,
Tel. 2 54 88-0,
Kasse Tel. 2 61 43 83
Puppentheater Berlin, [10405]
Greifswalder Str. 81/84, Kasse
Tel. 4 36 13 43
Renaissance-Theater, [10623]
Hardenbergstr. 6,
Kasse Tel. 3 12 42 02
Rote Grütze, Kinder- und Jugendtheater, [10961]
Mehringdamm 51,
Tel. 6 92 66 18
Schaubühne am Lehniner Platz,
[10709] Kurfürstendamm 153,
Kasse Tel. 89 00 23
Schauspielhaus Berlin, [10117]
Gendarmenmarkt,
Kasse Tel. 2 27 23 88
Spandauer Theater Varianta,
[13597] Carl-Schurz-Str. 59,
Tel. 3 33 43 73
Tempodrom, an der Kongreßhalle, [10557]
In den Zelten 1,
Tel. 3 94 40 45
Theater am Kurfürstendamm,
[10719] Kurfürstendamm 209,
Tel. 8 82 37 89
Theaterbahnhof, [12209]
S-Bf. Lichterfelde Ost,
Auskunft/Abendkasse,
Tel. 24 19 20
Theater der Schulen, [10789]
Tauentzienstr. 2,
Tel. 21 00 22 00
Theater des Westens, [10623]
Kantstr. 12, Kasse
Tel. 3 19 03-1 93
Theaterei (Kindertheater),
[10961] Gneisenaustr. 21a,
Tel. 6 93 37 91
Theater für Kinder, [10625]
Goethestr. 70,
Tel. 31 74 34
Theaterhaus,
Tel. 3 96 55 66
Theater-Manufaktur, [10963]
Hallesches Ufer 32,
Kasse Tel. 2 51 09 41
Tribüne, [10585]
Otto-Suhr-Allee 18-20,
Kasse Tel. 3 41 26 00

Siegessäule

Brandenburger Tor

Vagantenbühne (Kellertheater), [10623] Kantstr. 12a, Tel. 3 12 45 29
Volksbühne, [10178] Rosa-Luxemburg-Platz, Kasse Tel. 2 82 89 78
Waldbühne, [14053] Passenheimer Str./ Glockenturmstr., Tel. 3 04 06 76
Internationales Congress Centrum (ICC Berlin), [14057] Messedamm/Neue Kantstr., Tel. 38 38-0

Museen

Geschichte, Historik

Ägyptisches Museum [14059] Schloßstr. 70, Tel. 3 20 91
Antikenmuseum(SMPK), [14059] Schloßstr. 1, Tel. 3 20 91-1
Berlin-Museum, [10969] Lindenstr. 14, Tel. 25 86-28 39
Bode-Museum (SMPK), [10117] Monbijoubrücke (Museumsinsel), Tel. 2 03 55-0
Gründerzeitmuseum,[12623] Hultschiner Damm 333, Tel. 5 27 83 29
Haus am Checkpoint Charlie, [10969] Friedrichstr. 44, Tel. 2 51 10 31
Hugenottenmuseum im Französischen Dom, [10117] Gendarmenmarkt 5, Tel. 2 29 17 60
Märkisches Museum, [10179] Am Köllnischen Park 5, Tel. 2 70 05 14
Museen Dahlem [14195] Arnimallee 23/27 u. Lansstr. 8, Tel. 83 01-1
Museum für Deutsche Geschichte im Zeughaus, [10117] Unter den Linden, Tel. 2 00 09 41
Museum für Deutsche Volkskunde [14195] Im Winkel 63, Tel. 8 39 01-01
Museum für Vor- und Frühgeschichte im Schloß Charlottenburg, [14059], Tel. 3 20 91-1
Museumsdorf Düppel, [14163] Clauertstr. 11, Tel. 8 02 66 71
Nikolaikirche, [10178] Nikolaikirchplatz, Tel. 21 71 31 46
Pergamon-Museum, [10117] Am Kupfergraben (Museumsinsel), Tel. 2 03 55-0

Handwerk, Technik

Deutsches Rundfunkmuseum am Funkturm, [14057], Tel. 3 02 81 86
Handwerksmuseum, [10178] Mühlendamm (Nikolaiviertel), Tel. 21 71 33 25
Kunstgewerbemuseum, [10785] Matthäikirchstr. 10 (Kulturforum) Tel. 2 66-6
Kunstgewerbemuseum, Schloß Köpenick, [12557] Tel. 6 57 26
Museum für Verkehr und Technik, [10963] Trebbiner Str. 9, Tel. 2 54 84-0
Musikinstrumenten-Museum, [10785] Tiergartenstr. 1, Tel. 2 54 81-0
Zuckermuseum, [19785] Amrumer Str. 32, Tel. 31 42-75 20
Zeiss-Großplanetarium,[10405] Prenzlauer Allee 80, Tel. 430 09 16

Kunst, Gestaltung

Altes Museum, [10178]
Lustgarten (Museumsinsel),
Tel. 2 03 55-0
Bauhaus-Archiv-
Museum für Gestaltung, [10785]
Klingelhöferstr. 13-14,
Tel. 25 40 02-0
Bröhan-Museum, [14059]
Schloßstr. 1a, Tel. 3 21 40 29
Brücke-Museum, [14195]
Bussardsteig 9, Tel. 8 31 20 29
Galerie der Romantik
im Schloß Charlottenburg,
[14059] Tel. 3 20 91-1
Georg-Kolbe-Museum, [14055]
Sensburger Allee 25,
Tel. 3 04 21 44
Jagdschloß Grunewald
am Grunewaldsee, [14193]
Tel. 8 13 35 97
Käthe-Kollwitz-Museum,
[10719] Fasanenstr. 24,
Tel. 8 82 52 10
Nationalgalerie, [10178]
Bodestr., Tel. 2 03 55-0
Neue Nationalgalerie, [10785]
Potsdamer Str. 50, Tel. 2 66-6
Schinkel-Museum
in der Friedrichswerderschen
Kirche, [10117] Werderscher
Markt, Tel. 2 08 13 23
Staatl. Kunsthalle Berlin,
[10787] Budapester Str. 44,
Tel. 2 61 70 67

Natur

Botanisches Museum
am Botanischen Garten, [14195]
Königin-Luise-Str. 6-8,
Tel. 8 30 06-0
Naturkundemuseum, [10115]
Invalidenstr. 34, Tel. 28 97-0
Aquarium, Budapester Str. 32,
Tel. 2 54 01-0
Tierpark Berlin,[10319]
mit Schloß Friedrichsfelde,
Am Tierpark 125, Tel. 510 10 11
Zoologischer Garten,[10787]
Eingänge:
Hardenbergplatz 8 und
Budapester Str. 34,
Tel. 2 54 01-0

Sehenswürdigkeiten/ Ausflugsziele

Als die Stadtgemeinde Groß-Berlin 1920 entstand, wurde sie aus acht selbständigen Städten, 59 Landgemeinden und 27 Gutsbezirken gebildet. So kamen großstädtische Innenstadtbezirke und ländlich gelegene Dörfer zusammen. Einige dieser Dörfer haben ihren ländlichen Charakter bewahren können. Um die Jahrhundertwende wurden darüberhinaus zahlreiche Villenkolonien und Stadtrandsiedlungen gegründet.

Köpenick

Das Köpenicker Rathaus zählt unbestritten zu den schönsten Berlins. Hier hatte der legendäre „Hauptmann von Köpenick" alias Schuhmacher Wilhelm Voigt 1906 den Bürgermeister verhaftet und die Stadtkasse beschlagnahmt. Vom Rathaus in südlicher Richtung ist schon das Schloß zu sehen, gelegen auf einer Insel, auf die man über eine hölzerne Brücke

Berliner Dom

Kongreßhalle

Fernsehturm

gelangt. Ein Bummel durch den Schloßpark, durch die Böttcher-, Laurenz- und Rosengasse, in denen noch einige alte Fischerhäuser enthalten sind, läßt die Geschichte dieses Berliner Bezirkes lebendig werden, die eng mit der Fischerei verbunden ist. Köpenick erhielt um 1300 das Stadtrecht und gehört seit 1920 zu Berlin. Seinen Reiz macht insbesondere aus, daß es am Wasser gebaut wurde - seine Altstadt wuchs dort, wo Spree und Dahme zusammenfließen.

Kreuzberg

Kreuzberg, das ist Deutschlands Szenehauptstadt, die „größte türkische Stadt außerhalb der Türkei". Am besten verläßt man die Linie 1 am Kottbusser Tor und läßt sich dann treiben. Vielleicht zunächst durch die Oranienstraße, in der es viele türkische Läden, Kneipen und Geschäfte, Discos und second-hand-Läden gibt. Vom Oranienplatz geht es durch die Naunystraße zum Mariannenplatz, einer langgestreckten Grünanlage. Hier finden häufig Stadtteilfeste, Konzerte und Kulturveranstaltungen statt. Die St.-Thomas-Kirche am Platz ist die größte Kirche im Westteil Berlins. Die Umgebung des Platzes lockt mit vielen restaurierten alten Gründerzeithäusern. In der Pücklerstraße liegt die Eisenbahn-Markthalle, unter deren Eisenkonstruktion lebhaftes Markttreiben herrscht.

Mitte

Die Friedrichstraße gehört wie der Kurfürstendamm und die Prachtallee Unter den Linden zu den bekanntesten Straßen der Berliner Innenstadt. Sie entstand Ende des 17. Jh., war gesäumt von luxuriösen Cafés, extravaganten Restaurants, Amüsierbetrieben und Nachtlokalen. Heute wird an vielen Stellen der Straße gebaut, die, aufgrund ihrer Lage im Herzen der Stadt, in Kürze wieder eine der attraktivsten Geschäftsstraßen Berlins sein wird. Hier befinden sich das Grand Hotel, Hotel Metropol, Hotel Unter den Linden sowie das Metropol-Theater, das Kabarett „Die Distel" und der neue „Friedrichstadtpalast". Aus dem ehemaligen „Tränenpalast", so wurde im Volksmund der Grenzübergang unmittelbar am Bahnhof Friedrichstraße genannt, wurde inzwischen ein Tanz- und Konzertschuppen für junge Leute. Auch wenn die Straße vorerst noch von ihrem einstigen Ruf lebt - für jeden Berlin-Besucher ist sie ein Muß!

Nikolaiviertel

Rund um den Molkenmarkt nahm die geschriebene Geschichte Berlins ihren Anfang. Hier ließen sich um 1200 beiderseits der Spree Handelsleute nieder, entstanden die Schwesterstädte Berlin und Cölln. Zur 750-Jahr-Feier Berlins wurde der historische Stadtkern wieder aufgebaut, entstanden rings um die Nikolaikirche, dem ältesten Bauwerk Berlins, Bürgerhäuser früherer Jahrhunderte neu. Eins davon (in der Poststraße) ist das Ephraimpalais, das als schönstes Berliner Bürgerhaus der Rokokozeit gilt. Ihm gegenüber liegt das nach seinem Erbauer benannte Knoblauchhaus. Im Erdgeschoß befinden sich die „Historischen Weinstuben". Zahlreiche Altberliner Gaststätten laden in der Poststraße ein.

Gendarmenmarkt

Mitten in der City und nur wenige Schritte von der Friedrichstraße entfernt, liegt der langgestreckte Gendarmenmarkt, der mal als einer der schönsten Plätze Europas galt. Der Name stammt aus einer Zeit, als dort ein Kürassierregiment seine Wachen und Ställe hatte. Im Zweiten Weltkrieg wurden die meisten Gebäude am Platz zerstört. Mitte der 70er beschloß man, den Platz nach historischem Vorbild wieder erstehen zu lassen. So konnte 1984 das Schauspielhaus (Schinkel) als neues Konzerthaus eröffnet werden. Der Französische Dom ist ebenfalls komplett restauriert, an seinem Pendant, dem Deutschen Dom, wird noch gearbeitet. Im Innern des Französischen Doms führt eine Wendeltreppe, vorbei an einer im Zwischengeschoß eingerichteten Weinstube, zu einer 40 m hohen Balustrade. Von hier hat der Besucher bei klarem Wetter einen herrlichen Blick. Den Mittelpunkt des Platzes bildet das Schiller-Denkmal.

Scheunenviertel

Auf Grund einer Feuerverordnung mußten im Jahre 1672 Scheunen und Ställe vor die Tore der Stadt verlegt werden. Im Viertel lockt besonders die Sophienstraße, die eine ruhige Idylle unweit der hektischen Betriebsamkeit am Alexanderplatz darstellt. Sie wurde Ende des 17. Jh. als eine Art Feldweg angelegt und war die Domäne einfacher Bürger. Hier finden sich in liebevoll restaurierten Bürgerhäusern aus dem 18. und 19. Jh. kleine schmucke Läden. Auch ein Besuch in der romantischen Weinprobierstube und im Heimatmuseum Berlin-Mitte lohnt sich. Anders als diese Idylle präsentiert sich der Hackesche Markt. Er ist ein verkehrsreicher Platz, der um 1750 entstand. An ihm liegen die berühmten Hackeschen Höfe, die als Inbegriff der engen Berliner Hinterhöfe gelten. Manche Häuser haben bis zu sieben Hinterhöfe.

Am Brandenburger Tor beginnt der Prachtboulevard Unter den Linden, und er endet an der prächtigen, von Schinkel erbauten, figurengeschmückten Schloßbrücke. Dazwischen liegt auf ca. 1400 m Länge das geschlossenste Ensemble klassizistischer Bauten überhaupt. Berühmte Baumeister schufen die Paradestraße der preußischen Könige. Besonders auffällig ist das Lindenforum mit Alter Bibliothek, der Deutschen Staatsoper und der dahinter liegenden St.-Hedwigs-Kathedrale. Vor dem Forum steht das imposante Reiterstandbild Friedrichs des Großen. Es wurde 1851 nach zwölfjähriger Arbeit durch Christian Daniel Rauch enthüllt. Auf dem Standbild sind bekannte Heerführer dargestellt, aber auch Philosophen wie Immanuel Kant und Gotthold Ephraim Lessing.

Weitere Prachtbauten der Straße sind: Humboldt-Universität, Palais Unter den Linden, Altes Palais und die ehem. Botschaft der UdSSR, vor der das letzte Leninstandbild Berlins erhalten blieb. Längst siedeln sich hier wieder schicke Boutiquen und noble Cafés an.

Britz

Einen Eindruck von dem, wie es einmal war, vermittelt das Ensemble aus Dorfkirche, Dorfteich und Gutshaus in Alt-Britz. In unmittelbarer Nachbarschaft zum Gut befindet sich die Hufeisensiedlung, Berlins eigenwilligste Wohnsiedlung, die in den 20er Jahren errichtet wurde. Südlich des Teltowkanals wurde zwischen 1925-31 um einen kleinen Teich ein dreigeschossiger hufeisenförmiger Wohnring errichtet, der nach dem Krieg, 1954, nach Süden hin erweitert wurde.

Prenzlauer Berg

Nirgendwo in Berlin finden sich so viele Mietskasernen des 19. Jh., und nirgends sind sie so heruntergekommen. Hier fand Heinrich Zille unzählige Motive für seine Zeichnungen des „Berliner Milljöhs“. Dennoch: Ein Spaziergang durch das Architekturmuseum aus engen Mietskasernen hat seinen ganz besonderen Reiz. Der Besucher beginnt am Senefelderplatz (Denkmal mit Inschrift in Spiegelschrift). Man folgt der Schönhauser Allee, die insbesondere zwischen den U-Bahnhöfen Eberswalder Straße und Schönhauser Allee sehr lebendig ist - viele Kneipen, kleine Geschäfte, Handwerker auf den Hinterhöfen. Die U-Bahn wird hier als Hochbahn geführt und Magistratsschirm genannt, weil sie hervorragend vor Regen schützt. Für Insider ein Muß: an der Kreuzung Schönhauser Allee/Ecke Kastanienallee eine Currywurst bei Konopke! Östlich der Schönhauser Allee liegt der Kollwitzplatz. Platz und Husemannstraße bieten restaurierte Architektur der Gründerzeit. Nahebei, in der Tykestraße, steht die einzige Synagoge Berlins, die nicht in der Progromnacht 1938 in Brand gesteckt wurde.

Reinickendorf
Frohnau

Der Name „Gartenstadt“ ist für diesen im nördlichsten Zipfel Berlins gelegenen Ortsteil irreführend, da es sich nicht um eine genossenschaftlich organisierte Gartenstadt handelt, sondern um eine Villenkolonie, ähnlich denen im Grunewald oder Zehlendorf. Die Anlage dieser Siedlung (1909-10) erfolgte im märkischen Kiefernwald so landschaftsnah wie möglich. Rund um die beiden Plätze (Ludolfinger und Zeltinger Platz), die der Gartenarchitekt Ludwig Lesser gestaltete, entstand als erster großer Bau der S-Bahnhof mit Kasino.

Bemerkenswert ist das Buddhistische Haus (Edelhofdamm 54), das der Architekt Max Meyer 1924 für den Arzt Paul Dahlke erbaute. Heute gehört das Haus Mönchen aus

Kaiser - Wilhelm - Gedächtniskirche

Funkturm

Sri Lanka. Die Anlage steht jedem Besucher zur Besichtigung und Andacht offen.

Lübars

Betritt man den Dorfkern, so glaubt man kaum, daß man sich noch immer in der Großstadt befindet. Das 1247 erstmals erwähnte Rundlingsdorf hat sich seinen märkisch-ländlichen Charakter bewahrt und steht heute unter Denkmalschutz. Es liegt an der äußersten Nordgrenze Berlins, umgeben von Feldern und Wiesen. Die kopfsteingepflasterte Dorfstraße bildet noch immer die Dorfaue, in deren Mitte sich die Kirche (18. Jh.), umgeben von alten Gräbern, erhebt. Lübars ist ein idealer Ausgangspunkt für Spaziergänge in die Berliner Umgebung. Eine gemütliche Gaststätte bietet dem Ausflügler Kaffee und Kuchen.

Schöneberg

Mittwoch- oder Samstagvormittag ist die beste Zeit für diesen Stadtteil. An diesen beiden Tagen ist Markt, und der Winterfeldplatz und die Umgebung sind dann das Zentrum der Schöneberger Szene. Aus der U-Bahn geht es in Richtung Maaßenstraße, der Weg führt vorbei an einigen der wichtigsten Treffs der Berliner Musikszene: das Metropol, das Loft und das Café Swing. Der Winterfeldplatz ist schnell erreicht, an Markttagen weiß man nicht, was mehr lockt: die Atmosphäre auf dem Platz, auf dem es schier alles zu kaufen gibt, oder in den zahlreich vorhandenen Kneipen (viele auch in der angrenzenden Goltzstraße).

Spandau

Die einzige Altstadt auf (West- Berliner Gebiet), die diesen Namen verdient. Vieles, was der 2. Weltkrieg an Bausubstanz nicht zerstörte, fiel in der Wiederaufbauphase der Abrißbirne zum Opfer. Dennoch, die Altstadt, vom Mühlengraben und der Havel wie eine Insel umgeben, hat sich mit ihren engen, verwinkelten kopfsteingepflasterten Gassen und einigen kleinen Fachwerkhäusern noch viel von ihrem ursprünglichen Charme bewahrt.

Tiergarten

Mit der Ausdehnung Berlins nach Westen entstand im südlichen Teil des Tiergartens um 1840 zu beiden Seiten des Landwehrkanals eine vornehme Wohngegend für wohlhabende Familien. Von den einstigen prachtvollen Landhäusern ist nicht viel übriggeblieben. Einen ganz guten Eindruck von den Häusern, die hier einmal gestanden haben, vermittelt die Villa von der Heydt (seit 1957 Sitz der Stiftung Preußischer Kulturbesitz) aus dem Jahre 1861. An der Herkulesbrücke, die über den Landwehrkanal führt (Von-der-Heydt-Straße 18), wurde sie von den Architekten Herrmann Ende und G. A. Linke in einem neoklassizistischen Stil erbaut.

Gatow

Reste märkischer Dorfidylle findet man in dem 1272 erstmals erwähnten Fischerdörfchen Gatow. Zwar blieb es im Laufe der Zeit nicht verschont von der Sanierungslust großstädtischer Planer, aber einige Bauernhöfe aus dem 19. Jh. sind erhalten geblieben. Mittelpunkt des ursprünglichen Angerdorfes ist eine Dorfkirche aus rohen Feldsteinen und hölzernem Turm aus dem 14. Jh. In Gatow finden sich auch die meisten landwirtschaftlichen Betriebe Berlins. Die Gatower Heide ist ein 350 ha großes Naturschutzgebiet, das den Wanderer zu ausgedehnten Spaziergängen einlädt.

Villenkolonie Grunewald

Sie wurde zum bevorzugten Wohnort für vermögende Berliner. Die Steuerersparnis gegenüber der Hauptstadt war hier so hoch, daß viele der Millionäre ihre Villen so gut wie umsonst bewohnten. Zwischen Bismarckplatz und Hundekehle, rechts und links der Koenigsallee entstand im Laufe der Zeit eine städtebaulich interessante Anlage, deren einstige Prachtentfaltung noch einige Bauten, die von Kriegszerstörung verschont blieben, erahnen lassen. So z. B. das älteste erhaltene Haus (von 1890), die ehemalige Villa der Sopranistin Lilli Lehrmann in der Herbertstraße 20 oder das ehemalige Palais Pannewitz (heute Schloßhotel Gerhus) in der Brahmsstraße 4-10, das im Stil der italienischen Renaissance erbaut wurde. Der Bezirk Wilmersdorf hat für viele der ehemaligen Bewohner der Villenkolonie an ihren Wohnhäusern Gedenktafeln angebracht, so daß ein Spaziergang hier zu einem spannenden und lehrreichen Ausflug in die deutsche Geistes- und Kulturgeschichte wird.

Verkehrsanbindungen

Fernbahnhöfe
Berlin Hauptbahnhof,
Tel. 29 72-19 30
Bln.-Friedrichstraße
Bln.-Karlshorst
Bln.-Lichtenberg,
Tel. 29 74 29 50
Bln.-Spandau
Bln.-Wannsee:
Autoreisezug-Verladestelle
Bln.-Zoo
Flughafen Bln.-Schönefeld,
Tel. 29 74 75 80

Generalvertretung Personenverkehr der DR, [10627]
Stuttgarter Platz 35,
Tel. 3 24 82 01
Stadtbüro der Deutschen Bundesbahn (Reisezentrum),
[10623] Hardenbergstr. 20,
Tel. 1 94 19

Flughäfen
Flughafen Berlin-Tegel, [13405]
Bln, Tel. 41 01-1
Information: Tel. 41 01-23 07
Flughafen Berlin-Schönefeld,
[12519] Schönefeld, Zufahrt
über Waltersdorfer Chaussee
bzw. B 96
Information: Tel. 67 20 od.
67 87-0
Flughafen Berlin-Tempelhof,
[12101] Bln, Tel. 69 09-1

Omnibus-Fernverkehr
Fernbuslinien verkehren ab dem Zentralen Omnibus-Bahnhof (ZOB) in Berlin-Charlottenburg, Masurenallee, Tel. 3 01 80 28

LAND BRANDENBURG

Weiträumig, geschichtsträchtig und reich an landschaftlicher Schönheit bietet sich das Land Brandenburg seinen Besuchern dar. Wer seine Schritte hierher lenkt, bringt vielleicht sein Brandenburgbild mit. Es war das Kernland des ehemaligen Preußens, das der alte Fritz zur Weltgeltung erhoben hatte und Theodor Fontane in seinen Erzählungen berühmt gemacht hatte. Noch immer gibt es Sand und Kiefern und mittendrin romantische Seen, gibt es die Schorfheide, die Märkische Schweiz, den Spreewald und natürlich Potsdam mitsamt seinen Gärten und Schlössern und dem wunderschönen Havelland drumherum. Auch an den einst gepriesenen Tugenden der Brandenburger wie Fleiß und Sparsamkeit mangelt es nicht, nachgelassen haben Respekt und Gehorsam im Verhältnis zur Obrigkeit. Dem Gast jedoch wird Freundlichkeit und Hilfsbereitschaft zuteil.. Und das nicht nur, weil sich Brandenburg dem Tourismus verschrieben hat.

Schön ist es hier immer, ob im Sommer oder Winter, der Aufenthalt kürzer oder länger dauert. Aber ein bißchen Zeit für dieses gastfreundliche Land sollte man schon mitbringen, um auf der Reise etwas von der Atmosphäre mitzubekommen, in der heute noch so viel von früher schwingt: ein Hauch von Preußentum in Städten wie Neuruppin, einen Ahnung von der Bedeutung des Zisterzienserordens in Klöstern wie Lehnin, Zinna und Chorin, eine Erinnerung an die Toleranz Ausländern gegenüber, die einst kamen, weil ihnen Glaubensfreiheit und Existenzmöglichkeiten geboten wurden - Franzosen und Böhmen, Holländer, Schlesier und Juden. Egal welche der acht Reiseregionen man besucht oder durchfährt - jede hat ihren eigenen Reiz und gleichzeitig immer etwas typisch märkisches. Theodor Fontane, Abkomme von Hugenotten, der echteste Märker und beste Kenner der Mark überhaupt, schildert in seinen „Wanderungen durch die Mark Brandenburg“ die karge Landschaft und die Strebsamkeit ihrer Bewohner, denen wahrscheinlich nichts in den Schoß gelegt wurde. „ Kunst, Wissenschaft, Bildung haben in diesem Lande einen schwereren Kampf gegen die Natur zu führen gehabt als vielleicht irgendwo anders ...“. Umso höher sind die Ergebnisse zu bewerten. Zahlreiche Denkmäler und Kunstschätze in Schlössern und Kirchen, Städten und Dörfern, in Galerien und Museen zeugen von lang vergangenen, aber auch höchst gegenwärtigen geistigen und kulturellen Leistungen. So wird jedermann nach seinem Geschmack etwas finden - geruhsame Entspannung in stillen Wäldern, aktive Erholung auf dem Wasser und zu Lande oder eine kulturhistorische Entdeckungsreise durch die Städte und Dörfer unternehmen zu können.

Wichtige Adressen in Brandenburg

Landesregierung Brandenburg
Heinrich-Mann-Allee 107
14473 Potsdam

Ministerium für Wirtschaft, Mittelstand und Technologie
Heinrich-Mann-Allee 107
14473 Potsdam

Ministerium der Finanzen
Steinstraße 104
14480 Potsdam

Deutscher Beamtenbund
Geschäftsstelle Brandenburg
Niederwallstraße 1-5
10117 Berlin

Rechtsanwaltskammer Brandenburg
Friedrich-Engels-Straße 1
15890 Eisenhüttenstadt

Bund der Selbständigen - Deutscher Gewerbeverband e.V.
Landesverband Brandenburg
Freiheitsstraße 24
15745 Wildau

Genossenschaftsverband Berlin-Brandenburg e.V.
(Schulze-Delitzsch/Raiffeisen)
Budapester Straße 40a
10787 Berlin

Bundesverband mittelständische Wirtschaft e.V.
Geschäftsstelle Brandenburg
Gubener Straße 24
03046 Cottbus

Verband der Bauindustrie des Landes Brandenburg e.V.
Hauptgeschäftsstelle
Templiner Straße 19
14473 Potsdam

Baugewerbeverband Berlin-Brandenburg

TBA

TIERKÖRPER-BESEITIGUNGSANSTALT BRANDENBURG GMBH

Achtung!

Schlachtbetriebe · Tierarztpraxen
private Schlachtereien · Groß- und Kleintierhalter

Sie haben Entsorgungsprobleme mit gefallenen Tieren, Tierkörperteilen, Schlachtabfällen, Knochen usw. ?

Wir erledigen das für Sie und verarbeiten nach EG-Vorschrift!

Wir entsorgen mit moderner Volvo-Flotte und verschiedenen Spezialaufbauten aus unseren Betrieben Bresinchen und Rüdnitz.

Unsere Firma ist der richtige Partner für Sie!

TBA BRANDENBURG GMBH
An der Chaussee · 03172 Bresinchen
Telefon: (03561) 35 42 / 35 43
Telefax: (03561) 39 47

Geschäftsführer: Fin.-ök. Wolfgang Kunzke
Dipl.-Ing. Lothar Nagler

Geschäftsstelle Brandenburg
H.-von-Treskow-Straße 2-8
14467 Potsdam

Unternehmerverband
Brandenburg
Berliner Straße 118
03046 Cottbus

Arbeitgeberverband
Chemie und verwandte Industrie
Ost (AVCO)
Glienicker Weg 125-127
12489 Berlin

Einzelhandelsverband
Brandenburg
Otto-Grotewohl-Straße 16a
16816 Neuruppin

Arbeitgeberverband Stahl e.V.
Brandenburg/Havel
c/o Stahl- und Walzwerk
Brandenburg
14770 Brandenburg

Wirtschaftsvereinigung der
Ernährungsindustrie in Berlin
und Brandenburg e.V.
Am Schillertheater 2
10625 Berlin

Wirtschaftsvereinigung Groß-
und Außenhandel für
Berlin und Brandenburg
Segewaldweg 4
12557 Berlin

Industrieverband
Heizung-Klima-Sanitär
Berlin-Brandenburg e.V.
Postfach 46 03 49

Verband der Holz- und
kunststoffverarbeitenden
Industrie Berlin-Brandenburg
Grünberger Straße 44-48
10245 Berlin

Gaststätten- und Hotelverband
Brandenburg e.V.
Otto-Grotewohl-Straße 60
14478 Potsdam

Landesverband des
Kfz-Gewerbes
Berlin-Brandenburg e.V.
Selerweg 15
12169 Berlin

Verband der Metall- und
Elektroindustrie in
Berlin und Brandenburg e.V.
Am Schillertheater 2
10625 Berlin

Fachverband der Beton- und
Fertigteilwerke
Berlin/Brandenburg e.V.
Mühlenstraße 33a
10243 Berlin

Bauernverband Brandenburg
Helmholtzstraße 6/7
14467 Potsdam

Treuhandanstalt Cottbus
Gubener Straße 24
09046 Cottbus

Treuhandanstalt
Frankfurt (Oder)
Am Forum
15234 Frankfurt (Oder)

Steintorturm mit Brücke in Brandenburg Foto: L. Wils

Industrie- und Handelskammer
Cottbus
Sandower Straße 23
03046 Cottbus

Industrie- und Handelskammer
Frankfurt (Oder)
Oderallee
15234 Frankfurt (Oder)

Handwerkskammer Cottbus
Altmarkt 17
03046 Cottbus

Handwerkskammer
Frankfurt (Oder)
Bahnhofstraße 12
15234 Frankfurt (Oder)

Handwerkskammer Potsdam
Charlottenstraße 34-36
14467 Potsdam

Die Prignitz

Anlegestelle der Fahrgastschiffahrt in Kyritz

RDM-Landesverband
Berlin und Brandenburg e.V.
Passauer Straße 4
10789 Berlin

Verband der Bauindustrie
Frankfurt (Oder) e.V.
Platz der Deutsch-Polnischen
Freundschaft 1
15234 Frankfurt (Oder)

Landesinnungsverband des
Dachdeckerhandwerks
Land Brandenburg
Röhrenstraße 6
14480 Potsdam-Babelsberg
Landesinnungsverband des Glaserhandwerks Brandenburg
Im Walde 6
14532 Kleinmachnow

Landesinnungsverband
Berlin-Brandenburg des Maler- und Lackiererhandwerks
Wuthenowstraße 11
12169 Berlin

Fachverband Kies, Sand, Splitt,
Mörtel, Asphalt, Beton
Brandenburg, Berlin,
Mecklenburg e.V.
Sand- und Kieswerke
Frankfurt (Oder)
Am Kanal
15890 Eisenhüttenstadt

Lausitzer Verband der Textil- und Bekleidungsindustrie e.V.
Postfach 252
03046 Cottbus

Auf halbem Wege von Hamburg nach Berlin

Von der Prignitz hat fast jeder gehört, aber kaum einer weiß, wo sie eigentlich liegt. Im Lexikon steht's genau: Die Prignitz ist eine flachwellige, von einzelnen Sandhügeln durchsetzte Endmoränenlandschaft im Nordwesten der Mark Brandenburg.
Vor 25 000 Jahren haben hier Eiszeitgletscher eine Landschaft geschaffen, die mit ihrem sanften Hügeln, kargen Sandböden und ausgedehnten Kiefernwäldern, ihren romantischen Flußläufen, Heide- und Wiesenflächen sowie reizvollen Seenlandschaften etwas typisch Märkisches hat. In dieser vom Menschen wenig berührten Umwelt sind noch Pflanzen und Tiere beheimatet, die selten geworden sind in Deutschland. Graureiher, Kraniche, Eisvögel, Fisch- und Seeadler leben in einem wahren Paradies, in das man sehr behutsam eintreten sollte. Auch historisch Interessierte werden sich in der

Prignitz nicht langweilen. Städte und Dörfer laden zu einem Blick in die Vergangenheit ein. Das 1000jährige Lenzen und viele andere mittelalterliche Städte mit ihren verwinkelten Gassen, den wie in Wittstock komplett erhaltenen Stadtmauern, prächtigen Fachwerkhäusern wie in Kyritz sind Zeugen aus der Blütezeit vergangener Tage. Die Plattenburg, die älteste noch erhaltene und zugleich größte Wasserburg Norddeutschlands, das Königsgrab bei Seddin und die Wunderblutkirche in Bad Wilsnack sind nur eine heiße Tips auf dem Weg durch die Historie. Auf jeden Fall lohnt sich ein Ausflug nach Kampehl, wo seit 1702 die Mumie des Ritters Kahlbutz zu sehen ist, oder zum Perleberger Rathaus mit seiner Gerichtslaube aus dem Jahre 1450 und dem 1546 errichteten steinernen Roland. Nahe dem Dorf Rühstädt, das übrigens das storchenreichste Dorf Deutschlands ist, fließen Havel und Elbe zusammen, die beiden bedeutendsten Flüsse für die Prignitz. In aller Ruhe die Natur genießen, die Landschaft erwandern, mit Fahrrad oder gar auf dem Pferd erfahren - in der Prignitz kann sich jeder auf seine Weise erholen. Wer mehr für seine Gesundheit tun möchte, der findet im Kurort Bad Wilsnack alle Möglichkeiten für eine abwechslungsreiche Kur.

Übernachtungen

Hotel, Motel, Pensionen, Bauernhöfe, Privatquartiere, Jugendherbergen (Vermittlung über Informationsstellen) Campingplätze: Lenzen, Glambecksee, Wusterhausen, Kyritz, Bantikow

Freizeitangebote

Angeln, Surfen, Segeln, Rudern, Tauchen Wandern, Radwandern, Reiten, Planwagen- und Kutschfahrten, Segelfliegen, Fallschirmspringen, Rundflüge, Sportschießen, Tennis, Kreativurlaub mit Töpfern, Weben, Malen, Jagdtouristik

Sehenswürdigkeiten

Lenzen (Burg), Perleberg (Großer Markt), Seddin (Königsgrab), Bad Wilsnack (Wunderblutkirche), Plattenburg (älteste Wasserburg Norddeutschlands), Wittstock (historischer Stadtkern mit geschlossener Stadtmauer), Heiligengrabe (Kloster-Stift), Freyenstein (Schloßanlage), Kyritz (Stadtkern), Demerthin (Renaissanceschloß), Neustadt (Brandenburgisches Gestüt, ehem. Friedrich-Wilhelm-Gestüt), Wusterhausen (Kirche)

Dosseteich in Wittstock Foto: R.Manthey

Informationen

Perleberg Fremdenverkehrsbüro
Am Großen Markt 1
19348 Perleberg
Tel. 03876/22 59

Wittenberge Gäste-Information
Am Steintor
19322 Wittenberge
Tel. 03877/31 82

Bad Wilsnack Gäste-Information
Am Eierberg 2
19336 Bad Wilsnack
Tel. 038791/730

Lenzen-Informationszentrum
Hamburger Str. 28
19309 Lenzen
Tel. 038792/302

Wittstock Fremdenverkehrsbüro
Auf der Freiheit 10
16909 Wittstock
Tel. 03394/37 21

Kyritz Informationsbüro
J.-Sebastian-Bach-Str. 42
16866 Kyritz
Tel. 033971/23 20

Ruppiner Land

Fontanes Spuren...

Seine Wanderungen durch die Mark Brandenburg begann Theodor Fontane, geboren in Neuruppin, in seiner unmittelbaren Heimat. Eine schier endlose Seenkette, als deren Perle der sagenumwobene Stechlin gilt, durchzieht das Ruppiner Land - eine maßgeschneiderte Gegend zum Wandern, Angeln oder Baden. Landschafts- und Naturschutzgebiete, unendliche Fließgewässer und ein rund 107 km langes Wasserstraßennetz laden ein, um Fontanes Spuren oder anderen Wegen folgen. Dabei sollte ein Abstecher nach Neuruppin eingeplant werden. Die im übersichtlichen Karree mit breiten Straßen, zweigeschossigen Bürgerhäusern und den drei geräumigen Plätzen angelegte Stadt entstand nach einem Brand von 1787 unter Leitung des Architekten B:M. Brasch völlig neu. Sie stellt in dieser Originalität eine fast einzigartige klassizistische Stadtanlage dar, die übrigens Vorbild für den Städtebau bis nach Amerika war. Gemäß den damaligen humanistischen städtebaulichen Prinzipien bildete die Schule den Mittelpunkt der Stadtanlage, die nicht nur Fontane, sondern u.a. auch Karl Friedrich Schinkel, der bedeutendste Baumeister des deutschen Klassizismus, besuchte. Schließlich verhalfen auch die Neuruppiner Bilderbogen dem Ort zu Popularität. Eine umfangreiche Sammlung der zwischen 1810 und 1935 erschienenen Informations- und Unterhaltungsblätter ist im Museum zu besichtigen.

Gleich neben der Stadt beginnt die „Ruppiner Schweiz" - ein räumlich kleines, aber landschaftlich reizvolles Gebiet. Zahlreiche Seen, tiefe steilwandige Täler, Mischwälder, Quellmoore, lichte Wiesen und gemütliche Ferienorte machen den „Schweizcharakter" aus. Idylle findet der Besucher ebenfalls in Rheinsberg, in das Kurt Tucholsky sein Liebespaar Wolfgang und Claire reisen läßt. Das weiß leuchtende, sich im See spiegelnde Schloß, schimmernde Figuren im Blätterwerk und die Stille im Park bringen damals wie heute viele zum Schwärmen. Hier residierte dereinst Kronprinz Friedrich II,; hier las Vol-

Havel

taire, diskutierte im Freundeskreis, gab Flötenkonzerte.

Auf dem Granseer Luisenplatz steht das von Schinkel entworfene gußeiserne Denkmal der populärsten und im Volk beliebten Königin Luise, deren Leichenzug 1810 durch die auch noch heute sehenswerte Altstadt

Luisendenkmal in Gransee Foto: Stadtverwaltung

führte. Fürstenberg/Havel liegt unmittelbar an der Landesgrenze zu Mecklenburg. Im Ortsteil Ravensbrück erinnert eine Mahn- und Gedenkstätte an Leiden und Sterben im größten faschistischen Frauenkonzentrationslager.

Die ruhig dahinfließende Havel wird auf ihrem Weg nach Süden von Dutzenden Tonrestlöchern ehemaliger Ziegeleien gesäumt. Mit deren Produktion wurde vor hundert Jahren halb Berlin gebaut.

Übernachtungen

1278 Betten in Hotels und Pensionen
315 Betten in Ferienwohnungen
220 Betten in Privatquartieren
20 Betten auf Bauernhöfen
900 Betten in Bungalows
32 Campingplätze mit 5400 Stellplätzen

Sehenswürdigkeiten

Galerie Schloß Rheinsberg,
Heimatmuseum Neuruppin,
Waldmuseum Stendenitz,
Wegener-Gedenkstätte
Zechliner Hütte,
Storchenmuseum Linum

Informationen

Landratsamt Neuruppin,
Bereich Tourismus
Virchowstr 14/15
16818 Neuruppin Tel. 03391/660

Fremdenverkehrsamt
Wichmannstr. 4
16816 Neuruppin
Tel. 03391/2345

Fremdenverkehrsverein
„Rheinsberger Seenkette" e.V.
Vermittlungs- und Informationsbüro Rheinsberg
Schloßstraße
16831 Rheinsberg
Tel. 033931/20 59

Vermittlungs- und Informationsbüro Zechliner Hütte
Tel. 033921/217

Touristik-Verband Gransee e.V.
Karl-Marx-Platz 1
16775 Gransee
Tel. 03306/720

LANDRATSAMT Dezernat III
Wirtschaftsförderung
16515 Oranienburg
Tel. 03301/8110

Fortsetzung auf Seite 147

BRANDENBURG

Aus der Stadtgeschichte

Die Stadt Brandenburg blickt auf eine tausendjährige Geschichte zurück - bis ins 9. Jahrhundert. Im Winter 928/29 eroberte das Heer des deutschen Königs Heinrich I. die Hauptfeste des slawischen Stammes der Heveller - die Brandenburg. Der Slawenaufstand von 983 beseitigte für über 150 Jahre die deutsche Herrschaft in der Mark. 1157 ging Brandenburg dann endgültig in deutschen Besitz über, nachdem der letzte Hevellerfürst Pribislaw den deutschen Markgrafen Albrecht den Bären zu seinem Erben einsetzte. Albrecht nannte sich fortan Markgraf von Brandenburg.

Bei der Burg entstanden im 12. Jahrhundert zwei selbständige städtische Siedlungen, die beide den Namen Burg erhielten und zur Unterscheidung die Alte bzw. die Neue Stadt genannt wurden. Über Jahrhunderte blieben beide Städte die wichtigsten Orte der Mark Brandenburg. Ihr Niedergang begann mit der Herrschaft der Hohenzollern im 15. Jahrhundert. 1715 befahl der preußische König Friedrich WilhelmI. die Vereinigung beider Städte. Die Blütezeit der mittelalterlichen Stadt Brandenburg lag im 14. und 15. Jahrhundert, da sie zu den wohlhabenden Hansestädten gehörte. Zölle von allen Lastkähnen auf der Havel und von allen Kaufmannswagen auf der großen Heerstraße kassierte. 1451 wird die jüngere Nachbarstadt Berlin-Cölln unter den Hohenzollern Hauptstadt und Residenz, was den Niedergang der Havelstadt bewirkte.

An der Wende vom 16. zum 17. Jahrhundert zählte die Altstadt ca. 3000-4000, die Neustadt 8000-9000 Einwohner. Im Dreißigjährigen Krieg (1618-1648) verlor Brandenburg durch Hunger und Pest einen weiteren großen Teil der Bevölkerung. Um 1825 entstanden die ersten Stätten industrieller Produktionen (mehrere Tuchfabriken, eine Seidenfabrik), und mit der Aufstellung der ersten Dampfmaschinen ab 1840 begann der industrielle Aufschwung. 1846 wurde der Bahnhof eingeweiht, womit Brandenburg Eisenbahnverbindungen zu Potsdam und

BRANDENBURG

PLZ 14770, 14772, 14774, 14776
Vorwahl 03381

Kfz.-Kennz.: BRB

Einwohner Stadt: 89.000

Fläche Stadtgebiet: 167 qkm

Magdeburg erhielt. Im letzten Drittel des 19. Jahrhunderts entwickelte sich vorrangig die Metallindustrie, aber auch Spielwaren-, Textil- und Lebensmittelindustrie.

Mit dem industriellen Aufstieg verdoppelte sich in den letzten Jahrzehnten des 19. Jahrhunderts die Einwohnerzahl durch Zuzug aus der Umgebung der Stadt, aber auch aus dem Ruhrgebiet, aus Ost- und Westpreußen, aus Danzig, Pommern und Schlesien.
Am Anfang des 20. Jahrhunderts wurde Brandenburg durch Metall-, Textil- und Spielwarenindustrie geprägt, die jedoch während der Weltwirtschaftskrise schnell in Konkurs ging.

Nach 1933 wurde Brandenburg durch die Stahlproduktion zu einem wichtigen Rüstungsstandort. Am Ende des 2. Weltkrieges wies Brandenburg einen Zerstörungsgrad von 15% auf. Die 50er Jahre waren Jahre des Neuanfangs. Der Bau des Walzwerkes in Kirchmöser ab 1949 und das Stahl- und Walzwerkes Brandenburg ab 1950

Brandenburger Dom Foto: l. Wils

gab der Stadt ihre Schwerindustrie wieder. Stahl- und Großindustrie wurden das Symbol der Stadt und die Einwohnerzahl stieg mit dem Aufbau der Industrie kontinuierlich.

Wirtschaftsstruktur

Mit fast 90.000 Einwohnern zählt Brandenburg/Havel zu den größten Städten an der wirtschaftlichen Entwicklungsachse Berlin-Magdeburg-Hannover. Dieser Wirtschaftsstandort ist von einer leistungsstarken stahlerzeugenden und metallverarbeitenden Industrie geprägt. Die Gesamtfläche der Stadt beträgt gegenwärtig 167 Quadratkilometer.
Mit ca. 570 Einwohnern pro Quadratkilometer weist Brandenburg eine geringere Siedlungsdichte als vergleichbare Standorte auf.
Eingebettet in eine ausgedehnte Wald- und Wasserlandschaft bietet die Stadt Brandenburg ein harmonisches Miteinander von Industrie, Gewerbe, Wohnen und Natur auf.

Die Gewerbegebiete Brandenburgs weisen einen überdurchschnittlich hohen Anschlußgrad an das Schienennetz auf. Brandenburg bietet ausreichend qualifizierte Arbeitskräfte, da ca. 10.000 Menschen, die durch den Umstrukturierungsprozeß freigesetzt wurden, vielfältige Möglichkeiten der Qualifizierung und Umschulung genutzt haben.

Industrie-und Gewerbegebiet Hohenstücken:
Das Gewerbegebiet befindet sich im Norden der Stadt und wird von der Bundesstraße B 102 und

A
B
C
D
1
2
3
4
5
6
N
O
S
W
Briest
Briester Vorwerk
BRANDENBURG
Brandenburger Altstädtische Heide
Görden-see
Kalthausen Wasserwerk
Kaltenhausener
Landesklinik
SpPl
Gewerbe-gebiet
Friedhof
Plauer Landstr.
Falkenbergs-werder
Quenzsee
Münchwerder LSG
Plauerhof
Margareten-str.
Briester Weg
Am Havelgut
Margareten-hof
Hausboot Liegeplatz
Campingpl.
Kuhdammgraben
Genthiner Str.
Chausseestraße
Magdeburg
Charlottenhofer Weg
Große Mühle
Post-platz
Schule
Stadtpark Plaue
Großer Wendsee
Koenigsmarckstraße
ERKA
Am Seegarten
Plauer See
Kirchmöser-West
Kirchmöser-Ost
Bootsanlieger-platz
LSG Wusterau
Bunnen-werder LSG
Breitlingsee
Gleisdreieck
Weinberg
Wusterauer Anger
Heiliger See
LSG
Bahnhof Kirchmöser
Möserscher See
Kälber-werder
Kiehn-werder
Bootsanlieger-Platz
Campingpl.
Die Malge
Bad
Post
1 Abtstraße
2 Johanniskirchplatz
3 Altstädtische Fische
4 Wasserpromenade
5 Bäckerstr.
6 Altstädtische Große
7 Altstädtische Kleine
8 Altstädtische Wasse
9 Schusterstr.
10 Am Huck / Huckstr.
11 Askanierstr.
12 Am Rosenhag
13 Am Salzhof
14 Nicolaiplatz
15 Büttelstr.
16 Kleine Münzenstr.
17 Heinrich-Heine-Ufer
18 Katharinenkirchplatz
19 Kirchgasse
20 Weseramer Weg
21 Große Münzenstr.
22 Karl-Kautsky-Str.

F
G
H
I
1
2
3
4
5
6
Rathenow
102
Hohenstücken
Rathenower
Landstraße
Kasernen-gelände
Wochenend-siedlung
LSG
Beetz-see
Zielturm
Bad
Rosa-Luxemburg-Allee
Upstallstr.
Brandenburg Nord
Am Industriegelände
Nauen
A.-Bebel-Straße
Am Gallberg
Seelenbinder-
Dosseweg
Magdeburger Landstraße
Casino Brandenburg
1
Fontanestr.
Marienberg
Am Marien-grund
Altstadt
Zanderstr.
Magdeburger Str.
Bahnhof Altstadt
Friedhof
Klingenb.-siedlung
Industriegebiet
Neustadt
Rittlerheben
Staarbruch
Musikschule
Potsdamer Straße
Dom
Grillendamm
Krakauer Str.
Berlin / Belzig
Anschluß siehe H5-I6
Otto-Sidow-Str.
Sidow-Str.
Hauptbahnhof
Neuendorf
Caasmann-
Rohrwerder
Das Seechen
Blumenhaus
Rohrbruch
Das Breite Bruch
Landstraße
Göttinger Str.
Wilhelmsdorfer Landstr.
Bruchgraben Brücke
Eichspitz-Brücke
Eigene Scholle
Die Pfefferländer
Birkenweg
Ziesarer
Friedhof
Schule
LSG
helmsdorf
Klubhaus
Berlin
Neu Schmerzke
Potsdamer Landstr.
Berliner Str.
Straße
ERKA
Schmerzke
102
Belzig
Autobahn Magdeburg - Berlin

Flaniermeile Foto: L. Wils

der Brielower Landstraße begrenzt.
Neben der Neuansiedlung der Heidelberger Druckmaschinen AG und bereits bestehenden Unternehmen im südlichen Teil des Gewerbegebietes, sind hier 35 ha Gewerbeflächen verfügbar, deren Eigentümer die Stadt Brandenburg ist. Die Flächen sind voll erschlossen und werden zu einem günstigen Kaufpreis angeboten.

Industrie-und Gewerbegebiet Kirchmöser
Auch im Stadtteil Kirchmöser besteht ein voll erschlossenes Industrie-und Gewerbegebiet, versehen mit einer Vielzahl von Gleisanschlüssen. Aus der ursprünglichen Funktion ist eine überwiegend eingeschossige Bebauung mit weiten, begrünten Abständen zwischen den Gebäuden erhalten geblieben.

Das Amt für Wirtschaftsförderung bei der Stadtverwaltung Brandenburg ist der Ansprechpartner für weitere mündliche oder schriftliche Auskünfte. (Quelle: Stadtverwaltung)

Sehenswürdigkeiten Ausflugsziele

Die Stadt Brandenburg hat Sehenswertes für jedermann zu bieten, seien es die mittelalterlichen Bauwerke oder die lauschigen Plätzchen in den Parkanlagen und an den Wasserläufen der Stadt.
Auf der Dominsel, der ehemaligen Burginsel, zieht der Brandenburger Dom die Besucher an und führt diese in die Zeit des Mittelalters. Ein besonderes Erlebnis ist ein Konzert auf der großen Wagner-Orgel. In der Altstadt trifft man mit dem Portal und dem Feldsteinteil des Westgiebels aus dem Jahre 1140 an der St. Gotthardtkirche auf den ältesten Teil eines Bauwerkes in Brandenburg. Die Kanzel der Kirche ist die schönste aller Brandenburger Kirchen.

Die Johanniskirche an der Jahrtausendbrücke steht seit 1945 nur noch als Ruine. Die die Neustadt überragende St. Katharinenkirche gilt als ein Höhepunkt norddeutscher Backsteinbaukunst. Die Paulikirche mit dem Kloster an der Annenpromenade wurde ebenfalls in den letzten Kriegstagen im Jahre 1945 zerstört.
Der schönste, nicht kirchliche Backsteinbau Brandenburgs ist das im 15. Jahrhundert erbaute Altstädtische Rathaus. Der vor dem Rathaus stehende 5,34 m hohe Roland ist ein Original aus dem Jahre 1474.
Das Neustädtische Rathaus wurde, nachdem es im Krieg stark zerstört worden war, abgetragen. Heute ist dort der Parkplatz im Stadtzentrum am Neustädtischen Markt.

In der Fußgängerzone der Hauptstraße trifft man auf Brandenburgs berühmtestes Original, Fritze Bollmann, als Brunnenfigur. Von beiden Städten Brandenburg sind heute noch Teile der mittelalterlichen Stadtbefestigungen erhalten. Jeweils zwei Tortürme stehen noch: in der Altstadt der Rathenower- und der Plauer-Torturm, in der Neustadt der Mühlen- und der Steintorturm.
Wer sich einen Überblick über Brandenburg und Umgebung verschaffen möchte, ersteige den Aussichtsturm auf dem Marienberg, der mit seiner Parkanlage mit Schwimmbad, Freilichtbühne und Gaststätte ein beliebtes Ausflugsziel ist.
Führungen durch die Stadt Brandenburg finden sonnabends und sonntags jeweils um 14.00 Uhr statt. Treffpunkt: Postsäule Neustadt Markt, Veranstalter: Brandenburg-Information.

Straßenverzeichnis der Stadt Brandenburg

Abtstr.	I3
Ahornstr.	A4
Akazienweg	G6
Alfred-Messel-Platz	H3
Alte Potsdamer Str.	I3-I4
Altstädtische Fischerstr	H3
Altstädtische Große Heidestr.	H3
Altstädtische Kleine Heidestr.	H3
Altstädtische Wassertorstr.	H3
Altstädtischer Kietz	H3
Altstädtischer Markt	H3
Am Anger	F4
Am Breiten Bruch	H5
Am Büttelhandfaßgraben	G4
Am Charlottenhofer Weg	A3
Am Chausseehaus	E3
Am Gallberg	G2
Am Gördensee	E1
Am Gördenwald	E1-E2
Am Görneweg	A3
Am Hafen	H2
Am Hang	B5
Am Hauptbahnhof	H4-I4
Am Havelgut	B3
Am Heidekrug	D3
Am Huck	H3
Am Industriegelände	H2
Am Jakobsgraben	H4
Am Klostergraben	I3
Am Lilokanal	F2-G2
Am Marienberg	H3
Am Mariengrund	H3
Am Mittelfeld	F4
Am Neuendorfer Sand	F3
Am Patendamm	A3
Am Rehhagen	F6-G6
Am Rosenhag	H3
Am Salzhof	H3
Am Seegarten	A4
Am Sonneneck	F6
Am Südtor	A5
Am Turnerheim	F6-G6
Am Windmühlenber	F4-F5
An der Regattstrecke	H2-I2
An der Stadtschleuse	H3-H4
Anton-Saefkow-Allee	D2-E2
Askanierstr.	G3
Asternweg	F2
Atbensdorfer Str.	B3
August-Bebel-Str.	G2-G3
Ausbau	A2-A3
Bäckerstr.	H3
Badener Str.	F3
Baebenrothufer	G4-H4
Bahnhofstr.	A5-B6
Barnimstr.	H2
Bayernstr.	F3
Beethovenstr.	F2
Beetzseeufer	H2-H3
Bergstr.	H3
Berner Str.	G2
Binnenfeld	G6
Binsenkute	F4
Birkenweg	F6-G6
Blosendorfer Str.	E3
Blumenstr.	H4
Bornufer	A3
Brahmsstr.	F2
Bredowstr.	A3
Brielower Landstr.	H1-H2
Brielower Str.	H2-H3
Briester Str.	E3
Briester Weg	B2-B3
Brösestr.	G1-G2
Brucknerstr.	F2
Brüderstr.	H3
Brüsseler Str.	G2
Buchenweg	G5-G6
Büchnerweg	A6
Buckaustr.	H2
Burghof	I3
Burgweg	I3
Büttelstr.	H3
Butzower weg	I1-I2
Carl-Ferdinand-Wiesike-Str.	A4
Charlottenhofer Weg	A3
Chausseestr.	A3-A4
Christinenstr.	F1-G1
Clara-Zetkin-Str.	G3-H3
Dahlienweg	F2
Damaschkestr.	H3
Der Tempitz	I3-I4
Der Werder	A3-B3
Deutsches Dorf	I3
Domkietz	I3
Domlinden	I3
Dosseweg	H2
Dreifertstr.	F3-G3
Drosselweg	A5
Ebereschenweg	A4
Eich-Knauf-Str.	G2-H2
Eichamstr.	H3
Eichendorffweg	E2
Eichhorstweg	G6-H6
Eichspitzweg	F1-F2
Einstteinstr.	F3-G3
Elisabethstr.	F1
Emsterstr.	H2
Erich-Baron-Str.	A6-B6
Erlenweg	G6
Falkenbergswerder	D3-E3
Feldstr.	G5-H5
Ferdinand-Lasalle-Str.	G3
Fichtenweg	F6
Finkenweg	A5
Flämingstr.	H2
Fliederweg	F2
Flutstr.	H4-I4
Fohrder Landstr.	G1-G2
Fontanestr.	G3
Forstweg	B6
Fouguestr.	G3
Fr.-Engels-Str.	F3-G4
Frankenstr.	F3
Franz-Ziegler-Str.	H4
Freiherr-von-Thüringen-Str.	H2
Friedhofstr.	B6
Friedrich-Grasow-Str.	H1-I1
Friesenstr.	H4
Gartenstr.	A4
Gartenweg	A3
Genthiner Str.	A3-B3
Geranienweg	F2
Gerbergasse	H3
Gerostr.	H3
Gertraudenstr.	F1
Gertrud-Piter-Platz	H3
Geschwister-Scholl-Str	I4
Gobbinstr.	G3
Gödenstr.	H4
Goetheplatz	A4
Goethestr.	H3
Gördenallee	E2-G2
Görneweg	A3
Gorrenberg	H3
Gotthardtkirchplatz	H3
Gottharstwinkel	H3
Göttiner Landstr.	H5-H6
Göttiner Steig	F6
Göttiner Str.	H4-H5
Grabenstr.	H3
Grabower Weg	I1-I2
Gränertstr.	B6
Grenzstr.	B5
Grillendamm	I3
Große Gartenstr.	H4-I4
Große Mühlenstr.	A3
Große Münzenstr.	H3-I3
Grüne Aue	H4
Grüner Weg	F5
Grünninger Landstr.	F6
Gustav-Metz-Str.	G1
Gustav-Nachtigall-Str	F3
Gutenbergstr.	H4
GutsMuthsstr.	H2
Hagelberger Str.	I2
Hammerstr.	H2-I3
Hannoversche Str.	F3
Harlunger Str.	G3-H3
Hausmannstr.	H4
Havelstr.	H3
Haydnstr.	F2
Heidestr.	B6
Heinrich-Heine-Ufer	F2
Henriettenstr.	F1
Hessenweg	F3
Hevellerstr.	I3
Hochstr.	H3
Hoher Steg	I4
Huckstr.	H3
Im Winkel	B6
Immenweg	E6-F5
J.-Strauß-Str.	F2
Jacobstr.	H4
Jahnstr.	H4
Jasminweg	F2
Johann-Sebastian-Bach-Str.	F2
Johannisburger Anger	E1-E2
Johanniskirchgasse	H3
Johanniskirchplatz	H3-I3
Jungfernstieg	H4-I4
Kaltenhausener Weg	C2-D2
Kanalstr.	H3
Kapellenstr.	H3
Karl-Kautsky-Str.	G3
Karl-Liebknecht-Str.	G3-H3
Karl-Marx-Str.	G3
Karl-Sachs-Str.	G3-G4
Kastanienweg	G6
Katharinenkirchplatz	H3
Ketzürer Weg	I1
Kiefernweg	F6-G6
Kietzstr.	A3-B3
Kirchgasse	H3
Kirchhofstr.	H3-I4
Kirchstr.	A3-A4
Kleine Gartenstr.	I4
Kleine Mühlenstr.	A3-B3
Kleine Münzenstr.	I3
Kleiststr.	H4
Klingenbergstr.	G3-G4
Klinikallee	G3
Klosterstr.	H3
Kommunikation	H3
Königsmarckstr.	A4
Kopenhagener Str.	G2
Koppehlstr.	H4
Krakauer Landstr.	I2-I3
Krakauer Str.	I2
Krakauer Weg	I2
Kreyssigstr.	G2
Kurstr.	H3
Kurt-Wabbel-Str.	H2
Kurze Str.	B5
Lankenweg	A6
Libellenweg	E5-F5
Lilienweg	F2
Lilli-Friesicke-Str.	H2
Lindenstr.	H3-I3
Linienstr.	H4
Lortzingstr.	E2
Luckenberger Str.	H3-H4
Lünower Weg	K2-I2
Maerkerstr.	G4-H4
Magdeburger Heerstr.	F6
Magdeburger Landstr.	F3-G3
Magdeburger Str.	G3-H3
Mahlerstr.	F2
Margaretenstr.	B3-C3
Margaretenweg	B3-B4
Margueritenweg	F2
Marienberg	G3-H3
Märkische Aue	I2
Marktplatz	A4-A5
Marktstr.	A4-A5
Massowburg	H2
Maulbeerweg	E2-F2
Max-Herm-Str	F1
Max-Josef-Metzger-Str	D2-D3
Mendelssohnstr.	E2-F2
Meyerstr.	E4
Mittelstr.	I4
Molkenmarkt	I3
Mötzower Landstr.	I1-I2
Mötzower Weg I	I2
Mötzower WegII	I2
Mozartplatz	F2
Mozartstr.	F2
Mühlendamm	I3
Mühlentorstr.	H3
Narzissenweg	F2
Nelkenweg	F2
Neu-Plauer-Weg	A2-A3
Neuendorfer Str.	G3-H3
Neuendorfer Wiesenweg	E5
Neustädtische Fischerstr.	I3
Neustädtische Heidestr.	H4-I3
Neustädtische Wassertorstr.	I3
Neustädtischer Markt	I3
Nicolaiplatz	H3
Nikolaus-von-Halem-Str.	H2
Nordring	B5
Offenbachstr.	F2
Oldenburger Str.	F3
Otto-Gartz-Str.	H4
Otto-Sidow-Str.	G4-H4
Packhofstr.	H3
Parduin	H3
Parkstr.	A4
Patendamm	A3
Pater-Grimm-Str.	G2
Paul-Röstel-Str.	B6
Paulinerstr.	I3
Petersilienstr.	H3
Pfefferländer 8Weg	F6-G5
Pflegerdorf	E2
Planeweg	E5-G5
Platz der Einheit	A5
Plauer Damm	A4
Plauer Landstr.	B3-E3
Plauer Str.	H3
Plauerhofstr.	C5
Postplatz	A3
Potsdamr Str	I3-I4
Prager Str.	G2
Prignitzstr.	F1
Puschkinstr.	A4
Quenzweg	E2-E3
Querstr.	A3
Rathausstr.	A6-B6
Rathenower Landstr.	F1-G2
Rathenower Str.	H3
Ratsweg	F4
Reimerstr.	G4
Rhinweg	G2-H2
Ritterstr.	H3
Robert-Koch-Str.	G3-H3
Rochowstr.	H4
Rosa-Luxemburg-Str.	F2-G2
Rosenweg	F2
Rotdornweg	F2-G2
Rüleckens Weg	H2
Ruppinstr.	G2
Rüsternweg	G6
Sachsenstr.	F3
Sandfurthweg	F6-G5
Sankt-Annen-Promenade	H4-I4
Scheidtstr.	A3
Schenkendorfweg	E2-E3
Schienenweg	H2
Schillerstr.	H3
Schleusenerstr.	G1
Schloßstr.	A3
Schmöllner Weg	E5-F6
Schuberstr.	F2
Schulstr.	A5
Schumannstr.	F2
Schusterstr.	H3
Schützenworth	I4
Schwarzwaldring	F3
Seestr.	A4-A5
Sieberstr.	H3
Siedlungsstr.	A6
Silostr.	H2-H3
Sophienstr.	F1-G1
Sprengelstr.	G2-G3
St. Pauli-Kirchplatz	I3-I4
St. Petri	I3
St.-Annen-Str.	I3
Starweg	A5
Steinles Berg	I4
Steinstr.	H3-I3
Strandweg	B6
Südring	B6-C5
Thüringer Str.	E3-F3
Tieckower Weg	D1-D2
Tismarstr.	H4
Trauerberg	H4
Trennweg	A5
Triftstr.	A3
Triglawweg	G3
Tschaikowkistr.	F2
Tschirchdamm	F1-F2
Tulpenweg	F2
Turmstr.	B5
Uferstr.	A5-B6
Ulmenweg	G6
Upstallstr.	G2-H2
Venise-Gosnadt-Str.	G3
Vereinsstr.	G3-H3
Waldstr.	A3
Wallpromenade	H3
Wallstr.	H3
Walter-Rathenau-Ring	H3
Walther-Ausländer-Str.	F1-G1
Warschauer Str.	G2
Wassertorpromenade	H3
Wasserwerkstr.	A3
Watstr.	H2-H3
Weberstr.	F1-F2
Weidensteig	F6-G6
Weinmeisterweg	G2-H2
Wendseeufer	A4
Wiener Str.	G2
Willibald-Alexis-Str.	G1-G2
Wusterhauser Anger	B5
Zauchestr.	G2

Besondere Erlebnisse sind die Fahrten mit den Motorschiffen „Brandenburg" und „Fritze Bollmann": Während der Saison führen regelmäßige Touren über die Brandenburger Seen nach Wusterwitz, Pritzerbe, Potsdam und Berlin.

Ziesar

Diese liebenswerte Kleinstadt wurde erstmals von Otto dem Großen anläßlich der Gründung des Bistums Brandenburg als die Stadt mit der festen Burg erwähnt.

Das Fiener-Bruch

Eine Wiesenlandschaft bei Ziesar, unterbrochen von Kiefernwäldern. Auf den „Siebwiesen" wachsen Schachbrettblumen, das größte Vorkommen östlich der Elbe in Deutschland.

Lehnin

Der Ort ist umgeben von einer Kette kleinerer und größerer Gewässer und wurde schon von Fontane in seinen Wanderungen durch die Mark Brandenburg beschrieben. Gebäudenesemble Kloster Lehnin, welches das älteste und reichste märkische Kloster war, gegründet durch den Markgrafen Otto I., 1180.

Emstal bei Lehnin

Dort werden noch heute vier

Traditionsbacköfen von den Bewohnern betrieben. Alljährlich findet ein Schaubacken mit anschließender Verkostung statt.

Pritzerbe
Das Städtchen feierte 1948 sein tausendjähriges Bestehen und gehört somit zu den ältesten Städten im Havelland.

Der Beetzsee
Nordöstlich der Stadt Brandenburg gelegen, zieht sich auf achtzehn Kilometern Länge die Beetzsee-Kette, bestehend aus vier miteinander verbundenen Gewässern, dem Riewender, dem Bagower und dem Ketzürer See, sowie dem eigentlichen Beetzsee, entlang.

Brielow
Der Friedhof von Brielow beherbergt ein Naturdenkmal ersten Ranges, die Schwedenlinde. Diese ist 450 Jahre alt und hat einen Stammumfang von 13 m. Sie wurde auf dem Grab eines im Dreißigjährigen Krieg gefallenen Offiziers gepflanzt. Im Landschaftsschutzgebiet des Beetzsees nisten fast überall die Weißstörche und im Herbst rasten hier 25.000 nordische Gänse.

Götz - Götzer Berge
Es sind die höchsten Erhebungen im Kreis Brandenburg mit 110 m.
(Quelle: Stadtverwaltung)

Verkehrsanbindungen

Straßennetz
über die Bundesstraße B 102 erreichet man schnell die ca. 9 km entfernte Bundesautobahn A 2 Frankfurt/Oder-Berlin-Hannover. Mit den nur wenigen Kilometer entfernten Autobahnkreuzen ergeben sich ideale Verbindungen in Nord-Süd-Richtung nach Hamburg, Rostock. Die überörtliche Anbindung ist mit den Bundesstraßen B 1 Magdeburg-Berlin in West-Ost-Richtung und B 102 Rathenow-Belzig in Nord-Süd-Richtung gegeben. Die gemeinsame Trasse beider Bundesstraßen ist in der Stadt Brandenburg/Havel zum Teil vierspurig ausgebaut.

Bahnverbindungen
Die Anbindung an das internationale Schienennetz erfolgt über die Eisenbahnhauptstrecke Berlin-Magdeburg.

Flugplätze
In 1 bis 1,5 Stunden erreichet man die beiden internationalen Flughäfen Berlins mit Flugverbindungen in alle Welt.Das wird auch für den im Süden Berlins geplanten Großflughafen zutreffen.

Schiffahrtstraßen
Die Stadt Brandenburg/Havel liegt am Hauptschiffahrtsweg Untere-Havel-Wasserstraße und an der Kanalverbindung Rhein-Weser-Elbe-Oder. Welthäfen, wie Rotterdam, Hamburg, Szczecin (Stettin) sowie alle Rheinhäfen im Ruhrgebiet sind erreichbar.
(Quelle: Stadtverwaltung)

Museen, Galerien, Theater
Museum im Frey-Haus
Hauptstr.96,
Tel.: 52 20 48

Clubhaus „Philipp Müller"
Steinstraße 42,
Tel./Fax: 00 (37)38/2 43 57

Fontane-Klub im Brandenburger Kulturbund e. V.
Hauptstr. 69,
Tel.: 2 40 10

Musikschule Brandenburg
Straße der Befreiung 2,
Tel.: 52 11 36

Brandenburger Theater
(Buchservice)
Hauptstr. 48,
Tel.: 2 36 56

Kulturamt
Kurstraße 2
Tel.: 2 44 74
oder 2 44 38

Kinder- und Jugendgalerie „Sonnensegel"
Ausstellungs- und Aktionsräume
Otto-Nuschke-Str. 6,
Tel.: 53 04 02/52 28 37

Bibliotheken
Kreisbilbliothek
Schusterstr. 6,
Tel.: 53 32 98

Banken/Sparkassen
Berliner Bank AG
Markt 5-6

Deutsche Bank AG
Straße der Befreiung 16

Sparkasse Gebietsdirektion Brandenburg
Hauptstr. 24

Ämter/ Beratungsstellen
Stadtverwaltung Brandenburg
Neuendorfer Straße 19,
Hpt.-Gebäude,
Tel.: 53 00
Stadtverwaltung 53 00

Industrie- und Handelskammer
Otto-Nuschke-Str. 7,
Tel.: 2 36 95

Krankenhäuser/ Apotheken
Schnelle Medizinische Hilfe, Tel.: 66

Bezirkskrankenhaus
Neuendorfer Str. 89,
Klinikbereich, Tel.: 60 51

Magdeburger Str. 17,
Ambulatorium
Geschw.-Scholl-Straße 31,
Tel.: 2 41 77

Haydnstr. 27,
Tel.: 42 10

Bäder, Sport- und Freizeiteinrichtungen
Fahrradverleih AAF GmbH Seehof
14778 Brielow,
Tel.: 2 35

M.Kosak,
Hauptstraße 94
14789 Wusterwitz

H. Budick,
Trechwitzer Siedlung 129,
14778 Trechwitz,
Tel.: 75 16

Reittouristik
L. Schulze, Heidestraße 2
14778 Schenkenberg

„Märkisch Ceres" Bensdorf Agrar e. G.
Birkenweg 1,
14789 Bensdorf,
Tel.: Wusterwitz 277

Kremserfahrten
A. Hollberg
Hauptstraße 39,
14778 Weseram

R. Krause
Mahlenziener Str. 33
14789 Wusterwitz

M. Schwanecke
Prützker Str. 33,
14797 Rietz

K.-D. Gottfried
Grebser Straße 22
14797 Prützke

A. Flöter,
Bergstraße 6,
14797 Lehnin,
Tel.: 5 27

Bootsverleih
AAF GmbH Seehof
14778 Brielow,
Tel.: 2 35

Fremdenverkehrseinrichtungen
Fremdenverkehrsverein Brandenburg/Havel e. V.
Plauer Str.4
14797 Netzen

Hotels/ Pensionen
Zimmervermittlung
Tel.: Lehnin 8 07/8 77
Telefax: Lehnin 8 42

- Hotel „Lindenhof"
H.-Friedrich-Str. 21
14774 Plaue
Tel.: 51 35 10

- Pension „Am Bahnhof"
Bahnhofstraße 32
14776 Kirchmöser
Tel.: 51 33 67

- Pension „Lindenkrug"
Bahnhofstraße 51
14776 Kirchmöser
Tel.: 51 33 78

- DB Aus- und Fortbildung
R.-Luxemburg-Platz 4
14776 Kirchmöser
Tel.: 51 65 49

- Pension
„Haus Lindenhof"
Wendseeufer 8a
14774 Plaue
Tel.: 51 33 81

CALAU

Aus der Stadtgeschichte

Die am Rande eines nördlichen Ausläufers des Niederlausitzer Grenzwalls gelegene Kleinstadt Calau hat sich an der Stelle einer Siedlung der im 7. Jahrhundert aus Gebieten östlich der Neuße eingewanderten Sorben entwickelt. So ist auch der Name Calau abgeleitet vom niedersorbischen Kalawe, d. h. Ansiedlung im sumpfigen Gelände, an dem die Stadt erbaut ist. Erste Ansiedlungen aus vor- und frühgeschichtlicher Zeit wurden jedoch durch Bodenfunde bewiesen.

CALAU

PLZ 03205
Vorwahl 03541

Kfz.-Kennz.: CA
Einwohner Stadt: 7.727

Fläche Stadtgebiet: 14,94 qkm

Um 1200 wurde Calau vermutlich erstmals das Stadtrecht verliehen. Etwa um 1236 erfolgte die planmäßige Stadtgründung; der modellhafte ovale Grundriß des Stadtkerns ist noch heute nachvollziehbar.
Der erste schriftliche Beleg über die Existenz Calaus ist in einer am 6. Oktober 1279 ausgestellten Urkunde des damaligen Landesherrn der Niederlausitz zu finden. Um 1300 begann der Aufbau der spätgotischen dreischiffigen Stadtkirche; der Anbau des Kirchturms - mit rund 70 m Höhe der höchste der Niederlausitz - erfolgte erst ein Jahrhundert später. 1336 wurde Calau als Kreisstadt erwähnt. In der Folgezeit war die Stadt den wechselnden Herrschern der Niederlausitz ausgesetzt.

Schon im 14. Jahrhundert hatte Calau allerdings die Freiheit von der grundherrlichen Gewalt erlangt und war eine der vier landesherrlichen Städte der Niederlausitz. Im Mittelalter fiel die Stadt zahlreichen Bränden zum Opfer, im Verlauf des 30jährigen Krieges wurden 1635 sogar fast sämtliche Häuser der Innenstadt vernichtet. Der Übergang von feudal-absolutistischen zu bürgerlich-kapitalistischen Verhältnissen im 19. Jahrhundert wurde in Calau besonders auf wirtschaftlich-industriellem Gebiet deutlich. Die im 15./16. Jahrhundert noch gut florierende Tuchmacherei verlor durch die Erfindung der Dampfmaschine und des mechanischen Webstuhls an Bedeutung. Dagegen erlebte die Schuhmacherei einen Aufschwung.

Stadtkirche Foto: Stadtverwaltung

Durch die Bezeichnung „Kalauer" für besondere Wortwitze, um 1848 in der Berliner Zeitschrift „Kladderadatsch" zum ersten Mal erwähnt, ist Calau als deren Geburtsstätte bekannt geworden.
Eine Gedenktafel in der Cottbuser Straße erinnert noch heute

an Ernst Dohm, der seinerzeit als Redakteur für die Verbreitung dieser „Kalauer" sorgte.

Einer der bedeutendsten Bürger Calaus war der Apotheker Carl Anwandter, dessen Wirken als Bürgermeister, revolutionärer Demokrat und Abgeordneter der preußischen Nationalversammlung in der Revolution von 1848/49 besonders beachtenswert ist. An ihn erinnert noch heute eine Gedenktafel an der seinen Namen tragenden Apotheke.

In der folgenden Phase eines schnellen wirtschaftlichen Aufschwungs kam es in Calau zu ersten bedeutenden Stadterweiterungen und zur Errichtung von Verwaltungsgebäuden (Post, Landratsamt, ehemaliges Finanzamt, u. a.), deren Klinkerfassaden das Stadtbild heute wesentlich prägen.
(Quelle: Stadtverwaltung)

Wirtschaftsstruktur

In Calau sind zahlreiche Handwerksbetriebe, wie Maler, Tischler, Bauklempner, Installateure, Glaser, Fußbodenleger, Dachdecker, Elektroinstallateure und Autoreparaturwerkstätten ansässig, ebenso verschiedene Hoch- und Tiefbauunternehmen. Architektur- und Planungsbüros, Baustoff- und Autohändler.
Künftige Gewerbeansiedlungen sind in großem Umfang in der Vorbereitungsphase. Dazu gehören das Gewerbegebiet „Ost" mit 9,2 ha, das 1992 erschlossen wird und das Gewerbegebiet „Nord" mit einer Größe von 75 ha, das sich in der Planungsphase befindet. Das derzeit größte Unternehmen ist die ESSAG, verantwortlich für die Stromversorgung der Gebiete um Luckau, Lübben, Calau, Senftenberg und Hoyerswerda. Die Steuerung des gesamten Energieversorgungsnetzes der Region wird auch künftig von Calau aus erfolgen.
(Quelle: Stadtverwaltung)

Sehenswürdigkeiten Ausflugsziele

Im historisch erhaltenen Stadtkern befindet sich auf dem Marktplatz das 1888 erbaute Rathaus.
Westlich vom Markt kann man die spätgotische Hallenkirche betrachten. Daneben ist in einer alten Mädchenschule, einem Bauwerk aus dem 17./18. Jahrhundert, die Heimatstube der Stadt Calau eingerichtet worden. Am Burgplatz sind noch heute Reste der aus dem 10. Jahrhundert stammenden frühdeutschen Wehranlage zu sehen und die Ruine der um die gleiche Zeit entstandenen Dunkelsburg. Darüber hinaus bietet sich von Calau aus die Möglichkeit, die landschaftlichen Reize der Umgebung zu erkunden. Erwähnenswert sind vor allem die Routen in das Erholungsgebiet „Calauer Schweiz" mit dem Goldhorn, der bedeutendsten Quelle der Niederlausitz, zum Kemmener Riesenstein, dem größten Findling im Kreisgebiet und anderen „natürlichen" Sehenswürdigkeiten.
Ein im Nachbarort Werchow gelegener Reiterhof stellt ein attraktives Ausflugsziel für Pferdefreunde dar.
(Quelle: Stadtverwaltung)

Verkehrsanbindungen

Reichsbahn
Die Stadt Calau liegt an einem Verkehrsknotenpunkt der Deutschen Reichsbahn. Die elektrifizierte Strecke Cottbus-Leipzig führt in ost-westlicher Richtung durch Calau, in Nord-Süd-Richtung verläuft die Strecke Lübbenau-Calau-Senftenberg-Kamalz-Dresden, mit Anschlußmöglichkeiten an die Strecke Frankfurt/Oder-Dresden. Auch bestehen Anschlußmöglichkeiten an die Strecke Berlin-Cottbus-Görlitz.

Fremdenverkehrsstraßen
Die Landstraße 1. Ordnung Nr. 84, die Calauer Umgehungsstraße, verbindet die Stadt Calau nach 9 km mit der Autobahn Spreewalddreieck Lübbenau-Forst (A15) sowie der B 115, die das Kreisgebiet in west-östlicher Richtung durchzieht. In Richtung Cottbus sind es ca. 30 km, nach Forst ca. 60 km mit Anschluß an den Grenzübergang in Richtung Polen.

Die Landstraße 1. Ordnung Nr. 92 verbindet die Stadt Calau in westlicher Richtung nach 6 km (Auffahrt Bathow) mit der Autobahn Dresden-Berlin (A 14) - in Richtung Berlin (ca. 100 km entfernt). Weiterführend Richtung Luckau, bindet sie dann an die B 96, B8 7 und B 102.
Die Landstraße II. Ordnung Nr. 31 ist die Zufahrt der Stadt Calau nach 9 km (Auffahrt Bronkow) zur Autobahn Berlin-Dresden (A 13) in Richtung Dresden (ca. 80 km). Weiterführend besteht Anbindung an die B96 und B 104 (Kreis Finsterwalde).

In Anbindung an die L I.O. Nr. 92 von Calau zur Autobahnverbindung Dresden-Berlin (A 15) und in entgegengesetzter Richtung über die L I.O. Nr. 84 zur Autobahn Berlin-Forst verläuft von diesen beiden Straßen in südöstlicher Richtung durch die Stadt Calau eine Landstraße I. Ordnung Nr. 94 in Richtung Altdöbern (15 km) weiter nach Großräschen (7 km) und weiter nach Senftenberg (15 km) zum Ausflugsziel Senftenberger See. Zum Ausflugsziel Spreewald

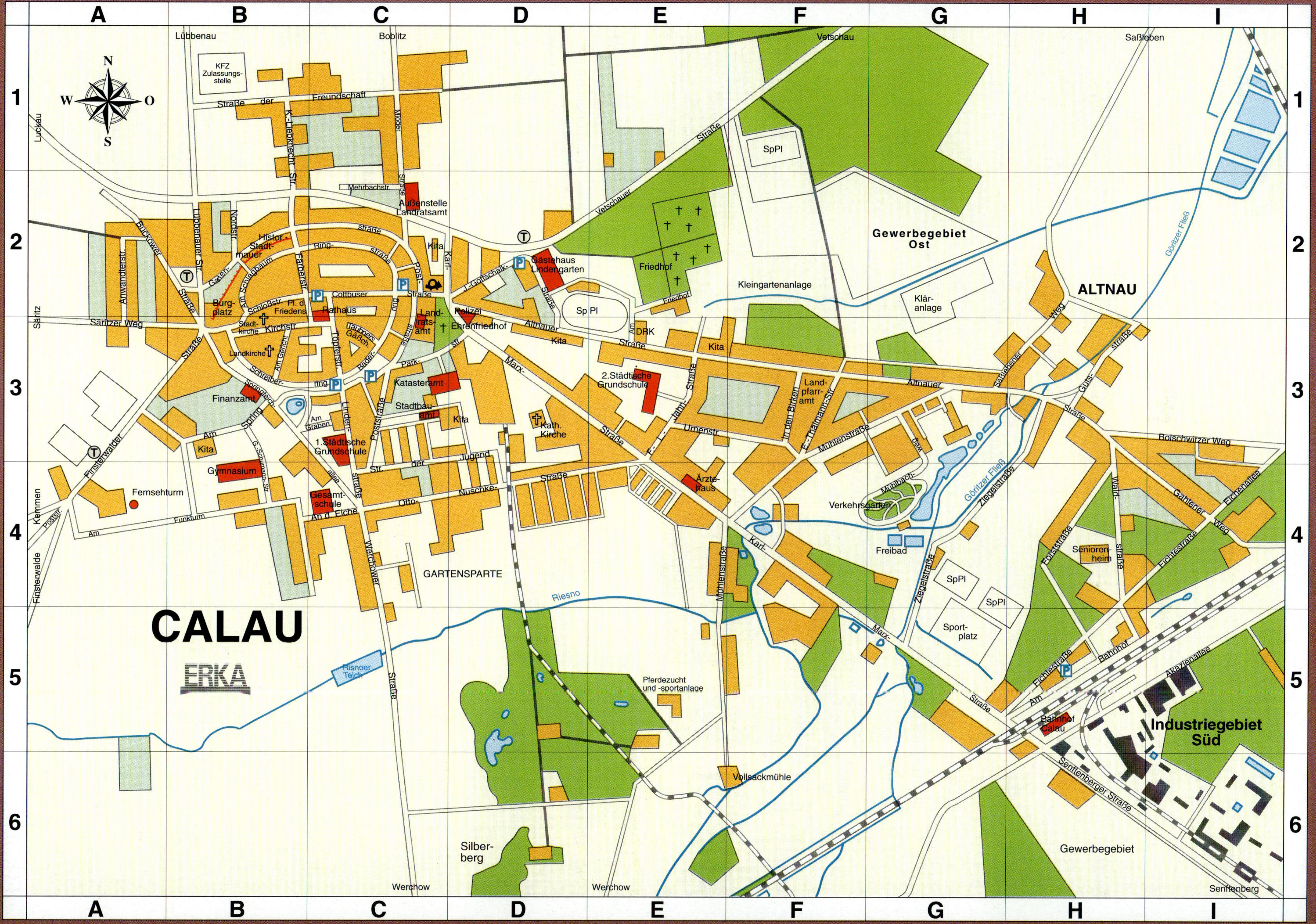
CALAU
ERKA
A B C D E F G H I
1 2 3 4 5 6
N O S W
Lübbenau
Boblitz
Vetschau
Saßleben
Luckau
Sanitz
Kemmen
Finsterwalde
Werchow
Senftenberg
KFZ Zulassungsstelle
Straße der Freundschaft
K.-Liebknecht-Str.
Mehrbachstr.
Außenstelle Landratsamt
Lübbenauer Str.
Nordstr.
Histor. Stadtmauer
Ring-straße
Kita
Karl-
Gästehaus Lindengarten
Vetschauer Straße
SpPl
Friedhof
Gewerbegebiet Ost
Kleingartenanlage
Kläranlage
ALTNAU
Göritzer Fließ
Burgplatz
Am Schlossbaum
Färberstr.
Cottbuser Straße
Schloßstr.
Pl. d. Friedens
Rathaus
Stadtkirche
Kirchstr.
Landkirche
Töpferstr.
Landratsamt
Polizei
Ehrenfriedhof
Altnauer Straße
Sp Pl
DRK
Sanitzer Weg
Anwandlerstr.
Finanzamt
Schreiberstr.
Katasteramt
Stadtbauamt
Poststraße
Park-
1. Städtische Grundschule
Linden-
Am Graben
Spring
Kita
Gymnasium
G.-Schumann-Str.
Fernsehturm
Funkturm
Am
Finsterwalder
Gesamtschule
An d. Eiche
Otto-Nuschke-Str.
Jugend-
der
Werchower Straße
GARTENSPARTE
Kath. Kirche
Marx-Straße
2. Städtische Grundschule
Jahn-Straße
Urnenstr.
Ärztehaus
Landpfarramt
In den Birken
E.-Thälmann-Str.
Mühlenstraße
Mühlbach
Verkehrsgarten
Freibad
Ziegelstraße
Bolschwitzer Weg
Gahlener Weg
Eichenallee
Waldstraße
Seniorenheim
Forststraße
Fichtestraße
Guts-
Sablower
Sportplatz
Riesno
Risnoer Teich
Mühlenstraße
Vollsackmühle
Pferdezucht und -sportanlage
Silberberg
Am Bahnhof
Bahnhof Calau
Akazienallee
Industriegebiet Süd
Senftenberger Straße
Gewerbegebiet

Rathaus Calau Foto: Stadtverwaltung

Straßenverzeichnis der Stadt Calau

Akazienallee	H5 - I5
Altnauer Str.	D2 - H3
Am Bahnhof	H5
Am Friedhof	E2 - E3
Am Funkturm	A4 - B4
Am Gericht	B3
Am Graben	B3-C3
Am Schlagbaum	B2
Am Spring	B3
An der Eiche	C4
Anwandter Str.	A2
Baderring	C2 - C3
Bolschwitzer Weg	H3 - I3
Buckower Str.	A2 - B2
Burgplatz	B2
Cottbuser Str.	C2
E.-Thälmann-Str.	F3
Eichenallee	I3 - I4
Färberstr.	B2
Fichtestr.	H5 - I4
Finsterwalder Str.	A4 - B3
Forststr.	H4
F.-L..Jahn-Str.	E3
Gahlener Weg	H3 - I4
Gartenstr.	B2 - C2
Georg-Schumann-Str.	B3 - B4
Gutstraße	H3
In den Birken	F3
Joachim-Gottschalk-Str.	D2 - D3
Karl-Liebknecht-Str.	B1 - B2
Karl-Marx-Str.	C2 - G5
Kirchstraße	B3
Lindenstr.	C3 - C4
Lübbenauer Str.	B2
Mehrbachstr.	C2
Mloder Str.	C1 - C2
Mühlbachweg	G3 - G4
Mühlenstr.	E5 - G3
Nordstr.	B2
Otto-Nuschke-Str.	C4 - E4
Parkstr.	C3 - D3
Platz des Friedens	B2 - C3
Poststr.	A4
Ringstr.	C2
Säritzer Weg	A3 - B3
Saßlebener Str.	G3 - H2
Schloßstr.	B2
Scheiberring	B3 - C3
Senftenberger Str.	H5 - I6
Springteichallee	B3 - C4
Straße der Freundschaft	B1 - C1
Straße der Jugend	C4 - D3
Taubners Gäßchen	G3
Töpferstr.	C2 - C3
Urnenstr.	E3 - F3
Vetschauer Str.	D2 - F1
Waldstr.	H3 - H4
Werchower Str.	C4 - C5
Ziegelstr.	G5 - H3

führt die L I.O. Nr. 122 von Calau zur Spreewaldstadt Lübbenau (15 km) mit der Möglichkeit zur Auffahrt auf die Bundesstraße 115 Cottbus-Lübben-Jüterbog

sowie der Autobahnauffahrt Berlin-Forst (A 15/A 13) bzw. Forst-Berlin nach ca. 10 km bei Groß-Lübbenau.
(Quelle: Stadtverwaltung)

Museen, Galerien, Theater
Spreewaldmuseum über Fremdenverkehrsverband Spreewald,
Tel. 03542/37 11

Bibliotheken
Stadtbibliothek
Lindenstr. 31, Tel. 29 73

Banken und Sparkassen
Kreissparkasse Calau
J.-Gottschalk-Str. 36,
Tel. 22 72
Raiffeisenbank Vetschau
Schloßstr. 33, Tel. 25 56

Ämter/ Beratungsstellen
Stadtverwaltung
Platz des Friedens 10,
Tel. 89 10

Schuldnerberatungsstelle,
Gleichstellungsbeauftragte
Joachim-Gottschalk-Str. 5

Krankenhäuser/ Apotheken
Ärztehaus Calau 81 11
Notarzt Te. 115 und 22 22

Apotheke - Pöhlmann
Mühlenstr. 5a,
Tel. 27 43
Apotheke - Schubert
Mühlenstr. 4, Tel. 29 43
Markt - Apotheke
Cottbuser Str. 8,
Tel. 22 28

Bäder, Sport- und Freizeiteinrichtungen
Stadtbad, Ziegelstr. 11,
Tel. 22 18

Fremdenverkehrseinrichtungen
Fremdenverkehrverein Lübbenau,
E.-Welk-Str. 15,
Tel. 36 68

Hotels/Pensionen
- Hotel „Schloß Lübbenau"
Schloßpark,
Tel. 03542/8126
- Pension Nopper
Bergstr. 11, Lübbenau
- Pension Jank
Bergstr. 7a, Lübbenau.

COTTBUS

Aus der Stadtgeschichte

Das Cottbuser Wappen:
Roter Krebs und rote Burg auf weißen Grund, das Wappentier geht auf die Herren von Cottbus, ein aus Franken stammendes Adelsgeschlecht zurück, die Burg symbolisiert die Wehrfähigkeit der Siedlung am Spreeübergang, das Wappen ist seit der 1. Hälfte des 14. Jahrhundert nachgewiesen. Die über achthundertjährige Stadt an der Spree, zwischen Berlin und Dresden gelegen, nahe der polnischen Grenze, ist die Metropole der Niederlausitz - eine Region im südlichen Land Brandenburg, deren bekanntester Landstrich der Spreewald ist.

Rund 124 000 Einwohner zählt heute die zweitgrößte Stadt des Landes Brandenburg. Geschichte und Traditionen sind hier eng verbunden mit der Kultur eines seit vielen Jahrhunderten ansässigen slawischen Volkes, den Sorben. Ihre Sprache, Sitten und Gebräuche sind bis heute bewahrt und bereichern das Leben in dieser Region in vielfältigster Art und Weise.

Im Jahr 1156 wurde Cottbus erstmals urkundlich als slawischer Burgwall, im 10. Jahrhundert deutscher Burgward mit Marktsiedlung, erwähnt. Bereits vor 1200 begann die planmäßige Anlage der Stadt, wodurch sich verstärkt deutsche Handwerker und Kaufleute ansiedelten. Von 1199 bis 1445 beherrschten die Herren von Cottbus, den Ort. Danach kam Cottbus durch den Kauf an Brandenburg, bis auf einen kurzen Herrschaftswechsel der Sachsen von 1807 bis 1813. 1405 wird das Tuchmachergewerbe erstmals urkundlich erwähnt. Cottbus war eine bedeutende Tuchmacher- und Leineweberstadt.

Im 15. Jahrhundert verwüsteten große Brände die Stadt, 1631 erstürmten und plünderten die kaiserlichen Truppen die Stadt. Der große Stadtbrand von 1671 vernichtete fast alle geschichtlichen Quellen. 1726 wurde im Süden die Neustadt angelegt, wo sich Tuchmacher, Loh- und Weißgerber niederließen und dieses Handwerk zum Aufschwung verhalfen.

COTTBUS/ CHOSEBUZ

PLZ 03046
Vorwahl 0355

Kfz.-Kennz.: CB

Einwohner Stadt: 124.000

Fläche Stadtgebiet: 50 qkm

Heute zeigt sich Cottbus mit Neubebauungen im Zentrum und den Randbezirken der Stadt, geprägt von seiner Entwicklung der letzten Jahrzehnte zum Zentrum der Kohle- und Energiewirtschaft Ostdeutschlands sowie der traditionellen Textilindustrie.
(Quelle: Stadtverwaltung)

Wirtschaftsstruktur

Gegenwärtig erfährt Cottbus einen mit großer Dynamik ablaufenden Strukturwandel. Durch gravierende Umgestaltungen der Textil- und der Kohleindustrie entstehen materielle und humane Entwicklungspotentiale für Neuansiedlungen von Branchen. Es ist das Ziel, eine „Gesunde Mischung“ in den hier ansässigen Branchen der Industrie, des produzierenden Handwerks/Gewerbes, der Dienstleistungen und des Handels sowie der Ansiedlung neuer Betriebe zu erreichen. Schwerpunkte hierbei bilden Klein- und Mittelbetriebe der Branchen Maschinenbau, Metallbearbeitung, Kfz-Zulieferindustrie, Elektro- und Umwelttechnik, Baustoff- und Baumaterialindustrie sowie Textilindustrie. Für die Ansiedlung größerer energieintensiver Betriebe bestehen gute Voraussetzungen.

Staatstheater (1907-1908) Foto: B. Choritz, Vetschau

Cottbus ist als Dienstleistungs- und Verwaltungszentrum Südbrandenburgs Sitz vieler Bundes- und Landesbehörden - so die Oberfinanzdirektion des Bundesvermögensamtes, einer Filiale der Bundesbank der Bundesknappschaft und der Landesbergbaubehörde.

Mit der Durchführung der Gemeindegebietsreform (30.6.92) ist eine enorme Vergrößerung des Stadtgebietes zu verzeichnen, wichtig dabei die Bereitstellung zusätzlicher Anbauflächen von über 80 ha ab 1993 in Dissenchen und Sielow. 1995 wird Cottbus, mit nur einer dreijährigen Vorbereitungszeit, die erste ostdeutsche Stadt der Bundesgartenschau sein. Eine große Herausforderung - der sich die Stadt und ihre Bürger stellen wollen.

Das Cottbus-Center präsentiert sich komplett fertiggestellt.

Mit der jetzigen Gesamteröffnung finden rund 800 Personen im Cottbus-Center einen neuen Arbeitsplatz, rund weitere 500 Arbeitsplätze werden in Zuliefererbetrieben gesichert.
(Quelle: Stadtverwaltung)

Sehenswürdigkeiten Ausflugsziele

Die Stadt Cottbus mit ihren ausgedehnten Grünanlagen, Parks und Wanderwegen entlang der Spree, bietet Gästen und Einwohnern umfangreiche Möglichkeiten der Erholung und Entspannung.

Am bekanntesten dafür ist der denkmalgeschützte Branitzer Park vor den Toren der Stadt. Herrmann Fürst von Pückler-Muskau ließ ihn in den Jahren 1846 bis 1871 nach seinen Entwürfen anlegen - er gilt als der letzte bedeutende deutsche Landschaftsgarten, ein gartenkünstlerisches Meisterwerk, das Brillanz und Kuriosität des Fürsten widerspiegelt. Ihm verdanken die Cottbuser auch Europas einzige Pyramiden. mehr über sein Leben und Werk berichtet die Ausstellung im Fürst-Pückler-Museum Schloß Branitz.
Kulturhistorisch Wissenswertes über die Geschichte der Stadt erfährt der Besucher in den Ausstellungen und Sammlungen im Stadtmuseum am Schillerplatz oder im Apothekenmuseum am

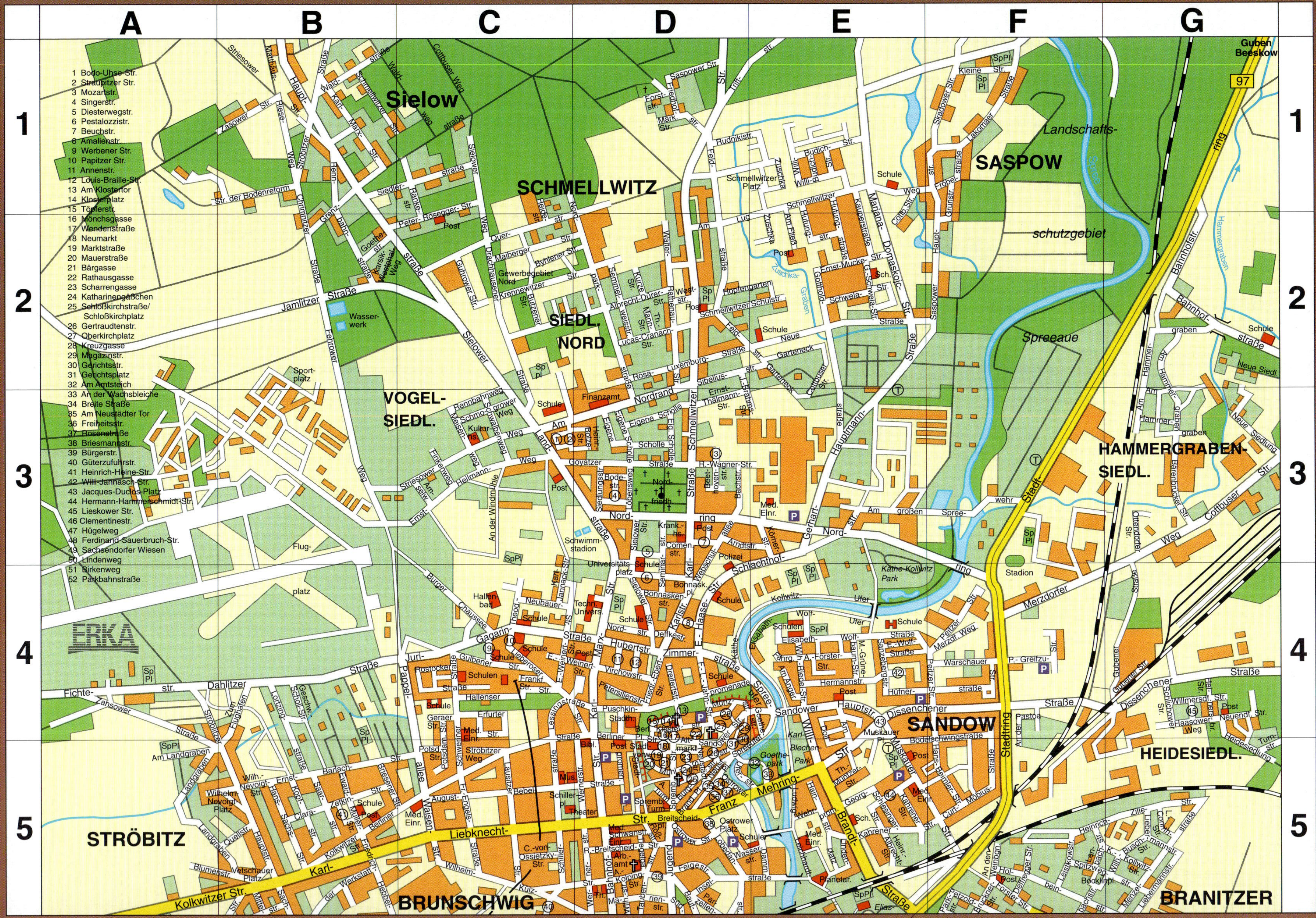
A
B
C
D
E
F
G
1
2
3
4
5
1 Bodo-Uhse-Str.
2 Straupitzer Str.
3 Mozartstr.
4 Singerstr.
5 Diesterwegstr.
6 Pestalozzistr.
7 Beuchstr.
8 Amalienstr.
9 Werbener Str.
10 Papitzer Str.
11 Annenstr.
12 Louis-Braille-Str.
13 Am Klostertor
14 Klosterplatz
15 Töpferstr.
16 Mönchsgasse
17 Wendenstraße
18 Neumarkt
19 Marktstraße
20 Mauerstraße
21 Bärgasse
22 Rathausgasse
23 Scharrengasse
24 Katharinengäßchen
25 Schloßkirchstraße/ Schloßkirchplatz
26 Gertraudtenstr.
27 Oberkirchplatz
28 Kreuzgasse
29 Magazinstr.
30 Gerichtsstr.
31 Gerichtsplatz
32 Am Amtsteich
33 An der Wachsbleiche
34 Breite Straße
35 Am Neustädter Tor
36 Freiheitsstr.
37 Rosenstraße
38 Briesmannstr.
39 Bürgerstr.
40 Güterzufuhrstr.
41 Heinrich-Heine-Str.
42 Willi-Jannasch-Str.
43 Jacques-Duclos-Platz
44 Hermann-Hammerschmidt-Str.
45 Lieskower Str.
46 Clementinestr.
47 Hügelweg
48 Ferdinand-Sauerbruch-Str.
49 Sachsendorfer Wiesen
50 Lindenweg
51 Birkenweg
52 Parkbahnstraße
Sielow
SCHMELLWITZ
SIEDL. NORD
VOGEL-SIEDL.
SASPOW
Landschafts-
schutzgebiet
Spreeaue
HAMMERGRABEN-SIEDL.
SANDOW
HEIDESIEDL.
BRANITZER
STRÖBITZ
BRUNSCHWIG
Guben Beeskow
97
Stadtring
Karl-Liebknecht-Str.
Kolkwitzer Str.
Franz-Mehring-Str.
Käthe-Kollwitz-Park
Stadion
Flug-platz
Wasser-werk
ERKA

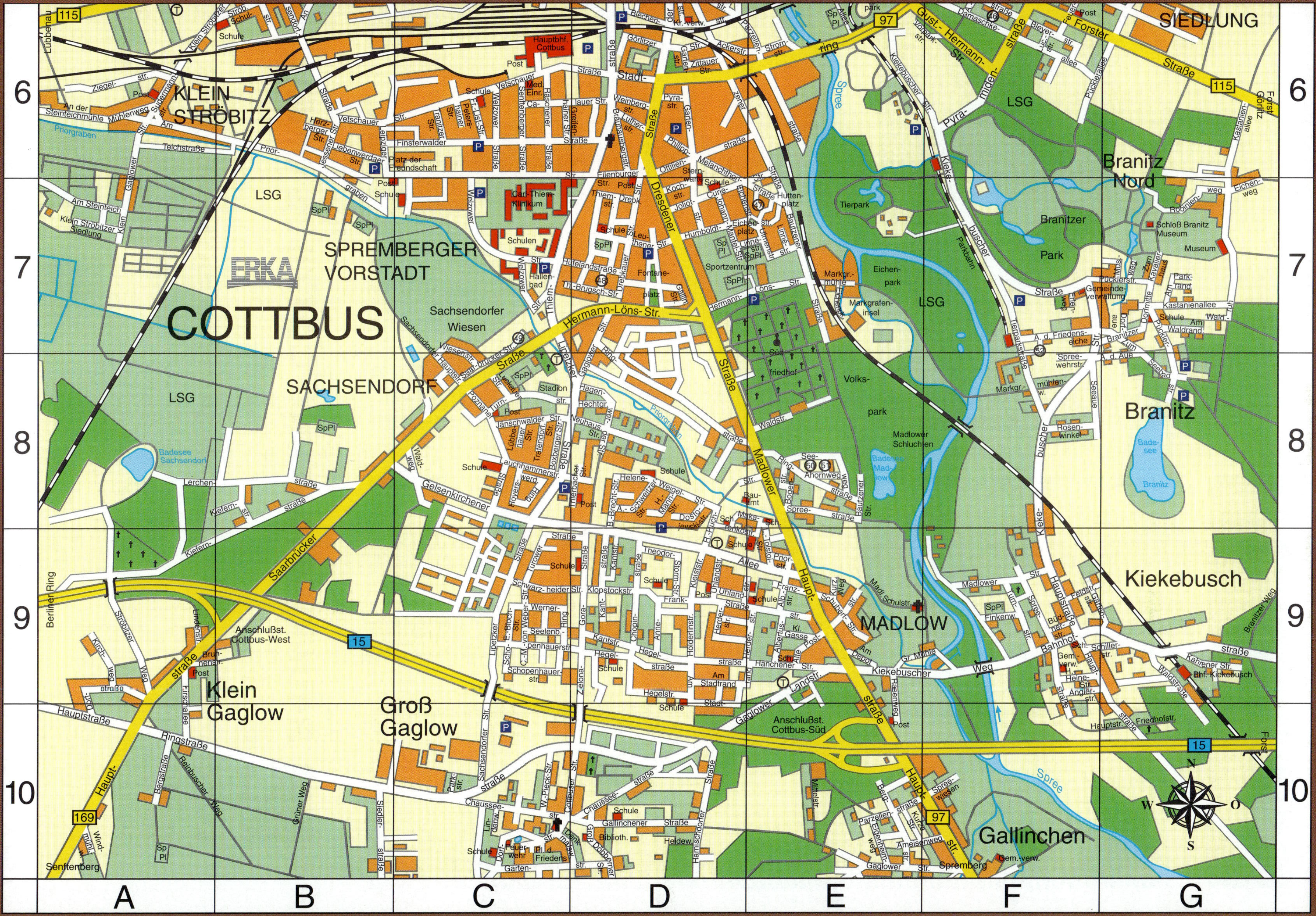
COTTBUS
SIEDLUNG
KLEIN STRÖBITZ
SPREMBERGER VORSTADT
SACHSENDORF
Sachsendorfer Wiesen
Branitz Nord
Branitzer Park
Branitz
Kiekebusch
MADLOW
Klein Gaglow
Groß Gaglow
Gallinchen
Tierpark
Eichen-park
Volks-park
Madlower Schluchten
LSG
Spree
Priorgraben
Hauptbhf. Cottbus
Carl-Thiem-Klinikum
Schloß Branitz Museum
Badesee Sachsendorf
Anschlußst. Cottbus-West
Anschlußst. Cottbus-Süd
Berliner Ring
Dresdener Straße
Madlower Straße
Hermann-Löns-Str.
Saarbrücker Straße
Gelsenkirchener
Forster Straße
Hauptstraße
Kiekebuscher
Sachsendorfer Str.
ERKA
115
97
15
169
6
7
8
9
10
A
B
C
D
E
F
G

Straßenverzeichnis der Stadt Cottbus

Ackerstraße	D6-E6
Adolf-Kolping-Str.	D5
Ahornweg	E8
Albert-Förster-Str.	E4
Albert-Schweitzer-Str.	D8
Albertusstraße	E9
Albrecht-Dürer-Str.	D2
Alte Poststraße	E9
Altmarkt	D4-D5
Am Amtsteich (32)	D5-E5
Am Anger	E4
Am Depot	E9
Am Doll	E4-E5
Am Fließ	E2
Am Großen Spreewehr	E3-F3
Am Hammergraben	G2-G3
Am Hechtgraben	D8
Am Klostertor (13)	D4
Am Landgraben	A5
Am Lug	D2-E2
Am Neustädter Tor (35)	D5
Am Nordrand	C3-D2
Am Parkrand	G7
Am Priorgraben	A6-B7
Am Stadtrand	D10-E9
Am Steinteich	A7
Am Turm	D5
Am Waldrand	G7
Amalienstr. (8)	D4
Ameisenweg	E10-F10
Amselweg	C3
An den Weinbergen	F5
An der Aue	F8-G8
An der Friedenseiche	F7
An der Pastoa	F4-F5
An der Steinteichmühle	A6
An der Wachsbleiche (33)	E5
An der Werkstatt	B5-B6
An der Windmühle	C3
Anglerstraße	F9
Anne-Frank-Str.	D9
Annenstr. (11)	D4
Anton-Bruckner-Str.	F5-F6
Arndtstraße	D3-E3
August-Bebel-Str.	C5-D5
Bachstraße	D3
Bahnhofstr.	G2/F9-G9/D5-D6
Bärenbrücker Str.	G3
Bärgasse (21)	D5
Bautzener Str.	D5-E7
Bautzener Str.	E8
Beethovenstr.	D3
Bergstraße	A10
Bergstraße	E10
Berliner Platz	D4-D5
Berliner Str.	B5-D4
Bertolt-Brecht-Str.	D8
Beuchstraße (7)	D3
Birkenweg (51)	E8
Blechenstr.	D6
Bleyerstr.	F6
Blumenstraße	A5-B5
Böcklinplatz	E5
Bodelschwingstraße	E5-F4
Bodestraße	D3
Bodo-Uhse-Str. (1)	C3
Bogenstr.	E8
Bonnaskenplatz	D4
Bonnaskenstr.	D4
Boxberger Str.	C8
Brandenburger Platz	D5
Branitzer Dorfmitte	G7
Branitzer Weg	G9
Brauhausbergstr.	D6
Breite Straße (34)	D5
Breitscheidplatz	D5
Briesener Str.	B5-C5
Briesmannstr. (38)	D5
Brunnenstr.	A9
Büdnerstr.	F9
Burger Chaussee	C4
Bürgerstr. (39)	D5
Burgstraße	D5
Butzener Str.	C2
Byhlener Str.	C2-D2
Calauer Str.	C6-D6
Carl-Maria-von-Weber-Str.	C9
Carl-von-Ossietzky-Str.	C5
Chausseestr.	C10-D10
Chopinstr.	D9
Chrimnitzer Str.	B1-B2
Clara-Zetkin-Str.	B5
Clementinestr. (46)	F6
Comeniusstr.	D3
Cottbuser Str.	C10-D10
Cottbuser Str.	E1-E2/E2-E3/G3
Cottbuser Weg	C1
Curt-Möbius-Str.	F5
Dahlitzer Straße	A4-B4
Damaschkealle	EF6
Deffkestraße	D4
Deffregger Str.	F5
Denkmalsweg	C10-D10
Diesterwegstr. (5)	D3
Dissenchener Str	E4-G4
Dorfaue	G7
Dorfstraße	A9-A10
Dorfstraße	C10
Dostojewskistr.	D8
Drachhausener Str.	C2
Drebkauer Str.	D7
Dreiferstraße	D4
Dresdener Str.	D7-D8
Eichenpark	E7
Eichenplatz	D7-E7
Eichenstr.	D7-E7
Eichenweg	G7
Eigene Scholle	D3
Eigenheimweg	E10
Eilenburger Str.	D6
Elisabeth-Wolf-Str.	E4
Elisabeth-Wolf-Ufer	D4-E4
Erfurter Str.	C4
Erich-Weinert-Str.	C4-D4
Erlenweg	F7
Ernst-Barlach-Str.	B5-C5
Ernst-Bloch-Str.	C9
Ernst-Heilmann-Weg	C3
Ernst-Mucke-Str.	E2
Ernst-Thälmann-Str.	D3
Ewald-Haase-Str.	D4
Ewald-Müller-Str.	B5
Fährgasse	E4
Fehrower Weg	B2-B3
Feigestr.	D5
Feldstraße	D1-E2
Feldstraße	F9
Ferdinand-Sauerbruch-Str. (48)	D7
Feuerbachstr.	F5-F6
Fichtestraße	A4
Finkenweg	C3
Finkenweg	F9
Finsterwalder Str.	B6-D6
Fontaneplatz	D7
Forster Str.	F5-G6
Forststraße	D1
Frankfurter Str.	C4
Franz-Mehring-Str.	D5-E5
Franz-Schubert-Str.	E9
Freiheitsstraße (36)	D5
Friedhofstr.	D1
Friedhofstr.	G10
Friedrich-Ebert-Str.	D4
Friedrich-Engels-Str.	C5
Friedrich-List-Str.	C6
Friedrich-Ludwig-Jahn-Str.	D4
Fröbelstraße	F1
Gaglower Landstr	D10-E9
Gaglower Str.	E10-F10/D7-D8
Gallinchener Str.	D7/D10
Garteneck	E2-E3
Gartenstraße	D6-D7/F9-G9/C10-D10
Gelsenkirchener Allee	C8-E9
Georg-Schlesinger-Str	E5
Geraer Str.	C4
Gerhart-Hauptmann-Str.	E2-E3
Gerichtsplatz (31)	D5
Gerichtsstr. (30)	D4-D5
Gertraudtenstr. (26)	D5
Geschwister-Scholl-Str.	B4
Goethestr.	E4
Goethestraße	B2
Görlitzer Str.	D6
Gotthold-Schwela-Str.	E2
Goyatzer Str.	C3-D3
Greifenhainer Str.	C6
Grenzstraße	B2-C1
Groß Döbberner Str.	D10
Große Mühle	E9-F9
Grüner Weg	B10
Grünstraße	F1-F2
Gubener Str.	G4
Guhrower Str.	C2
Gulbener Str.	C4
Gustav-Hermann-Str.	E6-F6
Güterzufuhrstr. (40)	C5-C6
Haasower Weg	G4
Hagenwerder Str.	D8
Hainstraße	E5
Hallenser Str.	C4
Hänchener Str.	E9
Hans-Beimler-Str.	F5
Hans-Sachs-Str.	B5
Harnischdorfer Str.	D10
Hauptstraße	A10-B9/F9-G10/E10-F10
Hauptstraße	B1-C2
Hegelstraße	D9
Heidesiedlung	G4-G5

Das Cavalierhaus Branitz

Heidestraße	C1-C2
Heideweg	D10
Heinersbrücker Str.	G4
Heinrich-Albrecht-Str.	E5
Heinrich-Bolze-Str.	D3
Heinrich-Hebbel-Str.	B5-B6
Heinrich-Heine-Str. (41)	B5
Heinrich-Heine-Str.	F9
Heinrich-Mann-Str.	D8
Heinrich-Zille-Str.	F5-G5
Helene-Weigel-Str.	D8
Herderstraße	D9-E9
Hermann-Hammerschmidt-Str. (44)	E5
Hermann-Löns-Str.	C7-E7
Hermannstr.	E4
Herzberger Str.	B6
Holbeinstr.	F5-G6
Hölderlinstr.	D9
Hopfengarten	D2-E2
Hoyerswerdaer Ring	C8
Hubertstraße	D4
Hufelandstr.	C7-D7
Hüfnerstr	E4-F4
Humboldtstraße	D7-E7
Huttenplatz	E7
Hutungstr.	E1-E2
Inselstr.	D5-E5
Jacques-Duclos-Platz (43)	E4
Jamlitzer Straße	A2-C2
Jänschwalder Str.	C8
Jessener Str	B6
Johann-Mantel-Str.	D7
Johannes-Brahms-Str.	D2-E3
Joliot-Curie-Str.	D7-E6
Juri-Gagarin-Str	C4-D4
K.-Kollwitz-Str.	G5
Kahrener Str.	E5-F5
Kahrener Str.	G9
Kantstraße	D9
Karl-Jannack-Str.	C3-C4
Karl-Liebknecht-Str.	B5-D5
Karl-Marx-Str.	D4
Karl-Marx-Straße	B1
Karlstraße	D3-D4
Kastanienallee	G6-G7
Katharinengäßchen (24)	D5
Käthe-Kollwitz-Ufer	D4-E4
Kauperstr	E1-E2
Kersik-Westphal-Weg	B2
Kiefernstraße	A9-B8
Kiekebuscher Str.	E6-F9
Kiekebuscher Weg	E9-F9
Kirchweg	A9
Kirschallee	A9-A10
Klein Gaglower Str.	A6-A7
Klein Ströbitzer Siedlung	A7
Klein Ströbitzer Str.	A6-B5
Kleine Gasse	E9
Kleine Str.	F1
Kleiststraße	D9
Klopstockstr.	D9
Klosterplatz (14)	D4
Klosterplatz	D4
Kochstr.	D7
Kolkwitzer Str.	A6-B5
Kopfstraße	B5
Körnerstraße	E3
Kosterstraße	D4
Krennewitzer Str.	C2-D2
Kreuzgasse (28)	D4
Kurze Str	E10-F10
Kurze Straße	D2
Kurzer Weg	E9
Lakomaer Str.	F1
Landgraben	A5-B5
Lauchhammerstr.	C8
Lausitzer Str.	C5
Leipziger Str.	B6-D6
Leistikowstr.	F5
Leo-Tolstoi-Str.	E9
Lerchenstraße	A8-B8
Lessingstr.	C4-D4
Leubachstr.	F5
Leuthener Str.	D7
Liebenwerdaer Str.	B6
Liebermannstr.	G5
Lieberoser Str.	C4-D4
Lieskower Str. (45)	G4
Lindenplatz	E5
Lindenstraße	A9
Lindenweg (50)	E8
Lindenweg	C10
Linnestr.	D7-E7
Lipetzker Str.	C7-C9
Lobedanstr.	D5
Löbensweg	D3
Lortzingstraße	B4-B5
Louis-Braille-Str. (12)	D4
Lovis-Corinth-Str.	G5
Lübbenauer Str.	C8
Lucas-Cranach-Str.	D2
Luciestraße	F6
Luckauer Str.	C8
Ludwig-Leichhardt-Allee	E5-E6

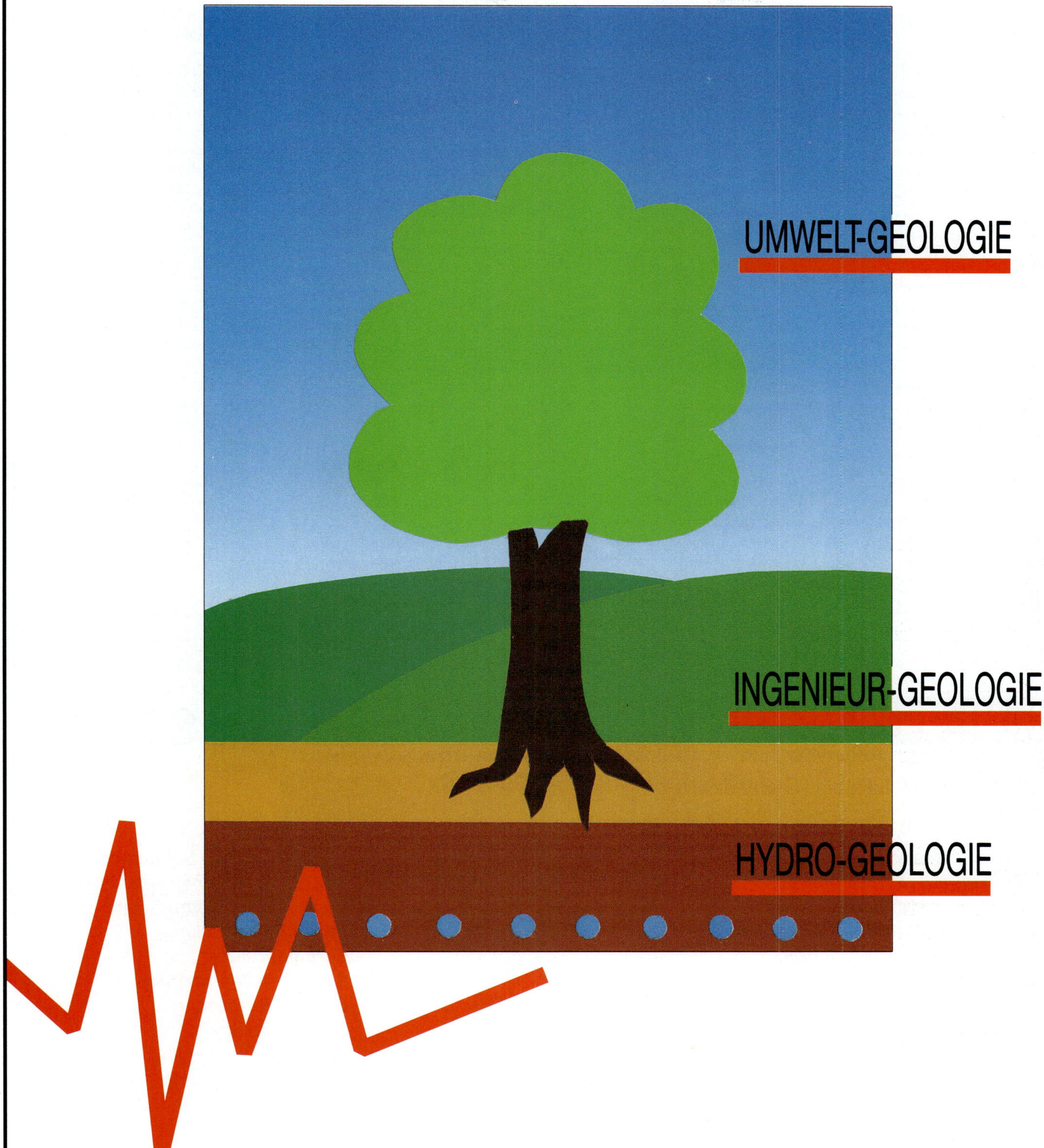
UMWELT-GEOLOGIE
INGENIEUR-GEOLOGIE
HYDRO-GEOLOGIE

Altmarkt.
Zeugnisse der städtebaulichen Entwicklung findet man in der Innenstadt. Sehenswert sind die Sakralbauten am Altmarkt - die Oberkirche, St. Nikolai, ein spätgotischer Backsteinbau, die Klosterkirche, das älteste Cottbuser Gotteshaus und die Schloßkirche, auch als Hugenottenkirche bekannt.
Aber auch die noch vorhandenen Teile der mittelalterlichen Stadtmauer mit ihren Türmen und Wiekhäusern und der Altmarkt, umschlossen von staatlichen Bürgerhäusern mit barocken Giebeln und Fassaden, zeichnen das Bild des historischen Stadtkerns.

Das Theater der Stadt Cottbus ist die architektonische und kunsthistorische Perle der Niederlausitz und besitzt Einmaligkeit in Europa. Der deutsche Architekt Bernhard Sehring gewann den von der Stadtverordnetenversammlung ausgeschriebenen Architekturwettbewerb. Sehring hatte bereits Aufmerksamkeit durch seinen Theaterbau "Theater des Westens" (1896) in Berlin erregt. Auch in Bielefeld (Theater, 1901) und Düsseldorf (Schauspielhaus, 1904) findet man seine Arbeiten. Nach nur 16 Monaten Bauzeit wurde es am 1. Oktober 1908 eingeweiht. Die Zerstörung des Theaters konnte 1945 verhindert werden, aber nach und nach verfiel die ursprüngliche Bausubstanz. zu Beginn der achtziger Jahre begann die umfangreiche Rekonstruktion des Gebäudes. Die Wiedereröffnung erfolgte im Oktober 1986.

Bismarkturm
Auf dem sagenumwobenen Schloßberg, einst Sitz des wendischen Fürsten, wurde 1917 dieser 29 m hohe Aussichtsturm errichtet.

Freilandmuseum Lehde
Typisch sorbische Bauerngehöfte, aus den verschiedensten Gebieten des Spreewaldes, geben Zeugnis über die sorbische Kultur und Lebensweise.

Hammergraben mit Teichlandschaft
Im 15. Jahrhundert von Franziskanermönchen zur Bewässerung der Fischteiche erbaut, ist er heute Zeugnis einmaliger mittelalterlicher Nivellier- und Wasserbaukunst.

Hüttenmuseum Peitz
Seit 1520 wurde im ehemaligen Königlichen Eisenhüttenwerk der in dieser Gegend reichlich vorkommende Raseneisenstein verhüttet.
(Quelle: Stadtverwaltung)

Verkehrsanbindungen

Cottbus liegt zwischen den Ballungszentren Berlin und Dresden, jeweils in einer Autostunde erreichbar. Cottbus ist die zweitgrößte Stadt des Landes Brandenburg, Metropole der Niederlausitz, an der Spree gelegen, 30 km westlich der polnischen Grenze am Südrand des Spreewaldes.

Die Autobahnen BAB 13, Berlin-Dresden und BAB 15, Berlin-Breslau (bis 1994 vierspurig) sorgen für eine gute Verkehrsanbindung.
Mit der B 97, B 115 und B 169 ist der Anschluß an das Bundesstraßennetz gegeben.
Wichtiger Eisenbahnknotenpunkt:
DB Köln-Görlitz, Frankfur/M.-Cottbus
Flugverkehr:
Berlin Tegel (160 km), Berlin Schönefeld (130 km), Dresden (98 km), Cottbus Lufttaxi.

Der Nahverkehr wird über Bus- und Straßenbahnlinien abgewickelt.
(Quelle: Stadtverwaltung)

Museen, Galerien, Theater
Fürst-Pückler-Museum
Schloß Branitz,
Tel. 7 51 50
Stadtmuseum Cottbus
August-Bebel-Str. 85
Tel. 62 12 55
Apothekenmuseum
Löwenapotheke
Altmark 24,
Tel. 2 39 97
Spreewehrmühle
Am großen Spreewehr 2
Tel. 71 41 74
Museum für Natur und Umwelt
Bahnhofstr. 5,
Tel. 2 43 26
Brandenburgische Kunstsammlungen
Spremberger Str. 1
Tel. 2 20 42

Bibliotheken
Stadt- und Regionalbibliothek
Berlin Str. 13/14,
Tel. 2 43 05
Niedersorbische Bibliothek
August-Bebel-Str.
Tel. 2 34 21

Banken und Sparkassen
Bayerische Hypotheken- und Wechselbank
Berliner/Wernerstr.
Tel. 2 27 47

Bayerische Vereinsbank
Lieberoser Str.
Tel. 2 46 51
Berliner Bank AG
Thiemstr. 130,
Tel. 42 40 16
Commerzbank AG
Karl-Liebknecht-Str. 126
Tel. 2 34 59/2 55 70
Deutsche Dank AG
Thälmannplatz 6,
Tel. 3 03 06
Deutsche Bundesbank
Str. der Jugend,
Tel 3 03 16
Dresdner Bank
Berliner/Wernerstr.
Tel. 2 56 44
Stadt- und Kreissparkasse
Cottbus
Volksbank e. G. Cottbus
Sandower Str. 45
Tel. 2 29 00
Volks- und Raiffeisenbank e. G.
Görlitzer Str. 2
Tel 42 20 14

Ämter/ Beratungsstellen

Stadtverwaltung
Cottbus/Chosébuz
Neumarkt 5,
Tel. 61 20

Krankenhäuser/ Apotheken

Rettungsdienst 115
Krankentransporte:
Cottbus
Tel. 2 22 25-8
Bezirkskrankenhaus
Thiemstr. 111
Adlerapotheke
Bärgasse 12
Apotheke
K.-Marx-Str. 14
Förster-Apotheke
Petersielienstr. 2 b
Sandower Apotheke
Am Anger 1
Schillerapotheke
Karl-Liebknecht-Str. 1

Bäder, Sport- und Freizeiteinrichtungen

Badeseen
Madlow, Branitz und
Ströbitz
Schwimmbad Stromstr. 14
Schwimmbad,
Fr.- Ludwig-Jahn-Str.
Schwimmhalle,
Th.-Neubauer-Str.
Volksschwimmhalle,
Welzover Str.
Tennisplätze:
Eichenpark und
Am Priorgraben
Reit- und Fahrverein,
Räschener Str.
Angeln Kartenverkauf
Angel-Center Cottbus
Bahnhofstr. 55

Fremdenverkehrseinrichtungen

Fremdenverkehrsbüro
Cottbus-Information
Berliner Str. 1 a
Tel. 2 42 54/55

Hotels/Pensionen

- Hotel Branitz
Lausitzer Congreßzentrum
Heinrich-Zille-Str.,
Tel. 7 51 00
- Hotel „Giro“,
R.-Breitscheid-Str. 10,
Tel. 3 10 71
- Hotel „Zum Schwan“,
Bahnhofstr. 75
Tel. 2 23 34
- Hotel „Zur Sonne“
Taubenstr. 7 - 8
Tel. 79 19 10
- Waldhauspension
Drachhausener Str. 70,
Tel. 2 32 91
- Gästehaus Brunschwig
Lieberoser Str. 12,
Tel. 2 53 30
- Jugendherberge
Klosterplatz 2 - 3,
Tel. 2 25 58
- Privatzimmervermittlung
Cottbus-Information
Berliner Str. 1 A,
Tel. 2 42 55
(Quelle: Stadtverwaltung)

EBERSWALDE

Aussichtspunkt Drachenkopf

Aus der Stadtgeschichte

Historischer Abriß
1254
Gründung durch askanischen Markgrafen
1276
Erste urkundliche Erwähnung
1300
Grenzbriefurkunde
1317
Verlegung der Handelsstraße Frankfurt/Oder - Stettin über Eberswalde
1322
Befestigung Eberswaldes
1326
Niedere Gerichtsbarkeit
1499
Großer Stadtbrand
1532
Errichtung von zwei städtischen Kupferhämmern
1605/20
Bau des Finowkanals (durch den 30jährigen Krieg zerstört)
1632
Aufbahrung des Schwedenkönigs in der Maria-Magdalenen-Kirche
1746
Eröffnung des 2. Finowkanals als Verbindung zwischen Havel und Oder
1748/55
Ansiedlung von Messer- und Scherenschmieden aus Ruhla
Entstehung einer Stahl- und Eisenfabrik
1750
Erste Fassung eines Gesundbrunnens, Versuche für einen Kur- und Badebetrieb
1830
Verlegung der Forstakademie nach Eberswalde
1842/43
Eröffnung der Bahnlinie Berlin-Eberswalde-Stettin
1908
Errichtung des Stadtteiles Westend
1914
Einweihung des Oder-Havel-Kanals im Norden von Eberswalde
1932
Errichtung des Stadtteils Ostend
1935
Finow erhält das Stadtrecht
1939
Errichtung des Stadtteiles Nordend
1945
Zerstörung der Innenstadt durch die deutsche Luftwaffe im April
1970
Zusammenschluß der Städte Eberswalde und Finow
1976
Errichtung eines Wohnkomplexes zwischen Eberswalde und Finow
1990
Erste demokratische freie Wahl seit 1949

EBERSWALDE

PLZ 16225, 16227
Vorwahl 03334

Kfz.-Kennz.: EW

Einwohner Stadt:
51.489

Fläche Stadtgebiet:
48,32 qkm

Wirtschafts-struktur

Die Wirtschaftsstruktur der Region stellte sich wie folgt dar:
Industrie 37 %
Handwerk 0,2 %
Bau 0,8 %
Landwirtschaft 10,0 %
Post 11,0 %
Handel 0,9 %
Sonstige nichtprod. Gewerbe 25,0 %

Gewerbeflächen
- Vorhandenes Industriegebiet
Größe: 521 ha
Lage: nördl. Begrenzung Oder-Havel-Kanal
südl. Begrenzung Finow-Kanal
westl. Begrenzung Altenhofer Straße
östl. Begrenzung Reichsbahnstrecke Berlin-Prenzlau

- Technologie- und Gewerbepark Eberswalde
Größe: ca. 118 ha
Lage: südl. Begrenzung Oder-Havel-Kanal
westl. Begrenzung Gemeinde Lichterfelde
östl. Umgehungsstraße nach Britz

Der Technologie- und Gewerbepark ist offen für Produktions- und Dienstleistungsunternehmen aller Branchen. Ausgenommen sind Unternehmen der Grundstoffindustrie, Bau- und Betriebshöfe, großflächiger Einzelhandel sowie stark publikumsintensive Dienstleister, soweit sie nicht hauptberuflich der Eigenversorgung des TGE dienen.

Gewerbeflächen in Planung:
- Hubschrauberlandeplatz" ca 6,0 ha Gewerbe-/Wohnfläche im Ortsteil Finow, Erweiterung in südlicher Richtung ist angedacht.
- Flugplatzgelände der GUS-Streitkräfte
verfügbar erst ab Ende 1994

Die Stadt Eberswalde-Finow wird als Kreisstadt im zukünftigen Großkreis (nach der Kreisreform) als Zentrum mit einer Einwohnerzahl von ca. 90.000 eine wirtschaftliche Dominante im Berliner Umfeld sein.
Dabei spielen besonders die strategische Lage zwischen Berlin und der Ostgrenze und die hervorragenden Verkehrsanbindungen nach Osten eine bedeutende Rolle.
Traditionell sind im Stadtgebiet und im unmittelbaren Umland Betriebe der Metallverarbeitung angesiedelt.
Hinzugekommen sind:
- ein Betrieb der Papierherstellung
- eine Chemische Fabrik
- ein Betrieb der Verpackungsindustrie
- ein Schlacht- und Verarbeitungsbetrieb.
Durch die Wirtschaftsförderungsgesellschaft des Kreises Eberswalde mbH, deren Gesellschafter der Landkreis Eberswalde, die Stadt Eberswalde und die Gemeinde Lichterfelde sind, wird auf ca. 118 ha Fläche einn Technologie- und Gewerbepark errichtet.
Durch Beschluß der Stadtverordnetenversammlung wurde ein Gebietsstreifen südlich des Oder-Havel-Kanals als Industrie- und Gewerbegebiet festgeschrieben. Dieses Gebiet ist bahntechnisch über den Wasserweg und die Straße erschlossen und bietet hervorragende Bedingungen uir Ansiedlung von produzierendem Gewerbe.
(Quelle: Stadtverwaltung)

A
B
C
D
1
2
3
4
5
6
EBERSWALDE-FINC
Lichterfelde
Clara-Zetkin-Siedlung
Buckow
Joachimsthaler Straße
Oderberger Straße
Kirschenallee
Steinfurter Str.
Steinfurter Allee
Eberswalder Str.
Britzer Str.
Schule
Ärztehaus
SpPl
H.-Mann-Str.
Eichendorffstr.
Fichtestr.
Pehlmannring
Wiesenstr.
Messingwerkstr.
Oder-Havel-Kanal
Barsch-grube
Mäcker-see
Mäckersee-brücke
Angermünder Straße
Finowkanal
Drahthammer Schleuse
Hegermühler Schleuse
Altenhofer Straße
Wolfswinkeler Str.
Finow
Wolfswinkel
Eisenspalterei
Eberswalder Straße
167
Heim
Finowfurt
Bahnhofstr.
Platz der Jugend
Ärztehaus
Ringstraße
Finow-Ost
Karl-Marx-Ring
Karl-Marx-Platz
Mozartstr.
Schönholzer Straße
Brandenburgisches Viertel
Brandenburger Allee
Senioren-heim
Nauener Str.
Lausitzer Straße
Frankfurter Allee
Beeskower Str.
Heegermühler Str.
Hallenbad
Grenzstr.
ERKA
Barnimer Heide
N
W
O
S

F
G
H
I
1
2
3
4
5
6
Britz
Angermünde
Eberswalder Str.
ERKA
Oder-Havel-Kanal
Kanalüberführung
Wurzelberg
Kupferhammer
Finowkanal
Schule
Krankenhaus
Oderberger Straße
Breite Straße
Eberswalde
Am Eichwerder
Kupferhammer Schleuse
Stadtschleuse
Ärztehaus
Eisenbahnstraße
Hauptbahnhof Eberswalde
Stadion
SpPl
Freilichtbühne
Waldfriedhof
Freienwalder Straße
Bad Freienwalde
Brunnenstraße
Schwappachweg
Goldschmidtstraße
Rosengrund
Hegel-Str.
Alexander-von-Str.
Max-Planck-Str.
Friedrich-Engels-Str.
K.-Liebknecht-Str.
Grabowstr.
Karl-Marx-Platz
Richterplatz
Geschwister-Scholl-Str.
Paul-Radack-Str.
Nelkenweg
Fliederweg
Dahlienweg
2
167

Schillertreppe

Gastgeber-übersicht

Hotel / Pensionen

Hotel
"Saturn",
Angermünder Str.
Tel. 33 931
P & P - Hotel,
Eisenbahnstraße 40
Te. 230 58
Hotel
„Am Walde“,
Brunnenstraße 6
Tel. 22 13 00
Hotelrestaurant
„Zum Kaiser Wilhelm“
Eberswalder Str. 90,
Britz
Tel. 42 416
„Haus Chorin“
Neue Klosterallee 10,
Chorin
Tel. 447
Hotelrestaurant
„Mühlenhaus“
Ragöser Mühle 1,
Sandkrug
Tel. Chorin 202
Hotelrestaurant
„Schorfheide“
Str. zur Schorfheide 3,
Eichhorst
Tel. Finowfurt 7466
Landhotel
„Jägerhof Oderbruch“
Schöpfwerk 2, Liepe
Tel. 241
Seehotel Altenhof
Dorfstr. 22, Altenhof
Tel. 4235
Gästehaus im
„Kinderland-Werbellin-
see“
Joachimsthaler Str. 20,
Altenhof
Tel. 6297
Ferienhotel
„Am Werbellinsee“
Am See 2, Altenhof
Tel. 2241
Gästehaus
„Am Werbellinsee“
Seerandstr. 10, Joa-
chimsthal
Tel. 227

Bungalows
Ferien- bzw. Gartenhaus
Geyer,
Feldstraße 12
Lichterfelde,
Tel. 21 91 54
Giese,
Rosa-Lusemburg-Str. 10
Hanne,
Fichtestr. 62
Clara-Zetkin-Siedlung
Kauba,
Jenny-Marx-Weg 9
Tel. 21 24 85
Krüger,
Töpferstr. 40
Joachimsthal, Tel. 98 21
Scharlipp,
Töpferstr. 55
Jochaimsthal, Tel. 229
Scholz,
Bungalow-Siedlung
Karlstraße 4,
Sandkrug
Tel. Chorin 337
Siedler,
Hüttenweg 25,
Chorin
Thieß,
Zorndorfer Str. 25
Joachimsthal, Tel. 96 14

Privatzimmer
Beckert,
Ragöser Str. 12
Britz, Tel. 42 578
Eichstädt,
Posse 11
Joachimsthal, Tel. 466
England,
Oststraße 32
Tel. 24 691
Hennig,
Schönholzer Str. 4
Melchow,
Tel. Biesenthal 33 00
Hünicke,
Dorfstraße 35 a
Sommerfelde, Tel. 24
752
Kockro,
Schicklerstraße 50
Kohn,
Ausbau 6 Heidehof
Serwest
Krohn,
Zieglerallee
Küter,
Bergstraße 1
Golzow
Leskien,
Kastanienweg 2
Tel. 24 095
Macheleit,
Wiesenstraße 43
Britz,
Tel. 424 494
Metzke,
Wilhelmstraße 32
Tel. 24 415
Neils,
Britzer Straße 14
Golzow
Seliger,
Makarenkostraße 15
Finowfurt
Stillich,
Akazienweg 6
Tel. 23 094
Volgmann,
Wilhelmstraße 5
Britz,
Tel. 42 468
Wagner,
Georg-Ewald-Straße 4

Gaststätten
Gaststätte
„Achteck“
Tel. 24 591
Boldtstraße 3,
Inh. H. Bockisch
Tel. 22 734
Kleins Eisdiele
Eisenbahnstraße 69
Tel. 24 738
„Mäckersee-Terrassen"
Am Mäckersee
Inh. G. Spiegelberg
Tel. 33 132
„Hohenzollerngarten“
Mühlenstraße 22,
Hohensaaten
Inh. W. Engel und J.
Kempin
Tel. 210
Mitropa AG
Gleis 1
Eisenbahnstraße
Tel. 22 754
Gaststätte
„Mundshof“
Schicklerstraße 1,
Inh. H. Niehammer
Gaststätte
„Nordend“
Rosa-Luxemburg-Str. 6,
Inh. K.-H. Leipert
Tel. 24 445
Musikcafé
„Pink“
Schicklerstraße 25,
Inh. B. Lawain
Tel. 21 25 57
„Pinguin“
Mocca-Eis-Bar
Karl-Liebknecht-Str. 7,
Inh. B. Schulz
Tel. 22 387
Gaststätte
„Ratskeller“
Breite Straße 42,
Inh. H.-J. Krönert
Tel. 22 590
Restaurant
„Sindbad“
Eisenbahnstraße 80,
Tel. 22 155
Gaststätte
„Troges Bahnhofseck“
Brachlowstraße 29,
Tel. 39 265
„Unter den Buchen“
Clara-Zetkin-Siedlung
Inh. R. Witte
Tel. 21 91 40

(Alle Angaben ohne Gewähr)

Straßenverzeichnis der Stadt Eberswalde

Ackerstraße	G4-H3
Akazienweg	G3
Alexander- von Humboldt-Str.	G4
Alfred-Dengler-Str.	F5
Alfred-Möller-Str.	F5-G5
Altenhofer Str.	H3
Am Eichwerder	H4
Am Kanal	G4
Am Kienwerder	G4
Am Krankenhaus	F5
Am Markt	G4
Am Paschenberg	G5-H5
Am Pfingstberg	H4
Am Pfuhl	B3
Am Rohrpfuhl	I5
Am Stadion	F5
Am Stadtpark	A3-A4
Am Tempelberg	I4
Am Treidlerweg	C3
Am Zainhammer	E5
Ammonstr.	L6
An den Kummkehlen	I4
Angermünder Str.	B3-E3
Anna-Frank-Str.	G3
Asternweg	H3
August-Bebel-Str.	G5
Bahnhofstr.	B4
Barnimer Str.	D4
Beeskower Str.	D4
Beethovenstr.	A1
Bergerstr.	F4-G4
Bergeshöh	I4
Bergstr.	B3
Biatkowskistr.	H5
Biesenthalter Str.	A4-B4
Birkenweg	G3
Blumenweg	H4
Blumenwerderstr.	F4
Boldtstr.	E4
Bollwerkstr.	Ge-H4
Brachlowstr.	B4
Brandenburger Allee	C4
Brauersberg	A3
Brautstr.	H4
Breite Str.	G4-H3
Britzer Str.	E4-F3
Brückenstr.	B4
Brunnenstr.	F5-G5
Brunoldstr.	E4
Buchenweg	G3
Carl-von-Ossietzky-Str.	G5
Choriner Str.	D4
Clara-Zetkin-Weg	G3
Cottbuser Str.	D5
Dahlienweg	H3
Danckelmannstr.	G5
Dannenberger Str.	I5
Doktor-Gillwald-Höhe	H3
Doktor-Zinn-Weg	H2-H3
Dorfstr.	B4
Drehnitzstr.	E4-F5
Ebersberger Str.	H5
Eberswalder Str.	A4-C4
Eichendorffstr.	C2
Eichwerderstr.	H4
Eisenbahnstr.	F4-G4
Eisenhammerstr.	F4
Erich-Mühsam-Str.	G5
Erich-Steinfurth-Str.	A3
Erich-Weinert-Str.	A4-B4
Eschenweg	G3-H3
Falkenberger Str.	H4-I4
Feldstr.	F3
Feldweg	I4
Fichtestr.	A1-A2
Finsterwalder Straße	C5-D5
Flämingstr.	D5
Fliederallee	A1-A2
Fliederweg	H3
Fontanestr.	A1
Forststr.	D4
Frankfurter Allee	C5-D5
Franz-Brüning-Str.	A4
Franz-Mehring-Str.	H5
Franz-Müller-Str.	H5
Freienwalder Str.	H5-I5
Freudenberger Str.	I5
Friedhofstr.	H5
Friedrich-Ebert-Str.	F4-G4
Friedrich-Engels-Str.	F4-G4
Fritz-Pehlmann-Str.	E4
Fritz-Weineck-Str.	B4-C4
Gartenstr.	B3-C3
Gartenweg	I4
Georg-Friedrich-Hegel-Str.	G4
Georg-Herwegh-Str.	G4-H5
Georgstr.	G4
Gerichtsstr.	G5
Gersdorfer Str.	I5
Gertraudenstr.	H5
Geschwister-Scholl-Str.	H5
Goethestr.	G4-G5
Grabowstr.	F4-F5
Grenzstr.	D4
Grenzweg	I4
Große Hufen	I4
Grüner Weg	B3
Grünstr.	H4
Gubener Str.	D5
Gutenbergstr.	I4
Hangweg	I4
Hans-Marchwitza-Str.	B5
Hans-und Hilde-Coppi-Str.	D3
Hardenbergstr.	Gr-H5
Hausbergstr.	H5
Havellandstr.	C4-C5
Heckelberger Str.	I5
Heckenweg	N6
Heegermühler Str.	D4-E4
Heidestr.	E4
Heideweg	B3
Heimatstr.	F4
Heinrich-Heine-Str.	G5-H5
Heinrich-Mann-Str.	A1
Heinrich-Rau-Str.	A3-A4
Helene-Lange-Str.	G3
Hermann-Prochnow-Str.	I4
Hindersinsstr.	E4
Hohenfinower Str.	I5
Höhenweg	I4
Industriestr.	A3
Jahnstr.	B3
Jenny-Marx-Weg	G3
Johannes-Dieckmann-Str.	E4-E5
John-Schehr-Str.	A1
Judenstr.	H4
Kanalstr.	A3
Kantstr.	F4-G4
Karl-Bach-Str.	H4-I4
Karl-Hahne-Weg	H4-I4
Karl-Klay-Str.	E5
Karl-Liebknecht-Str.	F4-G5
Karl-Marx-Platz	B4/G4
Karl-Marx-Ring	B4
Karl-Schindheim-Weg	H4
Kastanienallee	D6
Kastanienweg	G3-H3
Käthe-Kollwitz-Str.	G3
Käthe-Niederkirchner-Str.	A3-A4
Kiefernweg	G3
Kienwerder	G4
Kirchstr.	G4-G5
Kleine Drehnitzstr.	D4
Kleine Hufen	I4
Kleines Berg	B3
Kopernikusring	E4
Kreuzstr.	G4-H4
Kruger Str.	I5
Kupferhammerweg	E4-F4
Kurt-Göhre-Str.	E5
Kurze Str.	F3
Lärchenweg	G3
Lausitzer Str.	C5-D5
Lehnitzseestraße	H4/C5
Leibnitzstr.	G4
Lessingstr.	G5
Lichterfelder Str.	D3-D4
Lichterfelder Weg	F4
Lieper Str.	I5
Lindenstr.	A4
Lübbenauer Str.	D5
Ludwig-Sandberg-Str.	G4
Luisenplatz	F4
Magdalenenstr.	H4
Marienstr.	H4
Marienwerder	E4
Marktstr.	B4
Marktstr.	G4
Mauerstr.	H4
Max-Hafka-Str.	I4
Max-Lull-Str.	I4
Max-Planck-Str.	G4
Mertenstr.	F5-G5
Messingwerkstr.	A3-B4
Michaelisstr.	G4
Mozartstr.	B4
Mückestr.	E4
Mühlenstr.	B3
Nagelstr.	G4-H5
Nauener Str.	C5
Naumannstr.	E4
Nelkenweg	H3
Neue Str.	G3-H2
Neuruppiner Str.	C4
Neuwerkstr.	B4
Oderberger Str	H3
Oderbruchstraße	D4
Oststr.	I4-I5
Otto-Nuschke-Str.	E5
Paul-Bollfraß-Str.	F4
Paul-Raddack-Str.	H5
Paul-Trenn-Str.	I4
Pfeilstr.	G5
Philipp-Semmelweis-Str.	A3
Philipp-Zopf-Str.	G4
Platz der Jugend	B4-C4
Poratzstr.	G3
Poststr.	A4
Potsdamer Allee	C4-C5
Prenzlauer Str.	D4-D5
Prignitzer Straße	C4-D4
Puschkinstr.	G4
Querweg	I4
Rathenower Straße	C5
Ratzeburgstr.	G4
Rheinsberger Straße	C4
Richterplatz	H4
Ringstr.	B4-C4
Robert-Koch-Str.	G4
Rosa-Luxemburg-Str.	G3
Rosenberg	H4
Roseneck	G3-H3
Roter Platz	H3
Rudolf-Breitscheid-Str.	G5-G4
Rudolf-Virchow-Str.	G4
Ruhlaer Str.	F5-G5
Saarstr.	H5-I4
Salomon-Goldschmidt-Str.	G5
Scheeringstr.	A1
Schettengrund	H4
Schicklerstr.	G4-G5
Schillerstr.	G5
Schleusenstr.	G4-H4
Schmidtstr.	B4
Schneiderstr.	G5-H5
Schönholzer Str.	B4
Schöpfurter Str.	E5-F4
Schorfheidestr.	D4
Schulstr.	B4
Schwappachweg	F5
Schwedter Str.	D4-D5
Schweizer Str.	G5-H5
Senftenberger Str.	D5
Simonstr.	A4-B4
Sommerfelder Str.	I5
Sonnenweg	G3
Spechthausener Str.	D4
Spreewaldstraße	D5
Stechschleuser Weg	I4
Steinfurter Str.	H4-I4
Steinstr.	G4
Str. des Friedens	C3
Strausberger Str.	D4
Talweg	I4
Taumerstr.	F5-G5
Templiner Straße	C4
Teuberstr.	E4
Töpferstr.	G4
Tornower Str.	I5
Triftstr.	E4
Uckermarkstraße	D4
Waldesruh	G3-H3
Waldstr.	I5
Waldweg	G3-H3
Walter-Kohn-Str-	E5
Walter-Rathenau-Str.	G4
Webers Ablage	A3
Weinbergstr.	G5
Werbelliner Str.	E4
Werner-Seelenbinder-Str.	F5
Wieseneck	G3
Wiesenstr.	F4
Wildparkstr.	E4-E5
Wilhelm-Matschke-Str.	E4
Wilhelmstr.	G4
Winkelstr.	B4
Wittstocker Straße	C4
Wolfswinklerstr.	B3-C3
Ziegelstr.	F4
Ziegelallee	A3-A4
Zimmerstr.	G4
Zum Anger	I4
Zum Schwärzesee	C4-C5

Sehenswürdigkeiten Ausflugsziele

Im Museum in der Goethestraße werden Themen zur Stadtgeschichte und zur industriellen Entwicklung des Finowtals dargestellt. Jährlich finden Sonderausstellungen statt. Von dem berühmten Goldschatz, der 1913 bei Ausschachtungen im Messingwerk in Finow gefunden wurde, kann das Museum leider nur Nachbildungen zeigen. In einem Tongefäß mit Deckel befanden sich 81 Gegenstände aus reinem Gold mit einem Gesamtgewicht von 2,6 kg. Diese wichtigen Zeugnisse der frühesten Besiedlung in der Bronzezeit wurden bei Kriegsende vermutlich nach Moskau verbracht. Die Beweise dafür, daß sie sich tatsächlich dort befinden, verdichten sich. Es ist zu hoffen, daß das Museum seinen größten Schatz bald zurückbekommt.

Reste der Stadtmauer befinden sich neben dem Museumsgebäude mit erkennbaren Teilen des Pulverturms und eines Weichhauses. Davor steht eine von dem Lübecker Glockengießer Heinrich von Kempen gegossene, 1518 datierte und mehrmals gesprungene Glocke der Stadtkirche. Die „Barbara" genannte Glocke ist mit Reliefs und Münzabdrucken geschmückt.

Eine speerwerfende Amazone fällt beim Gang vom Museum zur Ratzeburgstraße auf. Die Bronzeplastik wurde 1909 vom Bildhauer Franz von Stuck geschaffen.

St. Maria Magdalena heißt die gotische Stadtkirche aus dem 13. Jahrhundert. Sie beherrscht das Stadtbild und gehört zu den beachtenswerten Beispielen mittelalterlicher Backsteinarchitektur. In ihr wurde 1632 der gefallene Schwedenkönig Gustav Adolf II. aufgebahrt.

Die Löwenapotheke ließ der französische Reformist M. Aureillon, tatkräftiger Bürgermeister von Eberswalde, in der Zeit von 1703 bis 1742 errichten. Das Haus am Markt war für damalige Verhältnisse sehr stattlich. Einer der berühmten Besucher von Eberswalde war der russische Zar Paul I (1754-1801), Sohn und Nachfolger von Katharina II. Während einer Deutschlandreise bezog er kurzzeitig Quartier in diesem Hause. Gegenüber befindet sich der Löwenbrunnen, ein Eisenguß, 1836 von C.D. Rauch geschaffen.

Der Finowkanal ist die grüne Lunge des Stadtgebietes. Entlang des Kanals findet man manch idyllischen Ausblick auf romantische Winkel. Hier möchte man an den Brücken und Schleusen verweilen, den Anglern zuschauen, die Seerosen bewundern und davon träumen, wie hier früher die Lastkähne auf dem Weg zur Oder vorbeiglitten.

Der Kupferhammer sicherte der Stadt über Jahrzehnte hinweg gewisse Monopole in der Mark Brandenburg. 1712 verfügte der Landesherr, daß die kurmärkischen Kupferschmiede ihre Innungsversammlungen fortan im Kupferhammerwerk Finowtal abzuhalten hätten. Damit wurde gleichzeitig der Ort für den Erwerb des Meisterbriefes im Kupferschmiedehandwerk festglegt. Mit der Einwanderung französischer Reformisten, sogenannter Réfugiés, wuchs die Bedeutung der Stadt.

Ein Messingwerk entstand 1687 am Finowkanal, der als Verkehrsweg und Energiequelle für die Hammerwerke genutzt wurde. Die Beschäftigten wohnten in einer eigenständigen Gemeinde mit dem Namen „Messingwerk". Die ansehnliche Bausubstanz spiegelt sowohl die Entwicklung eines metallverarbeitenden Betriebes als auch die Lebensverhältnisse seiner Beschäftigten wider. Zu betrachten sind heute noch Wohnhäuser und das Hüttenamt von etwa 1750, Fabrikgebäude des Altwerkes mit seinen wasserführenden Anlagen, das Verwaltungsgebäude mit dem Straßentorbogen, der 1913 errichtete Wasserturm der Gemeinde, die Fabrikantenvilla und eine Mustersiedlung von Kupferhäusern mit einer Kokosisolation, die für die Tropen entwickelt wurden.

Per Schiff in 5 Minuten von 0 auf 36 m Höhe bringt einen das Schiffshebewerk Niederfinow, ein technisches Wunder der Verkehrsgeschichte. Es wurde in der Zeit von 1927 bis 1934 für 27,5 Mio. Reichsmark aus gewöhnlichem Baustahl gebaut und löste die ehemalige Schleusentreppe ab, um die 36 Meter Höhenunterschied des Oder-Havel-Kanals zu überwinden. In einem riesigen Fahrstuhl ist ein Trog von 85 m Länge, 12 m Breite, 2,50 m Wassertiefe und 4.300 t Gewicht durch 256 Stahlseile mit Gegengewichten verbunden. Vier Elektromotoren von nur je 55 kW (z.F. vier Kleinwagenmotoren) genügen, um derart hohe Lasten in so kurzer Zeit zu bewegen.

In näherer Umgebung der Stadt findet man noch andere interessante technische Lösungen zur Überwindung des schwierigen Geländes. Drei Wassertore am Pechteich, südöstlich von Lichterfelde und nordöstlich von Eberswalde, die Kanalbrücke über die Bahnlinie Berlin-Stralsund und den Ragöser Damm, wo der Kanal in 29 m Höhe das Tal der Ragöse überquert. Das machte die Errichtung der längsten Dichtungsstrecke erforderlich. Den Abstieg von 36 Metern bei Niederfinow ermöglichte früher eine Treppenschleusenanlage, die aus vier stufenförmigen, hintereinander gelegenen Doppelkammerschleusen bestand. 1934 wurde neben dieser Anlage als bessere Lösung das Schiffshebewerk Niederfinow in Betrieb genommen.

Das Kloster Chorin ist eines der ältesten und künstlerisch herausragendsten Bauwerke der norddeutschen Backsteingotik. Das Zisterzienserkloster entstand 1273 bis 1334 und besitzt durch seine mit romanischen und einigen orientalischen Bauelementen bereicherte Architektur sowie durch seine reizvolle Lage eine Bedeutung, die bereits Anfang des vorigen Jahrhunderts denkmalpflegerische Beachtung auslöste.

Bis zu seiner Auflösung im Jahre 1542 beherbergte das Kloster etwa 500 Mönche, Zerstörungen während und nach dem Dreißigjährigen Krieg und Abtragungen ganzer Gebäudeteile bewirkten Verfall. Erste nennenswerte Erhaltungs- und Wiedererrichtungsmaßnahmen begannen im 19. Jahrhundert auf Anregung von Schinkel. Nach 1960 erfolgte eine umfangreiche Restaurierung der Dächer, Giebel, Kreuzgangteile und Kellergewölbe. Seit 1963 gibt es den „Choriner Musiksommer", eine regelmäßig durchgeführte Konzertreihe. Rund 90.000 Besucher finden jährlich ins Kloster.

Moore und Seen bestimmen den Charakter der näheren Umgebung von Eberswalde-Finow. Die Schorfheide und das begehbare Hochmoor Plagefenn, zahlreiche idyllische Seen, darunter der Werbellinsee, der Parsteiner See und der Grimnitzsee. Ausgedehnt erstrecken sich Natur- und Landschaftsschutzgebiete. Stimmungsvoll sind Wälder, Seen, Fließe, Teiche, Sümpfe. Sie nehmen einen erheblich großen Teil der Gebietsfläche ein: gute Aussichten für Landschaftsforschung und Unternehmen, den den sanften Tourismus erschließen helfen. Hier ist die Natur noch im Gleichgewicht. Der Tierbestand an Reh-, Dam-, Hirsch-, Schwarz-, Rot- und Muffelwild ist groß und vom Aussterben bedrohte Vogelarten wie Seeadler, Fischadler oder Kranich sind hier noch zu Hause. Dennoch ist genügend Platz für Camper oder Wassersportler, Natur- und Jagdfreunde oder Sonntagsausflügler. Einige der schönsten Erholungsgebiete der Mark Brandenburg warten auf neue Förderer und Bewunderer.

Naturschutzgebiet, Fläche in ha

Großer Lubowsee - 44,4
Breitefenn - 25,8
Plagefenn - 177,2
Wacholderjagen - 28,0
Krähen- und Jungfernberge - 15,8
Fliegender Teich - 12,7
Kienhorst und Kölln-See - 33,8
Hechtgiebel - 13,9
Plötzendiebel - 34,6
Graureiherkolonie - 9,5
Tiefer See - 28,0
Fettseemoor - 31,8
Niederoderbruch - 870,0
Schloßberg - 10,0
Kanonenberg 10,0

Landschaftsschutzgebiet, Fläche in ha
Choriner Endmoränenbogen - 16.700
Werbellinsee/Grimnitzsee - 3.800
Schwärzetal - 165

Mücke-Denkmal

Goethetreppen

Nonnenfließ - 1.200

Die Eber...
Eingebettet in eine herrliche Mischwaldlandschaft, beherbergt der Tierpark Eberswalde auf einer Fläche von 20 ha etwa 500 Tiere in 100 Arten. Der frühere Wildpark wurce als Heimattierpark gestaltet, der die einmalige Pflanzen- und Tierwelt der Umgebung bewahren möchte. Neben den Wappentieren der Stadt, den Wildschweinen, werden hier auch viele andere heimische Tierarten, Dam- und Rotwild, Mufflons, Marder, Rotfüchse, Dachse und verschiedene Eulen- und Greifvögel gezüchtet. Es fällt angenehm auf, daß im Park auch die Umgebung der Gehege möglichst natürlich erhalten wird. Die Besucher werden nicht über künstlichen lärmenden Asphalt geführt. Märkischer Sand auf gepflegten Wegen dämpft ihre Schritte.
Inzwischen wurde der Bestand des Tierparks durch ausländische Tierarten, Löwen, Tiger, Pumas, Geparden, Leoparten, Papageien, Affen, Lamas und Kamele ergänzt. Besondere Aufmerksamkeit widmet man der Erhaltung vom Aussterben bedrohter Tierarten und bemüht sich speziell um die Nachzucht von Tigern, Wisenten, europäischen Wildkatzen sowie europäischen Uhus und Schnee-Eulen. Der Tierpark bietet eine ideale Erholungsmöglichkeit für die gesamte Familie. Hier findet man Ruhe und Entspannung, für Kinder sind Streichelzoo und Spielplatz vorhanden, Wissensdurstige können an Vorträgen und speziellen Führungen teilnehmen. Für die gastronomische Versorgung stehen eine großzügig gestaltete Tierpark-Gaststätte und ein Terrassencafé zur Auswahl.

Der Wald
Im Jahr 1830 wurde die neun Jahre zuvor in Berlin eröffnete Forstakademie nach Eberswalde verlegt. „Lehren im Hörsaal mit dem Unterricht im Walde verbinden ...", das war in der waldreichen Umgebung von Eberswalde geradezu ideal. Ein Medaillon am Gebäudeeingang der Höheren Forstlehranstalt zeigt den ersten Direktor der Akademie, den Professor für Forstwissenschaften und Forstmeister Friedrich Wilhelm Leopold Pfeil. Zur Lehre gesellte sich 1871 die Wissenschaft. Der Landesforstmeister Bernhard Danckelmann gründete die Hauptstation für das forstliche Versuchswesen in Preußen, den Vorläufer des heutigen Institutes für Forstwissenschaften Eberswalde.

Verkehrs-anbindungen

Autobahnanschluß A11, Richtung Berlin, Prenzlau, Rostock, B 167 (11 km)
Entfernung von Eberswalde-Finow nach:
Berlin 50 Autominuten
- Potsdam 110
- Frankfurt/Oder 90
- Schwedt 40
- Chorin 10
- Niederfinow (Schiffshebewerk) 25
- Berlin-Tegel (Flugplatz) 60
- Hohensaaten (Übergang nach Polen) 40

Der an Finow angrenzende, derzeit noch von den GUS-Streitkräften genutzte Flugplatz wird einer zivilen Nutzung als Verkehrslandeplatz zugeführt.
Bundeswasserstraßen:
- Oder-Havel-Kanal, schiffbar bis max.: 1.780 Zuladungstonnen
- Finowkanal, schiffbar bis max.: 160 Zuladungstonnen

Nahverkehr:
Im Stadtgebiet Eberswalde-Finow verkehren auf zwei Hauptstrecken Oberleitungsbusse.
Der O-Bus hat in Eberswalde eine 50-jährige Tradition. Ferner pendeln Kraftomnibusse in die umliegenden Ortschaften ein und aus, so daß die oben genannten Sehenswürdigkeiten auch dem Besucher ohne Auto erschlossen sind.

Museen, Galerien, Theater

Stadt- und Kreismuseum
Kirchstr. 8,
Tel. 2 43 65

Kulturhaus Grabowstr. 17,
Tel. 2 20 49

Freilichtbühne
Schützenplatz,
Tel. 2 28 76

Kreissparkasse Eberswalde
Str. d. Jugend 44,
Tel. 2 31 81

Raiffeisenbank e. G.
Danckelmannstr. 27,
Tel. 2 24 52

Volksbank
Eberswalde e. G.
Puschkinstr. 15,
Tel. 2 22 88

Apotheke
H.-Duncker-Str. 46,
Tel. 3 26 93

Apotheke
C.-v. Ossietzky-Str. 22,
Tel. 2 45 87

Stern-Apotheke
Eberswalder Str. 68,
Tel. 3 20 72

Für die Freizeitgestaltung der Kinder und Jugendlichen sind im Stadtgebiet vorhanden:
Märchenvilla,
Tel.: 2 28 09
(basteln, malen, Schach ...)
Station Jugendzentrum, Bildung und Freizeit,
Tel.: 2 41 38
(basteln, Computer, Modellbau, Biologie, Zoologie)

Bibliotheken

Stadtbibliothek
W.-Bredel-Str. 17/18,
Tel. 3 34 09

Stadtbibliothek
Zw.st. Finow
Eberswalder Str. 121,
Tel. 3 31 98

Banken und Sparkassen

Commerzbank AG
Tel. 2 27 47

Deutsche Bank AG
Breite Straße,
Tel. 2 21 25

Dresdner Bank AG
Fr.-Ebert-Str./
Puschkinstr.
Tel. 2 23 90

Ämter / Beratungsstellen

Stadtverwaltung
Breite Str. 42,
Tel. 640

Krankenhäuser / Apotheke

Krankenhaus
R.-Breitscheid-Str. 100,
Tel. 690

Adler-Apotheke
Danckelmannstr. 25,
Tel. 2 21 09

Hirsch-Apotheke
Breite Str. 68
Tel. 2 24 83

Löwen-Apotheke
Breite Str. 45,
Tel. 2 21 47

Wald-Apotheke
F.-Selbmann-Str. 45,
Tel. 3 21 72

Bäder, Sport- u. Freizeiteinrichtungen

Forstbotanischer Garten
(150 Jahre alt)
Tel. 2 27 01
Tierpark Wasserfall
Tel. 2 27 33
Für die sportliche Betätigung stehen zur Verfügung:
(zu erfragen über Eberswalde-Finow-Information
Tel. 2 34 68)
Turnhallen
Kleinsportanlagen
Sportplätze
Freibäder
Bootshäuser
Schwimmhalle mit Sauna
Kegelbahn
Waldsportanlage
Reitstation

Landschulheim
„Sophienhof",
Tel. 2 24 96
(wandern, Naturkunde)

Fremdenverkehrs-einrichtungen

Eberswalde-Finow-Information,
Friedrich-Ebert-Straße
Pavillonplatz
Tel.: 2 31 68

Hotels / Pensionen

siehe
Gastgeber-übersicht

EISENHÜTTENSTADT

Aus der Stadtgeschichte

Eisenhüttenstadt, landschaftlich reizvoll gelegen auf der Talsandterrasse des Warschau-Berliner Urstromtals - eine Stadt, in der sich die 700jährige Geschichte der kleinen Ackerbürgerstadt Fürstenberg, das 1316 erstmals erwähnte Dorf Schönfließ mit dem 40jährigen Aufbau der Matallurgenstadt verbindet. Sie ist gleichzeitig Zentrum des von typisch märkischer Landschaft geprägten Landkreises Eisenhüttenstadt mit seinen 32 Gemeinden und dem Städtchen Müllrose. In ihrer 40jährigen Geschichte trägt die Stadt bereits den 3.

EISENHÜTTEN-STADT

PLZ 15890
Vorwahl 03364

Kfz.-Kennz.: EH

Einwohner Stadt: 51.000

Fläche Stadtgebiet: 54 qkm

Klosterkirche Neuzelle Foto: Stadtverwaltung

Gestaltetes Gartenfließ Foto: Stadtverwaltung

Namen - er sollte die enge Bindung an den einst dominierenden Wirtschaftszweig symbolisieren.

Was der in jüngster Zeit übrigens nicht unumstrittene Name aufden ersten Blick nicht erwarten läßt: die Stadt, Heimat von nahezu 50 000 Bürgern, wirkt eher als ein Symbol für harmonische Symbiose von Industrie und Natur und widerlegt jedes Vorurteil von Rauch und Staub, das Standorten immer noch anhängt.
Eisenhüttenstadt fällt, besonders in den Wohngebieten der 50er und 60er Jahre, durch eine großzügige Freiflächengestaltung auf. Typisch für diese Wohnviertel sind Hausdurchgänge, häufig mit Säulen, Pilaster oder Simsen als Beiwerk. Die Fassaden wurden durch Erker, Ziergitter oder an vielen Stellen durch Sgraffitos belebt, die Innenhöfe als kleine Parkanlagen angelegt.
Die ersten 4 Wohngebiete stehen heute unter Denkmalsschutz.

Fast im Zentrum der Stadt liegt die Insel, umgeben von dem alten und dem neuen Oder-Spree-Kanal. Schön gestaltete Parkanlagen, Schwimmhalle, Minigolfanlage, Kegelbahn, Spielplätze und ein Heimattiergarten laden zum Verweilen ein. Als technisches Denkmal kann man die Zwillingsschachtschleuse besichtigen. Zahlreiche Plastiken und Blumenanlagen beleben das Stadtbild und geben Straßen, Parks und Plätzen eine anheimelnde Atmosphäre.
Eine interessante Galerie für Bildende und Angewandte Kunst beherbergt das Städtische Museum sowie eine einmalige Sammlung historischer Feuerwehrgeräte im Stadtteil Fürstenberg.
Das Kunststübchen mit seinen wechselnden Ausstellungen zeigt Kunsthandwerk der Region und gibt Diskussionspunkte für zeitgenössische Kunst.
Um mehr über die Geschichte von Stadt und Umgebung zu erfahren,sind Besuchern die Museen Eisenhüttenstadt, Müllrose und ein kleines Bauernmuseum in Möbiskruge zu empfehlen.

Beteiligt sich der Besucher an einer Stadtführung, so führt diese ihn gewiß auf den Rosenhügel. Dieser ist ein Teil der Diehloer Berge - eine Hügellandschaft der Grundmoräne. Von dieser Höhe kann man die Stadt überschauen. Deutlich zeichnen sich die Wohngebiete im Vordergrund von dem Industriegebiet der EKO Stahl AG im Norden ab.

Der Turm der zu Beginn des 15. Jahrhunderts errichteten Nikolaikirche inmitten der Altstadt Fürstenberg macht die östliche Begrenzung der Stadt deutlich und kündet gleichfalls von der nahen Oder, die die Grenze zum Nachbarland Polen bildet. Führt die Route durch den Stadtteil Fürstenberg, dann sollte man in jedem Fall durch den Kiez gehen, er ist eine Sehenswürdigkeit ganz eigener Art, geprägt durch schmale, oft verwinkelte Gassen, die mal direkt ans Wasser und dann wieder die steilen Hänge zur Stadt emporklimmen, mit den niedrigen Häusern, dem Kopfsteinpflaster und den bunten kleinen Gärten.
Selbst die Stellen, wo man die einstigen „Weinberge" vermuten kann, lassen sich lebhaft vorstellen.
Dort, wo noch die handbetriebene Fähre über den „See" fährt, ist ein geradezu idyllischer Fleck im alten Kiezviertel. Wie eingangs erwähnt, ist Schönfließ der westliche Stadtteil.
Vormals lebte diese Gemeinde von Landwirtschaft und Bergbau.
Schmucke Einfamilienhäuser mit gepflegten Gartenanlagen sind charakteristisch.

Was ist aber eine Stadt ohne Umfeld. Vor den Toren der Stadt, nur wenige Kilometer entfernt, liegt das ehemalige Zisterzienserkloster Neuzelle. In einem Reiseführer heißt es: „Mit der Schönheit der Natur geht das architektonische Kunstwerk eine Synthese ein, die den Betrachter beeindruckt, so oft er seinen Standort auch wechseln mag. Immer wieder dominiert in diesem Bild die Klosterkirche mit ihrem gewaltigen Dach und der lebhaft geschwungenen Haube über dem schlanken Doppelturm."
Den Freunden der Natur bieten sich Wanderungen durch Landschaftsschutzgebiete um die Stadt und die nahe Umgebung geradezu an. Anmut und Liebreiz gehen zu jeder Jahreszeit vom landschaftlichen Zauber der Region zwischen Oder und Spree aus.

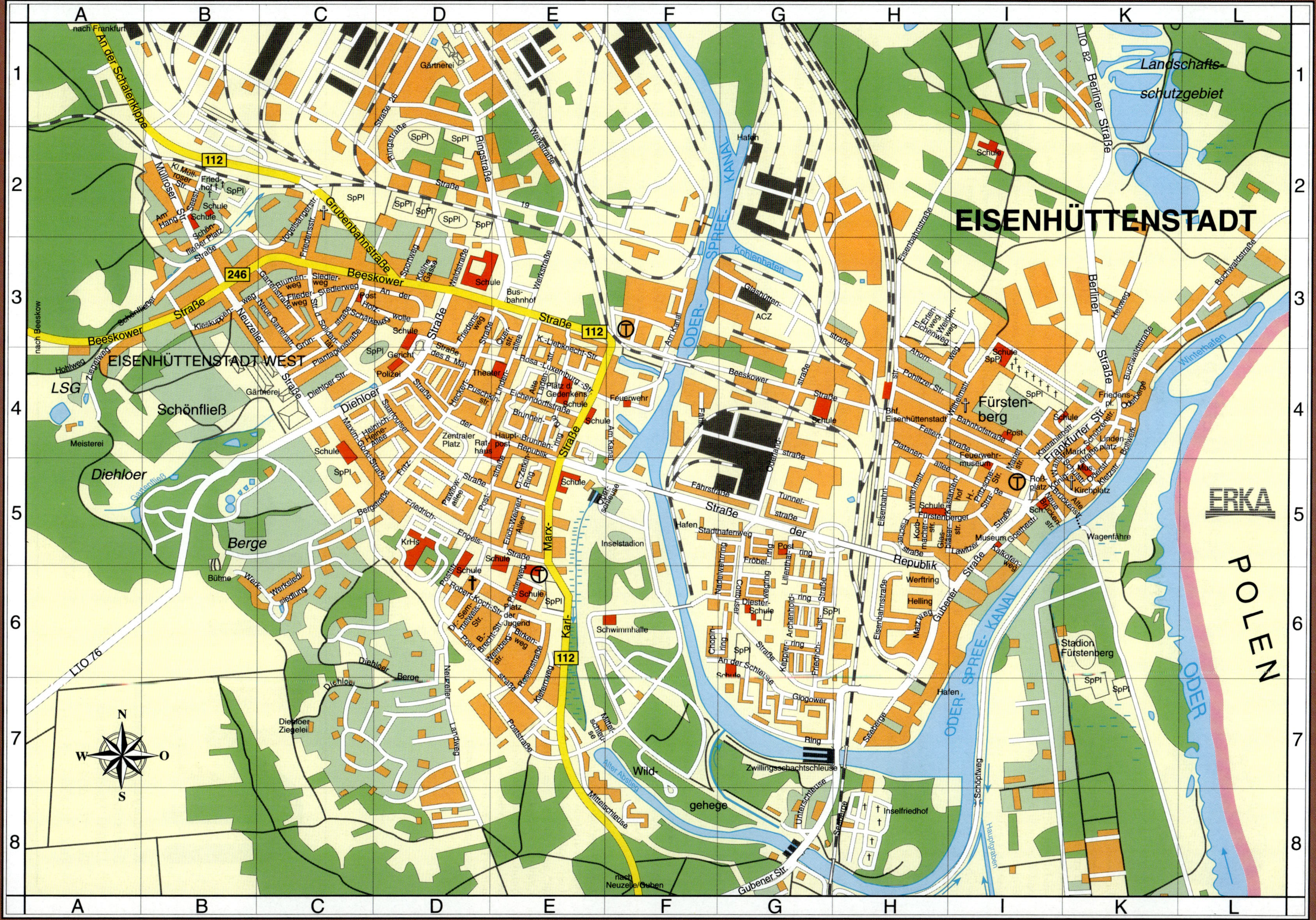

EISENHÜTTENSTADT
EISENHÜTTENSTADT WEST
POLEN
ODER
ODER-SPREE-KANAL
ERKA
Landschafts-
schutzgebiet
Fürsten-
berg
Schönfließ
Diehloer
Berge
LSG
Wild-
gehege
Stadion Fürstenberg
Inselfriedhof
Zwillingsschachtschleuse
Inselstadion
Schwimmhalle
Bhf. Eisenhüttenstadt
Straße der Republik
Beeskower Straße
Grubenbahnstraße
Berliner Straße
Frankfurter Str.
Gubener Str.
Karl-Marx-Straße
An der Schlackenkippe
nach Frankfurt
nach Beeskow
nach Neuzelle/Guben
112
246
LIO 76
LIO 82
N
O
S
W
A
B
C
D
E
F
G
H
I
K
L
1
2
3
4
5
6
7
8

In diesem Gebiet trifft man auf eine sehr unterschiedliche, zum Teil urwüchsige und unberührte Natur. Besonders die Bachtäler sind durch weiträumige Wald- und Wiesenflächen entlang der Schlaube, Oelse und Dorche geprägt. Üppige Eichen- und Buchenbestände sowie umfangreiche Kiefernwälder bestimmen dasBild.

Hier gibt es noch Vorkommen von Wiesenorchideen, Frauenschuh,Wollgras, Sonnentau, Moosbeere und Sumpfcalla. Seltene Tiere, wie Fischreiher, Eisvogel, Fischadler und -otter sind in diesem Gebiet beheimatet.

Neben dem Erlebnis der Natur bieten idyllisch gelegene Gasthöfe und Restaurants kulinarische Leckerbissen vom Feinsten. Eingebettet in die Landschaft warten wunderschön gelegene Hotels und Pensionen auf ihre Gäste, laden romantische Seen zum Baden, aber auch Angeln ein.

Die Jugendherberge an der Bremsdorfer Mühle, das Jugendwaldheim Müllrose und das Schullandheim „Schlaubetal" bieten bereits den Jüngsten Einblicke in die Prozesse der Natur und entwickeln Verständnis für ökologische Kreisläufe zum Erhalt der Umwelt.
(Quelle: Amt für Tourismus)

Wirtschaftsstruktur

Gesamtfläche des Stadtgebietes 5356 ha, Baugebietsflächen 1708,1 ha, davon im Zentrum 41,4 ha, Wohngebiete 431,2 ha, Industriegebiete 1179,4 ha, sonstige Baugebiete 56,1 ha, Städtische Freiflächen (Erholungsflächen) 289,8 ha, davon Stadtwälder, Parks, begrünte Flächen 74,6 ha, Sportflächen 37,6 ha, Klein- und Wochenendflächen 161,9 ha, Friedhöfe 15,7 ha, Städtische Verkehrsfläche 227,9 ha, Ertragsfläche 2552,3 ha, davon forstwirtschaftliche Nutzfläche 1659,7 ha, sonstige Freifläche 282,3 ha, Gewässerfläche 295,5 ha.
(Quelle: Amt für Tourismus)

Sehenswürdigkeiten Ausflugsziele

Rosenhügel und Gartenfließ

Die herrlichen Anlagen am Gartenfließ in der Diehloer Straße sind ein Musterbeispiel von gestalteter Natur inmitten eines Wohngebietes. Der Lauf des Gewässers, die schattenspendenden Baumgruppen, bunte Beete und Rabatten, gepflegte Wege mit einer anmutigen kleinen Bogenbrücke und mehreren Plastiken mit ganz verschiedener Ausdrucksweise sind in nahezu vollkommener Harmonie in Szene gesetzt. Geht man die Diehloer Straße weiter bergan, gelangt man auf den Rosenhügel, dessen Gesicht von vielen Rosen mit zahlreichen Plastiken geprägt ist.

Zwillingsschachtschleuse

Technisches Denkmal - Die Zwillingsschachtschleuse ist eine technische Sehenswürdigkeit. Die Bauarbeiten hatten zehn Jahre gedauert, bis 1929 die Schleuse in Betrieb ging.

Geologische Wand und Zisterne

Als besondere Attraktion ist in der Cottbuser Straße die großartig aufgebaute geologische Wand mit den anthropogenen Sedimenten und der eigenwilligen Zisterne zu sehen. Viele große Findlinge sind als gestalterische Elemente des Freiraumes verwendet worden.

Stadtteil Fürstenberg

Als Wahrzeichen der Stadt galt über Jahrhunderte die gotische Pfarrkirche St. Nikolai, die sich weit sichtbar auf dem Steilhang zur Oderniederung erhebt. Sie ist ein spätgotischer Backsteinbau aus der Zeit um 1400.
1604 war das Kirchendach gänzlich abgebrannt, doch die Gewölbe erhalten geblieben. Gegen Kriegsende 1945 wurde die Kirche schwer beschädigt, wobei die gesamte Innenausstattung verbrannte. In den Jahren 1952-63 erfolgte der Wiederaufbau der äußeren Teile und der Gewölbe in den Seitenschiffen. Von den sakralen Kunstgegenständen der Kirche ist nichts erhalten geblieben, sie gelten seit dem Frühjahr 1945 als verschollen.

Neuzelle - Wallfahrtsort (8 km)

Das ehemalige Zisterzienserkloster mit St. Marienkirche, Heilig-Kreuz-Kirche, Stiftsgebäuden, „Schiefer Kapelle", Kreuzgang, Klosterteich, Barockpark ist eine der bedeutendsten Anlagen der Niederlausitz mit überaus reichen Kunstwerken der Barockzeit.
Im Jahre 1268 wurde das Kloster von den Zisterziensern gegründet und 1817 aufgelöst.
Vor mehr als 400 Jahren wurde von den Mönchen die Klosterbrauerei gegründet. Ein Besuch lohnt sich, denn nach alter Tradition wird hier das wohlschmeckende Schwarzbier gebraut. Von touristischem Interesse sind weiterhin der Fasanenwald
(Besonderheit: gestaltete „Berg"kuppen nach Symbolen wie Herz-, Stern-, Sonnen- und Mondberg), das Freibad und das reizvolle Dorchetal.

Müllrose (20 km)

Eine Kleinstadt, die am Nordufer des Großen Müllroser Sees liegt, um 1260 gegründet und als

Straßenverzeichnis der Stadt Eisenhüttenstadt

Ahornweg	H4-I3
Alte Ladenstr.	E4
Am Hang	B2
Am Kanal	F3-F5
An der Holzwolle	C3-D3
An der Schalenkippe	A1
An der Schleuse	G6-G7
Archenholdring	G6
B.-Brecht-Str.	D6-E7
Bahnhofstr.	I4
Beeskower Str.	A3-E3
Beeskower Str.	F4-H4
Bergstr.	C5-D5
Berliner Str.	K1-K4
Birkenweg	E6
Blumenweg	C3
Bollwerk	K4
Brunnenring	E4
Buchwaldstr.	D4-L2
Chopinring	F6-G6
Clara-Zetkin-Ring	E5
Cottbuser Str.	G5-G7
Diehloer Berge	C6-D7/C7
Diehloer Str.	C4-D3
Diesterwegring	G6
Dr.-Semmelweis-Str.	D6
Eichendorffstr.	E4
Eichenweg	H3
Eisenbahnstr.	H6-I2
Erich-Weinert-Allee	E5
Erlenweg	H3
Fährstraße	F4-G4/F5-G5
Fellertstr.	H4-I4
Fischerstr.	H5
Fliederweg	C3
Frankfurter Str.	I5-K4
Friedensplatz	K4
Friedensstraße	C2-C3
Friedensweg	D3
Friedrich-Engels-Str.	D5-E5
Friedrich-Liszt-Str.	G6
Fritz-Heckert-Str.	D3-D5
Fröbelring	G5
Fürstenberger Str.	H5-I5
Gartenstr.	C3
Glasbläserstr.	H5-I5
Glashüttenstraße	G3-H4
Glogower Ring	G7
Goethestr.	I5
Grubenbahnstr.	C2-D3
Grünstr.	C3-C4
Gubener Str.	G8-I5
H.-Pritzsche-Str.	I5
Heinrich-Heine-Allee	C4-D4
Heuweg	K3
Hohlweg	A4
Kalkofenweg	I5
Karl-Liebknecht-Str.	E3-E4
Karl-Marx-Str.	E4-E7
Kastanienhof	H5-I5
Kastanienstr.	I4-K4
Kepplerring	G6
Kiefernweg	E6-E7
Kieskuppenweg	B3-C3
Kietzstr.	D5
Kirchplatz	K5
Kleine Gasse	D3
Kleine Müllroser Str.	B2
Königstr.	I5-K4
Korbmacherstr.	H5
Lawitzer Str.	I5
Lilienthalring	G5-G6
Lindenallee	D4-E3
Lindenplatz	K4
Marienstr.	I4-I5
Markt	K4
Maxim-Gorki-Str.	C4-D5
Mittelschleuse	E7-F8
Müllroser Str.	B2-B3
Nadelwehrring	F6-G5
Neue Brückenstr.	I5
Neue Gartenstr.	B3-C3
Neuzeller Landweg	C6-D7
Neuzeller Str.	B3-C4
Oberschleuse	E5-F5
Oderberge	K4
Oderlandstr.	G4-G5
Oderstr.	K4-K5
Pawlowallee	D5
Pionierweg	E5-E6
Plantagenstr.	C3-C4
Platanenallee	H4-I5
Platz der Jugend	E6
Pohlitzer Str.	H4-I5
Poststr.	E4-E7
Puschkinstr.	D4-E4
Querstr.	E3
Ringstr.	D1-D2
Robert-Koch-Str.	D6-E6
Rosa-Luxemburg-Str.	E
Rosenstr.	E6-D7
Roßplatz	I5
Saarlouiser Str.	D4-E5
Schätkeweg	C3-D3
Schönfließer Platz	B2-B3
Schönfließer Str.	A3-B2
Schulstr.	K5
Schützenstr.	K4
Seeberge	H7-H8
Seestraße	B2
Siedlerweg	C3
Sportweg	D2-D3
Stadthafenweg	F5-G5
Straße 19	D2-E2
Straße 26	D2-D1
Straße der Republik	D4-H6
Straße der Solidarität	C3
Straße des 8. Mai	D4
Tunnelstr.	G5
Unterschleuse	G7-G8
Vogelsängerstr.	C2-C3
Waldstr.	D3
Wallstr.	D3
Weidenweg	H3
Weinbergstr.	D6-E6
Werksiedlung	B6-C6
Werkstr.	E1-E3
Wilhelmstr.	H5-I4
Zentraler Platz	D4
Ziegelweg	A3-A4

Tor zum „Schlaubetal“ bezeichnet wird. Ein dominierender Gewerbezweig waren die zahlreichen Mühlen, aus denen 1865 die Dampfgroßmühle hervorging, die heute noch in Betrieb ist.
Unweit des Marktplatzes befindet sich die Kirche, ein Barockbau von 1746. Müllrose ist Ausgangspunkt für Wanderungen in das Schlaubetal. Dem Liebhaber alter Handwerkskunst empfehlen wir einen Besuch in der Keramikwerkstatt des Töpfers P. Mikeska.

Oder-Neiße-Mündung bei Ratzdorf

Zu jeder Jahreszeit von vielen Touristen besucht. Hier, wo die Neiße in die Oder mündet, beeindruckt die Stille und Weite. Ratzdorf war einst ein wichtiger

Stadtteil Fürstenberg mit Fischerkiez und Nikolaikirche
Foto: Stadtverwaltung

Umschlagsplatz der Oderschiffahrt. Hinweis für Wassersportler: Schiffsanlegestelle vorhanden.

Bomsdorf (20 km)

Schloß und Park mit Grabstätte der ehemaligen Besitzer des Schlosses, Familie von Kuno; artenreicher Baumbestand, zum Teil sehr alte Bäume mit mächtigem Umfang, Teichanlage.

Helenensee (20 km)

Ein ehemaliger Braunkohlentagebau inmitten dichter Kiefern- und Mischwälder. Kristallklares Wasser (250 ha) lädt zum Baden, Surfen, Tauchen und Angeln ein. Der Freizeit- und Campingpark entspricht den internationalen Maßstäbe.

Schervenzsee (15 km)

Der See liegt bei Schernsdorf, er zeichnet sich durch seine gute Wasserqualität aus. Das Gebiet am Nordufer des Sees ist Erholungsgebiet mit Ferienanlage und Badestrand. Der südliche Teil des Sees hat sich seine Ursprünglichkeit bewahrt und ist für Naturliebhaber zu empfehlen.

Kobbelner Stein (15 km)

Größter Findling im gesamtnorddeutschen Tiefland. Er liegt am Springberg am Rande des Ortes Kobbeln, Umfang 18,8 m, Gewicht ca. 300 t.
1923 wurde er entdeckt und 1926 freigelegt. Der Stein besteht aus Bornholm-Granit (Syenig-Granit mit schwachem Quarzgehalt).

Wirchensee (18 km)

Er gehört zu den schönsten Seen des Schlaubegebietes. Sein Name leitet sich vom Sorbischen ab und bedeutet „Oberer See“, er ist 36 ha groß und 16 m tief. Die Anhöhen seitlich des Sees steigen bis auf über 50 m an, so daß das Gebiet wie ein Gebirge erscheint. Südlich des Sees liegen die sumpfigen Wirchenwiesen, wo die Schlaube als kleines Rinnsal ihren Anfang nimmt.
Ein Naturlehrpfad um den See vermittelt viel Wissenswertes über Flora und Fauna.

Friedrich-Wilhelm-Kanal

Der Kanal, ältestes Bauwerk Deutschlands dieser Art, wurde von 1662 - 1668 als Verbindung zwischen Oder und Spree geschaffen.
Im Beisein des Kaisers Friedrich Wilhelm fand 1668 die Einweihung des „Neuen Grabens“ statt und im darauffolgenden Jahr nach ihm benannt. Allein die noch erhaltenen Schleusenanlagen sind eine technische Sehenswürdigkeit. Unter teilweiser Benutzung der Trasse des Friedrich-Wilhelm-Kanals wurde zwischen 1887 - 1891 der leistungsfähigere Oder-Spree-Kanal gebaut.

Heidehof Henzendorf

Teil eines ehemaligen Truppenübungsplatzes der Roten Armee, infolge eines Flächenbrandes Entstehung und Ausbreitung eines Heidegebietes. Zur Landschaftspflege Errichtung eines Heidehofes, Ankauf von 300 Heidschnucken aus der Lüneburger Heide.

Alte Wassermühlen

Zahlreiche Mühlen entstanden in den vergangenen Jahrhunderten, deren Räder durch die Wasserkraft von Schlaube bzw. Dorche angetrieben wurden. Einige Mühlen sind noch sehr gut erhalten.
Immer wieder gern besucht wird die Brensdorfer Mahl- und Schneidemühle, heute ein Gasthaus. Das Wasserrad am schönen Fachwerkgiebel ist erhalten und klappert unermüdlich.

Sehenswerte Kirchen

St. Nikolaikirche in Fürstenberg - 1450 - spätgotischer Backsteinbau
Klosterkirche Neuzelle - 13. Jh. - spätgotischer/frühbarocker Backsteinbau
evangelische Pfarrkirche - 17. Jh. - barocker Neubau
Bomsdorfer Dorfkirche - 16. Jh. - verputzter Feldsteinbau
Fünfeichener Dorfkirche - 15. Jh. - Feldsteinbau
Möbiskrugener Dorfkirche - 14. Jh. - Feldsteinbau
Mixdorfer Dorfkirche - 17. Jh. - Fachwerkturm
Rießener Dorfkirche - 16. Jh. - Fachwerkbau
Steinsdorfer Dorfkirche - 18. Jh. - neugotische Backsteinkirche
(Quelle: Amt für Tourismus)

Verkehrsanbindungen

A 12 Frankfurt-Berlin
Entfernung zur Autobahn ca. 23 km
Eisenbahnlinie:
Eisenhüttenstadt-Frankfurt/Oder-Berlin
Eisenhüttenstadt-Cottbus-Dresden
Wasserweg:
Oder-Spree-Kanal - Anlegestelle und eine Schiffstankstelle sind vorhanden
Flugplatz: betrieben durch Flugsportverein Eisenhüttenstadt e.V. Landung von Motormaschinen bis 5,7 t und Hubschraubern möglich.
(Quelle: Amt für Tourismus)

Museen, Galerien, Theater
Friedrich-Wolf-Theater, Eisenhüttenstadt, Lindenallee, PF 148, Tel. 4 39 25
Freilichtbühne (über Friedrich-Wolf-Theater)
Städtisches Museum, Löwenstraße 4, Tel. 21 46
Feuerwehrmuseum, Tel. 28 243
Heimattiergarten - Insel, Tel. 4 66 00
Kunststübchen Eisenhüttenstadt, Wallstr. 15, Tel. 24 86

Bibliotheken
Stadtbibliothek, Lindenallee, Tel. 4 61 40

Banken und Sparkassen
Sparkasse Eisenhüttenstadt, Am Bauernmarkt Tel. 55 61
Berliner Bank, Lindenallee 7, Tel. 4 44 86
Commerzbank AG, Beeskower Straße, Tel. 4 44 83
Deutsche Bank AG, Lindenallee 5, Tel. 4 44 61
Dresdner Bank, Kredit Bank AG, Friedrich-Engels-Str. 26, Tel. 55 36
Raiffeisenbank, Wilhelmstraße 48, Tel. 24 22

Ämter/ Beratungsstellen
Stadtverwaltung Haus 1
Zentraler Platz, Tel. 560
Ordnungs- und Standesamt,
Amt für Wirtschaftsförderung,
Liegenschaftsamt,
Amt für Stadtfinanzen,
Rechnungsprüfungamt
Amt für Bauverwaltung,
Bauordnung und Hochbau
Amt für Stadtplanung und Stadtentwicklung,
Tiefbauamt
Stadtverwaltung Haus 2,
Am Trockendock 1 a,
Amt für Kommunalwirtschaft und Gewerbe,
Wohnungsamt,
Amt für Umwelt, Naturschutz und Energie,
Gesundheitsamt,
Amt für Schulverwaltung und Kultur,
Amt für Jugend und Sport,
Sozialamt
Amt für Wirtschaftsförderung, Sachgebiet Stadtmarketing/Tourismus

Krankenhäuser/ Apotheken
Kreisleitstelle für Rettungsdienst, Brandschutz und Katastrophen, Tel. 4 39 95
Notruf, Tel. 115
Krankenhaus, Friedrich-Engels-Str. 39, Tel. 545
Deutsches Rotes Kreuz, Friedrich-Engels-Str. 25, Tel. 4 43 07
Galenus-Apotheke, Friedrich-Engels-Str. 39 a Tel. 4 42 50
Kronen-Apotheke, Königstraße 45, Tel. 21 86
Magistral-Apotheke, Lindenallee 13, Tel. 4 32 15
Rosen-Apotheke, Nadelwehrring, Tel. 6 13 84
Sozialstation I, Tel. 7 10 04
Sozialstation II, Tel. 4 44 93

Bäder, Sport- und Freizeiteinrichtungen
Sport- und Erholungsgebiet „Insel“ mit:
Heimattiergarten,
Schwimmhalle,
Minigolfanlage,
Tel. 4 66 00

Fremdenverkehrseinrichtungen
Fremdenverkehrsbüro, Am Trockendock 1 a, Tel. 56 401
Fremdenverkehrsverein „Schlaubetal und Umgebung“, Kietz 5, 15299 Müllrose, Tel. 667

Hotels/Pensionen
- City-Hotel „Lunik“, Straße der Republik 35 a, Tel. 55 41
Fremdenverkehrsbüro, Am Trockendock 1 a, Tel. 5 64 01

FINSTERWALDE

Aus der Stadtgeschichte

Finsterwalde - auch bekannt als „Sängerstadt" - ist 700 Jahre alt und hat ca. 24 000 Einwohner. Sie nimmt die Funktion eines Zentralortes in der westlichen Niederlausitz (Land Brandenburg) ein.
Die besondere Sangesfreude der Finsterwalder rief um die Jahrhundertwende den Schlager „Wir sind die Sänger von Fin-

FINSTERWALDE

PLZ 03238
Vorwahl 03531

Kfz.-Kennz.: FI

Einwohner Stadt:
24.000

Fläche Stadtgebiet:
64 qkm

Rathausturm

Gröbitz
Massen
Gewerbe-gebiet
Heinrichsruh
Bürgerheide
Landschafts-
schutzgebiet
Bürger-
Gröbitzer Bauernheide
Sonnewalder Straße
Cottbuser Straße
Bahnhofstr.
W.-Liebknecht-Straße
Kirchhainer Straße
Forststraße
Friedenstraße
Heinrichsruher Weg
Frankenaer Weg
Ponnsdorfer Straße
Gröbitzer Weg
Erlenstraße
Friedhof
Freibad
Altenheim
Krankenhaus
Landratsamt
Poliklinik
Bahnhof
Polizei
Post
Schule
Sportplatz
Sportplätze
Stadion des Friedens
Wasserwerk
Tierpark
Segelflugplatz
Luckau
Crinitz
Großräschen
96
ERKA

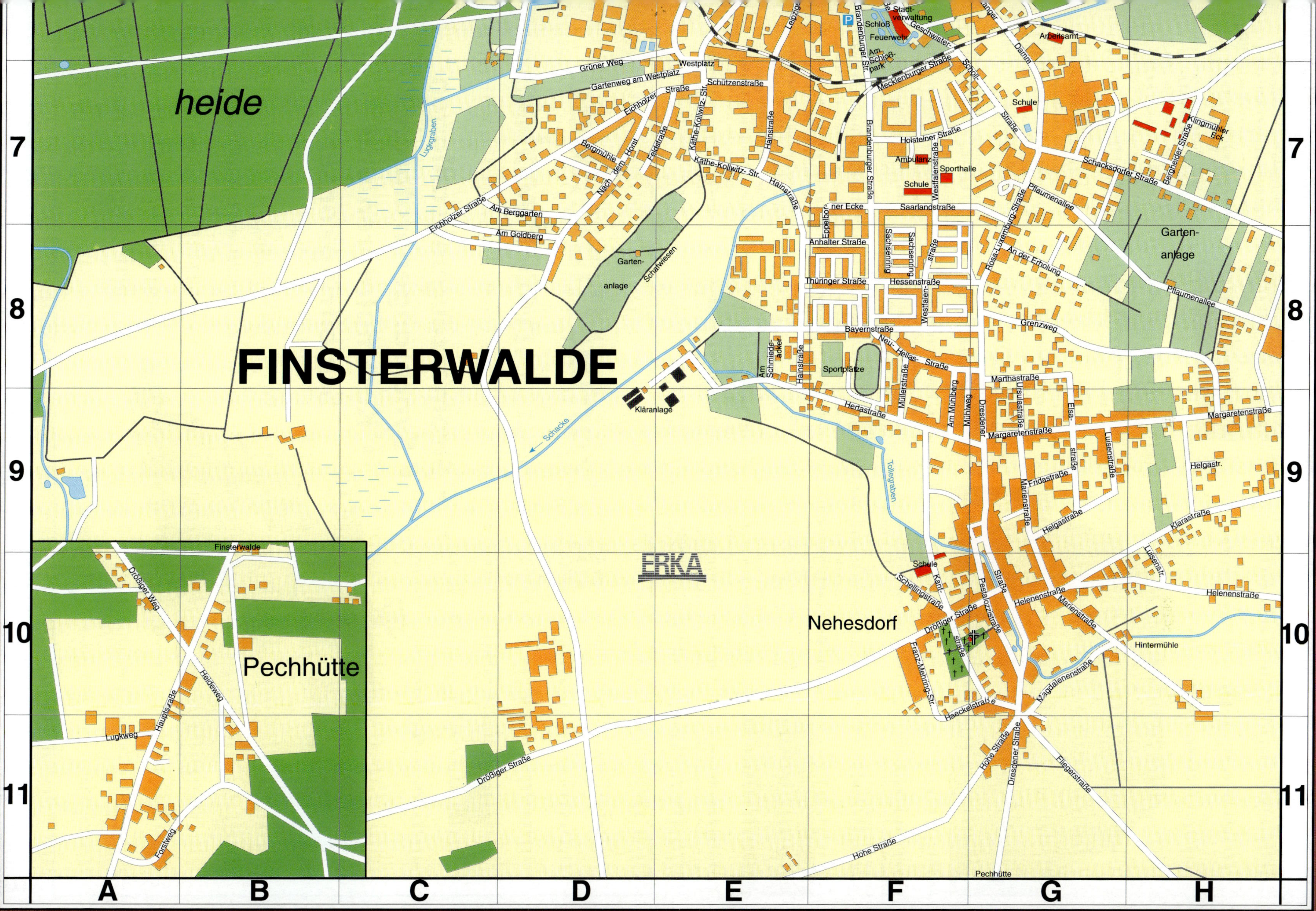
FINSTERWALDE
heide
Nehesdorf
Pechhütte
Finsterwalde
Dröbiger Weg
Heideweg
Hauptstraße
Lugkweg
Forstweg
Grüner Weg
Westplatz
Gartenweg am Westplatz
Schützenstraße
Eichholzer Straße
Bergmühle
Nach dem Horst
Feldstraße
Käthe-Kollwitz-Str.
Hainstraße
Am Berggarten
Am Goldberg
Garten-
anlage
Scharfwiesen
Lugkgraben
Schacke
Kläranlage
ERKA
Schloß
Stadt-
verwaltung
Feuerwehr
Am Schloß-
park
Brandenburger Str.
Brandenburger Straße
Mecklenburger Straße
Geschwister-
Scholl-
Straße
Damm
Arbeitsamt
Schule
Holsteiner Straße
Ambulanz
Sporthalle
Westfalenstraße
Saarlandstraße
Schacksdorfer Straße
Bergheider Straße
Klingmühler Eck
Pflaumenallee
Rosa-Luxemburg-Straße
An der Erholung
Anhalter Straße
Sachsenring
Thüringer Straße
Hessenstraße
Westfalen-
straße
Bayernstraße
Neu-Helias-Straße
Sportplätze
Am Schmiede-
acker
Grenzweg
Marthastraße
Ursulastraße
Elsa-
straße
Margaretenstraße
Luisenstraße
Helgastr.
Müllerstraße
Am Mühlberg
Mühlweg
Dresdener
Herfastraße
Tollegraben
Fridastraße
Marienstraße
Helgastraße
Klarastraße
Luisenstr.
Helenenstraße
Kant-
Schellingstraße
Pestalozzistraße
Dröbiger Straße
Franz-Mehring-Str.
Haeckelstraße
Magdalenenstraße
Hintermühle
Hohe Straße
Dresdener Straße
Fliegerstraße
Pechhütte
A
B
C
D
E
F
G
H
7
8
9
10
11

Rathaus

sterwalde!“ ins Leben, was die Bekanntheit der Stadt über die Grenzen hinaustrug.
(Quelle: Stadtverwaltung)

Wirtschafts-struktur

In eher landwirtschaftlich strukturierter, waldreicher Umgebung gelegen, ist Finsterwalde durchaus als vielseitiger Industriestandort (Elektromaschinenbau, Metall- Holz- und Bauindustrie) anzusprechen, der über eine breite Palette von Handwerks- und Gewerbebetrieben verfügt. Die gegenwärtige Wirtschaftslage ist gekennzeichnet durch das Freisetzen gut erschlossener Produktionsflächen und ein bedeutendes Potential an gut ausgebildeten Facharbeitern, vorwiegend in den o. g. Industriezweigen.
(Quelle: Stadtverwaltung)

Sehens-würdigkeiten Ausflugsziele

Nördlich von Finsterwalde liegt die Stadt Sonnewalde. Der Markt und seine umliegenden Häuser vermitteln die landstädtische Atmosphäre des 19. Jahrhunderts. Die über mehrere Jahrhunderte die Herrschaft besitzenden Grafen von Solms-Sonnewalde schufen das ansehnliche Schloß, das leider 1947 ein Opfer der Flammen wurde. Die schöne Parkanlage lädt noch heute zum Spaziergang ein.

Nur wenige Kilometer sind es von Sonnewalde nach Doberlug-Kirchhain. Die Stadt besteht aus den beiden Ortsteilen Doberlug und Kirchhain. Kirchhain wurde erstmalig in der Chronik des Thietmar von Merseburg, bei der Beschreibung der Kreuzzüge gegen die Wenden 1010 und Doberlug 1004 erwähnt. Das Stadtrecht erlangte Kirchhain zwischen 1434 und 1446 und Doberlug im Jahre 1664. Bis 1800 waren in Kirchhain Handwerke wie Tuchmacherei, Schuhmacherei und Kürschnerei dominierend. Das Gerberhandwerk ist mindestens seit 400 Jahren in Kirchhain ansässig. Seine Blütezeit hatte es um 1900, wo es in Kirchhain fast 100 Gerbereien gegeben hat. Ein Besuch im Weißgerbermuseum der Stadt Doberlug-Kirchhain ist sehr empfehlenswert. Das Museumsgebäude wurde 1788 als Weißgerberei erbaut und bis 1947 stellte man dort Weiß- und Glaceleder her.

Eine weitere Sehenswürdigkeit ist das Schloß in Doberlug-Kirchhain, die Stadtpfarrkirche, welche im 12. Jahrhundert in romanischer Bauweise errichtet wurde, die Doberluger Stadttorsäulen, die Kursächsische Distanzsäule und die Klosterkirche Doberlug. Sie wurde 1184 erbaut und 1228 geweiht. Der Grundriß zeigt eine dreischiffige, kreuzförmig gewölbte Pfeilerbasilika mit einem fünfjochigen Mittelschiff.

Unweit von Doberlug befindet sich das kleine Dorf Schönborn, bekannt wegen seines faszinierenden Bleikristalls. Das Glaswerk wurde als Glashütte unter dem Namen „Johanna-Hütte“ im Jahre 1899 gegründet. Zur Attraktivität des Landkreises Finsterwalde trägt auch das ganz in der Nähe von Doberlug-Kirchhain gelegene Naherholungsgebiet Bad Erna und

Straßenverzeichnis der Stadt Finsterwalde

Ackerstraße	G5
Ahornweg	E3 - F3
Akazienweg	F3
Alemannenstr.	C4
Alexanderplatz	F5 - F6
Am Berggarten	C7 - D7
Am Goldberg	C8 - D8
Am Holländer	F3 - G3
Am Kirchplatz	F6
Am Lindenhof	E3
Am Mühlberg	F8 - F9 / H2
Am Pannsdorfer Berg	E3
An Schackeplatz	G5 - G6
Am Schmiedeacker	E8
Amselweg	C3
Am Vogelherd	C2 - C3
Am Wasserturm	F5 - G5
An der Bürgerheide	D5 - D6
An der Erholung	G8
An der Schraube	F4 - G5
Anhalter Straße	E8 - F8
August-Bebel-Straße	F5
Badergasse	F6
Bahnhofstraße	F4
Bayernstraße	E8 - G8
Becherstraße	B3 - C4
Beethovenstraße	E3 - E4
Bergheider Straße	H7
Bergmühle	D7
Berliner Straße	F5
Bertolt-Brecht-Straße	A3 - A4
Birkenstraße	D1
Brandenburger Straße	F6 - F7
Brauhausweg	E3
Brunnenstraße	D6 - E6
Calauer Straße	F5 - G5
Cottbuser Straße	F5 - H4
Dresdener Straße	G8 - G11
Drößiger Straße	C11 - G10
Drößiger Weg	A10 - B10
Drosselweg	C2 - C3
Eichenstraße	D1 - E1
Eichholzer Straße	C8 - E7
Elsastraße	G8 - G9
Eppelborner Ecke	F7 - F8
Erlenstraße	E1 - F3
Ernst-Moritz-Arndt-Straße	D3
Ernst-Toller-Straße	C3 - C4
Feldstraße	D7 - E7
Fichteplatz	D4
Finkenweg	C2
Fliegerstraße	G11 - H11
Florian-Geyer-Straße	B3 - B4
Forststraße	C5 - F5
Forstweg	A11 - B11
Frankenauer Weg	A3 - E4
Franz-Mehring-Straße	F10
Friedastraße	G9
Friedenstraße	D5 - F5
Friedrich-Engels-Straße	F5 - G4
Friedrich-Hebbel-Straße	E4
Friedrich-Rückert-Straße	D3
Fritz-Reuter-Straße	D3 - D4
Gartenstraße	F4 - F5
Gartenweg am Westplatz	D7 - E7
Genossenschaftsstraße	E4 - F4
Gerhart-Hauptmann-Straße	A3
Geschwister-Scholl-Straße	F6 -G7
Glasmacherstraße	G4 - H4
Goethestraße	E4
Gotenstraße	C4 - C5
Grabenstraße	F5 - F6
Grenzstraße	H5
Grenzmühlenstraße	H4
Grenzweg	G8
Gröblitzer Weg	F2 - F4/H2
Große Ringstraße	F6
Grüner Weg	D7 - E6
Haeckelstraße	F11 - G10
Hagenstraße	D2
Hainstraße	E7 - E8
Hauptstraße	A11 - B10
Heideweg (Pechhütte)	B10 - B11
Heimstättensiedlung	C2 - C3
Heimstättenweg	C3
Heinrich-Böll-Straße	B3 - B4
Heinrich-Heine-Straße	D4 - E3
Heinrichsruher Weg	A3 - D3
Helenenstraße	G10 - H10
Helgastraße	G9 - H9
Hertastraße	E8 - G9
Hessenstraße	F8
Hohe Straße	F11 - G11
Holsteiner Straße	F7 - G7
Jägerstraße	F5 - G5
Johannes-Knoche-Straße	E5 - F5
Käthe Kollwitz-Straße	E7
Kantstraße	F10 - G10
Karl-Marx-Straße	F5
Kiefernstraße	D1 - E1
Kirchhainer Straße	C5 - E4
Klarastraße	G10 - H9
Kleine Calauer Straße	F5
Kleine Hintergasse	F6
Kleine Ringstraße	F6
Kleine Steggasse	E6 - F6
Klingmühler Eck	H7
Kriemhildstraße	D2
Langer Damm	F6 - G7
Lange Straße	F6 - G5
Langobardenstraße	B4 - C5
Leipziger Straße	E7 - F5
Lerchenweg	C2
Lessingstraße	E4
Lindenstraße	E1 - E2/H4
Linienstraße	F5
Lugkweg	A11
Luisenstraße	G9/H9 - H10
Magdalenenstraße	G10
Margaretenstraße	G9 - H9
Marienstraße	G9 - H10
Markt	F6
Marktgasse	F6
Marthastraße	G8
Max-Schmidt-Straße	F5
Mecklenburger Straße	F6 - F7
Meisenweg	C2
Moritzplatz	E6 - F6
Moritzstraße	F6
Mühlenweg	C4 - D4
Mühlweg	F8 - F9
Müllerstraße	F8 - F9
Nach dem Horst	D7
Naundorfer Straße	E6 - F6
Neu-Hellas-Straße	F8 - G8
Paul-Beylich-Straße	A3 - B4
Pestalozzistraße	G10
Pflaumenallee	G7 - H8
Platz der Solidarität	F5
Ponnsdorfer Straße	G2 - H2
Ponnsdorfer Weg	D2 - E3
Rathenaustraße	A3 - A4
Robert-Koch-Straße	D4
Rosa-Luxemburg-Straße	G7 - G8
Saarlandstraße	F7 - G7
Sachsenring	G8
Schacksdorfer Straße	G7 - H7
Schafwiesen	D8 - E7
Scharnhorststraße	C3
Schellingstraße	F10
Schillerplatz	D4 - E4
Schillerstraße	E4
Schloßstraße	F6
Schützenstraße	E7
Schulgäßchen	E5
Schulstraße	F5
Schwalbenberg	C2 - C3
Semmelweißstraße	C4 - D4
Siedlerstraße	B3 - C3
Siegfriedstraße	D2
Sonnewalder Straße	C2 - F4
Stargasse	C2 - C3
Straße der Jugend	E5 - E6
Theodor-Körner-Straße	D3
Thomas-Mann-Straße	D3 - D4
Thomas-Müntzer-Straße	C3 - C4
Thüringer Straße	E8 - F8
Trift	D5
Tuchmacherstraße	E5 - E6
Turnhallenstraße	E5
Uhlandstraße	D4
Ursulastraße	G8 - G9
Vandalenstraße	C4
Virchowstraße	C4 - D4
Westfalenstraße	F7 - F8
Westplatz	E6 - E7
Westring	C4 - D5
Weststraße	E6/E4
Wiesenstraße	G5 - H6
Wilhelm-Liebknecht-Straße	F4 - G5
Zum Fichteplatz	D4 - D5

Rückersdorf mit seinen kleinen, am Wasser befindlichen Wochenendhäuschen, kulturellen Einrichtungen und dem Zeltplatz in Rückersdorf bei.

Empfehlenswert ist auch ein Besuch der Gemeinde Crinitz. Hier ist traditionell das Töpferhandwerk zu Hause. Meisterliches Können läßt Kleinode aus Ton entstehen. Für Badelustige in der warmen Jahreszeit ist das wunderschön gelegene Freibad in Crinitz mit seiner reizvollen Parkanlage genau das Richtige.

In nur 3 km Entfernung gelangt man in das kleine Heidedorf Babben. Dort kommen Naturfreunde und Freizeitradler voll auf ihre Kosten. Der winzige Ort mit seiner 1733 erbauten Kirche ist gänzlich von Kiefern- und Mischwaldungen umgeben. Von Babben bieten sich Wanderungen zum wildromantischen Ursulagrund an. Und wer einmal beim Pilzesuchen in den Wäldern um Babben und Crinitz fündig geworden ist, kommt immer wieder.
Wenn man in südöstlicher Richtung fährt, erreicht man die Gemeinde Sallgast mit dem aus dem 16. Jahrhundert stammenden Schloß und seinem angrenzenden weitläufigen Park.
Von Sallgast in westlicher Richtung erstreckt sich das riesige Areal der Tagebaulandschaft. Quietschende Bagger fressen sich in das Erdreich, um die Braunkohle zu fördern und hinterlassen eine verwundete Landschaft, die man mit einer Mondlandschaft vergleichen könnte. Aber auch diese Gebiete können sehr interessant sein, wenn man die Neugestaltung in Betracht zieht und erkennt, daß durch Neuaufforstung und Kultivierung schon eine vielfältige Fauna und Flora wieder ansässig wurde.

Als ein weiterer Anziehungspunkt sollte hier noch die Trebbuser Bockwindmühle genannt werden. Sie wurde 1969 als Mühlenmuseum mit betriebsfertiger Schauanlage eingerichtet. Die Mühle erbaute man 1881 und bis 1956 wurde noch in ihr gemahlen. Der Besucher vergleicht mit unserer heutigen Technik und ... er ist zufrieden, daß die Windmühle zum Museum wurde - schon wegen der tägli-

chen frischen Brötchen, auf die wir bei Windstille trotzdem nicht verzichten möchten.
Folgt man den Spuren der einst mit Mehlsäcken beladenen Fuhrwerke, dann kommt man zur Lindenaer Bauernstube. Im etwa 400 Jahre alten Fachwerk-Umgebinde-Haus gibt es eine komplett ausgestattete Bauernwohnung aus dem vergangenen Jahrhundert. Außerdem kann eine vielseitige Sammlung von Landmaschinen und Gerätschaften für die Bauernwirtschaft besichtigt werden.

Im krassen Gegensatz steht dazu die technische Entwicklung, die im Finsterwalder Flugsportmuseum gezeigt wird, welches dem Schlosser des Flugpioniers Otto Lilienthal, dem Finsterwalder Paul Beylich, gewidmet ist. Wer die Stadt Finsterwalde und Umgebung aus der Vogelperspektive erleben möchte, kann dies tun, denn der Segelflugplatz hat seinen Flugbetrieb wieder aufgenommen. An den Wochenenden werden Segel- und Motorflüge angeboten. Wer aber nicht so hoch hinaus will, der kann das vielfältige Angebot der Reit- und Fahrvereine in der Region Finsterwalde nutzen. Ob gemütlich eine Kutsch- bzw. Kremserfahrt oder ein Reitausflug, viele Möglichkeiten sind gegeben.

Wanderungen in die waldreiche Umgebung der Stadt, markierte Wanderwege durch die Bürgerheide mit Besuch im Tierpark, Freibad, Ponnsdorfer Weg, Hallenbad mit Sauna, Tuchmacher Straße. Rundflüge über die Stadt, organisiert vom Flugsportverein „Otto Lilienthal" e. V., Kirchhainer Straße, Tel. 22 85.

Der Segelflugplatz befindet sich etwa 1 km westlich der Stadt an der Verbindungsstraße L 104 nach Doberlug-Kirchhain. Der Verkehrslandeplatz hat eine Start- und Landebahn mit 800 x 50 m, Oberfläche ist Gras. Angeboten werden Flüge mit dem Hubschrauber, aber auch Motor- und Segelflug. Der Flugplatz ist von April bis Oktober am Wochenende besetzt, auf Anfrage auch montags und freitags.
Ein weitere Flugplatz, für Starts und Landungen ziviler Motorflugzeuge aller Größen, befindet sich am Ortsausgang von Finsterwalde in Richtung Pechhütte/.Elsterwerda, Fliegerstraße, Tel. 63 112.

Wichtige Telefonnummern:

Luftaufsicht: Finsterwalde, 22 85
Zuständige AIS: Bln. 6787 4084/2084
In Flugplatznähe lädt die Gaststätte „Waldfrieden" ein. Imbiß kann auf dem Platz eingenommen werden. Die Mitglieder der Flugsportvereinigung arbeiten seit Jahren am Aufbau eines Flugsportmuseums. Die Exponate sind z. Z. eingelagert, eine Neuaufstellung ist in Vorbereitung.

Finsterwalde bietet ein liebenswertes kompaktes Stadtbild, gelegen um einen historischen Marktplatz mit Rathaus aus dem 18. Jahrhundert. Sehenswert sind ehemalige Wohnhäuser aus dem 16. Jahrhundert, die sogenannte Curdsburg, ein tonnengewölbter Keller (Schloßstraße 3) sowie der Eingang des Hauses Schloßstraße 6.

Städtisches Gymnasium, erbaut um 1913, Architekt Max Taut. Wasserturm, 54 m hoch, erbaut 1909/10.
Gotische Dreifaltigkeitskirche, um 1550.
Heimatmuseum mit einem alten Laden der Jahrhundertwende.
Schloß Finsterwalde, 16. Jahrhundert, ein barocker Umbau der mittelalterlichen Ritterburg.
Märchenhaus von 1928.

Elsterquelle ist nicht nur die Quelle, sondern auch der Name einer Verwaltungsgemeinschaft, zu der sich die Gemeinden Dollenchen, Göllnitz, Lichterfeld, Lieskau und Sallgast zusammengeschlossen haben und die rund 3 000 Einwohner betreut. Die Gemeinden, in deren Geschichte frühgermanische Besiedlung und Siedlungsgründung durch Mönche des Klosters Dobrilugk, Belagerung im 30jährigen Krieg, die Wirren der Weltkriege und Diktaturen und Heimattreue seiner Bewohner von Bedeutung waren, sind sich wohl deshalb verbunden geblieben. Landwirtschaftlich wird das Gebiet durch weite Niederungsflächen, die von einer Vielzahl von Gräben durchzogen sind und durch zusammenhängende Waldgebiete gekennzeichnet. Sie haben vielfältige Möglichkeiten Ihren Urlaub für die ganze Familie zu gestalten und Besonders zu entdecken.

In der Gemeinde Sallgast befindet sich im Südwesten des Ortes ein schöner Renaissancebau, das Schloß Sallgast. Es ist ein ehrwürdig altes Gemäuer! Ein spätgotischer Giebel und die planmäßige Grundrißform lassen auf eine Wasserburg aus dem 16. Jahrhundert schließen. Doch nicht genug damit, denn alle Urkunden nennen schon um 1200 den Namen derer von "de Sallgast". Die Jahrhunderte dazwischen? Raubritter fanden gefallen an diesem Ort! Zufall war's wohl nicht, denn ein alter Handelsweg führte von Breslau, über Sallgast nach Lüneburg und Bremen. Heutzutage ein Schulungszentrum, Tagungsstätte und eine nicht nur im nahen Umkreis bekannte Gaststätte. Dem Schloß schließt sich ein weitläufiger Park mit Dollenchener Sehenswürdigkeiten an. Zur Freude der Badelustigen - ein wildromantischer und blaugrün einladend lockender Tagebausee in unmittelbarer Nähe des Ortes. Wer Lust hat, kann sich auf das Fahrrad schwingen und vorbei an ehemaligen Wassermühlen 3 km nach Norden radeln. Keine Bange, auf unserem Weg finden wir in jedem Dorf einladende Gasthäuser und Übernachungsmöglichkeitn.

Die Gemeinden Dollenchen, direkt an der B 96 gelegen, grüßt schon von weitem mit ihrem Kirchturm den Wanderer. Der Name des Ortes ist einer hübschen Sage zu verdanken, die sicher jeder Dollenchener bereitwillig erzählen will! Das "dolle Hähnchen" überzeugt - man muß es nur glauben wollen. In der Kirche sind in den 80er Jahren Bauteile entdeckt worden, die aus einer Holzkirche aus der Zeit um 1220 stammen. Die Holzvorgängerkirche, für die es Parallelen in Nordeuropa gibt, kann Licht ins geschichtliche Dunkel der Anfangsjahre des Kirchenbaues und der Christianisierung der Mark bringen.
Weiter führt der Weg durch Wiesen oder falls man möchte durch Wälder, um nach rund 3 km die Ortschaft Göllnitz zu erreichen. Umgeben von Wäldern, wo in Wildgehegen Schwarzwild und Dammwild bewundert werden kann, in denen Pilzwanderungen und in

denen die einheimischen jäger die Schönheit märkischer Heimat nahebringen, läßt sich manches Abenteuer erleben.
Die mit viel Fleiß wiederaufgebaute Kirche im Zentrum von Göllnitz verlassen wir in westlicher Richtung und nähern uns bald dem Langdorf Lieskau. Die B 96 zerschneidet den Ort und ist gleichzeitig Lebensnerv der ansässigen Unternehmen und des östlich des Ortes geplanten gemeinsamen Gewerbegebietes. Erlebbar wird "Aufschwung Ost" auch hier nicht nur am verhältnismäßig angestiegenen Verkehrsaufkommen, sondern auch an der Vielzahl kleiner Neubauten und Verschönerungen, seien es die leuchtenden neugedeckten Dächer oder der neue Fußweg durch den Ort.

In südlicher Richtung verlassen wir den Ort, um durch hügeliges Land nach Lichterfeld zu gelangen. Am Ortseingang zieht die neurenovierte Dorfschule (jetzt Kindergarten), ein echtes Zeugnis von dörflicher Baukunst, die Blicke an. Die Dorfstraße säumen altehrwürdige Linden und Kastanien. In Dorfnähe finden Angler Fischteiche vor, die naturnahes Angeln Wirklichkeit werden lassen. Nicht weit hinter dem Ortsausgang befinden sich der Tagebau "Klettwitz-Nord"und das Klinkerwerk - zwei Betriebe, die die Region nachhaltig beeinflussen. Ein Blick in die Tiefe des Tagebaues läßt ahnen, welche Mühen der Mensch auf sich nimmt, um Wärme und Elektrizität zu gewinnen, welcher Erfindungsgeist und welcher Fleiß für solch gigantische Bauwerke nötig sind - mahnt aber auch, immer die Frage nach den Folgen, nach dem "Tag danach", nach der Verantwortung für die Schöpfung zu stellen.

Lindena ist ein kleiner Ort mit reizvoller Umgebung. Unser Dorf liegt nur 2 km von der Stadt Doberlug-Kirchhain entfernt, deren Bahnhof Verkehrsknotenpunkt für Züge mit Fernverbindung in alle Richtungen des In- und Auslandes ist. Reisende, Urlauber und Besucher der Stadt Doberlug-Kirchhain sollten einen Abstecher nach Lindena per Fuß, Fahrrad, Taxi oder mit eigenem PKW nicht versäumen. Wanderer werden von der schönen Landschaft und der gesunden Natur begeistert sein.

Die kleine Elster fließt westlich an Lindena vorbei, durch die schöne Auenlandschaft. Auf der Ostseite wird unsere Gemeinde von mehreren Teichen umgeben. Eine Vielzahl von Vogelarten hat dort ihren Sammel-, Rast- oder Brutplatz. Angler finden ihr Paradies auch am Karpfenteich. Mitten in unserem Landschaftsschutzgebiet malerisch faszinierend von Wald umgeben, liegt der Badesee, der seinen Ursprung im Abbau der Kohle der Grube "Erna" hat. Am hügeligen Ufer der Teilseen von Bad Erna und versteckt im Walde stehen Bungalows, die von Erholungssuchenden aus nah und fern errichtet wurden, idyllisch eingepaßt in die Landschaft. Durch Ruhe und Beschaulichkeit werden immer wieder Besucher fasziniert. Die Stand-Gaststätte hat auch außerhalb der Saison geöffnet. Die Waldweg führen den Wanderer beim Spaziergang zu den umliegenden Ortschaften. Entlang der Gewässer des Bades überquert man die Straße nach Doberlug und hat den Blick frei für das Dorf Lindena.

Lindena wurde bereits 1228 urkundlich als Klosterdorf Lyndenow erwähnt. Die größten geschichtlichen Ereignisse seit dem Mittelalter haben in unserem Dorf ihre Spuren hinterlassen. Die Chronik und eine Vielzahl von Sagen geben darüber Auskunft. Vom Kloster Dobrilugk (Doberlug) soll eine Allee der Linden nach Lindena geführt haben. Linde und Storch sind Symbole des Ortssiegels. Traditionsgemäß wird der Altbestand an Linden immer wieder durch Neupflanzung aufgefrischt. Das Storchennest auf dem Kirchturm ist ein idealer Nistplatz.Die Dorfkirche (Foto) ist eine Dreischiffige frühgotische Basilika aus der ersten Hälfte des 13. Jahrhunderts. Von ihrer Ausstattung sind der um 1500 entstandene spätgotische Flügelaltar sowie ein frühgotischer Taufstein und die ebenfalls mittelalterliche Chorfensterverglasungbemerkenswert. Die Anfang des 19. Jahrhunderts erbaute Schule steht unweit der Kirche. In diesem Gebäude befindet sich heute die Gemeindeverwaltung, sowie eine Arztpraxis. Auf unserer gepflegten Dorfaue erstrahlt das Gerätehaus der Freiwilligen Feuerwehr in neuem Glanze. Wenige Schritte davon entfernt befindet sich unser Bauernmuseum, das in dieser Größe und Komplexität einmalig ist. Das Bauernhaus dokumentiert die bäuerliche Arbeits- und Lebensweise früherer Jahrzehnte. Gezeigt werden bäuerlicher Hausrat und Arbeitsgeräte, historische Bauerntrachten, Mobiliar, eine Schulstube, landwirtschaftliche Geräte, Fotografien, Urkunden einzigartig und komplett zusammengefügt. Wir Lindenaer sind stolz auf unser Dorf, das durch Tradition und Brauchtum weit bekannt ist. Alljährlich kommen tausende Besucher zum Lindenblütenfest, das Anfang August stattfindet. Lanz-Bulldog-Treff, Feuerwehrausscheide, Sportwettbewerbe, Verkaufsmärkte, Vergnügungspark, Tanz für jung und alt sind begehrt Programminhalte. Wer einmal in Lindena mit Musik und Tanz im Freien auf der Festwiese oder in den beiden Gaststätten erlebt hat, kommt immer wieder in unser Dorf. Gepflegte Gastronomie und Urgemütlichkeit werden gelobt und sind Anlaß für Familienfeiern, Vereinsfeiern und Dorffeste in den Gaststätten. Die Kegelbahn mit automatischer Anlage steht ebenfalls zur Verfügung. Zur Fastenzeit werden altüberlieferte Faschingsbräuche wach. Es wird gezampert und ausgiebig Fastnacht gefeiert, unbeschwert und ausgelassen. Die "Lindschen" bilden dann eine große und feste Gemeinschaft.

Das Gesamtbild des Ortes hat sich verjüngt. Einkaufshalle und Post stehen auf der Dorfaue. Saubere Asphaltstraßen und Gehwege sind entstanden. Junge Menschen haben sich in Lindena angesiedelt, hübsche Einfamilienhäuser gebaut. Für den Nachwuchs ist der Kindergarten ein wahres Schmuckstück. Gewerbetreibende finden Lindena ebenfalls attraktiv, das zeigen die neuangesiedelten Firmen.
(Quelle: Stadtverwaltung)

Verkehrsanbindungen

Finsterwalde liegt unmittelbar an der B 96 mit Zugang zur BAB 13, Berlin-Dresden (Auffahrt Freienhufen) und an der Eisenbahnstrecke Leipzig-Cottbus, mit Anschluß an die Strecke Berlin-Dresden.
Auf dem örtlichen Flugplatz besteht die Möglichkeit des zivilen Flugverkehrs.
(Quelle Stadtverwaltung)

Galerien, Museen, Theater
Kulturbund
Schloßstr. 3,
Tel. 24 19

Heimatmuseum,
Langestr. 8,
Tel. 28 25

Bibliotheken
Stadtbibliothek
Markt 1,
Tel. 20 70

Banken/Sparkassen
Deutsche Bank
M.-Schmidt-Str. 2,
Tel. 51 76

Kreissparkasse
Berliner Str. 43,
Tel. 78 50

Raiffeisenbank,
Landestr. 3,
Tel. 27 26

Ämter / Beratungsstellen

Stadtverwaltung
Schloßstraße 7/8,
Tel. 85 85 41
Sonnewalder Straße 2/4,
Tel. 40

Arbeitsamt
Langer Damm
Tel. 601151

Krankenhäuser / Apotheke

Schnelle Med. Hilfe
Tel. 24 24

Krankenhaus
Kirchhainer Str. 42,
Tel. 50 30

Bäder, Sport und Freizeiteinrichtungen
Sportstättenbetrieb,
An der Bürgerheide,
Tel. 27 24

Fremdenverkehrseinrichtungen

Fremdenverkehrsbüro
Rathaus, Markt 1,
Tel. 6307

Hotels / Pensionen

- „Brückenkopf"
Tel. 22 01

- „Goldener Hahn",
Tel. 8535

- „Boulevard Hotel Sängerstadt",
Tel. 25 57

- „Zum Vetter"
Tel. 22 69

FORST

Aus der Stadtgeschichte

Forst wurde erstmalig im Jahre 1346 in einem Meissner Stiftmatrikel urkundlich erwähnt. Die ganze Niederlausitz gehörte damals zum Markgrafentum Meissen, seitens der Kirche zum Bistum Meissen. Da in dem genannten Verzeichnis Forst als Erzpriesterstuhl bezeichnet wird, dem 15 Kirchen der Umgebung unterstanden, kann davon ausgegangen werden, daß Forst eine gewisse Entwicklung bereits hinter sich hatte. - Stadtbücher und sonstige Urkunden sind bei einer Plünderung im 30jährigen Krieg verloren gegangen.

Die Lausitz war seit dem 6. Jahrhundert sorbisches Siedlungsgebiet. Während des Feudalismus, im 11. Jahrhundert, setzte die sogenannte deutsche Ostkolonisation ein und die ostelbischen Gebiete wurden zur Anerkennung der deutschen Oberhoheit gezwungen. Zur Sicherung des Neulandes wurden an wichtigen Stellen militärische Stützpunkte, sogenannte Burgwardien, errichtet. Auch Forst wurde Burgward, in einem bis dahin unbesiedelten Gebiet. Es galt, die alte Salzstraße, die, vom Westen kommend, in Forst über die Neiße führte und sich heute am Berliner Platz mit der alten Handelsstraße von Guben nach Spremberg, Bautzen und Görlitz kreuzt, zu sichern. - Es wurde eine Wasserburg errichtet, die von zwei Wallgräben umgeben war, die aus dem Mühlgraben gespeist wurden. Für die Versorgung der Festungsbesatzung wurden Handwerker und Händler herangezogen, und es entstand außerhalb der „Feste" eine Siedlung.

Die Entstehung der Stadt aus einem Burgward hat ihr Schicksal bis ins 19. Jahrhundert bestimmt. Der Burgherr war gleichzeitig Schutzherr der Stadt. Im Zuge der Machtausweitung des Feudalismus entwickelte sich aus dem Schutzgebiet des Burggrafen die Grundherrschaft Forst, die von ihrem Herrn abhängig wurde (Mediastadt). - Festgehalten ist erstmals 1380, daß Stadt und Herrschaft an die Herrn von Biberstein überging.

FORST

PLZ 03149
Vorwahl 03562

Kfz.-Kennz.: FOR

Einwohner Stadt: 25.000

Fläche Stadtgebiet: 26,1 qkm

Den Bibersteinern, aus der Schweiz ins ostdeutsche Gebiet gekommen, gehörten Herrschaften wie Muskau, Sommerfeld, Sorau und Triebel, Storkow-Beeskow und die Landeskrone bei Görlitz.
Hans von Biberstein ließ Forst durch den Ausbau der beiden, die Stadt umfassenden toten Neißearme befestigen, so daß zwei wasserreiche Gräben als Umfassungsschutz der Stadt entstanden.
Diese Insellage war der Grund, weshalb Forst niemals eine Stadtmauer besaß.

Nach dem Jahre 1500 erhielt die Stadt ein eigenes Gesicht, da Matthias von Biberstein, Stammsitz in Friedland in Böhmen, eine eigene Forster Linie seiner Familie begründete. Sein Sohn Melchior ließ sich im Jahre 1521 ein eigenes Schloß erbauen, das heutige „Alte Amt". Jene Zeit brachte auch für die Forster Einwohner umwälzende Veränderungen, da die Reformation eine Revolution auf geistigem Gebiet verursachte. Der dreißigjährige Krieg (1618-1948) durchzog Forst mit Plünderungen, Feuersbrünsten und der Pest. - In dieser Zeit wurden die Lebensmittel so knapp, daß man tote Pferde, Katzen und Hunde verzehrte.
Ferdinand II. starb als letzter Bibersteiner 1667, womit die fast 300jährige Herrschaft dieses Geschlechts beendet wurde. Forst fiel an den Landesherrn, den Herzog von Sachsen-

Wasserturm Foto: W. Ebert

Im Jahre 1704 kam die Herzogin Elisabeth von Sachsen-Merseburg nach Forst und nahm hier ihren Witwensitz. Sie ließ die erste Post in Forst errichten. Forst wird vom Siebenjährigen Krieg gepeinigt, übersteht die Napoleonische Zeit und fällt im Jahre 1815 an Preußen. Die Gewerbetätigkeit nahm zu, und das 1418 erstmalig urkundlich erwähnte Tuchmacherhandwerk erhält größere Bedeutung. Tuchmacher aus Grünberg, Meseritz, Sisse und Fraustadt wanderten ein und entwickelten dieses Handwerk bis zur Fabrikreife. 1844 wurde die erste Dampfmaschine aufgestellt, Straßenbau und Anlage neuer Verkehrswege verbilligten den Gütertransport. 1859 wurde der Chausseebau Cottbus-Forst-Pförten-Sommerfeld begonnen; 1872 die Bahn Cottbus-Forst eröffnet und 1891 die Strecke Forst-Weißwasser dem Verkehr übergeben. Die Stadtbahn eröffnete zwei Jahre später ihren Betrieb.
1904 wurde ein Teil der Stadt elektrisch beleuchtet.
1913 fand in Forst die „RUGA" statt (Rosen- und Gartenbau-Ausstellung). Während der festlichen Veranstaltung landete am 24. August 1913 ein Hansa-Luftschiff, der sogenannte Zeppelin, auf dem Gelände des Rosengartens. Im Zuge dieser Ausstellung wurde in der Stadt beschlossen, das Wehrinsel-Gelände weiterhin zur Pflege von Rosen zu nutzen, womit der „Ostdeutsche Rosengarten" entstand.

Als kleiner EG-Grenzort gewinnt die Stadt zunehmend an Bedeutung und wird mit dem vorgesehenen Ausbau von Grenzübergangsstellen im Stadtgebiet ihren Aufschwung erleben. -
Das Wahrzeichen der Stadt ist heute der Wasserturm, ein mehrgeschossiger, runder Backsteinbau in aufwendigen, neugotischen Formen, erbaut in den Jahren 1901-1903 nach Entwürfen von Ernst Prinz.
(Quelle: Stadtverwaltung)

ERKA

Wirtschafts-struktur

Das Wirtschaftsleben der Stadt wurde bisher von der Tuchindustrie bestimmt, die auf eine 500jährige Tradition zurückblickt. In den Gründerjahren entwickelte sich der Maschinenbau, der Betriebe des Rohrleitungs-, des Heizungs-, des Stahl- und Maschinenbaus hervorbrachte. Betriebe des Baugewerbes, der holz- und papierverarbeitenden Industrie stehen für den aufschwungorientierten Mittelstand der Region.

Durch innerstädtische Grundstücksflächennutzung sowie durch Flächenerschließung im neu entstehenden Industrie- und Gewerbegebiet Forst-Süd, stehen insgesamt 300 ha Land für die Neugründung wirtschaftlicher Unternehmungen bereit. Dieses Flächenpotential, ohne Altlasten und mit geklärten Eigentumsverhältnissen, verteilt sich zu 100 ha auf den innerstädtischen Bereich und zu 200 ha auf das entstehende Industrie- und Gewerbegebiet.
Die Stadt Forst hat ihre Rolle als Kommunikationszentrum für die Wirtschaftsregion Niederlausitz angenommen und stellt sich als Partner aller Firmen und Unternehmungen, die hier tätig sind oder tätig werden wollen.
(Quelle: Stadtverwaltung)

Sehenswürdigkeiten Ausflugsziele

Parkanlagen in Branitz, Kromlau und Bad Muskau.
Diese Parks wurden nach Plänen des Fürsten Hermann von Pückler-Muskau gestaltet und sind beliebte Ausflugsziele naturinteressierter Touristen.

Rosengarten Forst
Ein Besuch im „Ostdeutschen Rosengarten" Forst/Lausitz - interessant zu jeder Jahreszeit. Der „Ostdeutsche Rosengarten" im Südosten der Neißestadt Forst, auf zwei Flußinseln angelegt, bietet mit einer Gesamtfläche von 15 Hektar vielen Besuchern Erholung und Entspannung.
Die Parkanlage ist durch einen künstlich gestauten Wehrgraben in zwei ganz unterschiedlich gestaltete Flächen geteilt.
Die unterschiedlichen Charaktere dieser beiden Parkteile, durch eine großzügige Wegeführung harmonisch miteinander verbunden, machen wohl den besonderen Charme unseres Rosengartens aus.
Alljährlich findet im Sommer das über die Stadtgrenzen von Forst hinaus bekannte Rosenfest statt. Die zur Tradition gewordene Schnittrosenschau, wie auch die „Nacht der Tausend Lichter", bilden einen Höhepunkt unserer Rosengartenfestspiele.

„Neißeaue",
eine Talaue mit einer Fläche von 13,3 Quadratkilometern zwischenKöbeln und dem Südrand der Stadt Forst, entlang der Neiße. Eine Landschaft mit baumreichen Wiesen, Altwässern und bewaldeten Talsandflächen erstreckt sich an den erhöhten Rändern des Glogan-Baruther Urstromtales.

„Wiesen- und Teichgebiet Eulo-Jamno"
Diese Niederungslandschaft, nahe der Stadt Forst gelegen, zeichnet sich durch den Wechsel von Wald- und Teichgebieten und durch verschiedene Fließgewässer aus.
Das Naturschutzgebiet „Euloer Bruch" erstreckt sich mit 83,22 ha im Gebiet des Guben-Forster Neißetals. Zwei Kilometer westlich von Forst-Eulo gelegen, umfaßt es einen von Teichen umgebenen Moorkomplex, der waldkundlich und botanisch sehr interessant ist.
(Quelle: Stadtverwaltung)

Wasserspiel im Rosengarten

Verkehrs-anbindungen

Von Bedeutung für das Transportgeschehen ist die Zugbildungs- und Umschlagskapazität des Güterbahnhofes Forst, der gleichzeitig als Verkehrsknotenpunkt und Übergangsstelle in Richtung Osten wichtig wird. Eisenbahnnebenstrecken aus den Richtungen Frankfurt/Oder und Guben sowie aus Görlitz und Weißwasser vervollständigen das Schienennetz.

Acht Kilometer vom Stadtzentrum entfernt, liegt südöstlich ein Fliegerhorst der Bundeswehr. Dieser Standort soll jedoch in den nächsten Jahren geräumt werden. Dafür ist der Aufbau eines Euro-Trans-Logistik-Zentrums vorgesehen.
Der Flugplatz ist über ein Anschlußgleis mit der Eisenbahnstrecke Forst-Weißwasser verbunden. Eine derzeit ungenutzte Anbindung an die Autobahn A 15 ist bereits vorhanden. Die technische Ausstattung des Fliegerhorstes entspricht modernsten Ansprüchen.
(Quelle: Stadtverwaltung)

Museen, Galerien, Theater
Städtische Museumssammlung,
Jahnstr. 3-9
Tel. 62 19

Bibliotheken
Stadtbibliothek
K.-Liebknecht-Str. 11
Tel. 63 30

Banken und Sparkassen
Raiffeisenbank
Guben / Forst e. G.
Gymnasialstr. 9
Tel. 80 88/9

A B C D E F G H
1 2 3 4 5 6 7 8 9 10 11
FORST
A Pestalozziplatz
B Beethovenstr.
C Cottbuser Str.
D Uferstr.
E Poststr.
F Elisabethstr.
G Lindenplatz
H H.-Standtke-Str.
I Paul-Decker-Str.
K Diesterweg
L Tschaikowskistr.
M Jägerstr.
N Am Domsdorfer Anger
O Hederichweg
P Margaretenweg
Q Marienweg
R Am Anger
S Käthe-Kollwitz-Str.
U Steinstraße
V Platz am Stadtwald
1 Kulturhaus
2 Poliklinik
3 Schwimmhalle
4 Rathaus
Neu Sacro
Sacro
Mückenhain
Eulo
Euloer Teiche
POLEN
Lausitzer Neiße
nach Guben
nach Cottbus
nach Polen
ERKA
Landschafts-
schutzgebiet
Klein Jamnoer Teich
Schützenteich
Eigene Scholle
Mexiko
Keunesche
Alpen
Keune
Heidchen
Nossdorf
Domsdorf
Alte Ziegelei
Anschlußst. Forst
nach Bademeusel/ POLEN
Klein Bademeusel
Mulknitzer Str.
Frankfurter Straße
Gubener Straße
Cottbuser Straße
Spremberger Straße
Berliner Str.
Triebeler Straße
Bahnhof Forst
Sorauer Str.
Rosengarten
Wehrinsel
Seniorenheim
Gutenbergplatz
Stadion
Bad
112
122
E36
15

Dresdner Bank AG
Hornickestr. 2
Tel. 64 86

Genossenschaftsbank
Gymnasialstr. 9
Tel. 75 37

Kreissparkasse Forst
Elsässer Str. 1
Tel. 64 24

Ämter/Beratungsstellen
Stadtverwaltung Forst
Promenade 9
Tel. 91 51,
Fax 74 60

Polizeiamt
Bahnhofstraße 54
Tel 9 20

Krankenhäuser, Apotheken
Krankenhaus
Robert-Koch-Str. 35
Tel. 78 31

Ärztlicher Notdienst
Tel. 112 und 115

Apotheke
Cottbuser Str. 26 a
Tel. 64 33

Bahnhofs-Apotheke
Bahnhofstr. 5
Tel. 74 21

Hufeland-Apotheke
Str. d. Befreiung 13
Tel. 88 31

Bäder, Sport- und Freizeiteinrichtungen
Sportstättenbetrieb Jamno
Tel. 81 89

Fremdenverkehrs-einrichtungen
Fremdenverkehrsverein
Forst e. V.
Albertstraße 26

Straßenverzeichnis der Stadt Forst

Ackerstr.	g9-g10
Ahornweg	d8
Akazienstr.	c8-c9
Albertstr.	d6-c6
Alexanderstr.	e5
Alpenstr.	g9-g10
Alsenstr.	f4
Alte Gasseb	9-c9
Am Anger	Rg10
Am Birkenwäldchen	b9
Am Busch	f10
Am Dormsdorfer Anger	c11
Am Eichengraben	d9
Am Haag	e6-f6
Am Hirschsprung	d10-e9
Am Hohen Weg	e1
Am Keunechen Graben	e8-f8
Am Kreuzberg	d3-e3
Am Markt	e6
Am Markt	e6-f6
Am Pferdegarten	b9
Am Roosch	e1-f1
Am Sandberg	g10
Am Stadtfeld	e8
Am Vogelherd	b8-b9
Am Waldgürtel	d8
Am Wasserwerk	e9-f9
Am Wehr	c9
Am Weingarten	d7-d8
Amalienweg	f10
Amselweg	c5
Amtstraße	e6
An der Linde	g10
An der Malxe	b8-c9
An der Rennbahn	c8
An der schwarzen Grube	g9
An der Walderholung	d9
Andreas-Hofer-Str.	e10-f10
August-Bebel-Str.	c6-e6
Bademeuseler Str.	g10
Badestr.	e6-e7
Bahnhofstr.	d6-e4
Bahnstr.	f7
Beethovenstr.	Be6
Berliner Platz	e6
Berliner Straße	e6-e7
Bibersteinstr.	f6
Blumenstr.	d5-c6
Brandenburger Str-	f8
Brigittenweg	d9-e9
Buchenstr.	c9-d9
Buschweg	e9
C.-A.-Groeschke-Str.	e7-r8
Cäcilienweg	e10-f10
Charlottenstr.	d6
Cottbuser Str.	b4-e4
Diesterweg	Kb9
Döberner Str.	b9-b11
Dormsdorfer Kirchweg	c9-d11
Dorfstr.	e1
Dornbuschweg	f10
Drosselweg	c5
Dubrauer Str.	b8
Dünenweg	d9-e9
Ebereschenweg	c9
Edelweißweg	g9
Eichenweg	c9
Einsteinstr.	k7
Eisenbahnstr.	d7
Elisabethstr.	Ff6
Elsässer Str.	d8-e5
Elsterstr.	c4-c5
Enzianweg	g10
Erikaweg	d9
Erlenweg	c9
Ernst-Heilmann-Str.	e8-f8
Euloer Straße	c5-c8
Euloer Weg	d4
Fabrikstr.	e9
Falkenstr.	c3
Fasanenweg	a9
Feldstr.	e9-e10
Fichtestr.	f11-g10
Finkenweg	c4
Flurstraße	d10
Forster Str.	e1-e2
Forstweg	d9-f10
Frankfurter Str	d2-e6
Friedhofstr.	f10-g10
Friedrich-Klinke-Weg	b4-b5
Friedrichplatz	e6
Friesenstr.	f10-g10
Fröbelstr.	b9
Fruchtstr.	e5
Gartenstr.	e10
Gartenweg	d4
Georg-Herwegh-Str.	b3-c3
Gerberstr.	f6
Gertraudenweg	f10
Ginsterweg	e10
Goethestr.	b8-c8
Görlitzer Str.	f6-f7
Grabenweg	e9-f9
Grüner Weg	c6
Gubener Str.	e3-e5
Glutenbergplatz	f6
Gutsweg	b9-c10
Gymnasialstr.	e5
Haagstraße	f6
Hainenweg	f3-f4
Hedrichweg	d8-e8
Heideweg	e10
Heinrich-Heine-Str.	f5
Heinrich-Werner-Str.	f5
Heinsiusstr.	f7
Hermann-Löns-Str.	b8-c8
Hermann-Standtke-Str.	b9
Hermannstr.	e6
Hochstr.	e5
Hohensalzaer Str.	d4
Immanuel-Kant-Str.	d9
Inselstr.	f5
Jägerstr.	e6-f6
Jahnstr.	e7
Jänickestr.	f4-f5
Johann-Gottfried-Herder-Str.	d9
Karl-Liebknecht-Str.	d6-d7
Karlstr.	e6
Kastanienstr.	c8-d9
Käthe-Kollwitz-Str.	Se6
Kegeldamm	g5-g8
Keunescher Kirchweg	e7-f8
Keuner Str.	g9-g10
Kiefernweg	e8
Kirchstr.	f5-f6
Klein Jamnoer Str.	a9
Kleine Amtsstr.	e6
Kleine Frankfurter Str.	e4-e5
Kleine Spremberger Str.	d7
Kleine Weinbergstr.	d8
Kötziger Weg	b9-b10
Kreuzschenkenstr.	b9-b10
Krummer Weg	d8-e9
Kuckucksweg	b9
Kurze Straße	e1
Lausitzer Str.	f8
Leipziger Str.	e6
Lerchenstr.	b8-b9
Lessingstr.	d6
Lindenplatz	f6
Lindenstraße	e6-f5
Lindners Weg	f10-f11
Luisenweg	f10
Magnusstr.	d4-e5
Margaretenweg	Pe10
Marienweg	f10
Märkische Str.	d10-g10
Martinstr.	c5-c6
Mauerstr.	f7
Maulbeerweg	d9-e9
Max-Fritz-Hammer-Str.	e6-f6
Meisenweg	b5
Metzer Str-	e5
Mühlenstr.	f6
Mulknitzer Str.	d1-e1
Muskauer Str.	d8-e7
Neuendorfer Weg	f10
Niederstr.	e8
Noßdorfer Str.	b9
Oberstr.	e8
Otto-Nagel-Str.	e5
Pappelstr.	c8-c9
Parkstr.	f5
Paul-Decker-Str.	b9
Paul-Högelheimer Str.	f8-g8
Pestalozziplatz	e5
Pestalozzistr.	b9
Pfälzer Str.	c4-c5
Blanckstr.	d6-e7
Platz am Stadtwald	d8-c8
Platz des Friedens	d7
Poststr.	e6
Preschener Weg	h11
Promenade	e5-e6
Querweg	d4-d5
Richard-Wagner-Straße	f4-f6
Ringstr.	f8-g8
Robert-Koch-Str.	c3-e4
Rosenweg	g7
Roßstraße	e6
Rüdigerstr.	f6
Saarlandstr.	c4-c5
Sandweg	e9
Sankt Benno	c9
Schacksdorfer Str.	g10-g11
Schäferstr.	g10
Schillerstr	d6
Schmaler Weg	b4
Schnepfenweg	b3-b4
Schulstr.	e1
Schützenstr.	f5
Schwalbenstr.	c5-c6
Schwarzer Weg	b9-c9
Schwerinstr.	c8-c9
Siedlerweg	b8-c8
Simmersdorfer Str.	b9-b10
Skurumer Str.	d9-f8
Sommerwegg	10-g11
Sonnenweg	e8
Sophienweg	g10
Sorauer Str.	d7-f7
Sperlingsgasse	c5
Spremberger Str.	a9-e7
Stadtwaldstr.	e8
Steinstr.	e6
Stephanweg	e8-e9
Südstr.	b10
Tagorestr.	f6-f7
Taubenstr.	d7
Teichstr.	d7-e7
Thüringer Str.	f8
Töpferstr.	d7
Triebeler Str.	e7-h11
Tschaikowskistr.	d9
Uferstr.	e6
Virchowstr.	d5-e6
Wacholderweg	d10
Waldstraße	c7-d7
Weberstr.	e7
Wehrinselstr.	f7-g8
Weinbergstr.	d8
Weißagker Weg	e9
Weißwasserstr.	d9-e7
Wendenstr.	c4-d4
Weststr.	d6
Wiesenstr.	d7
Wiesenweg	c7-c8
Wildweg	g11
Wilhelm-Busch-Str.	f10
Wolfgang-Amadeus-Mozart-Str.	f10
Wotanstr.	g11
Zeisigweg	b3-c3
Ziegelstr.	d3-d5
Zum Turnplatz	b8

Tel. 75 74
Fax 76 92

Hotels / Pensionen
- M. Höer
Blumenstr. 42
Tel. 79 80

- Zentrum für Unternehmensführung
Forst GmbH i. B.
Paul-Högelheimer-Str.42-44
Tel. 64 83

-Pension Rohregger,
Bayrische Stub'n
Dorfstr.10
Simmersdorf,
Tel. 035695/7303

FRANKFURT (ODER)

Stadtansicht Foto: W. Mausolf

Aus der Stadtgeschichte

Die Stadt Frankfurt (Oder) entstand um 1225 als Kaufmannsniederlassung (etwa im Bereich der Friedenskirche) am damals für Kaufmannszüge verkehrstechnisch günstigen Übergang über die Oder in Norddeutschland. Über Berlin-Brandenburg-Magdeburg-Braunschweig waren West- und Süddeutschland diesseits, Riga, Warschau, Krakau jenseits der Oder über diese Straße erreichbar. Im Juli 1253 erhielt diese Niederlassung als „Vrankenforde" - Siedler kamen aus dem Niederrheinischen und Westfälischen - das Stadtrecht mit der Maßgabe, die Stadt südwärts zu erweitern und eine Brücke über den Fluß zu bauen.

Das Niederlagsrecht, d.h. die Pflicht aller die Straße benutzenden Handelsleute, ihre Ware in Frankfurt 3 Tage zum Verkauf „niederzulegen", wurde bestätigt.
Schnell wuchs die Stadt um das heutige Rathaus, das damals als zweigeschossige Warenhalle mit Ratsstube und Gerichtslaube entstand.
In kurzer Zeit erlangte die Stadt Reichtum, Ansehen und Macht. In ihrer Blütezeit, der 2. Hälfte des 14. Jahrhunderts, wurde sie Mitglied der Hanse und gehörte im Binnenland zu deren wichtigsten Gliedern im Ost-West-Handel.
Die reich geschmückten Prunkgiebel des Rathauses, der Hallenumgangschor und das Nordportal der Marienkirche und deren monumentalen gotischen Kunstwerke (Leuchter, Taufe, Marienaltar in der Gertraudkirche) zeugen noch heute vom Reichtum und der Bedeutsamkeit des mittelalterlichen Frankfurts an der mittleren Oder.

Im April 1506 wurde die brandenburgische Landesuniversität „Viadrina" eröffnet, deren Fakultäten Theologie, Rechtswissenschaft, Medizin und „schöne" Künste in den 3 Jahrhunderten ihres Bestehens bedeutende Leistungen hervorbrachte.
Etwa 5% der 60.000 Immatrikulierten waren Studenten aus den osteuropäischen Ländern - eine Tradition, die die 1991 wiedergegründete Europa-Universität „Viadrina" fortsetzt. 1811 war sie nach der Gründung der Berliner Humboldt-Universität (1810) nach Breslau verlegt worden.
Seuchen, Feuersbrünste, Krieg zogen die Stadt schwer in Mitleidenschaft.

Nach dem 30jährigen Krieg (1618-1648) reduzierte sich die Stadtbevölkerung von etwa 7.000 im Jahre 1600 auf 2.366, doch als bedeutender Handelspunkt entwickelte sich die Stadt weiter.
Drei jährliche Warenmessen - Frühjahr, Sommer und Späthherbst - führten jährliche Tausende von „Meßfremden" als Verkäufer und Käufer in die Stadt. Kaufleute aus Polen und Rußland waren die wichtigsten ausländischen Handelspartner. Zu den 27 Messen von 1781 bis 1784 z.B. wurden Waren im Wert von 38.908.340 Talern nach Frankfurt (Oder) gebracht. Zur Sommermesse 1855 wurden 5.300 t inländische und 100 t ausländische Waren nach Frankfurt (Oder) befördert, etwa 10.000 „Fremde" waren anwesend, auch aus der Türkei, Italien, Amerika und Australien. Nach Leipzig war Frankfurt/Oder der zweitwichtigste Messestandort Deutschlands. Da der Schritt von der Waren- zur Mustermesse, wie in Leipzig, nicht gegangen wurde, schwanden am Ende des 19. Jahrhunderts die Messen, deren Tradition heute jedoch in mehreren jährlichen Fach- und Verbrauchermessen wiedererstehen..

Als Ersatz für die Universtätsverlegung wurde 1841 die Regierung der Neumark und 1815 das Oberlandesgericht nach Frankfurt (Oder) verlegt. Frankfurt (Oder) wird zur Beamtenstadt. Der Bau mehrerer Kasernen nach dem deutsch-französischen Krieg 1870-1871 prägt sie weiter zur Garnisonsstadt. Spätklassizistische und Gründerzeitbauten legen von dieser Phase der Stadtentwicklung Zeugnis ab. Das 20. Jahrhundert sieht Frankfurt (Oder) als Beamten- und Garnisonsstadt, die mit der Verlegung der Reichbahndirektion Osten von Posen nach Frankfurt nochmals baulich erweitert wird. Im Januar 1945 zur Festung erklärt, durch fast völlige Evakuierung der Bevölkerung bis zum April der Stadtfunktionen beraubt, wird die historische Innenstadt bis auf wenige Gebäude ein Opfer der Flammen.

Am 1. Mai 1951 begann ihr Wiederaufbau unter den Bedingungen des Bauens in der ehemaligen DDR und die Restaurierung der wichtigsten Baudenkmale.
Heute ist Frankfurt (Oder) mit seinen 3 Brücken über die Oder eine wichtige Grenzstadt im Osten der Bundesrepublik Deutschlands an der Verkehrachse Paris-Berlin-Warschau-Moskau.
(Quelle Stadtverwaltung)

FRANKFURT (ODER)

PLZ 15234
Vorwahl 0335

Kfz.-Kennz.: FF

Einwohner Stadt: 85.600

Fläche Stadtgebiet: 148 qkm

Wirtschafts-struktur

Frankfurt (Oder) ist mit 85.607 Einwohnern (Stand 29.02.1992) die viertgrößte Stadt im Land Brandenburg.
Das wirtschaftliche Profil der Stadt, das bis 1990 von einem Großbetrieb der Mikroelektronik mit ca. 8.000 Beschäftigten geprägt wurde, ist heute gekennzeichnet von Klein- und mittelständischen Unternehmen. Die gegenwärtige Wirtschaftsstruktur läßt sich in folgende Bereiche zusammenfassen:
- Mikroelektronik
- Bau (Industrie- und Gesellschaftsbau, Tief- und Hochbau, Baustoffherstellung)
- Metallver- und -bearbeitung, Stahlbrückenbau, Stahlleichtbau, Feuerverzinkerei
- Landwirtschaft (Milchproduktion, Schweinemast, Obstanbau und Gemüseverarbeitung)
- Speditionen und Großhandelsmärkte
- Dienstleistungen und Einzelhandel (u. a. im Stadtzentrum auf cs. 40.000 qm Nutzfläche in 25 Etagen ein Einzelhandels-, Dienstleistungs-, Kommunikations und Bürozentrum)
- Handwerk und Gewerbe
- Brauerei
- Frankfurter Orgelbau „Sauer“
- Institut für Halbleiterphysik

Neue Impulse zur wirtschaftlichen Entwicklung der Stadt sind durch das von der EG geförderte, neu gegründete Innovations- und Transferzentrum und durch die Aufnahme des Lehrbetriebes der Europa-Universität zu erwarten. Auf Grund der unmittelbaren Lage an der EG-Grenze bieten sich vor allem in Bezug auf die Erschließung des osteuropäischen Marktes gute Chancen, Wirtschaft, Dienstleistung und Handel weiter auszubauen.
Gerade die spezielle Funktion der Stadt als Tor zur Republik Polen, als Umschlagplatz des Ost-West-Handels sowie als Messe- und Universitätsstadt bietet günstige Rahemnbedingungen für die Ansiedlung des Mittelstandes, wobei der Standort Frankfurt (Oder) besonders für ostexportorientierte und infrastrukturschaffende Unternehmen interessant sein wird.

Um die Attraktivität der Stadt für Investoren zu erhöhen, wird zielgerichtet am Stadtentwicklungsprogramm und am Flächennutzungsplan gearbeitet.
Wirtschaftliche Entwicklungsräume in Form von neuen Gewerbegebieten werden vorrangig im Süden der Stadt, in unmittelbarer Autobahnnähe, geschaffen.
Die Gewerbeflächen sollen ansiedlungswilligen Investoren, besonders aus den Bereichen Industrie, Handwerk, Großhandel, Dienstleistung und Logistik, zur Verfügung gestellt werden.

Vorgesehen sind u. a. folgende Gewerbestandorte:
- Gewerbegebiet Markendorf (ca. 64 ha), direkt an der B 87, mit öffentlichen Verkehrsmittel erreichbar;
- Gewerbegebiet „Frankfurter Tor“ (ca. 80 ha), direkt an der A 12 in Höhe Pilgram/Lichtenberg in Verbindung mit der neuen Anschlußstelle an die A 12;
- Euco-Immo/Großfrachtzentrum (ca. 70 ha), südwestlich von Frankfurt (Oder) zwischen der Bahnlinie-Frankfurt (Oder) und der Autobahn A 12, in Höhe Pilgram;
- Technologiepark mit dem Business Innovation Centre (Technologiezentrum) (ca. 23 ha), direkt an der B 87, der Baubeginn erfolgte am 1. Juli 1992 für das erste Gebäude.

Vorhandene Gewerbestandorte:
- Gewerbepark auf dem Gelände des ehemaligen Halbleiterwerkes (ca. 50 ha), mit öffentlichen Verkehrsmitteln erreichbar;
- Industriegebiet Seefichten (ca. 10 ha unbebaute Flächen), im Westen der Stadt in Verbindung mit Erweiterungsmöglichkeiten des Gewerbeflächenstandortes am Gronefelder Weg (ca. 23 ha).

Insgesamt hält die Stadt für die gewerbliche Ansiedlung Flächen von über 200 ha frei.. Investoren können davon ausgehen, daß sie in Frankfurt an der Oder ein umfangreiches Potential ausgebildeter Fachkräfte, vor allem aus dem Bereich Elektrotechnik/Elektronik, vorfinden.
Das Frankfurter Innovations- und Transferzentrum bietet innovationsfreudigen Firmengründern das unternehmerische Know-how sowie die Kooperation mit ortsansässigen Forschungseinrichtungen.
Die bereits heute durchgeführten 5-8 Fach- und Verbrauchermessen finden zunehmend überregionales Interesse und bieten gute Ausgangspositionen für Unternehmen aus Polen und Osteuropa.

Ansprechpartner:
Stadtverwaltung
Frankfurt (Oder)
Dezernat Wirtschaft
Bischhofstr. 11
15234 Frankfurt/Oder

Dezernent: Herr Hübner
Tel.: 0335/ 365 269
Fax 0335/2 32 20

Amtsleiter für Wirtschaftsförderung und Messen:Herr Hoppe
Tel.: 0335/36 52 50
(Quelle: Stadtverwaltung)

Sehenswürdigkeiten Ausflugsziele

Stadtbrücke
Nach 1235 als Holzbrücke errichtet, mehrmals zerstört und wieder aufgebaut, führt sie in der Verlängerung der Brücktorstraße über den Fluß zur Frankfurter Dammvorstadt.
1892-1895 wurde die erste steinerne Brücke an der jetzigen Stelle errichtet, die 1945 gesprengt wurde.
Unter Nutzung der Pfeilerfundamente entstand bis 1951 das jetzige Brückenbauwerk, das über die Grenze zwischen Deutsch-

FRANKFURT / O.
KLIESTOW
SPITZKRUG
GRONENFELDE
KLINGETAL SIEDLUNG
ERKA
Landgut Gronenfelde
HANSA-VIERTEL
SIMONSMÜHLE
Bhf. Frankfurt-Klingetal
NELE WELT
LEBUSER
VORSTADT
SLUBICE
POLEN
Oder
NUHNEN -
VORDER-NUHNEN
MITTEL-NUHNEN
VORSTADT GROSS-NUHNEN
Botanischer Garten
Lienaupark
Kleistpark
Wichernheim
ZIEGEN-WERDER
ALT BERESINCHEN
GUBENER
CARTHAUS-WERDER
Stadion der Freundschaft
NEU BERESINCHEN
Neuer Friedhof
Sandgrund
NUHNEN
SIEDLUNG MARKENDORF
Obermühle
Mittelmühle
Vordermühle
Goltzhorn
Berliner Chaussee
Leipziger Chaussee
Müllroser Chaussee
Grenzübergang
Berlin / Müncheberg
Küstrin / Lebus
Beeskow
Eisenhüttenstadt
Polen
Berliner Ring Fürstenwalde
1 Kulturhaus
2 Stadtarchiv
3 Konzerthaus
4 Schwimmhalle
5 Kleisttheater
A Rote Kapelle
B P.-Tschaikowski-Ring
C Eschenweg
D An der Schwedenschanze
E Fontanestraße
F Schmalzgasse
G Paul-Feldner-Straße
H Zehmeplatz
I Faberstraße
K Mühlengasse

Stadtblick mit Rathaus Foto: W. Mausolf

land und Polen auf der Flußmitte Frankfurt (Oder) mit der jetzt polnischen Stadt Slubice verbindet.

Kleistmuseum (Faberstraße 7)
Es ist das einzige Museum für den am 18. Oktober 1777 in Frankfurt (Oder) geborenen Dichter, Heinrich von Kleist, der als ein dramatisches Talent von weltliterarischem Rang gilt. Seine Werke, wie „Der zerbrochene Krug", „Prinz Friedrich von Homburg", „Das Käthchen von Heilbronn" und andere stehen auf dem Repertoire der Theater vieler Länder.

Das jetzige Museumsgebäude ist die von Leopold von Braunschweig, Neffen Friedrich II. von Preußen, damals Stadtkommandant von Frankfurt (Oder), errichtete Garnisonsschule.

Rathaus (Bischhofstraße 11)
Bis 1300 als zweigeschossige Kaufhalle mit Ratsstube fertiggestellt, im 14. Jh. erweitert, 1607 bis 1609 rekonstruiert und mit Gewölben und Turm versehen, ist es heute eines der ältesten und größten erhaltenen mittelalterlichen Rathäuser Deutschlands. Am Ende des 2. Weltkrieges fast zerstört, wurde es bis 1978 im Erscheinungsbild von 1609 restauriert. In der unteren Halle befindet sich die Galerie „Junge Kunst", die als Kunstsammlung der ehemaligen DDR Malerei, Plastik und Arbeiten auf dem Papier präsentiert.

Marienkirche (gegenüber dem Rathaus)
Von 1253 bis 1524 erbaut, gilt sie als die größte Hallenkirche, die die norddeutsche Backsteingotik auf dem Boden der Bundesrepublik Deutschland hervorgebracht hat. Auch sie wurde am Ende des 2. Weltkrieges sehr stark beschädigt. Erhalten geblieben sind die gewölbten äußeren Seitenschiffe, die Sakristei und der Märtyrchor (1522) mit originaler Deckenmalerei.

Kunstschätze der Marienkirche in der Gertraudkirche (Lindenstraße).
In der Gertraudkirche (1874-78 erbaut) werden die erhaltenen Kunstschätze der Marienkirche der Öffentlichkeit zugänglich aufbewahrt, herausragend die Taufe und der Leuchter (14. Jh.).
Die Taufe, 1376 von Meister Arnoldus in Bronze geschaffen, zeigt auf Decke und Haube in 44 Reliefs bilblische Geschichten des Alten und Neuen Testaments. Mit fast 5 Meter Höhe und über 4 Meter Breite sowie zahlreichem Figurenschmuck (die Geschichte Jesu) zählen der siebenflammige Bronzeleuchter (um 1375) wie die Taufe zu den künstlerisch reichsten und monumentalsten Kunstwerken der Gotik. Für den Leuchter gibt es nichts Vergleichbares

Ehemalige Franziskaner-Klosterkirche (Colklegienstraße), jetzt Konzerthalle „Carl Philipp Emanuel Bach"
1270 begonnen und im 16. Jh. vollendet, mit Deckenmalereien des 16. Jh., ist sie ein reizvoller Rahmen für umfangreiches Konzertgeschehen. Die Klänge der ältesten bekannten, in Deutschland erhaltenen und spielfähig restaurierten Orgel der Frankfurter Orgelbauerfirma „Wilhelm Sauer" - des Meisters des romantischen Orgelbaus des 19. Jh. - von 1866 und die Konzertorgel der gleichen Firma von

Straßenverzeichnis der Stadt Frankfurt (Oder)

Straße	Planquadrat
Akazienweg	C2
Albert-Fellert-Str.	C5
Albert-Lortzing-Str.	C5
Alexej_leonow-Str.	C8-C9
Am Arboretum	F9
Am Goltzhorn	C10-E8
Am Graben	G4-H4
Am Kleistpark	F5-F6
Am Klingetal	D3-D4
Am musikheim	C5
Am Schlachthof	F1-G1
Am See	B1
Am Weiher	D7
Am Wintergarten	G9
Am Winterhafen	G1-G2
Am Zwickel	G11
Amselweg	A4
An den Seefichten	A3
An der Alten Universität	G4-G5
An der Autobahn	B10
An der schönen Aussicht	G10
An der Schwedenschanze	DF10
Annenstr.	E5
August-Bebel-Str.	A5-D5
Aurorahügel	F8
Bachgasse	H6
Badergasse	G5
Bahnhofsplatz	E7-G7
Bahnhofstr.	F7-G6
Bardelebenstr.	F6
Baumgartenstr.	E9
Baumschulenweg	C7-C9
Beckmannstr.	F4
Beerenweg	D8
Beeskower Str.	D6-F6
Beethovenstr.	B5
Berendstr.	E9
Bergstr.	E4-G3
Berliner Chaussee	A1-E2
Berliner Str.	G3-G5
Biegener Str.	D9
Birkenallee	E8-G9
Birnbaumsmühle	A4-B2
Bischofstr.	H5
Blankenfeldstr.	E9
Blumenthalstr.	B5
Bremer Str.	E3
Bremsdorfer Str.	B10
Briesener Str.	F6
Brücktorstr.	H5
Bruno-Bürgel-Str.	C8
Bruno-Peters-Berg	F5-G4
Buckower Str.	A9-B9
Buschmühlenweg	G8-G11
Carl-Philipp-Emanuel-Bach-Str.	H5
Carthausplatz	G8-H8
Clara-Zetkin-Ring	F8-G9
Collegienstr.	G4-H4
Cottbuser Str.	F7
Dachsbau	B5
Damaschkeweg	B7-D7
Darwinstr.	E8
Dornenweg	B2
Dr.Salvador-Allende-Höhe	F5-G5
Dreddener Str.	F7
Dubrower Weg	B9-C9
Ebertusstr.	E6
Eichenweg	B2
Eichwaldweg	H9-H10
Ernst-Thälmann-Str.	F6
Eschenweg	CB2
Faberstr.	IH5
Ferdinandstr.	G7
Finkenherder Str.	F7
Finkensteig	E3-F3
Fischerstr.	H6-H8
Fontanestr.	EC4
Forststr.	H5
Frankfurter Weg	C1-D1
Franz-Liszt-Ring	C5
Franz-Mehring-Str.	F5-G6
Friedenseck	E8
Friedrich-Ebert-str.	A6-C5
Friedrich-Hegel-Str.	E5
Friedrich-Löffler-Str.	F8-F9
Fuchsbau	B11
Fürstenber Str.	F6-F7
Fürstenwalder Poststr.	A4-A5
Fürstenwalder Str.	E5-F6
Gartenstr.	H6
Georg-Friedrich-Händel-Str.	C5
Georg-Richter-Str.	A3-C4
Gerhart-Hauptmann-Str.	C5
Gertraudenplatz	G7-H7
Goepelberg	F3
Goepelstr.	E2-G3
Goethestr.	C4-D5
Görlitzer Str.	F7
Gottfried-Benn-Str.	F10
Greifsawlder Weg	E3
Gronenfelder Weg	A1-C2
Große Müllroser Str.	E7-G8
Große Oderstr.	H5-H6
Große Scharnstr.	G5-H6
Grüner Weg	F4-F5
Grunower Str.	B10
Gubener Str.	G6-G8
Güldendorfer Str.	G8-G9/E10-F10
Gustav-Adolf-Str.	F10
Hafenstr.	G3
Halbe Stadt	G4-G5
Hamburger	Str.E3
Hanewald	H5
Hansaplatz	E3-E4
Hansastr.	E2-F3
Harfenweg	D5
Heilbronner Str.	F6-G6
Heimchengrund	A5-B5
Heimkehrstr.	B2
Heinrich-Hildebrandt-Str.	E8
Heinrich-Zille-Str.	B3-C4
Hellweg	B5-B6
Herbert-Jensch-Str.	F2-G3
Herrmann-Bojan-Str.	C5-D5
Hohenwalder Str.	B10
Holzmarkt	H5
Humboldtstr.	E5
Huttenstr.	E6-F6
Im Winkel	D6-D7
Immenweg	B5
Johann-Eichborn-Str.	E8-F7
Johann-Sebastian-Bach-Platz	C5
Johannes-Keppler-Weg	C8
Joseph-Haydn-Str.	C5-D5
Jungclassenweg	F9
Juri-Gagarin-Ring	B9-C9
Kantstr.	D4-D5
Karl-Liebknecht-Str.	E5
Karl-Marx-Str.	G5-G6
Karl-Ritter-Platz	G4
Karl-Sobkowski-Str.	E4-F4
Käthe-Kollwitz-Str.	C4-C5
Kellenspring	H7
Kieler Str.	E3-E5
Kierzer Gasse	G4
Kießlingplatz	D5
Kiliansberg	G7
Klabundstr.	F10
Kleine Müllroser Str.	F8-G8
Kleine Oderstr.	G5-H5
Kleiststr.	F5
Klenksberg	G7-G8
kliestower Str.	F1
Kliestower Weg	F1-F2
Klingestr.	G3-G4
Klingetal	B2-D3
Konrad-Wachsmann-Str.	F9-G9
Konstantin-Ziolkowski-Allee	B8-C8
Kopernikusstr.	B8-C9
Kosmonautensteig	B8-C9
Kräuterweg	D8
Kuhaue	F8
Kuhweg	F1-G1
Langer Grund	C7-D8
Lebuser Chaussee	D1-E1
Lebuser Mauerstr.	G4-H4
Lehmgasse	H7
Lehmweg	A11
Leipziger Platz	E7-F7
Leipziger Str.	C9-F5
Lessingstr.	E5
Lichterberger Str.	B6-D6
Linaustr.	E4
Lindenstr.	G6-H7
Logenstr.	G6-H6
Lossower Str.	B10-C10
Lübbener Str.	F7
Luckauer Str.	E7-F7
Ludwig-Feuerbach-Str.	D4-D5
Luisenstr.	E4-E5
Magistratssteig	F4-G4
Markendorfer Str.	D5-D6
Martin-Opitz-Str.	F10
Maulbeerweg	A11
Maxim-Gorki-Str.	Ba-C5
Methnerstr.	C4
Mittelweg	C1
Mixdorfer Str.	G7
Moskauer Str.	E3
Mühlengasse	KG4
Mühlental	G11
Mühlenweg	E10-G9
Müllerberg	F11
Müllroser Chaussee	A11-C9
Nuhnenstr.	A5-A9
Nußweg	F10-G11
Oderhang	F2
Oderpromenade	G5-H5
Otto-Nagel-Str.	B4
Pablo-Neruda-Block	G5
Paul-Feldner-Str.	H6-H7
Paulinenhof	C5
Pawel-Beljajew-Str.	B8
Peitzer Str.	F7
Peter-Tschaikowski-Ring	C5
Pferdegasse	F11
Pfingstberg	G8
Pflaumenweg	B2
Pilgramer Str.	D8-D9
Platanenweg	B2
Platz der Demokratie	D8
Platz der Einheit	F6
Platz der Republik	G6
Poetenstreig	F4-G4
Potsdamer Str.	E6-E7
Prager.Str.	E4
Priestersteig	F2
Promenadengasse	G5
Puschkinweg	D7-E7
Ragoser Talweg	D1-E1
Rathenaustr.	B4-D3
Regierungsstr.	H6
Richard-Wagner-Str.	B5
Richtstr.	F3
Robert-Havemann-Str.	D8-E8
Rosa-Luxemburg-Str.	F5-H5
Rosengasse	G5
Rostocker Str.	F3
Rote Kapelle	F5
Rudolf-Breitscheid-Str.	F6
Saarower Str.	B9-B10
Sabinusstr.	E10
Sandfurt	C1
Sandgrund	B9
Sauerstr.	B5
Schalmeienweg	B5
Schiefer Bopm	D5-D6
Schluchtweg	F8
Schmalzgasse	G5
Schubertstr.	A4
Schulstr.	G4-G5
Schwarzer Weg	B4
Seelower Kehre	F3-G3
Siedlerweg	D8
Sonnensteig	E4-F4
Sophienstr.	F5-G4
Spartakusring	F8
Spiekertstr.	G6
Spitzkrug	E2
Spommachergasse	G5
Spremberger Str.	F8-G7
Stadtsteig	E11
Starkerweg	D8
Steingasse	H7
Stierweg	B11-C11
Stralsunder Str.	D3-E3
Südring	C9-D9
Taubenweg	D8-F7
Thielestr.	F6
Thomas-Müntzer-Hof	F5
Thomasius	E9-E11
Topfmarkt	G4
Tunnelstr.	F7
Uferstr.	H6
Ulmenweg	B2
Valentina-Tereschkowa-Str.	C8-C9
Wallensteinstr.	F9-F10
Walter-Korsing-Str.	H7
Warschauer Str.	E3
Weinbergweg	D7-D8
Westkereuz	A5
Wieckestr.	F5
Wieselspring	B5
Wildenbruchstr.	E5
Willichstr.	E10-F9
Wimpinastr.	F9
Winkelweg	B1
Winsestr.	E6-F6
Winzerring	D7-E7
Wismarer Str.	E3
Witebsker Str.	E4-F4
Wladimir-Komarow-Eck	B8
Wollweberstr.	G5
Wünschstr.	F9
Zehmeplatz	G6
Ziegelstr.	G4
Zimmerstr.	F6-G6
Zschokkestr.	C4

1975 (50 Register, fast 4.000 Pfeifen) sind ein besonderes Erlebnis.

Museum „Viadrina" (Carl-Philipp-Emanuel-Bach-Straße).
Gotischen Ursprungs wird es 1567 „Junkerhaus" genannt, da die brandenburgischen Kurfürstensöhne während ihrer Studienzeit an der Universität „Viadrina" hier wohnten. Ab 1675 erfogte ein Um- bzw. Neubau als kurfürstliches Haus im Stile des Barock.
Besonderheit sind die 1683 von Tornelli und Simonetti beschaffenen prachtvollen Stuckdecken. Das Gebäude befindet sich z.Z. in der Restaurierung, das Museum zeigt Sonderausstellungen.

REKA - Sammlung historischer Musikinstrumente (Collegienstraße).
Die REKA-Sammlung historischer Musikinstrumente, die über 450 originale Instrumente aus 4 Jahrhunderten und weitere Nachbildungen umfaßt, ist bis zur Rekonstruktion des Museums „Viadrina" nur zu einem Teil zu sehen.
Die Besonderheit besteht darin, daß Herr Berol Kaiser Reka ca. 30 historische Instrumente - von der indianischen Schneckentrompete über die Radleier, das Alphorn bis zur Nagelgeige - erklingen läßt.

Jugendstilhäuser (Am Kleistpark 8-12, Rudolf-Breitscheid-Straße 13).
Die 5 nebeneinanderliegenden, zwischen 1900 und 1912 erbauten dreigeschossigen Mietshäuser bilden ein in sich geschlossenes, reizvolles Jugendstilensemble. Die der Straße zugwandten Giebel sowie die Fassaden der Erdgeschosse bestehen aus roten Ziegeln, die Putzflächen tragen Jugendstilornamente.
Wenige Schritte entfernt steht das schönste Gebäude der Stadt im Jugendstil (Nachbarschaftshaus R.-Breitscheid-Straße 13), erbaut 1902/03 mit reichem Dekor.

Helenesee:
10 km südlich des Stadtzentrums über die B 112, Abfahrt Lassow, erreichbar.
Die 250 ha große Wasserfläche inmitten märkischen Kiefernwaldes mit klarem Wasser (über 60 m tief, Sichtweite unter Wasser ca. 7m) lädt zum Baden, Angeln, Segeln, Surfen und Tauchen ein. Campingplatz und Bungalows sind über den
Freizeitpark Helenesee,
Rezeption,
15236 Helenesee,
Tel.: Frankfurt (Oder) 42624
nutzbar.

Schlaubetal:
Knapp 30 Minuten (Pkw über die B 87) von Frankfurt (Oder) entfernt, liegt Müllrose, das Tor zum Schlaubetal.
Etwa 20 km erstreckt sich dieses schöne Bachtal Ostbrandenburgs mit reicher Flora und Fauna von Müllrose bis zur Quelle der Schlaube in der Nähe des Wirchensees.
Die Gaststätten „Kupferhammer" und „Bremsdorfer Mühle" sowie „Die Klingenmühle" im Oelsetal laden zum Verweilen ein.

Wojewodschaften Gorzow (Landsberg an der Warthe) und Zielona Gora (Grünberg):
Über die Frankfurter Stadtbrücke erschließen sich die Naturschönheiten der Soldiner Seenplatte wie geschichtliche Tradition auf der Route Slubice, Kostrzyn (Küstrin), Cedynia (Zehden), Chojna (Königsberg), Mysliborz (Soldin), Renice, Gorzow (Landsberg), Witnica, Kostrzyn (Küstrin), Slubice, Frankfurt (Oder) auf einer Tagesfahrt.
Bei Mysliborz (Soldin) den „Soldiner See" oder von hier aus über Lipiany (Lippehne) nach Berlinek (Berlinchen) das Naturreservat zu besuchen, ist Naturfreunden besonders zu empfehlen.

Lubusker Seenplatte.
Die Lubusker Seenplatte erlebt man auf einer Fahrt von Frankfurt (Oder) über Slubice, Osno, Miedzyrzecz (Meseritz), Lagow (Lagow), Sulecin, Osno (Drossen), Kunowice (Kunersdorf), Slubice, Frankfurt (Oder), ebenfalls eine Tagesfahrt.
Dabei sind die Burg in Miedzyrzecz (Meseritz), unweit davon in Wysoka unterirdische Befestigungsanlagen des 2. Weltkrieges sowie die Johanniterkomtorei in Lagow (Lagow) und die sagenhaften Buchenwälder bei Lagow besonders sehenswert.
(Quelle: Stadtverwaltung)

Verkehrs-anbindungen

Autobahn A 12/E 30, Berlin-Warschau, mit Anschlußstelle Frankfurt (Oder); Bundesstraßen B5, B 87, B 112 (Berlin, Leipzig, Dresden)

Eisenbahn: Paris-Berlin-Warschau-Moskau / Frankfurt am Main-Frankfurt (Oder) / Dresden, Leipzig, Stralsund, Erfurt

Flugverbindung: Berlin-Tegel, Berlin-Schönefeld - Entfernung ca. 100 km Autobahn

Wasserstraßenanbindung - über die Oder und den Oder-Spree-Kanal.
(Quelle: Stadtverwaltung)

Collegienstr. 8,
Tel.: ü. 2 31 15
Schulmuseum,
Potsdamer Str. 4,
Tel.: ü. 2 23 15
Haus der Künste
Lindenstraße 4-7,
Tel.: 2 23 93
Das Kleine Theater,
R.-Luxemburg-Str. 41,
Tel.: 2 26 69
Galerie „Gallus"
R.-Luxemburg-Str. 43a,
Tel.: 2 29 79
Musik- und Kunstschule,
Collegienstr. 10,
Tel.: 2 25 80

Bibliotheken
Stadtbibliothek,
Bischofstr.,
Tel.: 2 32 27

Banken/Sparkassen
Bayerische Hypo Bank AG
Lebuser Mauerstr. 3,
Tel.: 222 67
Große Scharrnstr. 20a,
Tel.: 2 35 78
Bayerische Vereinsbank

R.-Breitscheid-Str. 10,
Tel.: 2 22 75
Stadtsparkasse
Frankfurt (Oder)
Heilbronner Str. 11-13,
Tel.: 32 42 03
Volksbank
Frankfur (O.) e.G.
Fürstenwalder Str. 26,
Tel.: 2 24 91

Ämter/ Beratungsstellen
Stadtverwaltung
Frankfurt/Oder
Bischofstr. 11,
Tel.: 36 52 00
Industrie- und Handelskammer
Frankfurt (Oder)
Humboldtstr. 3,
Tel.: 31 13 12
Handwerkskammer
Frankfurt (Oder)
Bahnhofstr. 12,
Tel.: 34 60
Treuhandanstalt, NL Frankfurt/Oder
Halbe Stadt 7,
Tel.: 34 20

K.-Liebknecht-Str. 48,
Tel.: 2 22 88
Klinikum Frankfurt (O.)
1201 Markendorf,
Müllroser Chaussee 7,
Tel.: 4 80

Bäder, Sport- und Freizeiteinrichtungen
Oderlandhalle,
Kieler Str. 9
Tel.: 66 20
Stadion der Freundschaft,
Buschmühlenweg 172,
Tel.: 2 23 65
Schießstand (an der Autobahn) im Süden der Stadt für Skeet und Trap,
Tel.: 4 23 61

Fremdenverkehrseinrichtungen
Fremdenverkehrsverein Frankfurt/Oder e.V.
Tourist Information
Karl-Marx-Str. 8a,
Tel.: 32 52 25 oder 2 25 65
Geschäftsstelle
Logenstr. 2,
Tel.: 38 75 14

Museen, Galerien, Theater
Kleistheater,
G.-Hauptmann-Str. 3-4,
Tel.: 32 54 80
Konzerthalle „C.Ph.E.Bach",
Collegienstr. 8,
Tel.: 2 24 52
Kabinett der Galerie „Junge Kunst"
Heilbronner Str. 19,
Tel.: 2 27 63
Kleistmuseum,
Faberstraße 7,
Tel.: 2 31 85
Museum „Viadrina"
C.-Ph.-E.-Bach-Str. 11,
Tel.: 2 23 15
Reka-Sammlung,

Lindenstr. 11,
Tel.: 32 60 77
Berliner Bank AG
Logenstr. 14,
Tel.: 32 50 36
Commerzbank AG
Heilbronner Str. 2,
Tel.: 32 50 91
Deutsche Bank AG
Zehemplatz 14,
Tel.: 31 13 10
Deutsche Bundesbank
Zehemplatz 13,
Tel.: 31 11 10
Dresdner Bank
Carthausplatz 1,
Tel.: 22 22 04
Genossenschaftsbank Berlin

Krankenhäuser/ Apotheken
Adler-Apotheke
Lindenstr. 36,
Tel.: 2 28 36
Bahnhof-Apotheke
Dresdner Str. 5,
Tel.: 2 26 91
Flora-Apotheke
Robert-Havemann-Str. 1,
Tel.: 3 77 29 46
Hansa-Apotheke
Hansaplatz 1,
Tel.: 6 32 26
Löwen-Apotheke
Große Oderstr. 42,
Tel.: 2 35 56
Oderland-Apotheke

Hotels/Pensionen
- Kongreßhotel Frankfurter Hof
Logenstr. 2, Tel.: 38 70
- Hotel Altberesinchen
Leipziger Str. 38,
Tel.: 54 22 86
- Hotel Kammer der Technik
Fürstenwalder Str. 47,
Tel.: 36 93 13
- Pension Haus des Handwerks
Bahnhofstr. 13,
Tel.: 32 45 73
- Hotel „Zur alten Oder"
Fischerstr. 32,
Tel.: 32 44 39
-Pension „Graham's"
August-Bebel-Str. 11,
Tel.: 33 54 29

FÜRSTENWALDE

Aus der Stadtgeschichte

Von der Spree durchzogen, umgeben von ausgedehnten märkischen Kiefernwäldern und zahltreichen Seen, begrenzt von der Saarower Hügellandschaft, den Dubrower und Rauenschen Bergen, liegt die Kreisstadt Fürstenwalde in einer reizvollen landschaftlichen Gegend zwischen Berlin und der Oder.

Zugleich hat Fürstenwalde eine bewegte Vergangenheit und interessante historische Baudenkmäler.
Am 16. April 1285 in einem erhalten gebliebenen Dokument der brandenburgischen Markgrafen erstmals nachweisbar urkundlich erwähnt, dürfte Fürstenwalde bereits im Zeitraum zwischen 1225 und 1250 gegründet worden sein. Bereits damals verkehrsgünstig gelegen an einer Furt durch die Spree und als Umschlagplatz für Waren, die zur Oder auf dem Landweg weitertransportiert werden mußten, stieg Fürstenwalde rasch zu einer der wohlhabensten Städte der Mark Brandenburg auf.

Die Bischöfe des Bistums Lebus nahmen nicht zuletzt deshalb hier 1385 für mehr als 200 Jahre ihren Sitz. Nach einer Brandschatzung durch die Hussiten begann 1446 der Neuaufbau des St.-Marien-Doms in seiner bis heute im großen und ganzen erhalten gebliebenen äußeren Gestalt. Durch Kriegseinwirkungen zu 80 Prozent zerstört, ist in Fürstenwalde in den letzten Jahren vieles beim Wiederaufbau geleistet worden. 1995 will die Gemeinde aus der Dom-Notkirche in ihr angestammtes Gotteshaus zurückkehren.

Der Neubau des Rathauses, einschließlich der Gerichtslaube mit vier Durchgängen, wurde 1511 fertiggestellt. 1624 wurde der Rathausturm angebaut. Im zweiten Weltkrieg schwer zerstört, sollte das historische alte Rathaus in der stalinistischen Ulbricht-Ära, wie zahlreiche andere historische Baudenkmäler, abgerissen werden. Allein dem Heimatbewußtsein der Fürstenwalder und vor allem dem Engagement der Handwerker der Satdt ist es zu verdanken, daß dieses Baudenkmal in

FÜRSTENWALDE

PLZ 15517
Vorwahl 03361

Kfz.-Kennz.: FW

Einwohner Stadt:
34.200

Fläche Stadtgebiet:
64 qkm

den 60 er Jahren in seiner Substanz erhalten und rekonstruiert, im Inneren mit den damals vorherrschenden bescheidenen Mitteln neu ausgebaut wurde. Auf Beschluß der ersten demokratisch gewählten Stadtverordnetenversammlung begannen 1992 Rekonstruktionen und der Ausbau des alten Rathauses.

Die Industrialisierung Fürstenwaldes begann im Grunde mit der Errichtung der bis heute erhaltenen Spreemühle im Jahre 1837. Nach amerikanischer Bauart errichtet, wurden bereits zu dieser Zeit mit Hilfe der Wasserkraft und einem ausgeklügelten mechanischen System fast alle Arbeiten automatisch verrichtet. Auch der Bahnhof dürfte zu den ältesten in Deutschland gehören, denn bereits 1842 wurde mit dem Bau der Eisenbahn Berlin-Frankfurt (Oder) als einer der ersten preußischen Eisenbahnstrecken begonnen.

Zur Industriestadt wurde Fürstenwalde endgültig, als die Berliner Maschinenfabrik Pintsch im Gefolge der Hochkonjunktur und in Berlin explodierender Grundstückspreise nach dem deutsch-französischen Krieg von 1871/72 einen großen Teil der Produktionsanlagen im Jahre 1872 nach Fürstenwalde zu verlegen begann.

Bullenturm Foto: Stadtverwaltung

Als Hauptstadt des 1990 wiedervereinten Deutschlands wird Berlin in zunehmendem Maß vor allem zu einer Stadt der Beamten, der Verwaltungen und ein Dienstleistungszentrum werden. Industrie und Güterverkehr brauchen vermehrt Flächen im Umland. Fürstenwalde hat in dieser Hinsicht einiges zu bieten. (Quelle: Stadtverwaltung)

Wirtschaftsstruktur

Außenstellen in Fürstenwalde haben die Bundesversicherungsanstalt (LVA) als Rentenversicherungsträger sowie das Arbeitsamt Frankfurt (Oder). Noch sind manche Verwaltungen der Stadt und anderer Institutionen räumlich beengt untergebracht. Doch bis Ende 1994 wird Fürstenwalde von den Truppen der GUS geräumt sein. Damit werden einerseits eine Vielzahl von Gebäuden frei, die nach notwendiger Renovierung oder sogar Rekonstruktion allein zur Unterbringung von Verwaltungsinstitutionen geeignet sind. Außerdem ist Bauland vorhanden und weiteres wird frei, auf dem Bürogebäude errichtet werden können.. Ein von der Stadt Fürstenwalde in Auftrag gegebenes Gutachten weist nach, daß hier ohne weiteres Bürogebäude mit einer Geschoßfläche von 40.000 Quadratmetern errichtet werden können.

In der Vergangenheit sträflich vernachlässigt, haben sich in Fürstenwalde in den vergangenen zwei Jahren sowohl die gewerblichen wie auch die sozialen Dienste sprunghaft entwickelt.
Von den in der Stadt registrierten 1.350 Gewerbetreibenden ist fast die Hälfte im Dienstleistungssektor tätig.
In Fürstenwalde hat die Kreissparkasse ihren Geschäftssitz. Erst kürzlich wurde der Grund-

stein für den Neubau einer Sparkassenzentrale gelegt. Vier weitere Kreditinstitute haben unterdessen Filialen in der Stadt errichtet. Auch Anwälte und ein Notar haben Kanzleien eröffnet.

Unter den mehr als 60 in Fürstenwalde niedergelassenen Ärzten sind Spezialisten aller Disziplinen vertreten. Für die stationäre medizinische Betreuung stehen das Krankenhaus Fürstenwalde und die Klinik in Bad Saarow unter einheitlicher Leitung mit rund 600 Betten bereit.

Mehr als 40 Wohlfahrtsverbände, Hilfsorganisationen, Selbsthilfegruppen und Beratungsstellen, darunter ein Frauenhaus, sind heute in Fürstenwalde tätig und weit über die Stadtgrenze hinaus wirksam. Mit den Samariteranstalten und den Behindertenwerkstätten der Arbeiterwohlfahrt ist Fürstenwalde zugleich ein Zentrum der Behinderten-Rehabilitation.

Gesichert war in der Vergangenheit lediglich die Grundversorgung in Fürstenwalde. Doch schon in der Vergangenheit war die Stadt Einkaufszentrum des Umlandes nicht zuletzt für Touristen, die ihren Urlaub rund um den Scharmützelsee verbrachten. Seit 1989 hat sich die Verkaufsfläche auf rund 20.000 Quadratmeter verdoppelt. Vor allem in Fürstenwalde Nord wurden freigewordene Gewerbehallen genutzt, um sehr schnell Lebensmittel-, Bau-, Garten- und Möbelmärkte einzurichten.

Bis 1995 will die Stadtplanung die Verkaufsfläche der Stadt noch einmal auf rund 40.000 Quadratmeter verdoppeln. Schwerpunkte sollen nunmehr das Stadtzentrum und Fürstenwalde Süd sein, darunter das Gebiet an der Autobahn-Anschlußstelle.

Das Konzept der Stadtplaner sieht vor, je einen Schwerpunkt am Bahnhof und rund um den Dom sowie das Alte Rathaus zu schaffen und zwischen beiden Polen des Magneten eine Flaniermeile einzurichten, möglichst als Fußgängerzone, mit spezialisierten Einzelhandelsgeschäften, Boutiquen, Restaurants und Cafés. Noch in diesem Jahr soll der Grundstein für ein Kaufhaus in unmittelbarer Nähe des historischen Marktes gelegt werden.

Insgesamt liegt der Stadt eine Fülle von Angeboten für die Entwicklung des Handels in Fürstenwalde vor. Wobei Parlamentarier und Verwaltung entschlossen sind, den Ansprüchen der Bürgerinnen und Bürger der Region an ihre Kreisstadt zu entsprechen, aber ungesunden Wildwuchs zu verhindern. Nicht zuletzt soll auch den örtlichen Gewerbetreibenden eine Chance gegeben und gelassen werden.

Traditionsreicher Gewerbestandort

Seit der Jahrhundertwende entwickelte sich Fürstenwalde zu einem Industriestandort. Auf Autarkie und nicht auf Marktbedürfnisse ausgerichtet, entstand unter der zentral-bürokratischen Planwirtschaft eine industrielle Monostruktur. Mit dem Übergang in die Marktwirtschaft konnten weder das Reifenwerk auf einem ohnehin übersättigten Markt noch der Gas- und Tankanlagenbau als zweiter Großbetrieb der Stadt, in überkommener Form weiterwirtschaften.

Eine Chance für die Stadt sind jedoch die für die Gewerbeansiedlung vorhandenen Flächen. In Fürstenwalde muß kein weiterer Raubbau an der Natur betrieben, müssen keine Gewerbeflächen auf der grünen Wiese erschlossen werden. Nach Auskunft des Fürstenwalder Baudezernats stehen im Stadtgebiet 390 ha an gewerblicher Baufläche zur Verfügung. Teils noch in Treuhand-Verwaltung, teils bereits im kommunalen Eigentum und teils gesichertes Privateigentum, ist Fürstenwalde wieder zu einem interessanten Gewerbestandort geworden. Dies um so mehr, als hier ein Potential gut qualifizierter und hoch motivierter Arbeitskräfte vorhanden ist. Von der exzellenten Verkehrsanbindung an Eisenbahn, Autobahn, Oder-Spree-Verbindung und gut ausgebauten Landstraßen nicht zu reden.

Die Zahl von 1.350 Gewerbeanmeldungen in Fürstenwalde - bei 34.200 Einwohnern spricht für den Unternehmungsgeist, der in der Stadt herrscht. (Quelle: Stadtverwaltung)

Sehenswürdigkeiten Ausflugsziele

St.-Marien-Dom
Altes Rathaus
Stadt- und Heimatmuseum
Treidelbrücke
Bullenturm/
Reste der Stadtmauer
Markgrafensteine
Samariteranstalten
Stadtpark
Heimattierpark
Rauener Berge/Markgrafensteine
Trebuser See
Bad Saarow/Scharmützelsee
(Quelle: Stadtverwaltung)

Verkehrsanbindungen

Von der Landesregierung des Landes Brandenburg ist die Stadt Fürstenwalde als Mittelzentrum ausgewiesen. Auf halbem Wege zwische Berlin und Frankfurt/Oder gelegen, ist Fürstenwalde mit seinen 34.200 Einwohnern die bedeutendste Stadt der Region.

An der Eisenbahn Berlin-Frankfurt/Oder und der Bundesautobahn A 12 gelegen, ist Fürstenwalde zugleich durch eine Kleinbahn mit Beeskow verbunden. Gut ausgebaute Landstraßen

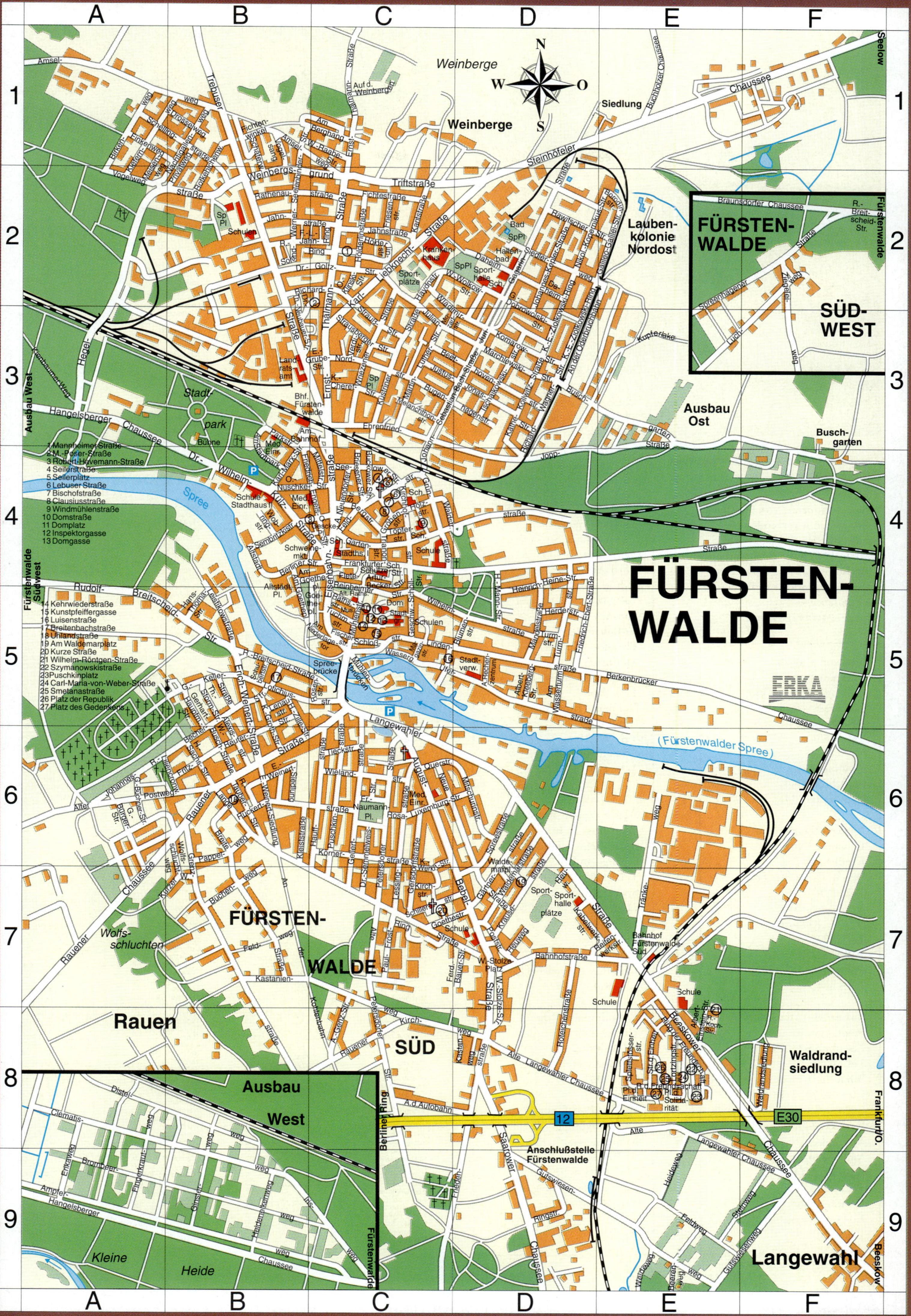

A
B
C
D
E
F
1
2
3
4
5
6
7
8
9
FÜRSTEN-
WALDE
FÜRSTEN-
WALDE
SÜD-
WEST
FÜRSTEN-
WALDE
SÜD
Weinberge
Weinberge
Siedlung
Lauben-
kolonie
Nordost
Ausbau
Ost
Busch-
garten
Stadt-
park
Spree
(Fürstenwalder Spree)
Rauen
Ausbau
West
Waldrand-
siedlung
Langewahl
Kleine
Heide
Wolfs-
schluchten
Anschlußstelle
Fürstenwalde
E30
12
ERKA
Triftstraße
Langewahler
Chaussee
Bahnhofstraße
Berkenbrücker
Hangelsberger Chaussee
Braunsdorfer Chaussee
1 Mannheimer Straße
2 M.-Poser-Straße
3 Robert-Havemann-Straße
4 Seilerstraße
5 Sellerplatz
6 Lebuser Straße
7 Bischofstraße
8 Clausiusstraße
9 Windmühlenstraße
10 Domstraße
11 Domplatz
12 Inspektorgasse
13 Domgasse
14 Kehrwiederstraße
15 Kunstpfeifergasse
16 Luisenstraße
17 Breitenbachstraße
18 Uhlandstraße
19 Am Waldemarplatz
20 Kurze Straße
21 Wilhelm-Röntgen-Straße
22 Szymanowskistraße
23 Puschkinplatz
24 Carl-Maria-von-Weber-Straße
25 Smetanastraße
26 Platz der Republik
27 Platz des Gedenkens

Treidelbrücke Foto: Stadtverwaltung

gehen sternförmig von Fürstenwalde aus und verbinden die Stadt mit allen Gebieten der Region. Durch die Regionalbahn (S-Bahnbereich) ist Fürstenwalde im Stundentakt mit Berlin verbunden.
(Quelle: Stadtverwaltung)

Museen, Galerien, Theater
Stadtmuseum,
Domstr. 1, Tel.: 2130
Kulturservice
Dr.-W.-Külz-Str. 66,
Tel.: 4556

Bibliotheken
Stadtbibliothek
Goetheplatz 14a, Tel.: 2877

Banken/Sparkassen
Deutsche Bank
Kreditbank AG
Dr.-W.-Külz-Str. 62,
Tel.: 2705
Kreissparkasse,
Dr.-W.-Külz-Str. 67,
Tel.: 2077
Volksbank
Fürstenwalde e.G.,
Tel.: 2942

Ämter/ Beratungsstellen
Stadtverwaltung
Eisenbahnstr. 18,
Tel.: 6021
Wirtschaftsförderungsamt,
Uferstr. 90, Tel.: 57950

Krankenhäuser/ Apotheken
Ambulatorium,
Schloßstr. 14,
Tel.: 2823
Krankenhaus,
K.-Liebknecht-Str. 22
Tel.: 580
Äsculap-Apotheke,
E.-Thälmann-Str. 5-7,
Tel.: 2250
Nord-Apotheke,
J.-S.-v.-Bach-Str. 16,
Tel.: 32167
Süd-Apotheke,
A.-Bebel-Str. 25, Tel.: 2450
Theodor-Fontane-Apotheke,
E.-Thälmann-Str. 136,
Tel.: 2350
Notdienst Humaine-Klinikum,
Tel.: 73310
Schnelle med. Hilfe
Tel.: 115

Bäder, Sport- und Freizeiteinrichtungen
Spree-Schwimmhalle,
J.-Gagarin-Str.,
Tel.: 32003
Sportstättenbetrieb
- Grünstr., Tel.: 2175
- J.-Gagarin-Str.,
Tel.: 32552
- Lange Str., Tel.: 2724
- Stadion Hangelsberger Ch., Tel.: 2864

Fremdenverkehrseinrichtung
Verwaltung,
Eisenbahnstr. 18,
Tel.: 6021

Hotels/ Pensionen
Feriensiedlung
Kolpiner See,
R.-Breitscheid-Str. 2,
Tel.: 6121
Zimmervermittlung,
Tel.: 32003

Straßenverzeichnis der Stadt Fürstenwalde

Albert-Einstein-Str.	E7-E8
Albert-Genz-Str.	C7-C8
Albert-Kleeberg-Str.	D5
Alexisstr.	B5-B6
Alte Langewahler Chaussee	D8-F9
Alte Neuendorfer Str.	C4
Alte Petersdorfer Str.	C7-C8
Alter Postweg	A6-B6
Altstadt	B4
Altstädter Platz	B4-B5
Am Bahnhof	B3-C3
Am Berghang	B1-C1
Am Goetheplatz	B4-C5
Am Rechenzentrum	D5
Am Stadtpark	B3-B4
Am Waldemarplatz (19)	D7
Am Wasserturm	D5
Ampferweg	A9-C9
Amselweg	A1-C2
An der Autobahn	C8
An der Kohlenbahn	B6-C8
An der Oderbruchbahn	D3-E2
Artur-Becker-Str.	C4
Auf den Weinbergen	C1
August-Bebel-Str.	C6-C8
Bahnhofstr.	D7-E7
Beerenweg	E9
Beeskower Chaussee	E7-F9
Beethovenstr.	C3-D3
Bergstr.	C4
Berkenbrücker Chaussee	D5-F6
Berliner Str.	B4-C4
Birkenweg	A1-A2
Bischofstr. (7)	C4
Blumenstr.	D5
Borodinstr.	E2
Braunsdorfer Chaussee	E2-F2
Breite Str.	B6-B7
Breitenbachstr. (17)	B5
Briesener Str.	C4
Brombeerweg	A9-C9
Buchenwg	B7
Buchholzer Chaussee	E1
Buckower Str.	C4
Bugenhagenstr.	C3-D3
Buschgarten	D3-E3
Car-Maria-von-Weber-Str. (24)	E8
Clausiusstr. (8)	C4
Clematisweg	A9-B9
Daheim	D2
Distelweg	A8-B8
Domgasse (13)	C5
Domplatz (11)	C5
Domstr. (10)	C5
Dr.-Goltz-Str.	B2-C2
Dr.-Semmelweis-Str.	C6-C7
Dr.-Theodor-Neubauer-Str.	B2-B3
Dr.-Wilhelm-Külz-Str.	B4-C4
Drosselweg	B2
Ehrenfried-Jopp-Str.	C3-E3
Eisenbahnstr.	C3-C5
Erich-Weinert-Siedlung	B6
Erich-Weinert-Str.	B5
Erikaweg	A8-A9
Ernst-Grube-Str.	B3-C3
Ernst-Thälmann-Str.	C1-C3
Feldstr.	C4
Feldweg	B7/E9
Ferdinant-Bauer-Str.	D7
Fichtenwinkel	B1
Fichtestr.	C2
Fiete-Schulze-Str.	C4
Fingerkrautweg	A8-B9
Finkenweg	A1-B1
Fischerstr.	C5
Frankfurter Str.	C4-E4
Friedenstr.	C9-D8
Friedrich-Ebert-Str.	D4-D5
Friedrich-Engels-Str.	B4-C4
Friedrich-Ludwig-Jahn-Ring	B2-C2
Friedrich-Naumann-Platz	C6
Friesenstr.	C2
Fritz-Reuter-Str.	B5-B6
Galileo-Galilei-Str.	D2-E2
Gartenstr.	C4-D4
Gärtnerstr.	D6-D7
Gellertstr.	C5-C7
Georg-Büchner-Str.	A6
Georgi-Dobrowolski-Str.	D2-D3
Gerhart-Hauptmann-Str.	B5
Gersdorffstr.	C6-D7
Geschwister-Scholl-Str.	C4-C5
Ginsterweg	B8-B9
Goetheplatz	B4-C5
Goethestr.	C7-D7
Gottfried-Bürger-Str.	A6
Gottfried-Keller-Str.	B5
Grenzstr.	B6-B8
Gröbenstr.	C4
Grünstr.	C4
Gutswiesenweg	D9-F9
Hangelsberger Chaussee	A9-C9/A3-B3
Hans-Sach-Str.	B6
Hans-Thoma-Str.	B5
Hauffstr.	C6
Haydnstr.	C2
Hegelstr.	A3-B2
Heidenelkenweg	B9
Heideweg	E8-E9
Heinrich-Heine-Str.	D4-D5
Heinrich-Mann-Str.	D4-D5
Herderstr.	D5
Heuweg	D7
Hölderlinstr.	C2
Holzstr.	D4
Inspektorgasse (12)	C5
Irisweg	B9-C9
Jahnstr.	B2-C2
Johann-Sebastian-Bach-Str.	C4-D3
Johannes-Kepler-Str.	D2-D3
Johannes-R.-Becher-Str.	A5-B6
Julian-Marchlewski-Str.	C2-D3
Juri-Gagarin-Str.	D1-D3
Justus-Jonas-Str.	C3-D3
Kabelwerkstr.	D7-E7
Kabelwerkstr.	F9
Kantstr.	C2
Karl-Cheret-Str.	C3
Karl-Liebknecht-Str.	C3-D2
Karl-Marx-Str.	B4
Kastanienweg	B7-C8
Käthe-Kollwitz-Str.	D3
Kehrwiederstr. (14)	C5
Kiefernweg	A2-B1
Kienbaumer Weg	A3
Kirchhofstr.	C4
Kirchstr.	C7
Klaus-Groth-Str.	B5-B6
Kleiststr.	B6
Konstantin-E.-Ziolkowski-Ring	D2-D3
Körnerstr.	C6
Krausestr.	D6-D7
Kunstpfeifergasse (15)	C5
Kupferlake	E3
Kurt-Wendt-Str.	C6-C7
Kurze Str. (20)	C7
Kurzer Weg	A7-B7
Küstriner Str.	C3
Lange Str.	B6-D7
Langewahler Str.	C5-E7
Lebuser Str.(6)	C4
Leistikowstr.	B4-B5
Lenaustr.	B5
Lessingstr.	C6-C7
Liliencronweg	A6-B6
Lindenstr.	C5-D5
Lortzingstr.	E8
Lotichiusstr.	B5-C5
Luchweg	E3-F2
Luisenstr. (16)	C5
Magazinstr.	C5
Magnus-Poser-Str. (2)	B3-C2
Mandelstr.	D5
Mannheimer Str. (1)	C2
Martin-Luther-Str.	C3
Meisenweg	A1-A2
Melanchthonstr.	C3
Mitschurinstr.	D6
Mittelstr.	C4
Mozartstr.	C3-D3
Mühlenbrücken	C5
Mühlenstr.	C5
Nachtigallenweg	A2-B1
Neue Str.	C6-D7
Nikolaus-Kopernikus-Str.	D2-E2
Nordstr.	C3
Otto-Nuschke-Str.	B4
Otto-Ulinski-Str.	C2
Ottomar-Geschke-Platz	C4
Pappelweg	B6
Parkstr.	B3
Paul-Frost-Ring	C7
Petersdorfer Str.	C6-C7
Platz der Einheit	E8
Platz der Republik (26)	E8
Platz der Solidariät	E8
Platz des Gedenkens (27)	E8
Poststr.	D7
Privatweg	B1-B2
Puschkinplatz (23)	E8
Puschkinstr.	C5-C7
Querstr.	C6
Rathausstr.	C5
Rathenaustr.	B2-C2
Rauener Chaussee	A7-B6
Rauener Kirchweg	C8-D8
Rauener Str.	B6-C5
Rawitzscher Str.	D2-E2
Reifenwerkstr.	D7-E7
Reinheimer Str.	C4-C5
Richard-Soland-Ring	B2-C2
Richard-Strauß-Str.	B2-C3
Richard-Tauber-Str.	B6
Richard-Wagner-Str.	D3-D4
Ring der Freundschaft	E8
Ringstr.	D9
Robert-Havemann-Str. (3)	B4-C4
Robert-Koch-Str.	E8
Rosa-Luxemburg-Str.	C6-D6
Rosenstr.	C5
Roteichenstr.	D7-D8
Rotkehlchenweg	B1-B2
Rückertstr.	B6-C6
Rudolf-Breitscheid-Str.	A4-C5/F2
Saarower Chaussee	D8-D9
Schäferweg	B1-B2
Schellingstr.	A1-B1
Schillerstr.	C7-D7
Schloßstr.	C5
Schubertstr.	B5
Schweinemarkt	B4-C4
Seelower Str.	C4
Seilerplatz (5)	C4
Seilerstr. (4)	4
Sembritzkistr.	B4
Siedlerweg	D2
Smetanastr. (25)	E8
Splettstösserstr.	E8
Spreenhagener Str.	E2-F2
Spreestr.	D6
Stadtgraben	C5
Steinhöfeler Chaussee	D2-F1
Steinweg	E9-F9
Straße der Einheit	E8
Strausberger Str.	C3
Szymanowskistr. (22)	E8
Theodor-Storm-Str.	B5
Tieckstr.	C6
Töpferstr.	C4
Tränkeweg	E6-E7
Trebuser Str.	B1-C1
Trianonstr.	C4
Triftstr.	C2-D2
Tschaikowskistr.	D3
Tuchmacherstr.	C5
Turmstr.	D4-D5
Uferstr.	C5-E6
Uhlandstr. (18)	B6
Verdistr.	C3
Vogelsang	B1
Vogelweg	A2
Waldemarplatz	D6-D7
Waldemarstr.	D6-D7
Waldrandsiedlung	G8
Waldstr.	C4
Wassergasse	C5
Weideweg	E9
Weinbergsgrund	B2-C2
Werner-Seelenbinder-Str.	B1-B2
Wielandstr.	C6
Wilhelm-Busch-Str.	B6
Wilhelm-Raabe-Str.	B1-C1
Wilhelm-Röntgen-Str. (21)	E7-E8
Wilhelm-Stolze-Platz	D7
Wilhelm-Stolze-Str.	D7-D8
Wilhelmstr.	C5-D5
Windmühlenstr. (9)	C4
Wladimir-Komarow-Str.	C2-D3
Wladislaw-Wolkow-Str.	C2-D2
Wobringstr.	B4
Wriezener Str.	C2-C3
Ziegeleiweg	F2-F3

GRANSEE

Aus der Stadtgeschichte

Die Stadt Gransee ist wendischen Ursprungs. Den Stadtnamen erklärt man aus Granzoye als Grenzauge oder -see. Heute hat die Stadt partnerschaftliche Beziehungen zu den Städten Hessisch Oldendorf, Papenburg und Kolin in der tschechischen Republik. Während sich im Norden der Stadt der fischreiche Geronsee oder auch Gran-See genannt, hinzieht, finden Sie im Südwesten bewaldete Höhen. Von hier aus haben Sie einen herrlichen Blick in die weite ausgedehnte Ebene. Der prächtige Wald mit seiner sauberen Luft und die Stadt, der fast jede Industrie fehlt, mit ihrem gesunden Klima, sind für jeden Erholungssuchenden ein Gewinn. Aber auch der Tourist wird hier auf seine Kosten kommen, da außer der schönen Lage der Stadt herrliche Baudenkmäler aus alter Zeit zu einem Besuch einladen.

Im Jahre 1262 verlieh der Markgraf Johann von Brandenburg Gransee das Stadtrecht. Sie wurde auf regelmäßigem Grundriß erbaut. Nach der Verpfändung von Gransee durch Markgraf Waldemar an den Grafen von Lindow (1319) wurde die Stadt ummauert. Sie erhielt eine regelrechte Festungsanlage. Sie war einst die festeste Stadt im Ruppinischen. Deshalb hielt auch die Hanse hier ein Warenlager.
Besichtigen können Sie den Stadtkern, dessen Anlage unter Denkmalschutz steht sowie die fast vollständig erhaltene Stadtmauer aus dem 14. Jahrhundert mit dem Wahrzeichen der Stadt, dem Ruppiner Tor, den Resten von 35 Weichhäusern und dem Pulverturm. Weil die Granseer Bürger 1348 das Haupttor dem „Falschen Waldemar" aufgetan hatten, fiel Gransee, wie viele andere Städte, beim Landesherrn in Ungnade und mußte aus diesem Grund das Haupttor zumauern. Damit der Verkehr trotzdem weitergeführt werden konnte, wurde ein zweites Tor zusätzlich angebaut, das man „Waldemar Tor" nannte. Erst 1818 entsprach der König von Preußen den Bitten der Granseer Bevölkerung und gestattete die Öffnung des Haupttores.

GRANSEE

PLZ 16775
Vorwahl 03306

Kfz.-Kennz.: GRS

Einwohner Stadt: 5.200

Fläche Stadtgebiet: 34,35 qkm

St. Marien Foto: Stadtverwaltung

Zum zinnengekrönten Tor ordnete Friedrich-Wilhelm IV. an: „An diesem Tor wird kein Stein gerührt, ohne daß ich zuvor davon Kenntnis erhalten hätte." Seine ganze Sage erfahren Sie, liebe Besucher, im Heimatmuseum, das in der ehemaligen Spitalkapelle St. Spiritus eingerichtet wurde und z.Z. baulich erweitert wird.

Das Stadtwappen

In Silber eine rote Burg mit geöffnetem goldenen Tor und hochgezogenem Fallgatter, auf den Mauerzinnen drei gezinnte rote Rundtürme mit blauen Spitzdächern und goldenen Knäufen, der mittlere Turm erhöht.

Stadtfarben: rot-weiß

Das älteste Original dieser Wappendarstellung aus dem 17. Jahrhundert ist auf einem Siegelabdruck vom 4. Oktober 1627 erhalten. Da die Umschrift SIGGILLUM: CIVITATITIS: GRANZOYE die Schreibweise des Stadtnamens im 14. Jahrhundert verwendet, ist zu vermuten, daß das Wappen mindestens ebenso alt ist.
Nachdem das Stadtarchiv durch Brände vom 14. bis 18. Jahrhundert mehrmals vernichtet wurde und im 16. Jahrhundert ausgelagerte Archivmaterialien heute als verschollen gelten, ist der Chronist in Bezug auf die frühere Stadtgeschichte auf Vermutungen angewiesen.

Möglicherweise besteht ein Zusammenhang zur Hanse, der Gransee der Überlieferung nach angehörte, denn sein Wappen hat deutliche Ähnlichkeit mit dem der Hansestadt Hamburg, beim dem das Tor jedoch geschlossen ist.
(Quelle: Stadtverwaltung)

Wirtschaftsstruktur

Aufgrund der starken landwirtschaftlichen Prägung der gesamten Gegend spielte in der Geschichte und in den letzten Jahren die Industrie nur eine untergeordnete Rolle. Und die wenigen Betriebe, die hier ansässig waren, gingen mit den Verhältnissen nach der Wende ein. Nun müssen das Handwerk und kleinere Firmen erst wieder erweckt oder neu gegründet und stabilisiert werden. Einige zaghafte Anfänge sind gemacht. Diese gilt es auszubauen. Hervorzuheben ist hier SÄBU GmbH Gransee i.G. mit den ca. 100 neugeschaffenen Arbeitsplätzen, die unsere Region dringend benötigt. Außerdem will das Verwaltungsamt Arbeitsplätze durch den Tourismus schaffen.

Unser schöne und naturverbundene Landschaft muß möglichst vielen Erholungssuchenden zugänglich gemacht werden. Eine Voraussetzung dafür sind der geplante Hotelneubau in Gransee und die privaten Zimmervermietungen in unseren typischen Urlauberorten.

Für die umliegenden Gemeinden ist Gransee mit seinen Banken und Sparkassen das Einkaufs- und Geschäftszentrum. Außerdem befindet sich hier ein Bahnhof der elektrifizierten

Pulverturm mit Stadtmauer   Foto: Stadtverwaltung

Hauptstrecke Berlin - Stralsund, und die Bundesstraße 96 durchläuft Gransee. Ebenso die Verbindungsstraße zwischen Zehdenick und Neuruppin bzw. Rheinsberg.
(Quelle: Stadtverwaltung)

Sehenswürdigkeiten Ausflugsziele

Die monumentalste Sehenswürdigkeit von Gransee ist die Pfarrkirche St. Marien, größter mittelalterlicher Bau aus der Spätgotik. Entstanden ist er in mehreren Bauetappen von 1285 bis 1520 mit vielen Eigenheiten. So z.B.: die Pfeiler und Gewölbe, die mit Ornamenten eines Lilienmotivs versehen sind oder die Kirchtürme. Einer völlig massiv aus Stein und der andere aus Holz. Ebenso finden Sie zwei Altäre in der Kirche. Der eine ein Christusaltar, anno 1470 und ein Altar aus der Reformationszeit, aus dem Franziskanerkloster stammend. Nicht zu vergessen die Passions- und Festkaseln der St. Marienkirche aus der Vorreformationszeit. Ein besonderes Glanzstück ist die aus dem Jahre 1744 stammende sehr alte Orgel des Orgelbaumeisters Joachim Wagner. Ab Karfreitag bis Weihnachten können Sie jeden Sonntag ihren Klängen lauschen oder während der Konzerte im Juli/August zu den jährlichen Sommermusiken. Wesentlich öfter können Sie die Klänge der Glocken hören. Das schöne Geläut ist ein Werk Jakobis und die Glockeninschrift bezieht sich auf den großen Brand von 1711. Während der Sommermonate finden in der Kirche regelmäßige Führungen statt.

Neben der Kirche sind noch die Reste des Franziskaner-Mönchklosters hervorzuheben, dessen Bau 1280 begonnen wurde. Im Jahre 1541 verkaufte der Kurfürst Joachim II. das Kloster an die Stadt Gransee. Die Klosterkirche brannte 1604 nieder. 100 Jahre standen die Ruinen ohne Wiederaufbau. Bei dem großen Stadtbrand 1711 fielen auch das westliche Klausurgebäude und der Kreuzgang bis zum Ostflügel den Flammen zum Opfer. Die Reste wurden später als Schulgebäude genutzt, wobei einige bauliche Veränderungen zum Nachteil der ursprünglichen Architektur vorgenommen wurden. Was Sie heute noch sehen können, liebe Besucher, ist der Ostflügel der ehemaligen Klosteranlage.
In der Stadtmitte finden Sie das Luisendenkmal. Auf dem Luisenplatz, jetzt Schinkelplatz, stand in der Nacht vom 25. zum 26. Juli 1810 der Leichnam der Königin Luise, als sie mit einem Trauerzug von Hohenzieritz nach Charlottenburg gebracht wurde. Die Granseer Bürger sowie die der Grafschaft Ruppin baten zur Erinnerung an dieses Ereignis, ein Denkmal errichten zu dürfen. Dafür wurde soviel Geld gespendet, daß nach Entwürfen von Karl-Friedrich Schinkel 1811 dieses einzigartige Denkmal in der Königlichen Eisengießerei zu Berlin gegossen werden konnte. Eingeweiht wurde es noch im gleichen Jahr im Beisein Friedrich-Wilhelms, dem Sohne der verstorbenen Königin. Außer den beschriebenen Bauten können Sie in der Haupt- und Geschäftsstraße von Gransee auch sehr schöne, gut erhaltene Wohnhäuser aus dem 18. Jahrhundert bewundern.

Verlassen Sie die Rudolf-Breitscheid-Str. und wenden Sie sich den Neben- und Parallelstraßen zu, findet der Betrachter die typischen Häuser einer kleinen Ackerbürgerstadt. Seit der Jahrhundertwende gibt es in und um Gransee Traditionen zum berlinorientierten Obstanbau.
Gransee hatte auch ein Hauptzollamt. 1837 wurde die Stadt durch den Bau der „Provinzialchaussee" Berlin-Stralsund dem weiteren Verkehr erschlossen. Von großer Bedeutung war der 1877 vollzogene Bahnanschluß. Gransee wurde Station der Nordbahn. Noch heute gibt es hier einen Personen- und Güterbahnhof. So können Sie Gransee bequem per Bahn erreichen. Jeder Besucher, der Gransee über die Oranienburger Straße verlassen will, entdeckt den gepflegten Sportplatz. Hier wird neben Fußball auch ganz aktiv Tennis gespielt und eine flotte Kugel geschoben. Auch Sie sind herzlich eingeladen und zum Mit-

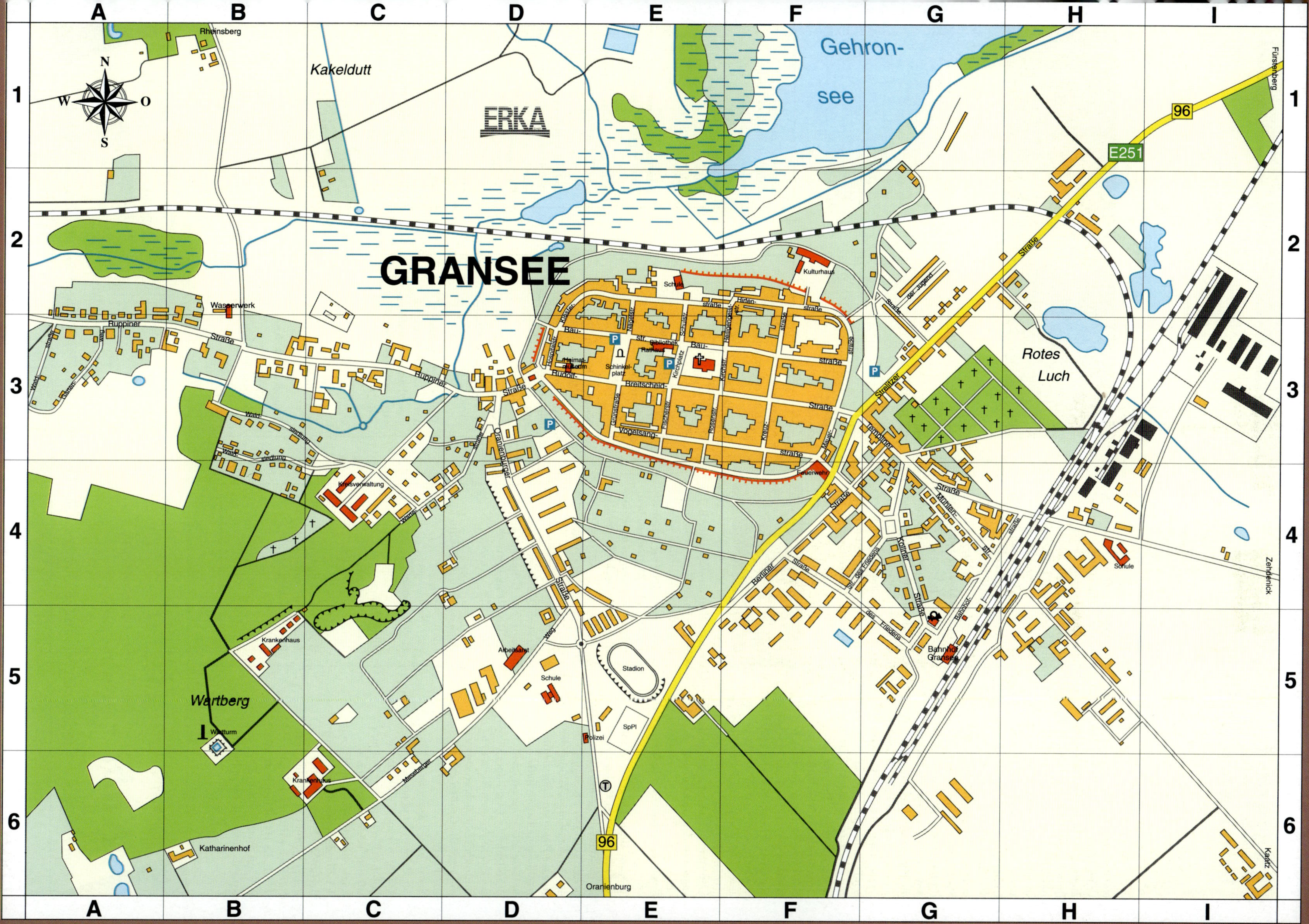
GRANSEE
ERKA
Gehron-
see
Kakeldutt
Rheinsberg
Fürstenberg
Zehdenick
Kaatz
Oranienburg
Rotes
Luch
Wartberg
Warturm
Katharinenhof
Krankenhaus
Kreisverwaltung
Wasserwerk
Kulturhaus
Schule
Feuerwehr
Stadion
SpPl
Polizei
Arbeitsamt
Bahnhof
Gransee
Ruppiner
Straße
Oranienburger
Straße
Strelitzer
Straße
Berliner
Straße
Straße
des Friedens
Mühlen-
Straße
Kölner
Straße
Rudolf-
Breitscheid-
Straße
Vogelsang
Schinkel-
platz
Kirchplatz
Bau-
Kreuz-
Straße
Straße
96
E251
N
S
W
O
A
B
C
D
E
F
G
H
I
1
2
3
4
5
6

machen aufgefordert.
Unmittelbar vor den Toren der Stadt in Richtung Krankenhaus finden Sie den Stadtwald. Spaziergänger, die eine kurze Wegstrecke bevorzugen, laufen bis zur Warte, einem Turm, der früher zu der Befestigungsanlage der Stadt gehörte. Von hier aus hielt in der Raubritterzeit ein Stadtwächter Ausschau nach Raubrittern und Strauchdieben. Auf sein Hornsignal flüchteten die Hirten mit ihren Herden sowie die auf den Feldern arbeitenden Bauern hinter die schützende Stadtmauer. Nicht weit von der Warte entdecken Sie das Kriegerdenkmal. Die Bürger Gransees haben sich auferlegt, zu Ehren der Opfer des Ersten Weltkrieges das Denkmal in seiner alten Schönheit wieder erstehen zu lassen. Sind sie als Wanderer etwas besser zu Fuß, können Sie gleich durch den Wald weiterlaufen und gelangen zu den angrenzenden Gemeinden.

Erholungsgebiet Stechlinsee

Diese Region liegt ca. 80 km nördlich von Berlin zwischen Rheinsberg und Fürstenberg/Havel. Der Stechlinsee und die ihn umgebenen Wälder der Menzer Heide sind das größte geschlossene Landschafts- und Naturschutzgebiet im Land Brandenburg. Es gehört zur südmecklenburgischen Kleinseenlandschaft, die sich an die mecklenburgische Großseenplatte anschließt.
Neuglobsow, als zentraler Ort der Region, ist über die B 96, Abfahrt Gransee - 20 km und Abfahrt Fürstenberg - 10 km, mit dem PKW zu erreichen. Auch eine bequeme Anreise mit der Bundesbahn, Hauptstrecke Berlin-Stralsund, ist über Fürstenberg und Gransee möglich. Nördlich wird unser Gebiet durch die Havel begrenzt, die sich mit Steinförde und Fürstenberg als gute Ausgangspunkte zur Erkundung unserer Region anbieten. Neuglobsow ist seit der Jahrhundertwende als traditionsreicher Urlaubsort überregional bekannt und bei Kennern durch den Pilz- und Fischreichtum sowie der Ruhe und dem überaus klaren Wasser des Stechlinsees beliebt.
Im Ort gibt es Pensionen mit gemütlichen Landgaststätten und vielen privaten Vermietern, zwei bewachte Parkplätze, ein Informationsbüro mit Zimmervermittlung, einen Bootsverleih, einen Strandservice und ca. 100 km gut ausgeschilderte Wanderwege.
(Quelle: Stadtverwaltung)

Verkehrsanbindungen

Gransee liegt direkt an der B 96/E251. Über die bei Löwenberg kreuzende B 167 ist Gransee auch bequem über die Autobahnen A 11 und A 24 zu erreichen. Per Bahn gelangt man über die Schnellstraße Berlin-Rostock in die Stadt.
(Quelle: Stadtverwaltung)

Museen, Galerien, Theater
Stadt- und Heimatmuseum,
R.- Breitscheid-Str. 44,
Tel. 23 25/6

Heimatstube, „Glashüttengeschichte“,
1431 Neuglobsow,
Stechlinstraße 9

Bibliotheken
Stadtbibliothek,
Baustr. 56, Tel. 23 25/6

Banken und Sparkassen
Sparkasse Gransee,
R.-Breitscheid-Str. 26,
Tel. 23 43

Straßenverzeichnis der Stadt Gransee

Baustr.	D3 - F3
Bahnhofstr.	G5 - H4
Berliner Str.	F4
Fischerstr.	E3
Gartenweg	A3
Grünstr.	E3
Heiligengeiststr.	F2 - F3
Hirtenstr.	F2
Hospitalstr.	D3
Kirchplatz	E3
Kirchstr.	E3 - F3
Klosterstr.	D3 - E2
Koliner Str.	G4 - G5
Kreuzstr.	F2 - F3
Mauerstr.	F3
Meseberger Weg	C6 - D5
Mühlenstr.	G4
Nagelstr.	E2 - E3
Oranienburger Str.	D3 - D4
Rosenstr.	E3
R.-Breitscheid-Str.	D3 - F3
Ruppiner Str.	A3 - D3
Schinkelplatz	E3
Schulstr.	E2 - E3
Straße der Jugend	G2 - G3
Straße des Friedens	F4 - G5
Strelitzer Str.	G3 - H2
Templiner Str.	G3 - H4
Vogelsangstr.	E3 - F3
Waldsiedlung	B3 - C4
Waldstr.	A3
Wartestr.	C4 - D3

Raiffeisenbank Gransee,
Oranienburger Str. 63

Volksbank Zehdenick,
R.-Breitscheid-Str. 15,
Tel. 24 40

Ämter/ Beratungsstellen
Stadtverwaltung,
Baustr. 56,
Tel. 23 25/6

Krankenhäuser/ Apotheken
Krankenhaus,
Meseberger Weg 13,
Tel. 23 28

Adler-Apotheke,
R.-Breitscheid-Str. 58,
Tel. 22 75

Bäder, Sport- und Freizeiteinrichtungen
Sporthallenvermittlung,
Oranienburger Str. 35,
Tel. 26 44

Freibad „Stechlinsee“,
1431 Neuglobsow,
Stechlinseestr.

Fremdenverkehrseinrichtungen
Touristik-Verband des Kreises Gransee e.V.,
Bahnhofsstr./Ecke Schützenstr., Tel. 22 54

Informationsbüro
Bredereiche,
Tel. 033087/ 313

Informationsbüro
Himmelpfort, Tel. 2 24

Informationsbüro Neuglobsow, Tel. 033081/ 202

Hotels/ Pensionen
- Gasthof „Gesellschaftshaus“,
Ruppiner Str. 60,
Tel. 22 74

- Hotel „Lindenhof“,
Templiner Str. 29,
Tel. 25 24

-Pension "Brandenburg"
Stechlinseestr. 11,
Neuglobsow
Tel. 210

-Haus "Stechlin"
Neuglobsow
Tel. 230

GUBEN

Aus der Stadtgeschichte

Guben zählt zu den ältesten Städten der Niederlausitz. Der Name läßt sich vom altslawischen "Guba" - Mündung eines Gewässers - ableiten und bezieht sich wohl auf die Mündung des Flüßchens Lubst in die Neiße, in deren unmittelbarer Nähe die Ansiedlung entstand. Die Stadt teilte das wechselvolle Schicksal der Niederlausitz, die bis 1815 immer ein relativ selbständiges Nebenland großer Feudalgewalten war. Bis 1304 zum Markgrafentum Meißen gehörend, zwischenzeitlich unter der Herrschaft der brandenburgischen Askanier und der bayrischen Wittelsbacher stehend, kam Guben 1367/70 zum Königreich Böhmen, 1620/23 zu Sachsen, um dann 1815 schließlich preußische Kreisstadt zu werden.

Eine Urkunde des Markgrafen Heinrich der Erlauchte von Meißen aus dem Geschlecht der Wettiner von 01.Juni 1235 verbriefte Guben das Stadtrecht nach. Als Brücken- und Marktort sowie Salzhandelsstation und Kreuzpunkt wichtiger Handelsstraßen existierte die Ansiedlung schon vor 1235. 1211 ist das Jahr der urkundlichen Erwähnung. Die angenehme wald- und wasserreiche Umgebung, ihre Einbettung zwischen den Neißebergen und den Kal-

GUBEN

PLZ 03172
Vorwahl 03561

Kfz.-Kennz.: GUB

Einwohner Stadt: 30.500

Fläche Stadtgebiet: 32,5 qkm

tenborner Bergen, deren Hänge seit altersher zum Wein- und Obstanbau genutzt wurden, verliehen der Stadt einen bestimmten Reiz und ließen sie ausgangs des 19. Jahrhunderts zu einem beliebten Ausflugsziel werden. Zur jährlichen Baumblüte zog es

Panorama Foto: Fa. Werner, Guben

tausende Ausflügler hierher. Erstmals 1909 brachte ein Sonderzug Gäste aus Berlin nach Guben. Berühmt waren die Gubener Gartenlokale und der Gubener Apfelwein, welcher übrigens neben den Tuchen und Hüten zu den Exportartikeln der Stadt gehörte.

Östlich der Neiße bildete sich das mittelalterliche Stadtbild heraus, dessen Anlage bis zur Zerstörung 1945 vorhanden war. Im Mittelpunkt stand die mächtige, aber schmucklose spätgotische Hallenkirche von 1555, die heute in der polnischen Nachbarstadt Gubin als Ruine zu sehen ist. Hier befand sich auch das im Stile der Spätrenaissance in den Jahren 1770/71 umgebaute Rathaus, das, 1945 vollständig niedergebrannt, im Jahr 1986 im historischen Gewand neu erstand.

Blick zum Industriegebiet-Süd Foto: Fa. Werner, Guben

Das Tuchmacherhandwerk erlangte schon im Mittelalter überörtliche Bedeutung. Im Verlaufe der industriellen Revolution im 19. Jahrhundert wurde Guben ein bedeutender Standort der Niederlausitzer Textilindustrie. Bekannter noch als die Tuchindustrie ist die Gubener Hutindustrie. Hier wurde gleichlaufend mit ähnlichen Entwicklungen in Frankreich und England der wasserfeste Wollfilzhut entwickelt. Noch bis in die 50er Jahre war die Hutindustrie der wichtigste Industriezweig der Stadt. Erst ab Mitte der 60er Jahre wurde ihr durch den Aufbau des damaligen Chemiefaserkombinats der Rang abgelaufen. (Quelle: Landratsamt)

Wirtschafts-struktur

Maschinenbau und Landwirtschaft prägen das Gesicht dieser Region. Für die traditionelle Hut- und Tuchindustrie wird noch nach Alternativen gesucht.
Im Zuge der Umstrukturierung haben sich auch viele kleine Gewerbe angesiedelt. Konzipierte Gewerbegebiete gibt es in Guben/Deulowitz, Guben/Süd und am Regionalflugplatz Brandenburg-Süd in Jänschwalde/Drewitz. Kooperative Arbeit bei der Vermittlung und Beratung einheimischer Unternehmen und neu anzusiedelnder Wirtschaftseinheiten leisten gegründete Wirtschaftsförderungsgesellschaften.
(Quelle: Landratsamt)

Sehenswürdigkeiten Ausflugsziele

Die Lausitzer Landschaft in der Region Guben ist wunderschön. Wälder und Seen, Heidegebiete und Hochmoore wechseln in bunter Folge. Sie ist eine der waldreichsten Südbrandenburgs. Wildtiere wie Kraniche, Störche, Rehe, Milane, aber auch Füchse und Luchse kommen nicht selten vor.

Die Neiße ist hier in Guben nicht nur Grenzfluß zwischen Deutschland und Polen. Vielmehr wurde sie zu einem Wahrzeichen einer „geteilten Stadt". Das blaue Band mit seinen Ufern und Wiesen trennt und verbindet zwei Städte und zwei Länder inmitten Europas. Diese Faszination findet an der deutsch-polnischen Grenze nicht ihresgleichen.

Sehenswürdigkeiten
- Die evangelisch-lutherische Kirche in der Berliner Straße mit vielen kleinen Giebeln und Fenstern.
- Am Standort der Klosterkirche (Kirchstraße) - einem nüchternen, neugotischen Bauwerk - befindet sich der Ursprung einer der ältesten Städte der Niederlausitz.
- Wahrzeichen Gubins - die Ruine der Stadtkirche aus dem 15. Jahrhundert.
- Bodendenkmal: Hügelgräberfeld bei Horno, über 1500 Jahre alt, aus germanischer Zeit.
- Ehemalige Herrensitze: Gutshäuser und Gehöfte in den Gemeinden Lübbinchen, Bärenklau, Sembten.
- Heidedorf Reicherskreuz
- Wagenburg Groß Drewitz
- Kaltenborner Berge
- Seen zum Baden und Träumen: Pinnower See, Deulowitzer See, Schenkendöberner See, Großsee, Kleinsee, Pastlingsee, Göhlensee
- Tausendjährige Eiche bei Bärenklau.

(Quelle: Landratsamt)

Verkehrs-anbindungen

Durch Guben führen die Bundesstraßen 97 und 112. Sie bilden die Anbindungen an die Bundesautobahnen A 12 und A 15. Guben hat einen für den Fernverkehr wichtigen Straßen-Grenzübergang. Per Bahn ist Guben über Cottbus und Frank-

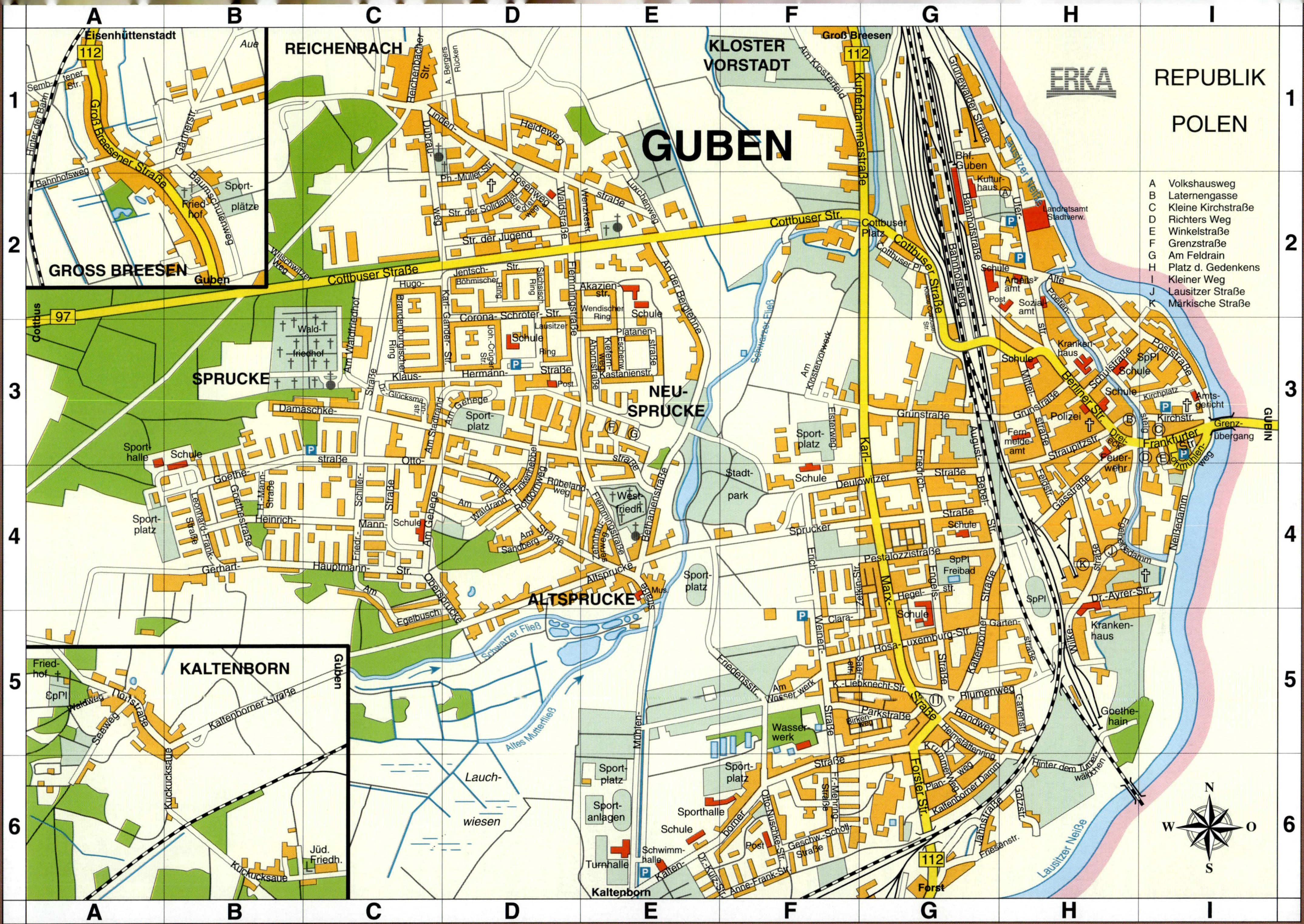
GUBEN
REPUBLIK
POLEN
ERKA
A Volkshausweg
B Laternengasse
C Kleine Kirchstraße
D Richters Weg
E Winkelstraße
F Grenzstraße
G Am Feldrain
H Platz d. Gedenkens
I Kleiner Weg
J Lausitzer Straße
K Märkische Straße
REICHENBACH
KLOSTER VORSTADT
SPRUCKE
NEU-SPRUCKE
ALTSPRUCKE
GROSS BREESEN
KALTENBORN
Eisenhüttenstadt
Groß Breesen
Cottbus
Forst
GUBIN
Kaltenborn
Guben
Lausitzer Neiße
Schwarzer Fließ
Altes Mutterfließ
Lauch-
wiesen
Stadt-
park
Cottbuser Straße
Cottbuser Str.
Kupferhammerstraße
Karl-Marx-Straße
Forster Str.
Berliner Str.
Frankfurter Str.
Bahnhofstraße
Grunewalder Straße
Neißedamm
Grenz-
übergang
Krankenhaus
Polizei
Landratsamt
Stadtverw.
Bhf. Guben
Wald-
friedhof
West-
friedh.
Wasser-
werk
Sporthalle
Turnhalle
Schwimm-
halle
Goethe-
hain
Groß Breesener Straße
Baumschulenweg
Kaltenborner Straße
Kuckucksaue
Jüd.
Friedh.

furt/Oder - Eisenhüttenstadt zu erreichen.
Auf dem Regionalflugplatz in Drewitz begann der Geschäfts- und Bedarfsflugverkehr.
(Quelle: Landratsamt)

Museen, Galerien, Theater
Vier Gemeinden mit sorbischen Einwohnern
Stadt- und Kreismuseum „Sprucker Mühle“, Mühlenstr. 8,
Tel. 5 20 38

Bibliotheken
Stadtbibliothek, Uferstraße 22-24
Tel. 68 704 17
Klaus-Herrman-Straße 24,
Tel. 5 30 73

Banken und Sparkassen
Raiffeisenbank
Karl-Marx-Straße
Telefon: 24 99 / 4271
Sparkasse Guben/ Hauptstelle Uferstraße
Telefon 23 82
Deutsche Bank
Berliner Straße,
Tel. 26 77
Commerzbank
Kirchstraße,
Tel. 6 69 10
Dresdner Bank
Gasstraße,
Tel. 6 79 33

Ämter/Beratungsstellen
Landratsamt
Uferstraße 22-26
Tel. 68 70-0
Telefax: 20 85
Stadtverwaltung
Uferstraße 22-26
Tel.: 68 71-0

Krankenhäuser/ Apotheken
Gesundheitszentrum Obersprucke
Klaus-Herrmann-Straße 20
Medizinisches Zentrum
Forster Straße
DRK-Sozialstation/ Rettungswache/ Krankentransport
Forster Straße 12
Tel. 41 08
Rettungswache Tauer
Tel. 0591/2 30 43
Stadtapotheke
Berliner Straße 43/44
Alexander Tschirch Apotheke
Karl-Marx-Straße 52-54
Fuchsapotheke
Klaus-Herrmann-Straße 19
Apotheke im Medizinischen Zentrum
Forster Straße
Naemi-Wilke-Stift Haus I
Dr.-Ayrer-Straße 1-4
Tel. 42 11
Naemi-Wilke-Stift Haus II
Berliner Straße 13-16
Tel. 490

Bäder, Sport- und Freizeiteinrichtungen
Campingplätze, Tennisplätze, Minigolf, Wander- und Fahrradwege, Schwimmbad, Reiten, Angeln

Fremdenverkehrseinrichtungen
Tourist-Information
Fremdenverkehrsverein „Neißeland“ Guben“ e. V.

Straßenverzeichnis der Stadt Guben

Ahornstr.	E3
Akazienstr.	D2-E2
Alte Poststraße	G2-I3
Altsprucke	D5-D4
Am Berges Rücken	D1
Am Egelbusch	C4-C5
Am Feldrain	D3
Am Gehege	C4-D3
Am Klosterfeld	F1
Am Klostervorwerk	F3
Am Sandberg	D4
Am Stadtrand	C3-D3
Am Waldfriedhof	C2-C3
Am Waldrand	C4-D4
Am Wasserwerk	F5
An der Berglehne	E2-E3
Anne-Frank-Straße	F6
August-Bebel-Straße	G3-G4
Bahnhofsberg	G2-G3
Bahnhofstraße	G1-G3
Bahnhofsweg	A1-A2
Baumschulenweg	B2
Berliner Str.	H3
Bethanienstraße	E3-E4
Birkenweg	F5-G5
Blumenweg	G5-H5
Böhmischer Ring	D2
Brandenburgischer Ring	C2-C3
Clara-Zetkin-Straße	F4-F5
Corona-Schröter-Str	D2-D3
Cottbuser Platz	G2
Cottbuser Straße	C2-G3
Damaschkestraße	B3-E4
Deulowitzer Straße	F4-G4
Dorfstr.	A5
Dr.-Ayrer-Straße	H4-I4
Dr.-Glücksmann-Str.	C3
Dr.-Külz-Straße	E6-F6
Dreieck	H3
Dubrauweg	C1-D2
Egelneißedamm	H3-I4
Elsterweg	F3
Erich-Weinert-Straße	F4-F5
Feldstraße	H4
Finkenhebbel	D3-D4
Flemmingstraße	D2-E4
Forster Straße	G6
Frankfurter Str.	I3
Franz-Mehring-Straße	F6
Friedensstraße	E5-F5
Friedrich-Engels-Straße	G3-G5
Friedrich-Schiller-Straße	C2-C4
Friesenstraße	G6-H6
Gartenstraße	G5-H5
Gärtnerstr.	A1-B1
Gasstraße	H3-H4
Gerhart-Hauptmann-Straße	B4-C4
Geschwister-Scholl-Straße	F6
Goethestraße	B4-C3
Götzstraße	H6
Grenzstraße	E3
Groß Breesener Str.	A1-B2
Grunewalder Straße	G1
Grünstraße	G3-H6
Hegelstraße	G4
Heideweg	D1
Heimstättenring	G5-G6
Heinrich-Mann-Straße	B4-C4
Hinter dem Turnerwäldchen	H5-H6
Hinter der Bahn	A1
Hugo-Jentsch-Str.	C2-D2
Jahnstraße	G6-H6
Johann-Crüger-Str.	D3
Kaltenborner Damm	G6
Kaltenborner Straße	B5-C5/E6-G4
Karl-Gander-Str.	D2-E3
Karl-Liebknecht-Straße	F5-G5
Karl-Marx-Straße	G2-G5
Kastanienstr.	E3
Kiefernweg	E3
Kirchplatz	I3
Kirchstraße	I3
Klaus-Hermann-Str.	C3-D3
Kleine Cottbuser Str.	G2-G3
Kleine Kirchstraße	I3
Kleiner Weg	G5
Krummer Weg	G5-G6
Kuckucksaue	B5-C6
Kuperhammerstraße	F1-G2
Laternengasse	H3
Lausitzer Ring	D2-D3
Lausitzer Straße	H4
Leonhard-Frank-Straße	B4
Lindenstraße	C1-E2
Lohmühlenweg	I3
Luxchenweg	E2
Märkische Straße	H4
Mittelstraße	H3
Mühlenstraße	E4-E6
Neißedamm	I4
Obersprucke	C4-D5
Otto-Nuschke-Straße	F6
Otto-Thiele-Straße	C3-E4
Parkstraße	F5-G5
Pestalozzistraße	F4-G4
Philipp-Müller-Straße	C2-D1
Planweg	G6
Platanenstr.	E3
Platz des Gedenkens	G5
Poetensteig	H2-I3
Randweg	G5-H5
Reichenbacher Straße	C1
Richters Weg	I3-I4
Rosa-Luxemburg-Straße	F5-G5
Rosenweg	D1-D2
Rotdornweg	D3-D4
Rübelandweg	D4
Saarstr.	F5-G5
Sächsischer Ring	D2
Schulstraße	H3
Seeweg	A5-A6
Sembtener Str.	A1
Siedlerweg	D2
Sprucker Straße	E4-G4
Straße der Jugend	D2
Straße der Solidarität	D2
Straupitzstraße	H3-H4
Uferstraße	H2-H3
Vokshausweg	G2-H2
Waldstraße	D2
Waldweg	A5
Wendischer Ring	E2-E3
Wenzkestraße	D2-E2
Wilkestraße	H3-H5
Wilschwitzer Weg	B2-C2
Winkelstraße	I3-I4
Zehnhäuserweg	E4

Berliner Straße 26/27,
Tel. 38 67

Hotels/Pensionen
- Hotel „Panorama“
Fr.-Schiller-Str. 14,
Tel. 557-0

HERZBERG

Aus der Stadtgeschichte

Fast die gesamte Oberfläche der Region wurde im Eiszeitalter (Pleistozän) gebildet. Einige Funde belegen, daß es bereits vor der Stadtgründung 1184 slawische und germanische Siedlungen in unserer Umgebung gab. Mit der Errichtung einer Münze(1254) erhielt Herzberg das Stadtrecht und wurde Residenz des Grafen von Brehna. Der schreitende Hirsch auf einem Dreiberg wurde zum Wappentier der Stadt. Die Gründung des Augustiner-Barfüßerklosters und des Nonnenklosters (um 1200) sowie der Bau der berühmten Nikolaikirche (heute St. Marien) machten die Stadt zum Mittelpunkt des Kirchenlebens im Elstergebiet. Man sollte es auf keinen Fall versäumen, das Wahrzeichen Herzbergs, die Marienkirche, zu besichtigen. In der dreischiffigen spätgotischen Backsteinhalle ist besonders der umfangreiche mittelalterliche Gemäldezyklus in den Feldern des Netz- und Sterngewölbes sehenswert. Bereits 1522 wurde hier der protestantische, deutschsprachige Gottesdienst eingeführt.

Durch seine günstige geographische Lage wurde Herzberg schnell zum Marktort erster Ordnung. 1467 erhielt die Stadt ein Privilegium über den „Salzmarkt". Ein zweiter Markt, „Fastenmarkt", wurde 1495 genehmigt. Tuchhandel, Landwirtschaft, Fischerei sowie Handel und Gewerbe zählen zu den ältesten Gewerben der Stadt. Fleischer, Bäcker, Schuhmacher, das Brauereigewerbe, die Weinkellerei u.v.m. kamen in den Jahrhunderten hinzu.

Während der Zeit der Reformation wurde Herzberg zum Ausgangsort bahnbrechender Gedanken bedeutender Lehrer wie Philipp Melanchton, Martin Luther und Johannes Clajus.

Die historische Bedeutung Philipp Melanchtons besteht vor allem in seiner umfassenden, humanistischen, pädagogischen und organisatorischen Tätigkeit auf dem Gebiet des Schulwesens. Er entwickelte eine Schulordnung für die Herzberger Lateinschule, die als Modell in ganz Deutschland Verbreitung fand. 1535 wurde in Herzberg Johannes Clajus d.Ä., der Verfasser des Buches „Grammatik für die deutsche Sprache", geboren. Die meisten Besucher des 1618 im Renaissancestil erbauten Rathaus ahnen nicht, daß es auf den Fundamenten eines Klosters errichtet wurde. Als bekannte „Kurstadt" diente Herzberg als Zufluchtsort vor der Pest und anderen Seuchen. So wurde die Wittenberger Universität am 17.04.1506 zeitweilig in unsere Stadt verlegt. Davon zeugt heute noch der Herzberger „Wunderstein", ein Geschenk der Wittenberger Studenten und Professoren.

HERZBERG

PLZ 04916
Vorwahl 03535

Kfz.-Kennz.: HZ

Einwohner Stadt: 9.602

Fläche Stadtgebiet: 43,29 qkm

Beim Festumzug zur 800-Jahrfeier der Gründung der Stadt Herzberg (1984) wurde auch an die Gründungssage erinnert.
Albrecht der Bär, Markgraf von Brandenburg und Herzog von Sachsen, soll vier Reitstunden von seinem Jagdschloß entfernt, im Elstertal einen stattlichen Hirsch erlegt haben.
An dieser Stelle befahl er eine Stadt zu bauen und gab ihr den Namen „Hirzberg" („Hirz" hieß damals Hirsch).
„Hochradfahrer" aus dem 19. Jahrhundert erinnern im Festzug an den ständigen Wechsel der „Fortbewegungsmaschinen" im Laufe der Geschichte.

St. Marienkirche Foto: Stadtverwaltung

Am Eingang der Schliebener Vorstadt erinnert ein Denkmal aus eiszeitlichen Findlingen an de Meisterschuß des Herzberger Bürgers Andreas Bolde, der 1631 den schwedischen Obristen Hans von Götze beim Durchqueren der Schwarzen Elster tödlich verwundete und so die Stadt vor Brandschatzung und Plünderung bewahrte.
Am Eingang zum „Kurbad" (Badergasse) weist der Herzberger „Wunderstein" auf den Aufenthalt der Professoren und Studenten der Universität Wittenberg im Jahre 1506 in Herzberg hin, die von der Pest in Wittenberg Schutz in der pestsicheren Wasserfestung Herzberg suchten und hier ihrer Lehr- und Lerntätigkeit nachgingen.

Schon im 15. Jahrhundert gab es in Herzberg drei Schützengesellschaften, die damals als militärische Organisation für die Verteidigung der Heimatstadt zuständig waren. Nach dem 2. Weltkrieg löste sich die Schützengilde auf, sie wurde nach der Wende neu gegründet. Sie leistet heute einen wichtigen Beitrag zur kulturellen Neuentwicklung, pflegt alte Traditionen und knüpfte freundschaftliche Beziehungen zur Schützenvereinigung in der hessischen Partnerstadt Büdingen an.
Handwerkerzünfte und Handwerkerinnungen haben in den vergangenen Jahrhunderten

Markttag Foto: Stadtverwaltung

maßgeblich die Stadtentwicklung mitbestimmt. Noch am Ende des 19. Jahrhunderts war Herzberg eine „Schuhmacherstadt". Erst nach der Einführung der maschinellen Produktion kam das Schuhmacherhandwerk zum Erliegen.

Als Brückenstadt und Siedlung an einer wichtigen Straßenkreuzung war Herzberg in vergangen Jahrhunderten ein wichtiger Marktort. Salzmärkte, Fastenmärkte und Viehmärkte machten die Stadt zum wirtschaftlichen Anziehungspunkt. Heute säumen wieder viele Verkaufsstände (am Donnerstag und Sonnabend) den Marktplatz und die Torgauer Straße bis zum Postamt. Das bunte Markttreiben zieht Einwohner der Stadt und aus der Umgebung sowie viele Besucher unsrer Stadt in seinen Bann.
Schon 1254 gab es eine „Burggräfliche Münze" in Herzberg. Die Münzprägung „von Hand" wurde während der 800-Jahr-Feier noch einmal demonstriert.
(Quelle: Stadtverwaltung)

Wirtschafts-struktur

Der in Herzberg zur Zeit überwiegende wirtschaftliche Bereich ist Bau, Handel und Gewerbe.
Gegenwärtig entsteht in Herzberg ein Gewerbegebiet. Die ersten 4 Unternehmer werden in diesem Jahr ihren Betrieb aufnehmen.

Seit der Wende sind zahlreiche neue Handwerksbetriebe und Dienstleitungsbetrieb entstanden. Zu den alteingessenen Handwerksbetrieben gehört unter anderem auch ein Steinmetzbetrieb.

Schon in der dritten Generation wird hier das Schlosserhandwerk für den Bedarf der Bevölkerung ausgeübt. Das schöne Handwerkszeichen befindet sich in der Gasse gegenüber der Schanze.
Seit altersher ist Herzberg als Schulstadt bekannt geworden. Heute verfügt die Stadt neben dem Gymnasium, einer Grundschule, Förderschule, Realschule und einer Berufsbildenen Schule auch über eine Sternwarte, die nicht nur von der Schuljugend, sondern auch von allen anderen Bürgern der Stadt und ihren Besuchern genutzt werden kann.
(Quelle: Stadtverwaltung)

Sehens-würdigkeiten Ausflugsziele

St. Marien Kirche,
erbaut von 1377 -1430, ein spätgotischer Backsteinbau, dreischiffig, mit Gewölbemalerei und Fresken aus dem 15. Jahrhundert.

Rathaus
Wurde 1616 auf den Fundamenten eines Klosters erbaut, umgebaut im Jahre 1849 als Renaissancebau.

Büste Philipp Melanchtons, befindet sich an der alten Herzberger Lateinschule, die heute das Gymnasium beherbergt

Herzberger Wunderstein am Kurbad
Dieser Wunderstein wurde von Wittenberger Studenten im Jahre 1506 aus Dankbarkeit an die Herzberger Bürger gestiftet. Der Stein trägt die Inschrift: „Wer drymal diesen Stein umwallt, wird ueber 100 Jahre alt."

Gedenktafel. Magister Johannes Clajus d.Ä..
Befindet sich in der Magisterstraße, an der „Wolfsschlucht".

Die mittelalterliche Altstadt der Elsterstadt bietet dem Besucher neben historischen Gebäuden auch einzelne Gassen und Straßen mit dem typischen

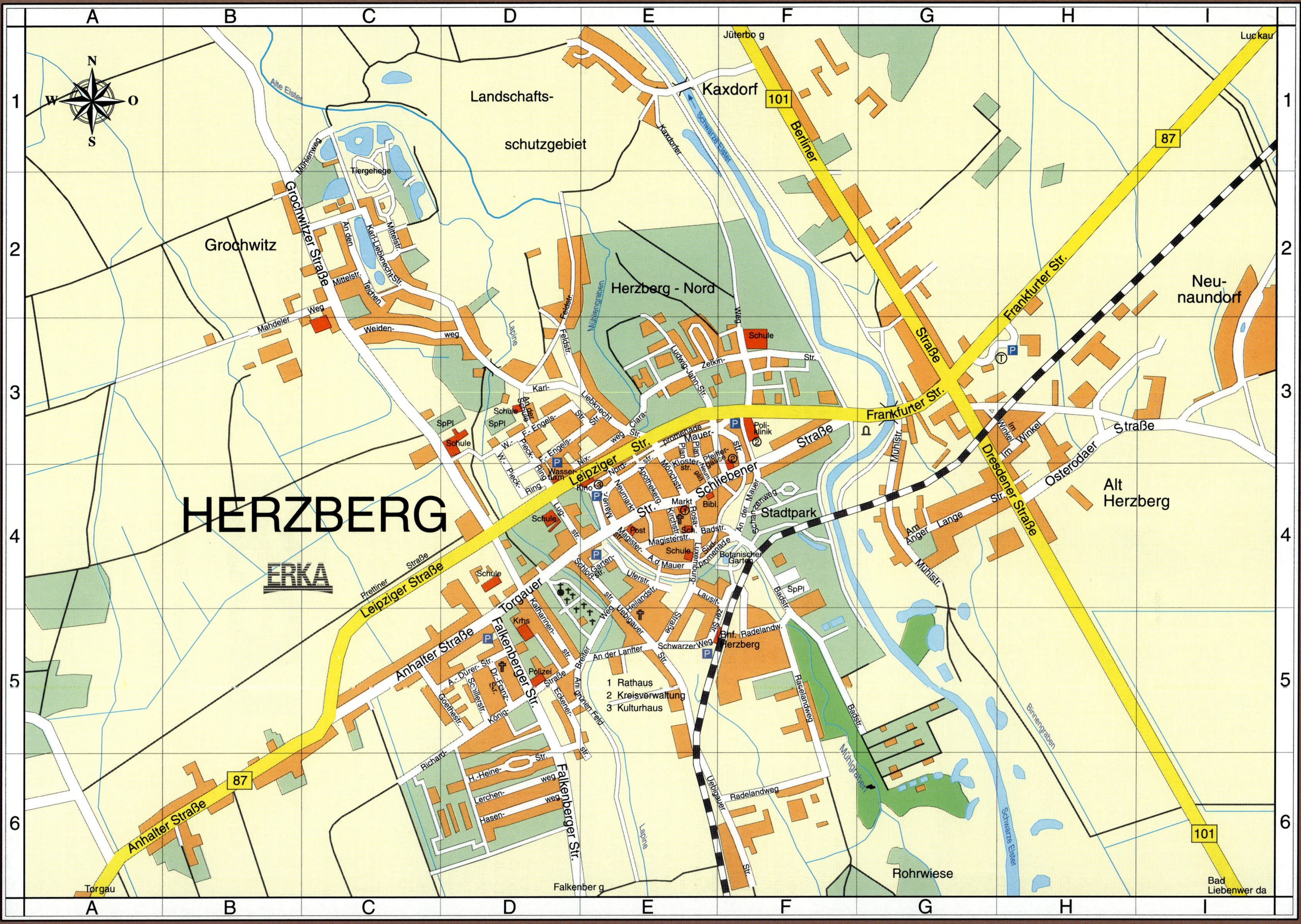

HERZBERG
ERKA
Kaxdorf
Landschafts-
schutzgebiet
Grochwitz
Herzberg - Nord
Neu-
naundorf
Alt
Herzberg
Stadtpark
Rohrwiese
Berliner Straße
Frankfurter Str.
Dresdener Straße
Leipziger Str.
Leipziger Straße
Anhalter Straße
Torgauer
Falkenberger Str.
Grochwitzer Straße
Schliebener Straße
Osterodaer Straße
Prettiner Straße
Mühlenweg
Tiergehege
Mahdeler Weg
Weiden-weg
Feldstr.
Schule
Poli-klinik
Post
Bibl.
Markt
Krhs
Polizei
SpPl
Bhf. Herzberg
Botanischer Garten
Schwarze Elster
Alte Elster
Mühlgraben
Binnengraben
Lapine
1 Rathaus
2 Kreisverwaltung
3 Kulturhaus
87
101
Jüterbog
Luckau
Torgau
Falkenberg
Bad Liebenwerda

Ph.-Melanchton-Büste Foto: Stadtverwaltung

Kopfsteinpflaster. Fachwerk, Lehmstakenbauweise und Laubengänge auf den Hinterhöfen erinnern uns an das Leben und die Bauweise vergangener Jahrhunderte.

Die Stadtkirche, deren Bau in zwei Etappen (1334 und 1411) beendet wurde. Der ursprüngliche Turm (Pfeilerturm) war reich verziert. Er wurde durch eine Feuersbrunst 1483 in Mitleidenschaft gezogen, stürzte 1494 ein, lag 67 Jahre wüst und wurde 1562 neu aufgebaut. Auch das Kirchenschiff trug im Mittelalter einen Turm, der bei einem Großbrand entfernt werden mußte.
Im Westteil der Stadtkirche befindet sich eine 1896 vom Sanitätsrat Dr. Franz gestiftete Eichholzorgel mit 2600 Pfeifen, drei Manuale und 47 klingende Stimmen. Sie wurde vom Orgelbaumeister Rühlemann (Zörbig) aufgestellt und kostete 23000 Mark. Die älteste Orgel der Kirche wird schon 1483 erwähnt.

Die „Katholische Kirche" („Fronleichnamskapelle Corpus Christi"), die 1927/28 an der Ecke Heilandstraße/Übigauer Straße erbaut wurde. Neben der evangelischen Stadtkirche und „Katholischen Kirche „ steht den Bürgern und Besuchern der Stadt auch noch die „Neuapostolische Kirche" in der Albrecht-Dürer-Straße, erbaut 1931, zur Verfügung. Die „St.-Katharinenkirche" auf dem Herzberger Friedhof wird schon 1411 als Begräbniskirche erwähnt.

Die gotische Hallenkirche St. Marien ist aus hartgebranntem großformatigen Backstein gemauert. Der Ostteil des Kirchenschiffes zeigt einen wendischen Mauerverband (Läufer/Binder) und der Westteil einen gotischen Verband (2 Läufer/1 Binder). Die Zahl und die Lage der Portale wurde im Laufe der Geschichte mehrmals verändert. Im Turm sorgen vier Glocke aus den Jahren 1350-1426 für ein harmonisches Geläut.

Das Rathaus mit seinem schönen Renaissance-Giebel. Seit der Wende werden am Turm und am Kirchenschiff der Stadtkirche umfangreiche Restaurierungsarbeiten durchgeführt. Die Turmkugel enthält die wertvollste Dokumenten- und Münzsammlung der Stadt.

In unmittelbarer Nähe des Stadtparks lädt ein besonderes Kleinod zum Besuch ein. Der kleine botanische Garten der Villa Marx ist um 1902 nach dem Vorbild des Botanischen Gartens Berlin-Dahlem gestaltet worden und weist viele Pflanzenraritäten (wie z.B. Sumpfzypressen, einen Ginkgo) auf.

Am Ende der Badergasse erhebt sich der rote Klinkerbau des „Städtischen Kurbades" (wie es seit 1907 genannt wurde). Ursprünglich kam das Moor für die Heilbäder aus der Kremitzsiedlung und aus dem Schliebener Becken. Heute bietet die Einrichtung medizinische Bäder aller Art, Massagen und eine Saunanutzung an. Als Heilschlamm wird Pelose verwendet. Zu den kulturellen Traditionen unserer Stadt gehört u. a. auch die bemerkenswerte Sportentwicklung in Vergangenheit und Gegenwart. Die Stadt verfügt über mehrere Turnhallen und Sportplätze, Kegelbahnen, einen Tennisplatz und ein Schwimmbad; Einrichtungen, die von Einwohnern und Besuchern gern genutzt werden.

In den Sommermonaten lockt das neue Sommerbad zwischen Radelandweg und Elsterdamm Alt und Jung zu einem erfrischenden Bad. Neben einem Planschbecken für die Kleinen, einem Schwimmer- und Nichtschwimmerbecken laden in unmittelbarer Nähe eine große Spiel- und Liegewiese, ein Tennisplatz und der Sportplatz mit seinen verschiedenen Einrichtungen zum Besuch ein.
Bei einer Wanderung auf dem Elsterdamm (vorbei an den Grundstauanlagen von Frauenhorst und Arnsnesta) erreicht man eine schöne Steinbrücke bei Arnsnesta. Im Dorf stehen schöne Fachwerkhäuser.
(Quelle: Stadtverwaltung)

Verkehrs-anbindungen

Herzberg liegt im Schnittpunkt der B 101 und B 87 (Frankfurt-Leipzig/Berlin-Dresden)

Bahnanschlüsse bestehen nach Falkenberg, Jüterbog/Berlin und Luckau/Beeskow
(Quelle: Stadtverwaltung)

Museen, Galerien, Theater
Kulturamt
L.-Jahn-Str. 2
Tel. 4 60

Bibliotheken
Stadtbibliothek
E.-Thälmann-Str. 89
Tel. 30 11

Straßenverzeichnis der Stadt Herzberg

Herzberger Gymnasium Stadtverwaltung

Banken und Sparkassen
Sparkasse Nordpromenade
Tel. 31 25

Dresdner Bank
Schliebener Str. 13
Tel. 31 13

Volksbank (Raiffeisenbank)
Torgauer Straße 7
Tel. 60 03

Ämter/ Beratungsstellen
Stadtverwaltung Markt 1
Tel. 51 03

Krankenhäuser/ Apotheken
Krankentransport Nixweg 1
Tel. 50 20

Krankenhaus
Anhalter Straße 1-7,
Tel. 40

„Adler Apotheke"
Torgauer Straße 76
Tel. 31 26

Schnelle Med. Hilfe,
Tel. 61 00

Caritas-Verband
Torgauer Straße 75

Bäder, Sport- und Freizeiteinrichtungen
Sportbund Badstr. 25
Tel. 36 72

Kurbad und Sauna
Badstr. 7
Tel. 34 07

Sportplatz
Badstr. 13
Tel. 33 62

Städt. Schwimmbad
Badstr. 15
Tel. 34 00

Fremdenverkehrs-einrichtungen
Fremdenverkehrsbüro
Schliebener Str. 7

Fremdenverkehrsbüro
Schliebener Str. 89

Hotels/Pensionen
- Fremdenverkehrsbüro
Schliebener Str. 89

- Jugendzentrum
Groschwitzer Str. 67
Tel. 34 55

- Hotel "Zum heiteren Blick", Dresdener Str. 1
Tel. 31 85

- Hotel "Am Stadtbahnhof"
Rosa-Luxemburg-Str. 23
Tel. 31 83

JÜTERBOG

Schloß Wiepersdorf Foto: Stadtverwaltung

Aus der Stadtgeschichte

Jüterbog ist eine märkische, im Niederen Fläming liegende Stadt mit ca. 12500 Einwohnern. Sie wurde 1007 erstmalig schriftlich erwähnt. 1174 verlieh ihr der Erzbischof Wichmann von Magdeburg das Stadtrecht. Zwischen dem 13. und 15. Jahrhundert wurden alle bedeutenden Bauwerke der Stadt errichtet. Zur anerkannten historischen Innenstadt gehören die drei Stadttore, die sieben Wehrtürme, die Stadtmauer, die Liebfrauenkirche aus dem 12. Jahrhundert, die Mönchenkirche, die Jakobikirche, das Rathaus und der Abtshof sowie viele historische Bürgerhäuser. „Wenn das Geld im Kasten klingt, die Seele in den Himmel springt". - So soll 1517 Johannes Tetzel, ein Dominikanermönch, auf dem Platz vor der Nikolaikirche seine Ablaßbriefe verkauft haben, d. h. die Sünden wurden gegen Geld vergeben.

JÜTERBOG

PLZ 14913
Vorwahl 03372

Kfz.-Kennz.: JB

Einwohner Stadt: 12.139

Fläche Stadtgebiet: 101,54 qkm

Martin Luther nahm in Wittenberg Tetzels Auftritt in Jüterbog zum Anlaß, dagegen 95 Thesen zu verfassen.

Das 16. Jahrhundert war die wohl bedeutendste Zeit für Jüterbog. Thomas Müntzer, Hans Kohlhase und Philipp Melanchthon waren damals in der Stadt und machten hier deutsche Geschichte.
Im Dreißigjährigen Krieg weilte 1626 Wallenstein in Jüterbog, er besuchte seine in der Stadt einquartierten Generäle.

Der Dreißigjährige Krieg beendete die Blütezeit Jüterbogs, Brandschatzungen und Plünderungen, die immer wieder die Stadt heimsuchten, ließen die Einwohnerzahl von 4000 auf 300 sinken.Von 613 Häusern blieben 120 übrig. Nach dem Krieg wechselte die Herrschaft der Stadt aus dem erzbischöflichen Besitz in den sächsischen.
1756 begann Friedrich der Große, König von Preußen, vom sächsischen Jüterbog aus den Siebenjährigen Krieg. Wieder wurde die Stadt durch schwere Kontributionen, Truppenmärsche und Einquartierungen schwer getroffen. Not herrschte wieder in der Stadt. Am 22.3.1763 feierten die Jüterboger endlich nach sieben Jahren das Friedensfest. Trotz vieler Kriege und turbulenter Ereignisse besitzt Jüterbog ein Stadtbild von seltener Geschlossenheit, denn die mittelalterlichen Bauwerke der Stadt sind erhalten geblieben. Die Stadt Jüterbog ist Mitglied der Arbeitsgemeinschaft „Historischer Stadtkern".

Als Grenzstadt zu Brandenburg/Preußen spielte sie lange nur eine bescheidene Rolle. Die Konkurrenz der sich entwickelnden Industriestadt Luckenwalde und der 1764 von Friedrich dem Großen angelegten Webersiedlung Kloster Zinna trugen das Ihre mit dazu bei.

Am 06.09.1813 tobte vor den Türen Jüterbogs, bei dem Dorf Dennewitz, eine der größten Schlachten der Befreiungskriege. In direkter Folge der Schlacht bei Großbeeren wurde hier nur von 40 000 Mann unter dem Befehl der preußischen Generäle Bülow und Tauentzien die mit 70 000 Mann überlegene Berlin-Armee Napoleons vernichtend geschlagen und Preußen damit endgültig von französischen Truppen befreit. Zahlreiche Denkmale im Bereich des Schlachtfeldes erinnern ebenso an die Ereignisse von damals, wie regelmäßige Gedenkfeiern in der Gemeinde Dennewitz.

Im Zuge der Neuordnung Europas wurde Jüterbog, dessen Einwohnerzahl zu dieser Zeit 3000 betrug, im Jahre 1815 nach dem Wiener Kongreß dem Staate Preußen zugeordnet. Als preußische Kreis- und Garnisonsstadt begann der Wiederaufstieg Jüterbogs. Mit Fertigstellung der Berlin-Anhalter-Eisenbahn 1841 war Jüterbog mit der ersten Fernbahn Preußens verbunden und entwickelte sich zu einem wichtigen Eisenbahnknotenpunkt. Erst 1855 erreichte die Stadt wieder die Einwohnerzahl, die sie zu Beginn des Dreißigjährigen Krieges hatte.

1864 wurde nördlich der Stadt ein Truppenübungs- und Schießplatz angelegt, der bis in die Neuzeit ständig erweitert wurde. 1870 entstand „Altes Lager", 1889 „Neues Lager" und 1890 „Jüterbog II" als Militärsiedlung. Im Vorfeld des Zweiten Weltkrieges erfuhr die Garnison abermals eine bedeutende Vergrößerung. Nahezu alle Waffengattungen waren in dem ausgedehnten Militärgebiet präsent. Nach 1945 übernahm sowjetisches Militär diese Einrichtungen.

Sagen:
Die Glocke von Jüterbog

Die Jüterboger hatten vor vielen hundert Jahren für den Turm der Nikolaikirche eine sehr schöne Glocke gießen lassen. Fromme Leute hatten hierzu Gold und Silber gegeben. Der Erzbischof von Magdeburg hörte von der herrlichen Glocke. Er kam nach Jüterbog, um in der Kirche die Glocke läuten zu hören; man hatte ihm nämlich in Magdeburg berichtet, daß weit und breit keine Glocke mit einem so schönen Klang existiere.

Als er in Jüterbog angekommen war, befahl er, daß man die Glocke läute. Die Jüterboger hatten aber erfahren, daß der Erzbischof ihre Glock' mitnehmen wolle, wenn sie ihm gefiel. Da sie ihre Glocke nicht hergeben wollten, wickelten sie ein altes Tuch um den Klöppel. Die Glocke klang somit beim Läuten ganz dumpf. Der Bischof schüttelte den Kopf und sagte, daß die Glocke schlecht sei, gerade gut genug für Jüterbog, jedoch für Magdeburg nicht zu gebrauchen. So behielten die Jüterboger ihre Glocke bis zum heutigen Tag.

„Wer seinen Kindern giebt das Brot und leidet nachmals selber Not, den schlage man mit der Keule todt"

Woher stammt dieser Spruch?
Eine Sage, die der Chronist Brandt auf das Jahr 1394 datiert, erzählt von einem reichen Tuchmacher. Dieser übergab schon zu Lebzeiten seinen Kindern Hab und Gut. Die Kinder jedoch waren hartherzig und ließen ihren Vater darben. - Eine Kiste, schwer und wohlversehen mit drei Schlössern, ließ der Vater nun in sein Zimmer bringen. Seinen Söhnen aber sagte er, daß derjenige die Kiste erben solle, der ihn am besten versorge. Selbstverständlich versuchte nun jeder, dem Vater jeden Wunsch zu erfüllen. Als der Vater starb, öffneten die Erben die Truhe und fanden darin Feldsteine, eine Keule und den Spruch.

Die Wahrheit über die Keulen hängt mit der Gerichtsbarkeit der Stadt zusammen. Die Gerichtsbarkeit oblag ursprünglich dem Vogt, dessen Amtsbereich das ganze Land Jüterbog umfaßte. Gegen Ende des 14. Jahrhunderts erlangte das Stadtgericht das Recht und konnte ohne Zustimmung des Landesherrn „kurzen Prozeß" machen. Als Zeichen dessen wurden an allen drei Stadttoren die Keulen angebracht. Später geriet die eigentliche Bedeutung in Vergessenheit, und es rankten sich Sagen um sie.
(Quelle: Stadtverwaltung)

Zellengebäude des Nonnenklosters an der Liebfrauenkirche (heute Landratsamt) Foto: Stadtverwaltung

Wirtschaftsstruktur

In Jüterbog sind neben klein- und mittelständischen Handwerks-, Handels- und Dienstleistungsbetrieben auch Unternehmen des Baugewerbes, der Baustoffindustrie, der Lebensmittelindustrie sowie der Agrarwirtschaft und des Garten- und Landschaftsbaus ansässig.

Sehenswürdigkeiten Ausflugsziele

Rathaus
Es wurde Anfang des 14. Jh. als Mehrzweckgebäude aus Backstein im gotischen Stil errichtet. In den Bau des 14. Jahrhunderts wurde ein freistehender Turm mit einbezogen, der vermutlich im 13. Jh. als Wartturm für die Stadt errichtet wurde. 1477 wurde damit begonnen, vor dem Rathaus eine offene Vorhalle als Gerichtslaube zu errichten, sie … bekam 1493 ein Obergeschoß, dessen Balkendecke im heutigen Sitzungssaal noch original ist. An der Nordostecke des Hauses befindet sich das Stadtbild des heiligen Mauritius, des Schutzheiligen der Stadt.

Mittelalterliche Stadtmauer
- sie umschließt die Altstadt, ein Gebiet, dessen Grundriß etwa 870 x 420 m groß ist.
Dammtor
- an dem eine Tafel kündet: „Wer seinen Kindern giebt das Brodt und leidet nachmals selber Noth, den schlage man mit dieser Keule todt".

Liebfrauenkirche
- das älteste Bauwerk der Stadt. Eingeweiht wurde der ursprüngliche Bau bereits am 24. April 1174, am Tag der Verleihung des Stadtrechtes an Jüterbog.

Mönchenkirche
- gehörte ehemals zum Mönchenkloster der Barfüßler und wird heute als Stadtbibliothek und Konzert- und Spielstätte für 120 Gäste genutzt.
Abtshof
- ein spätgotischer Backsteinbau von 1500, der dem Zinnaer Abt als Stadtsitz diente. Dort befindet sich heute das Heimatmuseum mit einer ständigen Ausstellung von Trachten aus dem Fläming und Exponaten der Regionalgeschichte.

Nikolaikirche
- Die gotische Backstein-Hallenkirche wurde in mehreren Bauabschnitten im 14.-15. Jahrhundert mit Umgangschor und doppeltürmigem Westbau errichtet. Im Innern sind spätgotische Bildwerke, Fresken aus dem 14. und 15. Jh. und ein fast 600 Jahre alter Taufstein zu bewundern. Der Turm der Nikolaikirche ist 46 m hoch und bietet einen herrlichen Rundblick über die Stadt und ihre Umgebung.

Kloster Zinna
(B 101 Richtung Berlin)
- Das Kloster Zinna wurde im Jahre 1170 von zwölf Mönchen und einem Abt in der alten slawischen Ansiedlung Sinnow gegründet. Um 1226 entstand die

Kloster Zinna Foto: Stadtverwaltung

Kirche des ehemaligen Zisterzienser-Klosters als spätromanische Pfeilerbasilika aus regelmäßig behauenen Feldsteinen. Das Äußere blieb schmucklos, das Innere wurde in spätgotischer Zeit, sowie bei der Wiederherstellung im Jahre 1898, ausgeschmückt. Spätromantische und spätgotische Türbeschläge, ein Schriftbild aus Tonfliesen aus dem 13./14. Jahrhundert, eine von Engelsfiguren flankierte Sakramentsnische aus dem frühen 13. Jahrhundert und Glasmalereien aus dem 16. Jahrhundert blieben erhalten. Östlich der Kirche befindet sich ein Gästehaus mit blendengegliedertem Südgiebel aus dem 15. Jahrhundert und daneben das reicher gestaltete Giebelgebäude der Neuen Abtei mit einer Schaugiebelfassade von 1440-1450.

Schloß Wiepersdorf
(B 102 Richtung Luckau)
- Das Schloß Wiepersdorf wurde 1734-1738 auf den Fundamenten einer Gründung aus dem 16. Jahrhundert errichtet, kam im Jahre 1780 in den Besitz der Familie von Arnim und wurde 1878 durch die Erweiterung des Herrenhauses, Neuerrichtung der Orangerie und Ausbau der Parkanlagen erweitert. Hier lebte und liegt begraben u. a. das Dichterehepaar Ludwig Achim von Arnim (1781-1831) und Frau Bettina von Arnim, geborene Brentano (1785-1859) sowie deren Enkel, der Historienmaler Achim von Arnim (1848-1891).

Ausflug nach Wittenberg, der Lutherstadt, ca. 40 km, Ausflug nach Lübbenau (Spreewald), ca. 65 km, Berlin und Potsdam, ca. 60 km von Jüterbog entfernt.

Ausflüge in den Fläming
Der Fläming ist ein flach gewölbter, sandiger, eiszeitlich geformter Höhenrücken, der sich über hundert Kilometer vom Lausitzer Bergland in nordwestlicher Richtung bis ins Wiesenburger Gebiet erstreckt. Das Land, das ehemals von Slawen besiedelt war, wurde im 12. Jahrhundert von flämischen Auswanderern in Besitz genommen und „Fläming" genannt. Die Stadt Jüterbog - die von Berlin und Potsdam genausogut zu erreichen ist wie von Leipzig, Magdeburg und Dresden - bildet den Ausgangspunkt für Fahrten in den Niederen Fläming.
(Quelle: Stadtverwaltung)

Verkehrsanbindungen

Anfahrt mit der Bahn:
150 Jahre alter Knotenpunktbahnhof an der Strecke Berlin-Halle
50 Min. im 2-Std.-Takt Berlin Halle
120 Min. Berlin-Leipzig
60 Min. Zossen
80 Min. Potsdam
45 Min. Falkenberg-Riesa

Anfahrt mit dem Auto:
B 101, B102, B 115 führen durch Jüterbog
A 9 Ausfahrt Treuenbrietzen-Brück oder Niemegk, ca 30 km
A 10 Ausfahrt Ludwigsfelde, ca 45 km
A 13 Ausfahrt Guben, ca. 50 km

Straßenentferungen von Jüterbog nach:
Kloster Zinna ca. 5 km
Schloß Wiepersdorf ca. 13 km
Berlin ca. 60 km
Potsdam ca. 60 km
Lutherstadt Wittenberg ca. 40 km
Halle ca. 100 km
Leipzig ca. 110 km
Magdeburg ca. 120 km
Cottbus ca. 120 km
Dresden ca. 130 km
Lübben ca. 75 km
Lübbenau ca. 65 km
(Quelle Stadtverwaltung)

Museen, Galerien, Theater

Kulturbund
Große-Str. 53
Tel. 20 69

Heimatmuseum
Planeberg 9
Tel. 26 68

Bibliotheken

Stadtbibliothek,
Mönchenkirchenplatz 4
Tel. 25 18

Banken und Sparkassen

Deutsche Bank AG
Planeberg 2-4
Tel. 25 75

Genossenschaftsbank
Markt,
Tel. 23 79

Sparkasse
Markt 15
Tel. 26 90

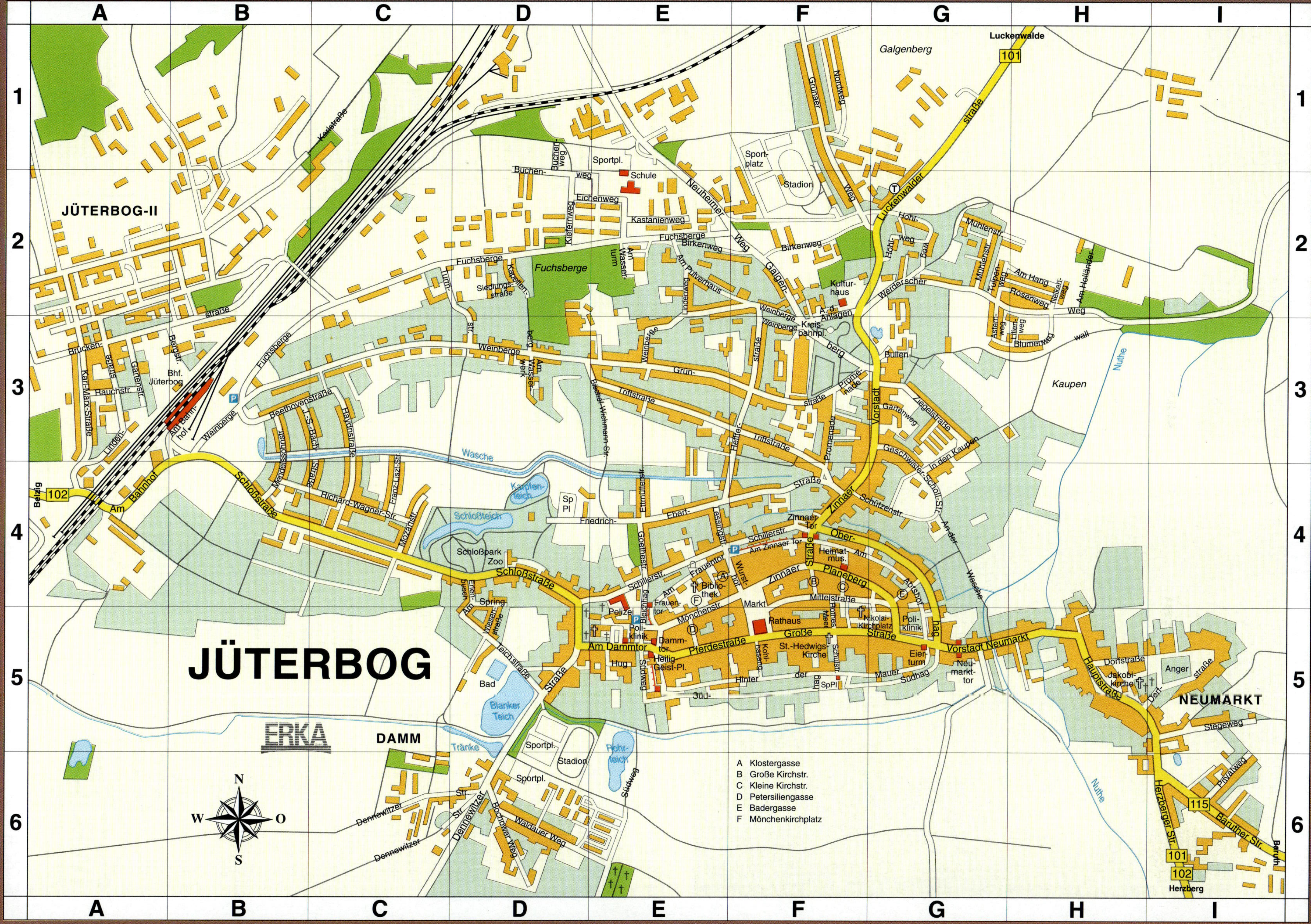
JÜTERBOG
JÜTERBOG-II
NEUMARKT
DAMM
ERKA
Luckenwalde
Belzig
Herzberg
Baruth
Galgenberg
Fuchsberge
Kaupen
Nuthe
Wasche
Schloßteich
Schloßpark
Zoo
Blanker Teich
Bad
Tränke
Rohrteich
Karpfenteich
Stadion
Sportplatz
Sportpl.
Schule
Kulturhaus
Rathaus
Polizei
Poliklinik
Bibliothek
Heimatmus.
St.-Hedwigs-Kirche
Nikolaikirchplatz
Jakobikirche
Anger
Eierturm
Neumarkttor
Zinnaer Tor
Dammtor
Bhf. Jüterbog
Schloßstraße
Am Bahnhof
Pferdestraße
Große Straße
Planeberg
Mittelstraße
Vorstadt Neumarkt
Hauptstraße
Herzberger Str.
Baruther Str.
Luckenwalder Straße
Vorstadt Zinnaer
Ober-Straße
Am Dammtor
Markt
Mönchenstr.
Heilig-Geist-Pl.
Kohlhasenstr.
Schulstr.
Karl-Marx-Straße
Beethovenstraße
Haydnstraße
J.-S.-Bach-Straße
Mendelssohnstr.
Richard-Wagner-Str.
Franz-Liszt-Str.
Mozartstr.
Bischof-Wichmann-Str.
Friedrich-Ebert-Straße
Triftstraße
Grün-straße
Weinberge
Galgen-Weg
Neuheimer Weg
Birkenweg
Kastanienweg
Eichenweg
Buchenweg
Kiefernweg
Am Wasserturm
Am Pulverhaus
Mühlenstr.
Rosenweg
Am Hang
Tulpenweg
Nelkenweg
Asternweg
Lilienweg
Blumenweg
Am Holländer
Werderscher Weg
Wall
Geschwister-Scholl-Str.
Ziegelstraße
In den Kaupen
Gartenweg
Promenade
An der Wasche
Schützenstr.
Am Zinnaer Tor
Schillerstr.
Lessingstr.
Goethestr.
Dorfstraße
Dorfstraße
Stegeweg
Privatweg
Waldauer Weg
Bochower Weg
Dennewitzer Str.
Südweg
Teichstraße
Wiesenstraße
Am Spring
Erlenbusch
Nordweg
Grünaer Weg
Siedlungsstraße
Kapellenberg
Bergstr.
Gartenstr.
Rauchstr.
Brückenstraße
Lindenstr.
Kaiserstraße
A Klostergasse
B Große Kirchstr.
C Kleine Kirchstr.
D Petersiliengasse
E Badergasse
F Mönchenkirchplatz
101
102
115
A B C D E F G H I
1 2 3 4 5 6

Liebfrauenkirche Foto: Stadtverwaltung

Straßenverzeichnis der Stadt Jüterbog

Am Abtshof F4-G5
Am Bahnhof A4-B4
Am Dammtor D5-E5
Am Frauentor E4-E5
Am Hang H2
Am Holländer H2
Am Pulverhaus E2-F2
Am Spring D4-D5
Am Wasserturm E2
Am Wasserwerk D3
Am Zinnaer Tor F4
An den Anlagen F2-F3
An der Wasche G4-G5
Asternweg G2-G3
Badergasse G4
Baruther Str. I6
Beethovenstr. B3-C3
Bergstr. A3-B3
Birkenweg E2-F2
Bischof-Wichmann-Str. E3
Bleichhag E4-E5
Blumenweg G3-H3
Borchower Wegd6
Brückenstr. A3-B2
Buchenweg D1-D2
Bullenwall G3-H3
Dennewitzer Str. C6-D5
Dorfstr. H5-I5
Erlenbusch (E) D4
Ettmüllerstr. E4
Franz-Liszt-Str. C3-C4
Fuchsberg B3-G2
Galgenberg F2
Gartenstr. A3
Gartenweg G3
Geschwister-Scholl-Str. G3-G4
Goethestr. E4
Große Kirchstr. (B) F4
Große Str. F5-G5
Grünaer Weg F1-F2
Grünstr. E3-F3
Grünstr. E3-F3
Hauptstr. H5
Haydnstr. C3-C4
Heffterstr. E4-F3
Heilig-Geist-Platz E5
Herzberger Str. I6
Hinter der Mauer E5-G5
Hohlweg G2
Hug E5
In den Kaupen G3-G4
Johann-Sebastian-Bach-Str. B3-C4
Kapellenberg D2-D3
Karl-Marx-Str. A3
Karlstr. C1
Kastanienweg E2
Kiefernweg D2
Kleine Kirchstr. (C) F4
Klostergasse (A) E4-F4
Kohlhasengasse F5
Kreisbahnplatz F3
Lessingstr. E4
Lilienweg G3
Lindenstr. A3
Lindenweg E2
Luckenwalder Str. F2-H1
Markt F4-F5
Mendelssohnstr. B3-B4
Mittelstr. F4-G4
Mönchenkirchplatz E4
Mönchenstr. E4-E5
Mozartstr. C4
Mühlenstr. G2-H2
Nelkenweg H2
Neuheimer Weg E1-F2
Nikolalikirchplatz F5-G5
Nordweg F1
Oberhag F4-G5
Petersiliengasse E5
Pferdestr. E5-F5
Planeberg F4-G5
Privatweg I6
Rauchstr. A3
Richard-Wagner-Str. B4-C4
Rosenweg G2-H2
Rothes Meer F4-F5
Schillerstr. E4-F4
Schloßstr. B4-D4
Schulstraße F5
Schützenstr. F4-G4
Siedlungsstr. D2
Stegeweg I5
Südhag E5-G5
Südweg E5-E6
Teichstr. D5
Triftstr. E3-F3
Tulpenweg G2
Turmstr. C2-D2
Vorstadt Neumarkt G5-H5
Waldauer Weg D6-E6
Weinberge B3-F2
Werderscher Weg G2-H2
Wiesenstr. D5
Wursthof F4
Ziegelstr. G3
Zinnaer Str. F4
Zinnaer Vorstadt F4-G3

Ämter/ Beratungsstellen

Stadtverwaltung
Markt 17
Telefon 27 71

Landratsamt
Am Dammtor 16
Tel. 440

Krankenhäuser, Apotheken

Krankenhaus
Badergasse 9
Tel. 26 26

Krankentransport
Tel. 24 64

Schnelle med. Hilfe
Tel. 115

Ärztehaus
Tel. 23 26

Dammtor - Apotheke,
Am Dammtor 8,
Tel. 2689

Mohren - Apotheke,
Markt 7,
Tel. 2625

Bäder, Sport- und Freizeiteinrichtungen

Touristische Angebote:
Reittouristik,

Kutschfahrten,

Reitschule
(Reiterverein „Fläming“,
Reiterhof & Pension
Böttcher)

Freibad
Öffnungszeiten
08.00 - 20.00 Uhr
von Mai - September

Schloßpark mit kleinem
Tierpark
ganztägig geöffnet

Flugplatz (Zellendorf)
Rundflüge

Fremdenverkehrs-einrichtungen

Jüterbog-Information

Informationszentrum
Markt,
Tel. 27 71/20

Hotels/Pensionen

- Hotel
„Am Goldenen Stern“,
Markt 14, Tel. 25 97

- Hotel „Klosterhof“,
Klosterstraße 13,
1701 Kloster Zinna

- „Fläming-Schenke“,
1701 Rohrbeck,
Tel. 21 79

- Pension und Reiterhof,
Hauptstr. 10

KÖNIGS WUSTERHAUSEN

Aus der Stadtgeschichte

Als „wusterhuse slavica" mit einem „castrum wusterhuse" wurde Königs Wusterhausen erstmals 1375 im Landbuch Kaiser Karl IV. urkundlich erwähnt. Die Burg wurde 1383 durch das Rittergeschlecht von Schlieben den Herren von Torgau abgekauft und 1475 den Schenken von Landsberg und Sayda, die auf der Wasserburg Tupe (Teupitz) ihren Sitz hatten, verkauft. Die Schenken erwarben zwischen Teupitz und dem

KÖNIGS WUSTERHAUSEN

PLZ 15711
Vorwahl 03375

Kfz.- Kennz.: KW

Einwohner Stadt:
18.500

Fläche Stadtgebiet:
16 qkm

Kirche in Deutsch Wusterhausen

inzwischen Wendisch Wusterhausen geheißenen Ort 36 Dörfer und nannten dieses Land Schenkenländchen. 1632 kaufte der Große Kurfürst die Herrschaft Wusterhausen für seinen Sohn, nachmals Kurfürst Friedrich III., ab 1701 auch König in Preußen, der die Burg 1696 zum Jagdschloß ausbauen ließ und 1698 seinem damals 10-jährigen Sohn, dem späteren König Friedrich Wilhelm I., samt Ort und Untertanen schenkte.

Dieser gründete 1707 eine Jagdkompanie aus hochgewachsenen Männern, die „Langen Kerls", die später in Potsdam als „Rothes Leib Grenadierbataillon" etabliert wurde. 1718 wurden die Umbauarbeiten am Schloß abgeschlossen und die Herrschaft Wusterhausen wurde zum Lieblingsaufenthalt von Friedrich Wilhelm I., der hier seinen Leidenschaften, der Jagd, dem Tabakskollegium und der Malerei, nachging. 1717/18 wurde der Ort dann Königs Wusterhausen genannt. 1832 erhielt er die Marktgerechtigkeit. 1832 gründete sich die erste eigene Gemeindevertretung. Verkehrsmittel zwischen Berlin und Cottbus war die Postkutsche. In jener Zeit entwickelte sich die Tonwaren-, Putzfedern- und Tapetenmanufaktur, wobei im Zuge der Industrialisierung des 19. Jahrhunderts der Ziegelei und dem Ofenbau besondere Bedeutung zukamen.

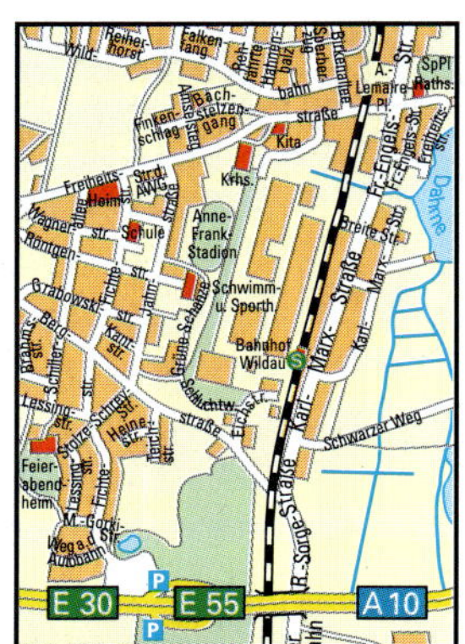

Im Jahre 1862 weilte Theodor Fontane auf seinen „Wanderungen durch die Mark Brandenburg" in Königs Wusterhausen. 1866 wurde der Bahnhof an der ein Jahr zuvor begonnenen und 1867 fertiggestellten Eisenbahnlinie Berlin-Görlitz eingeweiht. Im selben Jahr wurde auch die 1856 begonnene Begradigung des Nottekanals mit Schleuse und Mühlenwehr beendet. 1868 wurde das Schloß wieder Jagdschloß des Königs und nachmaligen Kaisers Wilhelm I. und später auch Kaiser Wilhelm II., der hier 1913 seine letzte Hofjagd abhielt. 1880 zählte der Ort 1781 Einwohner.

In jene Zeit fiel auch ein umfangreicher Chausseebau, d. h. die Befestigung der in alle Himmelsrichtungen führenden und noch bis heute erhalten gebliebenen einzigartigen Alleen. 1894 wurde die Kleinbahn nach Mittenwalde und Töpchin eröffnet, desgleichen die Fernbahn nach Beeskow. 1910 wurde mit dem Bau des Wasserturmes auf dem Windmühlenberg, dem späteren Funkenberg, begonnen. Zwei Jahre später erfolgte die vollständige Inbetriebnahme des 5-geschossigen Turmbaus mit Aussichtsplattform. 1911 erhielt der Ort Elektrizität für die inzwischen 3200 Einwohner. 1913 wurde auf dem Gelände der Teltowhochfläche hinter dem Turm die Garnison für ein Luftschiffer- und Telegraphenbataillon errichtet, das sich mit der Weiterentwicklung des neuen Kommunikationsmittels „Morsetelegraphie" befaßte.

Nach dem Krieg wurde das Gelände der Deutschen Reichspost übergeben. 1920 erfolgte die Inbetriebnahme des ersten deutschen Rundfunksenders: Königs Wusterhausen wurde zur Wiege des deutschen und europäischen Hörfunks. Mit dem Hohenzollernvertrag kamen Schloß und Gut Königs Wusterhausen zum preußischen Staat. Bereits 1918 der Bevölkerung zugänglich gemacht, wurde es Jagdmuseum. Die Seitenflügel beherbergten Gemeindevorstand, Kastellan, Polizeiwache u. a.
1913 erfolgte der weitere Ausbau des Deutschlandsenders im angrenzenden Zeesen. 1933 wurde die demokratisch gewählte Gemeindeverwaltung gewaltsam aufgelöst. Königs Wusterhausen zählte 5000 Einwohner und erhielt am 1. Dezember 1935 Stadtrecht. 1938 wurde der „Reichsautobahnring" eingeweiht. 1944 erfolgte am Güterbahnhof die Errichtung eines Außenlagers des KZ-Sachsenhausen.

Am 26.04.1945 wurde nach der Kesselschlacht bei Halbe die Stadt durch die Sowjetarmee besetzt. Mit den Flüchtlingen wurden 9000 Einwohner registriert. 1951 wurde die S-Bahn-Linie Königs Wusterhausen-Falkensee eröffnet. 1952 wurde die Stadt Kreisstadt. 1961 begann die erste Stadterweiterung - Schaffung des Neubaugebietes Goethestraße. 1975 fand die 600-Jahr-Feier der ersten urkundlichen Erwähnung statt.
Königs Wusterhausen zählt rund 10000 Einwohner.

KÖNIGS WUSTERHAUSEN
1 Bahnhof Niederlehme
2 Jugendclub
3 Post
4 Stadtverwaltung
5 Bahnhof Königs Wusterhausen
6 Wasserturm / Aussichtsturm
7 Gericht
8 Stadion der Freundschaft
9 Landratsamt
A Tiergartenstraße
B Meisenring
C Weg am Kreisgericht
D Am Kiefernhain
E Ulmenweg
F Am Bahnhof
N
O
S
W
Anschlußst. Königs Wusterhausen
Anschlußst. Niederlehme
Berliner Ring
E 30/55
A10
179
Wildau
NIEDERLEHME
Kolonie Möllenberge
Deutsch Wusterhausen
ERKA
Weinberg
Neue Mühle
LSG Teupitz-Köriser Seengebiet
Krimnick-see
Krebs-see
Zeesener See
Senziger Luch
SENZIG
Senziger Heide
Siedlung Waldesruh
SCHENKENDORF
ZEESEN
Steinberg-siedlung
Märk. Buchholz
Weißer Berg
Nottekanal
Dahme

Jagdschloß

Durch die Schaffung des zweiten Neubaugebietes beiderseits der Luckenwalder Straße, eines der größten kreisstädtischen Neubaugebiete der ehemaligen DDR, stieg zwischen 1981 und 1984 die Einwohnerzahl auf knapp 20000. 1989 fand das 100-jährige Jubiläum des Umbaus der alten, von Kurfürst Friedrich III. 1697 eingeweihten turmlosen Rechteck-Kirche zur Kreuzkirche statt. Im Zuge der politischen Wende wurde sie für politische Foren geöffnet. Sie war Ausgangspunkt für die im Herbst 1989 beginnenden Mittwochsdemonstrationen. Am 28. Mai erfolgte die Wiederaufnahme des durch den Mauerbau unterbrochenen S-Bahn-Verkehrs nach Berlin-West mit der Einrichtung der Linie Königs Wusterhausen-Wannsee.

Am 3. Juli 1992 wurde der nach Bürgerbefragung und Zusammenarbeit des Amtes für Öffentlichkeitsarbeit mit dem Landeshauptarchiv Potsdam-Sanssouci eingereichte Entwurf für Stadtwappen, Dienstsiegel und Stadtfahne vom Minister des Inneren des Landes Brandenburg bestätigt:
„In Silber (Weiß) stehen auf der nördlichen Erdhalbkugel mit grünem Wasser und goldenem (gelben) Festland und schwarzen Grundnetz drei rote Sendetürme, ein hoher starker Stahlgittermast zwischen zwei kleineren seitlich verspannten."
(Quelle: Stadtverwaltung)

Wirtschaftsstruktur

Größter Binnenhafen Brandenburgs, Schwermaschinenbau AG in Wildau, Mittelständische Betriebe
(Quelle: Stadtverwaltung)

Sehenswürdigkeiten Ausflugsziele

- Jagdschloß König Friedrich Wilhelm I.
- Kreuzkirche
- Funkerberg (Wiege des europäischen Rundfunks)
- Stadtpark
- Schleuse Neue Mühle
- Binnenhafen
- Tiergarten Neue Mühle (Naturlehrpfad)
- Kirche in Deutsch Wusterhausen (spätromanischer Feldsteinbau)
- herrliche Wälder und Seen - ein Paradies für Angler und Wassersportler

Löpten

Das Dorf ist das Pferdezuchtzentrum Königs Wusterhausens und bietet dem Pferde- und Naturfreund saftige Augen-Weide: alte, blühende Apfelbäume auf geräumigem Gutsgelände, eine kleine, aber erlesene Stutenherde, Deckstation und Jungpferde reichlich. 40 Gastpferdeboxen und ein zielstrebiges Management - Gegenwart und Zukunft scheinen klar und sicher!
Junge Stuten - Haflinger, Kleinpferde und Brandenburger Warmblut -wurden vorgestellt, und ein Team von Fachleuten des Brandenburger Zuchtverbandes entschied über deren Zuchttauglichkeit und Zuchtwert.
Eigentümer dieser Pferde sind Landwirte und Hobbyzüchter aus der Region Berlin-Süd. Sie stellten durchweg gute bis hervorragende künftige Mutterstuten vor.
Das Gros der Jungstuten repräsentierte den wohl letzten Jahrgang des Kirower Trakehners Apfel vom Paket aus der Archeologia von Achmad. Wenig frequentiert, stand der Hengst jahrelang in Löpten und brachte in seiner Nachzucht die Noblesse des Trakehners alter Schule mit. Also fleißige, sparsame und ausdauernde Bewegungen, leichten, umgänglichen Charakter und Kultur unterm Sattel. Aprel blieb dicht „an der Scholle", ließ also die typvollen Löptener Stuten optisch immer durchkommen.
Einmal hat er sich selbst vererbt, es wurde bemerkt, war aber

Straßenverzeichnis der Stadt Königs Wusterhausen

Ahornweg	F6-7/I4
Akazienweg	C4
Alte Plantage	E3-E4
Am Amtsgarten	E4
Am Anger	C3
Am Bahnhof (F)	H3-I3
Am Fuchsberg	I3
Am Güterbahnhof	F5-F6
Am Kiefernhain	L3-L4
Am Luch	F7-G7
Am Nottekanal	E4
Am Park	I4
Am Teich	K4
Am Wasserwerk	G3-G4
Amselweg	C4-G4
An der Eisenbahn	F1-F3
An der Forst	G5-H4
Anglerweg	H2
August-Bebel-Ring	I3
Bahnhofstr.	E4-F4
Bebelstr.	K6-K7
Bergring	I2-K3
Bergstr.	C3/I8-K8/H2-I2
Berliner Str.	C3-E3
Bertolt-Brecht-Str.	E5
Bettina-von-Arnim-Str.	D6
Birkenallee	C4/I4-K4
Brückenstr.	F3-F4
Brunhildstr.	I6-I7
Carl-Kindler-Str.	C6
Chausseestr.	A4-D4/I6-L6
Clara-Zetkin-Str.	K5-L5
Cottbuser Str.	E4-F6
Dahmestr.	H3
Der Grüne Weg	A8/G4-G5/L6
Dorfaue	A8
Dorfstr.	A8-C8
Drosselweg	C4-D4/K8/H3
Eichenweg	C3-C4
Eisenbahnstr.	F7-F8
Emil-Müller-Str.	F1
Erich-Weinert-Str.	D7-E5/H1-H2
Erlenweg	K4
Eschenweg	F8
Fährweg	L4
Fasanenring	H2
Fasanenstr.	H3-H5/G5-G8
Fichtestr.	F5
Finkenstr.	I8
Finkenweg	C4
Fliederweg	F4
Fontaneplatz	D6
Friedensstr.	E5
Friedrich-Ebert-Str.	H3-H4
Friedrich-Engels-Str.	F4-F5
Funkerberg	D2-E3
Fürstenwalder Weg	I3-K3
Gartenstr.	A8-B8/K4-L4
Gartenweg	E3/H1-I1
Gerhart-Hauptmann-Str.	D6-E6
Gertrudenstr.	K4
Goethestr.	D5-E5/L5-L6/I2-I3
Gräbendorfer Str.	I6-I7
Grenzweg	C4
Gudrunstr.	I6
Gussower Str.	L6
Hafenstr.	G3-G4
Heidegrund	I3
Heideweg	I3-K3
Heinrich-Heine-Str.	E5-E6/H3-I3
Heinrich-von-Kleist-Str.	C6-D6
Herderstr.	D6-E6
Hermann-Voigt-Str.	D4
Hoherlehmer Str.	A1-B1
Im Wiesengrund	F2-G2
Im Winkel	K3
Jahnstr.	E5-F5
Johannes-R.-Becher-Str.	D6-E5
Karl-Liebknecht-Str.	B8/E4-E5/F8-G8/H1-H3/L4
Käthe-Kollwitz-Str.	D5-E6
Kiefernstr.	H3
Kiefernweg	E3-G3
Kirchplatz	E3
Kirchsteig	F4-H4
Kleeweg	F3G4
Köpenicker Str.	E3-F2
Körbiskruger Str.	I6-I8
Kriemhilsstr.	I6-I7
Krimnickallee	K4
Krummenseer Str.	B8
Küchenmeisterallee	I4-L4
Landhausstr.	L4
Lessingstr.	L5
Lindenstr.	G7-G8/K5-K6/H3
Lindenweg	I4
Luchstr.	I7-I8
Luckenwalder Str.	D7-E4
Märkische Zeile	C6-D6
Mauerstr.	H1-H2
Maxim-Gorki-Str.	E1/F4-F5
Meisenring (B)	H1
Mittelstr.	H1-H2
Mittelweg	C4-D4
Neue Ziegelei	F1-G1
Pappelallee	I7/I3
Parkpromenade	L5
Paul-Malzan-Str.	I3
Pirolweg	K8
Potsdamer Str.	D4-E3
Puschkinstr.	E3-F4
Rathenaustr.	H3-I3
Rehstr.	H3
Richard-Sorge-Str.	F1
Ringstr.	L5
Rosa-Luxemburg-Str.	C6-D6
Rosenweg	K3-K4
Rotdornstr.	F8-G8/I7
Saarstr.	G8
Scheeder Str.	D4-E4
Schenkendorfer Flur	C6-D6
Schillerstr.	D5/L5-L6
Schloßplart	E3
Schloßstr.	E3-E4
Schulstr.	F8-G8
Schulweg	E3
Seeblick	G8-H8
Seestr.	L4
Siedlerweg	G4-G5
Siedlung	B8
Storkower Str.	F4-H6
Straße der AWG	H1
Tiergartenstr. (A)	H4-H5/G7
Uferpromenade	I5-K5
Uferstr.	G8-H8
Ulmenstr.	G8
Ulmenweg	C4
Unter den Eichen	F8-G7
Waldstr.	E5
Weg am Kreisgericht (C)	E3-F3
Weg an der Autobahn	D1-E1
Weg zum Krankenhaus	F3
Weidenufer	E4-F4
Weihersteg	K4
Wendenstr.	I7-I8
Werftstr.	L5/H2
Wiesendamm	I8
Wiesenstr.	D5-E4
Wilhelm-Külz-Str.	H3-I3
Zernsdorfer Str.	H4-I4/H1

nicht erwünscht.
Die Stutenreserve, die Aprel hinterlassen hat, sollte hier in guten Händen bleiben!

Was über viele Jahre den „normalen" Königs Wusterhausenern aus „höchsten sicherheitspolitischen Erwägungen" heraus verwehrt war, ist heute allen möglich: Ein herrlicher Blick weit ins Dahmeland und auch auf die einst so geheimen Sendeanlagen auf dem Funkerberg. Vom alten Wasserturm in Königs Wusterhausen soll die Rede sein, der 1910 in diese Funktion und als Aussichtsturm erbaut wurde.

Bis 1965 als Wasserturm in Betrieb, war der Turm in den folgenden Jahren dem Verfall preisgegeben und ließ bei einigen sogar Abrißgedanken aufkommen. Erst Mitte der 80er Jahre konnten notwendige Erhaltungsmaßnahmen eingeleitet werden. Der heutige Chef des Turms, Stefan Burkert, hat von Zeitzeugen viel Wissenswertes über jene Schicksalsjahre dieses technischen Denkmals zusammengetragen.

Dem Turm sieht man von außen kaum sein umfangreiches Innenleben an. So beherbergt er ein Café, welches durch die roten und weißen Backsteinziegel der Wände und die farbigen Bleifensterfragmente eine ganz besondere Atmosphäre von Rustikalität und Feierlichkeit, von Behaglichkeit und Stille vermittelt. Die dort als ständige Ausstellung präsenten interessanten Collagen des Künstlers Jürgen Thiele aus Königs Wusterhausen stellen zugleich eine ideale Ergänzung dieser Atmosphäre dar. Er gehörte auch zu den ersten Malern, die sich in der am 7. Juni 1991 eröffneten „Galerie am Turm" präsentieren konnten.
Der ehemalige Wasserbehälter ist zu einem Kesselsaal umgestal-

tet, in dem bereits Schriftstellerlesungen, Ausstellungen und Jazz-Konzerte stattfanden. Ausstellungen und andere Veranstaltungen können auch in einem weiteren Saal durchgeführt werden.

Gallun war seit jeher ein Gutsdorf und gehörte um 1600 der Familie von Thümen. Im Jahre 1620 erbte der Rittmeister Christoph Ludwig von Thümen das Gut Gallun, während seine Brüder Waltersdorf und Zeuthen erhielten. Der Neunzehnjährige, der 1624 heiratete, durfte seinen Kriegsdienst unterbrechen, um das Gut zu übernehmen. Dann mußte er wieder Soldat sein und wurde auch verwundet, übernahm aber später das Amt eines Kriegskommissars, d. h. mit den durchziehenden Truppen Quartier, Geld- und Lebensmittellieferungen aushandeln usw.
1629 herrschte auch in Gallun die Pest. Seine beiden Kinder starben. 1637 plünderten die Schweden Gut und Dorf, und er mußte wieder Soldat sein und bis nach Hamburg ziehen.

Erst 1643 kehrte er heim zu Frau und Sohn, der ca. 1635 geboren war. Er wirtschaftete nun das Gut wieder hoch und löste danach ein früher gegebenes Gelübde ein, für Gallun ein kleines Kirchlein zu bauen, wenn er aus dem Krieg heil wieder heimkehren würde, und dafür einen eigenen Pfarrer anzustellen. Das wurde 1649 mit entsprechenden Auflagen vom Konsistorium genehmigt.

Die seinerzeit 1652 gestiftete Glocke läutet immer noch, nach 340 Jahren und hängt seit 1906 in einem Dachreiter der neuen Kirchschule. So mancher, der sie zum Gottesdienst läutete, auch mancher Pastor, wie der Verfasser dieser Notizen, war sich dessen bewußt, daß die Botschaft, zu der diese Glocke rief, alle Zeiten und Regierungsformen übersteht und eine Botschaft der Versöhnung und der Vergebung ist.
(Quelle: Stadtverwaltung)

**„Galerie Historika“ in Zeuthen
Neben Gemälden, Möbeln, Skulpturen, Münzen, Uhren und Schmuck aus vergangenen Zeiten bilden Militaria in der Galerie Historika eine besondere Abteilung.
Die in Brandenburg wohl einzigartige Sammlung beinhaltet u. a. Orden, Ehrenzeichen aller Klassen und Zeiten.
Auch historische Schußwaffen, Blankwaffen (Degen, Säbel, Dolche etc.) sowie umfangreiche Fachliteratur sind in der Galerie erhältlich.**

Verkehrsanbindungen

Fernbahn:
Berlin-Cottbus-Görlitz,
Königs Wusterhausen-Beeskow-Grunow-Frankfurt/Oder,

S-Bahn:
König Wusterhausen-Berlin-Charlottenburg

Der die Stadt durchquerende Notte-Kanal sowie der Dahme-Fluß im Ortsteil Neue Mühle verbinden die Stadt mit dem Berliner und damit dem europäischen Binnenwasserstraßen-Netz.

Autobahnanschlüsse
A 10 (Berliner Ring), 1 km;A 13 (Berlin-Dresden), 4 km.
Auch wird die Stadt von der B 179 in Richtung Spreewald durchquert.
(Quelle: Stadtverwaltung)

Museen, Galerien, Theater
Kulturbund
Karl-Liebknecht-Str. 17
Tel.: 32 66

Bibliotheken
Stadtbibliothek
Scheederstr. 2, Tel.: 30 80

Banken/Sparkassen
Deutsche Kreditbank AG
Bahnhofstr.8, Tel.: 35 26

Ämter/ Beratungsstellen
Stadtverwaltung
K.-Marx-Str. 23,
Tel.: 32 01

Krankenhäuser/ Apotheken
- Allg. Poliklinik II
Klement-Gottwald-Str.15,
Tel.: 7 20 03
- Krankenhaus
Chausseestr., Tel.: 49 38
- Krankenhaus
O.-Komarow-Str. 29,
Tel.: 60 91
- Märkische Apotheke
Bahnhofstr. 12
- Poliklinik-Apotheke,
Köpenicker Str. 29

- Apotheke im Ärztehaus
Freiheitsstr. 98

Bäder, Sport- und Freizeiteinrichtungen
- Sportbund KW
Fichtestr. 1
- Stadion der Freundschaft
(m. Kegelbahn)
Dr.-Otto-Nuschke-Str. 38
Tel.: 24 63

Fremdenverkehrs-einrichtungen
Amt für Tourismus
Tel.: 66 305, Fax: 66 308
Fremdenverkehrsbüro
Tel.: 50 30 43
am Nottekanal (Schleuse Stadtzentrum)

Hotels/Pensione
- Hotel Königshof,
Kirchplatz 3-4, Tel.: 32 49

- Altes Wirtshaus
Kirchplatz 6, Tel.: 32 49

- Fam. Schiller, Maxim-Gorki-Str. 18,Tel. 24 03

- Angela Pries,
Erich-Weinert-Str. 23

- Norbert Stark, Friedrich-Engels-Str. 12E,
Tel. 40 47

- Monika Krüger,
Leninring 22, Tel. 7 25 62

- Waldpension Gussow,
Bindower Weg, Tel.: 345

- Haus Pätz am See,
Fernstr. 18, Tel.: 286

KYRITZ

Aus der Stadtgeschichte

Die ältesten Spuren der Besiedlung der Gemarkung Kyritz entstammen der Jungsteinzeit. Auf über 38 Fundplätzen wurden Gerätschaften entdeckt, die aus dieser Zeit berichten.
Im 7. Jahrhundert wurde das Gebiet von slawischen Stämmen besetzt. Die Unterseeinsel wurde zu einer Burganlage ausgebaut, mit zum Ufer führender Holzbrücke. Am Ufer befand sich der zur Burg gehörende Friedhof. Funde, Schwerter zeugen davon, denn sie wurden einem Toten, als Zeichen seiner adligen Stellung, ins Grab gelegt. Nach der endgültigen Unterwerfung der Slawen des Havelgebietes 1157 durch Albrecht den Bären begann die deutsche Besiedlung des Raumes. Die jetzt deutsche Burg diente zum Schutz und wurde Ausgangspunkt für die Stadtgründung von Kyritz. 1232 wurde Kyritz erstmals schriftlich erwähnt. 1237 erhielt der Ort das Stadtrecht.

KYRITZ

PLZ 16866
Vorwahl 033971

Kfz.-Kennz.: KY

Einwohner Stadt: 10.146

Fläche Stadtgebiet: 68,59 qkm

Rathaus

Da die Burganlage den Schutz der jungen Stadt nicht mehr gewährleisten konnte, wurde im 13./14. Jahrhundert eine stadtumschließende Wehranlage geschaffen, bestehend aus Stadtmauer mit Wehrtürmen und Wassergraben. Das Wasser erhielt diese Anlage aus der Jäglitz. Am „Kolken" bei „Blechernhahn" wurde ein Damm durch das Urstromtal geschüttet und an der Südseite mit stehenden und liegenden, gespundeten Eichenbohlen befestigt. Die Stauanlage, ein Wehr am Kolken, ermöglichte die Stauregulierung und den Durchfluß der Jäglitz. Das hochgestaute Wasser gelangte über den Mühlengraben in den Stadtwehrgraben, umfloß Kyritz vollständig und lief hinter dem Friedhof wieder in die Jäglitz. Durch diesen hohen Wasserstau gerieten die meisten der 2 m tiefen Häuserkeller - aus der Stadtgründung im 13./14. Jahrhundert - unter Wasser und mußten aufgefüllt werden, wie im Hausgrundstück der Maxim-Gorki-Straße 32 nachgewiesen werden konnte.

Die Stauanlage wurde höchstwahrscheinlich durch „Bassewitz", einem Raubritter aus dem Mecklenburgischen, 1411 zerstört, weil dieser trockenen Fußes durch einen unterirdischen Gang in die Stadt gelangen wollte. Ein Kreuz in der östlichen Stadtmauer weist vermutlich auf „Bassewitz" hin, da im späten Mittelalter für Erschlagene ein Steinkreuz gesetzt wurde.
1237 erhielt Kyritz durch die Herren von Plote das Stendaler Stadtrecht, das den künftigen Rechtsstand und Besitz klärte und den Ort juristisch zur Stadt erhob. 1259 wurde Kyritz die Mühlengerechtigkeit und die freie Schiffahrt auf der Jäglitz und der Dosse bis zur Elbe verliehen. 1287 verlieh der Markgraf Otto, aus dem Hause der Askanier, der Stadt die Zollfreiheit für die ganze Mark. Von der 2. Hälfte des 13. Jahrhunderts an stand Kyritz abwechselnd unter markgräflich brandenburgischer und mecklenburgischer Herrschaft, um schließlich, Anfang des 15. Jahrhunderts, zur Herrschaft der Hohenzollern zu gehören, die 1415 mit der Margrafschaft Brandenburg belehnt und als Kurfürsten eingesetzt worden waren. Sie setzten zu ihrer Vertretung Voigte für die ihnen unterstehenden Gebiete ein, die vor allem die oberste Gerichtsbarkeit innehatten.

Durch seine günstige Lage an mehreren Handelsstraßen konnten Handel und Gewerbe in Kyritz schon früh einen erheblichen Aufschwung nehmen. Die vier ältesten und wichtigsten Zünfte der Stadt, auch Viergewerke genannt, waren die Tuchmacher, die Bäcker, die Fleischer und die Schuhmacher, die auch das Recht zur Stadtvertretung hatten.
Unter den vier Gewerken spielte die Gewandschneidergilde der Tuchmacher und Tuchhändler eine große Rolle. Sie hatten schon 1245 von den von Plote ein Privileg erhalten. Gelegentlich wurden sie auch Wollweberzunft genannt. Engste Handelsbeziehungen zu den Hansestädten Hamburg und Lübeck wurden von ihnen unterhalten. Kyritz selbst gehörte zeitweise der Hanse an und wird noch 1417 als Hansestadt genannt.

Das Stadtwappen weist sowohl auf die Herkunft derer von Plote als auch auf die eigenbürgerliche Entwicklung hin. Es zeigt eine weiße, goldbeschattete und in Gold eingefaßte Lilie auf ultramarinblauem Grund. Diese wird von einer Schilfumrandung gefaßt, wobei von jeder Seite drei goldene Steine die Lilie begrenzen. Das Ganze wird von vier Stadttoren umstanden, die auf einem roten Backsteinfundament stehen.

Am Ende des 18. Jahrhunderts besaß Kyritz Zollfreiheit und führte das als „Mord und Todschlag" bekannte Kyritzer Bier aus. Vom 12.-15. Jahrhundert arbeitete in Kyritz eine Münzprägeanstalt, in der Silberpfennige, sogenannte „moneta Kyricensis" geprägt wurden.
In der Kyritzer Gemarkung gab es weiterhin vier Getreidemühlen, die Stadt- oder Vierradmühle, die Hahnenwinkelmühle, die Stolper Mühle, die in Rüdow sowie eine im Königsfließ gelegene Waldmühle.
Auf Kosten Friedrichs II. wurde 1777 der Flußlauf begradigt und dadurch Überschwemmungen weitgehend vorgebeugt.

Im Mittelalter war die Kirche Machtstütze des Feudalismus und Träger der Kultur, was sich

KT
INVEST CONSULTING GMBH

*Vielfalt gehört zum Konzept der **KT Invest Consulting GmbH**. Aus diesem Grunde wird von der Baurechtsherstellung mittels V- und E- sowie vorzeitigen B-Plänen bis hin zum schlüsselfertigen Bauen jeder Bauherr allumfassend betreut.*

*Die Ideen der Architekten und Ingenieure der **KT Invest Consulting GmbH** werden nach deren Handzeichnungen über CAD-Anlagen ab- und konstruktiv durchgearbeitet.*

Egal, ob eine Modernisierung oder ein Neubau von Anlagen des produzierenden Gewerbes, des Verkaufes oder des Wohnens, die beschäftigten Mitarbeiter sind in der Lage, die Probleme der Bauherren zu lösen.

*Nicht immer ist das Teuerste das Beste, aber Geld wird nun einmal zum Bau benötigt. Auch in diesem Fall unterstützt die **KT Invest Consulting GmbH** bei der Beantragung von Fördermitteln sowie bei Bankgesprächen.*

*Gebäude, in dem sich das Büro der **KT** befindet*

Hotel Deutsches Haus Rheinsberg (Rekonstruktion)

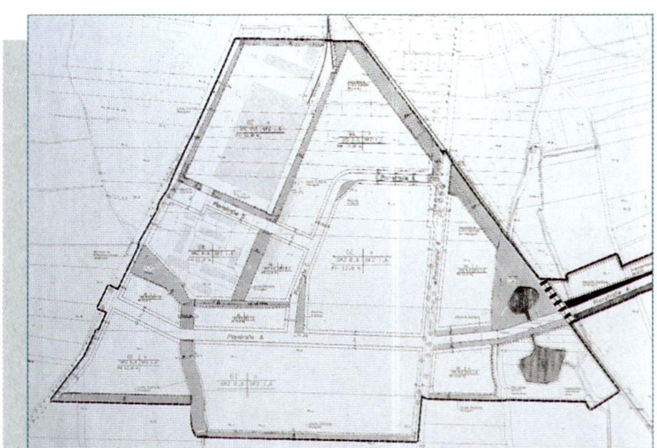

Geschäftsführer:
Dipl.-Ing. Hubert Schneider
Wittstocker Straße 11
16866 Kyritz
Telefon: (033971) 7 10 30
Telefax: (033971) 7 10 30

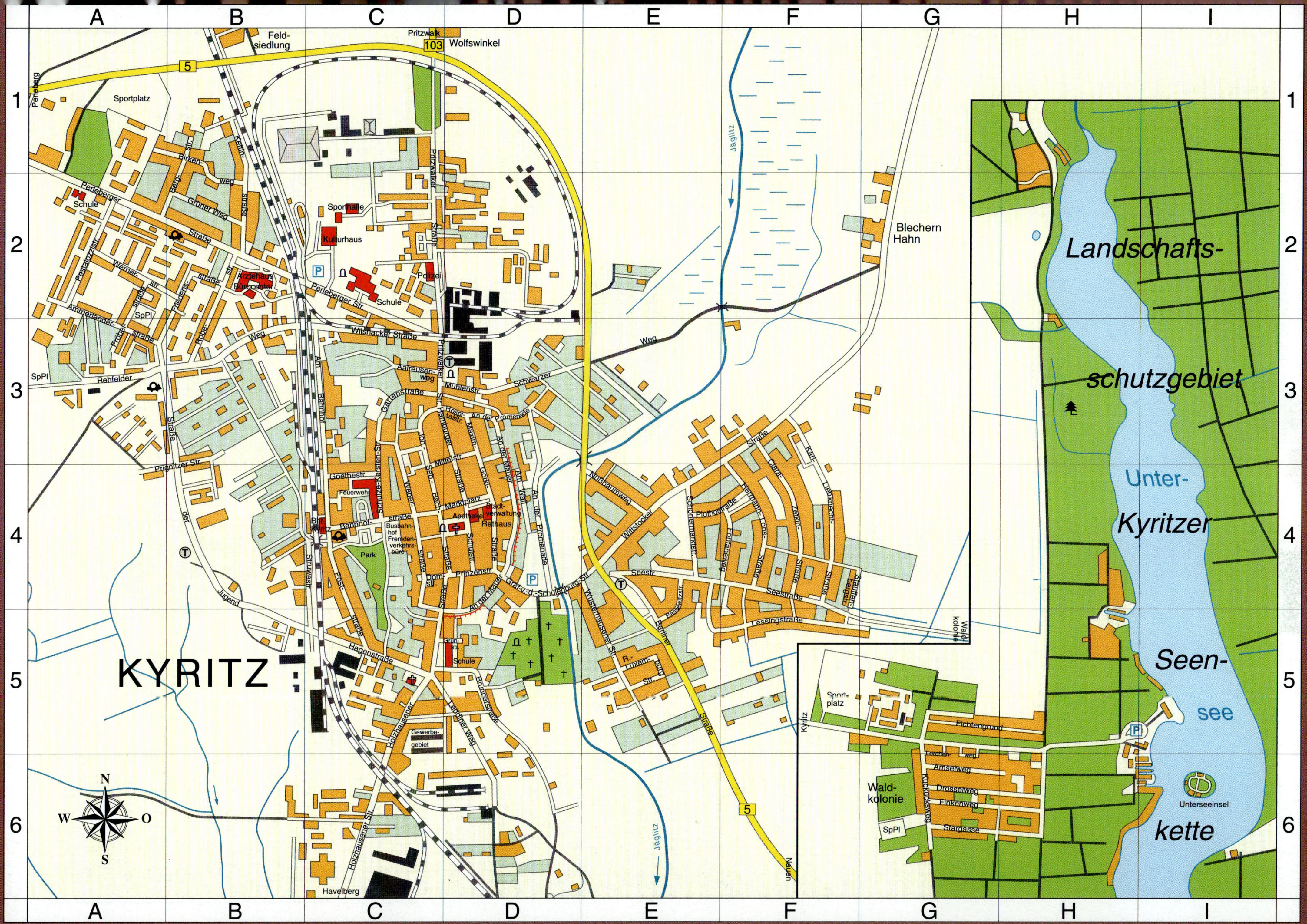
KYRITZ
Landschafts-
schutzgebiet
Unter-
Kyritzer
Seen-
see
kette
Unterseeinsel
Wald-
kolonie
Blechern
Hahn
Feld-
siedlung
Wolfswinkel
Pritzwalk
Perleberg
Havelberg
Nauen
Sportplatz
Kulturhaus
Sporthalle
Schule
Polizei
Rathaus
Park
Gewerbe-
gebiet
Jäglitz
Kyritz
Fichtengrund
Amselweg
Drosselweg
Finkenweg
Stargasse
Kuckucksweg
Seestraße
Lessingstraße
Hagenstraße
Perleberger Str.
Wilsnacker Straße
Holzhausener Str.
Pritzwalker Straße
Prignitzer Str.
Rehfelder
Marktplatz
Schulstr.
Prinzenstr.
Mühlenstr.
Berliner Straße

in ihren Baudenkmälern ausdrückt. Die Kyritzer Pfarrkirche St. Marien, aus der 2. Hälfte des 14. Jahrhunderts stammend, hat eine wechselvolle Geschichte infolge zahlreicher Brände durch Blitzschlag, was sich in der Verschiedenheit ihrer Baustile ausdrückt.
Als weiteres Bauwerk entstand eines der bedeutendsten Klöster der Mark, wahrscheinlich um 1225, das Franziskanerkloster, an der heutigen Johann-Sebastian-Bach-Straße gelegen.

Während des Dreißigjährigen Krieges (1618-1648) ließen Kontributionen und Einquartierungen die Stadt total verarmen und die Einwohnerzahl stark absinken.
1635 kam es bei Kyritz zu einer Schlacht zwischen dem brandenburgisch-sächsischen Heer und den Schweden.
Die Schrecken und Verluste des großen Krieges ließen keine rechte Entwicklung gedeihen, und das Ackerbürgerstädtchen verlor an Ansehen.
Seit 1718 war Kyritz für fast 100 Jahre Garnisonsstadt für Kavallerieeinheiten.

Nach dem Siebenjährigen Krieg (1756-1763) hatte die Stadt nur 43 Hausstellen, und es wurden Kolonisten zugewiesen, um den Wiederaufbau anzukurbeln. Bis zum Ende des 18. Jahrhunderts war die Zahl der Einwohner wieder auf über 2000 angewachsen. 1808 erhielt Kyritz durch das Stein'sche Städteedikt die Selbstverwaltung. Eine von den Bürgern gewählte Stadtverordnetenversammlung wurde eingesetzt. Diese wählte den Magistrat, der die Leitung und Verwaltung der Stadt innehatte. 1817 wurde Kyritz Kreisstadt der Ostprignitz, was sie bis zur Verwaltungsreform im Jahre 1952 blieb. Seit 1805 gab es in Kyritz ein Postamt, dem 1863 eine Telegrafenstation zugeordnet wurde, die Eisenbahn verdrängte die Pferdepost, und erste Industriebetriebe - 1873 die Stärkefabrik, 1897 ein Elektrizitätswerk und eine Molkerei - wurden gegründet. Eine freiwillige Feuerwehr bekämpft seit 1895 Brände in Kyritz.

Leid und Not waren auch in Kyritz die Folge des 1. Weltkrieges. Über 160 Bürger fanden den Tod durch Kriegseinwirkungen und Krankheiten.
Im 2. Weltkrieg beklagte die Bevölkerung von Kyritz 174 Gefallene. Eine größere Anzahl hatte Gesundheit und Arbeitskraft eingebüßt. Die Stadt erlitt, im Gegensatz zu anderen Städten, keine nennenswerten materiellen Schäden.
In den ersten Maitagen 1945 retteten beherzte Bürger, wie der Pfarrer Leutke und der Bürger Stier, Kyritz vor der Zerstörung. Sie hißten die weiße Fahne auf dem Rathausturm, und sowjetische Truppen befreiten die Stadt und das Gebiet der Ostprignitz.

Kyritz - Sagen und Legenden

Kyritz lag schon immer an der Jäglitz, einem kleinen Nebenfluß der Dosse. Warum der Name „an der Knatter“ erfunden wurde, dafür gibt es mehrere Deutungen.
Einmal ist er zurückzuführen auf das Knattern der vielen Wassermühlen, die sich an den Ufern des Flusses befanden; eine zweite Version bezieht sich auf das Verhalten vieler Kyritzer Frauen, mit dem Waschbrett am Fluß die Wäsche zu rubbeln, das machte eine Menge Spektakel, und letztlich soll es nach Regengüssen in der Stadt so viel Wasser gegeben haben, das nur unter Schwierigkeiten abfließen konnte, und das in den Abflußkanälen ohrenbetäubend gerauscht und geknattert haben soll. Die Kyritzer glauben, das die erste Version der Wahrheit am nächsten kommt.
(Quelle: Stadtverwaltung)

Wirtschaftsstruktur

Die Stadt hat durch ihre exponierte Lage, in der Mitte der nördlichen Bundesrepublik Deutschland, einen idealen Standort für ihre weitere Entwicklung.
Nach wie vor prägen die Land- und Forstwirtschaft die Umgebung von Kyritz und ermöglichen eine Erweiterung der verarbeitenden und konservierenden Industrie.

Die Trinkwasserqualität ist in Kyritz sehr gut, wodurch sich die Möglichkeiten im Brauerei- und Getränkesektor eröffnen.
Der in Prignitz traditionelle Anbau von Kartoffeln bietet ebenfalls der veredelnden Industrie ein weiteres Feld.
Weitere Bereiche sind in der metallverarbeitenden Industrie, dem vernachlässigten Hotel- und Gaststättengewerbe sowie im Handwerk zu erschließen.
(Quelle: Stadtverwaltung)

Sehenswürdigkeiten Ausflugsziele

Die Stadtmauer, erbaut im 13. Jahrhundert.
Das Rathaus wurde 1879 nach einem Brand neu errichtet. Es ist ein dreigeschossiger Backsteinbau, kastellartig mit einem Uhrentürmchen gestaltet. Zu besichtigen sind das Bassewitzschwert, eine 500 Jahre alte Bibel sowie Reliefbilder der Sage „Bassewitz“, gestaltet von Hobbyschnitzerinnen M. Weinert und H. Richter.
Die St. Marienkirche aus dem 10. Jahrhundert, mit Taufbecken aus dem 13. Jahrhundert, Achatius-Altar und Gemälde aus der Rubensschule.
Die Nordwand des Franziskanerklosters, erbaut 1225, die Heilig-Geist-Kirche, das Schulze-Kersten-Denkmal, Fachwerkhäuser, das älteste ist 300 Jahre alt.

- Kampehl -
Im Anbau der über 700 Jahre alten Wehrkirche zeigt man ein bis heute noch nicht wissenschaftlich gelöstes Rätsel - die sterblichen Reste des 1651 geborenen Christian Friedrich von Kahlbutz.

- Neustadt an der Dosse -
Ein Name, der immer mit der Pferdezucht der Mark Brandenburg verbunden wird.
Erste züchterische Aktivitäten gehen auf das Jahr 1694 zurück. Jeweils an den ersten drei Sonntagen im September eines jeden Jahres werden Vollbluthengste anläßlich der „Neustädter Pferdetage“ einem interessierten Publikum vorgestellt. Den Züchtern können Vollblutaraber, Englische Vollblüter, Trakehner und edle Warmbluthengste auf den Deckstationen zur Verfügung gestellt werden. Auch bietet Neustadt einen abwechslungsreichen „Urlaub im Sattel“ in der Mark Brandenburg.

Wanderungen:
Von Kyritz nach Stolpe (4,5 km)
Vorbei am Dosse-Speicher, das größte Flachlandstaubecken der ehemaligen DDR mit einem Fassungsvermögen von 15 Million Kubikmeter Wasser.
In trockenen Jahren kann eine kontinuierliche Bewässerung landwirtschaftlicher Nutzflächen von rund 11 000 ha in den Kreisen Kyritz und Rathenow damit ermöglicht werden.

Von Stolpe nach Bantikow
(4,5 km) Auf Waldwegen und am Seeufer entlang zum kleinen Dorf Bantikow.

Mit der Fähre kann zur Kyritzer Insel übergesetzt werden, von dort per Fähre wieder zur Kyritzer Seeseite.

Von Bantikow nach Wusterhausen (4 km)
Von Wusterhausen nach Kyritz (5 km)
An allen Wanderrouten liegen Gaststätten, die zum Einkehren einladen.

Die nur für Wasserwanderer, Ruderer und Segler zugelassene, 22 km lange Kyritzer Seenkette - ein Anglerparadies.

Wusterhausen - Eingangspforte zur Kyritzer Seenkette

Erste Nachricht findet sich über Wusterhausen in einer Urkunde aus dem Jahre 1232, in der gesagt wird, daß ein großes Gebiet um Kyritz und Wusterhausen den Edlen von Plote gehöre. Die Burg (genauer Standort noch nicht aufgespürt) war ein „castrum“ (festes Haus), rings von Wasserläufen umgeben. Auf der sich in der Dosse erhebenden Insel befanden sich slawische Ansiedlungen (Urnenfriedhöfe nachgewiesen). Wir kennen sie heute als Großen und Kleinen Burgwall. Auch der Straßenname erinnert daran. Jüngste Ausgrabungen in unmittelbarer Nähe der Kirche brachten slawische Funde auch innerhalb der Mauern der Altstadt zu Tage. Die Erhebung zur Stadt erfolgte zwischen 1232 und 1250. Im Ort fand damals eine von Rostock nach Süden führende Handelsstraße den Übergang über die Dosse, die bis Wusterhausen schiffbar war. Eine Salzniederlassung und Verbindungen zur Hanse entfalteten den anfänglichen städtischen Wohlstand, bis 1560 auf Geheiß des Kurfürsten das Salzmonopol erlosch.
Weithin sichtbar in der breiten Talaue der Dosse erhebt sich die Stadtkirche St. Peter und Paul als Wahrzeichen über Wusterhausen.
1250 als Basilika erwähnt, erhielt sie in 4 Ausbaustufen ihr heutiges Aussehen als gotische dreischiffige Hallenkirche.
1474 datiert das Jahr des großen Umbaus. Dem schloß sich 1525 die Errichtung der Marienkapelle mit gotischem Staffelgiebel an der Südseite an.

Aus dem Jahre 1474 stammt das Chorgestühl mit coloriertem Schnitzwerk an den Wangen. Die Kanzel von 1620 trägt Figurenschmuck im Stil der Frührenaissance aus der Hand des Bildhauers Jürgen Fischer. Die Empore, an der Nordwand mit Schnitzwerk aus der Spätrenaissance, zeigt in den Füllungen 21 Gemälde aus der Cranachzeit, die Geschichte Christi darstellend. Das originale Kastengestühl schmückt zierliches Gitterwerk. An der Brüstung der Org-

Altstadt

Straßenverzeichnis der Stadt Kyritz

Aalreusenweg	C3
Am Bahnhof	C3-C4
Am Wall	D4
Ammerländer Str.	A2-A3
Amselweg	G6-H6
An der Mauer	D3-D5
An der Promenade	D3-D4
Bahnhofstr.	C4
Bassewitzstr.	E4-E5
Bergstr.	A2-B1
Bergstr.	A2-B1
Berliner Str.	E4-E5
Birkenweg	A1-B2
Brunnenstr.	C5-D5
Clara-Zetkin-Str.	F3-F4
Dornstr.	C4
Drosselweg	G6-H5
Fichtengrund	G4-H5
Finkenweg	G6-H6
Fontaneweg	F4
Friedensstr.	A3-B2
Fröbelstr.	A2-A3
Gartenstr.	C3
Goethestr.	C4
Graf-von-der-Schulenburg-Str.	D4-E4
Grüner Weg	B2
Grünstr.	C5-D5
Hagenstr.	C5
Hamburger Str.	C3-D4
Hermann-Löns-Str.	F4
Holzhausener Str.	C6-D4
Hospitalstr.	D3
Johann-Sebastian-Bach-Str.	C3-D4
Karl-Liebknecht-Str.	F3-F4
Kettinstr.	B1-B2
Kuckucksweg	G5-G6
Leddiner Weg	C5-D6
Lerchenweg	Gr-G6
Lessingstr.	E4-F5
Marktplatz	D4
Mauerstr.	D4
Maxim-Gorki-Str.	D3-D4
Mittelstr.	C4-D3
Mühlenstr.	D3
Nußbaumweg	E4
Perleberger Str.	A1-C3
Plothostr.	E4-F4
Poststr.	C4-C5
Prignitzer Str.	A4-B3
Prinzenstr.	D4
Pritzwalker Str.	C1-D3
Rehfelder Weg	A3-B3
Robestr.	B2-B3
Rosa-Luxemburg-Str.	E5
Schonermarktstr.	E4
Schulstr.	D4
Schulze-Kersten-Str.	C4-C4
Schwarzer Weg	D3-E3
Stargasse	G6-H6
Stauffenbergstr.	F4
Straße der Jugend	A3-B5
Struwestr.	C4-C5
Weberstr.	C3-C4
Wernerstr.	A2-B2
Wilsnacker Str.	C3
Wittstocker Str.	E4-F3
Wusterhausener Str.	C4-E5

elempore befinden sich Schnitzereien und Wappen aus dem Jahre 1575.
Zu den jüngsten Erneuerungsarbeiten gehören das Dach (1990) sowie die Bleiverglasungen der Fenster (1991).
Das Gotteshaus erhebt sich auf der höchsten Stelle der Dosseinsel (36 NN).

Weitere Denkmale in der historischen Altstadt sind die Friedhofskapelle von 1351 mit Freskomalereien sowie die Stadtmauerreste in der Dombrowskistraße, im Park des Pflegeheimes, in den Gärten hinter der Schule. Der gotische Torbogen zwischen den beiden Pfarrhäusern war einst der Eingang zur Kalandbrüderschaft.

Die ältesten erhaltenen Wohnhäuser befinden sich in der Kyritzer Straße, erkennbar am Barocktor mit der Jahreszahl 1700 sowie an der Balkeninschrift des Nachbarhauses aus dem Jahre 1687. Alle anderen Fachwerkbauten sind jüngeren Datums.

Das in zentraler Marktlage befindliche Rathaus aus dem Jahre 1854 hat spätklassizistische Formen. An dessen Stirnwand erblicken wir das Wappen, welches von den Anfängen der Stadtgeschichte kündet. Das Stadtwappen zeigt, heraldisch gesehen, links die halbe rote plotosche Lilie auf silbernem Grund, rechts den halben silbernen Adler der Grafen zu Lindow-Ruppin, der Arnsteiner, auf rotem Grund. Wusterhausens politische Zugehörigkeit wechselte.
Wird die Stadt um 1232 im Besitz der Herren von Plote erwähnt, so fiel diese im 14. Jahrhundert an die Herrschaft Ruppin.
Erst nach der Verwaltungsreform von 1952 kam die Stadt wieder an die Prignitz zum bisherigen Kreis Kyritz.

Mehr über die Geschichte des Territoriums erfahren Sie beim Besuch des Kreisheimatmuseums in Wusterhausen. Im stattlichen Fachwerkhaus von acht Achsen mit barocken Türmen befindet es sich seit 1963. Das über 200jährige Gebäude beherbergt Ausstellungen zur Geschichte der Stadt und des Landkreises. Die Dauerausstellungen geben u.a. Auskunft über die Flachsverarbeitung in der Prignitz, aus der Entwicklung des Bügeleisens und der Beleuchtung sowie der Entwicklung des Fahrrades. Des weiteren wird über Handwerk und Gewerbe, über Landschaft und Naherholung, über Flora und Fauna informiert. Alles, was unsere märkische Heimat zu bieten vermag, ist in Wusterhausen vereinigt. Die Stadt an der Dosse und Klempowsee bietet Motorbootfahrten, Badefreuden im Strandbad oder Wanderungen entlang der Seenkette. Der Segler- und Anglerhafen lädt mit seinen Klubhäusern zum Verweilen ein. Auf dem Campingplatz erfreuen sich von Jahr zu Jahr mehr Urlauber aus allen deutschen Ländern sowie des Auslandes. Ob Wanderer, Radfahrer, Segler, Angler, Ruderer, Surfer oder Schwimmer, viele gewinnen unsere märkischen Schönheiten immer lieber, was zunehmende Wiederkehr der Gäste bedeutet. Die Gastlichkeit entfaltet sich zusehends.
Gaststätten und Privatquartiere, vor allem im Seengebiet, stehen zur Verfügung.
Zwei Tennisanlagen bieten auch den Interessenten dieser Sportart Spielmöglichkeiten.
Reiten oder Fahrten mit der Kutsche oder Kremser gehören zur weiteren Abwechslung bei uns.
(Quelle: Stadtverwaltung)

Verkehrs-anbindungen

Kyritz liegt direkt an der B 102 und an der B 5.
Letztere bildet durch den vierspurigen Ausbau eine wichtige Verbindung zwischen Berlin und Hamburg.
Die von der Stadt angebotenen 164 ha Gewerbeflächen haben direkten Anschluß an das Bundesstraßennetz und an die Deutsche Bundesbahn.

Entfernungen von Kyritz nach:
Berlin 76 km
Rostock 150 km.
(Quelle: Stadtverwaltung

Museen, Galerien, Theater

Heimatmuseum in Wusterhausen

Prignitzer Kulturhaus
Perleberger Straße,
Tel. 22 82

Bibliotheken

Stadtbibliothek
Marktplatz 17,
Tel. 22 15

Banken und Sparkassen

Kreissparkasse Kyritz
Hamburger Str. 20
Tel. 24 81

Volksbank
Zweigstelle Kyritz
Marktplatz 2 a,
Tel. 23 27

Raiffeisenbank
Pritzwalker Str. 23
Tel. 23 98

Raiffeisenbank
Perleberger Str. 5
Tel. 22 84

Ämter/ Beratungsstellen

Stadtverwaltung Kyritz
Marktplatz 1,
Tel. 20 05-07

Sozialstation
Zweigstelle Kyritz

Krankenhäuser/ Apotheken

Apotheke
Marktplatz 7,
Tel. 22 23

Krankenhaus Kyritz
Perleberger Str. 31 a,
Tel. 21 41

Bäder, Sport- und Freizeiteinrichtungen

Freizeitcenter
Perleberger Str.
Tel. 25 40

Kreissportbund
Kyritz e. V.
Pritzwalker Str. 42

Fremdenverkehrseinrichtungen

Fremdenverkehrsverein
Ostprignitz e. V.
Bahnhofstraße/Busbahnhof
- Zimmervermittlung
- Stadtführungen
- Stadtinformation

LÜBBEN

Aus der Stadtgeschichte

Als „urbs Lubin“ (Burg Lübben) wurde der Name der Stadt um 1150 erstmals in einem Dokument erwähnt. Im Schutze dieser besagten Burg ist um 1200 die Stadt angelegt worden, und zwar genau zwischen den beiden Spreearmen auf einem Schwemmsandhügel. Der natürliche Schutz vor Feinden durch die Spree sowie die Möglichkeit, an dieser Stelle die Spree zu überqueren, beeinflußten zwar die wirtschaftliche Entwicklung, den Handel und das Gewerbe positiv, waren jedoch auch oftmals der Grund für Machtkämpfe um den politisch und strategisch wichtigen Standort Lübben.

So entmachtete 1448 der brandenburgische Kurfürst Friedrich II. die Brüder von Polenz und hielt Einzug in die sächsische Stadt.
Schwedische und Wallensteinsche Truppen fielen im Dreißigjährigen Krieg in Lübben ein, plünderten und brandschatzten es ebenso, wie ab 1806 die Soldaten Napoleons.

Doch nicht allein durch derartige Kriegszüge erlitt die Stadt Schaden. Oft wüteten hier verheerende Brände und legten die Häuser in Schutt und Asche. Bei einem Großbrand 1494 beispielsweise wurde Lübben bis auf 4 Gebäude völlig vernichtet.

LÜBBEN

PLZ 15907
Vorwahl 03546

Kfz.-Kennz.: LN

Einwohner Stadt: 18.828

Fläche Stadtgebiet: 75 qkm

Turm der Paul-Gerhardt-Kirche am Markt Foto: Stadtverwaltung

Immer wieder errichteten die Einwohner auf den Trümmern neue Häuser, und wer die Hauptstraße entlanggeht, wird unschwer bemerken, daß sie wesentlich höher liegt als der angrenzende Marktplatz und die Kirche. Einst wurde diese Straße in der Altstadt daher auch als „Hohe Straße“ bezeichnet. Im Gegensatz zur Hauptstraße sind bei vielen Straßen und Gassen die ursprünglichen Bezeichnungen bis in die Gegenwart erhalten geblieben und weisen auf einstige charakteristische Merkmale hin. So findet man in unmittelbarer Nähe des Marktplatzes die Brauhausgasse, die Kirchgasse, die Salzhausgasse, die Badergasse, die Gerichtsstraße oder die Judengasse, wo den Juden das Recht zugestanden wurde, Grundbesitz zu erwerben. Auf dem ehemaligen Gelände der "urbs Lubin" steht der Schloßturm mit seinen 2,5 Meter starken Mauern. Einst war das platte Dach mit schwerem Geschütz bestückt, das dazu diente, Feinde abzuhalten.
An der Rückseite des Schloßturmes befindet sich das Schloß,

dessen wechselvolle Geschichte Seiten füllen könnte. Einst, so wird vermutet, wurde es als Wasserburg erbaut. Es folgten mehrere Um- und Ausbauten, ja sogar der Abriß. 1679-1982 erhielt es sein jetziges Aussehen, das vor allem durch den hübschen Renaissancegiebel bestimmt wird.

Ein weiteres erwähnenswertes Beispiel aus der Geschichte Lübbens findet man in der „Breiten Straße", einem kleinen Einkaufsboulevard. Hier steht die originalgetreue Abbildung einer alten Postdistanzsäule, die Auskunft über die Fahrzeiten des einstigen Verkehrsmittels, der Postkutsche, gibt.
Im Zentrum der Stadt, direkt am historischen Marktplatz, steht die Paul-Gerhardt-Kirche, das markanteste Lübbener Wahrzeichen.

Es wird angenommen, daß sie zwischen 1494 und 1550 als Stadtkirche Str. Nikolai errichtet wurde. Auch sie fiel öfters den Flammen zum Opfer. 1607 wurde sie als Spätgotische Hallenkirche wieder aufgebaut und 1666 durch den Ostchor erweitert. - Ein Denkmal vor dem Eingang der Kirche erinnert, ebenso wie deren Name selbst, daran, daß hier Paul Gerhardt, bedeutendster evangelischer Kirchenlieddichter, von 1669 bis zu seinem Tode als Archidiakon wirkte.

Bei den bedeutenden Persönlichkeiten darf nicht Zar Peter Alexejew vergessen werden, der im Oktober 1711 in Lübben rastete. König Friedrich II. von Preußen weilte während des Siebenjährigen Krieges mehrmals in der Stadt. 1805 erblickte in Lübben Otto Theodor Freiherr von Manteuffel, späterer preußischer Ministerpräsident und Außenminister, das Licht der Welt. 1813 lehnte Napoleon Bonaparte nach einer persönlichen Inspektion die Verteidigung Lübbens durch seine Truppen ab. Theodor Fontane lernte Lübben auf seinen märkischen Wanderungen kennen und lieben als „verträumtes Ackerbürgerstädtchen". Auch die Gattin von Michael Gorbatschow weilte in Lübben, und im Herbst 1991 besuchte der Präsident der Internationalen Vereinigung von Lions Club die Stadt, um einen Spielplatz für die Kinderklinik einzuweihen.

Auf keinen Fall darf Christoph Ernst Freiherr von Houwald vergessen werden, der 1778 in einem Dorf, unweit Lübbens, geboren wurde. Ernst von Houwald war nicht nur als Dichter bekannt, er hat vor allem als Kommunalpolitiker viel für Lübben getan. Ihm ist es z. B. zu verdanken, daß 1824 die Hauptsparkasse der Niederlausitz in Lübben gegründet wurde, er setzte sich gleichfalls für die Schaffung einer Hebammenlehranstalt ein, und nicht zuletzt vergab er auch Stipendien an Arme. Sein Wohnsitz in Lübben, das Neuhaus, wird gegenwärtig umfassend rekonstruiert und soll später das Domizil der Musikschule werden.

Das enge Nebeneinander von Historischem und Neuem verleiht der Stadt Lübben einen ganz besonderen Reiz. Alte, erhaltenswerte Gebäude werden restauriert und erstrahlen wieder im Glanz früherer Jahre. Dort, wo der Zahn der Zeit seine Spuren hinterlassen hat, wird auch Neues gebaut, entstehen Wohn- und Geschäftsgebäude. Lübben soll wieder zu dem werden, was es früher war: eine attraktive Ausflugs- und Urlauberstadt mit einem blühenden Handel und Gewerbe.
(Quelle: Stadtverwaltung)

Wirtschaftsstruktur

Größe der Stadt: 7534 ha insgesamt, davon 774 ha landwirtschaftliche Fläche/Wald.
Gemüseanbau, gemüseverarbeitende Industrie, Handel und Gewerbe, Land- und Forstwirtschaft, mittelständische Unternehmen, die im November den Gewerbeverein Lübben im Verband Deutscher Gewerbevereine gegründet haben.
Die Mitglieder setzen sich für eine Förderung des Mittelstandes ein und vertreten ihre Interessen gegenüber der Kommune. - Gleichzeitig ist der Gewerbeverein auch an der Entwicklung der Stadt Lübben zu einem touristischen und kulturellen Zentrum interessiert.
(Quelle: Stadtverwaltung)

Sehenswürdigkeiten Ausflugsziele

Der Spreewald mit seinen vielfältigen Möglichkeiten: Touren in den Unter- und Oberspreewald, individuelle Picknick- oder Lampionfahrten; Besuch des Spreewaldmuseums in Lehde.
Staken auf den Fließen und auf der Spree durch Lübben.
3. Septemberwochenende = traditionelles Spreewaldfest. Attraktionen: Der Spreewaldmarkt, das Jägerfest und als Höhepunkt: der Kahnkorso. Erlebnisbereiche wie Handwerkermarkt, Volkskunststraße, Trödelmarkt und das Fest der Fischer und Angler bereichern dieses Ereignis.

Die Pflege der sorbischen Sitten und Bräuche ist ein fester Bestandteil des Spreewaldfestes und lockt viele Besucher an, sich die Kulturprogramme und Vorführungen anzusehen.

Das Ständehaus
Dieser sehr einfach anmutende Bau wurde 1717-1722 als zweigeschossiges Bauwerk, in Hufeisenform angeordnet, errichtet. Über den Portalen findet man das Niederlausitzer Wappen, den nach rechts schreitenden roten Stier sowie das Baujahr. Einst diente das

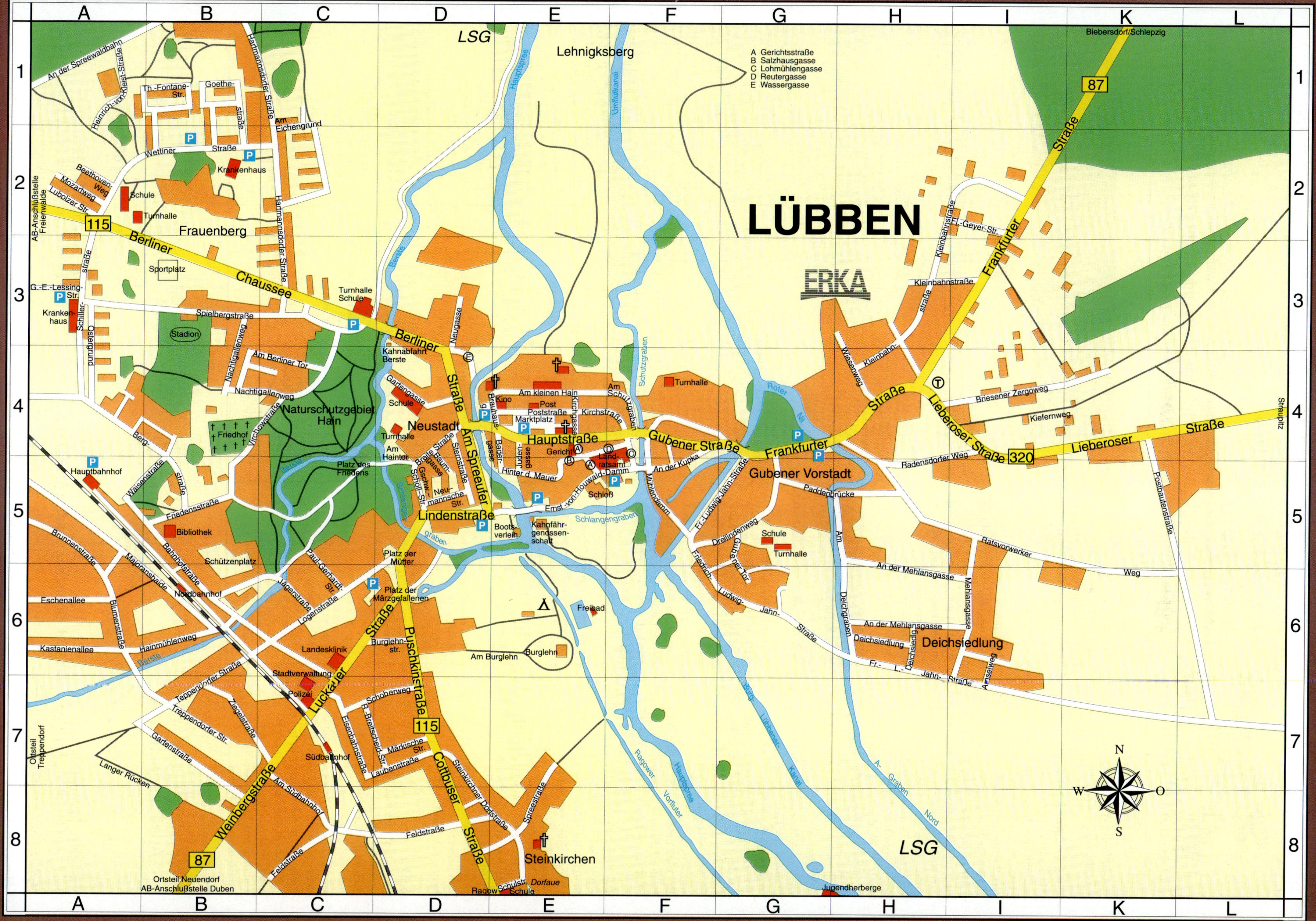
LÜBBEN
ERKA
A Gerichtsstraße
B Salzhausgasse
C Lohmühlengasse
D Reutergasse
E Wassergasse
Lehnigksberg
LSG
Frauenberg
Berliner Chaussee
Naturschutzgebiet Hain
Neustadt
Hauptstraße
Gubener Straße
Frankfurter Straße
Lieberoser Straße
Gubener Vorstadt
Deichsiedlung
Steinkirchen
Lindenstraße
Am Spreeufer
Puschkinstraße
Cottbuser Straße
Luckauer Straße
Weinbergstraße
Hauptbahnhof
Krankenhaus
Schule
Turnhalle
Sportplatz
Stadion
Friedhof
Bibliothek
Landesklinik
Stadtverwaltung
Polizei
Schloß
Landratsamt
Post
Kino
Marktplatz
Freibad
Jugendherberge
Biebersdorf/Schlepzig
Straupitz
AB-Anschlußstelle Freienwalde
Ortsteil Neuendorf AB-Anschlußstelle Duben
Ortsteil Treppendorf
87
115
320

Gebäude der ständischen Verwaltung der Niederlausitz.

Paul-Gerhardt-Kirche:
Als Stadtkirche St. Nikolai vermutlich zwischen 1494 und 1550 errichtet. Im Verlaufe der Geschichte durch verheerende Stadtbrände mehrmals zerstört, wurde das Gebäude 1607 als dreischiffige spätgotische Hallenkirche wieder aufgebaut. 1666 wurde sie um den Ostchor erweitert. In dieser Kirche wirkte von 1669 bis zu seinem Tode, 1676, der bedeutende evangelische Kirchliederdichter Paul Gerhardt.

Schloßturm:
Bis zu 2,5 Metern dick sind die Mauern des Turms, der ursprünglich als Wohn- und Wehrturm errichtet wurde, und auf dessen „Dach" sich schwere Geschütze befanden, mit denen die Spreeübergänge gesichert wurden.
Bis 1722 diente der Saal, der die beiden Obergeschosse umfaßt, als Tagungsstätte der Stände.

Der Schloßturm wurde, nach einer wechselvollen Geschichte, in den 80er Jahren restauriert. Heute gehört der festliche Saal, dessen Wände von den Wappen der Niederlausitz sowie einem Wandbild, das den Einzug des brandenburgischen Kurfürsten Friedrich II. 1448 in Lübben zeigt, geschmückt werden, zu den beliebtesten Sehenswürdigkeiten der Stadt.

Schloß:
Es ist 1368, vermutlich als Wasserburg, errichtet worden. Mehrmals wurde das Gebäude um- und ausgebaut, im Dreißigjährigen Krieg ausgeplündert und später sogar bis auf die Grundmauern abgetragen. 1679-82 entstand es in der heutigen Gestalt als dreigeschossiger Putzbau mit Satteldach und Spätrenaissance-Giebel.

Postdistanzsäule:
Originale Nachbildung einer Postdistanzsäule aus dem Jahre 1735 - ihr sind Fahrtroute, Reiseziel und die voraussichtliche Reisezeit zu entnehmen.

Alte Stadtmauer:
Reste des einstigen Schutzes der Stadt sind bis heute erhalten bzw. neu gestaltet worden. Sie sind entlang der Spree mit Wachturm (der „Trotzer") und Wartturm zu sehen.
(Quelle: Stadtverwaltung)

Verkehrsanbindungen

Durch Lübben verlaufen die B 87, B 115 und die B 320. Es besteht ein direkter Anschluß zur E 55 (E 36), der Autobahn Berlin-Cottbus-Dresden. Per Bahn erreicht man Lübben-Hauptbahnhof über die Strecke Berlin-Cottbus-Görlitz. Bis zum Flughafen Berlin-Schönefeld sind es nur 60 km.
(Quelle: Stadtverwaltung)

Straßenverzeichnis der Stadt Lübben

Am Berliner Tor	B4-C4
Am Burglehn	D6-E6
Am Deichgraben	H5-H6
Am Eichengrund	C1-C2
Am Haintor	D5
Am kleinen Hain	E4
Am Schutzgraben	F4
Am Spreeufer	D4-D5
Am Südbahnhof	C7-C8
Amselweg	I6-I7
An der Kuppka	F4-F5
An der Mehlsangasse	H6-I6
An der Spreewladbahn	A1
Badergasse	E4-E5
Bahnhofstr.	B5-C6
Baumgasse	D4-D5
Beethovenweg	A2
Bergstraße	A4-B5
Berliner Chaussee	A2-C3
Berliner Str.	D3-D4
Blumenstr.	A6
Brauhausgasse	D4-E4
Breite Str.	D4-D5
BriesenerZergoweg	I4-K4
Brunnenstr.	A5-A6
Burglehnstr.	C6-D6
Cottbuser Str.	D7-E8
Deichsiedlung	H6
Dorfaue	E8
Dreilindenweg	F5-G5
Eisenbahnstr.	C7
Ernst-von-Houwlad-Damm	E5-F5
Eschenallee	A6
Feldstr.	C8-D8
Florian-Geyer-Str.	H3-I3
Frankfurter Str.	G4-I2
Friedensstr.	B5
Friedrich-Ludwig-Jahn-Str.	G5-I7
Gartengasse	D4
Gartenstr.	B7
Gerichtsstr.	A E4
Geschwister-Scholl-Str.	D5
Goethestr.	B1-B2
Gotthold-Ephraim-Lessing-Str.	A3
Gubener Str.	F4-G4
Gubener Tor	G5-G6
Hainmühlenweg	A6-B6
Hartmannsdorfer Str.	B1-C3
Hauptstr.	D4-F4
Heinrich-von-Kleist-Str.	A1-A2
Hinter der Mauer	E5
Jägerstr.	C6
Judengasse	E4-E5
Kastanienallee	A6
Kiefernweg	I4-K4
Kirchgasse	E4
Kirchstr.	E4-F4
Kleinbahnstr.	H4-I2
Langer Rücken	B8-A7
Laubenstr.	D7
Lieberoser Str.	H4-L4
LIndenstr.	D5
Logenstr.	C6
Lohmühlengasse	CF4-F5
Lubolzer Str.	A2
Luckauer Str.	C7-D6
Majoranshaide	A5-B6
Märkische Str.	D7
Marktplatz	E4
Mehlansgasse	I5-I6
Mozartweg	A2
Mühlendamm	F4-F5
Nachtigallenweg	B3-C4
Neugasse	D3
Neumannsche Str.	D5
Ostergrund	A3-A4
Paddenbrücke	G5-H5
Paul-Gerhardt-Str.	C5-C6
Platz der Märzgefallenen	D6
Platz der Mütter	D5
Platz des Friedens	C5
Postbautenstr.	K4-K5
Poststr.	E4
Puschkinstr.	D6-D7
Radensdorfer Weg	H5-I4
Ratsvorwerker Weg	H5-L6
Reutergasse	E4-F4
Rudolf-Breitscheid-Str.	C7-D7
Salzhausgasse	BE4—E5
Schillerstr.	A3-A4
Schoberweg	C7-D7
Schulstr.	E8
Schützenplatz	B5-B6
Spielbergstr.	A3-C3
Spreestr.	E7-E8
Steinkirchner Dorfstr.	D7-E8
Sternstr.	D4-D5
Theodor-Fontane-Str.	A1-B2
Treppendorfer Str.	B6-B7
Virchowstr.	B5-C4
Waisenstr.	A5-B5
Wassergasse	D4
Weinbergstr.	B8-C7
Wettiner Str.	A2-B2
Wiesenweg	H3-H4
Ziegelstr.	B7-C7

Museen, Galerien, Theater
Schloßturm Lübben,
Besichtigung des Wappensaals und des Eheschließungszimmers

Bibliotheken
Bahnhofstraße

Banken und Sparkassen
Kreissparkasse Lübben,
Gerichtsstr. 4,
Tel. 24 15
Volksbank Lübben e. G.
Poststr. 9, Tel. 72 60
Raiffeisenbank e. G.
Gerichtsstr. 43,
Tel. 70 83
Dresdner Bank AG
Reutergasse 12,
Tel. 7135
Deutsche Bank,
Am Markt 1,
Tel. 89 02

Ämter/Beratungsstellen
Stadtverwaltung Lübben
Bahnhofstr. 31/32,
Tel. 7 90
Landratsamt Lübben
Lohmühlengasse 12,
Tel. 60

Medizinische und soziale Betreuung
Spreewaldklinik
Schillerstr., Tel. 7 50

Bäder, Sport- und Freizeiteinrichtungen
„Fährmannsverein Lübben"
Postfach 114,
Tel. 71 22
Kahnfährverein „Flottes Rudel",
Tel. 40 22
Kahnfährgemeinschaft „Berste"
Spielbergstr.. 32 a,
Tel. 32 34
Kahnfährmann,
Klaus Lehmann
Amselweg 10 a,
Tel. 44 93

Fremdenverkehrseinrichtungen
Stadtführung mit Besichtigung (nach Vereinbarung)
E.-v.-Houwald-Damm 14,
Tel. 41 31
Fremdenverkehrsverein „Spreewaldkreis Lübben e. V."
Lindenstraße 14,
Tel. 30 90
Spreewaldcamping Lübben
Zum Wendenfürsten 8, Tel. 30 46

Hotels / Pensionen
- Pension „Birkengrund"
Postbauten 1, Tel. 30 14
- Hotel „Spreeblick"
Gubener Str. 53, Tel. 32 78
- Lindengarten
Dorfstr. 15, Tel.41 72
- Haus der Kleingärtner
Schützenplatz 1,
Tel. 72 18/40 87

Fortsetzung von Seite 55

...da ist Natur noch stark!

Templiner Rathaus

Die Uckermark befindet sich im Nordosten Brandenburgs, zwischen Oder und Randow im Osten, Havel im Westen und dem Eberswalder Urstromtal im Süden. Zu ihr gehören die Kreise Angermünde, Prenzlau, Templin und die Stadt Schwedt. Die Landschaft der Uckermark ist von eiszeitlichen Formen wie ebenen Sandern, hügeligen Endmoränen mit ausgedehnten Waldgebieten, über 300 Seen und Mooren als Ausläufern der mecklenburgisch-brandenburgischen Seenplatte geprägt. Die attraktivsten Landschaften sind das Uckerseengebiet bei Prenzlau, das Templiner und Lychener Seenkreuz, der Nationalpark Untere Oder und der nördliche Teil des Biosphärenreservates Schorfheide Chorin.

Mit wenig Industrie und Natur, guten Luft- und Umweltbedingungen und viel Wasser steht eine Freizeitregion zur Verfügung, die zum wandern auf einem 900 km langen Wanderwegenetz zum Baden, Bootfahren, Surfen, Segel, Wasserski, Angeln, Reiten, Fahrradfahren und Tennis einlädt. In den zahlreichen Naturschutzgebieten und Totalreservaten gibt es einen großen Artenreichtum von Flora und Fauna: Fischadler, Seeadler, Schwarz- und Weißstorch, Kraniche, Reiher, viele Orchideenarten: Im Wasservogelreservat Blumenbergsche Mühle (bei Angermünde) kann der Interessierte sich näher darüber informieren.

Die Uckermark war früh besiedelt. Namensgebend war der slawische Stamm der Ukranen. Zahlreiche Zeugnisse frühgeschichtlicher Besiedlung, wie steinzeitliche Großgräber und bronzezeitliche Hügelgräber sowie eine Vielzahl kulturhistorischer Bauten zeugen von der Geschichte dieses Landstrichs. Viele Feldsteinkirchen aus dem 13. Jahrhundert in den Dörfern, die gotischen Hallenkirchen in Prenzlau und Angermünde, Klöster und Klosterruinen, Landschlösser und Herrenhäuser und

die komplett erhaltene Stadtbefestigung mit 3 Toren aus dem 13. Jahrhundert in Templin sollte sich der Besucher nicht entgehen lassen.
In den Sommermonaten feiern viele Gemeinden Dorffeste: im Juni finden in Angermünde die Uckermärkischen Tage, in Gollen ein Weinbergfest, im August in Tantow ein Inselfest statt. Karnevalumzüge gibt es im Januar und Februar in Angermünde und Gartz. Zu den kulturellen Kostbarkeiten im Sommer gehören die Klostergartenkonzerte in Prenzlau.

Übernachtungen

2300 Betten in Hotels, Pensionen, Ferienheimen,
300 Betten in Ferienwohnungen, -häusern
400 Betten in Privatzimmern
12 Campingplätze, darunter für Wohnmobile

Freizeitangebote

900 km markierte Wanderwege, 150 km Wasserwege, Reit- und Fahrtouristik, Bootsverleih, Fahrradverleih, Segel- und Surfmöglichkeiten, Angeln,

Teil der Templiner Stadtmauer Foto: Imago

6 Strandbäder (Schwedt), 1 Hallenbad (Templin, Jagdtouristik

Schwedter Str. 20
16278 Angermünde
Tel. 03331/3 22 68

Sehenswürdigkeiten

Stadtmauer mit Stadttoren um Templin,
Franziskanerkloster in Angermünde,
Dominikanerkloster in Prenzlau, Zisterzienserkloster in Boitzenburg und Chorin,
Marienkirche in Prenzlau,
Biosphärenreservat Schorfheide-Chorin, Wasservogelreservat Blumbergsche Mühle (Angermünde), Vielzahl von Alleen (Linden, Ahorn, Eichen, Kastanien),
Museen in Templin, Prenzlau, Angermünde, Boitzenburg
Fremdenverkehrsverband Uckermark e.V.
Geschäftsstelle:
Kreisverwaltung
Amt für Naturschutz und Tourismus

Informationen

Fremdenverkehrsverein Angermünde Stadtinformation
Rosenstr. 15
16278 Angermünde
Tel. 03331/3 22 68

Fremdenverkehrsverein Prenzlau Uckermarkinformation
Langer Markt 12
17291 Prenzlau
Tel. 03984/2791

Fremdenverkehrsverein Templin Stadtinformation
Am Markt 13
17268 Templin
Tel. 03987/26 31

Schwedt-Information
Platz der Befreiung 6
16303 Schwedt/Oder
Tel. 03332/2 34 56

Das Havelland

Wald, Wasser und noch mehr

Das Blau von Flüssen und Seen sowie das Grün von Wäldern und Wiesen prägen diese Landschaft. Dazwischen geschichtsträchtige Städte und Marktflecken, auch solche bescheideneren Anspruchs. Die ehemalige Klosterkirche in Lehnin gilt als ältester Backsteinbau der Mark Brandenburg.

An drei Seiten bildet die Havel die Grenze, an der vierten der Rhin. Theodor Fontane nannte die Havel den norddeutschen oder Flachland-Neckar. „Er beschreibt einen Halbkreis, kommt von Norden und geht schließlich wieder gen Norden, und wer sich aus Kindertagen jener primitiven Schaukeln entsinnt, die aus einem Strick zwischen zwei Apfelbäumen bestanden, der hat die gewundene Linie vor sich, in der sich die Havel auf unseren Karten präsentiert." Tatsächlich kann man die Havel als Lebensnerv der Gegend bezeichnen. Bereits im 19. Jahrhundert begann der Bau eines Kanalsystems, das den Fluß heute mit der Elbe und Mittellandkanal, mit Myritz und Oder verbindet. Dazu kommen die zahlreichen Buchten und Seen wie der Schwielow-, Trebel-, Beetz- und Plauer See, die zu sportlichem Ausgleich oder zum Erholen bestens geeignet sind. Übrigens erlebte das erste in Deutschland gebaute Dampfboot, die „Prinzessin Charlotte von Preußen", am 27.10. 1816 auf dem Potsdamer Gewässern ihre Jungfernfahrt.

Bockwindmühle von 1846 bei Paretz

Im Mittelpunkt des Havellandes, da selbst ungefähr in der Mitte der Mark Brandenburg liegt, breitet sich das Rhin-Havel-Luch aus. Diese einzigartigen feuchten, von Erlebruchwald durchzogenen Niederungen sind Schutzgebiet für seltene Tiere und Pflanzen.
Die reiche geschichtliche und kulturgeschichtliche Tradition konzentriert sich natürlich nicht nur auf die Landeshauptstadt Potsdam, deren architektonische Sehenswürdigkeiten und reizvolle Umgebung sie seit langem zum Besuchermagneten werden ließe. Vorbei am Obstanbaugebiet Werder - hier wird seit 1860 das Fest der Baumblüte gefeiert - gelangt man nach Brandenburg, dem einstigen Heveller-Fürstensitz „Brennaburg". Zahlreiche Bauwerke auf der Dominsel, in Alt- und Neustadt widerspiegeln die Stadtgeschichte. Zum Beispiel das altstädtische Rathaus mit der Rolandsfigur, die vier massiven Türme der Stadtmauer, mittelalterliche Bürgerhäuser, der stattliche Dom oder die St. Katharinenkirche, ein Glanzstück norddeutscher Backsteingotik. Im 19. Jahrhundert entwickelte sich das heute 93 000 Einwohner zählende Brandenburg zur Industriestadt.

Über Pritzerbe und Premnitz führt der Weg nach Rathenow, dessen Ruf als Stadt der Optik von Johann Heinrich August Duncker begründet wurde. Er erfand die Vierschleifmaschine und eröffnete die erste Optische Industrie Anstalt. Historische Gebäude gruppieren sich um den alten Stadtkern mit der Sankt-Marien-Andreas-Kirche und den Schleusenplatz mit dem barocken Kurfürstendenkmal. Von Rathenow aus gelangt man durch schattige Wälder, entlang romantischer Seen ins Ländchen Rhinow, wo einst Otto Lilienthal erste Gleitflüge unternahm, oder ins Friesacker Ländchen bis nach Nauen. 1889 entstand hier die damals größte Zuckerfabrik Europas. Sehenswert ist die aus dem 15. Jahrhundert stammende St. Jacobi-Kirche in Nauen.

Übernachtungen

40 Hotels und Pensionen mit 2062 Betten
6 Jugendherbergen mit 363 Betten
5 Bungalowsiedlungen mit 99 Betten
26 Campingplätze mit 3583 Stellplätzen

Freizeitangebote

Reit- und Fahrtouristik in 25 Orten,
Wassersportmöglichkeiten (Segeln, Surfen, Angel) in 13 Orten,
Flugsport in 3 Orten,
Fahrradverleih in 21 Orten,
markierte Wanderwege durch reizvolle Natur

Sehenswürdigkeiten

Brandenburg:

Altstädtisches Rathaus mit Roland, Dom, Friedenswarte Marienberg

Nauen:
Kirche in Falkenrede, Kirche in Tremmen, Schloß in Ribbeck

Potsdam:
Schloß und Kirche in Petzow, Stadt Werder, Stadt Beelitz, Insel Töplitz

Rathenow:
St.-Maria-Andreas-Kirche in Rathenow, Kurfürstendenkmal, bedeutendstes Sandsteindenkmal in Norddeutschland, Lilienthal-Gedenkstätte in Stölln

80m - Rutsche im Freizeitzentrum Premnitz

Fremdenverkehrsverband
„Potsdam-Havelland" e.V
Friedrich-Ebert-Str. 5
14467 Potsdam
Tel. 0331/2 11 00

Landratsamt Potsdam,
Fremdenverkehrsverband
„Havelland" e.V.
Schopenhauerstr. 31
14467 Potsdam
Tel. 0331/47 31

Fremdenverkehrsverein Kreis
Rathenow e.V.
Platz der Freiheit 1
14712 Rathenow
Tel. 03385/61 41

Fremdenverkehrsverein
„Ländchen Rhinow" e.V.
Lilienthalstr. 3
14728 Rhinow
Tel. 033875/ 211

Fremdenverkehrsverein
Ferchesar
Dorfstr. 34
14715 Ferchesar
Tel. 033874/202

Fremdenverkehrsverband
„Havelländisches Luch"
Dorfstr. 5
14662 Senzke
Tel. 033238/205

Stiftung
„Havelländisches Luch"
14641 Paulinenaue
Tel. 033237/202

Fremdenverkehrsverein
Brandenburg Havel e.V.
Plauer Str. 4
14770 Brandenburg
Tel. 03381/2 37 43

Der Barnim

Eine Region für Liebhaber

Die Reiseregion Barnim schließt direkt an Berlin an. Zu ihr gehören die Regionen Bernau, Eberswalde, Strausberg sowie Teile der bisherigen Landkreise Oranienburg und Bad Freienwalde, das Eberswalder Urstromtal, die Schorfheide und der Choriner Endmoränenbogen. Der eigentliche Barnim ist ein Teil der Ostbrandenburgischen Platte, die im westlichen durch das Vordringen und das darauffolgende Abschmelzen des letzten Inlandeises geformt wurde. Im Süden wird der Barnim vom Löcknitzgrund, dem Roten Luch und der Buckower Rinne mit dem Scharmützelsee, im Osten vom Oderbruch und im Westen (Spandau bis Oranienburg) und Norden (Eberswalde-Biesenthal) von einem Dünenkranz begrenzt.

Charakteristisch für die gesamte Region sind der Wald- und Wasserreichtum sowie das wellig-hügelige Gelände. Das industriearme Gebiet hat eine einzigartige Natur mit einer vielfältigen Flora und Fauna. Ausgedehnte Kiefernwälder, aber auch große Mischwälder, in denen herrliche Buchen auffallen, wechseln mit Feldern und Wiesen. In der Schorfheide findet man Eichen in allen Altersstadien.

Natürlich hat Theodor Fontane auch diesen Landstrich durchwandert und beschrieben. Den Werbellinsee bezeichnete er als Märchenplatz, was man noch heute nachempfinden kann. Märchenhaft muten aber auch die alten, stillen Kopfsteinpflaster-Alleen durch Wald und Flur an.
Für den Natur- und Wasserfreund bieten die zahlreichen Natur- und Landschaftsgebiete - Bad Freienwalde, Märkische Schweiz, Choriner Endmoränenbogen, Ganengrund, Gorinsee, Nonnenfließ, Schärztal, Strausberger und Blumenthaler Wald- und Seengebiet, Werbellinsee-Grimnitzsee, Wandlitz-Prenden-Biesenthal, Briesetal und Mühlenbecker See - Erholung und Entspannung. Vom Biosphärenreservat Schorfheide-Chorin reicht der südlichste Teil in die Barnim-Region.

Ob Tages-, Kurz- oder Langzeiturlauber, ob aktiver oder passiver Erholungssuchender - jeder kann etwas nach seinen Wünschen finden. Fuß-, Rad- oder Wasserwandern, Wassersport in allen Varianten ist möglich. Reiten oder Fahrten mit dem Kremser durch diese schöne Stille Landschaft sind sicher für viele ein Genuß. Wer den Pferdesport liebt, sollte die „Rennbahn im Grünen", die Galopprennbahn Dahlwitz-Hoppegarten, besuchen. Flugsport ist in Strausberg und Eggersdorf möglich, die Golfer kommen in Prenden bei Bernau auf ihre Kosten. Vieles ist sehenswert: mittelalterliche Dorfkirchen und Schmieden, alte Dorfanlagen mit Anger, die mittelalterliche Stadt Bernau mit Stadtmauer, Pulverturm und

Kurhaus in Bad Freienwalde

Steintor, die Ruine des Zisterzienserklosters Chorin, das Schiffshebewerk am Oder-Havel-Kanal bei Niederfinow. Einen guten Ruf hat das Moorbad in Bad Freienwalde, das umfangreiche Leistungen, besonders aber Rheumabehandlungen anbietet. Essen, schlafen, trinken - wer will das nicht in guter Umgebung. Campingplatz, Privatquartiere, Ferienhäuser, Pensionen und Hotels - es gibt Angebote für jeden Geschmack.

Stadtmauer in Bernau Foto: Stadtverwaltung

Übernachtungen

3517 Betten in Hotels, Pensionen, Ferienhäusern
433 Betten in Ferienwohnungen, Bungalows
500 Betten in Privatzimmern
634 Betten in 9 Jugendherbergen
19 Campingplätze, davon 7 für Wohnmobile bedingt geeignet

Sehenswürdigkeiten

Wurzelfichte in der Märkischen Schweiz
Schlösser: Prötzel; Garzau, Hubertusstock, Dammsmühle bei Schönwalde, Oranienburg
Kirchen: St. Marien in Strausberg und Bernau, Maria-Magdalenen in Eberswalde-Finow
Museen: Binnenschiffahrts- und Binnenfischereikundliches Heimatmuseum Oderberg, Schorfheidemuseum Groß Schönebeck, Agrarmuseum Wandlitz, Freilichtmuseum Altranft, Bockwindmühle Wilhelmsaue; Mühlenmuseum Vehlefanz

Freizeitangebote

Über 1000 km Wanderwege, davon 2/3 als Radwanderwege,
Wasserwandern: Oder-Havel-Kanal mit Werbellinsee, Finowkanal, Stienitzsee;
Anbindung an Berliner Gewässer
Reit- und Fahrtouristik
Jagd , Angeln, Segeln, Surfen, Fahrradausleihe
Konzerthallen: Bad Freienwalde, Eberswalde-Finow
Veranstaltungen: Choriner Musiksommer, Juni bis August; Neuenhagener Musiktage, Juni/Juli; Festtage am Straussee, Juli; Altwriezener Pferdemarkt-

Informationen

Fremdenverkehrsamt Buckow
Königsstr. 112
16230 Buckow
Tel. 033433/58

Oberbarnimer Kulturverein
Sonnenburger Str. 13
16259 Bad Freienwalde
Tel. 03344/3402

Oberbarnim-Information
Karl-Marx-Str. 25/26
16259 Bad Freienwalde
Tel. 03344/34 02

Fremdenverkehrsamt Altenhof
Adolf-August-Str. 15
16244 Altenhof
Tel. 033363/22 12
Fax: 033363/22 43

Stadtinformation
Eberswalde-Finow
Pavillon am Markt
16225 Eberswalde
Tel. 03334/2 31 68

Fremdenverkehrsamt Bernau
Am Marktplatz 2
16321 Bernau
Tel. 03338/56 17/87 34
Fax: 03338/87 36

Fremdenverkehrsverein
Märkische Seenlandschaft
Wandlitz e.V.
Prenzlauer Chaussee 157
16348 Wandlitz
Tel. 033397/2 13 34

Oder - Spree - Dahme

Mehr als Flüsse und Seen

Östlich von Berlin beginnt eine Reiseregion, die man auch als Wasserwanderer erreichen kann. Durch die Berliner Gewässer führt der Weg über das reichverzweigte Netz von Seen, Fluß- und Kanalverbindungen oder aber auf dem einfachsten Wasserweg, dem Oder-Spree-Kanal, an die Oder. Unterwegs gilt es, einige Wehre mit Bootsschleppen und Schleusen selbst zu bedienen, wofür ein bißchen Lust auf Abenteuer angesagt ist. Belohnt wird man am Reiseziel mit einer der schönsten Naturlandschaften Mitteleuropas. Ob im Odertal, im Dahme-Seen-Gebiet, im Beeskow-Storkower Land mit der Lieberoser Landschaft der Niederlausitz im Schlaubetal oder Teupitzer Seengebiet - es ist ein Eldorado für anspruchsvolle Natur- und Wasserfreunde..

Nicht nur auf den größten Seen des Gebietes, dem Scharmützelsee mit ca. 1 500 ha Wasserfläche oder dem Schwielochsee, läßt es sich gut surfen, segeln, rudern oder mit den Fahrgastschiffen dahinfahren. Petri-Jünger können an zahlreichen, von dichten Schilf umgebenen Gewässern ungestört ihrem Hobby frönen.
Auf schmalen Wanderwegen zu gehen oder mit dem Fahrrad durch Wiesen und Wälder, vorbei an Luchen und Fließgewässern zu fahren, ist ein Erlebnis besonderer Art. Fernab von Autostraßen findet der Naturfreund eine seltene Tierwelt mit Fischotter, Eisvogel, Fischadler, Kranich, Graureiher, verschiedene Greifvögel und Wildarten, den Weißstorch in vielen Orten nicht zu vergessen. Eine einzigartige Flora hat durch den Wechsel von Lehm- und Sandböden, Moorboden und Sumpf idealen Lebensraum erhalten. Hier wachsen Wiesenorchideen, Wollgras, Sumpfcalla, Gelb- und Blutweiderich, Sonnetau, Königsfarn und andere dendrologische Raritäten, die oft nur aus Nachschlagewerken bekannt sind.

Zwischen Teupitzer Seengebiet und Oder machen kleinere und größere Städte, sich immer mehr herausputzende Dörfer, Schlösser, Gedenkstätten und Klöster auf sich aufmerksam. Urige Dorfkneipen, gemütliche Cafés, stilvolle Gasthäuser und Spezialitätenrestaurants laden den Gast zum Verweilen ein. Bei freundlichen Leuten stehen Privatquartieren, Pensionen, Gasthöfen und Hotels Unterkünfte bereit. Klappernde Mühlräder im Schlaube-Oelsentalgebiet, so in der Bremsdorfer- und Klingenmühle, drehen sich in einer Landschaft, die zum Bleiben anregt.
Neuzelle, 15 km vor Eisenhüttenstadt, wurde in den letzten Jahren immer mehr zu einem Touristenmagnet. Zisterzienser Mönche bauten hier ein Kloster, in dessen Kirche wertvolle Kunstschätze zu sehen sind. In der über 400 Jahre alten Klosterbrauerei kann sich jeder Besucher von traditioneller Braukunst überzeugen. Frankfurt an der Oder (88 000 Einwohner) ist die größte Stadt der Region und bedeutsam als Tor zum Osten. Über die Stadtbrücke und auf dem Transitweg gelangt der Reisende in das polnische Nachbarland. Wiederstandene Traditionen als Messe- und Universitätsstadt, ihre Kultur, Baudenkmäler in norddeutscher Backsteingotik, ihre Parkanlagen machen den Reiz dieser Stadt aus.

Oder - Spree - Kanal in Eisenhüttenstadt Foto: F. Peukert

Wann es am schönsten in dieser Region ist? Im Frühling, wenn die gelben Adonisröschen an den Oderhängen bei Lebus blühen; im Sommer, wenn die Surfer über zahlreiche

Neißewiesen in Guben Foto: Landratsamt

Karl-Marx-Str 8a
15234 Frankfurt/O.
Tel. 0335/32 52 16

Amt für
Fremdenverkehr Zossen
Seebadallee
15834 Rangsdorf
Tel. 033708/2 04 28

Fremdenverkehrsverband
Königs Wusterhausen e.V.
Am Nottekanal Ost
15711 Königs Wusterhausen
Tel. 03375/6 63 05

Fremdenverkehrsverein Märkische-Tourismus-Zentrale e.V.
Breitscheidstr. 7
15848 Beeskow
Tel. 03366/207 01/207 71
Fax: 03366/204 13

Fremdenverkehrsverein Schlaubetal u. Umgebung e.V.
Kietz 5
15299 Müllrose
Tel. 033606/667

silberglänzende Seen dahingleiten; im Herbst, wenn Buchen, Linden, Birken, Eichen im Wettbewerb der Farbenpracht stehen; im Winter, wenn dicker Schnee die Wälder und Wiesen zudeckt, Dörfer noch stiller erscheinen läßt, die kleinen Flüsse und Seen zugefroren sind.

Übernachtungen

1761 Betten in Hotels und Pensionen
702 Betten in Ferienwohnungen und Ferienhäusern
300 Betten in privaten Zimmern
21613 Stellflächen auf Campingplätzen

Freizeitangebote

Wassersport, Reiten, Wandern, Radfahren, Kutsch- und Kremserfahrten, Segel- und Motorflugsport in Friedersdorf

Sehenswürdigkeiten

Frankfurt (Oder):
Kleistmuseum, Galerie Junge Kunst, St. Marienkirche, städtische. Reka-Sammlung historischer Musikinstrumente

Altranft:
Storchmuseum

Beeskow:
Altstadtkern, Wasserburg, Ludwig Leichhardt-Gedenkstätte Trebatsch, Schloß und Schloßpark Lieberose; Sauener Versuchsrevier von Prof. Dr. August Bier (Ökowaldbau)

Eisenhüttenstadt:
Zisterzienser Kloster Neuzelle, Klosterbrauerei

Fürstenwalde: Markgrafensteine in den Rauener Bergen

Informationen

Fremdenverkehrsverein e.V. und Stadtinformation

Freizeit- u. Tourismusverein Scharmützelsee e.V.
15864 Wendisch-Rietz
Tel. 033679/205

Kurverwaltung Bad Saarow
Seestr. 5, 15526 Bad Saarow
Tel. 033631/21 42

Fremdenverkehrsverein „Märkisch-Oderland“ e.V.
15306 Gusow
Tel. 03346/233/850

Landratsamt Guben
Fremdenverkehr
Uferstraße 22-26
03172 Guben
Tel. 03561/42 01

Der Fläming

Hügeliges Land zwischen Wäldern und Wiesen

Der Fläming - höchste Erhebung der Mark Brandenburg - verdankt seinen Namen flämischen Siedlern des 12. Jahrhunderts. Er zieht sich nordwestlich von Wittenberg etwa vom Ort Görzke an der Bundesstraße 107 bis zum Ort Dahme/Mark an der Bundesstraße 102 hin. Daran schließ sich nördlich das Baruther Urstromtal mit seinen typischen Niederungen an.
Der Hohe Fläming wird von meist kiefernbewachsenen Bergkuppen mit einer durchschnittlichen Höhe von 150 m gebildet. Die höchste Erhebung ist der zwischen Belzig und Wiesenburg gelegene Hagelberg mit 201 m. Die Burg Rabenstein bei Raben, die aus dem 13. Jahrhundert stammende Burg Eisenhardt in Belzig und das Schloß in Wiesenburg, dessen Park wegen seines Artenreichtums an Gehölzen bekannt ist, gaben dieser schönen Ecke den Namen Drei-Burgenland. Der Niedere Fläming hat sanfte, teils bewaldete, teils als Ackerland dienende Hochflächen, deren einzig nennenswerte Erhebung der 178 m hohe Golmberg bei Stülpe ist.

Burg Eisenhardt in Belzig

Mit seiner urwüchsigen landschaftlichen Schönheit bietet der Fläming dem Liebhaber viele stille Plätze und dem Neugierigen manches zu entdecken. Die Städte im Hohen und Niederen Fläming sowie im Baruther Urstromtal ähneln sich mit ihren typischen Bildern: mittelalterliche Tore und Türme, niedrig-Wohnhäuser.

Egal ob man durch Belzig, Jüterbog, Luckenwalde, Treuenbrietzen oder Baruth kommt - man findet einen Hauch von Nostalgie in diesen verträumten Orten. Ein Kleinod gibt es an der Bundesstraße 101 zwischen Jüterbog und Luckenwal-

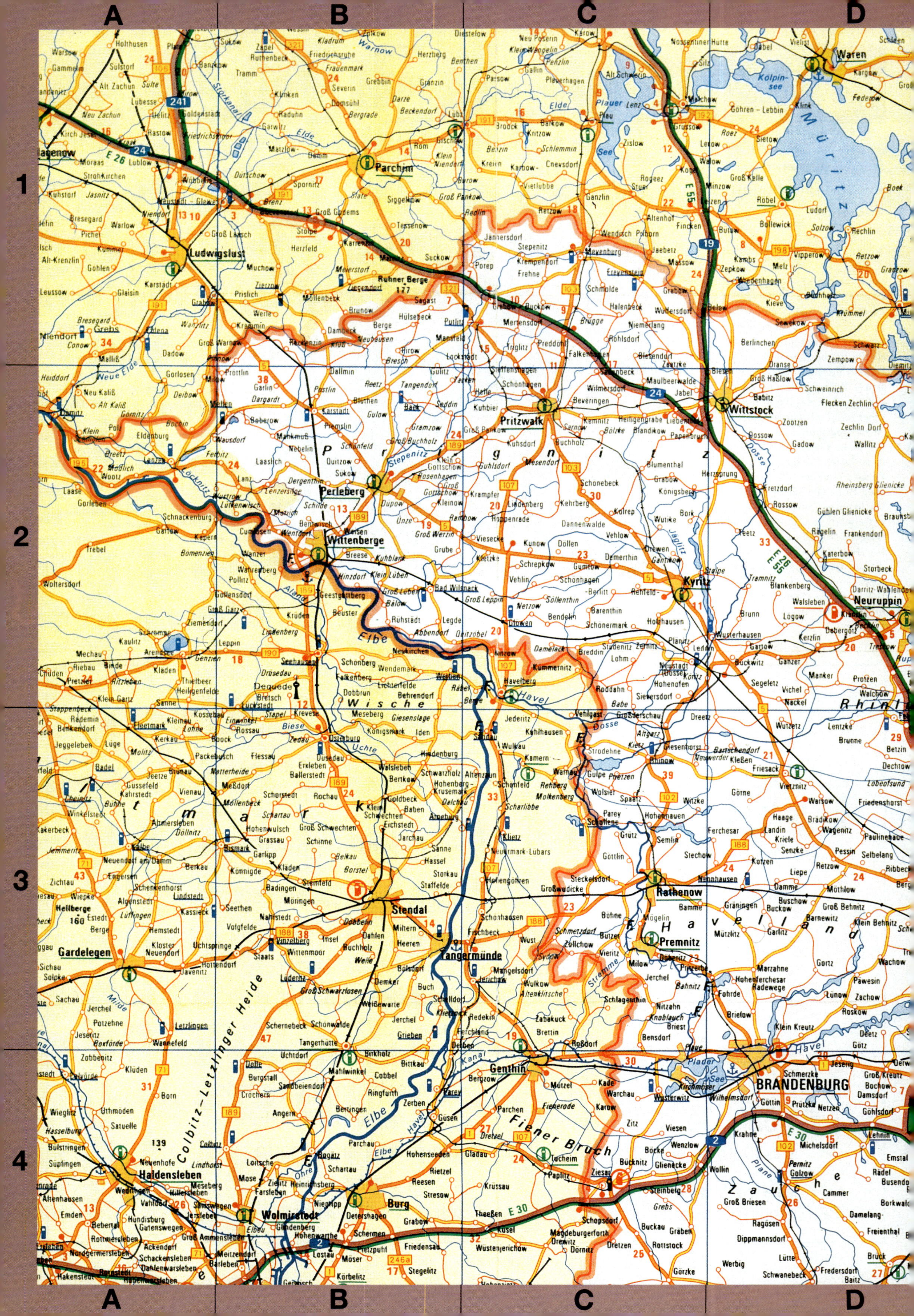
A
B
C
D
1
2
3
4
Parchim
Ludwigslust
Hagenow
Waren
Müritz
Kölpin-see
Plauer See
Pritzwalk
Wittstock
Perleberg
Wittenberge
Prignitz
Kyritz
Neuruppin
Havelberg
Elbe
Havel
Wische
Altmark
Osterburg
Seehausen
Stendal
Tangermünde
Gardelegen
Rathenow
Premnitz
Havelland
Genthin
Fiener Bruch
Burg
Haldensleben
Wolmirstedt
Colbitz-Letzlinger Heide
Brandenburg
Zauche
Plauer See
Elbe-Havel-Kanal
Dosse
Rhinluch

E
F
G
H
1
2
3
4
NEUBRANDENBURG
SZCZEC
Pasewalk
Neustrelitz
Prenzlau
Uckermark
Templin
SCHWEDT
Angermünde
Zehdenick
Schorfheide
EBERSWALDE-FINOW
Bad Freienwalde
Oranienburg
Bernau
Velten
Hennigsdorf
Strausberg
Falkensee
BERLIN
Neuenhagen
Rüdersdorf
Kleinmachnow
Teltow
Werder
POTSDAM
Erkner
Fürstenwalde
FRAN
Ludwigsfelde
Königs Wusterhausen
Oder
Havel
Spree

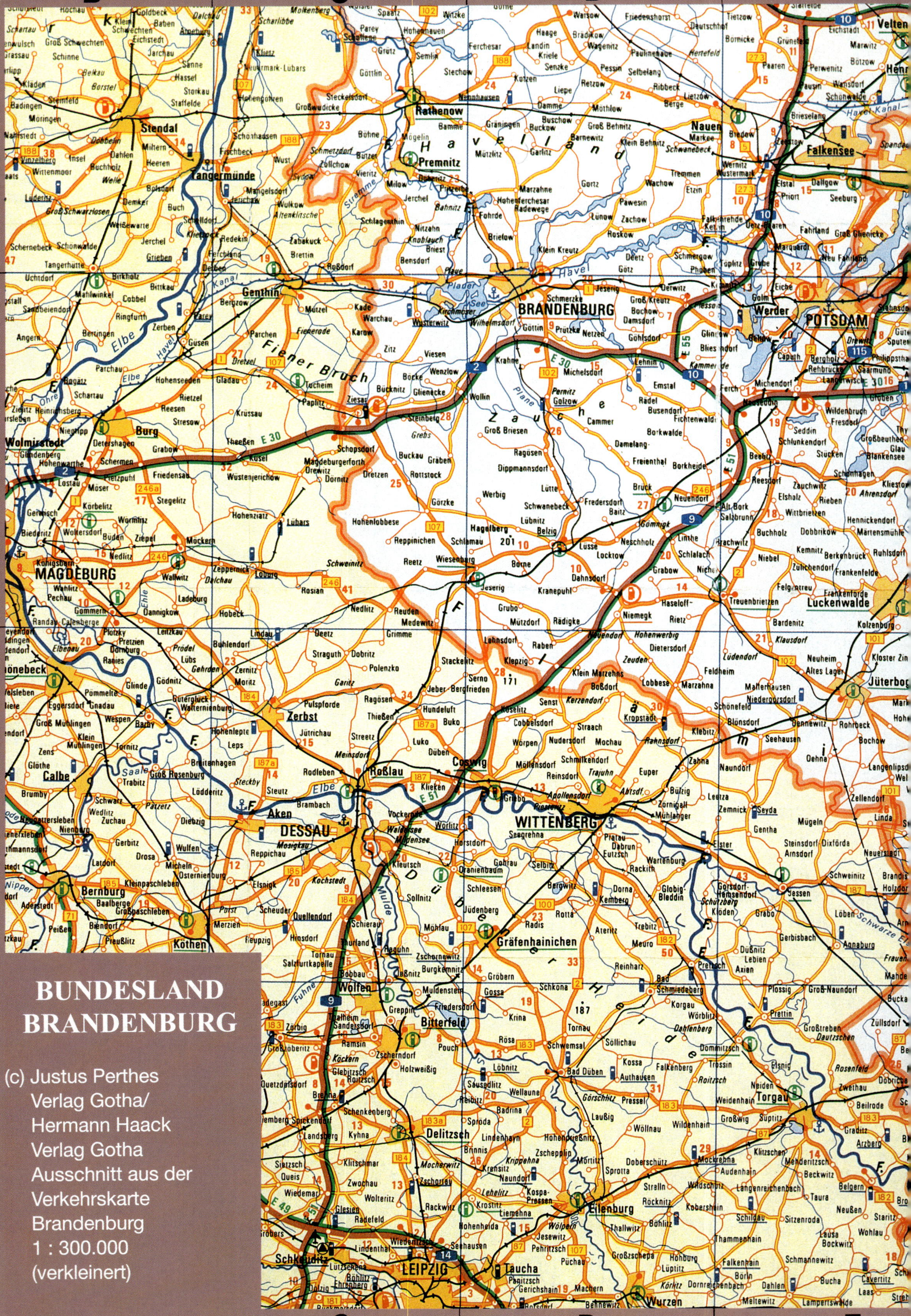

BUNDESLAND BRANDENBURG

Ausschnitt aus der Verkehrskarte Brandenburg 1 : 300.000 (verkleinert)

F
G
H
I
3
4
5
6
BERLIN
Bernau
Strausberg
Neuenhagen
Rüdersdorf
Erkner
Teltow
Königs Wusterhausen
Ludwigsfelde
Fürstenwalde
FRANKFURT
Słubice
Kostrzyn
EISENHÜTTENSTADT
Guben
Lübben
Lübbenau
COTTBUS
Forst
Finsterwalde
Großräschen
Senftenberg
Lauchhammer
Elsterwerda
Gröditz
HOYERSWERDA
Spremberg
Weißwasser
Beeskow
Luckau
Oder-Spree-Kanal
Teltow-Kanal
Spreewald
Schwielochsee
Scharmützelsee
Dahme
Spree
Malxe
Schwarze Elster
Kleine Elster
Neiße
Oder
E 30
E 36
E 55

de. Hier befindet sich im gleichnamigen Ort das im Jahre 1170/71 erbaute Kloster Zinna mit seine berühmten Fresken, die zu den schönsten gotischen Wandgemälden zählen. Jahrhundertealte meist barocke Herrensitze auf dem Lande wie in Fredersdorf oder Schmerwitz, Wiepersdorf und Petkus oder die Schlösser Baruth und Stülpe im Baruther Urstromtal zeugen von der Geschichte des Flämings.

Der Landschaftspark in Baruth wurde von Peter Joseph Lenné gestaltet, und in Petkus züchtete Ferdinand von Lochow Ende des 19. Jahrhunderts weltbekannte Roggensorten. Eine Reise in den Fläming

Reiterhöfe und Pensionen in:
Reitpension „Fläming" in Woitzgrund, Lübnitz, Lynow, Liepe, Baruth/Mark; Reiterverein „Fläming" Jüterbog e.V., Dennewitzer Str. 15, 14913 Jüterbog

Flugsport in:
Schönhagen, Oehna, Locktow, Borkheide
Fahrradverleih in:
Wahlsdorf, Familie Walter/Pension, Gottdorf, Familie David

Informationen

Stadtinformation Luckenwalde
R.-Breitscheid-Str. 6
14943 Luckenwalde

Dammtor in Jüterbog

ist auf jeden Fall ein bißchen Erkundung märkischer Vergangenheit, sie ist zugleich Ruhe und Entspannung in sanfter freundlicher Landschaft.

Übernachtungen

510 Betten in Hotels
103 Betten in Pensionen
54 Betten in privaten Fremdenzimmern
288 Betten im Tagungszentrum Schmerwitz

Freizeitangebote

Museen in:
Luckenwalde, Belzig, Burg, Eisenhardt, Jüterbog, Treuenbrietzen im Kloster Zinna; Bauernmuseum Blankensee, Museum „H. Grade", Flugplatz Borkheide, Stadttheater Luckenwalde, Theater- und Konzertstätte Jüterbog

Tel. 03371/21 12
(allgemeine touristische und kulturelle Informationen für den Bereich Baruther Urstromtal/Niederer Fläming, Zimmervermittlung)

Fläming-Information Belzig
Wiesenburger Str. 15
14806 Belzig
Tel. 033841/22 50
(allgemeine touristische Information für den Bereich Hoher Fläming, Zimmervermittlung)

Fremdenverkehrsverein „Hoher Fläming" e.V.
14827 Wiesenburg
Tel.033849/445

Landschafts- und Kulturverein Baruther Urstromtal/Niederer Fläming
Sitz Baruth
15837 Baruth
Tel. 033704/567

Ortsverzeichnis der Übersichtskarte Brandenburg

Abbendorf B2
Ahlsdorf E5
Ahrensdorf E4
Ahrensdorf G4
Ahrensfelde F3
Alt Bork D4
Alt Golm G4
Alt Schadow G4
Alt Stahnsdorf G4
Alt Tucheband H3
Alt Zauche G5
Alt Zeschdorf H3
Alt-Ruppin D2
Altdöbern G6
Altenhof F2
Altes Lager E5
Altfriedland G3-H3
Altfriesack E2
Altgarz C3
Altglietzen F2
Altglobsow E2
Altgolßen F5
Althüttendorf F2
Althymen E1
Altkünkendorf F2
Altlandsberg F3
Altlewin H3
Altlüdersdorf E2
Altranft G3
Altreetz G3
Altwriezen-Beauregard G3-H3
Angermünde F2
Annahütte G6
Annenwalde F2
Arendsee F1
Arensdor H3
Arenzhain F5
Arnsdorf G6
Arnsnesta E5
Atterwasch I5
Aurith I4
Babe C2
Babitz D2
Bad Freienwalde G3
Bad Liebenwerda F6
Bad Saarow-Pieskow G4
Bad Wilsnack B2
Badingen E2
Baek B2
Bagemühl G1
Bagenz H6
Bahnitz C3
Bahnsdorf G6
Bahro H4
Baitz D4
Bamme C3
Bandelow G1
Bardenitz E4
Barenthin C2
Barnewitz D3
Bartschendorf D3
Baruth F4
Basdorf F3
Battin G1
Batzlow G3
Bälow B2
Bärenklau H5
Bechlin D2
Beelitz E4
Beenz E1
Beenz F1
Beerfelde G3
Beeskow H4
Beetz E3
Behrensdorf G4
Beiersdorf G3
Belzig D4
Bendelin C2
Bensdorf C3
Bentwisch B2
Berge B1
Berge D3
Bergfelde F3
Bergholz-Rehbrücke E4
Bergsdorf E2
Berkenbrück E4
Berkenbrück G4
Berkholz F1
Berlinchen D1
Bernau F3
Bestensee F4
Betzin D3
Beutel F2
Beveringen C2
Beyern E6
Biebersdorf G5
Biegen H4
Biegenbrück H4
Biesen C2-D2
Biesenbrow F2
Biesenthal F3
Bietikow G1
Bindow F4
Birkenwerder E3
Birkholz G4
Bischdorf G5
Blandikow C2
Blankenberg D2
Blankenburg G1
Blankenfelde F4
Blankensee E4
Blesendorf C1
Bleyen H3
Bliesdorf G3
Bliesendorf D4
Blindow G1
Blossin F4/G4
Blönsdorf E5
Blumberg G1
Blumberg F3
Blumenow E2
Blumenthal C2
Blüthen B2
Boberow B2
Boblitz G5
Bochow D4
Bochow E5
Bohnsdorf I4
Boitzenburg F1
Bollensdorf F5
Bollersdorf G3
Booßen H4
Borgsdorf E3
Borken E5
Borkheide D4
Borkwalde D4
Borne D4
Bornsdorf F5
Böcke Buckau C4
Böhne C3
Bölkendorf F2
Bönitz F6
Börnicke E3
Bötzke C2
Bötzow E3
Brachwitz E4
Bralitz F2
Brandenburg D3-D4
Brandis E5
Branitz H5
Bransdorf G4
Braunsberg D2
Brädikow D3
Bräsinchen H6
Breddin C2
Bredereiche E2
Bredow E3
Breese B2
Breetz A2
Bremsdorf H4
Bresch B1
Brielow D3
Briescht G4
Brieselang E3
Briesen F4
Briesen H4
Briesensee G5
Brieske G6
Brieskow-Finkenherd H4
Briesnig I5
Briest F2
Briest C3
Britz F2
Brodowin F2
Bronkow G6
Brottewitz E6
Bruchmühle G3
Brunn D2
Brunne D3
Brunow G3
Brusendorf F4
Brück D4
Brügge C1
Brüssow G1
Buchenhain F1
Buchholz C2
Buchholz E4
Buckau E6
Buckow D3
Buckow G3
Buckow G4
Buckow F5
Buckow G5
Bugk G4
Burg G5
Burxdorf E6
Buschow D3
Busendorf D4
Buskow D2
Butzen H5
Bückwitz D2
Bückwitz C4
Bützer C3
Byhleguhre H5
Byhlen H5
Calau G5
Cammer D4
Caputh E4
Casekow G1
Casel G5
Charlottenfelde F5
Chorin F2
Christinendorf E4
Coschen I4-I5
Cottbus H5
Craupe G5
Criewen F2
Crinitz G5
Crussow F2
Cumlosen B2
Dabendorf F4
Dabergotz D2
Dadinkendorf H4
Dahlewitz F4
Dahlwitz-Hoppegarten F3
Dahme F5
Dahnsdorf D4
Dallgow E3
Dallmin B1-B2
Damelack C2
Damelang D4
Damme G1
Damme D3
Dammendorf H4
Damsdorf D4
Danewitz F3
Dannenberg G3
Dannenwalde C2
Dannenwalde E2
Dargardt B2
Dargersdorf F2
Darritz-Wahlendorf D2
Dassow D2
Dauer G1
Dechtow D3
Dedelow F1
Deetz D3
Demerthin C2
Demnitz G4
Dennewitz E5
Densow F2
Dergenthin B2
Derwitz D4
Deutschhof D3
Diedersdorf H3
Diehlo H4
Diensdorf-Radlow G4
Dierberg E2
Dietersdorf D5
Dippmannsdorf D4
Dissen H5
Dissenchen H5
Dobbrikow E4
Doberlug-Kirchhain F6
Dobra F6
Dolgelin H3
Dollgow E2
Domsdorf F6
Dornswalde F4
Döbberin H3
Döbbrick H5
Döberitz C3
Döbern I6
Döllen C2
Döllingen-Kahla F6
Dörrwalde G6
Drachhausen H5
Drahendorf H4
Drahnsdorf F5
Dranse D1
Drbkau H6
Dreetz D3
Drehna G5
Drehnow H5
Dretzen C4
Drewen C2
Drewitz E4
Drewitz H5
Duben G5
Dubrow H4
Dübrichen F6
Düpow B2
Eberswalde-Finow F2
Eggersdorf G3
Eggersdorf G3
Eiche F3
Eiche Gröben E4
Eichholz-Drößig F6
Eichhorst F2
Eichow G5
Eichstädt E3
Eichwalde F4
Eichwerder G3
Eickstedt G1
Eisenhüttenstadt H4-I4
Eldenburg A2
Elsholz E4
Elstal E3

Forster Park

Die Niederlausitz

Landschaft mit Für und Wider

Mit diesem Namen verbindet sich ein zweiter Begriff - Kohle- und Energiewirtschaft. Braunkohletagebaue, Kraftwerke und Brikettfabriken, unumstrittene Lebensgrundlage nicht nur der hier Ansässigen, prägen auch das Landschaftsbild dieser südlichen Region des Landes Brandenburg, gelegen zwischen Berlin und Dresden. Die Schönheit der Region machen jedoch großflächige Kiefernwälder, Seen, Flachmoore, Wiesen und Weiden, aber auch Laub- und Mischwälder wie im Luckau-Calauer Becken aus. Gewässerreiche Niederungslandschaften, so das Baruther Urstromtal, die Peitzer Niederung nahe bei Cottbus bis zum mittleren Teil des Oberspreewaldes, - sind einige der vielen Natur- und Landschaftsschutzgebiete, die der noch artenreichen heimischen Tierwelt ausreichend Lebensraum bieten.

Und wer nicht von der Einmaligkeit des Spreewaldes mit seinem unübersehbaren Labyrinth von Kanälen und Flüssen beeindruckt - egal, ob er sich von Burg, Lübbenau oder Lübben aus geruhsam im Kahn staken läßt, selbst per Paddelboot, mit dem Fahrrad oder zu Fuß auf Entdeckungsreise geht.

Dieses Gebiet gehört zur Heimat der Sorben, dem kleinsten der slawischen Völker. Viele Jahrhunderte unterdrückt, konnten sie, wenn auch in einem begrenzten Rahmen, seit Ende des zweiten Weltkrieges ihre Kultur und Sprache pflegen, haben ihre Sitten und Bräuche das Leben der Menschen in dieser Region bereichert.

Zentrum der Niederlausitz ist Cottbus, die zweitgrößte Stadt des Landes Brandenburg. Mit ihren ausgedehnten Grünanlagen, Parks und Wanderwegen entlang der Spree bietet die über Achthundertjährige Einwohner und Gästen Erholung und Ent-

Apothekenmuseum Cottbus

spannung. Liebhaber von Kunst und Kultur finden in den Museen der Stadt, dem Theater - einem originellen Jugendstilbau aus dem Jahre 1908 -, und in den Galerien Unterhaltung und Kunstgenuß. Weit über die Landesgrenzen hinaus bekannt sind Schloß und Park Branitz, von Fürst Pückler angelegt. Die nach Flutung von Braunkohletagebauen entstandenen großen Badeseen wie der Senftenberger See bieten gute Möglichkeiten für Camping und Wassersport.

Lübbenau:
Der alte Stadtkern der Stadt Lübbenau mit dem Marktplatz ist überwiedend von zweigeschossigen Bürgerhäusern aus dem 18. und 19. Jahrhundert eingefaßt. Im Zentrum steht die Kirche St.Nikolai, ein Barockbau aus dem 18. Jahrhundert und eine Postmeilensäule von 1740. Nordwestlich des Marktplatzes ist der Topfmarkt, der durch ein Torhaus aus Backstein abgeschlossen wird. Es wurde 1850 als Rathaus eingerichtet, wird aber seit 1910 vom Kreisgericht genutzt. In der Tordurchfahrt ist der Kiefernknochen eines Wales befestigt, der von einem Einwohner der Stadt gestiftet wurde. Tagesausflügler, die nach einer erlebnisreichen Kahnfahrt, einem Spaziergang im historischen Stadtkern oder im Schloßbezirk, einem Besuch im Spreewalddorf Lehde die Spreewälder Gastlichkeit kennengelernt haben, kommen gern wieder nach Lübbenau.
Quelle: Tourist-Information

Ein Anziehungspunkt für viele Gäste sind die traditionellen Heimatfeste wie das Rothsteiner Felsenfest in Bad Liebenwerda, die Seefestspiele am Senftenberger See, das Tierparkfest in Herzberg oder das Forster Rosengartenfest. Einen ganz eigenen Reiz haben die Feste der Sorben im Spreewald. Die Fastnacht (Zapust) oder das Hahnrupfen (Kokot) zur Erntezeit werden in wunderschönen Trachten, mit Tänzen und Liedern gefeiert. Restaurants, Cafés, Gasthöfe und gemütliche kleine Kneipen haben meist deftige Lausitzer Spezialitäten auf der Speisekarte: Quark mit Leinöl, Krautwickel, leckere Fischgerichte in Spreewaldsoße, Spreewälder Gurken und Meerrettich natürlich, Kaffee mit Eierplinsen.

Übernachtungen

3800 Betten in Hotels, Pensionen, Gasthöfen und Ferienwohnungen
540 Betten in Bungalows und Ferienheimen
753 Betten in Privatquartieren
765 Betten in Jugendherbergen
Bauern- und Reiterhöfe mit ca. 60 Betten
29 Campingplätze mit 6420 Standplätzen, davon ca. 1790 Plätze für Wohnwagen

Sehenswürdigkeiten

Cottbus:
Spremberger Turm, Altmarkt, Apothekenmuseum, Raumflugplanetarium;
Bismarck-Turm in Burg, Spreewald-Museum, Freilandmuseum in Lehde, Paul-Gerhard-Kirche in Lübben, Agrarmuseum Schlepzig;
Nikolai-Kirche, Altstadtkern Luckau;
Bockwindmühle Falkenberg;
Parkanlagen Drehna und Golssen;
Weißgerber-Museum Doberlug-Kirchhain;
Schloß, Martinskirche, Lubwartturm Bad Liebenwerda;
Schloß, Stadtkirche Senftenberg; Grünwalder Lauch, Kmehlrener Berge;
Bucksche Schweiz, Schloß und Park Lindenau, Bronzegießerei Lauchhammer;
Kreuzkirche, Schloß, Heidemuseum Spremberg;
Rosengarten Forst

Freizeitangebote

Wandern/Radwandern: rund 870 km Wanderwege; Fahrgastschiffahrt, Wasserwandern, Segeln, Surfen, Rudern, Reitsport; Motor-, Segel- und Drachenflug in Neuhausen, Bronkow, Klein Koschen, Schwarzheide, Theater der Stadt Cottbus/Neue Bühne Senftenberg; Orgelkonzerte in Cottbus, Lübbenau, Vetschau, Senftenberg, Groß Kmehelen und Herzberg

Informationen

Stadtverwaltung Cottbus,
Amt für Tourismus
Neumarkt 5
03046 Cottbus
Tel. 0355/61 24 18

Fremdenverkehrsbüro Burg
Am Hafen 1
03096 Burg
Tel. 035603/417

Fremdenverkehrsamt Lübbenau
Ehm-Welk-Str. 15
03222 Lübbenau
Tel. 03542/3668

Fremdenverkehrsverein
Spreewaldkreis Lübben e.V.
Lindenstraße 14
15907 Lübben
Tel. 03546/30 90

Fremdenverkehrsverein
Kreis Luckau e.V.
Am Markt 13
15926 Luckau
Tel. 03544/30 50

Fremdenverkehrsamt
Senftenberg
Dubinaweg 1
01968 Senftenberg
Tel. 03573/2170

Fremdenverkehrsverein
Finsterwalde
Sonnenwalder Str. 2-4
03238 Finsterwalde
Tel. 03531/40

Stadtverwaltung
Fremdenverkehrsbüro
Rathaus
Markt 1
03238 Finsterwalde
Tel. 03531/63 047

Fremdenverkehrsverein
Bad Liebenwerda
Dresdener Str 12
04924 Bad Liebenwerda
Tel. 035341/610

Fremdenverkehrsbüro
Spremberg
Schloßbezirk 3
03130 Spremberg
Tel. 03563/570

Naturschutzgebiete

Geschützte Natur im Land Brandenburg

Zu den Brandenburgischen Großschutzgebieten gehören:

- das UNESCO-Biosphärenreservat Schorfheide-Chorin

- das UNESCO-Biosphärenreservat Spreewald

sowie die in Teilen vorerst gesicherten Projekte:

- Nationalparkprojekt Unteres Odertal

- Naturpark Märkische Schweiz

- Naturpark Feldberg-Lychener Seenlandschaft

- Naturpark Brandenburgische Elbtalaue

- Naturpark Niederlausitzer Heidelandschaft

und die Naturparkprojekte:

Barnim, Dahmeland, Niederlausitzer Landbrücken, Westhavelland, Baruther Urstromtal und Fläming.

Schorfheide-Chorin

Charakteristisch für dieses Naturschutzgebiet sind die 21 Fischteiche mit einer Gesamtfläche von 140 Hektar.Ein fein gegliedertes Mosaik von unterschiedlichen Biotoptypen, offenen Wasserflächen, naturnahen Uferbereichen, Sümpfen, Bruch-,

Auf dem Weg zur Oder Foto: F. Peukert

Misch-, und Nadelwäldern sowie Trockenrasen bietet Lebensraum für eine reiche Tier- und Pflanzenwelt.

Der Artenreichtum des Naturschutzgebiets und die Fülle naturnaher Standorte gewähren den Besuchern dieses Gebietes ungewöhnliche Erlebnisse. Durch geschickte, gut geplante Wegeführungen in Zusammenhang mit der Einrichtung eines Informationszentrums soll im Gebiet eine Doppelstrategie verfolgt werden.

„Natur erleben - Natur verstehen“

Unter diesem Motto will der Naturschutzbund den Besuchern des Informationszentrums ein vielfältiges naturkundliches Wissen vermitteln, die Einsicht in die komplizierten Zusammenhänge und Wechselwirkungen in natürlichen Lebensgemeischaften fördern, neues Verständnis für die Gefahren, die der Natur und damit den Menschen heute drohen, wecken und schließlich anregen, sich selbst aktiv für den Schutz von Natur und Umwelt einzusetzen.

Einerseits soll das Naturschutzgebiet so erhalten und entwickelt werden, daß die optimalen Bedingungen für die Tier- und Pflanzenwelt erhalten bleiben. Andererseits sollen die Besucher durch das eigene Erleben von Natur diese besser verstehen und bewahren lernen.

Spreewald

Der Spreewald ist eine Flußauenlandschaft, die durch den Menschen seit Jahrhunderten in Kultur genommen und durch seine Tätigkeit geprägt ist.

Die einzigartige Schönheit beruht auf der Synthese eines Labyrinths von Flußgewässern, reicher Naturausstattung mit artenreichen Feuchtbiotopen, Wiesen und Wäldern.

Der Spreewald hat nun in seiner Gesamtheit ddie Chance, sich zu einer der bedeutendsten Kulturlandschaften der Bundesrepublik zu entwickeln. Mit der Festsetzung zum Biosphärenreservat (Verordnung vom 12. Septenber 1990) und der Anerkennung durch die UNESCO am 7. März 1991 sind hierfür die besten Voraussetzungen gegeben

- die Natur und Landschaft un ihrer Vielfalt zu bewahren

- den besonderen Charakter dieser Kulturlandschaft zu pflegen

- wirtschaftliche Nutzung im Einklang mit den natürlichen Voraussetzungen zu entwickeln

- eine umweltverträgliche Landnutzung einzuleiten und damit eine Beispiellandschaft zu entwickeln

1000 - jährige Eiche bei Guben Foto: Landratsamt

Das bedeutet Schutz, Pflege und Entwicklung der Spreewaldlandschaft.

Was ist nun zu schützen, zu pflegen und zu entwickeln?

Ein Landschaftsabschnitt in der Niederlausitz im Glogau-Baruther-Urstromtal, einer großen Talrinne, welche die Schmelzwässer der letzten großen Vereisung des Warthe-

Stadials aufgenommen und in westlicher Richtung transportiert hat.

Innerhalb von Jahrhunderten entstand dann eine in Mitteleuropa einmalige Flußauenlandschaft. Der ursprünglich fast flächendeckende Waldbestand im Spreewald mußte im Laufe der letzten Jahrhunderte vom Rande her immer mehr einer landwirtschaftlichen Nutzung weichen. So entstand allmählich eine sich durch eine ungewöhnliche Artenvielfalt auszeichnende Kulturlandschaft, die sich, abgesehen von den örtlichen starken Eingriffen und der lange Zeit durchgeführten landwirtschaftlichen Nutzung, noch zum Teil als harmonisches, in seiner Ursprünglichkeit erhaltenes Ganzes darstellt.

Ufer am Kyritzer Untersee

Naturpark Märkische Schweiz

Mit Wirkung vom 1.10.1990 konnte der Naturpark Märkische Schweiz als Landschaftsschutzgebietvon zentraler Bedeutung unter Schutz gestellt werden. Er entstand aus dem 40 qkm großen Landschaftsschutzgebiet „Buckower Wald- und Seengebiet“ und umfaßt 205 qkm. Im gleichen Zusammenhang konnten sechs seiner wertvollsten Landschaften als Naturschutzgebiete gesichert werden.

Zielstellung

Die große Anzahl bestandsbedrohter Tier- und Pflanzenarten, die reich gegliederte Natur und die offene Kulturlandschaft sind in ihrer Vielfalt und in ihrem Wert als Erholungsraum für den Menschen zu schützen.

Naturräumliche Ausstattung

Die größten Seen:
- Schermützelsee - 146 ha Fläche und 45 m tief
- Klobichsee - 74 ha Fläche und 12 m tief

Eine reiche floristische faunistische Ausstattung kennzeichnet den Naturpark Märkische Schweiz, so konnten unter anderem

- über 800 Farn- und Blütenpflanzen;
- 220 Vogelarten;
- 45 Tagfalterarten;
- 129 Molluskenarten;
- 31 Libellenarten

nachgewiesen werden.

Besonders bemerkenswerte Vertreter der Fauna sind Fischotter, europäische Sumpfschildkröten, See- und Fischadler, Eisvogel sowie Waldwasserläufer.

Laufende und geplante Projekte

- Renaturierung des Fließwassersystems
- Biotopverbundsystem von Offenlandschaften im Agrarraum
- Naturwald - Verbundsystem

Feldberg - Lychener Seenland-

Zwischen dem Havelknie und Fürstenberg sowie den drei Seenkreuzen bei Templin, Lychen und Boitzenburg mit der Zerweliner Heide entsteht gegenwärtig der brandenburgische Teil des Naturparkes.

Dieser Weg zieht sich westöstlich von Lychen über Warthe und

Hardenbeck nach Boitzenburg und berührt mehrere Naturschutzgebiete.

Der Wanderer wird besonders dringlich gebeten, sowohl der klieinen Welt am Wegesrand wie auch den großen Vögeln in der Luft (von Schwarzstorch bis Seeadler) mit äußerster Rücksicht zu begegnen.

Dem Blick vom alten Bahndamm westlich Hardenbecks auf den Haussee sollten Rad- und Fußwanderer genießen. Das Feriendorf Warthe lädt zu Rast und Versorgung ein, bevor man hinter „Klamottengut" den Mahlendorfer Forst betritt. In Mahlendorf steht auf einer Dorfwüstung das Jagdschloß des Grafen von Boitzenburg am großen Küstrinsee. Etwas weiter westlich findet der interessierte an dessen Hochufer ein Großgeschiebe. Durch das Walddorf Küstrinchen kommt man nach Fegefeuer und schließlich nach Lychen am Ufer des Oberpfuhlsees entlang.

Elbtalaue

Naturschützer engagieren sich für einen 65000 ha großen Nationalpark beiderseits der Elbe!

Hier wird er entstehen, der Nationalpark „Elbtalaue". Auf seiten nördlich der Elbe umfaßt die empfohlene Fläche 35000 ha, auf südlicher Seite hat der Naturschutzbund Deutschland/Deutscher Bund für Vogelschutz (DBV) 30000 ha vorgeschlagen: zusammen entsteht so ein lebensfähiges Reservat.

Spreeansicht

Die ökologischen Bedingungen sin hervorragend, denn das engere Grenzgebiet war 45 Jahre lang „Tabuzone". Von Westen aus beschränkte sich die wirtschaftliche Nutzung auf die Landwirtschaft und einen geringen Ausflugsverkehr. Das Grenzgebiet der ehemaligen DDR aber war streng bewachte militärische Zone. Nur Bauern der ansässigen LPGs konnten das Land betreten.

Große zusammenhängende Teile von Wäldern und Heiden, Teichen und Flußabschnitten blieben so von jeglicher Nutzung ausgeschlossen und damit vor menschlichem Einfluß verschont. Außer patrouillierenden Grenzposten störte kein Mensch.

So hat sich hier intakte Natur erhalten und regeneriert, wie es sie in der Bundesrepublik fast nirgends mehr wo gibt: In Sümpfen brüten zahlreiche Kranichpaare, hier stauen noch die Biber die Bäche zu Teichen auf, der Schwarzstorch ist in den Wäldern heimisch, See- und Fischadler werden regelmäßig beobachtet. Im Winter beherbergen die Elbauen tausende nordischer Schwäne, Gänse und Enten.

Tierparks in Brandenburg

Im Berliner Zoo und im Tierpark Friedrichsfelde war jeder Berliner schon oft - immer wieder schön, macht immer wieder Spaß! Aber warum nicht mal in die nahe Ferne schweifen und Neues entdecken? Die Brandenburger Tierparks sind gleich um die Ecke. Sie sind nicht so groß wie der Hauptstadt-Zoo, aber dafür umso intimer, teilweise idyllisch inmitten von Wäldern oder Schloßparks gelegen - klein, aber oho!

Altreetz: Hier darf gestreichelt werden - zumindest im „Streichelzoo“. Nasen- und Waschbären, Esel, Ziegen, Schafe, Pferde und Affen warten auf Gäste. Geöffnet: tgl. 9-17 Uhr. Eintritt: 1 Mark (ermäßigt 50 Pfennig). Der Zoo liegt zwischen Wriezen und Bad Freienwalde.

Angermünde: Rund 200 Tiere, 45 Arten, auch Antilopen und Lamas tummeln sich hier. Geöffnet: tgl. 7-17 Uhr. Eintritt: 1 Mark (ermäßigt 50 Pfennig). Der Tierpark liegt außerhalb der Stadt, ist aber nicht zu verfehlen: Die Strecke ist gut ausgeschildert.

Im Juni 1954 öffnete zum ersten Mal im 800 Jahre alten Cottbus ein Tiergarten seine Pforten. Hirsche, Rehe, Wildschweine, Füchse - Tiere der Heimat begegneten den Besuchern in der spreenahen Auwaldlandschaft neben dem Pücklerpark in Branitz. Inzwischen ist aus diesem Wildpark ein zoologischer Garten mit Tieren aller Erdteile geworden. Imposante Tiergestalten begrüßen den Besucher gleich im ersten Teil des Gartens.Spezialisiert ist der Tierpark Cottbus auf die Haltung und Zucht von Vögeln, deren Lebensräume am Wasser liegen.
Geöffnet: 8-18 Uhr (Oktober bis März 8-15.30 Uhr). Eintritt: 3 Mark (ermäßigt 1,50 Mark, Kinder 1 Mark). Der Zoo liegt inmitten des Branitzer Schloßparks.

Dahme: In diesem Tierpark sagen sich Füchse und Hasen gute Nacht. Aber auch Vögel, Dachse, Marder und andere einheimische Tiere sind da.
Geöffnet: tgl. 7-18 Uhr. Eintritt frei. Die Gehege befinden sich auf der Strecke von Luckau nach Jüterbog.

Eberswalde: Der größte unter den Kleinen (24 Hektar) mehr als 800 Tiere, 120 Arten, darunter auch Krallenäffchen und kleine Löwen. Großes Waldgehege mit Dammwild - es darf gefüttert und vom Hochstand aus beobachtet werden.

Es wird besonderer Wert auf die Vermittlung von Heimatliebe und Heimatverbundenheit gelegt. Die Erhaltung der einheimischen Fauna besitzt unter diesem Aspekt einen besonderen Stellenwert.
Die Leitung züchtet so seit Jahren regelmäßig z.B. Europäische Uhus, Schleiereulen, Waldkäuze, Wisente, Rot- und Damwild nach. Insgesamt erblicken pro Jahr etwa 250-300 Jungtiere im Tierpark Eberswalde zum ersten Mal das Licht dieser Welt. Zu ihnen gehören auch Exoten wie z.B. Löwen, Tiger, Leoparden, Bären, Affen, Papageien, Emus, Kamele und Känguruhs. Das Tierparkkollektiv besteht aus 30 Mitarbeitern. Sie sichern durch ihre fleißige Arbeit, daß den jährlich rund 200 000 Besuchern des Parks eine saubere und interessante Kulturstätte geboten wird.

Die jährlich steigenden Besucherzahlen sind Ausdruck der Attraktivität des Tierparks. Entsprechend einer durch die Stadt Eberswalde-Finow beschlossenen Entwicklungskonzeption laufen konkrete Bauvorhaben, die eine Qualitätserhöhung der besehenden Tieranlagen und Wirtschaftseinrichtungen zum Ziel haben. Nur in geräumigen, artgerechten und naturnahen Tieranlagen fühlen sich die Tiere wohl.
Natürlich stellt die Käfighaltung in jedem Fall einen Kompromiß dar, aber die Gesundheit der Tiere, ein hohes Lebensalter und zahlreicher Nachwuchs bestätigen die Vorstellungen von moderner Wildtierhaltung. In Zukunft wir die „Haltung hinter Gittern“ durch Freianlagen mit Begrenzungsgräben und den Einsatz von Panzerglas weitestgehend abgelöst werden.
Die Gastronomische Versorgung ist durch eine Tagesgaststätte sowie ein kleines Terrassen-Café gewährleistet.
Der Park liegt inmitten einer herrlichen Waldlandschaft. Denken Sie bitte auch daran, daß die Waldbrandgefahr besonders während der Sommermonate außerordentlich groß ist. Rauchen Sie deshalb nur in den Gaststätten bzw. auf den Kaffeeterrassen.
Der Tierpark Eberswalde bietet der gesamten Familie ein Gemeinschaftserlebnis und ist zu jeder Jahreszeit reizvoll.

Geöffnet: täglich von 9 Uhr bis es dunkel wird. Eintritt: 4 Mark (ermäßigt 2,50 Mark , Kinder 2 Mark)

Eisenhüttenstadt: Mini-Zoo mit 14 Arten, u.a. Esel, Enten, Rehe und Wildschweine. Geöffnet: 9-18 Uhr (Oktober bis März 9-16 Uhr) Eintritt: 2 Mark (ermäßigt 1 Mark). Der Tierpark liegt inmitten des Naherholungsgebietes „ Auf der Insel“ am Stadtrand.

Finsterwalde: Vor allem einheimische Tiere (Schafe, Ziegen, Pferde) - mittendrin ein Pärchen frecher Ara-Papageien.

In der Bürgerheide, einem Waldstück im Westen der Stadt, finden Sie ein Kleinod von Finsterwalde, den Tierpark. Mit

Land Brandenburg

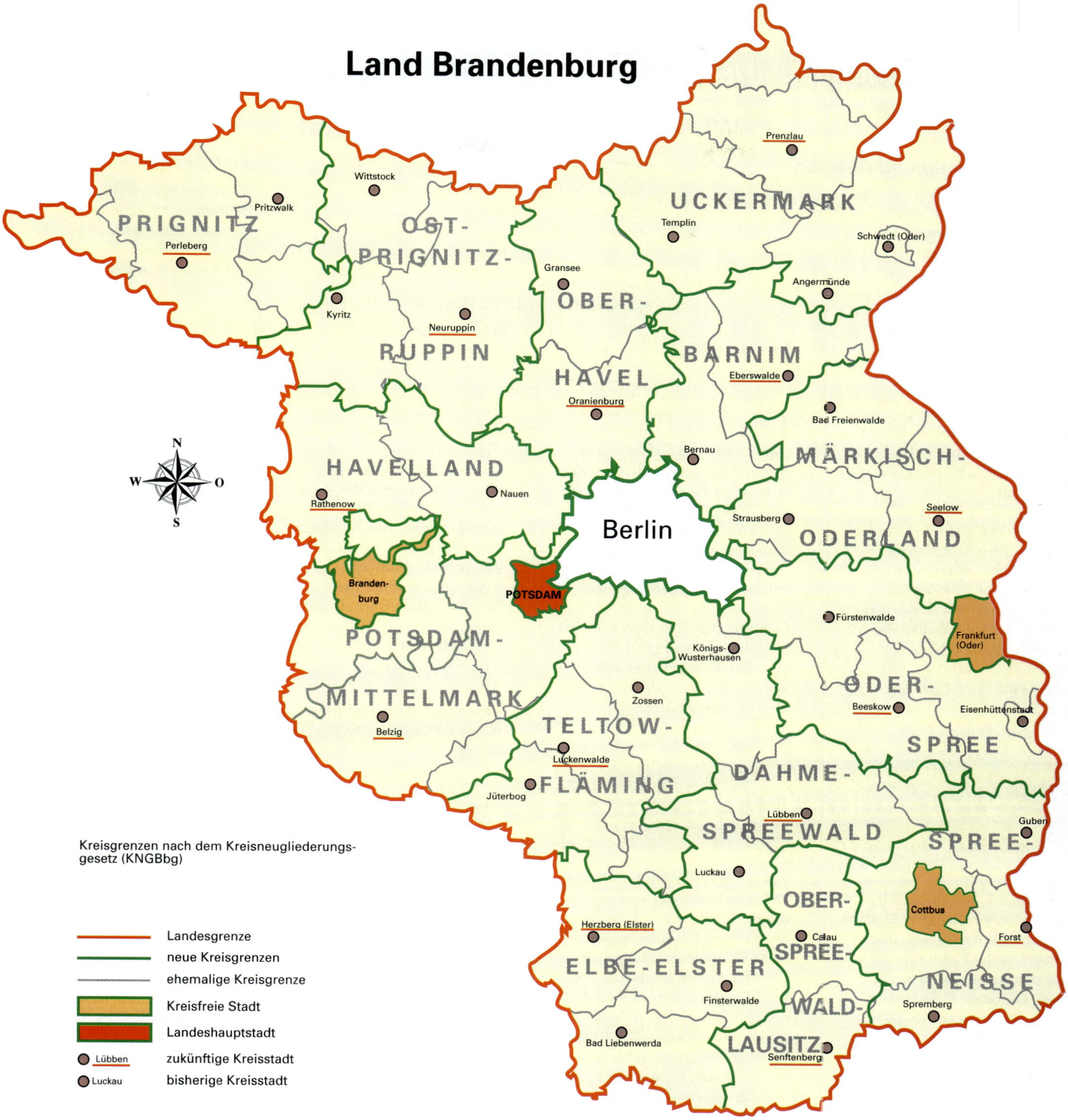

seinen mehr als 35 Gehegen, seinen 45 Tierarten, davon Exoten und einheimischen Vögel, ist er ein lohnendes Ausflugsziel für jung und alt.

Besonders beliebt sind bei den Besuchern natürlich die Rhesusäffchen, Mantelpaviane, die Meerkatzen, die Ziegenherden mit ihren vielen Zicklein im Frühjahr oder die Vielfalt der Vogelwelt, die er beherbergt. Eine besonders schöne Anlage ist auch die für Wassergeflügel.

Das Anliegen des Tierparks sind der Natur-und Artenschutz in diesem Gebiet und die Erhaltung seltener Pflanzen. Er bietet allen Bürgern unterschiedlichste Möglichkeiten sehr sinnvollen Freizeitgestaltung wie Wanderungen, ein Besuch des Naturlehrpfades oder die Erholung bei Tierparkkonzerten.

Geöffnet: tgl. 8-18 Uhr. Eintritt: 1,50 Mark (ermäßigt 50 Pfennig). Der Tierpark liegt außerhalb der Stadt auf der Strecke nach Doberlug-Kirchhain.

Kreisgebietsreform

Mit Durchführung der Kommunalwahlen des Landes Brandenburg vom 5.Dezember 1993 tritt das Kreisneugliederungsgesetz des Landes Brandenburg vom April 1993 in Kraft. Dieser Tag ist die Geburtsstunden von 14 neuen Großkreisen, die aus Gründen ihrer geographischen Lage sowie geschichtlichen und kommunalpolitischen Gegebenheiten ihr jetziges Territorium stellen. Wie nicht anders zu erwarten, entstand ein Disput über den jeweiligen Verwaltungssitz des Landkreises. Jede ehemalige Kreisstadt bedauert, eher mehr als weniger, den Verlust an Prestige, Status und politischer Einflußnahme. Dennoch wird von den Verwaltungen die Kreisgebietsreform insgesamt nicht in Frage gestellt, denn auf lange Sicht war eine Neugliederung der Verwaltungseinheiten mehr als notwendig.

Territorium
Land Brandenburg
Fläche
Landesfläche: 29,060 qkm
Anteil der Landesfläche an der ehemaligen DDR: 26,8 %
Anteil am gesamten Bundesgebiet nach dem Beitritt 8,1 %
Hauptstadt: Potsdam
4 Stadtkreise: Potsdam, Cottbus, Frankfurt/Oder, Brandenburg
14 Landkreise
1775 Gemeinden

Barnim

- Bernau
- Eberswalde

Großkreis zwischen Hauptstadt und polnischer Grenze
Dem Sektorialprinzip folgend, hat das Landesparlament die Vereinigung der Kreise Bernau (ca. 72 000 Einwohner und 758 qkm Fläche) und Eberswalde (ca. 78 000 Einwohner und 731 qkm Fläche) beschlossen; hinzu kommen noch die Gemeinden Hohensaaten und Tiefensee aus dem Kreis Bad Freienwalde. Die Gemeinde Bölkendorf dagegen wechselt in den Kreis Angermünde.

Das Sektoralprinzip beinhaltet strahlenförmig um Berlin angeordnete Kreise, um die Entwicklungsimpulse aus der Bundeshauptstadt möglichst in viele Kreis zu tragen und nicht eine Zweiteilung des Landes in wohlsituierte Berlin-Anrainer und „provinzielle" Abgeschiedenheit berlin-abgeschirmter Kreise zuzulassen. Die neue Karte des Landes Brandenburg zeigt dieses Bemühen mit acht Sektoralkreisen an Berlin deutlich. Mit neuem Kreiszuschnitt und der -größenordnung wird nicht nur die Grundlage für eine effektive Verwaltung, sondern auch für eine gesunde Entwicklung des künftigen Kreises gegeben.
Die direkte Berlin-Grenze zum Territorium Bernau wird einen Entwicklungsschub aus der Hauptstadt kanalisieren; künftige Wohn- und Gewerbeansiedlungen größeren Ausmaßes machen sich bereits heute mit ersten Zeichen bemerkbar. Das Territorium Eberswalde wird neben vielfältigen touristischen Attraktionen (Kloster Chorin, Schiffshebewerk Niederfinow) vor allem eine infrastrukturell gut erschlossene Brückenfunktion zur Republik Polen haben, und insbesondere das Mittel- und Verwaltungszentrum Stadt

Eberswalde wird mit einer „Transmitterfunktion“ Entwicklungsimpulse für das berlinferne Odergebiet weitergeben.

Eberswalde als „Metropole“ des Barnim

Eine Frage hat wie kaum eine andere, im Zusammenhang mit der Kreisgebietsreform, Land und Leute bewegt: Welche Stadt erhält den Zuschlag als neuer Sitz der Kreisverwaltung? Der Kreistag schloß sich in namentlicher Abstimmung am 31. März 1993 den Argumenten für die Kreisstadt Eberswalde an.
Fast ins Hintertreffen geriet dabei der Disput über den Namen des neuen Großkreises. Entsprechend dem Vorschlag des Kreistages Bernau, der auch in Eberswalde Zustimmung fand, beschloß der Landtag, den künftigen Großkreis Bernau/Eberswalde „Barnim“ zu nennen, in Anlehnung an historische und geographische Parallelen, auch wenn das jetzige Kreisterritorium nicht exakt dem eigentlichen Barnim entspricht. Am 5. Dezember heißt es also Abschied nehmen von den bisherigen „Kleinkreisen“, doch dieser „Verlust“ bringt viele Gewinne in Verwaltungsstruktur und territorialer Entwicklung mit sich; und somit dürfte die Formel „Bernau + Eberswalde = Barnim“ eine Rechnung mit positivem Resultat sein.
(Nach: „Von Eberswalde in den Barnim“, Uwe Jordan im Eberswalder Heimatkalender 1993)
Quelle: Kreisverwaltung Eberswalde, Stand: 13.08.93

St. Gotthard (Brandenburg) Foto: L. Wils

Dahme - Spreewald

- Königs Wusterhausen
- Lübben
- Luckau

Neuer Sitz der Kreisverwaltung ist Lübben

Elbe - Elster

- Herzberg
- Finsterwalde
- Bad Liebenwerda

Die Auswirkungen der Kreisgebietsreform für den Kreis Herzberg:
Zur Vorbereitung der Neuordnung der Kreis hatte das Ministerium des Innern im April 1991 einen Vorschlag herausgegeben, der ausgehend von Kriterien und Erfahrungen der Gebietsreformen in der alten Bundesrepublik zu den tatsächlichen Verhältnissen im Land Brandenburg, Aussagen über die verschiedenen Maßstäbe für eine Kreisgebietsreform trifft. Dieser Vorschlag sah vor, einen Großkreis in der Region aus den Kreisen Herzberg, Bad Liebenwerda, Finsterwalde und Senftenberg zu bilden. Gleichzeitig forderte der

Neuzelle Foto: F.Peukert

Innenminister die Landkreise auf, eine Stellungnahme zu dem Vorschlag des Ministeriums des Innern bis zum 31.07.1991 abzugeben. Der Kreistag Herzberg nahm am 25.07.1991 zu diesem Vorschlag Stellung. In dieser Stellungnahme wurde grundsätzlich ein Zusammengehen mit dem Kreis Senftenberg aber abgelehnt. Die Landkreise Finsterwalde und Bad Liebenwerda stimmten ebenfalls mehrheitlich gegen ein Zusammengehen mit dem Kreis Senftenberg.

Vom 21. - 30.10.1991 besuchte die Arbeitsgruppe „Kreisgebietsreform" 4 Regionen des Landes Brandenburg, bei denen den Landräten die Möglichkeit gegeben wurde, Stellung zum Vorschlag des Innenministeriums zu beziehen. Nach der Beratung der Arbeitsgruppe „Kreisgebietsreform" wurde, entgegen den Voten der drei Kreistage, ein Zusammengehen der vier Landkreise trotzdem befürwortet. Als Kreissitz wurde die Stadt Finsterwalde vorgeschlagen.

Mit sichtlichem Unverständnis auf diesen Vorschlag der Arbeitsgruppe reagierten die Kreistage Herzberg, Bad Liebenwerda und Senftenberg und forderten, daß die Stellungnahmen der 4 Kreistage in das Ergebnis der Arbeitsgruppe einfließen sollte.

Durch den Innenminister wurde den Kreistagen die Möglichkeit eingeräumt, sich bis zum 31.08.1992 einvernehmlich zur Kreisstadtfrage zu einigen. Zwar war man sich zwischen den Kreisen Finsterwalde, Bad Liebenwerda und Herzberg einig über das Zusammengehen, aber eine Einigung hinsichtlich der Kreisstadtfrage kam nich(t zustande. Jede der drei Kreisstädte und Doberlug-Kirchhain kämpften um den Kreissitz.

(Quelle: Kreisverwaltung Herzberg, Stand: 24.08.93)

Havelland

- Rathenow
- Nauen

Neuer Sitz der Kreisverwaltung ist Rathenow

Märkisch-Oderland

- Bad Freienwalde
- Strausberg
- Seelow

Der „Landkreis Märkisch-Oderland" besteht aus 14 Ämtern und 7 amtsfreien Gemeinden mit insgesamt 170 499 Einwohnern. An der künftigen Struktur der Kreisverwaltung wird gegenwärtig gearbeitet.
Gesetz zur Bestimmung von Verwaltungssitz und Namen des Landkreises Märkisch-Oderland (Märkisch-Oderland-Gesetz) - MarkOderG) vom 22. April 1993
Der Landtag hat das folgende Gesetz beschlossen:
Der durch §14 des Kreisneugliederungsgesetzes
aus dem Kreis Bad Freienwalde ohne die Gemeinden Hohensaaten und Tiefensee,
dem Kreis Strausberg
und dem Kreis Seelow
sowie der Gemeinde Rüdersdorf (Kreis Fürstenwalde)
gebildete Landkreis führt den Namen „Landkreis Märkisch-Oderland".

Sitz der Verwaltung des Landkreises ist die Stadt Seelow.
(Quelle: Kreisverwaltung Seelow, Stand 26.07.1993)

Kirche "Peter und Paul" in Nauen Foto: Stadtverwaltung

Oberhavel

- Gransee
- Oranienburg

Neuer Sitz der Kreisverwaltung ist Oranienburg

Oberspreewald-Lausitz

- Calau
- Senftenberg

Neuer Sitz der Kreisverwaltung ist Senftenberg

Oder-Spree

- Fürstenwalde
- Beeskow Stadt
- Eisenhüttenstadt

1. Eisenhüttenstadt verliert den Status einer kreisfreien Stadt
2. Aufgrund einer Verfassungsklage ist noch nicht klar, ob der Oder-Spree-Kreis tatsächlich Bestand haben wird. Eine Klärung wird vor Ende des Jahres 1993 mit Sicherheit nicht erfolgen!(Quelle: Stadtverwaltung Eisenhüttenstadt 24.06.1993)

Ostprignitz-Ruppin

- Kyritz
- Wittstock
- Neuruppin

Neuer Sitz der Kreisverwaltung ist Neurupin

Potsdam-Mittelmark

- Belzig
- Brandenburg-Land
- Potsdam-Land

Der Neukreis Potsdam-Mittelmark

Der 5. Dezember 1993 ist die Geburtsstunde des Kreises Potsdam-Mittelmark, der sich aus den ehemaligen Landkreisen Belzig, Brandenburg und Potsdam zusammensetzt.
Bereits am 31. Januar 1816 wurde durch eine Kabinettsorder des damaligen Königs der Kreis Zauch-Belzig gegründet, der in seiner Ausdehnung der heutigen Variante sehr nahe kommt.
Der Kreis Potsdam-Mittelmark hat eine Ausdehnung von 2732 qkm und zählt 169 300 Einwohner.
Eine langanhaltende Diskussion war vorprogrammiert. Im Werderaner Raum folgte eine erfolgreiche Unterschriftensammlung. Leider traten die Sachargumente viel zu oft in den Hintergrund. Inzwischen wurde Belzig als Kreisstadt für den neuen Großkreis durch den Landtag am 31. März 1993 bestätigt. Die Gemüter haben sich inzwischen etwas beruhigt, sicherlich einer vernünftigen Sacharbeit dienlich, denn die neue Verwaltung wirft ihre Schatten voraus.
In verschiedenen Facharbeitsgruppen ist man bestrebt, beste Voraussetzungen für die neue Verwaltung zu schaffen. Diese Arbeit läuft sehr gut und wird sicherlich Früchte tragen.
Die Stadt Werder trägt sich jedoch immer noch mit dem Gedanken, eine Verfassungsklage einzureichen, zumal die Kreisstadtfrage des Kreises Potsdam Mittelmark in dem vom 04.08.93 - 03.12.93 laufenden landesweiten Volksbegehren zur Kreisneugliederung keine Berücksichtigung findet.

Blick auf St. Marien in Bernau   Foto: Stadtverwaltung

Erfreulich ist, daß in diesem langwierigen und schwierigen Prozeß des aneinander Gewöhnens auch sehr positive Erfahrungen eine Rolle spielen. Aus der historisch gegebenen Zugehörigkeit zum ehemaligen Kreis Zauch Belzig wird das Amt Treuenbrietzen mit Wirkung vom 05.12.93 zu Potsdam-Mittelmark stoßen.
Quelle: Kreisverwaltung Belzig, Stand: 12. August 1993

Prignitz

- Perleberg
- Pritzwalk

Neuer Sitz der Kreisverwaltung ist Perleberg

Spree-Neiße

- Cottbus-Land
- Guben
- Forst
- Spremberg

Neuer Sitz der Kreisverwaltung ist Forst

Kreisfläche 1671 qkm
Einwohner 158+853
Die flächenmäßig erweiterte kreisfreie Stadt Cottbus bildet darin ein unabhängiges Oberzentrum.
Die an der gemeinsamen Kreistagssitzung teilnehmenden Abgeordneten gaben die Empfehlung, den neuen Kreis Spree - Neiße - Kreis zu nennen.

Abstimmungsergebnis: 115 von 145 möglichen Stimmen für diesen Namen.

Stellungnahme des Kreises Forst

Bei der Festlegung des Kreisgebietes geht es um eine strukturpolitische Entscheidung für die Zukunft, und alle Entscheidungsträger sollten daran denken, daß hier die Weichen für Jahrzehnte gestellt werden. Die Gewichte müssen deshalb gut verteilt werden, um dynamische Strukturen zu erhalten, die künftigen Belastungen gewachsen sind.
Aus diesem Grunde ist nach Meinung des Landkreises Forst die Einbeziehung des Kreises Guben in den süd-östlichen Großkreis die bessere Variante.
Quelle: Kreisverwaltung Forst, Stand: 16.08.93

Teltow-Fläming

- Zossen
- Luckenwalde
- Jüterbog

Neuer Sitz der Kreisverwaltung ist Luckenwalde

Uckermark

- Angermünde
- Prenzlau
- Templin
- Schwedt

Neuer Sitz der Kreisverwaltung ist Prenzlau

Geographische Angaben Quelle: Bundesanstalt für Landeskunde und Raumordnung Bonn

Durchführung eines Volksbegehrens zur Kreisneugliederung Bekanntmachung der Abstimmungsbehörde Amt Trebbin vom 22.07.1993

1. In der Prignitz soll eine Lösung mit den vier Prignitzkreisen Perleberg, Pritzwalk, Wittstock und Kyritz ohne Neuruppin gefunden werden. Entsprechend sind die 1 und 2 des Gesetzentwurfes zu ändern. In einem neuen 16 ist aus den Kreisen Neuruppin und Gransee ein neuer Landkreis zu bilden. Aus dem 3 des Gesetzentwurfes ist der Kreis Gransee auszunehmen, d. h., der Kreis Oranienburg+bleibt in seiner jetzigen Konfiguration erhalten.

2. Wir treten ein für die Bildung eines Uckermark-Kreises, wie im Gesetzentwurf 5 beschrieben, bestehend aus den Kreisen Templin, Prenzlau, Angermünde und der kreisfreien Stadt Schwedt.

3. In einem neuen 15 soll die Bildung eines Oder-Neiße-Kreises aus der einzukreisenden Stadt Eisenhüttenstadt und den Kreisen Eisenhüttenstadt-Land und Guben geregelt werden. Dementsprechend sind die 12 und 13 des Gesetzentwurfes dahingehend zu ändern, daß aus 12 der Kreis Guben und aus 13 der Stadt- und Landkreis Eisenhüttenstadt herausgenommen werden.

4. Die Kreise Fürstenwalde mit dem Amt Rüdersdorf und Beeskow bilden einen neuen Landkreis.
Quelle: Amt Trebbin

LUCKAU

Aus der Stadtgeschichte

Die Stadt Luckau wurde urkundlich erstmals 1275 erwähnt, ein zweites Mal 1276. Diese Urkunden belegen, daß Luckau bereits zur damaligen Zeit ein bedeutender Ort war.

LUCKAU

PLZ 15926
Vorwahl 03544

Kfz.-Kennz.: LC

Einwohner Stadt: 6.840

Fläche Stadtgebiet: 18,96 qkm

Giebelhäuser auf dem Marktplatz Foto: Fotoclub Luckau

Wahrscheinlich ist, daß Luckau im Rahmen der Ostexpansion an der Stelle eines alten slawischen Burgwalls durch Kaufleute im 12. Jahrhundert gegründet wurde. Die schnelle wirtschaftliche Entwicklung verdankt die Stadt seiner günstigen Lage am Schnittpunkt mehrerer Handels- und Heerstraßen. Luckau erhielt in kürzester Zeit Markt-, Zoll- und Münzrecht (1397). Aber auch die zahlreiche Handwerkerschaft trug wesentlich zur Blüte der Stadt und zum Wohlstand im Mittelalter bei. Davon zeugen heute noch gut erhaltene Giebelhäuser am Marktplatz und die wohlausgestattete Nikolaikirche. 1291 gründete sich ein Dominikaner-Kloster. 1492 wurde Luckau als eine Hauptstadt im Markgrafentum Niederlausitz genannt und erhielt von Wladislaw von Böhmen und Ungarn das Recht, mit rotem Wachs zu siegeln. Nicht verschont blieb Luckau von Seuchen (Pest 1634, 1637), großen Stadtbränden (1644, 1652) und dem Dreißigjährigen Krieg. Danach verlor die Stadt als Verwaltungsmittelpunkt an Bedeutung.

Am 4. Juni 1813 fand zwischen französischen Truppen unter Quindinot und russisch-preußischen Truppen unter Bülow die Schlacht bei

Luckau statt. Die Franzosen wurden besiegt und damit der Vormarsch auf Berlin vereitelt. Nachdem die Niederlausitz wieder 1815 an Preußen fiel, wurde

Heute steht vor der Stadt die Aufgabe, das mittelalterliche Flair zu erhalten und wirtschaftlich zu erschließen. Der gesamte historische Stadtkern mit Stadtbefestigung ist erhalten geblieben.
(Quelle: Stadtverwaltung)

Zum Stadtwappen von Luckau: Das älteste, 1298 überlieferte Siegelbild der Stadt Luckau (an einer Urkunde für das Kloster Dobrilugk) zeigt das in deutschen Städten des 12. und 13. Jh. übliche Bild: ein steinernes Gebäude mit Turm, umgeben von einer gequaderten und bezinnten Ringmauer, in derem offenen Tor das Symbol des Stadtherrn und Stadtgründers erscheint; hier der aufgerichtete Löwe der Markgrafen von Meißen. 1304 verkauften sie Stadt und Land Luckau an die Markgrafen von Brandenburg (Askanier, später Wittelsbacher), die Luckau und andere Teile der Lausitz zwar zeitweise noch an die Meißner verpfändeten, sie aber schließlich 1367 an Karls IV., überließen. Dieser verleibte die Niederlausitz 1370 der Krone Böhmens ein.

In dieser Zeit mehrfach aufeinanderfolgender politischer Machtwechsel löste sich Luckau wie viele andere Städte allmählich von dem allgemeinen Mauersymbol und benutzte im kleineren Sekretsiegel ein unverwechselbares eigenes Wappen, einen schreitenden rechts gewendeten Stier. Hierbei handelte es sich möglicherweise um ein „redendes“ Wappen, das auf den Evangelisten Lukas verwies, dessen Attribut der Stier ist. Als Stadtsiegel ist der Stier seit 1399, als Landessiegel der Niederlausitz, bei Wenzel, dem Sohn Karls IV., bereits 1367 überliefert. Geht man davon aus, daß auch das Wappen der Stadt Görlitz zum Landeswappen der Oberlausitz geworden ist, so kann man für Luckau gleiches vermuten, auch wenn die vom Zufall überlieferten Daten das Stadtsymbol erst später belegen.

In der Folge bleibt es beim Symbol des Stiers, der auf Siegeln des 16. Jhs. auch springend dargestellt wird.

Ein Sekretsiegel vom Ende des 16. Jhs. (teilweise mit der Jahreszahl 1597) gibt den Stier erneut schreitend und mit zurückgewandtem Haupt wieder, während auf Siegeln des 17. Jhs. ein vorwärts schauender Stier begegnet. In letzterer Form wird der Stier auch noch in Siebmachers großem und allgemeinen Wappenbuch (Stadtwappen Bd. II, Nürnberg 1885, Tafel 184) abgebildet.
(Quelle: Brandenburgisches Landeshauptarchiv)

Wirtschaftsstruktur

Die Wirtschaft der Stadt wird heute durch vielerlei kleine Handwerks- und Gewerbebetriebe geprägt. Daneben existieren mehrere mittelständische Unternehmen der Bau- und Ausbaubranche. Größere Industriebetriebe sind nicht vorhanden.

Wirtschaftsbereiche:
Handel, Gewerbe und Dienstleistungen 35 %
Bauunternehmen 25 %
Handwerk 25 %
Landwirtschaft 15 %
(Quelle: Stadtverwaltung)

Sehenswürdigkeiten Ausflugsziele

Lohnenswert ist ein Rundgang durch die Innenstadt von Luckau. Aufgrund der geschlossenen Erhaltung des gesamten historischen Stadtkerns mit Stadtmauer, Stadtgraben und Promenaden steht dieser unter Denkmalschutz.

Marktplatz mit spätromanischer Georgenkapelle und Hausmannsturm aus dem 14. Jh. sowie mehreren reichverzierten Giebelhäusern aus dem 16./17. Jh.

Stadtmauer mit Napoleonhäuschen, Stadtgraben und Rotem Turm.
Schloßberg, als wahrscheinlich ältester Siedlungspunkt Luckaus, heute Restaurant mit verschiedenen Gaststätten und Festsaal.

St. Nicolai - dominantes Bauwerk der Stadt. Kirche mit Doppelturm aus dem 13./15. Jh. Die Innenausstattung der Kirche ist ebenfalls sehr lohnenswert.

Schanze mit Bülow-Denkmal, zu Ehren der Schlacht bei Luckau am 4. Juni 1813, in der russich-deutsche Truppen über französische Verbände siegten. Die Schanze wurde eigens in Vorbereitung der Schlacht errichtet.
(Quelle: Stadtverwaltung)

Ausflugsziele

In Golßen erwartet den Ausflügler Ähnliches: Markt, Rathaus, Kirche (1811 - 1820 im klassizistischen Stil mit Flachdecke und eingebautem Turm errichtet); die Meilensäule am Lindenplatz erinnert an den Chausseebau 1841 - 1843.

Gehren, südwestlich von Luckau gelegen, ist ein kleines Angerdorf. Hier führen markierte Wanderwege den Besucher durch die Landschaftsschutzgebiete des Niederlausitzer Landrückens und des Luckauer Beckens. Bei Gehren befindet sich ein ehemaliges Schloß.

Rast in Dahme lohnt die Mühe eines Ausfluges in den Fläming. Das Alter trägt die 800jährige „alte Dame“ mit Würde. Die Stadtmauer aus dem 12. Jahrhundert beweist es.
Der kleine Tierpark in Dahme lädt ein zum vergnüglichen Spaziergang mit der ganzen Familie. Nicht weit ist es von der Stadt zu den See- und Quellgebieten der „Wendischen Spree“, dem Fluß Dahme. Tausendfach belohnt wird der Stadtmensch, wenn er im Luckauer Becken der Versammlung der Kraniche ansichtig werden darf. Deutschlands sechsgrößter Kranich-Rastplatz befindet sich hier. Der An- und Abflug dieser schönen, 1,20 m großen Schreitvögel morgens und abends ist ein eindrucksvolles Naturerlebnis, an der Straße Freesdorf-Gosmar gut zu sehen und zu hören.

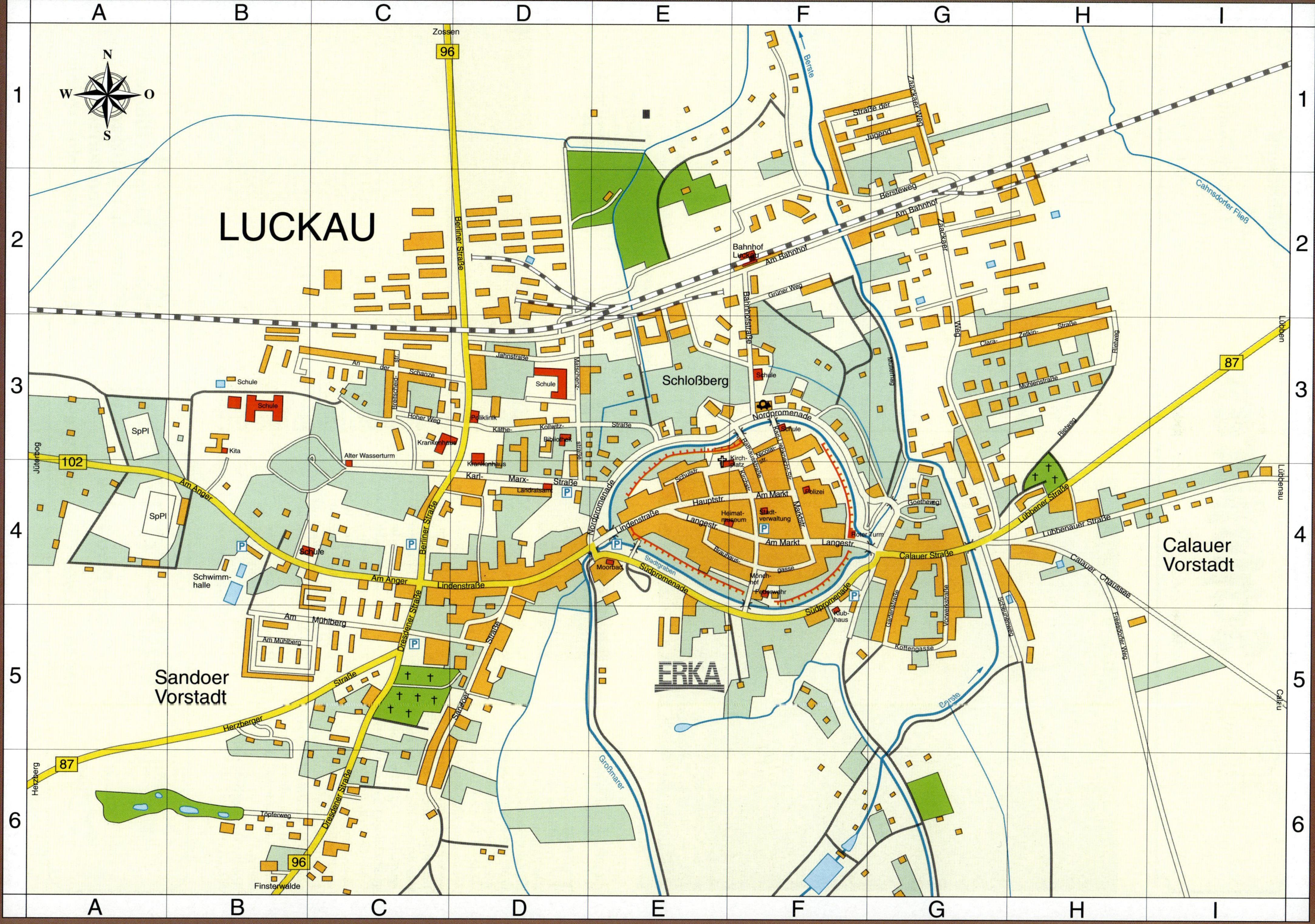

LUCKAU
Calauer Vorstadt
Sandoer Vorstadt
Schloßberg
ERKA
Zossen
Jüterbog
Herzberg
Finsterwalde
Lübben
Lübbenau
Calau
Berliner Straße
Dresdener Straße
Lindenstraße
Am Anger
Calauer Straße
Lübbener Straße
Lübbenauer Straße
Calauer Chaussee
Freesdorfer Weg
Herzberger Straße
Nordpromenade
Südpromenade
Hauptstr.
Langestr.
Am Markt
Marktstr.
Bahnhofstraße
Am Bahnhof
Bahnhof Luckau
Zaackaer Weg
Bersteweg
Grüner Weg
Karl-Marx-Straße
Käthe-Kollwitz-Straße
Hoher Weg
An der Schanze
Jahnstraße
Matschenz-straße
Am Mühlberg
Töpferweg
Mühlenstraße
Clara-Zetkin-Straße
Mühlweg
Rietweg
Goetheweg
Gartenstraße
Vorwerkstraße
Kottengasse
Scheunenweg
Sandoer Straße
Schulstr.
Kirchstr.
Kirchplatz
Brauhausgasse
Mönchhof
Roter Turm
Heimatmuseum
Stadtverwaltung
Polizei
Feuerwehr
Klubhaus
Moorbad
Stadtgraben
Schule
Kita
SpPl
Schwimmhalle
Alter Wasserturm
Krankenhaus
Poliklinik
Bibliothek
Landratsamt
Berste
Großmarer
Cahnsdorfer Fließ
96
87
102
N
O
S
W
A
B
C
D
E
F
G
H
I
1
2
3
4
5
6

Roter Turm Foto: Fotoclub Luckau

Gastlichkeit und Tradition

Die Niederlausitz ist ein gastfreundliches Land. Die Menschen haben einen feinen Sinn für das Gemeinschaftliche (noch heute gibt es die „Noppern“, sogenannte Nachbargemeinschaften, die ihren Ursprung im Zusammenschluß kleiner Handwerker und Ackerbürger seit 1523 haben) und für das Traditionelle. So fehlen auf den Festumzügen von Heimatfesten nie die Preußenuniformen aus napoleonischer Zeit, zur Erinnerung an den gemeinschaftlichen Sie von Preußen und Russen am 4.6.1813 gegen 30 000 in Richtung Berlin vordringende Franzosen. Vor dem „Roten Turm“ vor Luckau wurden sie abgedrängt.
(Quelle: Fremdenverkehrsbüro N-L e.V.)

Verkehrsanbindungen

Luckau ist günstig zu erreichen und zentral gelegen.
Autobahn A 13
(in 8 km Entfernung)

A 13	Berlin 80 km, Dresden 110 km
B 87	Leipzig 120 km, Frankfurt/Oder 65 km, Berlin 85 km, Finsterwalde 30 km
B 102	Jüterbog 45 km, Potsdam 110 km,

Reichsbahnstation, Bahnhof Luckau, Güterumschlag Luckau, Flugplatz Berlin-Schönefeld 60 km,
Öffentlicher Busverkehr Spreewald-GmbH, Luckau Zaakoer Weg
(Quelle Stadtverwaltung)

Museen, Galerien, Theater
Heimatmuseum,
Lange Str. 71,
Tel. 22 93

Bibliotheken
Stadt- und Kreisbibliothek,
Matschenzstr. 15,
Tel. 30 71

Banken und Sparkassen
Raiffeisenbank
Bahnhofstr. 4,
Tel. 29 03
Dresdner Bank AG,
Karl-Marx-Str. 22,
Tel. 2986
Sparkasse
Am Markt 31,
Tel. 59210

Beratungsstellen/Ämter
Stadtverwaltung Luckau,
Am Markt 34,
Tel. 2412
Landratsamt,
Karl-Marx-Str. 21,
Tel. 540

Krankenhäuser/Apotheken
Rettungsstelle, Tel. 2308
DRK-Rettungswache:
Tel. 2377
Evangelisches Kankenhaus,
Berliner Str. 24,
Tel. 580
Arbeiterwohlfahrt,
Hauptstr. 7, Tel. 2900
Diakonie-Sozialstation e. V., Kirchplatz 1,
Tel. 3163
Kreiskrankenhaus,
Berliner Str. 3,
Tel. 5 12 16
Rosenapotheke,
K.-Marx-Str. 22,
Tel. 2007
Marktapotheke, Am Markt,
Tel. 6507

Bäder, Sport- und Freizeiteinrichtungen
Sportplatz,
Am Anger 19, Tel. 25 78
Schwimmbad,
Am Anger 21, Tel. 24 95

Fremdenverkehrs-einrichtungen
Fremdenverkehrsverein,
Lindenstr. 5, Tel. 3050

Hotels/ Pensionen
- Hotel Weingart,
Calauer Str. 3, Tel 24 55
- Hotel Akropolis.
Südpromenade 4, Tel. 9 28
Fremdenverkehrsbüro,
Am Markt 13

Straßenverzeichnis der Stadt Luckau

Am Anger	A4 - C4
Am Bahnhof	F2 - G2
Am Markt	F4
Am Mühlberg	B5 - C5
An der Schanze	C3 - D3
Bahnhofstr.	F2 - F3
Berliner Str.	C4 - D2
Bersteweg	F2 - G2
Brauhausgasse	E4 - F4
Breitscheidstr.	C3
Calauer Chaussee	H4
Calauer Str.	G4
Clara-Zetkin-Str.	G3 - H3
Dresdener Str.	C4 - C6
Freesdorfer Weg	H4 - H5
Gartenstr.	G4 - G5
Goetheweg	G4
Grüner Weg	F2
Hauptstr.	E4 - F4
Herzberger Str.	B5 - C5
Hoher Weg	C3 - D3
Jahnstr.	D3
Karl-Liebknecht-Str.	F3 - F4
Karl-Marx-Str.	D4
Käthe-Kollwitz-Str.	D3 - E3
Kirchplatz	E3 - F4
Kirchstr.	F4
Kottengasse	G5
Langestr.	E4 - F4
Lindenstr.	C4 - E4
Lübbenauer Str.	H4 - I4
Lübbener Str.	H4
Marktstr.	F4
Matschenzstr.	D3 - D4
Mönchhof	F4
Mühlenstr.	G3 - H3
Müllerhag	F2 - G3
Nicolaistr.	F3
Nordpromenade	D4 - F4
Rathausstr.	F3 - F4
Rietweg	H3
Sandoer Str.	C6 - D4
Scheunenweg	G4 - H5
Schulstr.	E4
Straße der Jugend	F1 - G1
Südpromenade	E4 - F4
Töpferweg	B6 - C6
Vorwerkstr.	G4 - G5
Zaackaer Weg	G1 - G3

LUCKENWALDE

Aus der Stadtgeschichte

In der Stadt südlich Berlins wohnen ca. 26000 Einwohner 1216 wurde in einer Urkunde erstmalig der Burgward Luckenwalde genannt. Zwischen 1216 und 1285 entwickelte sich die Ortschaft, die erste Züge eines Marktfleckens trug. 1430 erhielt der Ort stadtartige Rechte, die zu einem Aufschwung städtischen Lebens führten. Trotzdem blieb Luckenwalde eine Ackerbürgerstadt bis in das 19. Jahrhundert. Aus der Entwicklung des Tuchmacherhandwerks kam es 1782 zum Bau einer Tuchfabrik, die Ausgangspunkt einer stürmischen Entwicklung zur Industriestadt wurde.

Tuch- und Hutindustrie waren die bestimmenden Gewerbe im 19. Jahrhundert, sie haben noch heute ihren Platz in der Stadt. Nach dem Anschluß der Stadt an die Eisenbahnlinie Berlin-Halle im Jahr 1841 entstanden neue Produktionstätten der Holz- und Metallindustrie, so daß zu Beginn des 20. Jahrhunderts rd. 20000 Einwohner gezählt werden konnten. Die Stadt entwickelte sich mit dem Ausbau kommunaler Einrichtungen., Kulturstätten und Wohnsiedlungen, neben den Gewerbebetrieben, zu einem blühenden Gemeinwesen, bis zum Beginn des 2. Weltkrieges. Am 22. April 1945 war auch in Luckenwalde der 2. Weltkrieg beendet. Dabei blieb die Stadt von größeren Zerstörungen und direkten Kriegshandlungen verschont. 1952 wurde der selbständige Kreis Luckenwalde mit Luckenwalde als Kreisstadt gebildet. Der Schwerpunkt der industriellen Entwicklung lag in diesen Jahren in der metallverarbeitenden Industrie, aber auch die traditionellen Betriebe bestimmten weiter das Profil der Stadt.

Das älteste Siegel (1634) zeigt das Bild des heutigen Stadtwappens: Im goldeingefaßten Schild auf blauem Grund 2 gekreuzte Krummstäbe, zu beiden Seiten je einen Stern unter einem Nadelbaum. Auf dem Schild ein auf dem Horst sitzender Pelikan mit 4 Jungen, schlitzt sich die Brust mit dem Schnabel auf. Die Stadtfarben sind blau/gelb. Den Bürgern und

LUCKENWALDE

PLZ 14943
Vorwahl 03371

Kfz.-Kennz.: LUK

Einwohner Stadt:
26.000

Fläche Stadtgebiet:
21,6 qkm

Gästen der Stadt stehen zahlreiche kulturelle und sportliche Einrichtungen zur Verfügung. Stadttheater und Tierpark, Heimatmuseum, Bilbliothek, Musikschule und Volkshochschule, Freibäder, Hallenbäder, Sportplätze und Turnhallen bieten vielfältige Möglichkeiten der Freizeitgestaltung. Wenn auch die Stadt nicht mit prunkvollen Architekturbildern vergangener Tage aufwarten kann, ein Rundgang durch das Stadtzentrum, mit dem Marktturm, der Johanniskirche und dem in den letzten Jahren neugestalteten Geschäftsboulevard, zieht zahlreiche Besucher an.
(Quelle: Stadtverwaltung)

St. Johannes mit Marktturm

Wirtschaftsstruktur

Es wäre der Region gegenüber ungerecht, sie lediglich mit dem Begriff „märkische Streusandbüchse" in Verbindung zu bringen. Es gibt in diesem Gebiet südlich von Berlin zwar reichlich sandige Böden, doch es mangelt auch nicht an Gewässern.
Aber weit bemerkenswerter aus heutiger Sicht und mit dem Blick in die nahe Zukunft sind die günstigen Bedingungen in den Regionen um die Städte Luckenwalde und Trebbin für lohnende Investitionen und eine gute wirtschaftliche Entwicklung. Denn dort entstehen gleich mehrere Gewerbegebiete unterschiedlicher Größe als günstige Standorte für Handwerks-, Dienstleistungs- und kleinere Industriebetriebe.
So haben bis jetzt bereits 44 Unternehmen ihr Interesse bekundet sich anzusiedeln.
Dadurch wird auch die bisherige wirtschaftliche Struktur dieser Region mit den überlebensfähigen Branchen wie metallverarbeitende Produktion, Holz- und Elektroindustrie sowie Bauwesen und Baustoffherstellung noch vielgestaltiger.

Die Nähe der deutschen Hauptstadt in einer Entfernung von nur 50 km und die zu erwartende expandierende Entwicklung dieser Metropole über die Jahrtausendwende hinaus, mit einem ständig wachsenden marktwirtschaftlichen Bedarf, könnte ein zusätzlicher Anreiz für eine gewerbliche Niederlassung sein.
Dabei spielt natürlich auch die vorteilhafte verkehrsmäßige Anbindung eine wichtige Rolle. Die Gewerbegebiete um Luckenwalde und Trebbin liegen in unmittelbarer Nähe zur Eisenbahn - Hauptstrecke Berlin-Leipzig - und hinzu kommt, daß es in Luckenwalde einen Containerterminal und in Trebbin einen Wagenladeknotenpunkt gibt - und zukünftig den ICC-Haltepunkt Luckenwalde. Durch das Gebiet führt in Nord-Süd-Richtung die Bundesstraße 101 und in Ost-West-Richtung die B

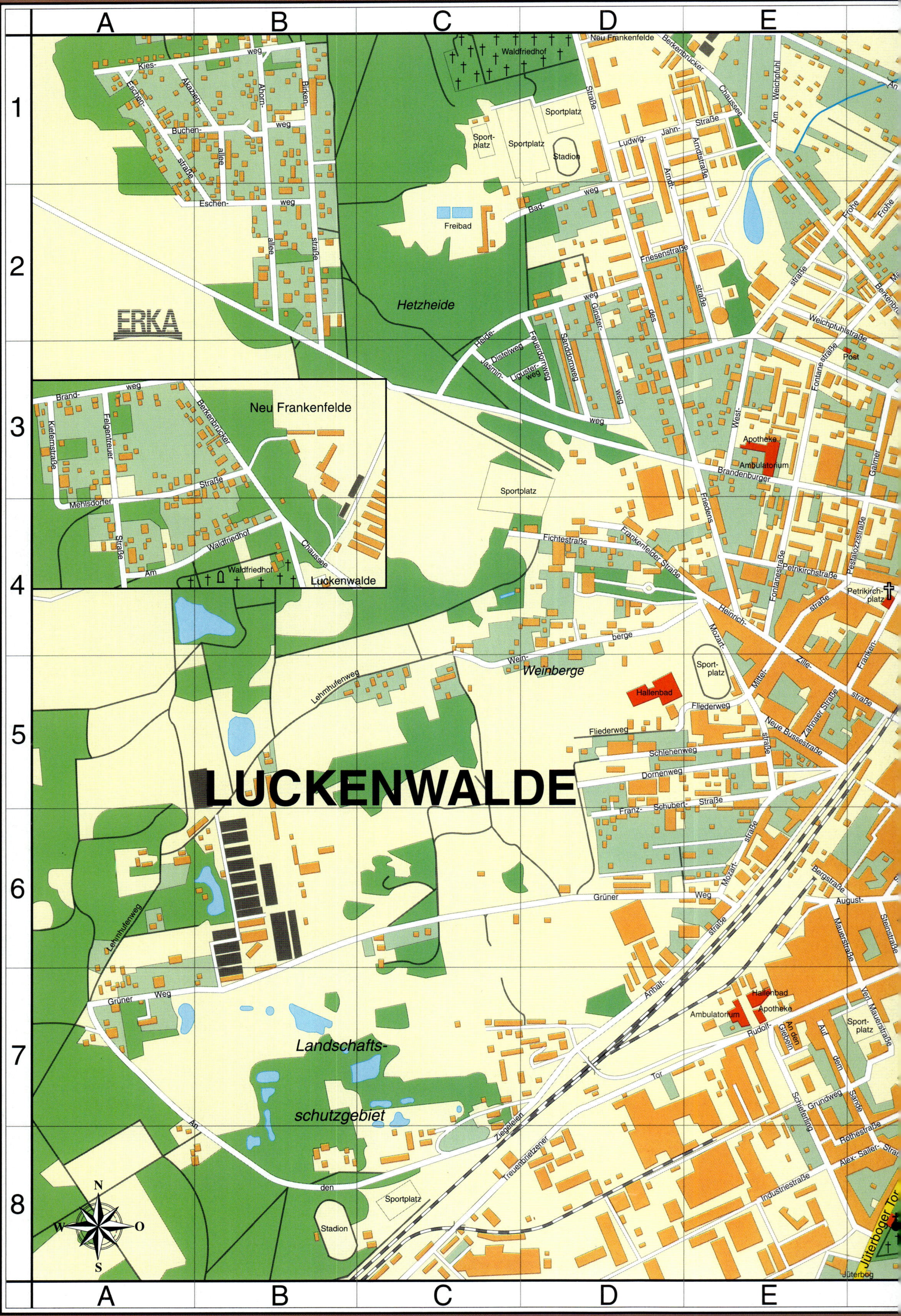

A
B
C
D
E
1
2
3
4
5
6
7
8
LUCKENWALDE
Neu Frankenfelde
Hetzheide
Weinberge
Landschafts-
schutzgebiet
ERKA
Waldfriedhof
Sportplatz
Sport-
platz
Stadion
Freibad
Hallenbad
Apotheke
Ambulatorium
Post
Petrikirch-
platz
Jüterboger Tor
Jüterbog
Brandenburger
Friedens-
Frankenfelder Straße
Fichtestraße
Lehmhufenweg
Grüner Weg
Fliederweg
Schlehenweg
Dornenweg
Franz-Schubert-Straße
Mozart-
Neue Bussestraße
Zinnaer Straße
Petrikirchstraße
Fontanestraße
Pestalozzistraße
Weichpfuhlstraße
Friesenstraße
Ludwig-Jahn-
Arndtstraße
Berkenbrücker Chaussee
Bergstraße
August-
Mauerstraße
Anhalt-
Rudolf-
Schieferling
Industriestraße
Treuenbrietzener
Ziegeleien
Rothestraße
Alex-Sailer-
Grundweg
Am Weichpfuhl
Am Waldfriedhof
Mehlsdorfer
Kiefernstraße
Feigentreuer
Brand-
N
S
W
O

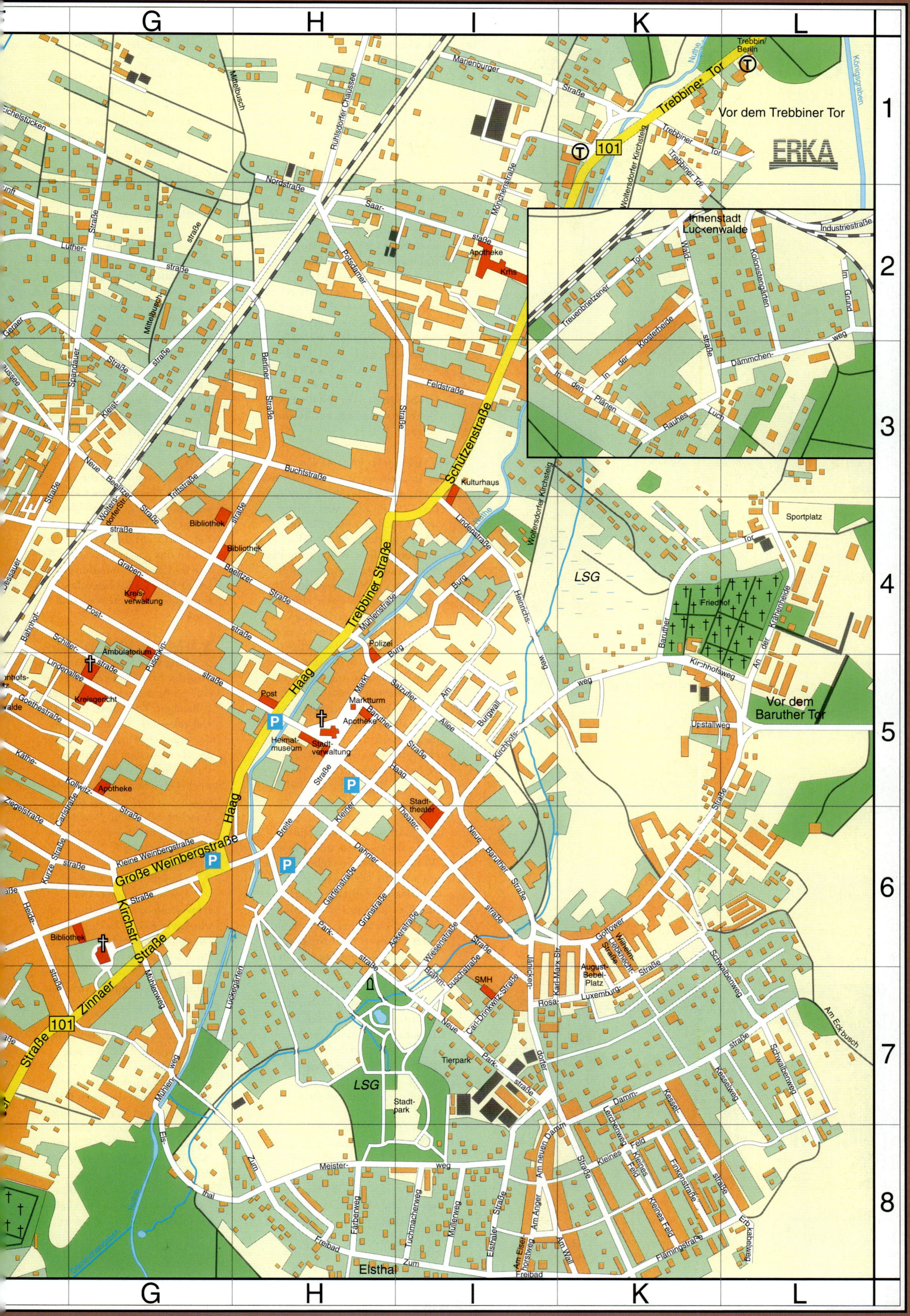

G
H
I
K
L
1
2
3
4
5
6
7
8
Trebbin/ Berlin
Trebbiner Tor
Vor dem Trebbiner Tor
ERKA
101
Marienburger
Straße
Mittelbusch
Ruhlsdorfer Chaussee
Nordstraße
Saar-
Mönchenstraße
Woltersdorfer Kirchstieg
Innenstadt Luckenwalde
Industriestraße
Treuenbrietzener Tor
Wald-
Kolonistengarten
Im Grund
Dämmchen-
weg
In der Klosterheide
In den Plänen
Rauhes Luch
Apotheke
Krhs
Luther-
straße
Potsdamer
Berliner Straße
Feldstraße
Schützenstraße
Kulturhaus
Buchtstraße
Triftstraße
Bibliothek
Sportplatz
Tor
Lindenstraße
Trebbiner Straße
LSG
Friedhof
Baruther
An der Krähenheide
Kirchhofsweg
Vor dem Baruther Tor
Upstallweg
Kreisverwaltung
Graben-
Post-
Schiller-
Ambulatorium
Puschkin-
Beelitzer Straße
Burg
Polizei
Mühlenstraße
Heinrichs-weg
Haag
Post
Markt
Marktturm
Salzufer
Am Burgwall
Allee
Kirchhofs-
Kreisgericht
Lindenallee
Goethestraße
Heimat-museum
Stadt-verwaltung
Apotheke
Baruther Straße
Käthe-Kollwitz-Straße
Ziegelstraße
Carlstraße
Stadt-theater
Theater-
Neue Baruther Straße
Kleine Weinbergstraße
Große Weinbergstraße
Breite
Kleiner Haag
Dahmer
Gartenstraße
Grünstraße
Ackerstraße
Wiesenstraße
Kurze Straße
Kirchstr.
Zinnaer Straße
Bibliothek
Mühlenweg
Luckegarten
Park-
Brahm-
buschstraße
SMH
Carl-Drinkwitz-Straße
Jänicken-
Karl-Marx-Str.
Gottower Straße
Wilhelm-Liebknecht-Straße
August-Bebel-Platz
Rosa-Luxemburg-
Schwalbenweg
Am Eckbusch
Tierpark
Neue Park-
straße
LSG
Stadt-park
Mühlen weg
Els-
Zum
Meister-
weg
Am neuen Damm
Damm-
Lerchenweg
Kleines Feld
Kesselweg
Finkenstraße
Flämingstraße
Erlenweg
Kabelweg
Färberweg
Tuchmacherweg
Müllerweg
Elsthaler Straße
Am Eisenbahnweg
Am Anger
Am Wall
Freibad
Elsthal

246 und B 115. Über diese Straßen ist die Anbindung an die Autobahnen Berliner Ring A 10 und Berlin-Leipzig A 9 sowie Berlin-Dresden A 13 gegeben.

Was für eilige Unternehmer und Geschäftsleute von besonderem Interesse und Gewicht sein dürfte, ist der in Schönhagen bei Trebbin vorhandene Flugplatz für Sport- und kleinere Verkehrsflugzeuge. Er soll im nächsten Jahr zu einem modernen Geschäftsflugplatz der Kategorie 2 mit Kleinfrachtbetrieb ausgebaut werden.
Für Privat- und Geschäftsreisen mit dem Flugzeug über längere Strecken ist es auch nicht weit bis zu den Flugplätzen Berlin-Schönefeld und -Tegel. Noch kürzer werden die Anfahrtstrecken sein, wenn der künftige Großflughafen für die deutsche Hauptstadt südlich von Berlin entsteht.

Schon jetzt kann davon ausgegangen werden, daß die Stadt Luckenwalde mit ihren heute rund 26 600 Einwohnern noch weiter an Bedeutung für die Region gewinnt. In diese Richtung gehen bereits konkrete Planungen zur Ausgestaltung der Stadt als ein Mittelzentrum. Dieser Status bringt unter anderem eine bessere Bereitstellung von Mitteln des Landes Brandenburg und beinhaltet zugleich eine territoriale Konzentration von Handels-, Dienstleistungs- und Bildungseinrichtungen. Es wird positive Auswirkungen auf geistig-kulturellem Gebiet, bei der medizinischen Versorgung sowie im Hotel- und Gaststättengewerbe haben sowie zu einer verstärkten Ansiedlung von Behörden und Verwaltungen führen.

Damit wird Luckenwalde auch zu einem attraktiven Wohnstandort. So stehen schon gegenwärtig verschiedene erschlossene Objekte im Stadtgebiet für den Bau von Eigenheimen zur Verfügung. Bei einem noch größeren Interesse gibt es im Randgebiet der Stadt weitere Grundstücke, die für eine Wohnbebauung erschlossen werden können. So wird Luckenwalde als Mittelzentrum künftig eine Ausstrahlung haben, die bis in die Regionen der benachbarten Städte Jüterbog und Zossen reicht.
(Quelle: Kreisverwaltung)

Gleich mehrere Faktoren berechtigen zu der Feststellung, daß Luckenwalde ein bemerkenswert guter Standort für Gewerbe- und Wohnansiedlungen ist. Als erstes wäre da seine günstige geographische Lage im nahen Umfeld der deutschen Hauptstadt und mit der kurzen Distanz von nur rund 40 km bis Potsdam als der Metropole des Landes Brandenburg. Zum zweiten ist das im großen Umfang zur Verfügung stehende Terrain für lohnende Gewerbeansiedlungen mit guten Verkehrsanbindungen zu nennen. Und als ein dritter Faktor kann das lukrative Angebot für Interessenten zum Bau von Eigenheimen auf zum Teil schon erschlossenem Gelände erwähnt werden.

Für investorische Vorhaben zur Schaffung neuer Betriebe, Handels- und Dienstleistungseinrichtungen ist zweifellos auch ein erwähnenswerter Fakt, daß es in dieser Region ein beachtliches Potential qualifizierter und erfahrener Fachkräfte gibt. Wer jetzt die gegebene Chance für Gewerbe- und Wohnansiedlung in unserem Gebiet beim Schopfe packt, ist sicher gut beraten.

Es wird zum Vorteil gereichen, wenn man die zunehmende Bedeutung eines wirtschaftlich starken Umfeldes der deutschen Hauptstadt in Betracht zieht und darüber hinaus an das perspektivreiche Wirken im Land Brandenburg mit seiner brückenschlagenden Funktion zwischen West und Ost denkt.

Eingebettet in diese Entwicklung wird sich die Ausgestaltung der Stadt Luckenwalde zu einem attraktiven Mittelzentrum vollziehen. Wir haben uns dabei viel vorgenommen und wollen der Stadt ein anziehendes Gepräge geben, zu dem eine breite Palette von Geschäften, Handwerksbetrieben und Gaststätten genauso gehört wie ein gutes Angebot auf kulturellem Gebiet und eine angemessene medizinische Versorgung.

Vielleicht mag es heutigen Besuchern noch etwas schwerfallen, sich vorzustellen, wie das in naher Zukunft einmal alles aussehen und sein wird. Doch sie dürfen gewiß sein, daß diese anspruchsvollen Vorhaben Schritt für Schritt verwirklicht werden.

Genauso, wie es beispielsweise schon bis 1992 auf dem Flugplatz in Schönhagen nahe Trebbin eine betonierte Piste geben wird, auf der auch kleinere Fracht- und Verkehrsflugzeuge starten und landen können. Investoren in unserer Region und ihre Geschäftspartner werden das zu schätzen wissen. Auch das könnte man zu den Faktoren für einen bemerkenswert guten Gewerbestandort rechnen.

Straßenverzeichnis der Stadt Luckenwalde

Ackerstraße	H6-I6
Ahornallee	B1-B2
Akazienallee	A1-B2
Alex-Seiler-Str.	E8-F8
Am Anger	I8
Am Burgwall (Jerofejewstr.)	I5
Am Eckbusch	L7
Am Eiserhorstweg	I8
Am Neuen Damm	I8
Am Waldfriedhof	A4-B4
Am Wall	K8
Am Weichpfuhl	E1
An den Eichelstücken	F1-G1
An den Giebeln	E7
An der Krähenheide	L4-L5
Anhaltstr.	D7-E6
Arndtstr.	E1-E2
Auf dem Sande	E7-F7
August-Bebel-Platz	K6-K7
Auguststr.	E6-G6
Badweg	D2
Bahnhofsplatz (Leninplatz)	F5
Bahnhofstr.	E5-G4
Baruther Str.	H5-I5
Baruther Tor	K4-L4
Beelitzer Str.	G4-H4
Beelitzer Tor	E3-F3
Bergstr.	E6
Berkenbrücker Chaussee	D1-E3/B3-B4
Berliner Str.	H2-H3
Birkenstr.	B1-B2
Brahmbuschstr.	!5/6-I7
Brandenburger Str.	E3-F4
Brandweg	A3
Breite Straße	H5-H6
Buchenweg	A1-B1
Buchstr.	H3
Burg	H5-I4
Bussestr.	F5-G6
Carl-Drinkwitz-Str.	I7
Carlstr.	F6-G5
Dahmer Str.	H6-I6
Dämmchenweg	L2-L3
Dammstr.	K7-L7
Dessauer Str.	F3-F4
Distelweg	C3-D3
Dornenweg	D5-E5
Eichenstr.	A1-B2
Elsthal	F7/8-G8
Elsthaler Str.	I8
Erbkabelweg	L8
Eschenweg	B2
Färberweg	H8
Feldstr.	I3
Felgentreuer Str.	A3-A4
Feuerdornweg	D2-D3
Fichtestr.	D4
Finkenstr.	K8
Flämingstr.	K8-L8
Fliederweg	D5-E5
Fontanestr. (Straße der DSF)	E4-F2
Forststr.	F7
Frankenstr.	F4-F5
Frankenfelder Str.	D4-E4
Franz-Schubert-Str.	D6-E5
Friesenstr.	D2
Frohe Zukunft	E2-F1
Galmer Str.	F3
Gartenstr.	H6
Geraer Str.	F2-G3
Ginsterweg	D2-D3
Goethestr.	F5-G5
Gottower Str.	I5-L6
Grabenstr.	G4-H5
Große Weinbergstr.	G5-H6
Grundweg	E7
Grüner Weg	A7-E6
Grünstr.	H6
Haag (Edgar-André-Allee)	G6-H4
Heidestr.	F6-F7
Heideweg	C3-D2
Heinrichsweg	I4-I5
Heinrich-Zille-Str.	E4-E5
Holzstr.	F5
Im Grund	L2
In den Plänen	I3-K3
In der Klosterheide	K2-K3
Industriestr.	D8-E8/L2
Jasminweg	C3-D3
Jänickendorfer Str.	I6-K8
Jüterboger Str.	F7-F8
Jüterboger Tor	F8
Karl-Marx-Str.	I6-K7
Käthe-Kollwitz-Platz	F5-G6
Kesselstr.	K7-L8
Kesselweg	K7-L8
Kiefernstr.	A3
Kiesweg	A1-B1
Kirchhofswg	I5-L5
Kirchstr.	G6
Kleiner Haag	H6-I5
Kleines Feld	K8
Kleine Weinbergstr.	H8
Kleiststr.	G2-G3
Kolonistengärten	L2
Kurze Str.	F6
Lehmhufenweg	A7-C5
Lerchenweg	K7-K8
Ligusterweg	C3-D3
Lindenallee	F4-G5
Lindenstr.	I4
Lückegärten	G7-H6
Ludwig-Jahn-Str.	D1-E1
Marienburger Str.	I1-K2
Markt (Platz der Jugend)	G5-H5
Martin-Luther-Str.	F2-G2
Mauerstr.	E6-F7
Mehlsdorfer Str.	A4-B3
Meisterweg	H8-I8
Mittelbusch	G1-H1
Mittelbuschstr.	G2-G3
Mittelstr.	E4-E5
Mönchenstr.	I2-K1
Mozartstr.	E4-E6
Mühlenstr.	H4-I4
Mühlenweg	G7
Müllerweg	I8
Neue Baruther Str.	I6
Neue Beelitzer Str.	G3-G4
Neue Bussestr. (Philipp-Müller-Str)	E5
Neue Parkstr.	I7
Nordstr.	H1-H2
Parkstr.	H6-H7
Pestalozzistr.	F4
Petrikirchplatz	F4
Petrikirchstr.	E4-F4
Poststr.	E/F5,G4-H5
Potsdamer Str.	H2-I3
Puschkinstr.	G5-H3
Rauhes Luch	K3-L3
Riedstr.	F3
Rosa-Luxemburg-Str.	I7-K7
Rothestr.	D/E7,E8-F7
Rudolf-Breitscheid-Str.	E7-G8
Ruhlsdorfer Chaussee	H1-H2
Saarstr.	I2
Salzufler Allee	H5-I5
Sanddornenweg	D2-D3
Schieferling	E7-F8
Schillerstr.	F4-G5
Schlehenweg	D5-F4
Schützenstr.	I4-K1
Schwalbenweg	K6-L7
Spandauer Str.	G1-G3
Steinstr.	F6
Stiftstr.	F6
Straße des Friedens	D1-E4
Theaterstraße (Dimitroffstr.)	H5-I6
Trebbiner Str.	H4
Trebbiner Tor	K1-L1
Treuenbrietzener Tor	C8-D7/K2
Triftstr.	G3-G4
Tuchmacherweg	I8
Upstallweg	K5-L5
Verlängerte Mauerstr.	F7
Waldstr.	K2-K3
Weichpfuhlstr.	E2-F3
Weinberge	C5-D4
Weststr.	E2-E3
Wiesenstr.	I6-I7
Wilhelm-Liebknecht-Str.	K6-K7
Woltersdorfer Kirchsteig	I4-K1
Woltersdorfer Str.	G4
Zahnaer Str.	E5
Ziegelstr.	F5-G6
Zinnaer Str.	G5-G6
Zum Freibad	G7-K8

So haben wir weit mehr als nur reizvolles märkisches Flair und damit verbundene Möglichkeiten eines ökologisch angepaßten Tourismus zu bieten.

Wir heißen alle herzlich willkommen, die sich für ein lohnendes und erfolgreiches Wirken entscheiden.
(Quelle: Wolfgang Frank Landrat)

Sehenswürdigkeiten Ausflugsziele

Eine Landschaft mit Wäldern, Wiesen und Ackerflächen, mit kleineren Erhebungen und Gewässern, die zum beschaulichen Wandern und geruhsamen Verweilen einlädt - das macht märkisches Flair aus und ist typisch für die Region Luckenwalde. Dazu gehören aber auch manche noch erhaltene Bauten aus der jahrhundertealten Geschichte dieser Region.
Sie gibt es mit dem ehemaligen

Breite Straße

Burgfried und heutigen Marktmuseum sogar im Zentrum der Stadt.

Sehenswert ist auch das ehemalige Schloß der Familie von Rochow aus dem Jahre 1744 in Stülpe. Und wie vor langer Zeit auf dem Lande gearbeitet und gelebt wurde, zeigt das Bauernmuseum in der Gemeinde Blankensee, das aus einem rekonstruierten märkischen Mittelflurhaus aus dem Jahre 1649 eingerichtet wurde.

Nur etwa 10 km nordwestlich Luckenwalde befindet sich bei der Gemeinde Dobbrikow das Naherholungszentrum des Gebiets. Hier gibt es gleich sieben Seen, von denen der 4,8 ha große Glicksee besonders gern zum Baden genutzt wird. Deshalb ist dort auch ein Campingplatz angelegt worden, der sich eines regen Zuspruchs erfreut. Die größte Fläche mit 15,6 ha hat allerdings der Bauernsee, an dessen Westufer eine Bungalowsiedlung entstanden ist.

Den Reiz dieser einladenden Landschaft haben bereits Urlauber und Touristen aus weiter entfernten Gegenden entdeckt und kommen immer wieder gern hierher. Das betrifft nicht nur die Dobrikower Seen"platte", sondern auch das Naturschutzgebiet am Blankensee und manche der sehenswerten Flämingdörfer.

Wenn erst die einst recht zahlreich stationierten Sowjettruppen vollständig abgezogen sind, können auch bei Petkus und Felgentreu, um Glau herum und südlich von Luckenwalde neue Wanderwege in ausgedehnten Waldgebieten angelegt werden. Dorthin wird es vor allem im Spätsommer die Sammler von Pilzen, Heidelbeeren, Brombeeren und Himbeeren ziehen, und dort kommen auch Tierfreunde auf ihre Kosten.

Wer Erholung und Entspannung etwas lebhafter und sportlicher haben will, wird die Möglichkeiten des Golf- oder Tennisspielens bzw. die Reittouristik vorziehen. Es soll aber auf jeden Fall ein sanfter Tourismus bleiben, der dem unverwechselbaren Charakter dieser reizvollen märkischen Landschaft angepaßt ist.
(Quelle: Kreisverwaltung)

Blankensee
- ein bezauberndes Dorf, südlich von Saarmund, eingebettet zwischen Hügeln und Seen, Wiesen und Äckern. - Sein historisches Kleinod ist das Bauernmuseum, welches sich in einem märkischen Mittelflurhaus aus dem Jahre 1649 befindet.

Öffnungszeiten des Museums und der Museumsschänke:
Mittwoch, Donnerstag und Freitag von 10.00 -12.00 und 13.00 - 17.00 Uhr
Samstag und Sonntag ab 14.00 Uhr geöffnet.

Über die Dorfkirche berichtete Theodor Fontane in seinen Wanderungen durch die Mark.
Die Kirche wurde 1720 als Putzbau fertiggestellt.
Schmuckstück ist unter anderem ein venezianischer Brunnenstein aus dem 11. Jahrhundert.
Bei der Innenrestaurierung entdeckte man barocke und Renaissance-Malerei.

Stülpe
- Sehenswert ist das ehemalige Schloß der Familie von Rochow aus dem Jahre 1754, sowie die barocke Dorfkirche (1562) mit dem Altar der ehemaligen Wallfahrtskapelle auf dem Golmberg.

Gemeinde Dobbrikow
- Naherholungszentrum des Landkreises. Hier gibt es 7 Seen, von denen der 4,8 ha große Glienicksee besonders gern zum Baden genutzt wird. Deshalb ist dort auch ein Campingplatz angelegt worden, der sich eines regen Zuspruchs erfreut.

Heimat-Tierpark Luckenwalde
Insgesamt verfügt der Tierpark über 34 Arten und 230 Tiere. Zwischenzeitlich hat sich ein Verein der Freunde und Förderer des Heimat-Tierparks Luckenwalde gegründet, der an fördernden und aktiven Mitgliedern sehr interessiert ist.

Kloster Zinna
- ein Kleinod zwischen Luckenwalde und Jüterbog an der B 101, 1170/71 erbaut, seine berühmten Fresken gehören zu den schönsten gotischen Wandgemälden. Klosterkirche (1226 geweiht) mit welteinmaligen Tonkacheln.

Baruther Urstromtal
-Landschaftspark Baruth, gestaltet von Peter Josef Lenné. Industriedenkmal Glashütte mit ständiger Ausstellung.

Luckenwalde
- Stadtkern mit Marktturm, St. Johanniskirche aus dem Mittelalter.
Alte Yorckschule, Rathaus, Sportkomplex Mozartstraße mit Schwimmhalle, Mehrzweckhalle. Besonderes Baugeschehen in den 20er Jahren - Reformarchitekten, u.a. Mendelsohn: Produktionshalle 1919/20, Stadtrandsiedlung Upstallweg 1920, Randsiedlung „Am Anger" 1920/21, Reihenhaussiedlung „ Auf dem Sande", Altes Hallenbad 1928/30, Komplexbau Stadttheater/Schule 1928-30 im Bauhausstil.
Im gleichen Zeitraum wurde von den Freidenkern der weltliche Waldfriedhof angelegt.

Kirchen:
St. Petri 1892, St. Jacobi 1894, Synagoge, 1897
(Quelle: Stadtverwaltung)

Verkehrsanbindungen

Autobahnanbindung zum Berliner Ring A10 (E30) auf der B 101 bis Ludwigsfelde ca. 30 km.

Deutsche Reichsbahn Strecke Halle-Leipzig
Personennahverkehr /
in 45 Min zum Bahnhof Flughafen Berlin-Schönefeld
Sportflugplatz Schönhagen (16 km von Luckenwalde)
(Quelle: Stadtverwaltung)

Museen, Galerien, Theater
Stadttheater Luckenwalde
Grünstr. 14;
Tel.: 5 23 07

Heimatmuseum Luckenwalde Bürgerhaus - Stätte kult.-künstlerischer Begegnung
Baruther Straße 30,
Tel.: 20 83
Musikschule Markt 11,
Tel.: 22 34

Bibliotheken
Stadt- und Kreisbibliothek
Puschkinstr. 11,
Tel.: 24 98

Rathaus

Bibliothek im Torschreiberhaus, Baruther Str. 47, Tel.: 4 44 05
Puschkinstr. 11, Tel.: 24 98

Banken und Sparkassen
Dresdner Bank
Haag 15, Tel.: 20 91
Kreissparkasse
Bahnhofstr. 23, Tel.: 32 67
Markt 1-3, Tel.: 29 21
Raiffeisenbank e.G.,
Breite Str. 5-6, Tel. 4 13 55
Volksbank e.G.
Markt 16, Tel.: 22 98

Ämter Beratungsstellen
Stadtverwaltung Luckenwalde, Markt 10, Tel. 5 23 26
Kreisverwaltung Luckenwalde
Grabenstraße 23, Tel.: 3 50

Krankenhäuser/ Apotheken
Kreiskrankenhaus Luckenwalde
Saarstr. 1, Tel.: 3 60
Notrufe:
Leitstelle Feuerwehr, Rettungsdienst 112 115
Städtische Feuerwehr, Auskunft 5 22 42
Dringende Arzt-Hausbesuche 3 60

Apotheke am Markt

Bäder, Sport- und Freizeiteinrichtungen
Jugendtreff
Ludwig-Jahn-Str. 29, Tel.: 5 23 16
Schwimmhalle
Mozartstraße, Tel.: 21 00
Altes Stadtbad
- Saunabetrieb und Massage, Tel.: 5 23 10

Bundesleistungszentrum (Ringen) An den Ziegeleien, Tel.: 21 89

Fremdenverkehrs-einrichtungen
Stadtinformation
R.-Breitscheid-Straße 6, Tel. 21 12

Hotels und Pensionen
- Hotel-Restaurant Zum Eichenkranz 14943 Kolzenburg Tel: 03371/ 61 07 29
- Hotel Luckenwalder Hof, Dahmer Str. 34, Tel. 61 01 45
- Hotel Garni Stadt Magdeburg, K.-Kollwitz-Str. 21, Tel.: 59 36
-CB Sporthotel, An den Ziegeleien 1b, Tel.: 21 89
- Pension Hartmann, Schlekenweg 3, Tel.: 4 13 00
- Pension Höhne, H.-Zille-Str. 39, Tel.: 28 80
- Hotel Märkischer Hof, Puschkinstraße 34
- Hotel Götze, Puschkinstr.
- Bludau, Kiesweg 37, Tel. 4 22 88
- Ebel, Schützenstr. 15b
- Höntschke, Mittelstr. 17,
- König/Steinke, Str. d. Friedens 29, Tel. 4 23 84 (bei Hanack)
- Lehmann (Ford-Schulze), Neue Bussestr. 3, Tel. 23 24 (Tochter)
- Oehmicke, Buchenweg 2, (Bergsiedlung), Tel. Granatyr 4 15 11,
- Reschke, Neue Baruther Str. 21, Tel. 38 64
- Schlechter, Karl, Grabenstr. 20, Tel 30 41

Berkenbrück:
-Märkisches Landhaus, Pension Bartsch, Tel. Hennickendorf 221
- Hahnemann, Am Herrenteich
- Kastner, Tel. Hennickendorf 305

Dobbrikow:
- Mommert, Weinbergstr. 19a, Tel. Hennickendorf 373

Gottow:
- Just/ Unterhammer Dorfstr. 63, Tel. Lw 32 18

Frankenförde:
- Weidmannsruh, Tel. 4 24 29

Hennickendorf:
- Wüstenhagen, Hauptstr. 25, Tel. 352

NAUEN

Aus der Stadtgeschichte

Die Brandenburgischen Markgrafen (Otto und Konrad) schenkten der Ansiedlung „Nowen“ im Jahre 1292 ein Stück Land, dessen Fläche ungefähr 400 ha betragen haben mochte. Es ist anzunehmen, daß Nauen mit dieser Schenkung gleichzeitig das Stadtrecht verliehen wurde. Nauen unterstand nun unmittelbar dem Landesherrn und durfte sogar Vertreter in den Landtag entsenden. Markgraf Waldemar sicherte der Stadt 1317 das Marktrecht zu. Kurz zuvor hatte Nauen auch eigene Gerichtsbarkeit und die Berechtigung, Holz zu schlagen, erhalten. So konnte sich in der Folgezeit Bau- und Handelsleben schnell entwickeln.

Rathaus Foto: Stadtverwaltung

NAUEN

PLZ 14641
Vorwahl 03321

Kfz.-Kennz.: NAU

Einwohner Stadt: 11.300

Fläche Stadtgebiet: 60,34 qkm

Die kleine Stadt blieb von den Schrecken des Mittelalters nicht verschont. Brände verwüsteten die Stadt, die Pest forderte 1348 zahlreiche Opfer. Im 30jährigen Krieg von Mansfelder Reitern angesteckt und 1695 wahrscheinlich versehentlich bis auf die Grundmauern niedergebrannt, hat die Stadt immer wieder beachtliche Aufbauarbeit geleistet.

Nach dem vierten und letzten großen Brand (1695) befreite der Landesherr die Stadt von ihren Abgaben, damit die Bürger sich ausschließlich dem Wiederaufbau widmen konnten. In der Anordnung seiner Straßen und Plätze ist der historische Stadtkern bis heute von der ursprünglichen Ringbebauung innerhalb der ehemaligen Stadtmauer geprägt.

Als von 1718 bis 1725 das Nauener Luch trockengelegt wurde, erhielt die Stadt zunehmend mehr landwirtschaftlichen Charakter. Innerhalb des städtischen Siedlungsraumes wurden Scheunen und Ställe errichtet. Nauen wurde deshalb auch

Wirtschafts-struktur

Die wirtschaftliche Struktur der in Nauen angesiedelten großen Betriebe beginnt sich zu stabilisieren, da sie zwischenzeitlich privatisiert wurden. Betriebe wie die ABB Transformatorenwerke, die Deutsch- Schweizerische-Früchte GmbH (ehem. Molkerei), die Nautech GmbH und die Brauer GmbH (Fettrecycling) haben dank neuer Entwicklungskonzepte und einer marktgerechten modernen Produktion gute Voraussetzungen für die Zukunft. Das gilt auch für die Baubetriebe und für das Dienstleistungsgewerbe.

In Nauen sind mit Stand 1991, Dezember, 69 Betriebe (Produktion und Dienstleistung ab 5 Beschäftigte) angemeldet, die insgesamt 3063 Mitarbeiter beschäftigen. Zusätzlich werden allein in den drei öffentlichen Einrichtungen Landratsamt, Standesamt und Krankenhaus Nauen 730 Arbeitsplätze gesichert. Zur Ansiedlung von Gewerbe und verträglicher Industrie, ohne umweltschädliche Auswirkungen (Lärm, Geruch u. ä.), wurde gemeinsam mit dem Landkreis, einem Unternehmen aus Düsseldorf und der Stadt Nauen eine Entwicklungsgesellschaft gebildet. Diese befaßt sich zunächst mit der Beplanung, Erschließung und letztlich mit der Ansiedlung von Industrie und Gewerbe im Industrie- und Gewerbegebiet Nauen-Ost. Ein weiteres Gewerbegebiet (Nauen-Nord) befindet sich an der Straße Am Schlangenhorst, dort werden durch erste Ansiedlungen ca. 100 Arbeitsplätze geschaffen.

Die Errichtung der vier geplanten Dienstleistungs- und Einkaufszentren schafft weitere 500 Arbeitsplätze. Standorte sind dafür die Schützenstraße, Hamburger Straße, Dammstraße und der Lindenplatz. Die Errichtung dieser Zentren bedeutet nicht, daß ein Überangebot von Einkaufsflächen entsteht, sondern sichert den Bedarf an diesen ab, da die Stadt Nauen für viele umliegende Gemeinden ein Anlaufpunkt für Einkäufe aller Art ist.
(Quelle Stadtverwaltung)

Sehens-würdigkeiten Ausflugsziele

Mit rund 11 300 Einwohnern ist Nauen eine bekannte - typisch osthavelländische - Stadt im Bundesland Brandenburg Durch ihre zentrale Lage - nahe Berlin, der Bundesautobahn „Berliner Ring“, der Landeshauptstadt Potsdam und vieler kleiner sehenswerter Ortschaften - ist sie zum begehrten Ausflugsziel geworden.

Die Wege, das Luch und die Umgebung Nauens laden geradezu zum Wandern und Radfahren ein. Um den gestiegenen Anforderungen im Tourismusbereich gerecht zu werden, ist die Ausschilderung von Wanderwegen geplant. Der Verlauf dieser Wege wird - in landschaftlicher Hinsicht - sehr abwechselungsreich sein. Die Wegstrecke wird sich auf ca. 223 km ausdehnen und an den dafür geeigneten Plätzen mit Rastmöglichkeiten versehen.

Erwähnung muß auch der schöne Stadtpark finden, in dem die verschiedensten Pflanzenarten angesiedelt sind, Wasser aus einer Grotte in einen Springbrunnen fließt und mit dem Anlegen eines Spielplatzes sogar an die Kinder gedacht wurde.

Die Rekonstruktion des seit 1987 geschlossenen Stadtbades soll in 3 Bauabschnitten bis 1994 erfolgen und ist für den Freizeit- und Sportbereich sehr bedeutend. Geplant ist der Bau eines Schwimmer-, Nichtschwimmer- und eines Planschbeckens. Noch im Jahr 1993 soll die Übergabe des neu gestalteten Garderobengebäudes und eines Beckens erfolgen.

Der Besuch des Museums kann für Interessenten des geschichtlichen Teils der Stadt Nauen sehr aufschlußreich sein. Die nach umfangreichen Sanierungsarbeiten 1989 eröffnete Einrichtung kann heute ein historisch wertvolles „Hab und Gut“ verzeichnen bzw. vorzeigen. Nach vorheriger Terminabsprache ermöglichen die Mitarbeiter des Museums Ausstellungsführungen und zum Teil auch Stadtführungen.
Weitere reizvolle Einrichtungen sind das Jugendklubhaus - in dessen Räumlichkeiten die verschiedensten Freizeitangebote unterbreitet werden (u. a. Kera-

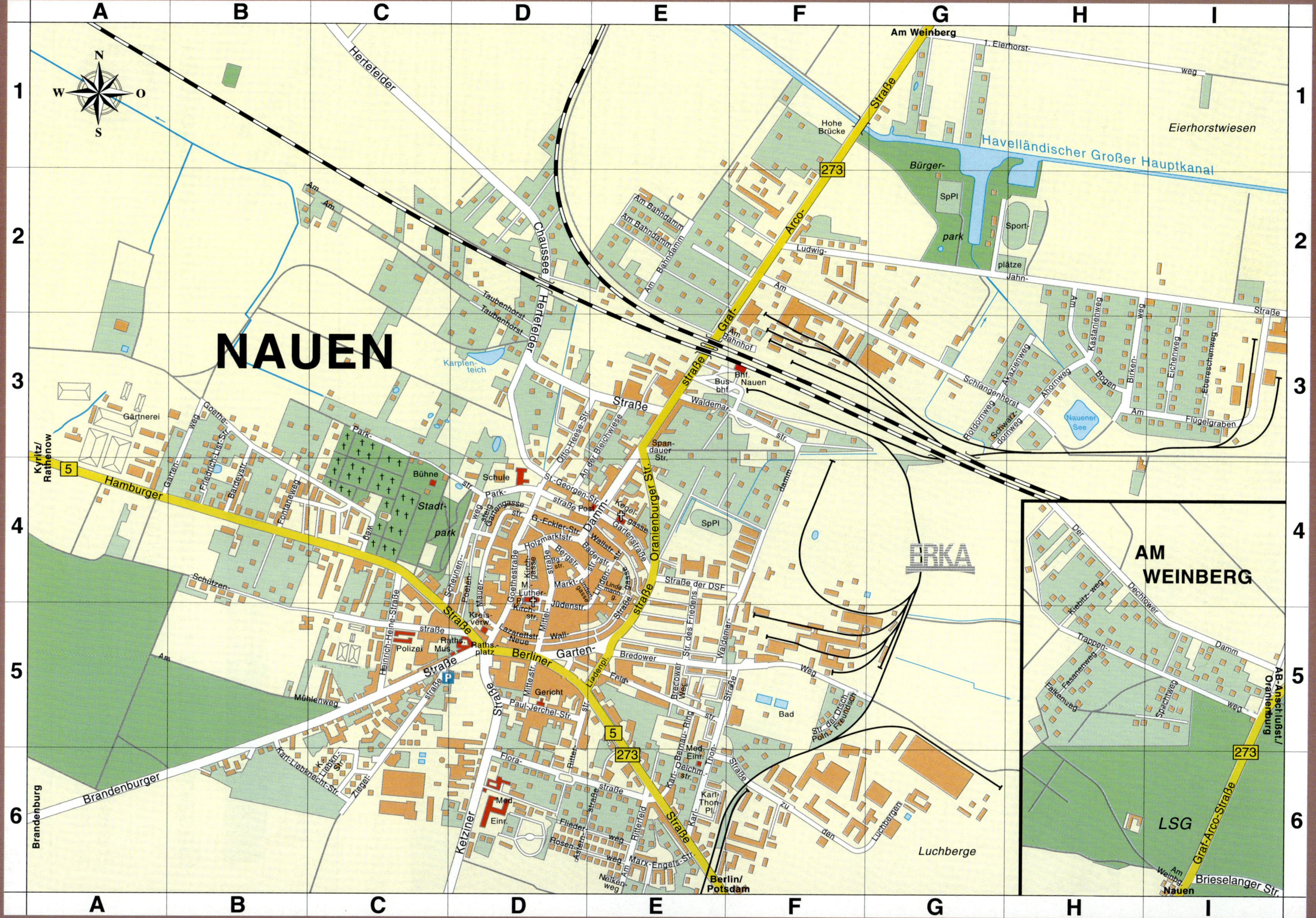
NAUEN
AM WEINBERG
Havelländischer Großer Hauptkanal
Eierhorstwiesen
Bürger-park
Stadt-park
Luchberge
LSG
Graf-Arco-Straße
Oranienburger Str.
Hamburger Straße
Berliner Straße
Brandenburger
Hertefelder Chaussee
Bhf. Nauen
Bus-bhf.
Karpfenteich
Nauener See
Kyritz/Rathenow
Berlin/Potsdam
Brandenburg
AB-Anschlußst./Oranienburg
Am Weinberg
Brieselanger Str.
Rathsplatz
Schule
Polizei
Gericht
Bad
Gärtnerei
SpPl
Sportplätze
273
5

Dorf Tremmen Foto: Kreisverwaltung

mikzirkel, Mal- und Zeichenzirkel, Flugmodellbau, Amateurfunker, Bodybuilding u.v.m.); das Kino - in dem die aktuellen Kinohits vorgeführt werden; die Bibliothek - mit einem umfassenden Angebot an Literatur und Gesellschaftsspielen (wie Monopoly), welche in einem gemütlichen - extra eingerichteten - Raum benutzt werden können.
Eine andere Alternative wäre der Bummel über den Wochenmarkt, der dienstags, donnerstags und freitags stattfindet.
(Quelle: Stadtverwaltung)

Landschaften zum Leben

Weltweit versucht man durch große Schutzgebiete wenigstens Rest-Natur zu erhalten. Im dicht besiedelten Mitteleuropa aber gibt es kaum noch ursprüngliche Naturlandschaften, entsprechend klein und verstreut fielen die Naturschutzgebiete aus.

Nicht nur inselartig konservierender Schutz konnte das Ziel sein, sondern naturverträgliches Wirtschaften auf großer Fläche. Mit den politischen Veränderungen im Herbst 1989 kam die Chance, vorhandene Ideen im Osten Deutschlands auch umzusetzen. Das Nationalparkprogramm entstand.

Die Ausgangsituation war günstig. Staatsjagdgebiete, Grenzstreifen und Truppenübungsplätze enthielten ökologisch einzigartige naturnahe Lebensräume. Sie wurden als Nationalparks unter Schutz gestellt. Daneben waren auch alte Kulturlandschaften wie die

Straßenverzeichnis der Stadt Nauen

1. Eierhorstweg	G1-I1
Ahornweg	A3
Akazienweg	H3-G3
Am Bahndamm	E2
Am Bahnhof	E3-F3
Am Bogen	H2-H3
Am Flügelgraben	H2-I3
Am Ritterfeld	E6
Am Schlangenhorst	F2-H3
Am Taubenhorst	B2-D3
Am Weinberg	I6
An der Bleichwiese	D4-E3
Asternstr.	D6-E6
Baderstr.	D4-E4
Bardeystr.	B3-B4
Bergstr.	D4
Berliner Str.	D5-E6
Birkenweg	H2-H3
Brandenburger Str.	A6-D5
Bredower Weg	E5-G5
Brieselanger Str.	I6
Dammstr.	D4-E3
Deichmannstr.	E6
Der Dechtower Damm	H4-I5
Ebereschenweg	H2-H3
Eichenweg	H2-H3
Falkenweg	H5
Fasanenweg	H5
Feldstr.	E5
Fliederweg	D6-E6
Florastr.	D6-E6
Fontaneweg	B4
Friedrich-List-Str.	B3-B4
Gartengasse	D4
Gartenstraße	D5-E4
Gartenweg	A4-B3
Gebhard-Eckler-Str.	D4
Goethestr.	D4-D5
Goetheweg	B3-C4
Graf-Arco-Str.	E3-G1/I5-I6
Hamburger Str.	A3-D5
Heinrich-Heine-Str.	C4-C5
Hertefelder Chaussee	C1-D2
Hertefelder Str.	D2-E3
Holzmarktstr.	D4
Jüdenstr.	D4-D5
Karl-Bernau-Ring	E5-E6
Karl-Liebknecht-Str.	B5-C6
Karl-Thon-Platz	E6
Karl-Thon-Str.	E6-F5
Kastanienweg	H2-H3
Kegelgasse	E4
Ketziner Str.	D5-D6
Kiebitzweg	H4-H5
Kirchgasse	D4
Kirchstr.	D5
Lazarettstr.	D5
Lindemanngasse	E4
Lindengasse	D4-E4
Lindenplatz	D5-E5
Lindenstr.	E4-E5
Ludwig-Jahn-Str.	F2-I2
Marktstr.	D4-E4
Martin-Luther-Platz	D4
Marx-Engels-Str.	E6
Mauerstr.	D4-D5
Mittelstr.	D4-D5
Nelkenweg	E6
Neue Str.	D5-E4
Oranienburger Str.	E3-E4
Otto-Heese-Str.	D4-E3
Parkstr.	C3-E4
Paul-Jerchel-Str.	D5
Poetensteig	D4-E5
Rathausplatz	D5
Ritterstr.	D5-D6
Rosenweg	D6-E6
Rotdornweg	G3
Scheunenweg	C4-D4
Schützenstr.	B4-D5
Schwarzdornweg	G3-H3
Spandauer Str.	E3
Spechtweg	I5
St.-Georgen-Str.	D4-E4
Str. d. Deutsch-Poln.-Freundschaft	F5
Str. d. Deutsch-Sowj.-Freundschaft	E4-F4
Straße des Friedens	E4-E5
Straße zu den Luchbergen	E6-G6
Trappenweg	H5-I5
Waldemardamm	E5-F3
Waldemarstr.	E3-F3
Wallgasse	D5-E4
Wallstr.	E4
Ziegelstr.	C5-C6

Uckermark aufgrund ihrer Abgeschiedenheit vor einer allzu starken Zerstörung bewahrt geblieben. Sie schienen geneigt, in Zukunft als Beispielregionen für eine naturverträgliche Landnutzung zu dienen ... Mehr als 5% der Landesfläche erhielten am 12.9.1990 einen Schutzstatus, noch einmal soviel wurden einstweilig gesichert. Brandenburgische Naturschützer waren maßgeblich an der Ausarbeitung des "Nationalparkprogrammes im Osten Deutschlands" beteiligt und auch die Landesregierung stellte sich hinter das Konzept. Bundesumweltminister Töpfer hob die Bedeutung dieser einmaligen Gebiete als das "Tafelsilber der Deutschen Einheit" hervor.

Schutz durch naturverträgliches Wirtschaften

Die ökologisch bedeutensten Lebensräume Brandenburgs liegen in alten, historisch gewachsenen Kulturlandschaften. Sie zu schützen bedeutet keineswegs, den Menschen auszugrenzen und der Natur freien Lauf zu lassen. Der beste Schutz liegt in einer naturverträglichen Bewirtschaftung.
Dieses Konzept geht weit über das traditionell angestammte Feld des Naturschutzes - den Schutz einzelner Arten und Biotope vor dem Menschen - hinaus. Es setzt die konstruktive Zusammenarbeit mit anderen Fachressorts voraus, zielt ebenso auf die Produktion gesunden Trinkwassers und gesunder Nahrung, auf stabile Wälder und für den Erholungssuchenden attraktive landschaften wie auf den Erhalt der Artenvielfalt.

Das eigentlich Neue an dem Konzept ist die Rolle, die der umweltverträglich wirtschaftende Mensch in ihm spielt. Nicht Ausgrenzung ist oberstes Gebot, sondern Einbeziehung der Bewohner und Besucher in den Kreislauf der Natur. Nicht Aussperren der Erholungssuchenden ist das Ziel, sondern Vermittlung von Naturerleben. Natur-Genuß statt Zerstörung durch Massentourismus. Nicht Vertreibung der Bauern ist das Ziel, sondern Unterstützung der bäuerlichen Wirtschaftsform, um die historisch gewachsene kulturlandschaft zu erhalten und zu sanieren ...

Brandenburgs Großschutzgebeite sind Vorreiter auf dem Wege, naturverträgliches Wirtschaften auf großer Fläche umzusetzen und damit - ganz nebenbei - auch Naturschutz zu betreiben. Ihnen, lieber Leser, sei empfohlen, einige dieser Beispiellandschaften zu besuchen. Nicht jeder Besucher wird in der schwierigen Anfangsphase schon deutliche Veränderungen verspüren, nicht jeder Bewohner wird von den mehrstelligen Millionenbeträgen direkt profitiert haben, die aus EG-, Bundes- und den Landesmitteln gezielt in Biosphärenreservate, Naturparks und Nationalpark geflossen sind. Indirekt aber hat jeder profitiert.

Durch die Unterstützung von naturverträglicher Landnutzung, "sanftem" Tourismus und Naturschutz gewinnen die Regionen langfristig an Stabilität. Und wenn allein in diesem Jahr im Biosphärenreservat "Schorfheide-Chorin" über 5 000 Hektar landwirtschaftliche Nutzfläche auf naturverträgliche Bewirtschaftung umgestellt wurden, wenn hier nach dem Zusammenbruch der Landwirtschaft 6 000 neu eingestellte Extensivrinder weiden, wenn Landwirte dank

Schwanenkrug in Schönwalde Foto: Kreisverwaltung

Landschaftspflegeleistungen und ökonomisch wie ökologisch tragfähiger Bewirtschaftung in Arbeit und Brot bleiben, und wenn andererseits Rebhühner, Ammern und Feldlerchen sich wieder vermehren und sogar Wachtel und Sumpfohreule sich aufs Neue einfinden, ist das ein erstes Zeichen von Erfolg und Grund genug, diesem Tafelsilber der Deutschen Einheit einen besuch abzustatten. Rücksicht auf unzerstörte Landschaft und auch auf unsere Mitlebewesen sollten dabei selbstverständlich sein ...

Seit dem (unvollendeten) Nationalparkprogramm läuft in Brandenburg die Suche nach geeigneten Flächen für weitere Großschutzgebiete, zumeist Naturparks. In den Naturpark-Projektgebieten arbeiten bereits Aufbauleitungen und aktive Fördervereine bei der Sicherung und Entwicklung der Gebiete.

Wie in den anderen Großschutzgebieten entstehen auch hier nach einem Zonierungskonzept Wander-, Rad- und Reitwege für eine naturschonende Erholung.

Da die Naturparks auch von Kommunal- und Regionalpolitikern unterstützt werden, ist von vornherein eine Akzeptanz in der Bevölkerung zu erwarten. Der Umweltausschuß des Landtages hat sogar eine Beschleunigung des Programms vorgeschlagen. Mit den, Ausweisungsverfahren für die neuen Naturparks brandenburgiscger Prägung, in denen das Naturschutzanliegen gleichrangig neben dem berechtigten Interessen der Bevölkerung nach Erholung und Gebietsentwicklung steht, findet das Nationalparkprogramm im Land Brandenburg seinen Abschluß. Für ein schlüssiges Naturschutzgesamtkonzept des Landes ist das System der Großschutzgebiete untereinander mit großräumigen Biotopverbund-Strukturen zu vernetzen. Und noch eins ist wichtig, vielleicht am wichtigsten: Wir Menschen müssen lernen, mit und in den Großschutzgebieten zu leben, die Biosphärenreservate, Naturparks und Nationalparks als langfristig tragfähiges Entwicklungskonzept zu begreifen. Nicht Mensch gegen Natur, sondern Landschaften zum Leben gleichermaßen für uns und unsere Mit-Lebewesen.
(Dr. Matthias Freude)

Falkensee - die Gartenstadt
Unmittelbar an der westlichen Peripherie von Berlin gelegen, ist Falkensee mit seinen 22 000 Einwohnern die größte Stadt im Landkreis Nauen.
Mit ihrem vielen Grün läßt sich inmitten der Stadt so manches stille Plätzchen zum Verweilen finden. So lohnt ein Spaziergang an dem Seeufer des idyllisch gelegenen Falkenhagener Sees. Beim Bummel durch Falkensee sollten Sie sich die Besichtigung der ehemaligen Dorfkirchen Falkenhagens und Seegefelds nicht entgehen lassen. Diese beiden Dörfer vereinigten sich 1923 zum

Ort Falkensee, der seit 1961 als Stadt gilt.
Heimatgeschichtliche Informationen finden Sie im Museum in der Falkenhagener Straße 77.

Erlebenswerter „Krämer"
Ein herrliches großes Mischwaldgebiet - genannt der „Krämer" - erstreckt sich nahe der westlichen Stadtgrenze von Berlin. Gelegen zwischen Nauen, Brieselang, Falkensee und Hennigsdorf ist er Teil des Landschaftsschutzgebietes „Nauen - Brieselang - Krämer". Hier atmen Sie noch die reine Luft des Waldes. Lassen Sie sich beim stillen Genießen gedanklich in die Vergangenheit entführen. So führt die alte Poststraße Berlin-Hamburg durch den Krämer, und mit etwas Phantasie hört man von weit her Pferdehufe, die in der Ausspannstation „Ziegenkrug" rasten wollen. Zu den heute noch verbliebenen Überresten des Ziegenkrugs" gehört ein 25 Meter tiefer Brunnen.

Ketzin - nicht nur ein Tip für Angler
In dem fast 800jährigen Städtchen nahe der Autobahn A 10 gab es früher überwiegend Fischer. Davon zeugt noch heute das „Fischerviertel" im alten Stadtkern mit seinen kleinen engen Gassen. Doch nach wie vor kommen hier an dem fischreichen Havelgewässer die Angler voll auf ihre Kosten.
Interessant für den Besucher sind sicher die beiden ältesten Bauwerke in Ketzin - das kleine Domizil des jetzigen Heimatmuseums und das ehemalige Königsboothaus.
Die ganze Region um das Ketziner Havelgebiet zählt als Landschaftsschutzgebiet mit zu den reizvollsten Landschaften im Kreis Nauen und ist ein wahres Dorado für Wasser- und Naturfreunde.

Spaziergang durch Paretz
Wer einmal auf den Spuren der Königin Luise von Preußen wandeln möchte, der begebe sich nach Paretz, einem Ortsteil von Ketzin.
Mit seinem Schloß, dem Schloßpark und der Kirche diente der Ort als einstiger Sommersitz der Gemahlin des Preußenkönigs Friedrich Wilhelm II. Die heutige Gaststätte „Gotisches Haus" war die damalige Dorfschmiede.
Leider wurde das Schloß Paretz in den späten 50er Jahren so umgebaut, daß es als Werk deutscher Baukunst verloren ging. Jedoch kann man in den Innenräumen des Schlosses in den Sommermonaten bei ständig wechselnden Ausstellungen den ehemaligen Hauch von Adel spüren.
Gleich am Ortseingang stoßen Sie auf die Paretzer Bockwindmühle, die einzige des Kreises Nauen.

Der Birnbaum von Ribbeck
Er hat das kleine Dorf unweit von Nauen wohl bekannter gemacht als das Schloß des Herrn von Ribbeck, denn diesem Baum widmete Theodor Fontane sein hier auszugsweise abgedrucktes berühmt gewordenes Gedicht.
In der Ribbecker Dorfkirche, wo gelegentlich Chor-, alte Spinett- oder Blasmusik erklingt, kann man den Klängen der Konzerte lauschen. Das Schloß Ribbeck dient heute als Pflegeheim.

Erlebnisreiche Stunden in Paaren/Glien
Auf dem weiträumigen Geländen des Märkischen Ausstellungs- und Freizeitzentrums (MAFZ) in Paaren/Glien, nahe der Autobahn A 10, wird für die Besucher ein erlebnisreiches Freizeitangebot bereitgehalten.
Zu den jährlichen Höhepunkten zählt die jeweils im Mai stattfindende große Landwirtschaftsschau des Landes Brandenburg. Neben weiteren Großveranstaltungen haben die „Paarener Herbsttage" und auch die „Ponyleistungsschau" bereits Tradition.
Das landschaftlich wunderschön gelegene Freizeitzentrum bietet allen Gästen die Kulisse für aktive Freizeit und Erholung.
So kann man sich auf dem Gelänge des MAFZ Fahrräder ausleihen und, fernab von jeglichem Trubel, durch den gleich angrenzenden „Krämer" radeln. Nach vorheriger Absprache ist es auch möglich, die Gegend mit einem Kremser zu erkunden.

Ein Tip für Golfer
Nur eine reichliche halbe Stunde Autofahrt von Berlin entfernt liegt idyllisch im Kiefernwald der Golfplatz „Kallin" bei Börnicke. Er ist nicht nur von Berlin, sondern auch aus allen anderen Richtungen mühelos zu erreichen.
Die 70 ha große Golfanlage enthält eine Driving Range, eine bereits bespielbare 9-Loch-Anlage und eine 18-Loch-Anlage, die ab Frühjahr 1993 benutzt werden kann.
Das gemütliche Clubhaus steht für die gastronomische Versorgung bereit. Geöffnet hat der Golfplatz täglich, wochentags ab 10.00 Uhr und sonnabends und sonntags ab 9.00 Uhr bis zum Anbruch der Dunkelheit.
Zum Erlernen des Golfsports stehen zwei Golflehrer zur Verfügung.
(Quelle: Stadtverwaltung)

Verkehrsanbindungen

Mit den öffentlichen Verkehrsmitteln kann der ganze Landkreis sowie Berlin erreicht, und vom Hauptbahnhof Nauen können die direkten Zugverbindungen nach Hamburg, Berlin, Schwerin und Potsdam genutzt werden.

Ein umfassender Ausbau des Nah- und Fernverkehrs per Schiene ist geplant. Die Verkehrsverbindungen B 5 und B 173 sind geradezu ideal, um Nauen mit dem Kraftfahrzeug zu erreichen. Nauen liegt ca. 22 km westlich des Stadtrandes von Berlin und ca. 10 km westlich der Bundesautobahn „Berliner Ring".
(Quelle: Stadtverwaltung)

Dorfkirche in Markee   Foto: Kreisverwaltung

Museen, Galerien, Theater
Museum Stadt Nauen
Rathausplatz 2,
Tel. 78 239
Jugendklubhaus Nauen,
Ketziner Str. 1
Tel. 03 321/33 004
Galerie Nauen,
Berliner Straße 5,
Tel. 33 670

Bibliotheken
Stadtbibliothek Nauen,
Dammstraße 7,
Tel. 32 780

Banken und Sparkassen
Berliner Volksbank,
Marktstraße 20/21,
Tel. 33 780
Dresdner Bank,
Mauerstr. 1,
Tel. 32 607
Kreissparkasse,
Goethestraße 59,
Tel. 632 225
Raiffeisenbank
Marktstraße 12-13,
Tel. 32 234

Ämter/Beratungsstellen
Arbeitsamt Nauen,
Am Lindenplatz,
Tel. 41 80
Stadtverwaltung Nauen,
Rathausplatz 1,
Tel. 780
Goethestraße 59-60,
Tel. 630

Krankenhäuser/ Apotheken
Krankenhaus Nauen,
Ketziner Straße 20,
Tel. 650
Gesundheitszentrum,
Ketziner Straße,
Tel. ü. 650
Krankentransport ASB,
Tel. 32 222
Schnelle medizinische Hilfe
Leitstelle,
Tel. 32 428
Rettungsamt Nauen,
Tel. 33 742
Neue Apotheke
Berliner Straße 9,
Tel. 32 265
Adler Apotheke
Marktstraße 2,
Tel. 33 031
Stadtverwaltung Nauen,
Sozialamt,
Karl-Thon-Str. 42,
Tel. 780
Sozialamt,
Goethestraße 59-60,
Tel. 630

Bäder, Sport- und Freizeiteinrichtungen
Sportplatz,
Ludwig-Jahn-Straße,
Tel. 33 120
Jugendklubhaus,
Ketziner Straße 1,
Tel. 33 004

Fremdenverkehrs-einrichtungen
ü. Stadtverwaltung Nauen,
Rathausplatz 1,
Tel. 780

Hotels/Pensionen
- Hotel „Stadt Nauen",
Dammstraße 12 a,
Tel. 32 295
- Hildegard Fiedrich,
Graf-Arco-Straße 148,
Tel. 32 651
weitere Privatunterkünfte
ü. Stadtverwaltung Nauen,
Rathausplatz 1,
Tel. 780

NEURUPPIN

Aus der Stadtgeschichte

1283 erstmals urkundlich erwähnt, entwickelte sich Neuruppin mit der Errichtung eines

NEURUPPIN

PLZ 16816
Vorwahl 03391

Kfz.-Kennz.: NP

Einwohner Stadt:
27.000

Fläche Stadtgebiet:
74 qkm

Fontane-Denkmal

Mönchsklosters, das nach den Regeln des Dominikaner-Ordens lebte, stetig. Bereits 1256 erhielt sie Stadtrecht. Ackerbürger und Handwerker lebten in der Stadt. Neuruppin gehörte zum Lehen des brandenburgischen Kurfürsten an die Grafen von Arnstein.

Verschiedene Male, bis in das 16. Jahrhundert hinein, sah die Herrschaft Ruppins kurfürstliche Gäste mit Gefolge. Ob zu Turnieren (1476, 1512) oder Huldigungsbesuchen (1571, 1598) mußte die Bevölkerung für die aufwendige Gastwirtschaft aufkommen.

Als im Jahre 1523 der letzte Graf von Arnstein starb, ging die Herrschaft Ruppin in den Besitz des Kurfürsten von Brandenburg, Joachim I., über. Das 16. Jh. kennzeichnete Ruppin durch mehrmalige schwere Fälle von Pest, die die Bevölkerung stark reduzierten. Schlechte Ernten taten ein übriges dazu.

Der 30jährige Krieg (1618-1648) hielt im Ruppiner Land Einzug. Zwischen 1626 und 16 38 wechselten die Besetzungen des Ruppiner Landes von den Dänen über die Schweden, Sachsen zur Kaiserlichen Armee. Immer hatten die Ruppiner die Kosten zu tragen. Der Krieg verwüstete die Herrschaft Ruppin so arg, daß noch Jahre danach Dörfer als wüste Stellen anzutreffen waren.
Um 1690 kamen mit dem Edikt des Kurfürsten von

NEURUPPIN
ERKA
MUSIKER-SIEDLUNG
KRÄNZLINER SIEDLUNG
BELCHIN-BÜTOW
GILDEN-HALL
Wuthenow
Ruppiner See
Lanke
Gransee Eberswalde-Finow
167
Alt Ruppiner Allee
Gerhart-Hauptmann-Straße
Neustädter Straße
Weinberg
Stadtpark
Poggenwerder
Bad
Hauptbahnhof
Industriegebiet
Klappgraben
Kränzliner Straße
Seedamm
Schule
SpPl
Sportplatz
Gärtnerei
Schwimmhalle
Krankenhaus
Käthe-Kollwitz-Platz
Rathaus
Neuer Markt
Kreisverw.
AB-Anschlußst. Kyritz
AB-Anschlußst.
1 Johann-Sebastian-Bach-Straße
2 Kastaniensteg
3 Scharländer Straße
4 Schulzenstraße
5 Lazarettstraße
6 Schäferstraße
7 Leineweberstraße
8 Seestraße
9 Fischbänkenstraße
10 Wichmannstraße
11 Ernst-Thälmann-Platz
12 A.-Fischer-Straße
N
O
S
W
A B C D E F G H
1 2 3 4 5 6 7 8 9 10 11

Fontane Geburtshaus

Brandenburg, Friedrich Wilhelm, neue Kolonisten nach Ruppin, zumeist Schweizer Familien, die dem calvinistischen Glauben angehörten. Mit ihren wirtschaftlichen Unternehmungen und der ihnen eigenen Kultur wurde das Ruppiner Land wieder aufgebaut.
1688 bestimmte der Kurfürst die Einrichtung einer Garnison an verschiedenen Standorten in seinem Land. Neuruppin war auch darunter.

In den Jahren 1732 bis 1740 zog das Regiment „Kronprinz" mit seinem Obersten Kommandeur, dem Kronprinzen Friedrich von Preußen, in Neuruppin ein. Seinem Aufenthalt verdankt Neuruppin die schöne Gartenanlage hinter der Stadtmauer auf dem Wall, die heute nach dem Erstlingswerk des Architekten G. W. v. Knobelsdorff - einem kleinen Musentempel, - „Tempelgarten" genannt wird.

Neuruppin weist bedeutende Söhne auf. Zu ihnen zählen:
- der Baumeister und Vollender des Klassizismus in Preußen, Karl-Friedrich Schinkel, (1781-1841).
- der humanistische Schriftsteller und Wanderer durch die Mark Brandenburg, Theodor Fontane (1819-1889) und
- der Orientmaler, Wilhelm Genz, (1822-1890).

Neuruppin besitzt ein noch heute erhaltenes, frühklassizistisches architektonisches Gesamtensemble, das nach den Plänen des königlichen Bauinspektors Bernhard Matthias Brasch nach dem großen Stadtbrand (1787) errichtet wurde. Die Anlage weist bauliche Besonderheiten gegenüber anderen märkischen Städten dieser Größenordnung auf.
Mit den 1816 in der Provinz Brandenburg geschaffenen Kreisen wurde das Ruppiner Land „Kreis Ruppin". Damit wurde die Stadt Neuruppin politisches und wirtschaftliches Zentrum des ländlichen Kreises. Hier entwickelte sich auch das erste Manufakturwesen, von hier aus wurden die ersten modernen Verkehrswege geschaffen.
Eine Besonderheit der Stadt Neuruppin im 19. Jahrhundert sind die Bilderbogen-Druckereien, von denen es gleich drei gab:
- die von Gustav Kühn (1810-1945),
- von Oehmigke & Riemschneider (1835-1945) und
- die von F.S. Bergemann (1856-1863).

Bilderbögen aus Neuruppin - zunächst als Informations-, Beschäftigungs- und Erbauungsbogen für die ländliche, zumeist lesekundige Bevölkerung gedacht, fanden auf Grund ihrer Einfachheit und Farblichkeit, vor allem aber Aktualität im Zeitalter des sich erst entwickelnden Zeitungswesens, reißenden Absatz.
Das Heimatmuseum ist das älteste Heimatmuseum der Mark Brandenburg. 1865 wurde aus der Sammlung „Vaterländischer Altertümer" des langjährigen Landrates von Ruppin, Friedrich Graf von Zieten, ein öffentliches Museum gegründet. In einem schönen Doppelbürgerhaus der Stadt beheimatet, steht es heute im Mittelpunkt des Interesses von nicht zu zählenden Besuchern der Stadt, welche auf Fontanes Spuren wandeln.
(Quelle: Stadtverwaltung)

Wirtschaftsstruktur

Neuruppin weist nur wenig Industrie auf.
Zumeist entstand die kreiseigenversorgende Industrie in Neuruppin nach 1945.

Landwirtschaft und Tourismus bestimmen das Bild der Stadt mit heute 27 000 Einwohnern. Neuruppin gilt als das „Tor zur Ruppiner Schweiz".
(Quelle: Stadtverwaltung)

Straßenverzeichnis der Stadt Neuruppin

Alt Ruppiner Allee........E4-F3
Am Birkengrund........G5-G6
Am Klappgraben........D4-D5
Am See........H4
Am Umspannwerk........C4-C5
Annie-Fischer-Str. C8-D8
Artur-Becker-Str. B8-D7
B.-Salrat-Str. B8-C7
Beethovenstr........D2-E2
Blücherstr. C6
Blumenstr. H4-H5
Bölkeanger C7-D7
Brahmsplatz........E2
Brückenweg........A5
Bullenwinkel D6
Cyranekstr. C8
Eichenforfstr........F2
Eisenbahnstr........C5-C6
Erich-Mühsam-Str. D6-D8
Erich-Schulz-Str. C8-D8
Ernst-Thälmann-Platz........D6
Franz-Maecker-Str. C6-C7
Fährweg G6
Fehrbelliner Str. D7-D10
Feldmannstr........D7
Fischbänkenstr. E6
Fontaneweg........D5
Franz-Künstler-Str. C6-D6
Franz-Mehring-Str. B8-Cu
Friedrich-Engels-Str........D6-E5
Friedrich-Naumann-Str........D4
Gartenstr. E4
Gerhart-Hauptmann-Str........D5-E3
Gildenhaller Allee........H4-H6
Grenzstr........E2-E3
Gründerweg A5-B5
Güntherstr. E4
Hans-Thörner-Str. E5-F4
Heideweg G6
Heinrich-Heine-Str........D5
Heinrich-Mann-Str. C7-D7
Heinrich-Rau-Str........B7-D8
Hermann-Matern-Str. C7-D8
Hermsdorfer Weg........G5
Holzhofweg F3
Jahnstr. F3
Johann-Sebastian-Bach-Str. E2
Junckerstr........C6-C7
Karl-Liebknecht-Str. D6-D7
Karl-Marx-Str. D6-E5
Kastaniensteg E4
Käthe-Kollwitz-Platz D8-E8
Käthe-Kollwitz-Str........D8-E8
Kirchenweg A4-B5
Klosterstr. E6
Kolonieweg........B5
Kommissionsstr. E5
Kommunikation D5-E5/D7-E6
Kränzliner Str. A6-B6
Kühnplatz........E4
Langer Weg A5-B5
Lazarettstr. D5
Leineweberstr. E5
Lessingstr. B6
Lindenallee G5-H8
Lönsstr. E3-F3
Mittelländer Weg B4-C4
Möhringstr. C5-D5
Mozartstr........E2
Neuländerweg........A5
Neustädter Str. B6-C6
Niemöllerplatz........E6
Otto-Grotewohl-Str. C8
Poststr. E6
Präsidentenstr........C5-E6
Puschkinstr........C6-D5
Puschkinstr........C6-D5
Regattastr........E6-E7
Richard-Wagner-Str........D1-E2
Robert-Koch-Str. E5
Rosa-Luxemburg-Str........C6-D5
Rosenstr........E5
Rudolf-Breitscheid-Str. D6
Rutscherweg E5-F5
Saarlandstr. C7
Schäferstr. D5
Scharländerstr. D5
Schifferstr. D6
Schillerstr........B6
Schinkelstr. D5-E5
Scholtenstr. D7
Schreberweg........A5-B5
Schulzenstr........D5
Seedamm........F5-G5
Seestraße........E5
Siebmannstr........F4
Siechenstr........E6
Spielplatzweg B5
Steinstr........E5
Straße des Friedens E4-E5
Thomas-Mann-Str. B6-C7
Trenckmannstr........D7-E7
Triftstr........F4
Virchowstr........E5
Vor dem Fehrbelliner Tor D7-E8
Wallstr........D5
Walter-Rathenau-Str........D4-E4
Weg zur Chaussee........G6-G7
Wendtstr........C8
Wichmannstr. D5-D6
Wiesenweg A5
Winzerstr. C8
Wittstocker Allee........D2-E4
Wulffenstr. E4-F4
Zur Mesche........B5-C5

Gastgeberverzeichnis

Neuruppin
Hotel- und Restaurant „Märkischer Hof“, K.-Marx-Str. 51/52, Tel. 2801 Restaurant, Weinstube, Terrasse

Café Tempelgarten, Präsidentenstr. 64, Tel. 2122 Restaurant, Billard-Café, Terrasse

„Fehrbelliner Hof“, Karl-Marx-Str. 63, I. Brandt, Tel. 2577 Restaurant, Bar

„Stadtkrug“, Präsidentenstr. 44, R. Rezler, Tel. 2367 Restaurant

„Zur Wichmannlinde“, Poststr. 17, D. Sobecki, Tel. 2310, Restaurant, Terrasse

Café Witt, Virchowstr. 20, I. Witt, Tel. 2457, Café, Spielothek, Terrasse

Café Huth, Karl-Marx-Str. 85, J.P. Huth, Tel. 2814, Café, Terrasse

Café Seeblick, Seeufer, O. Heinzel, Tel. 2523, Café

Café Stoye, Präsidententr. 53, B. Stoye, Tel. 2358, Café, Terrasse

Stadtpark Café, Triftstr. 23, E. Barnebeck,Café

Märkische Bauernstube, Nauener Straße, B. Vogt, Tel. 5275, Restaurant, Bauernstube

„Stadtgarten“, Karl-Marx-Str. 103, J. Stahl, Tel. 2590, Restaurant, Biergarten

Berliner Hof, Karl-Marx-Str. 96, W. Müller, Tel. 2939, Restaurant

„Ruppiner Speisegaststätte“, A.-Bebel-Str. 36/37, Zabel, Tel. 2944, Restaurant

Zum Dorfkrug, Bechliner Chaussee, Vogelei/Kochanski, Tel. 3748, Gastraum, Terrasse

Imbißgaststätte und Eiscafé „Onkel Fritz“, A.-Becker-Straße, H. Fickinger, Gaststätte, Terrasse

„Waldfrieden“, Lindenallee, Prager, Tel. 3793, Gaststätte, Terrasse

Gaststätte „Ruppiner See“, Verl. H.-Thörner-Straße, H.-J. Schwarz, Tel. 3705, Gaststätte, Gastraum, Terrasse

Café „Fantasie“, H.-Rau-Straße, W. Franz, Tel. 5456, Gastraum, Terrasse

Speisegaststätte Bürgerhaus, A.-Becker-Straße, B. Kroll, Tel. 5518, Restaurant, Saal, Bierbar, Imbiß, Spielothek

Alt Ruppin
„Grüner Baum“, Breitestr. 24, U. Szatkowski, Tel. 7195, Restaurant, Jagdzimmer Weinstube, Saal

„Zur Börse“, Breitestr. 13, C. Michalowski, Tel. 7195, Restaurant

Café Birkeneck, Forststraße, A. Keye Café, Bierstube, Terrasse

Ausflugsgaststätte „Heidepark“, Café und Bistro, Krangener Str. 13, A. Bethke Café, Terrasse

Gaststätte Seebad, Fr.-Engels-Straße, D. Osburg, Tel. 7190

Hotel und Freizeitpark Gildenhall, Wuthenower Str. 10, O. Theel, Tel. 3397 Restaurant, Jägerstube, Café, Grillbar

Manker Zimmervermietung m. Frühstück u. Abendbrot, Fr. Leschik, Fr. Rast, Dorfstr. 36, nach 16.00 Fr. Rast Dorfstr. 11, Tel. Wildberg 431

Fehrbellin
„Zum Großen Kurfürsten“, Geschw.-Scholl-Str., E. Erdmann, Tel. 269 Restaurant

„Gasthaus Wolf“, Berliner Str. 42, G. Schuhmacher, Tel. 234 Restaurant

„Fehrbelliner Hof“, Ruppiner Str. 16, R. Schmidtsdorf, Tel. 393 Restaurant, Vereinszimmer

Café Marnholz, Berliner Allee 8, I. Anwand, Tel. 422 2 Gasträume, Terrasse

Bistro, Ruppiner Str. 4, K. Lask, Tel. 332 Bistro

Café Görnandt, Ruppiner Str. 8, P. Schmiedel, Tel. 214 Café Terrasse Restaurant

Museumsschenke, Seestr. 10, E. Ugowski Restaurant

Restaurant Klosterblick, Am Wutzsee, B. Groche, Tel. 312 Restaurant, Terrasse

Sportschule „Jägerhütte“, Granseer Ch. 10/11, Götsch, Tel. 432 Restaurant, Bauernstube

Heide Café, Klosterheide, Dorfstr. I.J. Krieger, Tel. 502 Café

Rheinsberg
Brandenburger Hof, Mühlenstr. 5, Wisneski, Tel. 2147 Gaststätte

Gaststätte Bahnhof, Berliner Straße, Kleiner, Tel. 2104 Gaststätte

Café Seebad, verl. Schillerstraße, Mantke, Tel. 2429 Café

Eisdiele Kolbow, Schloßstr. 13, Kolbow, Tel. 2589 Eisdiele

„Zum Jungen Fritz“, Schloßstr. 8, Rattke, Tel. 2168 Gaststätte

Goldener Anker, Karl-Marx-Str. 25, Dautz, Tel. 2017 Gaststätte

Grillstube, Am Markt, Weidauer, Tel. 2108 Gaststätte

Waldgaststätte Hohenelse, Rheinsberg-Hohenelse, Steffens, Tel. 2252

Heimatmuseum Portal

Gaststätte

Café Holländer Mühle,
Schwanower Straße,
Schmidt,
Tel. 3223
Gaststätte

Ratskeller,
Am Markt,
Döbelt/Plötz,
Tel. 22 64
Café, Terrasse

Schloßcafé,
Mühlenstr. 12,
Hoffmann,
Tel. 2333
Café

Seepavillon,
Seestraße,
Gebr. Rambow,
Tel. 2514
Pavillon

Untermühle,
verl. Lindenallee,
W. Berger,
Tel. 2042
Gaststätte, Terrasse

Waldcafé,
Menzer Landstraße,
Konrad,
Tel. 22 68
Gaststätte

Hotel am Rheinsberger See,
Zechlinerhütter
Landstr. 10,
Tel. 2711
Restaurant

Deutsches Haus,
Seestraße,
Tel. 22 56
Restaurant

Dabergotz
Gaststätte „Paries“,
Dorfstraße,
R. Schofer,
Tel. 2966
Restaurant

Dorf Zechlin
Hotel und Restaurant „Waldeck“,
Dorfstraße,
R. Schade,
Tel. 480
Restaurant, Saal, 2 Terrassen

Café u. Restaurant
Heidehof,
Dorfstraße,
R. Modenhauer
Restaurant

Pinos Restaurant,
Dorfstraße,
Benske
Restaurant

Gaststätte Beckersmühle
Beckersmühle,
Familie
Gutenmorgen,
Tel. 275
Pension

Flecken Zechlin
Raeck's,
Wittstocker Str. 1,
M. Raeck,
Tel. 327
Restaurant, Saal,
Terrasse

Gasthaus Karbe,
Wittstocker Str. 5,
C. Schmidt,
Tel. 237
Restaurant

Märkisches Café,
Am Markt z,
W. Jahnke,
Tel. 481
Café

Eiscafé „Zur Brücke“,
Strandweg 5,
G. Loch,
Tel. 471
Café,
Terrasse

Schlemmerstube,
Wittstocker Str. 4,
R. Korff
Stube

Lindow-Gühlen
Haus am See,
Ferienhotel Gühlen,
E. Plath,
Tel. 282/388
Gr. Speisesaal, Kl. Speisesaal, Konferenzzimmer, Musikzimmer, Jägerzimmer, Clubraum,
Terrasse

Gühlen-Glienicke
Gaststätte Fölsch,
Dorfstr.,
A. Fölsch,
Tel. 273
Restaurant

Gaststätte Hacker,
Binnenwalde,
M. Hacker,
Tel. 258

Café und Imbiß am Heimattierpark,
Kunsterspring,
R. Stoppel
Gastraum,
Terrasse

Hakenberg
Waldhaus am Denkmal,
Hakenberg,
D. Nieß,
Tel. 211
Restaurant, Kaminsaal

Großzerlang
Landgasthof
Märkisches Haus,
Dorfstraße,
B. Blankenstein,
Tel. 261
Restaurant, Saal,
Terrasse

Stendenitz
Waldschenke Stendenitz,
Tel. 7234
Gaststätte und Saal,
Terrasse

Tornow
Gaststätte Forsthaus
Tornow,
Tornow,
Tel. 214
Gaststätte

Bauernstube
Tornow
Gaststätte

Boltenmühle
Gaststätte Boltenmühle

Weinstube
Ch. Obst,
Tel. 210

Linnow
Gasthaus
„Kastanieneck“,
Dorfstr. 37,
M. Seidel.
Tel. 2068
Restaurant, Saal,
Biergarten

Linum
Gaststätte
„Zu den Teichen“,
Zu den Teichen 28,
P. Liebe,
Tel. 208
Restaurant

Kulturhaus, Nauener Straße,
H. Büchner,
Tel. 240
Restaurant, Saal

Nietwerder
Bärenschenke,
Dorfstr. 24,
Wollbrandt,
Tel. 2190

Wulkow
Hermecke's Gasthof,
Ch. Hermecke,
Tel. 7725
Restaurant, Bauernstube

Wustrau
Reiterhof Wendt,
Dorfstraße,
Wendt,
Tel. 245

Restaurant
Zum alten Zieten,
Dorfstraße,
E. Miesner,
Tel. 292
Gaststätte, Saal

Zechlinerhütte
Zur Hütte,
Winkelstr. 2,
K. Glück,
Tel. 203

Restaurant
Heidekrug,
Herr Stockel,
Tel. 469

Gaststätte „Zum Charlottenhof“,
Neustrelitzer Straße,
M. Schönbeck,
Tel. 204
Restaurant

Zille-Stube,
Zechliner Straße,
B. Göbler,
Tel. 279
Restaurant

Krangen/ Zippelsförder
Restaurant & Pension „Jägerhof“,
Zippelsförder Nr. 6,
J. Kracht,
Tel. 829
Restaurant, Kaminkeller

Luhme
Hotel & Gasthaus
Luhme,
Herr Becker,
Tel. 377
Restaurant, Bauernstube

Protzen
Kulturhaus, Dorfstraße, S. Bartz
Gaststätte

Rohrlack
Lindenhof,
Lindenhof 1,
Sonnak,
Tel. 323
Gaststätte

Wildberg
Gasthaus Wildberg,
Markt 1,
H. Pavlicek,
Tel. 317
Gaststätte,
Bierstube, Terrasse,
Saal

Tarmow
Rennefahrt's
Gaststätte,
Dorfstr. 53,
Rennefahrt,
Tel. 402
Gaststätte

Am Badesee,
Am See, Willack
Gaststätte

Wuthenow
Gaststätte Zur Kegelbahn,
Dorfstraße,
J. Bohna

Kagar
Schröders Landhaus,
Wallitzer Kreuzung 1, R. Schröder,
Tel. 355
Restaurant

Gasthaus Steffen,
Dorfstr. 49,
G. Steffen,
Tel. 357
Gastraum, Veranda,
Terrasse,
Saal nur für Disco

Camping am Reiherholz,
Zechlinerhütter Str. 2,
Martina Aßmann,
Tel. 363
Gaststätte, Terrasse,
Grillecke

Pension am See,
Dorfstr. 13,
Frau Karge,
Tel. 361
Restaurant, Biergarten

Waldgaststätte
„Braminsee“,
H. Hünning,
Tel. 376
Gaststätte, Terrasse

Braunsberg
„Findling“
Dorfstr. u,
Herr Hirrle
Gaststätte

Zechow
Zechower Dorfkrug,
Dorfstr. 17,
Jens Wennrich,
Tel. 22.93
Gastraum, Saal

Netzband
Waldgasthof im Eichengrund, I.
Granzin
Gaststätte

Quelle: Amt für Wirtschaft/Tourismus
Virchowstr. 14/15

Fremdenverkehrsamt Neuruppin
A.-Bebel-Str. 15
Alle Angaben ohne Gewähr!

Sehenswürdigkeiten Ausflugsziele

Neuruppin - Historischer Stadtrundgang

Ausgangspunkt ist das 1791 erbaute Doppelbürgerhaus in der August-Bebel-Straße 14/15, heute Heimatmuseum. Von hier aus geht es zum ehemaligen Garten „Amalthea" des Kronprinzen Friedrich von Preußen; heute trägt der Garten nach dem dort errichteten Tempel seinen Namen.
Der Musentempel wurde 1835 von Knobelsdorff erbaut. Es ist sein Erstlingswerk. Wir können uns heute noch an den aus dem 18. Jahrhundert stammenden barocken Sandsteinfiguren Dresdner Provenienz erfreuen, die Alexander Gentz 1855 für die Ausgestaltung des Gartens erwarb. Mit dem Kauf des Gartens durch die Familie Gentz wurde er in memoriam an Friedrich und mit dem Ziel der öffentlichen Begehbarkeit wieder hergestellt. Den orientalischen Stil erhielt der Garten durch den Architekten Carl von Diebitsch, dem Freund des Orientmalers Wilhelm Gentz.

Vom Tempelgarten führte uns der Weg zum Fontane-Denkmal, das 1907 von Max Wiese geschaffen wurde.
Von hier aus gehen wir über den ersten der drei großen Plätze an der Neuruppiner Hauptmagistrale und können die gleichmäßige, schöne Bebauung in frühklassizistischem Stil nach dem Brand von 1787 gut erkennen.

Auf der Hauptmagistrale führt uns der Weg zum zweiten großen Platz der Stadt, wo das vom königlichen Bauinspektor Bernhard Matthias Brasch konzipierte Gebäude der höchsten Bildungseinrichtung der Stadt 1790 geschaffen wurde: die Lateinschule, das spätere humanistische Sprachgymnasium, das Neuruppinern und Gästen sein Leitmotiv noch heute auf der Attika über dem Portal offeriert: „Civibus aevi futuri" (den Bürgern der künftigen Zeit).

Die Klosterstraße zeigt uns den Weg in das mittelalterliche Neuruppin an, da sie vom Brand verschont blieb und führt uns zur Kirche des ehemaligen Mönch-Dominikaner-Klosters. Von hier aus können wir auf den Ruppiner See schauen oder auch die Stadtmauer durchlaufen; denn an der Seepromenande befindet sich auch die Dampferanlegestelle.
In die links von der Klosterkirche liegende kleine Siechenstraße geht es zur St. Lazarus-Kapelle aus dem Jahre 1491.
Der anschließende Neue Markt wurde in frühesten Zeiten Neuruppins als Fischmarkt benutzt.

Im 18. Jahrhundert paradierte hier das Neuruppiner Regiment. Das Haus Nr. 8 in der Fischbänkenstraße ist das ehemalige Predigerwitenhaus, in dem Karl Friedrich Schinkel mit seiner Mutter nach dem Brand 1787 lebte.
Auf dem Kirchplatz angekommen, ist dies nun der letzte große Platz Neuruppins. Das Bronzestandbild Karl-Friedrich Schinkels aus dem Jahre 1884 stammt ebenfalls von dem Bildhauer Max Wiese.
In der Mitte des Platzes steht ein weitausholender Bau, die Friedenseiche. Von hier ging die Neuruppiner Garnison 1813 in den antinapoleonischen Befreiungsfeldzug.
Die Pfarrkirche, St. Marien, die vor 1787 eine Schrägstellung auf dem bebauten Platz einnahm, bildet mit der Neuerrichtung zwischen 1804 und 1806 den Abschluß der Wiederaufbauphase von Neuruppin.
Der schöne Bau von Berson und Engel ist seit 1790 baupolizeilich gesperrt.
In die Hauptmagistrale, in Richtung Gymnasium einbiegend, entdecken wir linkerhand die Löwen-Apotheke. In diesem Haus wurde Theodor Fontane geboren. Etwas schräg gegenüber liegt das nur 3 Fenster breite Haus des Bilderbogenproduzenten Gustav Kühn. Seine 1840 erweiterte, große Produktionsstätte finden wir gegenüber dem Heimatmuseum von Neuruppin.
(Quelle: Stadtverwaltung)

Verkehrsanbindungen

Durch unmittelbare Lage an der Autobahn A 24 Berlin-Hamburg/Rostock hat Neuruppin eine ideale Nord/Südverbindung. Die Bundesstraße B 167 führt direkt durch die Stadt und schafft somit die Verbindung zu den Bundesstraßen 5 und 102 im Westen sowie der B 96, B 109 und der B 198 im Osten des Landes Brandenburg.
(Quelle: Stadtverwaltung)

Pfarrkirche

Museen, Galerien, Theater
Kultur- und Bildungszentrum, K.-Marx-Str., Tel. 29 16
Heimatmuseum, August-Bebel-Straße 14/15, Tel. 33 08
Heimattierpark Kunsterspring, Guhlen Glienicke, Tel. 271
Klosterkirche, Waldmuseum Stendenitz, Nostalgische Eisenbahn: Fahrt auf einer Strecke nach Wunsch, maximal 200 Personen

Bibliotheken
Stadt- und Kreisbibliothek, K.-Marx-Str., Tel. 29 16

Banken und Sparkassen
Commerzbank AG, K.-Marx-Str. 82, Tel 60 81
Deutsche Bank AG, K.-Marx-Str. 48, Tel. 24 87
Dresdner Bank Berlin AG, OdF Platz 2, Tel. 24 73
Kreissparkasse, H.-Rau-Str., Tel. 52 04
Kreissparkasse, Fehrbelliner Str. 38, Tel. 20 45
Raiffeisenbank, K.-Marx-Str. 98, Tel. 28 86
Raiffeisenbank, K.-Marx-Str. 67, Tel. 28 81

Ämter/ Beratungsstellen
Stadtverwaltung, Wichmannstr. 8, Tel. 26 31
Virchowstr. 14-15 Tel. 71 22

Krankenhäuser/ Apotheken
Schnelle Med. Hilfe, Tel. 115
Adler-Apotheke, K.-Marx-Straße 18, Tel. 25 64
Löwen-Apotheke, K.-Marx-Straße 84, Tel. 25 18
Uhlen-Apotheke, K.-Marx-Straße 50, Tel. 22 61
Krankentransport Tel. 33 55
Bezirkskrankenhaus, Fehrbelliner Str. 38, Tel. 60 71

Bäder, Sport- und Freizeiteinrichtungen
Stadion der Freundschaft, Tel. 33 46

Fremdenverkehrs-einrichtungen
Fremdenverkehrsamt, August-Bebel-Straße 15, Tel. 23 45
Programmangebot:
- Stadtrundgang oder Stadtrundrahrt
- Besuch des Heimatmuseums
- Besuch des Heimattierparks
- Dampferfahrten
- Konzertbesuche
- Wanderungen „Auf den Spuren Fontanes und Schinkels“
- Exquisitfahrten auf einer Yacht mit Service nach Wunsch
- Vermittlung von Mietautos, Klein- und Reisebussen, Kutschfahrten, Angelkarten
- Organisierung von Spanferkel-Essen/Ruppiner Spezialitätenessen
- Erwerb des Führerscheins im Urlaub (14 Tage)
- Reitstunden, Segel- und Surfkurse

Hotels/Pensionen
- „Märkischer Hof“, Karl-Marx-Straße 51/52, Tel. 28 01
- „Hotel- und Freizeitpark Gildenhall“, Wuthenower Straße 10, Altruppin, Tel. 33 97
- Herr Schlichting, Str. des Friedens 4, Tel. 23 41
- Fam. Rochow, Lindenallee 112, Tel. 20 59
- Fam. Graf, Gildenhaller Allee 25, Tel. 33 47
- Frau Oelke, E.-Mühsam-Straße 27,
- Reiterhof Wendt, Dorfstraße, Wustrau, Tel. 0295/245

Weitere Privatquartiere über das Fremdenverkehrsamt.

ORANIENBURG

Aus der Stadtgeschichte

Der Fisch und die Eiche im Wappen der Stadt - das ist die Symbolik der Kreisstadt Oranienburg, rund 35 Kilometer

ORANIENBURG

PLZ 16515
Vorwahl 03301

Kfz.-Kennz.: OR

Einwohner Stadt:
28.879

Fläche Stadtgebiet:
45,8 qkm

Schloß Oranienburg

nördlich vom Zentrum Berlins gelegen. 30 000 Menschen leben hier, 50 Minuten S-Bahn-Fahrt von der Hauptstadt entfernt.

Der Ursprung Oranienburgs liegt in der Mitte des 12. Jahrhunderts. Albrecht der Bär, Markgraf von Salzwedel, kolonisierte die noch heidnisch-slawischen Gebiete jenseits der Elbe. Er dehnte seine Herrschaft in das Gebiet der Länder Teltow und Barnim aus und errichtete eine Anzahl von Burgen an den Grenzen und strategisch wichtigen Punkten, vermutlich auch die Burg Bötzow an der Havel, aus der die Stadt Oranienburg entstand. Das Gelände des heutigen Schlosses an der Havel ist der Ort, auf dem die Wasserburg Böthow angelegt wurde. Westlich der Burg entstand eine Ansiedlung von Handwerkern und Kaufleuten, die bereits 1232 Stadt wurde.
Bötzow wurde 1486 Amtssitz. Es entwickelten sich mittelalterliche Stadtwirtschaften, beherrscht von Gilde und Zunft. Während des Dreißigjährigen Krieges plünderten Kriegshorden die Stadt. Brände vernichteten Häuser und Scheunen. Von dem Wüten einer verheerenden Pest wird berichtet. Unter dem Kurfürsten Joachim II., 1535-1571, breitete sich die Reformation aus.

Wie kam es zur Änderung des Namens von Bötzow in Oranienburg?
Mit der Übertragung des Amtes Bötzow an die Kurfürstin Louise-Henriette, eine geborene Prinzessin von Nassau-Oranien, setzte für den Ort eine entscheidende Wende ein. Louise-Henriette hatte auf einem Jagdausflug mit ihrem Gemahl die Gegend von Bötzow kennengelernt und Gefallen an der wasser- und wiesenreichen Landschaft gefunden. Der Große Kurfürst Friedrich-Wilhelm schenkte ihr daraufhin

am 27. September 1650 Bötzow mit allen zugehörigen Dörfern. Anstelle eines alten kurfürstlichen Jagdschlosses ließ sie einen Schloßneubau im holländischen Stil, der 1652 den Namen „Die Oranienburg" erhielt, errichten. 1653 wurde der Name in das Stadtsiegel aufgenommen, womit die Stadt ihren heutigen Namen erhalten hatte.
Kurfürst Friedrich III., seit 1701 König Friedrich I., zeigte eine besondere Vorliebe für Oranienburg. Er ließ das Schloß seiner Mutter prunkvoll umbauen und mit lateinischer Inschrift versehen, die auf Deutsch lautet: „Dieses von Louise der Prinzessin von Oranien, der besten Mutter, erbaute und durch den Namen ihres Geschlechts ausgezeichnete Schloß hatte der Kurfürst Friedrich III. zum Gedächtnis der sehr frommen Mutter erweitert, geschmückt, vermehrt, 1690".
In Oranienburg entstand damit das erste barocke Lustschloß in der Mark Brandenburg.
Schloß Oranienburg zählte um 1700 zu den prunkvollsten Barockschlössern der Mark. Fontane schreibt dazu in seinen „Wanderungen durch die Mark Brandenburg": „Schloß Oranienburg wuchs alsbald aus seiner engen Umgrenzung heraus, und ein Prachtbau stieg empor, wie die Marken damals, mit alleiniger Ausnahme des Schlosses zu Cölln an der Spree, keinen zweiten aufzuweisen hatten."

Wissenswertes über die Frau, die der Stadt ihren Namen gab
Die zierliche und auf Bildern immer etwas verträumt blickende junge Oranierin war sich sicher bewußt, daß ihre Ehe mit dem sieben Jahre älteren Kurfürst Friedrich Wilhelm von Brandenburg das Ergebnis eines politischen Irrtums war. Nichtsdestoweniger tat sie ihrerseits alles, um die Ehe zu einer harmonischen Lebensgemeinschaft zu entwickeln, wie sie in Fürstenhäusern jener Zeit recht selten war. Auch die Prinzessin der Niederlande, Louise Henriette, hatte ursprünglich andere Heiratspläne. Sie wollte anfänglich einen französischen Edelmann heiraten, der in der Armee ihres Vaters diente. Für die oranische Hausmachtpolitik ihres Vaters, des Fürsten Friedrich Heinrich von Oranien, Erbstatthalter der Niederlande, führte dieser jedoch nur den bedeutungslosen Titel eines „Prinzen von Tarent". Er galt damals als keine „gute Partie" und schied deshalb aus dem Kreis der Bewerber aus. Louises Vater hatte die Prinzessin ermahnt, in der Heirat mit dem Kurfürsten von Brandenburg Gottes Wille zu erkennen.
So kam es schließlich zu einer glanzvollen Hochzeit am 7. Dezember 1646. Louise Henriette war zu dieser Zeit gerade 19 Jahre jung geworden. Ihr Geburtstag war der 17. November 1627. Kindheit und Jugend verlebte sie am Fürstenhof in Den Haag in den Niederlanden. Ältere Überlieferungen berichten, daß sie mit „strenger Zucht und Ordnung" erzogen wurde. Zugleich besaß sie immer einen sanften Sinn, eine tiefe Frömmigkeit, einen auf das Praktische gerichteten Blick und eine große Selbständigkeit. Wahrlich Eigenschaften, die sie beim Wiederaufbau von Oranienburg voll einsetzte. Wegen einer schweren Erkrankung ihres Vaters blieb Louise Henriette bis März 1647 in Den Haag. Nach dem Tod ihres Vaters folgte sie dem Kurfürsten nach Klewe, einem Ort nahe der holländischen Grenze, es war eine der Residenzen des „Großen Kurfürsten". Hier gebar sie ihren ersten Sohn, welcher jedoch ein Jahr später starb. Im Sommer 1650 kam sie erstmalig nach dem heutigen Oranienburg. In den folgenden Jahren war sie über kürzere und längere Zeiten in „ihrer Stadt". Sie gebar insgesamt sechs Kinder, darunter ein Zwillingspaar. Fünf Kinder starben in jungen Jahren. Wieviel Leid und Kummer verbargen sich dahinter. Ihr Gesundheitszustand verschlechterte sich in den Jahren 1666/67 zunehmend. Im Frühjahr 1667 kehrte sie von Klewe nach Berlin zurück. Das Krankenbett wurde bald darauf zum Sterbebett. Am 18. Juni 1667, im Alter von 39 Jahren, vollendete sich ihr Leben.

Nach den Freiheitskriegen entwickelte sich Handel, Verkehr und Industrie in recht erfreulicher Weise.
Straßen, Wasserwege und Eisenbahnstrecken wurden angelegt. Am 10. Juli 1877 lief der erste fahrplanmäßige Zug der Nordbahn in den Bahnhof von Oranienburg ein.
Der Anschluß an das Berliner Eisenbahnnetz war damit hergestellt.

Mit der verkehrlichen Entwicklung einher ging die Industrialisierung. Anfang des 20. Jahrhunderts hatte sich Oranienburg zu einer Industrie- und Villenstadt entwickelt.
Von großer Bedeutung war in diesem Zusammenhang auch die Einführung des Vorortverkehrs Berlin-Oranienburg im Jahre 1891.

Der Chemiker Prof Dr. Friedlieb Ferdinand Runge hatte 1833 in Oranienburg seine bedeutendsten Entdeckungen

A B C D E F
1 2 3 4 5 6 7 8 9
ORANIENBURG
SACHSEN-
HAUSEN
FRIEDENTHAL
TIER-
GARTEN-
SIEDL.
Tiergartensiedlung
Tiergartenschleuse
Ruppiner Kanal
Kolonie Eintracht Orania
Kolonie Havelfreude
Kolonie Zukunft
Schloßpark
EDEN
Annahof
Leege-
bruch
ORANIENBURG SÜD
Wilhelmsthal
Lehnitz
Lehnitzsee
Borgsdorf
Glashütte
Gransee
96
E251
273
Bahnhof Sachsenhausen
Bahnhof Oranienburg
Bahnhof Lehnitz
Nationale Mahn- u. Gedenkstätte Sachsenhausen
Museum
Havel
Oranienburger Kanal
Germendorfer Allee
Kremmener Straße
Bernauer Str.
Berliner Str.
Chausseestraße
Sachsenhausener Straße
Granseer Straße
Friedensthaler Brücke
Germendorfer Brücke
Veltener Brücke
Havelhausener Brücke
Pinnower See
NSG
Moorgraben
Berliner Ring/Nauen
AB-Anschluß/Eberswalde-Finow
Berliner Ring/Berlin
1 Drosselweg
2 Wacholderweg
3 Dimitroffstraße
4 Maiglöckchenweg
5 Margeritenweg
6 Narzissenweg
7 Heidelberger Platz
8 Kufsteiner Str.
9 Pawlowstraße
10 Fliedersteg
11 Netzestraße
12 Cranachstraße
13 Knausstraße
14 Menzelstraße
15 Lortzingstraße
FRKA

Blick auf die Havel

gemacht: das Anilin und die Carbolsäure im Steinkohlenteer. Seine Fabrik war ein bedeutender Betrieb, nicht nur im damaligen Deutschland, sondern in Europa.

Daneben entwickelten sich in Oranienburg Betriebe der Metall- und Holzverarbeitung sowie des Maschinenbaues. Die Industrialisierung war mit einem sprunghaften Anstieg der Bevölkerungszahlen verbunden. Nach dem 30jährigen Krieg hatte Oranienburg ca. 200 Einwohner. Im Jahr 1900 betrug die Einwohnerzahl ca. 8000.

Mit der nationalsozialistischen Diktatur begann für die Stadt ein finsteres Kapitel ihrer Geschichte. Durch schwere Luftangriffe wurden große Teile der Stadt zerstört, sie glich nach dem Ende des Zweiten Weltkrieges einem riesigen Trümmerhaufen. In Oranienburg wurde 1933 das erste nationalsozialistische Konzentrationslager Deutschlands und 1935 das Massenvernichtungslager Sachsenhausen errichtet. Einem unbändigen Aufbauwillen der Einheimischen in Oranienburg ist es zu verdanken, daß die Spuren dieser Zeit zu einem großen Teil beseitigt werden konnten.

Mit der Wende, im Herbst 1989, beginnt ein neuer Abschnitt in der Geschichte der Stadt Oranienburg. Nach der Einführung der Kommunalen Selbstverwaltung haben die Verantwortlichen in Politik und Verwaltung die Möglichkeit, die Lebensbedingungen der Bürgerschaft selbst zu gestalten.
(Quelle: Stadtverwaltung)

Wirtschaftsstruktur

In den vergangenen 40 Jahren war die Wirtschaftsstruktur Oranienburgs von der Metallurgie mit einem Kaltwalzwerk, der pharmazeutischen Industrie, die u. a. synthetische Penicilline produzierte sowie dem Maschinenbau mit seiner Produktion von automatischen Farbbeschichtungs- und Trocknungsanlagen geprägt. Aber auch das war und ist Oranienburg: ein Zentrum zuverlässiger sozialer Einrichtungen, von Kindergärten bis Altersheimen, medizinischen Einrichtungen und Schulen bis hin zu Fachschulen - eine Behördenstadt und ein Einkaufszentrum für die im Umkreis Oranienburgs gelegenen Gemeinden

Die Gastronomie der Stadt bietet dem Besucher deftige Berliner und Brandenburgische Gerichte. Der Kenner bevorzugt ein Eisbein, leicht gepökelt, mit Erbsenpürree und Sauerkraut sowie einem halben Liter Pilsner dazu. Die Geheimtips sind hier kleine Familienlokale, in denen noch nach Großmutters Rezepten gekocht wird. - Wer aber als Feinschmecker die internationale Küche bevorzugt, der findet im Hotel „Oranienburger Hof" sein Ziel.
(Quelle: Stadtverwaltung)

Sehenswürdigkeiten Ausflugsziele

Der Fisch und die Eiche im Oranienburger Wappen deuten auf den Waldbestand und den Fischreichtum der umliegenden Flüsse und Seen hin. - Die ganze Schönheit der Umgebung der Stadt zeigt sich dem Betrachter bei ausgedehnten Spaziergän-

Straßenverzeichnis der Stadt Oranienburg

Aderluch	E3
Adlerweg	F7
Adolf-Damaschke-Str.	D3
Adolf-Merten-Str.	D3
Agnetenstr.	F5
Albert-Buchmann-Str.	D5-D6
Allerstr.	E7
Am Anger	E4
Am Backofenberg	A8-A9
Am Gutsplatz	E6-F6
Am Hag	E7-F8
Am Havelbogen	C3
Am Kanal	C6-C9
Am Keil	A6
Am Kleeschlag	A7-A8
Am Park	C2-D2
Am Wald	E3
Am Waldring	F5
Am Wolfsbusch	C5-C6
Amselstr.	C2
Amselweg	E8
An den Russenfichten	D3-E3
An der Bahn	E2-E3
An der Havel	D2-D3
An der Heide	C1-D1
An der Landstr.	A5
An der Muhre	A8
An der Zugbrücke	C3
André-Pican-Str.	E4-E6
Anklamer Str.	E4
Annahofer Str.	A6
Apfelallee	D3
Apoldaer Str.	D7-D8
Arnstädter Str.	C7-C8
Artur-Becker-Str.	D6
Asternweg	C4
August-Bebel-Platz	F6
August-Bebel-Str.	E3
Augustastr.	C5
Augustin-Sandtner-Str.	D6
Bachstelzenweg	A3/E7-F7
Bachstr.	E4
Badeweg	F5-F6
Badstr.	D8-E8
Bagnoletstr.	D6
Bahnhofsplatz	E5
Bahnhofstr.	D5
Balzerweg	A5
Bärenklauerweg	A7-B6
Baumschulenweg	E6
Beethovenstr.	D8-D9
Bergstr.	D2
Beringstr.	E6
Berliner Str.	D5-E9
Bernauer Str.	D5-F3
Beutnerweg	B4-C4
Billrothstr.	D6-D7
Birkenallee	C9-D8
Birkenweg	A5
Birkenwerderweg	F7
Blankenburger Str.	D8
Blumenweg	C4
Boberstr.	E8
Bodestr.	D7-E8
Bonner	Str.
Brahmsstr.	D9
Bötzower Platz	C5
Bötzower Stadtgraben	C5-D5
Bötzower Weg	B4-C4
Breite Str.	D5-D6
Breitscheidstr.	F9
Brieseweg	F6-F7
Brucknerstr.	D9-E9
Buchenallee	C2-D2
Chausseestr.	C2-D3
Chopinstr.	D9
Clara-Zetkin-Str.	D2
Cranachstr. (12)	E8
Dachsstr.	F8
Dianastr.	E4/F6
Dimitroffstr. (3)	E3
Donaustr.	D7
Dorfanger	A9
Dorfaue	A9
Dr.-Heinrich-Byk-Str.	E5
Dr.-Kurt-Scharf-Str.	D2-E2
Dr.-Kurt-Schumacher-Str.	C5-C6
Drosselstr.	B2-B3
Drosselweg (1)	C1-C2/B3/E8-F8
Dulonstr.	C3
Dürerpromenade	E8-E9
Eberswalder Str.	D4-E4
Egerstr.	D7-D8
Eichenallee	A9/C2-D2
Eichendorffstr.	B5-B6
Eichendorffweg	B6
Eichenweg	B5/F5
Eichkatzweg	C1
Eisenacher Str.	C8-D8
Eisvogelweg	B2-B3
Elbestr.	D8
Elisabethstr.	C5
Elsenweg	B3
Elsterweg	C2
Emil-Polesky-Str.	D6
Emsstr.	E7
Erfurter Str.	C7
Erich-Mühsam-Str.	D5
Ernst-Schneller-Str.	E4-F4
Ernst-Thälmann-Str.	E2-E3/F5-F6
Erzberger Str.	C6
Eschenweg	D2
Falkenstraße	C2
Falkenweg	E7-F8
Fasanenstr.	C2
Feldstr.	C2
Feuerbachstr.	E8
Fichtengrunder Weg	E1
Fichtenweg	A5
Fichtesteg	D2-D3
Finkensteg	E8
Finkenweg	C1
Finkstr.	A2
Fischerstr.	D5
Fischerweg	D5
Fliedersteg (10)	D8
Fliederweg	C3-C4
Florastr.	F5
Flotowstr.	D9
Flurstr.	E4
Försterstr.	D3-D4
Försterweg	C2-D1
Forstring	E8-F7
Forstweg	E3-E4
Freiburger Str.	E4-E5
Freienhagener Weg	D1
Freienwalder Str.	D4-E4
Freiheitsplatz	E8
Freilandweg	B6
Friedensstr.	C5-C6
Friedenthaler Weg	C4-C5
Friedrich-Ebert-Str.	E3
Friedrich-Engels-Str.	C6-D7
Friedrich-Siewert-Str.	C2-C3
Friedrich-Wolf-Str.	F5-F6
Friedrichrodaer Str.	C8
Friedrichsthaler Str.	E2
Friedrichstr.	D1
Fuchsstr.	F8
Fuldaer Str.	E7
Gartenstr.	C5
Gartenweg	C5
Georgstr.	F9
Geraer Str.	D8
Germendorfer Allee	A5-B5
Geschkestr.	C3
Glashütter Weg	E1
Gluckstr.	D9
Goethestr.	A5-B5
Gothaer Str.	C7-D7
Grabenweg	B4-C4
Graetzstr.	C3
Granseer Str.	D1-D2
Greifswalder Str.	E4
Griegstr.	D9
Gründwaldstr.	E8
Grüner Weg	E7
H.-Coppi-Weg	E7
Habichtsweg	C2
Habichtsweg	F7
Haller Str.	D6
Händelstr.	D9-E9
Hans-Loch-Str.	F6
Hauptstr.	A5
Hauptweg	B4-C4
Havelhausener Str.	A9
Havelkorso	E6-F8
Havelstr.	C5
Havelufer	E7-E8
Haydnstr.	D8-D9
Heidelberger Platz (7)	E4
Heidelberger Str.	E4-E5
Heidestr.	D4-E4
Heinrich-Heine-Allee	F5-F6
Hermann-Löns-Str.	C2-D2
Hildburghausener Str.	D7-D8
Hinter dem Schloßpark	C3-C4
Hirschallee	C1-C2
Hirtenweg	E3
Holbeinstr.	E8-E9
Hubertusstr.	E4
Humperdinkstr.	E9
Idenstr.	D3-E2
Ilerstr.	D7-E7
Innstr.	D7
Innstrucker Str.	D6
Inselstr.	E7
Isarstr.	D7
Iserstr.	D8
Jägerstr.	C2
Jenaer Str.	C8-D7
Johann-Strauß-Str.	D8-D9
Joliot-Curie-Str.	E6
Julius-Leber-Str.	C5-C6
Kanalstr.	C5
Karl-Liebknecht-Str.	E3
Karl-Marx-Platz	F8
Karl-Marx-Str.	E3
Karlstr.	D3
Kastanienweg	E3-E4
Kiebitzweg	E8-F8
Kiefernweg	E4/F5
Kirschallee	D3
Kitzbühler Str.	D6
Klagenfurter Str.	D6-E6
Kleine Str.	E7
Kleiststr.	B5
Kleistweg	B5-B6
Knausstr. (13)	E9
Koblenzer Str.	E5
Kölner Str.	F4
Koloniestr.	D3
Körnerweg	B6
Kösener Weg	D7
Krebsstr.	D5
Kreckeweg	A5-A6
Kremmener Str.	C5
Kuckuckstr.	A3
Kuhbrückenweg	B3-B5
Kursteiner Str. (8)	D6
Kurze Str.	A/D3
Kurzer Weg	E5-E7
Lahnstr.	E7
Leharstr.	D8-D9
Lehnitzstr.	D5-E6
Lerchenstr.	A3
Lerchenweg	E7
Lessingstr.	B5
Leuschweg	A5-A6
Liebigstr.	D4
Lindenring	D5
Lindenstr.	A8/D5-E5
Lindenweg	C2
Lisztstr.	D9-E9
Lönsweg	B6
Lortzingstr. (15)	D9-E9
Ludwigshafener Str.	E4-E5
Luise-Henriette-Steg	D5
Luisenstr.	C5
Luisenweg	C4
Magnus-Hirschfeld-Str.	F5
Maiglöckchenweg (4)	C3-C4
Mainstr.	E7
Mainzer Str.	F4
Mannheimer Str.	E5
Margeritenweg (5)	C3-C4
Martin-Luther-Str.	C5-D6
Mathias-Thesen-Str.	E4
Meisensteg	E7
Meisenstr.	A3
Melanchthonstr.	C6-D6
Melniker	Str.D6
Memelstr.	D7-E7
Mendelssohnstr.	D9
Menzelstr. (14)	E9
Mierendorffstr.	C3
Millöckerweg	D9
Mittelstr.	D5
Mittelweg	A5
Mörickeweg	B6
Moselstr.	E7
Mozartstr.	D8-D9
Mühlenbecker Str.	F6-F7
Mühlenfeld	D4
Muldestr.	D8-E8
Nachtigallenstr.	A3
Nahestr.	E7
Narzissenweg (6)	C4
Nauener Str.	D7-E7
Naumburger Str.	D7-D8
Neißestr.	E8
Nelkenweg	C4
Neptunstr.	E6-F6
Netzestr. (11)	E8
Neunkirchner Str.	E6
Neuruppiner Str.	D4
Niemöllerstr.	C3
Nordweg	A5-A6
Oberhofer Str.	C7-C8
Oderstr.	E8
Oelschlägerstr.	C3
Okerstr.	E7
Oraniaweg	B4-B5
Oranienburger Chaussee	E6-F6
Oranienburger Weg	A9/E1-E2
Ostweg	A5-B6
Pankeweg	E7
Parkstr.	A8D2
Parkweg	C4-D4
Pasewalker Str.	E4
Pasteurstr.	D6-D7
Paul-Gerhardt-Str.	C5-C6
Pawlowstr. (9)	E6
Petscheltweg	A6-B6
Pflaumenallee	D3
Poststr.	D5
Prenzlauer Str.	E4
Quedlinburger Str.	D8
Regerstr.	C9-D9
Reicheltstr.	D1-D2
Reichenbergstr.	E3
Rheinstr.	E7-E8
Rhinweg	E7
Richard-Wagner-Str.	D9
Ringelnatzstr.	C3
Robert-Koch-Str.	D6-E7
Röntgenstr.	D6-D7
Rosa-Luxemburg-Str.	C6-D6
Rosenweg	D4-E3
Rosseggerweg	B5-B6
Rotkehlchenweg	A3B2
Rüdesheimer Str.	E4-E5
Rudolf-Breitscheid-Str.	E3/F5-F6
Rudolf-Grosse-Str.	D5
Ruhrstr.	E7-E8
Rungestr.	D4
Saalestr.	D8-E8
Saalfelder Str.	D7-D8
Saarbrücker Str.	E6
Saarlandstr.	D8-E8
Saarstr.	E7
Sachsenhausener Str.	D3-D5
Sandhausener Weg	E3-E4
Sandweg	A9
Sauerbruchstr.	D6-D7
Sawallstr.	C3
Schäferweg	E3
Schierker Str.	D8

Fortsetzung auf Seite 213

gen entlang der von Mischwald umgebenen Seen, der Uferzonen der Havel oder durch die dichten Kiefernwälder, die die Stadt umgeben.
Von Oranienburg aus lassen sich abwechslungsreiche Touren in die wunderschöne Landschaft von Rheinsberg und Neuglobsow mit ihren tiefen Waldseen unternehmen.
Am günstigsten läßt sich Oranienburg mit dem Fahrrad erkunden. Mit der S-Bahn ist die Stadt innerhalb von 50 Minuten vom Berliner Stadtzentrum erreichbar.
Im Herzen der Stadt steht das Schloß Oranienburg, Wahrzeichen der Stadt. Ein Deckengemälde im Porzellankabinett zeigt die prunkvolle Ausstattung vergangener Zeiten. In den Räumlichkeiten des Schlosses finden Kunstausstellungen, Sonderausstellungen des Kreismuseums und Konzerte statt.
Nahe dem Schloß befindet sich in der Breiten Straße das ehemalige Amtshauptmannshaus (erbaut 1657), in dem das Oranienburger Kreismuseum seinen Sitz hat. Der verdienstvolle Heimatforscher Max Rehberg (1882-1945) begründete das Museum, das Ausstellungen über Regional-Kunst- und Kulturgeschichte zeigt.
Am Ende der Breiten Straße fällt der Backsteinbau des ehemaligen Waisenhauses ins Auge. Das von der Kurfürstin Louise Henriette für 12 Knaben und 12 Mädchen gestiftete Waisenhaus war das erste seiner Art in der Mark Brandenburg. Es wurde 1665 eingeweiht.
Von dort gelangt man entlang der Havelstraße zur Nikolaikirche, die 1864 bis 1866 auf Veranlassung von König Friedrich Wilhelm IV. nach Plänen von Friedrich August Stüler gebaut wurde. Das 1945 ausgebrannte Gotteshaus wurde beim Wiederaufbau 1951/52 im Innern vollständig geändert.
Dem Straßenverlauf folgend, erreicht man die Kremmener Straße, an der sich der Friedhof befindet, auf dem der Chemiker Friedlieb Ferdinand Runge seine Ruhestätte gefunden hat.

Nach Überquerung des Oranienburger Kanals lädt die Siedlung Eden zu einem Spaziergang ein. Die Gemeinnützige Obstbausiedlung wurde 1893 von Berliner Vegetariern gegründet, die in einem Modellversuch, der auch international Beachtung erfuhr, ihre Vorstellungen von Lebens-, Boden- und Wirtschaftsreform in die Tat umsetzen wollten.
Im Norden der Stadt befindet sich die Nationale Mahn- und Gedenkstätte Sachsenhausen, die an das Konzentrationslager und das spätere Internierungslager erinnert.
Unweit entfernt befindet sich die Lehnitzschleuse, erbaut 1936, von der man einen schönen Blick über den Lehnitzsee hat.
(Quelle: Stadtverwaltung)

Verkehrsanbindungen

Durch die günstige Lage der Stadt an den in Nord-Süd-Richtung verlaufenden Eisenbahnstrecken sind die großen Städte Deutschlands von Rostock bis München, ohne umzusteigen, zu erreichen.

Die Havelstadt Oranienburg, von der E 251 durchquert, in der Nähe der Autobahn Berlin-Rostock gelegen, bietet auch allen Autofahrern gute Straßenverbindungen zum nationalen und internationalen Fernstraßennetz und damit zu allen Zentren Europas.
(Quelle: Stadtverwaltung)

Museen, Galerien, Theater

Museum
Breite Str. 1
Tel. 38 63

Nationale Mahn- und Gedenkstätte Sachsenhausen
Straße der Nationen 45
Tel. 35 16

Creativzentrum
Schloß
Tel. 81 37 10

Filmpalast Oranienburg
Berliner Str. 40
Tel. 36 39

Friedrich-Wolf-Archiv
Kiefernweg 5
1407 Lehnitz
Tel. 44 80

Kulturhaus „Friedrich Wolf"
Friedrich-Wolf-Str. 31
Lehnitz, Tel. 45 71

Clara-Zetkin-Gedenkstätte
Am Walde 9
1401 Birkenwerder
Tel. 27 09

Bibliotheken

Stadtbibliothek
Bernauer Str. 54
Tel. 37 20

Banken und Sparkassen

Commerzbank AG
Filiale Oranienburg
Berliner Str. 1

Mittelbrandenburg. Sparkasse
Bernauer Str.
Tel. 37 31

Raiffeisenbank Oranienburg
Bernauer Str. 1
Tel. 34 31

Dresdner Bank
Fischerstr.
Tel. 30 61

Deutsche Bank AG
Schloßplatz 1
Tel. 32 41

Ämter/ Beratungsstellen

Stadtverwaltung
Schloß
Tel. 81 35

Fortsetzung von Seite 211
Schillerstraße B5/F6
Schlegelweg B5-B6
Schloßplatz D5
Schmalkaldener Str. C7-D8
Schreberweg D4
Schubertstr. D8-D9
Schulstr. D5
Schumannstr. D9
Schützenstr. C1-C2
Schwalbenstr. A3
Schwanenweg E8
Schwarzburger Str. C7-D8
Sebastian-Bach-Promenade C9-D9
Seepromenade F5
Semmelweisstr. D6-E6
Siegstr. D7
Simonsweg A5
Spechtweg E8-F7
Sperlingstr. A3
Speyerer E4-E5
Spitzwegstr. E9
Spreestr. E8
Starstr. A2
Stieglitzstr. A3
Stöckerstr. C3-C4
Stralsunder Str. D4-E5
Straßburger Str. E5
Straße der Einheit E3-E4
Straße der Nationen E4-F3
Straße zum Schloßpark C5
Strelitzer Str. D4
Stresemannstr. D3
Struweg A5
Südweg A6-B6
Suhler Str. D8
Tannenweg D2
Th.-Neubauer-Str. C6
Thaerstr. B4-B5
Thalestr. D8
Thomas-Müntzer-Str. F6
Thomasstr. E8
Tiergartensiedlung B2-B30
Tiergartenstr. A3-B5/B3
Tiergartenweg A2-C3
Treidelweg E6
Triftstr. D1-E1
Triftweg D3-D4
Tulpenweg C3-C4
Uferpromenade F5
Uferring D2
Uferstr. B5-B6
Uferweg C5
Uhlandstr. B5
Urbanstr. D2
Veilchenweg C4
Vilacher Str. D6
Virchowstr. D6-D7
Vischerstr. E8
Vogelbeerweg A5
Vogelweide A3-B2
Volkmarweg A5-A6
Wacholderweg (2) E2
Wachtelstr. A3
Walburgstr. C3
Waldstr. E4
Waldweg C2-D2
Walter-Rathenau-Str. E1-E2
Walther-Bothe-Str. B6-D6
Warthestr. E7
Wasserweg F6
Weberstr. D8-D9
Weg zur Biberfarm D2-D3
Weichselstr. D7
Weimarer Str. C7-D7
Weistritzer Str. D8-E8
Weißenfelser Str. C7-D8
Wernigeroder Str. D8
Werrastr. D7
Weserstr. D7-E7
Westweg A5
Wiesbadener Str. E5-F5
Wiesengrund D3
Wiesenweg B4-C4
Wolfsweg B4
Wormser Str. E4
Wörthstr. E5
Wupperstr. D7-E7
Zeisigstr. A3
Zellerstr. D6
Zum Bahnhof D2-E2
Zur schnellen Havel E1

Amtshauptmannshaus

Gesundheitsamt
Havelstr. 3
Tel. 51 01

Gericht Oranienburg
Berliner Str. 38
Tel. 30 08

Krankenhäuser, Apotheken

Kommunaler Rettungsdienst
Tel. 33 33

Kassenzahnärztlicher Bereitschaftsdienst
Tel. 80 13 58

DRK, Berliner Str. 104,
Tel. 30 63

Adler-Apotheke
Havelstr. 30
Tel. 30 50

Edener Apotheke
Germendorfer Allee 55
Tel. 33 20

Oranien-Apotheke
Bernauer Str. 25
Tel. 31 50

Bäder, Sport- und Freizeiteinrichtungen

Sportstadion am Lehnitzsee
A.-Pican-Str.,
Tel. 3444

Sportstätten
Bahnhofstr.,
Tel. 35 77

Fremdenverkehrseinrichtungen

Stadtverwaltung
Kultur- u. Werbeamt
Schloß
Tel. 81 37 10

Hotels/ Pensionen

- Oranienburger Hof
Bernauer Str. 48
Tel. 802072

- Pension Bolm, Lehnitz
Havelkorso 26

- Pension Dahms, Lehnitz
Friedrich-Wolf-Str. 54

- Bungalow, Lehnitz
M.-Hirschfeld-Str. 18

- Preußischer Hof,
Liebenwalde, Bischofswer-der Weg 12

POTSDAM LANDES

Blick auf Potsdam mit Parlament und „Holländischem Viertel" Foto: L. Willmann

Aus der Stadtgeschichte

Potsdam, als slawische Burg und Siedlung 993 erstmals erwähnt, wurde im Zuge der feudalen deutschen Ostexpansion in das Havelland neu gegründet. Auf dem inmitten von Flüssen und Seen inselartig gelegenen Potsdamer Werder entstand neben der älteren slawischen Ansiedlung im 12. Jahrhundert am Flußübergang vom Havelland zu Zauche und Teltow eine askanische Marktsiedlung, die sich im Mittelalter zu einer Kleinstadt entwickelte und 1345 als civitas bezeichnet wird.

Unter Kurfürst Joachim I. verstärkte man die Burg und begann, die Stadt mit Wall und Graben zu befestigen. Seit 1660 erfuhr Potsdam als zweite Residenz der brandenburgischen Kurfürsten und späteren preußischen Könige neben Berlin besondere Förderung und wurde bis ins 19. Jahrhundert ständig ausgebaut und verschönert. Kurfürst Friedrich Wilhelm ließ 1664-70 die alte Burg nach dem Vorbild holländischer Barockschlösser umgestalten und plante 1672 durch Johann Arnold Nering und unter König Friedrich I. Andreas Schlüter und Jean de Bodt beteiligt waren.

Während der Regierungszeit Friedrich Wilhelms I. entwickelte sich Potsdam zur Garnisonsstadt. In diesem Zusammenhang wurde 1715-20 die Altstadt weitgehend neu angelegt, 1720-42 entstand z. T. auf trockengelegten Sümpfen in mehreren Bauabschnitten die Neustadt. Mit gitterförmigem Straßennetz, ausgedehnten Plätzen, einem grachtartigen Kanal, Zollmauer und Toren großzügig ausgestattet, erhielt Potsdam damals durch den Neu- bzw. Umbau seiner Hauptkirchen sowie zahlreicher öffentlicher Gebäude und Bürgerhäuser von Philipp Gerlach, Peter v. Gayette und Johann Friedrich Grael das Gepräge einer Barockstadt.

Der Ausbau zur barocken Residenz wurde während der Regierungsphase Friedrichs II. vollendet. Unter der künstlerischen Oberleitung Georg Wenzeslaus v. Knobelsdorff und seines Kreises begannen 1744 am Westrand der Brandenburger Vorstadt die Planungen und Arbeiten für den Sommersitz Sanssouci, und gleichzeitig von 1744-52 wurde der Umbau des Stadtschlosses zur königlichen Winterresidenz durchgeführt. Anschließend erfolgte die einheitliche Neugestaltung der Schloßumgebung und des Alten Marktes durch Anlage repräsentativer Gebäude und Bürgerhäuser.

Später wurde das gesamte Stadtgebiet mit seinen Plätzen und Straßen in diese Unternehmungen einbezogen, wobei man sich bemühte, prospektartige Akzente innerhalb des städtebaulichen Organismus zu setzen und unter dem Einfluß des Königs häufig Vorbilder europäischer Spätrenaissance- und Barockarchitektur kopierte. Seit 1764 leitete Karl v. Gontard die Potsdamer Bauvorhaben. Er und seine Schüler haben das Stadtbild bis zum Tode Friedrichs II. wesentlich geprägt. Gegen Ende des 18. Jahrhunderts hatten sich außerhalb der Zollmauern mehrere Vorstädte entwickelt, in der Folgezeit wurden sie in zunehmendem Maße in die Bauvorhaben einbezogen.

Ein weiterer Schloßkomplex neben Sanssouci entstand seit 1786 nordöstlich von Pots-

HAUPTSTADT

POTSDAM

Vorwahl 0331

Kfz.-Kennz.: P

Einwohner Stadt: 140.000

Fläche Stadtgebiet: 100,1 qkm

Lustwandel im Schloßgarten, Haupteinfluß P.J. Lenné Foto: S. Hamann

dam am Heiligen See mit dem Bau des Marmorpalais als Residenz Friedrich Wilhelms II., wobei neben Gontard auch Carl Gotthard Langhans beteiligt war.

Nach den Befreiungskriegen folgte während der ersten Hälfte des 19. Jahrhunderts eine neue künstlerische Blütezeit unter den Königen Friedrich Wilhelm III. und Friedrich Wilhelm IV., als man die Ausgestaltung der Stadt mit ihren Schlössern und Gärten fortsetzte und durch neue Anlagen, wie Babelsberg, den Sommersitz des späteren Kaisers Wilhelm I., bereicherte. Karl Friedrich Schinkel, Ludwig Persius, August Stüler und Peter Josef Lenné haben dieser Periode Glanz verliehen. Insbesondere Friedrich Wilhelm IV. wollte das gesamte Stadtgebiet mit den umliegenden Seen und Höhen in eine romantische Parklandschaft umgestalten und ihr durch phantastisch-italianisierende Bauten den Charakter eines südlichen Panoramas geben. Damals entstanden der Neubau der Nikolaikirche mit ihrer landschaftsbestimmenden Kuppel und der Kranz von Schlössern und Parkanlagen, wobei auch die umliegenden Orte in die Planungen einbezogen wurden. Durch Barock und Rokoko, Klassizismus sowie Historismus der Spätromantik künstlerisch geprägt, war Potsdam zu einer der reizvollsten Städte Norddeutschlands geworden. Im Verlaufe des 19. Jahrhunderts wurde die Stadt nur wenig industrialisiert, erst im letzten Jahrhundertdrittel erhielt sie einige wissenschaftliche Einrichtungen, so 1876 das Astrophysikalische Observatorium auf dem Telegraphenberg. Gleichzeitig entwickelten sich

A
B
C
D
E
1
2
3
4
5
6
7
8
POTSDAM
Bornstedter Feld
Bornstedt
Nauener
Vorstadt
Neuer
Garten
Heiliger
See
Marmorpalais
Orangerie
Planetarium
Jäger-
vorstadt
Russ.
Kolonie
Alexan-
drowka
Ruinenberg
Park
Sanssouci
Rehgarten
Park
Charlottenhof
Schloß
Charlottenhof
Lustgarten
Brandenburger
Vorstadt
Potsdam-
West
Havel
Vorderkappe
Hermanns-
werder
Hinterkappe
Templiner
Vorstadt
Templiner
See
Teltower
Einsteinturm
Telegrafen-
berg
Kahle Berge
Forst
Potsdam
Kleiner Ravensberg
Sowjetischer
Friedhof
Kieskutenberg
Potsdam
Hauptbahnhof
Stadion
Freibad
Templin
Beelitz/
AB Anschlußst.
Berlin
Berliner Ring
Ketzin
Werder
Potsdamer Str.
Bornstedter Str.
Nedlitzer Str.
Am Schragen
Jägerallee
Kurfürstenstraße
Hegelallee
Schopenhauer-
Charlottenstr.
Breite Str.
Zeppelinstr.
Lange Brücke
Friedrich-Ebert-Str.
Heinrich-Mann-Allee
Leipziger Str.
Michendorfer Chaussee
Brauhausberg
Humboldtbrücke
Landtag
Neustädter Havelbucht
Stadtkanal
Schloß Cecilienhof
Grünes Haus
Botanischer Garten
Drachenhaus
Zur histor. Mühle
Schloss Sanssouci
Sizilianischer Garten
Neues Palais
Communs
Theater
Maulbeerallee
Geschwister-Scholl-Str.
Maybachstr.
S-Bhf. Wildpark
S-Bhf. Potsdam West
S-Bhf. Potsdam Stadt
Unverzagt
Peter-Kühne-Siedlung
Krähenbusch
Magistrat
Arbeitsamt
Bezirks-Krankenhaus
Hauptpost
Polizei
Wasser-behälter
Kapellen-berg
Pfingst-berg
Belvedere
Ruine
Jüdischer Friedhof
A Kleine Gasse
B Schwertfegerstr.
C Schloßstr.
D Kleine Fischerstr.
E Eltesterstr.
ERKA
Siedlung
Eiger
Wurzel-
Wetterdienst
Observatorium
Zentrum

G
H
I
K
L
1
2
3
4
5
6
7
8
Jungfern-
see
Finkenberg
Volkspark
Klein- Glienicke
Schloß Glienicke
Glienicker Brücke
Berliner
Wannsee
Schäferberg
ERKA
Glienicker Lake
Jagdschloß Glienicke
Böttcherberg
Hahn-Meitner-Institut für Kernforschung Berlin
Stölpchensee
Schloß Babelsberg
Kleines Schloß
Brandenburgische Landeshochschule
Park
Babelsberg
Gerichtslaube
Flatowturm
Sternwarte
Griebnitzsee
Hirschberg
Tannenberge
Forst
Stadion
Parforce-
heide
Steinstücken
Kolonie Bergstücken
Babelsberg
S-Bhf Griebnitzsee
S-Bhf Babelsberg
S-Bhf Drewitz
Moosgarten
NSG
Babelsberger Nuthewiesen
Am Schlaatz
Stadtrandsiedlung
Waldstadt
Am Stern
Nuthestrand
Drewitzer Nuthewiesen
Schäferfichten
Baggersee
Drewitz
Das Kirchsteigfeld
Berliner Ring
Altes Jagdschloß
Güterfelde
Güterbahnhof
Bergholz-Rehbrücke
Am Springbruch
115
E 51
N
S
W
O

Portal des Schlosses Cecilienhof, nach Entwürfen von P. Schultze-Naumburg

Villenvorstädte und Vorortsiedlungen, wobei das Stadtgebiet in den Dreißiger Jahren des 20. Jahrhunderts durch Eingemeindung zahlreicher umliegender Orte eine beträchtliche Vergrößerung erfuhr.

Am 14. April 1945 wurde Potsdam durch einen schweren englischen Luftangriff zu großen Teilen in Trümmer gelegt. Die Zerstörungen konzentrierten sich vor allem auf den Bereich der Altstadt am Alten Markt und Stadtschloß, wo unersetzliche Verluste an Baudenkmalen, architektonischen Ensembles und ganzen Straßenzügen des 18. und 19. Jahrhunderts entstanden. Seit 1945 brandenburgische Landeshauptstadt, begann der Wiederaufbau Anfang der fünfziger Jahre, dabei führte der außerordentlich schwere Zerstörungsgrad zu Veränderungen in Struktur und Gestalt des Stadtorganismu

Inzwischen wurde eine Reihe beschädigter Bauten wiederhergestellt und Potsdam durch Anlage eines neuen Stadtzentrums sowie zahlreicher Neubaugebiete kontinuierlich ausgebaut.

Zerstörte Geschichte

Auch Potsdam hat seinen eigenen Prolog über den „Wider"-Aufbau des Stadtschlosses sowie der Zerstörung anheim gefallener historisch-relevanter Bauten. Sehr umstritten in dieser Diskussion ist vor allem die Hof- und Garnisonskirche.

Stadtschloß

Zeitweilig Nebenresidenz der brandenburgischen Kurfürsten und preußischen Könige. Der Schloßkomplex entstand in mehreren Bauperioden: Eine askanische Burganlage zum Schutze des H

wurde im 15. und 16. Jh. verändert und 1598 durch einen Schloßbau ersetzt. An seiner Stelle ließ Kurfürst Friedrich Wilhelm 1664-70 wahrscheinlich durch Ph. de Chieze eine Vierflügelanlage im Stile holländischer Barockschlösser errichten, die ursprünglich von Wassergräben umgeben, inmitten eines ausgedehnten Lustgartens am Havelufer lag. Durch An- und Umbauten, besonders gegen 1680 unter Beteiligung von J. G., Memhard, J. M. Smid Nering, erhielt der Bau seine endgültige Ausdehnung. Unter König Friedrich I. wurde das Schloß seit den neunziger Jahren des 17. Jh. zu einer repräsentativen, von französischen Vorbildern beeinflußten Dreiflügelanlage umgestaltet, wobei J. de Bodt 1701 das den Ehrenhof an der Stadtseite abschließende Fortunaportal errichtete und A. Schlüter zwischen 1694 und 1706 den Hauptsaal des Inneren neu dekorierte. Gleichzeitig Neugestaltung des Lustgartens.

Als Friedrich II. Potsdam zu seiner ständigen Residenz bestimmte, erfolgte 1744-52 unter der künstlerischen Oberleitung von G. W. v. Knobelsdorff ein umfassender Ums- und Ausbau des Schlosses und der Nebenanlagen. Die Arbeiten, die mit der Umformung und architektonischen Rahmung des Lustgartens begannen, erstreckten sich vor allem auf die Neugestaltung der Schloßfassaden und den Ausbau des Inneren. An der kostbaren Dekoration der Räume, einem Höhepunkt des friderizianischen Rokoko, waren neben Knobelsdorff besonders J. A. Nahl und J. C. Hoppenhaupt d. J. beteiligt, die Deckengemälde stammten von A. Pesne und C. A. P. Vanloo, die Skulpturen von F. C. Glume d. J., J. P. Benckert, J. G. Heymüller und G. F. Ebenhech.

Mit Ausnahme einiger klassizistischer Umbauten des Inneren - sogenannte Staatszimmer Friedrich Wilhelms III. 1799-1804 von F. G. Schadow und die Wohnung der Königin Luise 1800-1802 - blieb es in der Folgezeit in der von Knobelsdorff geprägten Gestalt im wesentlichen unverändert, lediglich der Lustgarten war 1818 durch P. J. Lenné in einen Landschaftspark umgestaltet worden, den G. Potente 1935 nochmals überarbeitete. Das Stadtschloß ist bei dem Großangriff auf Potsdam in der Nacht vom 14. zum 15. April 1945 bis auf die Umfassungsmauern ausgebrannt, die Ruine wurde 1960/60 beseitigt. Erhalten blieb als einziger Teil des Komplexes der ehemalige Stall der Königlichen Reitpferde (Marstall), der 1685 von J. A. Nering als Orangerie des Lustgartens errichtet worden war und 1746 einen Umbau durch Knobelsdorff erfuhr, wobei der Skulpturenschmuck von F. C. Glume d. J. stammte.

Straßenverzeichnis der Stadt Potsdam

Ahornstr.	I5
Albert-Einstein-Str.	E5-E6
Alleestr.	D2-E2
Allee nach Glienicke	G3-H2
Allee nach Sanssouci	C3
Alsenstr.	L1
Alt Drewitz	K7-K8
Alt Nowawes	F4-G4
Alter Königsweg	I1
Alter Tornow	C5
Althoffstr.	H4
Am Alten Friedhof	F5
Am Alten Markt	E4
Am Bassin	D3
Am Birkenhügel	K1-K2
Am Böttcherberg	H1-H2
Am Brunnen	F6
Am Buchhorst	H8-I8
Am Bürohochhaus	H8
Am Drachenberg	A2
Am Fenn	H7
Am Försteracker	G7
Am Gehölz	K5
Am Grünen Gitter	C3
Am Havelblick	E5
Am Hirtengraben	K8
Am Kanal	D4-E3
Am Klubhaus	I4
Am Luftschiffhafen	A6
Am Lustgartenwall	D4
Am Mittelbusch	I6
Am Moosfenn	G8
Am Neuen Garten	E1-E2
Am neuen Markt	D4
Am Neuen Palais	A3-A4
Am Nuthetal	G6-H7
Am Pfingstberg	D1
Am Plantagenhaus	G7
Am Raubfang	A1-B1
Am Schlangenfenn	G8
Am Schragen	D1-D2
Am Silbergraben	K8
Am Sprigbusch	G8
Am Sportplatz	I4-I5
Am Stadtrand	H7
Am Waldrand	H1-H2
Am Wildgatter	K1
Am Wildpark	A4
Amtsstraße	B1
Amundsenstr.	A2-B1
An den Windmühlen	H5
An der Alten Zauche	G6
An der Orangerie	B2-C3
An der Pirschheide	A6-A8
An der Sandscholle	I4-I5
An der Sternwarte	H3
An der Vorderkappe	D5
Anhaltsstr.	H4
Apfelweg	C1
Arnold-Knoblauch-Ring	K2
Asta-Nielsen-Str.	L7
Auf dem Wiewitt	C4-D5
August-Bebel-Str.	I4-I5
August-Bier-Str.	I3
Babelsberger Str.	E4-F4
Baberowweg	G5-H5
Bäckerstr.	D3
Bahnhofsplatz	E4
Bahnhofstr.	I5-K6
Bäkestr.	L3
Baldurstr.	H3
Bassinplatz	E3
Bebraer Str.	I7
Beethovenstr.	K5
Beetzweg	H5-H6
Behlertstr.	D2-E3
Behringstr.	H3-H4
Benkertstr.	E3
Benzstr.	G4-H4
Bergholzer Str.	F5
Bergstücker Str.	L1-L2
Bergweg	H3
Berliner Str.	E3-G1
Bernhard-Beyer-Str.	Ke-K5
Berta-v.-Suttner Str.	E2
Bernhard-Kellermann-Str.	G7
Bertolt-Brecht-Str.	G7-G8
Beyerstr.	E2
Biberkiez	H6-H7
Biberweg	H6
Binsenhof	G6
Birkenstr.	D2
Birnenweg	C1
Bisamkiez	H6-H7
Blumenstr.	B1-B2
Blumenweg	H4-H5
Böcklinstr.	F1
Bornstedter Feld	C2-D2
Bornstedter Str.	B2-C3
Brandenburger Str.	D3
Brauhausberg	D6-E5
Breite Str.	C4-E4
Brentanoweg	D2
Bruno-H.-Bürgel-Str.	H3-H4
Burgstr.	E4
Caputher Heuweg	G8
Carl-von-Ossietzky-Str.	C4
Charlottenstr.	D3-E3
Charlottenstr.	L1
Chausseestr.	L1
Chopinstr.	K6
Clara-Zetkin-Str.	C4
Conrad-Veidt-Str.	L7
Dachsweg	I1
Daimlerstr.	G5
Damaschkeweg	F6
Darnsdorfer Weg	L1
Dianastr.	I5-K4
Dieselstr.	G5-H5
Dornstr.	H3-I3
Donarstr.	H3
Dorotheenstr.	L3
Dortustr.	D3-D4
Drevestr.	F5-F6
Drewitzer Str.	G7-I8
Dubrowskistr.	K6
Ebräerstr.	D3
Eduard-Claudius-Str.	G7
Eduard-von-Winterstein-Str.	K7
Eichenallee	A2-B2
Eichenweg	H5
Eisenhartstr.	D2-E2
Elsterstr.	E4
Erich-Engel-Weg	L7
Erich-Pommer-Str.	K7-L7
Erich-Weinert-Str.	G8-H7
Erlenhof	G6
Ernst-Lubitsch-Weg	L7
Espengrund	I3-I4
Eulenkamp	K6
Falkenhorst	G6
Feldweg	B4
Feuerbachstr.	C4
Fichtenallee	I6-K6
Fichtestr.	B4
Filchnerstr.	H3
Finkenweg	D5-E5
Fintelmannstr.	K1
Florastr.	A1
Flotowstr.	K5
Fontanestr.	H3-H4
Försterweg	I5-K5
Forststr.	A4-A6
Franz-Mehring-Str.	H5-I4
Französische Str.	E3-E4
Freiligrathstr.	I4
Freyaplatz	H3
Friedenstr.	K1-L1
Friedhofsgasse	C5-F5
Friedrich-Ebert-Str.	D2-E4
Friedrich-Engels-Str.	E4-G4
Friedrich-Wilhelm-Murnau-Str.	L7
Friedrich-Wolf-Str.	G7
Friesenstr.	G4-G5
Fritz-Lang-Str.	L7
Fritz-Zubeil-Str.	H5-H6
Fuldaer Str.	I6
Fultonstr.	G4-G5
Gagarinstr.	I6-K5
Galileistr.	K6-L6
Garnstr.	G4
Gartenstr.	H5
Gaußstr.	L6
Gerlachstr.	K7
Geschwister-Scholl-Str.	A4-C6
Ginsterweg	G7
Glasmeisterstr.	F4-G4
Glienicker Str.	K2-L2
Glienicker Winkel	H3
Gluckstr.	K5
Glumestr.	E1
Goetheplatz	H4
Goethestr.	H4
Golfweg	K1
Gontardstr.	A5
Grabenstr.	B2
Gregor-Mendel-Str.	C3-D3
Grenzstr.	G3
Griebnitzseepromenade	H2-K3
Griebnitzstr.	H2
Grillparzerstr.	C4
Großbeerenstr.	G4-L6
Große Fischerstr.	E3-E4
Große Weinmeisterstr.	E1-E2
Grotianstr.	K6
Grüner Weg	L1
Grünstr.	H5-I5
Guido-Seeber-Str.	L7
Günther-Simon-Str.	L7
Gutenbergstr.	D3-E3
Habichthorst	G6
Handelshof	H8-I8
Hans-Albers-Str.	L7
Hans-Grade-Ring	I6-K6
Hans-Marchwitza-Ring	F4
Hans-Sachs-Str.	B4
Hans-Thoma-Str.	E3
Hasensprung	F7-G7
Hauptallee	A3-C3
Haveluferweg	G1
Hebbelstr.	E2-E3
Hegelallee	D3
Hegermeisterweg	F7-G7
Heidereiterweg	F6-G7
Heideweg	H4-H5
Heilig-Geist-Str.	E3-E4
Heimrode	F6-G6
Heinestr.	H3-H4
Heinrich-Mann-Allee	F4-H8
Heinrich-Rau-Allee	E3
Heinrich-von-Kleist-Str.	G5-H5
Helene-Lange-Str.	D2
Helmholtzstr.	E2-F2
Hempfstücken	K2
Henning-von-Tresekow-Str.	D4
Herbert-Ritter-Str.	G4
Herderstr.	H4-I4
Herrmann-Elflein-Str.	H4-I4
Herrmann-Maaß-Str.	H3
Herta-Thiele-Weg	L7
Hertastr.	H3
Hofbauerstr.	D4
Hoher Weg	G3-H3
Holzmarktstr.	E3
Horstweg	F6-G5
Hubertusdamm	K5-L5
Humboldtring	F3-F4
Im Bogen	A5-B5
Im Schäferfeld	I6-K6
Immenseestr.	A5
In der Aue	K5
Inselhof	G6-H6
Jagdhausstr.	L6
Jägerallee	D2-D3
Jägersteig	I4-K5
Jägerstr.	D3
Jahnstr.	G5
Johann-Strauß-Platz	H3
Johannes-Keppler-Platz	K6
Johannes-Niemeyer-Weg	K4-K5
Johannes-R.-Becher-Str.	G7-G8
Johannsenstr.	F4-G4
Jutestr.	G3
Kantstr.	B4
Karl-Foerster-Str.	F4
Karl-Gruhl-Str.	G4-H4
Karl-Marx-Str.	H2-I4
Kastanienallee	B4-B5
Katharinastr.	K6
Katharinenholzstr.	B2
Käthe-Kollwitz-Str.	G7
Käuzchenweg	H7
Kellerstr.	K6
Kiefernring	G8
Kiezstr.	D4
Kirchstr.	K8
Kirchweg	K1
Kirschallee	B1-C1
Kleine Fischerstr.	E3
Kleine Gasse	D3
Kleine Str.	H5-I5
Kleine Weinmeisterstr.	E1-E2
Klopstockstr.	H4
Knobelsdorffstr.	B8
Kohlhasenbrücker Str.	L5-L6/L2-L3
Kolonie Daheim	F5

Park Babelsberg und Glienicker Brücke Foto: L. Willmann

Hof- und Garnisonskirche

Anstelle eines 1722 vollendeten Fachwerkvorgängerbaus wurde die Kirche, einer der bedeutendsten Sakralbauten des preußischen Barocks und architektonisches Hauptwerk der Schlüter-Nachfolge, unter Friedrich Wilhelm I. 1731-35 nach Entwurf von Ph. Gerlach errichtet. Sie hatte die Gestalt eines querorientierten Emporensaals mit hoher Turmfassade vor der südlichen Längsfront.

Im Inneren befand sich turmseitig das 1737 vollendete sogenannte „Königliche Monument", ein Kanzelaufbau mit Orgel über der Gruft Friedrich Wilhelms I. und Friedrichs II. nach einem Entwurf von C. F. Feldmann, ausgeführt von J. C. Koch (Marmorkanzel) und J. G. Glume d. Ä. (Skulpturen). Das Innere wurde seit 1818 mehrfach verändert, zuletzt 1898 durch F. Laske. Im 2. Weltkrieg zerstört, die Ruine 1968 beseitigt.

Schauspielhaus

1793-96 auf Veranlassung Friedrich Wilhelms II. von M. Ph. Boumann d. J. erbaut. 1793-95 entstand in einer erstens Bauperiode das Theater mit Zuschauerraum und Bühnenhaus, 1796 erfolgte ein Anbau mit Konzertsaal, Garderobe und Dekorationsmagazin an der Rückseite. Die Eingangsfront zierte ein Relieffries „Apoll mit Musen und Grazien", 1794 von den Gebrüdern Wohler nach einem Entwurf J. G. Schadows. 1945 ausgebrannt, die Ruine 1966 beseitigt, der Relieffries abgenommen und im Palais Unter den Linden in Berlin wiederangebracht.

Zivilkasino

Das Gebäude wurde 1818 von K. F. Schinkel konzipiert und 1819-23 nach dessen Entwürfen als Gesellschaftshaus für die Potsdamer Kasinogesellschaft ausgeführt. Als Bauführer leitete Chr. H. Ziller die Arbeiten. Gleichzeitig wurde das danebengelegene Eckhaus Waisenstraße (Dortusstr.)/Ecke Brandenburger Straße dem friderizianischen Eckgebäude an der Pflugstraße (Charlottenstr.) als Pendant angeglichen. 1945 zerstört und 1961 durch Wohnbauten ersetzt.

Belvedere auf dem Brauhausberg

Der Bau entstand 1803 auf Veranlassung Friedrich Wilhelms III. nach Plänen von A. L. Krüger gegenüber dem Stadtschloß als Staffage in Form einer neogotischen Turmwarte. Das umgebende Gelände gestalteten Mock und Coplick nach landschaftsgärtnerischen Gesichtspunkten. Unter Friedrich Wilhelm IV. sollte die Kuppe durch weithin sichtbare Bauten in Art eines italienischen Bergklosters mit Kuppelkirche und Campanile besetzt werden. Auf dem Terrain wurde 1899-1902 die Kriegsschule von F. Schwechten errichtet. Der Belvederetum ist 1945 zerstört und 1958 abgebrochen worden.

Teltower Tor

Im Zusammenhang mit der Befestigung der Stadt unter Friedrich Wilhelm I. entstand das Teltower Tor auf der Langen Brücke am Stadtschloß.
Das erste Torgebäude wurde auf Pfählen an der Südseite des Schiffsdurchlasses errichtet, das Schilderhaus der Torwache befand sich gegenüber auf dem stadtseitigen Brückenteil.
Nach mehrfacher Ausbesserung erfolgte 1770/71 eine Neuprojektierung von Brücke und Tor durch C. v. Gontard, die jedoch unausgeführt blieb.
Als man 1822-25 das Brückenwerk durch eine Eisenkonstruktion ersetzte, entstanden an der Zufahrt auf dem südlichen Flußufer zwei steinerne Torgebäude nach Entwürfen von K. F. Schinkel in Anlehnung an das Bockenheimer Tor in Frankfurt/Main.
Das östliche Torgebäude verschwand beim Brückenneubau 1886-88, das westliche wurde im 2. Weltkrieg zerstört.

Historische Mühle und Müllerhaus

Die Holländische Windmühle wurde 1787-90 von Zimmermeister van der Bosch anstelle der 1736 errichteten „historischen" Bockwindmühle gebaut. Im Zuge der Planungen für die Triumphstraße wurde 1843 das Hügelplateau durch L. Persius architektonisch gefaßt, um 1845 der Stall von F. v. Arnim in ein Schweizerhaus verwandelt und 1847 das Müllerhaus als Gästewohnung von L. F. Hesse ausgebaut.
1945 Mühle und Schweizerhaus abgebrannt.

Königstr. ... G1-L1
Königsweg ... L3-L4
Konrad-Wolf-Allee ... K7-L7
Konsumhof ... H5
Kopernikusstr. ... G4-H5
Koraljowstr. ... K6
Körnerweg ... H4
Kottmeisterstr. ... F6
Kremnitzufer ... L3
Kreuzstr. ... G4
Kuckuksruf ... G7
Kunersdorfer Str. ... F6
Kurfürstenstr. ... D3-E3
Kurze Str. ... F5
Küsselstr. ... C5-D4
Lange Brücke ... E4
Lange Stücken ... L1
Langerwischer Weg ... D8-E8
Langhansstr. ... E1
Lankestr. ... H2
Laplacering ... K6-K7
Leiblstr. ... E3
Leibnizring ... K6-K7
Leipziger Str. ... D5-E4
Leistikowstr. ... E1
Leiterstr. ... D5-D6
Lennéstr. ... B3-C3
Lessingstr. ... H4
Liefelds Grund ... G8
Liesdorf ... H7
Lindenallee ... A3
Lindenavenue ... A3-A4
Lindstedter Chaussee ... A1-A2
Lindstedter Weg ... A2-A3
Lortzingstr. ... K5
Lotte-Pulewka-Str. ... F4
Louis-Nathan-Str. ... H2
Ludwig-Richter-Str. ... F2
Luisenplatz ... D3
Lutherplatz ... G4-G5
Lutherstr. ... G4
Machnower Str. ... L3-L4
Maeckelstr. ... B5
Magnus-Zeller-Platz ... G6
Malergarten ... K5
Mangerstr. ... E2-F2
Martin-Heydert-Str. ... K1-K2
Mauerstr. ... D3
Maulbeerallee ... A2-C3
Maulbeerallee ... A2-C3
Max-Born-Str. ... K6-L6
Max-Planck-Str. ... E5
Max-Volmer-Str. ... F4
Maybachstr. ... B4
Meisenweg ... H7
Meistersingerstr. ... C4
Mendelsohn-Bartholdy-Str. ... K5
Menzelstr. ... F1-F2
Merkurstr. ... I5
Messestr. ... E1
Michendorfer Chaussee ... C8-D5
Milanhorst ... G6
Mitteldamm ... H5-H6
Mittelstr. ... D3-E3
Möbelhof ... H8-I8
Moosglöckchenweg ... G8

Mövenstr. ... G2
Mozartstr. ... K5
Mühlenbergweg ... C3
Mühlenstr. ... F4-G3
Mühlenweg ... F2
Müllerstr. ... G4-H4
Nansenstr. ... C4
Nedlitzer Str. ... D1
Neue Kreisstr. ... K4-L3
Neue Str. ... F4-G4
Neuendorfer Anger ... G5
Neuendorfer Str. ... K6-K7
Newtonstr. ... K6-K7
Niels-Bohr-Ring ... K6-L6
Nikolkower Weg ... H1
Nuthedamm ... I8-K8
Nuthewinkel ... F5-F6
Ökonomieweg ... A3-C3
Oskar-Meßter-Str. ... K7
Otterkiez ... H6-H7
Otterweg ... H5-H6
Otto-Erich-Str. ... I4-L1
Otto-Hahn-Ring ... L6
Otto-Haseloff-Str. ... L6
Otto-Meier-Str. ... F4
Otto-Nagel-Str. ... E2
Otto-Nuschke-Str. ... D3-D4
Paetowstr. ... D5-D6
Pappelallee ... B1-D2
Pappelhof ... G6
Parallelweg ... I5-I6
Pardemannstr. ... K1-L1
Parkstr. ... C2
Pasteurstr. ... G3-H4
Patrizierweg ... K5-L5
Paul-Neumann-Str. ... H4-I5
Paul-Wegener-Str. ... L7
Persiusstr. ... E1
Pestalozzistr. ... H4-H5
Philipp-Frank-Weg ... L1
Plantagenplatz ... H4
Plantagenstr. ... H4
Platz der Einheit ... D3-E3
Posthofstr. ... E3
Potsdamer Str. ... A1-B2
Prager Str. ... H5
Priesterweg ... K8-L7
Puschkinallee ... D1-D2
Ratsweg ... K5
Ravensberggestell ... F7-F8
Ravensbergweg ... F7-G6
Rehweg ... I2-K3
Reiherweg ... B2-C2
Reiterweg ... D2
Rembrandtstr. ... F1-F2
Reuterstr. ... H4
Ribbeckstr. ... B2
Robert-Baberske-Str. ... K7
Robert-Koch-Str. ... I3
Roedenbecksteig ... H1-I1
Röhrenstr. ... K6
Rosa-Luxemburg-Str. ... H3-I3
Roseggerstr. ... B4-B5
Rosenstr. ... H4-I4
Rotdornweg ... H4
Rote-Kreuz-Str. ... K4

Rubensstr. ... F2
Rudolf-Breitscheid-Str. ... G4-K4
Ruinenberg ... C2
Russische Kolonie ... D1-D2
Saarmünder Str. ... G7-G8
Sangebuchtweg ... L1
Sauerbruchstr. ... H3-I3
Saugartengestell ... D8-E7
Schäferstr. ... K2-L1
Schäferweg ... K6-K7
Scheffelstr. ... H3
Schiffbauergasse ... E3-F3
Schilfhof ... G6
Schillerplatz ... C4
Schillerstr. ... C4-C5
Schlaatzstr. ... F5
Schlaatzweg ... F5-G5
Schlegelstr. ... D2-C3
Schloßstr. ... D4-E4
Schlüterstr. ... A5
Schmerberggestell ... C7-C8
Schopenhauerstr. ... C3-D4
Schornsteinfegergasse ... G4
Schubertstr. ... K5
Schulplatz ... B1-B2
Schulstr. ... G4-L1
Schwanenallee ... F1-G1
Schwerzschildstr. ... K6
Schwerdtfegerstr. ... D4
Seestr. ... E2-F1
Sellostr. ... C3-C4
Semmelweisstr. ... G3-H3
Siefertstr. ... D4
Siemensstr. ... G4-H5
Slatan-Dudow-Str. ... K7-L7
Sommerfieldring ... L1
Sonnenlandstr. ... A5-A6
Sonnentaustr. ... G8
Sperberhorst ... G5-G6
Spindelstr. ... G3-G4
Spitzweggasse ... H2-H3
Spornstr. ... D4
Stadtheide ... A5-A6
Steinstr. ... I5-L5
Stephensonstr. ... G4-H4
Sternstr. ... K8-L6
Stiftsring ... C4
Stimmingstr. ... K1
Stölpchenweg ... K2-L2
Stormstr. ... B5
Stubenrauchstr. ... K3-K4
Tannenstr. ... H2
Teltower Damm ... G6
Teltower Str. ... K4
Templiner Str. ... B8-D5
Thaerstr. ... B1
Tieckstr. ... D2-D3
Tiroler Damm ... G7
Tizianstr. ... F1
Tornowstr. ... C4-C5
Trebbiner Str. ... K8
Tschaikowskiweg ... K5
Tuchmacherstr. ... G3-G4
Türkstr. ... E3
Turmstr. ... I6-K7
Turnstr. ... G3-H4

Uferweg ... C5-D5
Uhlandstr. ... H4
Ulrich-von-Hutten-Str. ... D5-D6
Unterstr. ... A5
Unter den Eichen ... G7
Verkehrshof ... I8
Virchowstr ... I3
Vogelsang ... F6-F7
Voltaireweg ... C3-D2
Voltastr. ... G4
Wacholderweg ... K2-K3
Wagnerstr. ... I5-K5
Waldhornweg ... L6
Waldmüllerstr. ... H2
Waldstr. ... F6
Wall am Kiez ... D4
Walter-Klausch-Str. ... G5-H5
Wannseestr. ... H2
Wasserstr. ... H2
Wattstr. ... G4-G5
Weberpelz ... G4
Weidenhof ... G6
Weinberstr. ... C3-D3
Werderscher Damm ... A4
Werderscher Weg ... A4-B4
Werner-Seelenbinder-Str. ... D4
Wetzlaer Str. ... I5-I6
Wetzlaer Str. ... I5-I6
Wichgrafstr. ... G4-H4
Wielandstr. ... C4
Wieselkiez ... H6-H7
Wiesenhof ... G6
Wildeberstr. ... L6
Wilhelm-Leuschner-Str. ... G2-H1
Wilhelm-Staab-Str. ... D3
Wilhelmplatz ... L1
Willi-Schiller-Str. ... L7
Willy-A.-Kleinau-Str. ... L7
Wolfgang-Staudte-Str. ... L7
Wollestr. ... G3-G4
Wurzelweg ... E8-F8
Yorkstr. ... D3-D4
Zeppelinstr. ... A6-D3
Zimmerplatz ... C3
Zimmerstr. ... C3
Ziolkowskistr. ... K6-L6
Zum Hauptbahnhof ... A6-A7
Zum Heizwerk ... H8-A7
Zum Heizwerk ... H8-I7
Zum Jagenstein ... G7-G8
Zum Kahlenberg ... G7
Zum Teufelsee ... D8
Zur historischen Mühle ... C3
Zur Nuthe ... H7

Wirtschaftsstruktur

In Potsdam stehen Dienstleistungsgewerbe und Handel im Vordergrund. Größere Industrieansiedlungen sind nicht vorhanden. -
Gewerbegebiete in Babelsberg und Teltow.

Sehenswürdigkeiten Ausflugsziele

Sand, Kiefern und die zahlreichen Havelseen prägen die märkische Landschaft in und um Potsdam. Sie gibt dem großen Potsdamer Schlösserensemble seinen eigenen Reiz.
Die Gestaltung der Kulturlandschaft umfaßt jedoch nicht allein das Stadtgebiet - Peter Joseph Lennés Verschönerungsplan von 1833 bezog große Teile der Region mit ein. Von Wannsee bis Werder verwirklichte er einen einzigartigen Landschaftsgarten.

Bei einem Ausflug zu den Schlössern der Umgebung, einer erholsamen Wanderung mit überraschenden Aus- und Einblicken, einer ausgeschilderten Radtour durch Wälder und Alleen oder einer Dampferfahrt über idyllische Seen - das „Gesamtkunstwerk" der Havellandschaft läßt sich mancherorts erahnen. Neben Stadtrundfahrten zu Wasser und Tagesfahrten für Fahrradtouristen bietet Ihnen die Weiße Flotte hierzu ein vielseitiges Ausflugsprogramm. Die Dampfer sind ständig unterwegs nach Wannsee sowie über den Templiner See und den Schwielowsee zur Insel Werder. Romantische Seen- und Schloßrundfahrten zählen zu den besonderen Attraktionen. Der Besucher eines der reizvoll gelegenen Ausflugslokale ist schließlich ein willkommener Ausklang.
Trotz leerer Kassen - in Potsdam hat man doch Visionen. „Europäische Kulturstadt" heißt das Ziel, und manches von dem, was es heute schon zu erleben gibt, scheint davon nicht mehr weit entfernt.

Aus dem Potsdamer Veranstaltungskalender

Die harmonischen Parkanlagen und historischen Gebäude der Stadt bilden den stimmungsvollen Rahmen für die jährlich im Juni stattfindenden

Alter Markt

Und wen es dennoch in die Metropole zieht, der hat per S-Bahn direkten Anschluß nach Berlin mit seinem unerschöpflichen Einkaufsangebot und seinem schrillen Nachtleben.
Im heutigen Potsdam wird das historische Erbe gepflegt und mit neuem Leben erfüllt. Mit der Besinnung auf positive Traditionen rückt die Weltoffenheit der Stadt wieder in den Vordergrund.

Von dem, was die Zerstörung des II. Weltkriegs übrig ließen, ist manches nach verfehlter Stadtplanung und mangelnder Pflege in bedauerlichem Zustand. Ein lebendiger Eindruck von der Pracht und dem Charme der einstigen Barockstadt ist jedoch bis heute geblieben.
Hinzugekommen ist das Flair einer aufblühenden Landeshauptstadt im Wandel.

Musikfestspiele Potsdam Sanssouci. Als Höhepunkt des Kulturkalenders locken sie hochrangige Solisten und berühmte Ensembles aus aller Welt in die Stadt. Konzerte der Brandenburgischen Philharmonie Potsdam haben ganzjährig ihr wachsendes Stammpublikum.
„Potsdamer Arkadien", das ist der klangvolle Titel einer Reihe attraktiver Veranstaltungen - wie das Lichterfest auf der Freundschaftsinsel oder das Hafenfest der Weißen Flotte.

Theater und Kabarett:

Das Hans-Otto-Theater ist durch den Neubau einer Spielstätte im Aufbruch. Die Inszenierungen im langersehnten Theaterhaus am Alten Markt bereichern endlich den Spielplan. Aufführungen auf der Probebühne, im Kleinen Theater im Alten Rathaus und nicht zuletzt im barocken Schloßtheater setzen besondere Akzente.
Freunde des Humors kommen bei einem Besuch im Potsdamer „Kabarett am Obelisk" garantiert auf ihre Kosten.

Kunstsammlungen, Museen und Galerien:

Die Schlösser und Gärten mit ihren Sammlungen zeigen vielfältige Sonderausstellungen. Auch die im Wandel befindliche Szene der Galerien birgt für Interessierte einige Entdeckungen.
Das Potsdam-Museum im ehemaligen Ständehaus und in den Hiller-Brandtschen Häusern bringt Ihnen die Geschichte der tausendjährigen Stadt näher. Auch die Ausstellung zur Natur und Umwelt sowie das Aquarium mit Fischen der Havel erwarten Sie.
Das Pumpwerk (Maurische Moschee) zur Versorgung der Fontänen von Sanssouci überrascht mit einem Einblick in die „moderne Technik von vorgestern".

Zur Abwechslung:

Bummeln Sie gern? - Auf dem Bauernmarkt, dem Kunst- und dem Flohmarkt ist immer ein Schnäppchen zu machen. Oder mögen Sie Rock- und Popmusik? - Zu Livekonzerten und zur „anderen" Disco treffen sich junge Leute im Babelsberger Lindenpark.

Als Kurzurlauber sollten Sie das günstige Angebot einer Stadtrundfahrt mit Schloßbesichtigung nutzen. Ob allein oder in der Gruppe, die Potsdam-Information hält immer das passende Programm für Sie bereit.

Potsdamer Schlösser und Gärten

Sanssouci

Sanssouci, das weitläufige Ensemble von Schlössern und Gärten, war ehemals Sommerresidenz der preußischen Könige und deutschen Kaiser. Seit 1744 am Westrand der Brandenburger Vorstadt angelegt, ist es bis 1913 zum jetzigen Umfang gewachsen.

Kernstück und Ausgangspunkt war Schloß Sanssouci, der Sommersitz Friedrichs II., am Südhang des Bornstedter Hügelzugs. Der regelmäßige Komplex mit Weinbergterrassen, Neuen Kammern und Großer Bildergalerie inmitten geometrischer Gartenanlagen wurde 1744 unter künstlerischer Oberleitung G. W. v. Knobelsdorffs bei entscheidender Beteiligung des

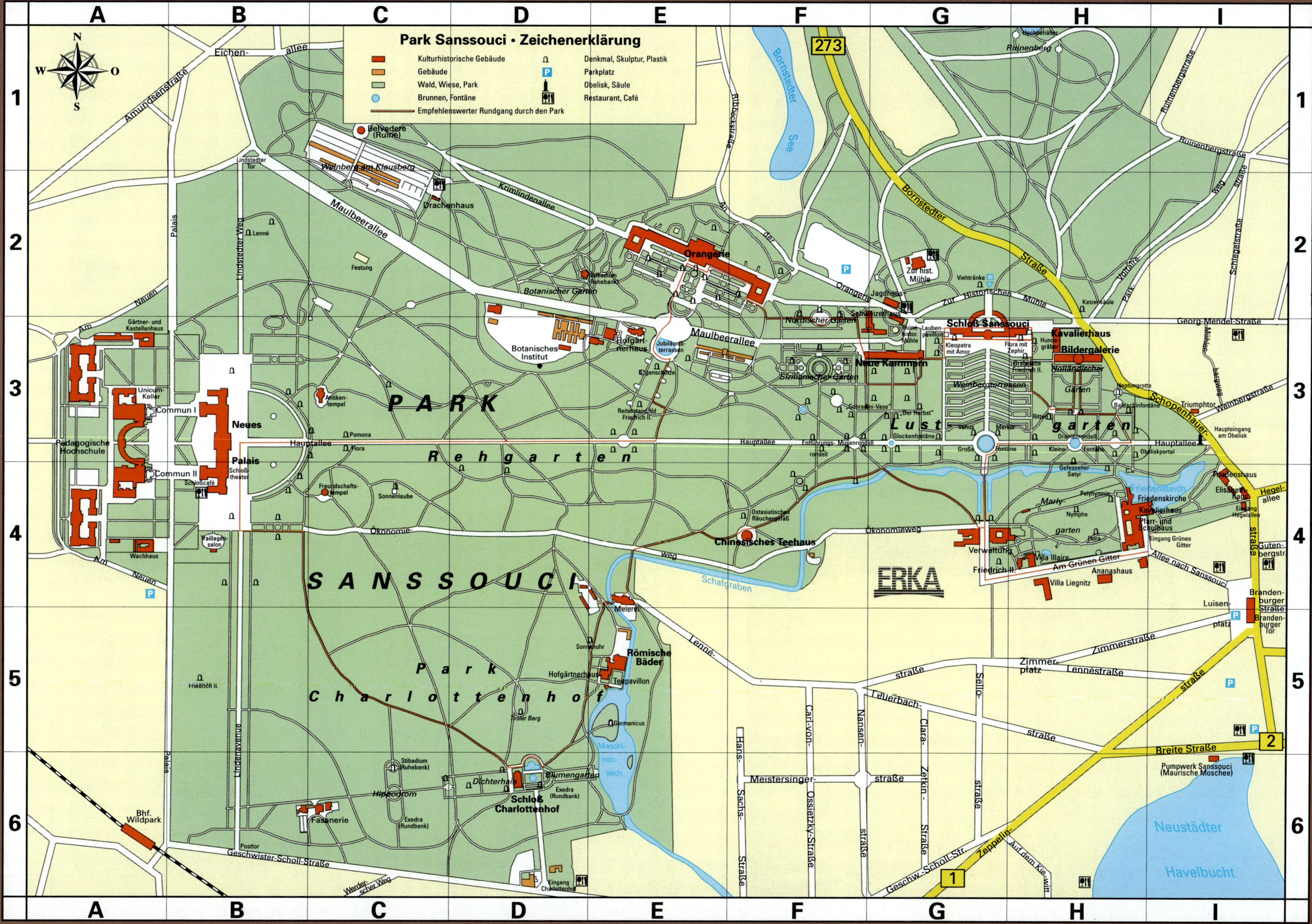
Park Sanssouci • Zeichenerklärung
Kulturhistorische Gebäude
Gebäude
Wald, Wiese, Park
Brunnen, Fontäne
Empfehlenswerter Rundgang durch den Park
Denkmal, Skulptur, Plastik
Parkplatz
Obelisk, Säule
Restaurant, Café
PARK
SANSSOUCI
Rehgarten
Park Charlottenhof
Lustgarten
Neues Palais
Orangerie
Schloß Sanssouci
Neue Kammern
Bildergalerie
Kavalierhaus
Chinesisches Teehaus
Römische Bäder
Schloß Charlottenhof
Botanisches Institut
Botanischer Garten
Belvedere (Ruine)
Weinberg am Klausberg
Drachenhaus
Maulbeerallee
Krimlindenallee
Hauptallee
Ökonomieweg
Lindstedter Weg
Lindenavenue
Friedenskirche
Friedensteich
Marly-garten
Villa Liegnitz
Ananashaus
Am Grünen Gitter
Allee nach Sanssouci
Verwaltung
Meierei
Teepavillon
Hofgärtnerhaus
Maschinenteich
Hippodrom
Fasanerie
Dichterhain
Blumengarten
Schafgraben
Pädagogische Hochschule
Commun I
Commun II
Bornstedter See
Bornstedter Straße
Schopenhauerstraße
Zeppelinstraße
Breite Straße
Lennéstraße
Zimmerstraße
Geschwister-Scholl-Straße
Amundsenstraße
Eichenallee
Ribbeckstraße
Georg-Mendel-Straße
Pumpwerk Sanssouci (Maurische Moschee)
Neustädter Havelbucht
Brandenburger Tor
Luisenplatz
Bhf. Wildpark
ERKA
273

Das Neue Palais (1763-1769), nach ersten Plänen von G.W. von Knobelsdorff Foto: Stadtinformation

Königs begonnen und bis in die siebziger Jahre fortgeführt. Diese Anlage erfuhr 1746-50 eine Erweiterung durch die Einbeziehung des westlich angrenzenden Rehgartens, eines ehemaligen Wild- und Jagdreviers, ebenfalls nach Plänen Knobelsdorffs. Dabei verlängerte man die Querachse des Lustgartenbezirks in ost-westlicher Richtung zur jetzigen Hauptallee. An ihrem westlichen Ende entstand 1763-69 das Neue Palais als repräsentative zweite Sommerresidenz mit französisierend geometrischen Gartenanlagen. Gleichzeitig erfolgte die Umwandlung des Rehgartens durch F. Z. Saltzmann einen protoromantischen Landschaftspark unter visueller Einbeziehung des Klausberges mit Belvedere und Drachenhaus. Gegen Mitte der siebziger Jahre des 18. Jh. waren die Arbeiten am friderizianischen Park abgeschlossen.

Unter Friedrich Wilhelm II. wurden die regelmäßigen Bezirke 1786 durch J. A. Eyserbeck d. J. teilweise landschaftsgärtnerisch verändert und 1818-25 die Anlage des 18. Jh. für Friedrich Wilhelm III. durch P. J. Lenné in einen englisch beeinflußten klassischen Landschaftspark unter Wahrung der barocken Ost-West-Achse umgestaltet. Anschließend erfolgte 1825 eine Erweiterung des Areals durch Einbeziehung des Gutes Charlottenhof am Südrand des Rehgartens als kronprinzlicher Landsitz für Friedrich Wilhelm (IV.) sowie des „Hopfenkrug“-Geländes 1827 im Norden unterhalb des Belvedere.

Schöpfer aller dieser gärtnerischen Anlagen war bis 1866 Lenné in Zusammenarbeit mit den jeweils beteiligten Architekten Schinkel, Persius und Stüler. Weitere Verschönerungen und Erweiterungen wurden seit 1840 nach dem Regierungsantritt Friedrich Wilhelms IV. durchgeführt. Die Unternehmungen konzentrierten sich anfangs auf den Bereich des Weinbergschlosses und die Vollendung der schon von Friedrich II. beabsichtigten Wasserkünste. Seit 1844 folgten eine Erweiterung des Parkbezirks im Südosten durch den Komplex von Friedenskirche und Marlygarten sowie die Abrundung nach Norden im Zusammenhang mit den Planungen einer antiken Triumphstraße auf dem Bornstedter Hügelzug. Ausgeführt wurden von diesem großartigen Projekt außer kleineren Anlagen, wie dem Weinberg mit Winzerhaus, dem Müllerhaus bei der Historischen Mühle und dem Nordischen und Sizilianischen Garten, vor allem die Neue Orangerie 1851-60.

In den sechziger Jahren des 19. Jh. war das Schlösserensemble von Sanssouci zu einem gewissen Abschluß gelangt. Spätere Veränderungen und Erweiterungen, so 1913 für Wilhlem II. die Jubiläumsterrasse unterhalb der Neuen Orangerie und zuletzt um 1920 im Bereich von Charlottenhof, haben das während des 18. und 19. Jh. gewachsene Bild nicht wesentlich zu stören vermocht.

Schloß Sanssouci mit Dependancen und Lustgarten

Sommerresidenz König Friedrichs II., 1744-47 unter maßgeblicher Beteiligung des Königs nach Plänen G. W. v. Knobelsdorffs auf einem Hügel westlich vor der Stadt entstanden. Die Bauarbeiten begannen 1744 mit der architektonischen Gliederung des Bergabhanges in sechs Weinbergterrassen. 1745-47 folgte der Bau des Lustschlosses auf dem oberen Plateau. Die Innendekorationen fertigte unter der künstlerischen Leitung Knobelsdorffs nach dessen und J. A. Nahls Entwürfen 1746-48 ein Werkstatt-Team, in dem die Dekorateure J. M. und J. C. Hoppenhaupt, die Bildhauer F. C. Glume d. J. und G. F. Ebenhech sowie der Maler A. Pesne hervorragen. Zugleich mit dem Bau des Weinbergschlosses erfolgte bis 1756 - in der Konzeption ebenfalls auf Knobelsdorff basierend - die gärtnerische Gestaltung des Terrains sowie seine Ausschmückung mit Zierarchitekturen und Gartenplastik. Man gliederte dem Terrassengarten und dem zu seinen Füßen angelegten großen Hauptparterre beiderseits Boskettreviere an, so daß sich eine regelmäßige dreiteilige Gesamtanlage ergab, wobei die seitlichen Partien, teilweise ebenfalls terrassiert, ihren Blickpunkt in symmetrisch auf das Weinbergschloß bezogenen Dependancebauten auf dem Hügelrücken fanden: dem 1746 im westlichen Revier aufgeführten Orangeriegebäude (spätere Neue Kammern) sowie der seit 1754 anstelle eines gläsernen Treibhauses errichteten Großen Bildergalerie.

Nach dem Tod Friedrichs II. erfuhren Schloß und Lustgarten mehrfach Umgestaltungen, so 1786/87, als F. W. v. Erdmannsdorff das Schlafzimmer des Königs klassizistisch umgestaltete und J. A. Eyserbeck d. J. das Broderieparterre zu Füßen der Weinbergterrassen landschaftsgärtnerisch veränderte; besonders aber, nachdem Friedrich Wilhlem IV. Sanssouci seit 1840 zu seinem ständigen Sommersitz bestimmt hatte und für diese Zwecke herrichten ließ. 1841/42 wurden zwei historisierende Flügelbauten anstelle der friderizianischen Nebentrakte zu seiten des Corps de logis von Schloß Sanssouci durch L. Persius und F. v. Arnim angefügt; des weiteren erfolgten unter der Leitung von L. Persius Veränderungen an den Neuen Kammern und der Großen Bildergalerie, ferner umfangreiche gärtnerische Umgestaltungen durch P. J. Lenné, vor allem im Bezirk des Terrassengartens, sowie die Inbetriebnahme und Vollendung der schon von Knobelsdorff beabsichtigten Wasserkünste. Restaurierungen in jüngerer Zeit versuchen, den friderizianischen Zustand wiederherzustellen.

Neue Orangerie

Die Neue Orangerie, der Schwerpunkt der Bautätigkeit Friedrich Wilhelms IV. während seiner letzten Regierungsjahre, entstand 1851-60. Nach Ideenskizzen des Königs und Entwürfen von L. Persius hatte A. Stüler die endgültige Fassung der Pläne gefertigt; ihre Ausführung erfolgte in mehreren Phasen unter der Bauleitung von L. F. Hesse. Der mehr als 300 m lange Bau, dem in ganzer Breite eine architektonisch gestaltete Terrasse vorgelagert ist, enthält neben Orangeriehallen eine Reihe von A. Stüler ausgestatteter repräsentativer Gästeappartements, die sich um einen mittleren Oberlichtsaal, den sogenannten Raffaelsaal mit einer Sammlung von Kopien nach Gemälden des Meisters gruppieren. Gleichzeitig erfuhr die Umgebung der Orangerie nach Plänen von A. Stüler und P. J. Lenné eine regelmäßige gärtnerische Gestaltung durch mannigfache Terrassen, Altane, Bassins, geometrisch geordnete Blumenbeete und Rabatten mit einer Vielzahl von antiken und zeitgenössischen Skulpturen, u.a. von C. D. Rauch.
Unter Wilhelm II. wurde die Neue Orangerie mit dem friderizianischen Park verbunden, wobei man 1902 den Damm zum Belvedere aufschüttete und eine Lindenallee anpflanzte. Als Abschluß der Anlage entstand 1913 anläßlich des 25jährigen Regierungsjubiläums Wilhelms II., einer Idee F. Wolffs folgend, die sogenannte Jubiläumsterrasse nach Entwurf von A. Geyer und Zeininger mit ihrem in den Park von Sanssouci eingreifenden Parterre.

Klausberg mit Belvedere und Drachenhaus

Als Abschluß der gärtnerischen Ausgestaltung der Umgebung des Neuen Palais wurde auch der Klausberg, das nördlich des Schlosses gelegene Hügelgelände, das seit 1769 in Obstterrassen verwandelt worden war, durch die Errichtung von Zierbauten visuell in den Gartenbereich einbezogen. Auf dem Bergrücken entstand 1770-72 nach G. C. Ungers Entwurf das Belvedere, angeregt durch die barocke Rekonstruktion des Neronischen Marcellums von F. Bianchini. Unweit des Belvedere wurde nach Plänen Gontards das Drachenhaus errichtet, eine kleine Pagode im chinesischen Stil, die dem Winzer des 1756 am Südabhang des Berges angelegten Weingartens zur Wohnung bestimmt war.

Weingarten und Winzerhaus auf dem Mühlenberg

Der Weinberg anstelle des 1763 angelegten friderizianischen Weingartens wurde 1847-50 nach Plänen Friedrich Wilhelms IV. durch P. J. Lenné in Art einer italienischen Vigne gestaltet. Das Winzerhaus und die Terrassen entstanden 1849 nach Entwürfen von L. F. Hesse. Das Triumphtor am Fuße des Weingartens, eine Nachbildung des antiken Triumphbogens der Geldwechsler in Rom, war ursprünglich als Einfahrt der von Friedrich Wilhelm IV. geplanten via triumphalis beabsichtigt und wurde 1850/51 zusammen mit einem architektonisch gefaßten Vorplatz nach Ideenskizzen des Königs durch F. A. Stüler und L. F. Hesse ausgeführt. Der Terrakottenschmuck von G. H. Bläser, H. Schievelbein und F. W. Dankberg entstammte den Fabriken von T. Feilner und E. March.

Rehgarten

Der Rehgarten, ein westlich an den Lustgarten von Sanssouci angrenzendes ehemaliges Jagd- und Wildrevier, wurde um 1746/50 nach Plänen G. W. v. Knobelsdorffs gärtnerisch erschlossen und dem Lustgarten als Waldpark angegliedert. Bis 1746 legte man die in ostwestlicher Richtung als Verlängerung der Querachse des Lustgartenbezirks verlaufende Allee, die jetzige Hauptachse von Sanssouci, an, in den folgenden Jahren erfolgte die Ausgestaltung des Reviers mit architektonischen Staffagen und Gartenplastik. Als dekorativer Mittelpunkt der Anlage wurde 1751-63 die von Knobelsdorff im Zusammenhang mit den geplanten Wasserkünsten von Sanssouci entworfene, 1797 abgebrochene prächtige Marmorkolonnade ausgeführt.

Holländisches Viertel (1734-42) von J. Boumann d. Ä.

Im südöstlichen Rehgartenrevier entstand 1754-57, von J. G. Büring errichtet, das Chinesische Teehaus inmitten eines isolierten Gartenbezirks im anglochinesischen Stil. Nach dem Siebenjährigen Krieg, als am westlichen Ende des Rehgartens das Neue Palais entstand, erfuhr das Gelände 1763-72 durch F. Z. Saltzmann eine durchgreifende Umgestaltung als Landschaftsgarten. Schon unter Friedrich Wilhelm II. wurden bis 1786 zahlreiche Veränderungen, vor allem durch J. A. Eyserbeck d. J. vorgenommen. Seine endgültige Gestalt erhielt der Rehgarten durch P. J. Lenné, der 1816 ein Projekt zur Umgestaltung von Sanssouci in einen klassischen Landschaftspark entworfen hatte, und die Arbeiten seit 1819 in mehreren Etappen durchführte, wobei das Revier 1827/28 durch die sogenannten „Neuen Anlagen" auf dem Gelände des ehemaligen „Hopfenkruges" zwischen Neuem Palais und Klausberg eine Abrundung nach Norden erfuhr.

Jagdschloß Stern

Jagdschloß Friedrich Wilhelms I. in der Parforce-Heide südöstlich der Stadt an der Landstraße von Berlin nach Potsdam. Bereits 1714 hatte der König ein bescheidenes Fachwerkgebäude als Jagdhaus errichten lassen und zehn Jahre später damit begonnen, einen Tiergarten einzuheben (1724-29). 1732-32 entstand in der Nähe des alten Jagdhauses Schloß Stern als holländischer Backsteinbau, das seinen Namen nach 14 sternförmig angelegten Waldschneisen erhielt, in deren Mitte es zusammen mit zwei Wirtschaftsgebäuden lag.

Schloß Belriguardo

In den zwanziger Jahren des 19. Jh. beabsichtigte Kronprinz Friedrich Wilhelm (IV.), die Umgebung des Tornow in eine romantische Schloß- und Parklandschaft umzugestalten. 1823 hatte Schinkel dafür einen Entwurf geliefert. Die Planungen sahen vor, die waldige Hügelkuppe oberhalb der Tornowhalbinsel mit einem grandiosen Herrschersitz, Schloß Belriguardo, zu bekrönen.

Auf mächtigen Substruktionen in der Art römischer Kaiserpaläste ruhend, sollte es von einem Kranz architektonischer Gärten mit mannigfachen Nebenbauten und Gartenstaffagen umgeben werden, die durch monumentale Freitreppen und Viadukte mit dem Schloßplateau in Verbindung standen. Überdies wollte man das neue Schloß in streng axialer Beziehung über die Havel hinweg auf Sanssouci ausrichten und mit diesem durch einen Streifen gärtnerischer Anlagen zusammenschließen. 1828 hatte auch L. Persius dazu einen Entwurf nach einer Skizze des Kronprinzen gezeichnet.

Erst nach seinem Regierungsantritt konnte der König die Verwirklichung dieses in zahlreichen Zeichnungen sorgfältig durchgeführten Vorhabens ins Auge fassen. Obwohl 1841/42 bereits Verhandlungen über den Erwerb des Geländes und erste Grundstücksankäufe getätigt worden waren, gelangte das phantastische Vorhaben jedoch infolge der unermeßlichen finanziellen Belastungen nicht zur Ausführung.

Charlottenhof

Das ehemalige Vorwerk am südlichen Rande des Rehgartens befand sich in der zweiten Hälfte des 18. Jh. im Besitz der Architekten J. Boumann d. Ä. (1746-54), J. G. Büring (1756-70) und C. v. Gontard (1770-83). Nach Maria Charlotte v. Gentzkow, die 1791 das Gut erwarb, Charlottenhof genannt. 1825 kaufte es Friedrich Wilhlem III. und übereignete es seinem ältesten Sohn, dem späteren König Friedrich Wilhelm IV. Seit 1826 ließ dieser das Anwesen nach eigenen Ideenskizzen unter der künstlerischen Oberleitung K. F. Schinkels in Zusammenarbeit mit dem Gartendirektor P. J. Lenné zu einem Sommersitz umgestalten.

Den Auftakt der Bautätigkeit, die sich bis in die vierziger Jahre des 19. Jh. erstreckte, bildete ein durchgreifender Umbau des von Büring errichteten Gutshauses in der Art römischer Villen 1826 nach Plänen Schinkels, ausgeführt von dessen Schüler L. Persius. Gleichzeitig begann unter der Leitung von P. J.

Lenné die Umwandlung des Gutsgeländes in einen klassischen Landschaftsgarten, wobei der östlich verlaufende Entwässerungsgraben teichartig erweitert wurde; die Gestaltung der unmittelbaren Umgebung des Schlosses nach Ideen des Kronprinzen oblag H. Sello.

Im Anschluß an den Schloßkomplex entstand seit 1829 am nordöstlichen Teichufer als Dependance das Hofgärtnerhaus im Stil italienischer Bauern gehörte mit Wohnungen für Gäste, Gärtner und Bediente. Bis 1836 wurde es durch mehrere Anbauten zur Baugruppe der „Römischen Bäder" erweitert, deren Einrichtung sich bis in die vierziger Jahre hinzog. Nach Entwürfen Schinkels und Ideenskizzen des Kronprinzen hatte L. Persius die Pläne dazu gefertigt und die Ausführung der Gebäude geleitet. 1833/34 gestaltete Persius auch das an der nördlichen Grenze des Besitztums zum Park von Sanssouci gelegene ehemalige Gärtner gehört zu einer Meierei im italienischen Villenstil um.

Ab 1836 wurde auf dem westlich des Anweisens erworbenen Gelände durch P. J. Lenné das Hippodrom angelegt, der einzige Teil einer ursprünglich geplanten umfangreichen Villenanlage. Abschluß der Bautätigkeit in Charlottenhof war die Errichtung der Fasanerie hinter dem Hippodrom 1841-44 durch P. J. Lenné mit der 1842-44 von L. Persius ebenfalls im italienischen Villenstil erbauten Gebäudegruppe. Die romantische Parklandschaft von Charlottenhof und seinen Bauten ist, mit Ausnahme einiger Veränderungen vor allem im Westteil, nach 1920 durch G. Potente, im Gesamteindruck annähernd dem ursprünglichen Zustand entsprechend, erhalten geblieben.

Schloß und Park Babelsberg

Sommersitz des Prinzen und späteren Königs und Kaisers Wilhlem I. Dieser ließ das Schloß seit 1834 durch K. F. Schinkel als neogotischen Bau im Stil englischer Landsitze am nördlichen Abhang des Babelsberges, einem ehemals wild verwachsenen Forstrevier, in der Nähe des Havelufers beginnen. Infolge der begrenzten finanziellen Mittel des Prinzen konnte der ursprüngliche Plan jedoch nur teilweise ausgeführt werden. Unter der Bauleitung von L. Persius entstanden 1834/35 lediglich die östlichen Trakte, für die Schinkel auch die Innendekorationen entwarf.

Erst um 1839 konnte der Wunsch aufgegriffen werden, den Bau in der beabsichtigten Weise fortzusetzen. Im Verlaufe der Planung und der Ausführung, die L. Persius und seit 1845 H. Strack leiteten, entfernte man sich in zunehmendem Maße von dem ursprünglichen Schinkelschen Projekt und veränderte das bescheidene Landhaus 1844-49 durch gewichtige Anbauten nach Westen in ein mittelalterliches Prachtschloß im eklektizistischen mittelalterlichen Burgenstil.

Im Zusammenhang mit der Schloßerweiterung wurde auch das Gebäudeinnere, einschließlich der von Schinkel ausgestalteten Räume, neu eingerichtet und ummöbliert.
Das Gelände des Babelsberges gestaltete seit 1833 P. J. Lenné nach landschaftsgärtnerischen Gesichtspunkten englischer Anlagen; ab 1843 leitete die Arbeiten Fürst H. v. Pückler-Muskau, auf den u. a. die Anlage des das Schloß umgebenden Schmuckgartens sowie die gärtnerische Gestaltung der im Jahre 1844 architektonisch gefaßten Terrasse zurückgeht.

Seit 1841 wurde der Park auch mit einer großzügigen, aus einem System von Fontänen, Seen und Wasserfällen bestehenden Bewässerungsanlage versehen und mit einer Anzahl historisierender Gartenarchitekturen und Erinnerungsmale belebt. Die bedeutendsten von ihnen sind das 1843-45 nach Plänen von L. Persius durch R. W. Gottgetreu im Stil des Schlosses erbaute Maschinenhaus mit den Pumpanlagen für die Gartenbewässerung am Ufer der nördlichen Havelbucht, ferner der 1853 auf der Berghöhe begonnene Flatowturm inmitten eines Wasserreservoirs sowie die mittelalterliche Gerichtslaube des alten Berliner Rathauses, die 1871 abgebrochen und unter Benutzung alter Bauglieder nach einem den ursprünglichen Zustand weitgehend entstellenden Entwurf von H. Strack im Babelsberger Schloßpark wieder aufgebaut worden war. 1908 plante Wilhelm II. durch A. Geyer einen Erweiterungsbau des Schlosses für Kronprinz Friedrich Wilhelm, doch wurde der Plan zugunsten von Cecilienhof aufgegeben.

Marmorpalais und Neuer Garten

Lieblingsschöpfung Friedrich Wilhelms II. 1783 hatte dieser am Westufer des Heiligen Sees einen Weingarten mit einem kleinen Landhaus erworben. Seit seiner Thronbesteigung 1786 erweiterte er den Besitz durch Ankäufe und ließ das Gelände 1787-91 durch J. A. Eyserbeck d. J. nach dem Vorbild des Wörlitzer Parks in einen sentimentalen Landschaftsgarten umgestalten. Gleichzeitig entstand als Kern der Anlage 1787-90 anstelle des alten Gartenhauses das Marmorpalais nach Plänen C. v. Gontards, z. T. auf Pfählen in den See gebaut. Seit 1790 wurde das Gebäude nach Entwürfen von C. G. Langhans d. Ä. unter der Bauleitung von A. L. Krüger ausgestaltet, wobei auch die Maler B. Rode, J. C. Frisch und B. Verona sowie die Bildhauer J. P. Tassaert und J. G. Schadow beteiligt waren.

Da das Schloß den Ansprüchen des Hoflebens bald nicht mehr genügte, wurden seit 1797, nach Entwürfen von M. Ph. Boumann d. J., an der Gartenseite zwei eingeschossige Flügel mit Säulengängen angefügt, die beim Tode des Königs lediglich im Rohbau fertiggestellt waren und erst unter Friedrich Wilhelm IV. in den vierziger Jahren des 19. Jh. von L. F. Hesse ausgebaut wurden. Den umgebenden Neuen Garten hatte man bis 1797 mit mannigfachen Staffagen belebt. Zu ihnen gehörte das nach Entwürfen Gontards 1788-90 erbaute Küchengebäude in Gestalt einer halbversunken aus dem See aufragenden Tempelruine sowie das von A. L. Krüger 1789-90 aufgeführte sogenannte „Holländische Etablissement", die eigentlichen Dependancegebäude des Marmorpalais zu seiten der zum Schloß führenden Hauptallee.

Nach Angaben des älteren Langhans von A. L. Krüger errichtet wurden ferner die ehemalige Orangerie (1791), der Obelisk am Schloß mit Medaillons von Schadow (1793/94), im Park die als Eiskeller dienende ägyptische Pyramide (1791/94), die Gotische Bibliothek (1792-94) am südlichen Seeufer, die Einsiedelei (1794) am Jungfernsee sowie ein inzwischen verschwundener Maurischer Tempel und weitere Gartengebäude. Durch die Drehbrücke über den Hasengraben und eine Pappelallee wurde der Neue Garten mit der Glienicker Brücke verbunden. Zwischen 1816 und 1846 unterzog P. J. Lenné den Park einer teilweisen Umgestaltung nach

Katholische Pfarrkirche St. Peter u. Paul auf dem Bassinplatz, Baubeginn 1867 Foto: Stadtinformation

Gesichtspunkten klassischer Landschaftsgärten. 1841 errichtete A. Schadow anstelle der längst verfallenen Drehbrücke die Schwanenbrücke.

Bis auf die Meierei im nördlichen Teil am Jungfernsee, die 1844 durch Persius zu einem Pumpwerk für die Gartenbewässerung umgestaltet wurde, blieb der Park in der Folgezeit ins seiner von Eyserbeck und Lenné geprägten Gestalt erhalten; Veränderungen erfuhren lediglich die nördlichen Partien durch den Neubau des Schlosses Cecilienhof 1913-17 nach Entwürfen von P. Schultze-Naumburg.

Weitere Sehenswürdigkeiten

Wasserwerk von Sanssouci

Das Dampfmaschinenhaus am Havelufer in der Brandenburger Vorstadt entstand 1841/42 auf dem Gelände des ehemaligen Baudepothofs als Wasserwerk für die Fontänenanlagen des Parks von Sanssouci. Es erhielt die Form einer maurischen Moschee. Der architektonische und künstlerische Entwurf stammte von L. Persius unter Mitwirkung von K. v. Diebitsch, die technische Einrichtung von Brix; die Dampfmaschine lieferte A. Borsig. 1894 wurde das Wasserwerk durch einen Anbau für moderne Pumpen erweitert.

Lange Brücke

Die Brücke über die Havel, erstmals 1317 erwähnt, verband die Insel Potsdam mit der Teltower Vorstadt. Das 1662-64 entstandene hölzerne Brückenwerk mit Torwache verfügte über einen Aufzug für die Durchfahrt der Schiffe. Nach mehrfachen Reparaturen und Neubauprojekten, besonders um 1770, wurde der Holzbau des 17. Jh. 1822-25 durch ein eisernes Brückenwerk nach Plänen von Günther und Becker ersetzt. Dabei verlegte man die Schiffspassage in die „Neue Fahrt", einen Kanaldurchstich anstelle des alten Nuthegrabens südlich der bisherigen Fahrrinne. Den nach Entwurf von K. F. Schinkel gleichzeitig aufgeführten Wachgebäuden des Teltower Tores diente das Bockenheimer Tor in Frankfurt/Main als Vorbild. 1886-88 erfolgte östlich der alten Brücke ein massiver Neubau nach Entwürfen von A. Wiebe mit 1895 aufgestelltem Skulpturenschmuck. Dabei wurde auch die Freundschaftsinsel, die durch Anschwemmung entstandene ehemalige Kommandanturwiese, aufgeschüttet und mit gärtnerischen Anlagen ausgestattet. Die Brücke wurde 1945 zerstört und 1958-61 durch einen Neubau im Zuge des Brückenwerkes von 1822-25 ersetzt.

Nedlitzer Brücke

Nördlicher Zugang zur Insel Potsdam aus Richtung Spandau. Anstelle einer seit dem 13. Jh. betriebenen Fähre entstand 1682 eine Holzbrücke. Diese wurde auf Wunsch Friedrich Wilhelms IV. im Zusammenhang mit der 1844 begonnenen Chaussierung der Landstraße Potsdam-Spandau durch einen Neubau ersetzt. Erste Entwürfe hatte F. L. Persius bereits 1844 angefertigt, doch kam der Bau im normannischen Burgenstil erst 1851-54 nach modifizierten Entwürfen von C. F. Busse zur Ausführung, der der Brücke einen aufziehbaren Teil mit einem Torturm einfügte. Das Brückenwerk wurde nach 1939 durch eine Betonkonstruktion ersetzt.

Glienicker Brücke

Unter Kurfürst Friedrich Wilhelm entstand 1662 eine erste hölzerne Brücke als Verbindung der Insel Potsdam in östlicher Richtung nach Berlin. Diese wurde durch Friedrich II. 1777 erneuert. Im Zusammenhang mit der Umgestaltung von Schloß und Park Glienicke ersetzte K. F. Schinkel 1831-34 das alte Brückenwerk durch einen massiven Neubau. An dessen Stelle wurde 1907/08 eine moderne Stahlkonstruktion aufgeführt, die 1945 gesprengt und bis 1950 wiederhergestellt wurde, heute „Brücke der Einheit".

Heiligengeistkirche

Anstelle einer bis zum ausgehenden 12. Jh. bestehenden slawischen Burganlage entstand 1726 das Langhaus nach Plänen von P. v. Gayette als rechteckiger Emporensaal im Typ protestantischer Predigtkirchen des Berliner Barock, vor seiner Westfront wurde 1732-34 der Turm durch J. F. Grael aufgeführt. 1945 ausgebrannt, zuletzt die Turmruine 1974 beseitigt.

Nikolaikirche

Hauptpfarrkirche der Altstadt. Anstelle eines mittelalterlichen Vorgängerbaues an der Nordseite des Alten Marktes ließ Friedrich Wilhelm I. 1721-24 nach Entwurf von Ph. Gerlach einen schlichten Emporensaal auf kreuzförmigem Grundriß im Typ protestantischer Kirchen der Berliner Schule errichten mit hoch aufragendem

Glockenturm an der nördlichen Gebäudefront. Im Zusammenhang mit der architektonischen Ausgestaltung der Umgebung des Stadtschlosses unter Friedrich II. wurde der dem Markt zugekehrten Front 1752-55 nach Entwurf von G. W. v. Knobelsdorff eine barocke Portalfassade nach Vorbild der Eingangsfront von Santa Maria Maggiore in Rom (1741-43 von F. Fuga) vorgeblendet und das Gebäude mit Arkadengängen für Verkaufsscharren umgeben. 1795 brannte die Kirche ab und wurde 1796 bis auf die Portalfassade, die noch bis 1811 erhalten blieb, abgebrochen. Der Wiederaufbau, zu dem schon F. Gilly, M. Ph. Boumann d. J. und A. L. Krüger Entwürfe geliefert hatten, erfolgte seit 1830 nach Plänen von K. F. Schinkel. 1830-37 entstand während einer ersten Phase unter Leitung von L. Persius der kubische Unterbau. Die Ausführung der Tambourkuppel sowie der aus statischen Gründen notwendig gewordenen Glockentürmchen an den Gebäudeecken erfolgte erst in einer zweiten Bauphase 1843-49 unter Leitung von L. Persius und A. Stüler durch G. E. Prüfer. Die Kirche wurde im 2. Weltkrieg schwer beschädigt, der Wiederaufbau erfolgte bis 1981.

Friedenskirche

Im Zusammenhang mit den baulichen und gärtnerischen Umgestaltungen in Sanssouci durch Friedrich Wilhelm IV. entstand seit 1844 auf dem südöstlich des friderizianischen Lustgartens gelegenen Gelände des Marlygartens, eines von Friedrich Wilhelm I. angelegten ehemaligen Küchengartens, die Baugruppe der Friedenskirche mit ihren Nebengebäuden und Parkanlagen. Unter Zugrundelegung von Ideenskizzen Friedrich Wilhelms IV. zeichnete L. Persius die Entwürfe. Die Ausführung der Bauten erfolgte 1844-54 in mehreren Phasen durch L. F. Hesse und F. v. Arnim inmitten des 1846/47 von P. J. Lenné neugestalteten Marlygartens. Nach Persius Tod 1845 übernahm A. Stüler die Bauleitung, der die ursprünglichen Entwürfe, besonders der Nebenanlagen, teilweise veränderte. Hesse fügte 1846 die Säulenhalle am Wasser mit der halbrunden Bank hinzu.

Die Friedenskirche mit Atrium und Narthex im Stil einer frühchristlichen Basilika nach dem Vorbild der Oberkirche von San Clemente in Rom war 1848 fertiggestellt. Bis 1850 wurde ihr an der Südwestecke des Langhauses ein freistehender Glockenturm nach dem Muster der römischen Kirche Santa Maria in Cosmedin hinzugefügt. Es folgten 1849-54 südlich an das Atrium anschließend das Pfarr- und Schulhaus (1849-51), der Kreuzgang (1852-54) und der Kavalierflügel (Schloß Marly), eine malerische Baugruppe im italienischen Villenstil, reich verziert mit einer Vielzahl von Originalen und Abgüssen frühchristlicher, byzantinischer und mittelalterlicher Skulpturen und Architekturfragmente sowie einer Anzahl zeitgenössischer Bildwerke. 1854 wurde die Gruft für Friedrich Wilhelm IV. und seine Gemahlin unter dem Mittelschiff der Kirche durch L. F. Hesse eingebaut und 1888-90 an der Nordseite des Atriums das Mausoleum Kaiser Friedrichs III. von J. Raschendorff angefügt. Schon 1846/47 hatte P. J. Lenné den Gebäudekomplex mit stimmungsvollen Parkanlagen umgeben, wobei auch der nordwestlich der Kirche künstlich angelegte Teich ausgehoben wurde. Der Marlygarten erhielt einen eigenen Eingang in der östlichen Parkmauer. Die nach ihrem Statuenschmuck „Drei-Königs-Tor" genannte Portalanlage führte 1851 Hesse aus.

Nauener Tor

1733 im Zuge der zweiten Stadterweiterung als Ausgangspforte in nördlicher Richtung angelegt, erfuhr das Tor 1755 nach einer Skizze Friedrichs II. durch J. G. Büring eine Neugestaltung.

Dabei fügte man dem Torbau, angeregt durch märkische mittelalterliche Vorbilder sowie durch R. Morris um 1750 entstandenes Castle Inverary in Schottland, gotisierende Türme und Seitengebäude an, das früheste Beispiel neogotischer Architektur auf dem europäischen Kontinent. 1867-69 wurde der Bau nach Beseitigung des alten Tores von 1733 weitgehend umgestaltet.

Jägertor

Der Torbau wurde 1733 von einem unbekannten Architekten im Zusammenhang mit der zweiten Stadterweiterung als Ausgangspforte in nördlicher Richtung zum Jägerhof errichtet. Beiderseits waren ihm ursprünglich ein Zoll- und ein Wachhaus zugeordnet, die 1869 verschwanden.

Brandenburger Tor

Ausgangspforte in westlicher Richtung. Ein erster Torbau in Art des Jägertores war 1733 anläßlich der zweiten Stadterweiterung errichtet worden. Im Zusammenhang mit der Ausgestaltung der Umgebung von Sanssouci durch Friedrich II.

entstand 1770 der jetzige Bau in Form eines antiken Triumphbogens nach Entwürfen von G. C. Unger (Feldseite) und C. v. Gontard (Stadtseite). Das Tor war ursprünglich von bogenförmigen Wach- und Toreinnehmergebäuden flankiert, diese wurden 1891 abgebrochen, nachdem die Stadtmauer bereits gefallen war.

Holländisches Viertel

Die Siedlung wurde 1734-42 auf Betreiben Friedrich Wilhelms I. von J. Boumann d. Ä. angelegt. Nach ihren Backsteinfassaden mit Sandsteingliederungen im holländischen Stil erhielt sie den Namen. Das Viertel begrenzt den Bassinplatz im Norden. Als dieser unter Friedrich II. architektonisch neugestaltet werden sollte, wurden seine Westseite sowie die Nordseite der späteren Charlottenstraße 1773 mit ebenfalls backsteinernen Giebelhäusern nach Entwürfen von C. v. Gontard bebaut.

Alexandrowka

Die Kolonie Alexandrowka unterhalb des Pfingstberges, eine Siedlung von holzverkleideten Häusern mit zugehöriger Kapelle im russischen Stil, entstand seit 1826/27 nach Entwürfen P. J. Lennés für die in Potsdam lebenden russischen Soldaten, die als Sängerchor dem Garderegiment angehörte. Die Kapelle auf dem ehemaligen Minenberg, dem späteren Kapellenberg, wurde 1826-28 nach dem Entwurf von W. P. Stassow (Stasov) aufgeführt mit einer Ikonostas nach Ideen K. F. Schinkels.

Alter Markt

Der alte Markt entstand in der Nähe der mittelalterlichen Burg am Havelübergang. Ursprünglich bildeten der Platz vor der Burg und der nördlich um den mittelalterlichen Vorgängerbau der Nikolaikirche gelegene Kirchhof gesonderte Bezirke, die erst später zusammengeschlossen wurden. Die früheste bildliche Darstellung des alten Zustandes enthält der Plan von J. G. Memhardt aus dem Jahre 11672.

Seine endgültige Ausdehnung erhielt der Alte Markt im Zusammenhang mit dem barocken Neubau des Stadtschlosses anstelle der alten Burg unter Kurfürst Friedrich Wilhelm zwischen 1664 und 1682. Eine systematische Bebauung erfolgte dann unter Friedrich Wilhelm I. Gegen Mitte des 18. Jh. ließ Friedrich II. in Zusammenhang mit dem 1744-52 durchgeführten Umbau des Stadtschlosses den Platz und seine Umgebung unter Leitung von G. W. v. Knobelsdorff neu gestalten. Damals entstanden die Portalfassade der Nikolaikirche (1752-54), das Predigerhaus (1752), das Rathaus (1753-55), das sogenannte Knobelsdorffhaus (1750) und der Obelisk (1753-55), des weiteren in den siebziger Jahren unter C. v. Gontard der sogenannte Palast Barberini (1771/72) sowie andere Bürgerhäuser, z. T. nach Entwürfen von G. C. Unger. 1795 wurden beim Brand der Nikolaikirche auch die Häuser der westlichen und das Eckhaus der nördlichen Platzseite zerstört, diese jedoch 1797-99 wiederhergestellt. Mit Ausnahme des Neubaus der Nikolaikirche 1830-49 behielt der Alte Markt in der Folgezeit seine im 18. Jh. geprägte Gestalt. Sämtliche Gebäude im zweiten Weltkrieg zerstört. Rathaus und Knobelsdorffhaus wurden 1963-66 wiederaufgebaut und durch einen modernen Zwischentrakt verbunden.

Bassinplatz

Der Platz entstand anstelle eines Sumpfes 1734-45 im Zuge der zweiten Stadterweiterung. Zu seiner Entwässerung wurde auf Veranlassung Friedrich Wilhelms I. 1737-39 ein regelmäßiges Bassin angelegt, darin befand sich auf einer Insel die sogenannte „Gloriette", ein holländischer Pavillon, der als Point de vue im Zuge der Brandenburger Straße und der Kreuzstraße (Benckertstr.) lag. Unter Friedrich II. errichtete J. Boumann d. Ä. 1751-53 am Ufer die Französische Kirche nach Plänen G. W. v. Knobelsdorffs. Nach 1771 begann man mit der architektonischen Neufassung des Platzes. Die westliche Front wurde ab 1773 in Anlehnung an das nördlich angrenzende Holländische Viertel durch C. v. Gontard neu bebaut, die repräsentativen Fassaden der Südseite entstanden bis 1779 nach Entwürfen Gontards sowie G. C. Ungers. 1825-38 erfuhr der Platz eine Umgestaltung durch P. J. Lenné unter Verkleinerung des Beckens. 1867/68 entstand die katholische Pfarrkirche St. Peter und Paul nach Plänen von W. Salzenberg. Das Bassin wurde 1871-79 zugeschüttet, der Behlertgraben aber, der es mit dem Heiligen See verband, erst 1889-93. Die Gloriette und die Häuser der südlichen Platzseite wurden 1945 zerstört, letztere durch Neubauten ersetzt.

Wilhelmplatz (Luisenplatz)

Auf dem Terrain befand sich ursprünglich ein Sumpf, der sogenannte „Nicolaisee". Dieser wurde 1722-24 zugeschüttet und das gewonnene Gelände mit Bäumen bepflanzt, wonach die Anlage „Faule See-Plantage" hieß. An ihrer Westseite befand sich ein befestigter Weg, der sogenannte Nauensche Damm; nach ihm nannte man den Platz später Nauensche Plantage. Die Bebauung der Platzfronten erfolgte unter Friedrich Wilhelm I. mit zweigeschossigen Bürgerhäusern, unter Friedrich II. wurden diese 1765-69 durch Neubauten von C. v. Gontard ersetzt. Infolge des sumpfigen Baugrundes traten seit 1783 an einigen Häusern der Westseite starke Senkungsschäden auf, 1789 auch an der Ostseite, worauf man die Gebäude bis 1803 größtenteils in der alten Form erneuerte. Nachdem unter Friedrich Wilhelm II. 1786-89 eine gärtnerische Neugestaltung des Platzes durchgeführt worden war, hieß er Wilhelmsplatz. 1830 wurde er nochmals aufgeschüttet und durch Anlagen von P. J. Lenné neu gestaltet sowie 1845 durch ein Denkmal Friedrich Wilhelms III. von A. Kiß geschmückt. Neue bauliche Akzente erhielt der Platz durch das 1897-1900 errichtete Postgebäude sowie die 1903 entstandene Synagoge, die in der Kristallnacht 1938 der Zerstörung anheimfiel. 1945 wurde die Platzbebauung bis auf einige Häuser der Westseite und die Post vernichtet. Die zerstörten Gebäude sind inzwischen durch Neubauten ersetzt.

Jägervorstadt und Nauener Vorstadt

Die Jägervorstadt verdankt ihren Namen der kurfürstlichen Fasanerie, die später in einen Jägerhof umgewandelt wurde. Sie lag an der Allee gegen Eichberg, der jetzigen Jägerallee. Diese trennt heute Jägervorstadt und Nauener Vorstadt. Beide Vorstädte, im 18. Jh. aus wenigen Gebäuden in Gärten bestehend, wurden seit der Mitte des 19. Jh. mit Villen besetzt, nachdem 1826-28 an der Jägerallee die Unteroffiziersschule errichtet worden war.

Berliner Vorstadt

Längs der Landstraße nach Berlin. Das von der Allee zur Glienicker Brücke durchschnittene Terrain wurde im 18. Jh. zumeist landwirtschaftlich und gärtnerisch genutzt. Am Ostufer des Heiligen Sees standen mehrere Windmühlen. Auf dem Papenhorn, dem Gelände der späteren Gasanstalt am Havelufer, befand sich die Knochenhauersche Zichorienmühle, am Wasser siedelten sich weitere gewerbliche Betriebe an. 1679 wurde das Gertraudenhospital vor das Berliner Tor verlegt, zu ihm kam 1721-51 der städtische Friedhof. Auf seinem Gelände entstand 1773/74 das Armen- und Arbeitshaus mit einem Hospital, aus dem sich das heutige Bezirkskrankenhaus entwickelte. Nachdem 1790-94 die Chaussee von Berlin zur Glienicker Brücke gebaut worden war und man bis 1795 in Fortsetzung dieser Straße auch auf der Potsdamer Seite die alte Allee bis an die Holzmarktstraße als Neue Königstraße chaussiert hatte (Berliner Straße), ging der Hauptverkehr nach Berlin nicht mehr durch die Teltower Vorstadt über den Hakendamm, sondern durch die Berliner Vorstadt. 1831-34 wurde die hölzerne Glienicker Brücke von einem Massivbau nach Schinkels Entwürfen ersetzt, der 1907 einer Stahlkonstruktion weichen mußte. An der Berliner Straße entstanden im 19. Jh. große Heeresbauten, und am Ufer des Heiligen Sees entwickelte sich ein Villenviertel.

Brandenburger Vorstadt

Vor dem Brandenburger Tor, an der Landstraße nach Brandenburg, entwickelte sich im 18. Jh. die Brandenburger Vorstadt. Hier lagen die meisten Gärten und Meiereien, deren größte das Büringsche Vorwerk war. 1721 wurde die Ratsmeierei von der Allee gegen Eichberg (Lindenstraße) in die heutige Lennéstraße verlegt, und 1725 richtete der König eine Privatmeierei - sein Marly - neben einem Obst- und Gemüsegarten ein. Die Poststraße nach Brandenburg (Leninallee), 1799 zur Kunststraße ausgebaut, war im 18. Jh. ein Landweg. Jenseits der Brandenburger Brücke befand sich seit 1304 die ehemalige Ratsziegelei und Kalkbrennerei. Nach Einstellung des Betriebes 1822 entstand hier die Villa Ingenheim. 1745 richtete man anläßlich des Umbaus des Stadtschlosses ein Baudepot an der Neustädter Havelbucht ein. 1841/42 wurde auf seinem Gelände das Wasserwerk für die Fontänenanlage von Sanssouci errichtet.

Zu gleicher Zeit ließ die Kgl. Seehandlung anstelle der Köhlerschen Zichorienmühle die Dampfmahlmühle nach Entwürfen von Persius im normannischen Burgenstil am Schafgraben bauen. Die Anlage, später als Proviantmagazin genutzt, ist heute Lagerhaus der Stadtbäckerei. Seit dem letzten Viertel des

19. Jh. wurde die Vorstadt durch Straßen mit mehrgeschossigen Wohnbauten erschlossen. 1895-98 folgte die Errichtung der Erlöserkirche durch G. L. Möckel.

Teltower Vorstadt

Vor dem Teltower Tor gelegen. Zu den ältesten gewerblichen Betrieben Potsdams zählen die Wassermühlen am Hakendamm. Seit 1679 arbeitete hier auch eine Glashütte, die unter dem Pächter Johann Kunckel (1679-92) Berühmtheit errang, jedoch 1736 aus Mangel an billigem Brennmaterial nach Zechlin verlegt werden mußte. Am Fuße des Brauhausberges befand sich seit 1688 das kurfürstliche Kornmagazin, in dem 1728 das Kgl. Brauhaus eingerichtet wurde. Im 19. Jh. ging hieraus das Heeresproviantamt hervor, das 1834-36 durch einen neuen Speicherbau von Hampel ergänzt wurde. 1844 gestaltete L. Persius das alte Kornmagazin im normannischen Burgenstil um und errichtete gleichzeitig auf den Havelwiesen die Heckersche Kalkbrennerei mit dazugehörigem Wohnhaus. Der Telegraphenberg, 1832-52 Station des optischen Telegraphen auf der Strecke Berlin-Koblenz, ist seit 1870 Sitz des Geodätischen Instituts und seit 1874 des Astrophysikalischen Observatoriums, dessen berühmter „Einstein-Turm" für Sonnenbeobachtungen 1920/21 nach dem Entwurf von E. Mendelsohn erbaut wurde.

Tornow

Der Name bezeichnete im 18. Jh. die heute Hermannswerder genannte Insel gegenüber von Sanssouci, südwestlich der Teltower Vorstadt. Durch den Judengraben wird sie vom Festland getrennt. Heute ist der Name auf den mittleren Teil der Insel beschränkt, ihr Nordteil heißt Küssel. Die Insel wurde bis ins 19. Jh. fast nur landwirtschaftlich genutzt. Kronprinz Friedrich Wilhelm (IV.) plante 1823 hier die Errichtung seines Schlosses Belriguardo. Auf einem 1840/41 erworbenen Wassergrundstück beabsichtigte er dann die Anlage einer Badeanstalt. 1891-1901 entstand im Südteil der Insel die Hofbauerstiftung, eine Diakonissenanstalt mit Kinderheimen, Krankenhaus und Kirche.
1768 ließ Friedrich II. am Südufer der Havelbucht auf dem Gelände der Ingerslebenschen Meierei eine Gerberei und Lederfabrik anlegen. Ihre drei Lohmühlen standen jenseits des Judengrabens auf der Insel. 1859 entstand neben der Gerberei eine Bierbrauerei mit dem Lokal „Neuer Tornow". Zwischen 1893 und 1910 wurde die Gerberei zur Mälzerei Luisenhof umgewandelt.

Babelsberg

Der Stadteil Babelsberg ist aus zwei Ortskernen erwachsen: aus dem 1375 nördlich der Straße von Potsdam nach Berlin für böhmische Emigranten angelegten Weber- und Spinnerkolonie Nowawes. Die beiden alten Orte wurden 1907 zur Gemeinde Nowawes vereinigt und 1924 zur Stadt erhoben, wozu 1928 auch Schloß und Park Babelsberg kamen. Als 1938 die seit 1862 angelegte Villenkolonie Neubabelsberg und das Dorf Klein Glienicke einbezogen wurden, erzielt die Stadt den Namen Babelsberg. Seit 1939 Ortsteil von Potsdam.

Die Filmstadt

„Ich bin von Kopf bis Fuß auf Liebe eingestellt". Josef von Sternberg bannte 1930 Marlene Dietrich im Blauen Engel auf Zelluloid.
Die Geschichte der Filmstadt Babelsberg wird zu ihrem 80sten Geburtstag neu entdeckt. Nach der großen Zeit von Ufa und DEFA ist die Wiege des Deutschen Films bis heute Medienstandort geblieben.
Mit dem Verkauf des traditionsreichen Geländes an einen französischen Investor sind die Weichen für einen erneuten Ausbau zum europäischen Filmzentrum gestellt.

"Poztupimi" - Das Maskottchen zur 1000-Jahr-Feier der Stadt Potsdam

Die wechselvolle Geschichte des Deutschen Films in Babelsberg im Überblick - Film ab!

Babelsberg die Erste.

Der Stummfilmpionier Guido Seeber wurde 1911 bei seiner Suche nach Licht und Land für die Firma Bioscop in Babelsberg fündig.
Im Dezember 1917 schlug die Geburtsstunde der Universum Film AG, kurz Ufa genannt. Schon zur Zeit des Stummfilms wurden internationale Maßstäbe gesetzt.
Fritz Langs Klassiker „Metropolis" entstand und wurde zur Legende.

Babelsberg die Zweite.

Der erste deutsche Tonfilm kam ebenso wie der erste längere Farbfilm aus den Ufa-Ateliers. Bis 1945 wurden hier 1300 Filme gedreht. Babelsberg entwickelte sich zum Inbegriff deutscher Kinoträume. Hier trafen sich die großen Stars Hans Albers, Lilian Harvey, Zarah Leander, Greta Garbo, Brigitte Horney und Heinz Rühmann. Einige von ihnen wohnten in der Villenkolonie Neubabelsberg.
Babelsberg die Dritte.

Die DEFA wurde der Nachfolger der Ufa. Ab 1946 entstanden 620 Fernseh- und über 700 Kinoproduktionen, darunter bekannte DEFA Kinderfilme wie „Der kleine Muck".

Potsdam aus der Sicht der Pfaueninsel (F. A. Schmidt 1830/40) Quelle: Stadtinformation

Hildegard Knef, Armin Müller-Stahl, Rolf Hoppe und andere begründeten bei der DEFA ihren Ruhm.

Babelsberg die Vierte

Auch heute wird die große Welt des Films in Potsdam-Babelsberg für Sie zur Entdeckung. Das „DEFA Film- und TV-Erlebnis" bietet Ihnen Impressionen des nun schon historischen Geländes. Die romantische Zeit der großen Ufa-Stars wird in einem Dokumentarfilm und bei einem Gang durch geschichtsträchtige Hallen wieder lebendig.
Die Besichtigung des ins Guiness-Buch der Rekorde eingegangenen Requisitenfundus ist ein Ausflug in Zeit- und Stilepochen

Das Film- und TV-Erlebnis ermöglicht Ihnen aber auch Kino zum Anfassen und Mitmachen.
Erleben Sie die Aufnahmeproben mit einer Stunt-show in der Piratenfestung „Black Wall".
Oder schlagen Sie selbst die Filmklappe vor der Kulisse einer Alt-Berliner Ladenstraße.
Spielt das Wetter mal nicht mit, erwartet Sie in der Halle ein Alternativprogramm.
In der „Maske" können Sie sich hierfür phantasievoll schminken lassen.

Das Filmmuseum im Potsdamer Stadtzentrum arbeitet die Historie der Babelsberger Studios auf und bietet aktuelle Veranstaltungen und Ausstellungen zur Filmgeschichte. Sein Programmkino bereichert das Angebot der Potsdamer Lichtspielhäuser. Die Nostalgie der „guten alten Zeit" im einstigen Wohnviertel der Prominenz erschließt sich Ihnen in Führungen durch Neubabelsberg.

Sacrow

Im Zusammenhang mit den Plänen P. J. Lennés seit 1833, die Insel Potsdam zu einer parkartigen Kulturlandschaft umzugestalten, erwarb Friedrich Wilhelm IV. 1840 das Rittergut Sacrow und ließ das Gutsgelände in den folgenden Jahren durch Lenné nach landschaftsgärtnerischen Gesichtspunkten umformen. Gleichzeitig erfolgte unter der Leitung von L- Persius eine Reihe architektonischer Verschönerungen: der Umbau des ehemaligen Schlosses zu einer Predigerwohnung, die Neugestaltung des am Havelufer gelegenen alten Fährhauses „Zum Dr. Faust" im italienischen Villenstil sowie 1841-44 nach Ideenskizzen des Königs anstelle einer zerstörten ehemaligen Dorfkirche der Bau der Heilandskirche auf der Landzunge zwischen Havel und Jungfernsee mit freistehendem Glockenturm und offenem Säulengang im romantisch italianisierenden Stil.

Wildpark

Die „Pirschheide", ein ehemals kurfürstliches Jagdrevier, wurde 1841/42 unter der Leitung von P. J. Lenné durch A. H. v. Pachelbl-Gehag als Wildpark eingerichtet und dabei landschaftsgärtnerisch erschlossen sowie durch L. Persius mit Forsthäusern und Wirtschaftsgebäuden in romantisch historisierenden Stilformen ausgestattet. Im Mittelpunkt des Parkreviers entstand die Wildmeisterwohnung, an den Eingängen nach Sanssouci und Kuhpfort sowie am Südtor Torhäuser mit Försterwohnungen.

Der auf dem Schäfereiberge angelegte Teeplatz für die Königin wurde 1847 durch das Bayerische Häuschen von L. F. Hesse im Stil eines Gebirgshauses vervollständigt. Nachdem das Gehöft des Entenfängers beim Großen Entenfängersee westlich des Wildparkes 1839 bis auf das Wohnhaus abgebrannt war, ließ Friedrich Wilhelm IV. durch Persius einen Neubau im florentinischen Landhausstil mit Turm errichten; gleichzeitig wurde das

Gebiet in den Wildpark mit einbezogen.

Bornim

Das 1268 erwähnte Dorf gelangte 1663 in den Besitz Kurfürst Friedrich Wilhelms, der hier 1664 einen Garten anlegen und 1672-77 ein Lustschloß errichten ließ, das 1756 wieder verschwand. Unter König Friedrich Wilhelm III. wurde Bornim Domäne, wobei seit 1844 nach Plänen von L. Persius ein neues Gutsgehöft mit Gutshaus, Wirtschaftsgebäuden und Gartenanlagen von P. L. Lenné unweit des Fahrlander Sees entstand. 1935 ist das Dorf nach Potsdam eingemeindet worden.

Bornstedt

Das zwischen 1160 und 1200 gegründete Dorf ging 1664 in kurfürstlichen Besitz über und wurde 1722 dem Potsdamer Großen Militärwaisenhaus überwiesen, 1841 vom König zurückgekauft, seit 1844 Kronfideikommißgut. Die Feldmark von Bornstedt diente seit Mitte des 18. Jh. für Truppenübungen. 1841 entstand ein Exerzierfeld zwischen der Nedlitzer Straße und der heutigen Kirschallee. Unter Friedrich Wilhelm IV. wurde das Dorf im Zuge der Landesverschönerungspläne seit 1842 in die großen Projekte zur Umgestaltung der Umgebung von Sanssouci einbezogen und das 1846 abgebrannte alte Gut durch J. H. Häberlin mit Wohn- und Wirtschaftsgebäuden im italienischen Villenstil sowie mit Parkanlagen von P. J. Lenné ausgestattet.

Die Kirche erfuhr 1855/56 einen großartigen Neubau durch A. Stüler. In die Planungen einbegriffen war auch das zum Gut Bornstedt gezogene Lindstedt, das schon seit 1828 im Besitz Friedrich Wilhelms IV. war. Dort ließ der König 1859/60 nach seinen Entwürfen ein Schlößchen errichten, wobei er sich der Mitarbeit von L. Persius (1843/44), L. F. Hesse (1848), A. Stüler (1855) und F. v. Arnim (1857/58) bediente. Die umgebende Parklandschaft gestaltete P. J. Lenné. Bornstedt wurde 1939 in den Stadtkreis Potsdam eingemeindet.

Eiche

Die Hügel westlich von Potsdam - der Große und der Kleine Herzberg zwischen Bornim und Eiche, der Kahle Berg und der Pannen- bzw. Ehrenpfortenberg bei Eiche - wurden seit dem 17. Jh. als points de vue genutzt. Schon Kurfürst Friedrich Wilhelm ließ eine Allee zum Pannenberg anlegen, auf dem 1688 und 1702 Ehrenpforten errichtet wurden, wonach der Berg Ehrenpfortenberg hieß.

Auf Befehl Friedrich Wilhelms IV. erhielt das Gelände während der vierziger Jahre des 19. Jh. im Zuge der Landesverschönerung durch P. J. Lenné eine landschaftsgärtnerische Gestaltung, 1854 errichtete L. F. Hesse auf dem Kahlen Berg ein monopterales Belvedere.
Das Dorf Eiche, unweit des Neuen Palais gelegen, erhielt nach dessen Vollendung 1771 einen repräsentativen Kirchenbau, der die Landschaft vorteilhaft akzentuierte.

Caputh

Der Ort, 1317 erstmals genannt, gelangte Anfang des 17. Jh. in den Besitz des Kurfürsten von Brandenburg. Kurfürst Friedrich Wilhelm schenkte das dortige Schloß 1662 dem Baumeister Ph. de Chieze, der es anstelle eines im Dreißigjährigen Krieg verwüsteten Vorgängerbaues neu aufführte.
Als es 1673 nach dessen Tod an den Kurfürsten zurückfiel, ließ dieser es für seine zweite Frau Dorothea erweitern und ausgestalten.

Die Arbeiten wurden fortgesetzt und vollendet, als Kurfürst Friedrich III. das Schloß 1689 für seine Gemahlin, die Kurfürstin und spätere Königin Sophie Charlotte, erwarb.
Bald jedoch verlor Caputh an Bedeutung, nachdem die Kurfürstin in der Folgezeit das 1695-1699 fertiggestellte Schloß Charlottenburg bevorzugte. Nach Köpenick und Oranienburg gehört das Schloß zu den wichtigsten erhalten gebliebenen Beispielen des Berliner vorschlüterschen Barock.

Verkehrs-anbindungen

Anreise

Bahn-Anbindung:

IC Bahnhof Potsdam-Stadt
S-Bahn-Anbindung:

S3 Berlin Zentrum

Autobahnanbindung:

Berliner Ring
(Abfahrt Potsdam-Nord, B273;
Abfahrt Potsdam-Babelsberg;
Abfahrt Potsdam-Süd, B2)

Flughafenanbindung:

Berlin-Schönefeld:
Bahn/R1
Potsdam-Hauptbahnhof,
Bus/601 Bahnhof Potsdam-Stadt
Berlin Tegel:
Shuttle-Bus/700 Bahnhof Potsdam-Stadt,
Bus/109 bis S-Bahnhof Charlottenburg
und weiter mit S-Bahn/S3
Bahnhof Potsdam-Stadt

Anbindung per Schiff:

Linienverkehr der Weißen Flotte nach Berlin-Wannsee
Lange Brücke,
14467 Potsdam
Tel. 21 527,
Fax 21090
Telefonvorwahl: 0331
Zugauskunft: 46 61
Busauskunft: 22 966

Museen, Galerien, Theater

Altes Rathaus
Kulturhaus
„Hans Marchwitza",
Am Alten Markt 9,
Tel. 2 20 79

Kulturhaus
„Herbert Ritter",
K.-Liebknecht-Straße 135,
Tel. 7 79 13

Haus der Künste und Architekten
„Eduard Claudius",
Am Karl-Liebknecht-Forum 3,
Tel. 2 21 13

Hans-Otto-Theater,
Zimmerstr. 10,
Tel. 46 51

Potsdamer Kabarett
„Am Obelisk",
Schopenhauerstr. 27,
Tel. 21 069

Kleines Theater am Alten Markt,
im Alten Rathaus,
Tel. 23 038

Schloßtheater im Neuen Palais,
Park Sanssouci,
Tel. 23 038

Potsdam-Museum,
Breite Straße 13,
Tel. 2 18 65

Filmmuseum Potsdam,
Am Karl-Liebknecht-Forum 1,
Tel. 2 36 75

DEFA Film- und TV-Erlebnis
August-Bebel-Str. 26-52

Jährlich wiederkehrende Veranstaltungen:
- Baumblütenfest Werder (April/Mai)
- Musikfestspiele Potsdam Sanssouci (Juni)
- Veranstaltungsreihe Potsdamer Arkardien:
Potsdamer Hafenfest (August)
Potsdamer Lichterfest (August) u.a.

Bibliotheken
Stadt- und Landesbibliothek,
Am Kanal 47, Tel. 32 93 19

Banken und Sparkassen
Bayerische Hypo.- u. Wechselbank,
Dortm.- Ecke Yorckstr.,
Tel. 21 205

Berliner Bank AG
Gutenbergstr. 102,
Tel. 21 751

Berliner Commerzbank,
Lindenstr. 45, Tel. 45 11

Landeshauptsparkasse,
Steinstr. 104-106,
Tel. 8660

Ämter/ Beratungsstellen
Magistrat der Landeshauptstadt Potsdam,
Fr.-Ebert-Straße 79/81,
Tel. 350

Landtag Brandenburg,
Am Havelblick 8,
Tel. 96 60

Stadtverwaltung,
Friedrich-Ebert-Str. 79,
Tel. 350

Krankenhäuser, Apotheken
Apotheke im Graefe-Haus,
Hans-Thoma-Str. 11,
Tel. 2 76 81

Stadt-Apotheke,
Luisenplatz 5, Tel. 2 33 69

Park-Apotheke,
Geschw.-Scholl-Str. 63 b,
Tel. 97 26 65

Einhorn-Apotheke,
Otto-Grotewohl-Str. 46,
Tel. 87 23 06

Plantagen-Apotheke,
Plantagenstr. 13,
Tel. 7 71 36

Neuendorfer Apotheke,
Fultonstr. 16,
Tel. 7 73 52

Brunnen-Apotheke,
Rudolf-Breitscheid-Str. 32,
Tel. 7 75 92

Galenus-Apotheke,
Friedrich-Ebert-Str. 35,
Tel. 2 38 90

Löwen-Apotheke,
Friedrich-Ebert-Str. 102,
Tel. 2 22 30

Apotheke „Zum Goldenen Hirsch", Lindenstr. 48,
Tel. 2 30 84

Zentral-Apotheke,
Am Kanal 49, Tel. 2 40 69

Bäder, Sport- Freizeitanlagen
Doppelturnhalle und Sportplatz,
Straße der Jugend 49

Sportkomplex
H.-Mann-Allee 103,

Sporthalle, Tennisplätze, Rollschuhbahn, Klubhhaus
Schwimmhalle
„Am Brauhausberg",
Max-Planck-Straße

Karl-Liebknecht-Stadion,
Karl-Liebknecht-Straße 90

Fremdenverkehrs-einrichtungen
Touristenzentrale am Alten Markt,
F.-Ebert-Straße 5,
14467 Potsdam,
Tel. 2 11 00; 2 33 85

Presse- und Informationsamt, Magistrat,
Friedrich-Ebert-Str. 79/81,
Tel. 35 20 32

Hotels/Pensionen
- Residence Hotel,
Saarmunder Str. 60,
14478 Potsdam, Tel. 87 60

- Rote Villa,
Berliner Str. 133,
14467 Potsdam,
Tel. 2 46 07

- Hotel Mercure Potsdam,
Lange Brücke
14467 Potsdam, Tel. 46 31

- Hotel Schloß Cecilienhof,
Neuer Garten,
14469 Potsdam,
Tel. 3 70 50

- Travel-Hotel
Am Jägertor, Hegelallee 1,
14467 Potsdam,
Tel. 2 18 23-26

- Kinderpension
„Hannelore",
Lennéstr. 43 a,

- Hotel Bayrisches Haus,
Im Wildpark 1,
14471 Potsdam,
Tel. 97 31 92

- Zum Garde-Ulanen,
Jägerallee 13,
14 467 Potsdam,
Tel. 2 12 61

- Café und Hotel Reinhold,
Dortusstr. 10,
14 467 Potsdam,
Tel. 28 49 90

- Sportrestaurant Hiemke,
Karl-Gruhl-Str. 55,
14482 Potsdam,
Tel. 748 05 96
Mittelstr. 18,
14 467 Potsdam

Der Verlag bedankt sich für die freundliche Genehmigung zur Veröffentlichung beim Landesfremdenverkehrsamt Brandenburg, Fr.-Ebert-Str. 15 sowie bei der „Potsdam-Information am Alten Markt".

PERLEBERG

Aus der Stadtgeschichte

Perleberg erhielt am 29. Oktober1239 das Stadtrecht. Die Stadt stieg im 14. Jahrhundert nach dem Aussterben der Stadtherren zur Hauptstadt der Prignitz unter den Markgrafen von Brandenburg auf und wurde Mitglied der Hanse. Das Wallgebäude diente als zeitweiliger Wohnsitz der brandenburgischen Landesherren. Das ehemals blühende Zunfthandwerk und der Handel leben heute noch weiter. Die Stepenitz umfließt mit zwei Flußarmen den Altstadtkern.

Chronik:
1239: Verleihung des Stadtrechts an Perleberg
1294: Ersterwähnung der Kirche St. Jacobi
14. Jahrhundert: Perleberg wird Hauptstadt der Prignitz
1347: Ersterwähnung des Rathauses
1497: Erwähnung des ersten Perleberger Rolandes
1539: Einführung der Reformation
1648: am Ende des Dreißigjährigen Krieges zählt die Stadt nur noch ca. 300 Einwohner
1714: stirbt der Aufklärer Gottfried Arnold in Perleberg
1817: Perleberg wird Kreisstadt der Westprignitz
1839: Richtfest des neuen Rathauses
1881: Eröffnung der Eisenbahnstrecke Wittenberge-Perleberg
1989: Perleberg feiert das 750jährige Jübiläum der Stadtrechtsverleihung mit einer Festwoche
(Quelle: Stadtverwaltung)

PERLEBERG

PLZ 19348
Vorwahl 03876

Kfz.-Kennz.: PER

Einwohner Stadt:
14.500

Fläche Stadtgebiet:
9 qkm

Rathaus Perleberg Foto: Stadtverwaltung

Wirtschaftsstruktur

Perleberg mit 14000 Einwohnern ist die Kreisstadt der Prignitz. Vorherrschende Strukturen sind mittelständische Handwerksbetriebe, Dienstleistungsfirmen, Baubetriebe, Transportgewerbe, Schlachthof, attraktives Handelszentrum, Verwaltungseinrichtungen und Institutionen, Militärstandort, Landwirtschaft mit ausgeprägtem Obstanbau und große städtische Waldflächen.
Die Stadt bemüht sich, derzeit mit Erfolg, in 2 großen Gewerbe-

gebieten Investoren anzusiedeln.Im Südwesten der Stadt ist ein Gewerbegebiet mit 23 Firmen auf 22 ha entstanden. Mit Erschließungsarbeiten wird im nördlichen Bereich begonnen, um ein weiteres 8 ha großes Gewerbegebiet mit Investoren anzusiedeln. Im Raum Perleberg kommen die Höchstsätze der Förderung im Land Brandenburg zusammen.

Besonderes Augenmerk gilt der Förderung des Tourismus. Perleberg ist das Kulturzentrum der Region. Die historische Altstadt mit ihren Sehenswürdigkeiten, dem einzigsten Tierpark der Prignitz, das Museum, aber auch die Attraktivitäten im Gebiet, wie das Storchendorf Rühstädt, die Kurstadt Bad Wilsnack, das Königsgrab in Seddin, die Plattenburg usw., sind nicht übersehbar. Vorhanden sind Hotels mit großzügig angelegten Freizeiteinrichtungen.
(Quelle: Stadtverwaltung)

Sehenswürdigkeiten Ausflugsziele

Bemerkenswerte öffentliche Bauten: Kirche St. Jacobi, 13. Jahrhundert; Rathaus, 15. Jahrhundert, sowie Fachwerkhäuser im historischen Stadtkern. Dieser befindet sich in einer Insellage. Die Stepenitz umfließt mit zwei Flußarmen den Altstadtkern. Die Kirche St. Jacobi im Stadtzentrum auf dem Kirchplatz ist ein gotischer, unverputzter Backsteinbau in Form einer dreischiffigen Hallenkirche. Der älteste Teil stammt aus dem 13. Jahrhundert, zwischen dem 13. und 15. Jahrhundert liegen drei wesentliche Bauphasen. Verschiedene Turmdachformen prägten das Aussehen des Sakralbaues (1632 Zerstörung durch Blitzschlag und Brand, 1660, 1748 und 1752 Sturmschäden, 1854 wurde der baufällige Fachwerkaufsatz durch einen neugotischen Aufsatz ersetzt, 1916 Brand, seitdem Satteldach). Interessante Details sind u. a. zwei mit Glasursteinen verzierte Portale an den Langhausseiten, Sandsteintafel mit Kreuzigungsgruppe (1361) an der Nordseite des Chores, Chorgestühl (um 1400), im Chor fünfarmige Leuchter aus Messing (1457 von Harmen von Bornstede gegossen), Messingkronleuchter (1685), im nördlichen Seitenschiff Epitaph für Bürgermeister Johannes Konow mit Portrait, Auferstehungsszene und Stadtansicht Perlebergs (1558). Besichtigungen sind nach Absprache im Pfarrhaus, Kirchplatz 5, Tel.: 2632, möglich.
Der Baukörper des Rathauses im Stadtzentrum auf dem großen Markt besteht aus der umgebauten Ratslaube (Westgiebel 15. Jh.) und einem 1839 von Baumeister Friedrich August Stüler ausgeführten Erweiterungsbau (Ostgiebel), sehenswert ist der Große Sitzungssaal mit Kreuzgewölbe und Deckenmalerei, Besichtigungen sind während der Sprechzeiten möglich. Seit der Verleihung des Stadtrechts entwickelte sich Perleberg zu einer blühenden Handels- und Hansestadt. Im 30-jährigen Krieg wurde diese Entwicklung unterbrochen. Dennoch künden noch heute viele Bauten vom einstigen Reichtum der Stadt. Sehenswert sind neben der Jacobikirche das Rolandstandbild und das Rathaus auf dem Großen Markt.
Der Roland ist eines der wenigen noch erhaltenen Rolandstandbilder Europas. In Sandstein gehauen präsentiert sich der Roland dem Betrachter in prächtigem Habitus. Roland, Rathaus und St. Jacobi bilden zusammen ein reizvolles architektonisches Ensemble.
Umgeben von ausgedehnten Wäldern bietet Perleberg dem Besucher Möglichkeiten der Entspannung und Erholung. Der an der Wilsnacker Chaussee gelegene Heimattierpark hat sich insbesondere auf heimische und vom Aussterben bedrohte Arten spezialisiert. Das Museum am Mönchort präsentiert mit sehenswerten Beständen in der ständigen Ausstellung „Stadtgeschichte“ die Entwicklung Perlebergs vom 12. Jahrhundert bis zur Gegenwart.
Wanderwege:
Weinberg und Golm (Natur- und Landschaftsschutzgebiete)
Neue Mühle/Lübzow (Wald- und Stepenitztal)
Jeetze- und Stepenitztal (Perleberger Heide)Seddin (Bronzezeitliches Hügelgrab, Königsgrab)

Die Plattenburg
"Der Wanderer, der von Groß-Leppin nach Wilsnack geht und nicht acht gibt, sieht die Burg nicht; denn nur einen Augenblick zeigt sie sich. Aber gerade von dieser Seite bietet sich die Plattenburg am schönsten dar, von ihrer hohen, efeubewachsenen Südseite." Soweit die Worte des Geschichtsschreibers und Pfarrers Rudloff. Erste Erwähnung fand die Plattenburg vor mehr als 600 Jahren. Sie war

PERLEBERG
Quitzower Hufen
Gärtnerei
siehe Innenstadt
I Heilige Geiststraße
J Karl-Marx-Platz
K Kirchplatz
L Kirchstraße
M Krämerstraße
N Krumme Straße
O Marktgasse
P Mauerstraße
Q Mönchort
R Rosenhof
S Schuhmarkt
T Schulgang
1 Groß Buchholzer Str.
2 Schönfelder Straße
3 Karl-Achtel-Straße
4 Gertrudstraße
A An der Mauer
B An der Nordbahn
C Goetheplatz
D Bahnhofsplatz
E Großer Markt
F Gummisteg
G Hagenpromenade
H Hamburger Chaussee
siehe Innenstadt
5 Nachtigallstraße
6 Nebeliner Straße
7 Ochsengasse
8 Parchimer Straße
9 Rohdeplatz
10 Schuhstraße
11 St.-Nicolai-Kirchpl.
12 St.-Nicolai-Kirchstr.
13 Wollweberstraße
1 Genossenschaftsstr.
Ludwigslust
Pritzwalk
Kyritz
Wittenberge
Sükow
Bad Wilsnack
Hamburger Str.
Putlitzer Str.
Matthias-Hasse-Str.
Pritzwalker Str.
Wilsnacker Str.
Wittenberger Str.
A.-Bebel-Str.
Lanzer Chaussee
Lenzener Str.
Quitzower Str.
Karl-Liebknecht-Str.
Hopfenstraße
Wilsnacker Chaussee
Industriestraße
Berliner Str.
Berliner Weg
Krankenhaus
Polizeikreisamt
Rathaus
Bibliothek
Mühlenberg
Festplatz Hagen
Bullenwiese
Eichenpromenade
Sportplatz
Schwimmbad
Schule
Feuerwehr
Kulturhaus
Wasserwerk
Bhf. Perleberg
Stepenitz
Friedrich-Engels-Platz
Marienplatz
Forstgasthaus Hubertus

Am Kirchplatz Foto: Stadtverwaltung

vermutlich im Zuge der Rückeroberung der Prignitz mit Albrecht dem Bären (1135-1170) entstanden und diente als eine der Grenzburgen an der mecklenburgischen Grenze zum Slawenreich. Im Jahre 1319 war die Plattenburg vom Markgrafen Waldemar für 600 Mark Silber an den Bischof Reiner von Havelberg und die dortige Stiftskirche verkauft worden. Die Plattenburg wurde zum Hauptbestandteil der bischöflichen Tafelgüter und Einkünfte, bis sie Joachim II. an Matthias v. Saldern als erb- und eigentümliches Lehen übertrug. Von da ab bestimmte das Adelsgeschlecht derer von Saldern die Geschicke der Plattenburg.

Die Familie von Saldern - seit der Mitte des 16. Jahrhunderts auf der Plattenburg heimisch - stammt aus dem Hildesheimer und Braunschweiger Land und war hochfreien Standes. Erste Erwähnung findet sie bereits zu Beginn des 12. Jahrhunderts. Die wichtigsten Begebenheiten der wechselvollen Geschichte dieser Burg in Kürze:
1319: Erste urkundlichen Erwähnung der Burg, Markgraf Waldemar verkauft sie an Bischof Reiner von Havelberg
1539: Übertritt des Kurfürsten Joachim II. zur Reformierten Kirche
1548: Plattenburg wird 7. Prignitzer Kreis; nach dem Tode des letzten Havelberger Bischofs (Busso II. von Alvensleben) setzt Kurfürst Joachim II. seinen Sohn Friedrich als Bischof ein.
1552: Prediger Ellefeld verbrennt die Wilsnacker Wunderbluthostien und wird auf der Plattenburg inhaftiert. Kurfürst Joachim II. verpfändet die Burg seinem Kämmerer Matthias von Saldern.
1560: M. v. Saldern erhält Burg und Herrschaft (inkl. Wilsnack) als erb- und eigentümliches Lehen.
1631: Im Dreißigjährigen Krieg stellt der Schwedenkönig Gustav Adolf einen Schutzbrief für die Herrschaft Plattenburg aus.
1675: Belagerung der Burg durch schwedische Truppen
1883: Der Backsteinturm brennt und wird weitaus höher wieder aufgebaut.
1925: Sieghard von Saldern übernimmt die Herrschaft von Plattenburg bis 1945.
1940: Kriegsgefangene Franzosen werden im Kapellenflügel einquartiert, die Burg dient teilweise als Lazarett.
1945: Nach der Enteignung der Familie v. Saldern leben Flüchtlingsfamilien bis 1960 in der Burg.
1969: Ausbau der Hochburg zum Ferienlager der Deutschen Reichsbahn, Nutzung bis 1991

Wie hoch die Plattenburg schon damals in der Gunst stand, belegt der Geschichtsschreiber Bekman (1753). "Wegen der angenehmen Lage zwischen den Wässern, Wiesen, Gärten und Buschwerk haben sich die Bischöfe hier gerne Aufgehalten ..." An der idyllischen Lage der Plattenburg hat sich bis heute nichts geändert. Mit ihr ist eine der größten Wasserburgen Norddeutschlands erhalten. Für die Förderung und Erhaltung der Plattenburg hat sich 1991 ein gleichnamiger Verein gegündet.

Die historischen Räume im "Bischofsflügel" der Plattenburg (Rittersaal und Halle) zählen zu den schönsten erhaltenen Zeugnissen künstlerischer Innenraumgestaltung der Spätrenaissance in der Prignitz. Wie durch ein Wunder haben sie im Wesentlichen die Nachkriegsstürme und die Plünderungen nach 1945/46, überdauert. Zum hervorragenden Schmuck des Rittersaales gehören die prächtige Tür, die einzigartige Sandsteintreppe und der prunkvolle Kamin. Sie sind beachtliche handwerkliche Leistungen aus der Spätrenaissance und wurden von Burchard von Saldern (1568-1635) in Auftrag gegeben.

Die Tür - eine meisterhafte niederdeutsche Tischlerarbeit - entstand 1609, ebenso der Kamin mit dem sandsteinernen "Wilden Männern" und die mächtigen gewölbe. An den Wappenaufsatz des Kamins knüpft sich eine kleine Anekdote: So ließ nämlich der Auftraggeber

Straßenverzeichnis der Stadt Perleberg

Ahornweg C3
Akazienweg C3-D4
Am Alten Friedhof F1-G1
Am Beyerteich D3-E3
Am Hohen Ende E2
Am Musikerberg G2
Am Ziegelhof F4-G4
An den Hufen D3
An der Buhne F3-F4
An der Mauer F2
An der Nordbahn E1
August-Bebel-Str. E4-F5
Bäckerstr. F3-G3
Bahnhofsplatz D4-E4
Beguinenstr. E4-F4
Beguinenwiese F4
Bergstr. G4
Berliner Str. G4-H4
Berliner Weg H5-I5
Birkenweg H2-H3
Dergenthiner Str. D4
Dobberiner Str. G5-H4
Eichenpromenade G2
Eichhöllzer Str. D5
Ernst-Thälmann-Str. D4
Eschenhof A4-B3
Feldstr. A2-E4
Franz-Grunick-Str. E3-E4
Friedensstr. G5
Friedrich-Engels-Platz E5-F5
Friedrichstr. B3-B4
Gartenstr. F3
Genossenschaftsstr. F5-G5
Gertrudstr. E1-F1
Goetheplatz E4
Grabenstr. F3-F4
Grahlplatz E3-E4
Grahlstr. E4
Groß Buchholzer Str. E1
Großer Markt F3
Gummisteg G3
Hagenpromenade G2-G3
Hagenstr. G2H3
Hamburger Chaussee E1
Hamburger Str. E1-F2
Heilige Geiststr. F3
Heinrich-Heine-Str. F5-H5
Hopfenstr. D3-E1
Industriestr. F6-H6
Jahnstr. G3-H3
Karl-Achtel-Str. E2
Karl-Liebknecht-Str. D2-E3
Karl-Marx-Platz F2
Karl-Marx-Str. F2-F3
Karlstr. G4-H5
Kastanienhof C4
Katersteig F4
Kirchplatz F3
Kirchstr. F3
Kochstr. F3
Koloniestr. F3
Krämerstr. F3
Krumme Str. F3-G3
Kurmärker Str. E2-F1
Kurzer Weg C4
Lanzer Chaussee A2-D5
Lenzener st F3-G3
Kurzer Weg C4
Lanzer Chaussee A2-D5
Lenzener Str. D5-E4
Lindenhof C4
Lindenstr. E3-F2
Lübzower Str. G3-H2
Marienplatz E3
Marienstr. E3-F3
Marktgasse F3-G3
Matthias-Hasse-Str. G2-H2
Mauerstr. F3
Max-Viereck-Str. F2

Am Hagen Foto: Stadtverwaltung

Mönchort F3
Mühlenberg G3
Mühlenstr. G3
Nachtigallstr. E4-F4
Nebeliner Str. E4
Ochsengasse G3
Parchimer Str. F2-G3
Polloweg E4
Poststr. F3
Pritzwalker Str. G3-H3
Puschkinstr. F3-G3
Putlitzer Str. F1-F2
Quitzower Str. E2-E3
Ravenslandstr. B4-C3
Reetzer Str. F1
Ritterstr. F5-E4
Rohdeplatz F2
Rosa-Luxemburg-Str. E2-F2
Rosenhof F3
Rudolf-Breitscheid-Str. E2-F2
Schönfelder Str. E1
Schuhmarkt F3
Schuhstr. F3-G3
Schulgang F3
Sophienstr. F2-G1
St.-Nikolai-Kirchplatz F3-F4
St.-Nikolai-Kirchstr. G3
Sükower Str. C4-D4
Thomas-Müntzer-Str. H5
Tonkital D3-D4
Uferstr. F3-G3
Ulmenhof A3
Wiesenweg C3-D3
Wilsnacker Caussee F5-F6
Wilsnacker Str. F4-G4
Wittenber Str. C6-F3
Wollweberstr. A6-B6
Ziegelstr. F4

neben seinem Wappen auch die seiner beiden Ehefrauen (v. Klitzing und v.d. Schulenburg) sowie einen liegenden Hund anbringen, der zum Ausdruck bringen sollte, daß er (Burchard) seinen beiden Frauen ebenso treu war, wie ein Hund seinem Herren.
Im Frühjahr und Herbst finden auf der Plattenburg kulturhistorische Seminare statt, während die Konzerte im Rittersaal monatlich das ganze Jahr über gegeben werden.
Führungen finden regelmäßig samstags und sonntags um 15 Uhr oder nach Vereinbarung statt.
Erreichen läßt sich die Plattenburg am besten über Bad Wilsnack oder die B 5 aus dem Norden.

Bad Wilsnack

Ausgedehnte Waldflächen wechseln sich ab mit Wiesen und Heide, Ackerflächen, Hochmooren und Bruchwald - in dieser reizvollen Landschaft der Prignitz liegt nahe der Elbe das Städtchen Bad Wilsnack.

Der umfangreiche Waldbestand der Umgebung sorgt für reine, sauerstoffreiche Luft. Daher erhielt Bad Wilsnack schon um die Jahrhundertwende das Prädikat "Luftkurort" und wurde so zum beliebten Ausflugs-

und Urlaubsziel. Durch das fehlen größerer Industriebetriebe ist Bad Wilsnack eine ruhige, saubere Stadt geblieben. An der Hauptstrecke Hamburg-Berlin gelegen, ist der Ort per Bahn gut zu erreichen. Autofahrer kommen bequem über die B 5, die B 107 oder die B 189 nach Bad Wilsnack. Schon von weitem erblickt der reisende das mächtige Wahrzeichen der Stadt, die Wunderblutkirche St. Nikolai.

Die erste Erwähnung des Dorfes Wilsnack geht auf einen Brand im jahre 1383 zurück. Die Gründung der Siedlung dürfte jedoch wesentlich zeitiger erfolgt sein, worauf zahlreiche ur- und frühgeschichtliche Funde hinweisen.
Die alte Dorfkirche wurde 1383 durch den Ritter Heinrich v. Bülow in Brand gesteckt. Pfarrer Johannes Kabuz fand drei unversehrt gebliebene Hostien und auf "wunderliche Wys und von gödliker schichunge" auf jeder einen roten Blutstropfen. Das Blut war "Blut aus den Wunden Christi", "heiliges Blut", "Wunderblut". Rasch verbreitete sich das Wilsnacker Hostienwunder, die Bischöfe von Brandenburg, Havelberg und Magdeburg forderten die Gläubigen auf, die Hostien als wundertätig zu verehren. Sie versprachen Ablässe und Wallfahrer kamen aus Böhmen, Ungarn, Polen, aus Skandinavien und anderen Ländern. Bei entsprechenden Opfern auf der "Sünderwaage" konnte man Heilung von seinen Leiden oder Vergebung seiner Sünden erkaufen. Der Erlöß floß in die bischöfliche Kasse. Von den "Opfern" wurde schnell die neue Kirche erbaut, die St. Nikolai-Kirche.

Reformatoren predigten gegen diesen Betrug und Aberglauben, so auch Martin Luther. Erst 1552 hatte die Wallfahrt ein Ende, als der erste evangelische Geistliche von Wilsnack die Hostien verbrannte.
1471 - Wilsnack erhält das Recht der eigenen Gerichtsbarkeit.
15134 - Wilsnack erhält das Stadtrecht, reges Markttreiben und Herbergswesen bestimmen das Leben der Stadt.
Im Jahre 1906 entdeckte der Stadtförster Zimmermann auf den Karthanewiesen Moorerde, die sich durch einen hohen Anteil an eisenoxid auszeichnete und sich als sehr heilkräftig erwies. Dieses Geschenk der Natur machte aus dem verträumten Städtchen einen Kurort, der bald Anziehungspunkt für Heilungssuchende aus allen gegenden Deutschlands wurde. Am 1. Mai 1907 wurde die Moorbadeanstalt eingeweiht. Die Änderung des Ortsnamens auf -Bad Wilsnack - erfolgte im Jahre 1929.

Rühstädt

Ein kleines Dorf in der Elbniederung, ist wendischen Ursprungs und wurde von dem Adelsgeschlecht von Quitzow gegründet. Der Begräbnisort dieser Familie, die über die ganze Mark vertreut war, ist Rühstädt (Ruhstede). Daher läßt sich auch der Name unseres Dorfes ableiten. Die Kirche zu Rühstädt ist von ältester Zeit an die Ruhestätte der Quitzowfamilie. Die vielen Monumente und Grabsteine in der Kirche unterstreichen dies, wenn sie auch nicht annähernd der Zahl derer entsprechen, die hier im Laufe von 300 Jahren beigesetzt wurden.

Im 18. Jahrhundert kam es durch wachsende Verschuldung, begangene Lehnsfehler und Schwierigkeiten in der Familie zu einem schnellen Verfall des Quitzowschen Besitzes.
1717 übergab König Friedrich Wilhelm I. die eingezogenen Quitzowschen Güter seinem wohlverdienten General Feldmarschall Friedrich Wilhelm von Grumbkow. In dankbarer Erinnerung an seinen Landesherren erbaute der General Feldmarschall von Grumbkow auf der Rühstädter Feldmark einen noch heute erhaltenen Obelisken (der "Weiße Turm").
1739 starb der Feldmarschall und wurde hier in Rühstädt begraben. Von seinem Erbe kaufte Magdalena Charlotte von Jagow, geb. von Bismarck, die Güter Rühstädt, Quitzöbel und Friedrichswalde. Bis 1945 besaßen die Jagows, die bereits im 13. Jahrhundert schon in der Prignitz erwähnt wurden, Rühstädt. In der Kirche erinnert ein Denkmal in Form einer Tempelfassade, die aus der Kirchenwand hervorspringt, dankbar an Thomas Günter von Jagow auf Aulosen, der den Jagoweinzug auf Rühstädt sozusagen herbeiführte. Er war der Geldgeber.

Aus dieser Zeit stammt auch das zweistöckige Rokokoschloß. Es ist das schönste Schloß der Prignitz und steht unter Denkmalsschutz. Es wird heute als Pflegeheim genutzt.
Die Kirche stammt im Kern noch aus dem 13. Jahrhundert. In der Dorfchronik wird sogar vermutet, daß die Apsis aus der Zeit Albrechts des Bären stammt, der ungefähr 1140 in der Prignitz gewesen ist und mit Hilfe von Zisterziensermönchen die Kirche bauen ließ.

Der spätgotische Schnitzaltar aus dem Anfang des 15. jahrhunderts zeigt in der Mitte die Marienkrönung. Von Petrus (links) und Paulus (rechts) flankiert. Auf den Altarflügeln ist die Verkündigung der Geburt Jesu durch den Engel an Maria dargestellt, und rechts sieht man Johannes den Täufer, und den heiligen Georg, der Drachentöter, der als Schirmherr der Ritterschaft galt.
Nach einer Urkunde vom Jahre 1489 wurde das Patronat über den Liebfrauenaltar in der Kirche zu Rühstädt vom Kurfürsten Johann der Quitzowfamilie übertragen.

Die Kuppelfläche der Apsis bedeckt eine beachtenswerte Wandmalerei, ebenfalls aus dem 15. Jahrhundert. Sie stellt das Jüngste Gericht dar. Der richtende Heiland ist, auf einem Regenbogen sitzend, dargestellt. Aus seinem Munde geht nach der rechten Seite die Lilie (Zeichen der Wahrhaftigkeit) und nach der linken Seite das Schwert

(Zeichen der Gerechtigkeit) hervor. Die rechte Hand hat der Herr segnend über die Seligen erhoben, die linke abwehrend gegen die Verdammten ausgestreckt.
Die Füße setzt der Herr auf die Erdkugel. Auf der rechten Seite schließt sich die Figur der Maria, auf der linken die des Täufers Johannes an. Über diesen beiden Figuren schweben zwei Engel, die mit Posaunen die Auferstehung verkünden. Auf der rechten Seite sieht man die kleinen Fuguren des Petrus und der Seligen. Petrus öffnet mit einem großen Schlüssel die Türe des Himmels. Die linke Seite zeigt die Hölle. Der Teufel sitzt angebunden im Vordergrund des geöffenten Kopfes, eine Anzahl Verdammter, die durch eine Kette verbunden sind, empfangend. (Quelle: Stadtverwaltung)

Gewerbegebiet Schwarzer Weg Foto: Stadtverwaltung

Verkehrs-anbindungen

Perleberg liegt in der Westprignitz. Den Anschluß an das Bundesstraßennetz bilden die durch Perleberg führende B 5 und B 189.

Museen, Galerien, Theater
Heimatmuseum,
Am Monchort 7,
Tel.: 29 64

Kreiskulturhaus,
Feldstr. 98,
Tel.: 29 20

Bibliotheken
Kreisbibliothek,
Großer Markt 15,
Tel.: 29 27

Kinderbibliothek,
Bahnhofsplatz 1,
Tel.: 30 98

Banken und Sparkassen
Kreisssparkasse,
Großer Markt 22,
Tel.: 29 00

Raiffeisenbank
Perleberg e.G.,
Wittenberger Str. 13,

Volksbank Perleberg e.G.,
Krämerstr. 4,
Tel.: 5191

Ämter/ Beratungsstellen
Stadtverwaltung,
Großer Markt,
Tel.: 51 01

Landratsamt,
Berliner Str.,
Tel.: 53 0

Krankenhäuser/ Apotheken
Kreiskrankenhaus,
Bergstr. 11,
Tel.: 50 11

DRK, Feldstr. 96,
Tel.: 2254

Schnelle med. Hilfe,
Tel.: 115

Löwen-Apotheke,
Großer Markt 16,
Tel.: 25 81

Prinzen-Apotheke,
Wittenberger Str. 35,
Tel.: 46 15

Bäder, Sport- und Freizeiteinrichtungen
Sportplatz Berliner Str.,
Tel.: 30 16
Stadtbad, Lindenstr. 1,
Tel.: 29 67

Fremdenverkehrs-einrichtungen
Info-Büro,
Großer Markt 1,
Tel.: 222 59

Hotels/ Pensionen
- Historisches Hotel Deutscher Kaiser,
Bäckerstr. 18,
Tel.: 24 10

- Hotel und Kongreßzentrum Hennings Hof,
Tel.: 50 31, Fax: 50 35

- Hotel Stadt Magdeburg,
Wittenberger Str. 67,
Tel.: 28 61

-Forstgasthaus Hubertus
Wilsnacker Chaussee
Tel.: 3733

PRENZLAU

Aus der Stadtgeschichte

Spuren einer ersten menschlichen Besiedlung auf dem Territorium der heutigen Stadt Prenzlau sind anhand von Bodenfunden seit der jüngeren Steinzeit nachweisbar. Durch das Vordringen slawischer Stämme aus Gebieten östlich der Oder setzte ab dem 7. Jh. eine verstärkte Siedlungstätigkeit ein, aus der sich vom 10. bis 12. Jh.

PRENZLAU

PLZ 17291
Vorwahl 03984

Kfz.-Kennz.: PZ

Einwohner Stadt:
22.725

Fläche Stadtgebiet:
69,47 qkm

Der Steintorturm

ein zentraler Siedlungs- und Burgkomplex am Nordausfluß des Unter-Uckersees herauskristallisierte. Im Zuge der feudalen Ostexpansion (Ende 12./Anfang 13.Jh.) kamen niederdeutsche Siedler in das von Slawen bewohnte Gebiet, legten aber später eigenständige Siedlungen an (z. B. Gebiete um Jakobikirche und alte Nikolaikirche). Erstmals urkundlich erwähnt wurde Prenzlau 1187. Zu diesem Zeitpunkt existierte hier bereits eine Münzprägestätte. Eine weitere Urkunde aus dem Jahre 1188 erwähnt die Siedlung Prenzlau mit Markt und Krug (Herberge). 1234 wurde Prenzlau vom Pommernherzog Barnim I. das Stadtrecht verliehen. Im Jahre 1250 kam Prenzlau unter brandenburgische Herrschaft und erhielt 1287 das Recht, sich mit einer steinernen Mauer zu umgeben. Durch das Aussterben des brandenburgischen Herrschergeschlechts, der Askanier, 1320, wechselte Prenzlau im 14. Jh. häufig die Machtzugehörigkeit.

Die langanhaltenden Kämpfe und Auseinandersetzungen um die Stadt nahmen erst 1426 ein Ende, als Prenzlau endgültig unter brandenburgische Hoheit geriet. Ihre Vormachtstellung ging aufgrund der ganz auf das Innere des Landes gerichteten brandenburgischen Politik immer mehr zurück. Die Bedeutung Prenzlaus beschränkte sich nur noch auf den Landesteil „Uckermark", dessen Hauptstadt es, urkundlich erwähnt, seit 1465 ist. Im Ergebnis der Reformation wurden in der Stadt zahlreiche kirchliche Institutionen säkularisiert. Der 30jährige Krieg war für Prenzlau und für die gesamte Uckermark eine jahrzehntelang währende Schreckenszeit, die eine entvölkerte und wirtschaftlich völlig desolate Landschaft hinterließ.

Erst mit der Ansiedlung von glaubensverfolgten Hugenotten aus Frankreich, gegen Ausgang des 17. Jh., stieg die Bevölkerungszahl auch in der Uckermark wieder an. 1687 kamen ca. 150 Flüchtlinge nach Prenzlau. Mit neuen Produktionsmethoden sorgten sie außerdem für einen wirtschaftlichen Aufschwung. Zu dieser Zeit wurde Prenzlau Garnisonsstadt. Während des 7jährigen Krieges war die Stadt mehrmals von russischen und schwedischen Truppen besetzt. Im Zuge des preußisch-französichen Krieges kapitulierte am 28. Oktober 1806 ein 10 000 Mann starker preußischer Heeresteil vor einer zahlenmäßig weit unterlegenen französischen Truppe. Französische Besetzung und Kontributionszahlungen waren die Folgen. Im Ergebnis der bürgerlichen Reformen zu Beginn des 19. Jh. erhielt Prenzlau 1815 die Selbstverwaltung und wurde innerhalb des Verwaltungsbezirkes Uckermark 1817 Kreisstadt mit Sitz eines Landrates.

In der 2. Hälfte des 19. Jh. kam es in Prenzlau zur Gründung einiger Fabriken und Kleinbetriebe, die größtenteils aber enge Verbindungen zu der in der Uckermark dominierenden Landwirtschaft aufwiesen. So entstanden 1872 eine Zuckerfabrik, 1889 ein Schlachthof und eine Molkerei. Um 1910 hatte Prenzlau 20 000 Einwohner und war eine typisch preußische Ackerbürger-, Beamten- und Garnisonsstadt. Wie andere Regionen, so hatte auch die Stadt Prenzlau am Ende des I. Weltkrieges hunderte Menschenopfer zu beklagen.

Im II. Weltkrieg wurde Prenzlau in den letzten Apriltagen des Jahres 1945 zu fast 90 % zerstört. 1952 begann der Wiederaufbau der Stadt.
(Quelle: Stadtverwaltung)

Wirtschaftsstruktur

Die Stadt Prenzlau hat sich als Industriezentrum entwickelt. Die wirtschaftliche Struktur wurde im Bereich der Industrie durch das ehemalige Armaturenwerk bestimmt (heute 5 Betriebe durch Aufspaltung). Desweiteren sind ein Elektronikbetrieb, Betriebe der Holzverarbeitung, des Holzhandels, der Glasverarbeitung sowie Baufirmen angesiedelt. Zum Bereich der Land- und Nahrungsgüterwirtschaft gehörten Wirtschaftsunternehmen der Verarbeitung, Betriebe der Landtechnik und Baubetriebe der Melioration. Die wirtschaftlichen Veränderungen waren mit der Umbildung und Auflösung von Wirtschaftsunternehmen verbunden.
Zur Zeit sind Betriebe der Metallverarbeitung, Baubetriebe, Dienstleistungseinrichtungen, Handwerksbetriebe, Möbelindustrie, Nahrungsmittelindustrie und Landwirtschaftsbetriebe in Prenzlau.
(Quelle: Stadtverwaltung)

Sehenswürdigkeiten Ausflugsziele

Das Wahrzeichen der Stadt Prenzlau ist die Marienkirche. Im13./14. Jh. erbaut, zählt sie zu den herausragenden Bauwerken norddeutscher Backsteingotik. 1945 brannte sie in den letzten Kriegstagen bis auf ihre Umfassungsmauern völlig aus. Erst 1970 wurde mit dem Wiederaufbau der Kirche begonnen. Im Ergebnis erfolgreicher Restaurierungsetappen präsentiert sie sich äußerlich wieder als ein weithin sichtbares Baudenkmal, das entscheidend Landschaft und Stadtbild prägt. Eine ähnliche Bedeutung kommt dem Dominikanerkloster zu, in dem sich heute das Kulturhistorische Museum befindet. Ebenfalls im 13./14. Jh. errichtet, war es neben zwei weiteren Klöstern ein wichtiges geistiges Zentrum und ein deutliches Zeugnis für die große Bedeutung Prenzlaus im Mittelalter. Der ehemalige Gebäudekomplex des Klosters ist in seiner Ursprünglichkeit noch

PRENZLAU
NEUSTÄDTER VORSTADT
Unter uecker see
ALEXANDERHÖHE
1 Dreifaltigkeitskirche
2 Marienkirche
3 Heiliggeistkirche
4 Nikolaikirche
5 Sabinenkirche
A Max-Lindow-Str.
B Wasserpforte
C Brüderstr.
D Kleine Friedrichstraße
E Marienkirchstr.
F Hospitalstr.
G Richard-Steinweg-Str.
H Diesterwegstr.
I Sternstraße
K Mühlenpforte
L Schleusenstr.
Bhf. Prenzlau-Vorstadt
Neustädter Damm
Berliner Straße
Am Sägewerk
Quillow
Uecker
Neubrandenburger Straße
Stettiner Straße
Dr.-Wilh.-Külz-Str.
Marktweg
Puschkinstraße
Angermünder Straße
Grunower Chaussee
Wilh.-Pieck-Straße
Robert-Schulz-Ring
Schäfergraben
Bhf. Prenzlau
Bus-Bhf.
Thomas-Müntzer-Platz
Theater
Krankenhaus
Kulturhaus
Schule
Post
Sportplatz
Stadtpark
Ärztehaus
Stadtverwaltung
Freilichtbühne
Freibad
Platz d. Einheit
Kapelle St. Georg
Jüdischer Friedhof
Pflegeheim
Ruinen
Uckerseestadion
Uckerpromenade
Pasewalk
Brüssow
OT Wollenthin
OT Bündigershof
OT Alexanderhof
OT Neustädter Vorstadt
Neubrandenburg
Schwedt
ERKA
109
198

gut erhalten und weist auch im Innern zahlreiche architektonische Stilelemente in ihrer gotischen Originalität auf. Die Kirche des Klosters trug einst den Namen „Zum heiligen Kreuz". Nach der Säkularisierung, und nachdem die ehemalige Nikolaikirche 1568 eingestürzt war, erhielt die Dominikaner-Klosterkirche diesen Namen. Von der alten Nikolaikirche steht heute nur noch ein Turmteil, an dem sich allerdings die einstige Konstruktion der Kirche noch gut nachvollziehen läßt.

In unmittelbarer Nähe stehen Kasernenbauten aus der 2. Hälfte des 18. Jh.. Der Stein- (oder Schwedter) Torturm (seit 1962 Sternwarte) gehört zu der mittelalterlichen Wehranlage. Sie bestand aus einer ca. 2 1/2 km langen Mauer mit 4 Stadttoren, Wehrtürmen und etwa 60 Wiekhäusern. Der Steintorturm wurde bereits im 13. Jh. erbaut und als erster unter den Tortürmen schon Mitte des 14. Jh. erhöht. Der Stadtmauer folgend gelangt man zur Wasserpforte. Sie ist die einzig erhaltene Mauerpforte und durch die Sage vom Rodinger in die Geschichte der Stadt eingegangen. Der Unter-Uckersee hat zweifellos für die Entstehung und Anlage der Stadt eine wesentliche Rolle gespielt. Er ist etwa 1130 ha groß, 7,6 km lang, 2,4 km breit und gibt dem Ort Prenzlau einen ganz besonderen Reiz. Das Gebäude der Sabinenkirche stammt in seiner jetzigen Ausführung aus den Jahren 1816/17. Nur der Ostgiebel ist noch der einstigen mittelalterlichen Kirche des Klosters (um 1250) zuzuordnen. Der Mitteltorturm wurde im 15. Jh. erbaut. Er ist ein sehr schmuckreich und kunstvoll ausgeführter Turm, bei dem der vorspringende Wehrgang besonders wirkungsvoll erscheint (Sage vom Raben des Mitteltorturmes). Die Heiliggeistkirche (1. Hälfte 14. Jh.) gehört zu jenen mittelaterlichen Bauten, die bei der Zerstörung der Stadt 1945 völlig ausbrannten. Dabei wurden zugleich unschätzbare Museumswerte vernichtet, denn diese einstige Hospitalkirche war bis 1945 das Hauptgebäude des 1899 gegründeten Uckermärkischen Museums.

Die Kirche desFranziskanerklosters (Dreifaltigkeitskirche) entstand schon vor Mitte des 13. Jh. und zählt damit zu den ältesten erhaltenen Franziskanerkirchen im deutschsprachigen Raum. Sie ist ein einschiffiger Gewölbebau, bei dem sowohl Granit als auch Backsteine (für die feineren Architekturformen) verwendet worden sind. Ein auch durch den 2. Weltkrieg zerstörtes Bauwerk des Mittelalters ist die Jakobikirche. Der Sage nach soll an der Stelle dieses einschiffigen Feldsteinbaus vorher ein heidnischer Tempel gestanden haben. Der Blindower Turm ist im 13. Jh. entstanden. Er wurde im 15. Jh. umgebaut und stark erhöht. Das Tor selbst ist - wie alle übrigen Prenzlauer Stadttore - um 1870 entfernt worden. Die an der Stadtseite eingemauerten Zeichen stellen das uckermärkische Scheffel- und Ruthenmaß dar. Das frühere Landratsamt (heute Kreisverwaltung und der Sparkasse) wurde auch 1885 bis 1888 unter dem Baumeister Doflein, der auch das Boitzenburger Schloß ausgebaut hat, geschaffen. Am Ende der Grabowstraße steht die heutige Puschkinschule, ein Gebäude, das 1892 als Königliches Evangelisches Lehrer-Seminar eröffnet worden ist.

Im PrenzlauerStadtpark, der bis zur Anlage eines neuen städtischen Friedhofs um die Mitte des 19. Jh. Friedhof war, befinden sich neben seltenen Bäumen und vereinzelten Grabsteinen drei Denkmale, die besonders auffallen:
1. das Denkmal, das dem einstigen Prenzlauer Oberbürgermeister und Präsidenten der Nationalversammlung Grabow 1874 gewidmet wurde, 2. das für den 1780 gestorbenen Bürgermeister Mühlmann errichtete und
3. das Denkmal für den Kämmerer Strobel, 1877.
An der rechten Seite des Parks ist die Stadtmauer zu sehen. Der Pulverturm (im Mittelalter Wartturm) hat seinen Namen daher, weil in ihm bis zum Jahre 1829 die Garnison und die Kaufmannschaft ihre Vorräte an Schießpulver aufbewahrten. Aus einem Wiekhaus entstanden ist der Seilerturm, der einem Seilmacher als Werkstatt diente und dadurch auch seine Bezeichnung erzielt. Als Gefangenenturm ist im 15. Jh. der Hexenturm errichtet worden. „Hexenturm" deshalb, weil in ihm eine als Hexe eingesperrte Gefangene vergessen wurde und elend verhungerte. Das 1877 eingeweihte Kriegerdenkmal für die 1870/71 Gefallenen aus der Region Prenzlau stand ursprünglich auf dem Marktplatz. Im neogotischen Stil ausgeführt, besteht es aus Sandstein, der Sockel aus Granit. In das Straßenpflaster eingelassen, liegt in der Nähe des Uckermark-Hotels eine Steinplatte, die die einstige Prenzlauer Richtstätte markiert.

Zu den attraktivsten Gebieten der Uckermark zählen das Uckerseengebiet bei Prenzlau, das Templiner und Lychener Seenkreuz, der Nationalpark Untere Oder und das Biosphärenreservat Schorfheide-Chorin. Diese Freizeitregion zeichnet sich durch wenig Industrie und viel Natur aus. Hier ist eine Begegnung mit Fisch-, Seeadler, Schwarz- und Weißstorch, Kranich oder Reiher und vielen Orchiedeenarten möglich. Steinzeitliche Großgräber und bronzezeitliche Hügelgräber zeugen von einer frühgeschichtlichen Besiedlung. Von der Geschichte erzählen viele kulturhistorische Bauten wie Felsensteinkirchen aus dem 13. Jh. in den Dörfern, gotische Hallenkirchen in Prenzlau und Angermünde, Klöster und Klosterruien, Landschlösser und Herrenhäuser oder die komplett erhaltene Stadtbefestigung aus dem 13. Jh. in Templin. Ein kultureller Höhepunkt im Sommer sind die Klosterkonzerte in Prenzlau.

Rundkurs Uckersee (15 km)
Wer ohne Boot kommt, kommt zu seinem Boot am Bootsverleih

Straßenverzeichnis der Stadt Prenzlau

Ahornweg	C6-D6
Akazienstr.	D6
Am Neustädter Damm	A6-B6/B1-C1
Am Rohrteich	A6
Am Sägewerk	A2-B2
Am Steintor	C6
Am Strom	A6
Amselsteig	E3
An der Baumschule	E3
An der Schnelle	A5-B5
Angermünder Str.	E7-F7
Badestr.	A6
Baumgärtner Weg	D3-D4
Baustr.	C5-C6
Bergstr.	C6
Berliner Str.	A1-A2
Birkenweg	D7
Blumenstr.	D3
Bruchweg	A5
Brüderstr.(C)	B5
Brüssower Str.	C4-D4
Diesterweg(H)	C6
Dr.-Wilhelm-Külz-Str.	B5-C5
Drosselgasse	D3
Durchbruch	B4
Feldstr.	E3
Fischerstr.	B6
Franz-Wienhold-Str.	C4-D2
Freyschmidtstr.	B4
Friedenskamp	D4
Friedhofstr.	C6-C7
Friedrich-Engels-Str.	A6-C8
Friedrichstr.	C5
Frohe Zukunft	C3
Gartenstr.	C3
Georg-Dreke-Ring	D4-D5
Geschwister-Scholl-Str.	B5-B6
Goethestr.	D6-D7
Grabowstr.	C5-C6
Grüner Weg	D3-D4
Grüner Winkel	D2
Grünower Chaussee	E7-F7
Güstrower Str.	G1
Heinrich-Heine-Str.	B5-b6
Hospitalstr.(F)	B6
Igelpfuhl	D4
Karl-Liebknecht-Str.	C5
Karl-Marx-Str	C5-D5
Kietzstr	B4-C4
Kreuzstr.	B5
Lerchensteig	D3-E2
Lessingstr.	C4
Lindenstr.	B5
Marienkirchstr.(E)	B5
Marktweg	B5
Mauerstr.	B4-B5
Max-Lindow-Str.(A)	B5
Mühlenpforte(K)	A6
Mühlmannstr	C6-D6
Neubrandenburger Str.	A4-B4
Pestalozzistr.	B4-C4
Philipp-Hackert-Str	D4
Platz der Einheit	C6
Promenade	B6-C7
Puschkinstr.	C6-D6
Randowsteig	C5-C6
Richard-Steinweg-Str.(G)	C6
Richtstr.	D6
Robert-Schulz-Ring	D4-D5
Rosa-Luxemburg-Str	C5-D5
Rudolf-Breitscheid-Str.	D6
Scharrnstr.	B5-C5
Schenkenberger Str.	D4-E2
Schleusenstr.(L)	B6
Seeweg	C6
Siedlungsstr.	D3-E3
Sperlingslust	E3
Steinstr.	C5-C6
Sternstr.(I)	B6-C6
Stettiner Str.	C3-C4
Str. der Jugend	B5
Str. des Friedens	B5
Straße der Freundschaft(D)	B5-C5
Süßer Grund	D6
Thomas-Müntzer-Str.	C4
Triftstr.	C3-C4
Ueckerwieck	B6-C6
Vogelsang	E3
Vorstadtbahnhof	A1
Walter-Rathenau-Str.	D2
Wasserpforte(B)	B5
Wiesengrund	E2
Wilhelm-Pieck-Str.	C5-E3
Wittenhofer Str.	C4-D4

Prenzlau. Und nimmt auf dem Unteruckersee Kurs Richtung Zollchow. Einen Kompass brauchen Sie nicht, aber vielleicht packen Sie eine Angelrute und ein Fernglas ein. Auf dem Unteruckersee ist nicht nur das Angeln erlaubt, sondern auch die Beobachtung von seltenen Wasservogelarten, wie zum Beispiel der Kormorane. Ihr nächstes Anlegemanöver sollte in Zollow stattfinden, um zu Fuß zum Aussichtspunkt Charlottenhöh zu gelangen: Schönste Aussichten auf den Unteruckersee sind Ihnen garantiert. Folgen Sie dann dem Lockruf der "Weissen Berge" im Osten. Prenzlau kommt in Sicht. Übrigens: Diese Stadt hat soviele kulturelle und historische Angebote, daß sich die Entdeckung der ehrwürdigen Stadtbefestigung mit ihren Türmen und Toren mehr als nur lohnt. Absoluter Höhepunkt Ihrer Eroberung dürfte auf jeden Fall ein Besuch der Marienkirche sein. Das kultur-historische Museum im Dominikanerkloster und im Spätsommer die anspruchsvollen Konzerte in den Kirchen und in dem Klostergarten werden Sie ebenso begeistern.

Rundkurs Oberuckersee (35 km)

Ein Hausboot müssen Sie nicht besitzen, um auf diesem Rundkurs Fahrt aufzunehmen. Aber ein Zelt sollten Sie schon im Gepäck haben, um später in Warnitz Ihr Nachtlager aufzuschlagen. Denn dazu lädt Sie diese Tour ein, die von Prenzlau aus durch den Kanal über den Möllensee zum Oberuckersee führt. Und für alle, die mehr als nur über das Wasser wandern wollen, bietet Warnitz Ihnen eine zweitägige Wanderroute zu Fuß an. Natürlich erst nachdem Sie die letzten Heringe in den Boden geschlagen haben. Vielleicht entschließen Sie sich ja zu einer Pause an der großen Lanke, um zu den Suckower Grabplatten zu wandern. Wer die Lust zum wandern aber lieber dem "Müller" überläßt, fährt nach der großen Lanke an der Insel von Fergitz vorbei gen Möllensee. Im Kanal halten Sie dann auf die "Weissen Berge" zu: Prenzlau kommt in Sicht.
(Quelle: Stadtverwaltung)

Der Mitteltorturm

Das Dominikanerkloster

Verkehrs-anbindungen

Die Stadt Prenzlau ist verkehrsgünstig gelegen.
- Bundesautobahn A 11
Berliner Ring-Polen mit den Auffahrten Warnitz, Hohengüstrow, Schmölln
- Bundesstraßen
B 198 Eberswalde-Finow-Angermünde-Prenzlau-Neustrelitz
B 109 Berlin-Prenzlau-Pasewalk
Anklam-Greifswald
- elektrifizierte Bahnlinie:
Leipzig-Berlin-Stralsund

Verkehrstechnische Lage

Zielort	Entfernung im km
Berlin A 11	121
B 109	100
Szeczecin	66
Greifswald	107
Stralsund	140
Neubrandenburg	54
Neustrelitz	68
Schwedt	45

(Quelle: Stadtverwaltung)

Museen, Galerien, Theater

Kulturhistorisches Museum,
Uckerwieck 813
Tel. 48 18

Kultur-Arche,
Grabowstr. 6,
Tel. 27 83

Musikschule,
Diesterwegstr. 443,
Tel. 20 15

Unabhängiger Kulturverein e. V.,
Leninstr. 71,
Tel. 63 77

Bibliotheken

Kreisbibliothek,
Puschkinstr. 12,
Tel. 24 2

Banken und Sparkassen

Kreissparkasse Prenzlau,
Leninstr. 21,
Tel. 27 35

Raiffeisenbank Prenzlau e. G.,
Grabowstr. 55,
Tel. 4815

Deutsche Bank AG,
Leninstr. 3,
Tel. 22 84/85

Ämter/Beratungsstellen

Stadtverwaltung,
Am Steintor 4,
Tel. 750

Krankenhäuser/ Apotheken

Kreiskrankenhaus,
Leninstr. 135,
Tel. 3 30

Feuerwehr,
Grabowstr. 50,
Tel. 23 86
Grüne Apotheke,
Kietzstr. 43,
Tel. 22 56

Poliklinik-Apotheke,
Grabowstr. 32,
Tel. 51 57

Stadtapotheke,
Leninstr. 19,
Tel. 24 38

Bäder, Sport- und Freizeiteinrichtungen

Seebadeanstalt,
Uckerpromenade,
Tel. 20 04

Fremdenverkehrseinrichtungen

Uckermark-Information,
Langer Markt 12,
Tel. 27 91

Hotels / Pensionen

Zimmervermittlung:
siehe Uckermark-Information

- Parkhotel,
Grabowstr. 14,
Tel. 22 19

- Hotel „Uckermark",
Tel. 30 611

PRITZWALK

Aus der Stadtgeschichte

Der Name Pritzwalk ist slawischen Ursprungs (Pritzwak). Der Wahrscheinlichkeit nach entwickelte sich Pritzwalk aus einer frühmittelalterlichen slawischen Siedlung. Im Prozeß der Stadtwerdung spielten die Kaufleute die ausschlaggebende Rolle. 1256 erhielt Pritzwalk durch die Markgrafen Johannes und Otto förmlich das Stadtrecht verliehen. Zur damaligen Zeit bestand ein enger Fernhandel mit der Hanse, welcher u. a. mit den Getreideüberschüssen aus der Landwirtschaft gespeist wurde sowie mit zum Export geeignetem Tuch, welches vom städtischen Handwerk zugearbeitet wurde. Die Stadt Lübeck gestattet Pritzwalk den Beitritt zur Hanse und gewährte das Recht, in Lübeck nur den halben Zoll zu bezahlen. Die damals herrschende Stellung der Kaufleute in Pritzwalk kommt auch in einem Satz der Stadt-

PRITZWALK

PLZ 16928
Vorwahl 03395

Kfz.-Kennz.: PK

Einwohner Stadt: 12.000

Fläche Stadtgebiet: 40 qkm

Bismarckturm Foto: Stadtverwaltung

rechtsurkunde von 1256 zum Ausdruck, in dem es heißt: „Niemand darf in besagter Stadt Tuch ohne Zustimmung der Kaufmannsgilde verschneiden." Die handelspolitische Bedeutung, die Pritzwalk in seiner Frühzeit besaß, ermöglichte den Kaufleuten die wirtschaftliche und politische Herrschaft über die Handwerksmeister.

Im Verlauf ihrer Geschichte wurde die Stadt mehrmals von großen Bränden und Verwüstungen heimgesucht. Am 26. März 1462 vernichtete ein großer Brand die Hälfte der Stadt, 1821 eine verheerende Feuersbrunst sieben Achtel von Pritzwalk. Vom Feuer verschont blieben nur 48 Wohnhäuser innerhalb der Ringmauer.

Mit der Auflösung der Hanse, dem wirtschaftlichen Abstieg Lübecks und der damit verbundenen Verlagerung des Handels zur Nordsee lag Pritzwalk zu weit von den neuen Handelswegen entfernt und geriet in eine schwierige wirtschaftliche Lage. Sie wurde durch die Folgen des Dreißigjährigen Krieges sowie der Pest noch vergrößert. 1851 kündete auch in Pritzwalk die Inbetriebnahme der ersten Dampfmaschine vom Ende der Manufaktur und vom Beginn der maschinellen Produktionsweise. Waren es im Jahre 1790 noch 79 selbständige Tuchmacher und 20 Leineweber, so vollzog sich eine Konzentration im wesentlichen auf 6 kleine Fabriken. Durch verstärkte Ausbeutung der Arbeiter sowie die Einführung von mechanischen Webstühlen im Jahre 1866 gelang es der Firma Gebr. Draeger (später Quandt), im härtesten Konkurrenzkampf die übrigen Firmen zu liquidieren, so daß sie bis 1945 einzige Tuchfabrik in Pritzwalk blieb. Daneben bestanden eine Brauerei, eine Brennerei und eine Molkerei.

Kirchturm St. Nikolai Foto: Stadtverwaltung

Für die politische Aktivität der Pritzwalker Arbeiter in den zwanziger Jahren spricht der im März 1920 in Pritzwalk aufgerufene Generalstreik für den Kreis Pritzwalk im Kampf gegen die konterrevolutionären Kapp-Putschisten. Den Höhepunkt der Aktionen der revolutionären Arbeiter bildete hierbei die Demonstration gegen die unrechtmäßige Inhaftierung eines Waldarbeiters wegen seiner revolutionären Haltung. 1500 Werktätige demonstrierten auf der Straße. Die Aktion endete mit der erfolgreichen Befreiung des Arbeiter.
Einem Luftangriff auf den Bahnhof fielen am 15. April 1945 viele Menschen zum Opfer, und ein großer Teil der anliegenden Gebäude und Einrichtungen wurde durch die Explosion eines auf dem Bahngelände befindlichen Munitionszuges zerstört.

Durch die Beseitigung des Privatvermögens mittelständischer Betriebe, verbunden mit der Umwandlung in „Volkseigentum", wurden Kreativität und Flexibilität der gesamten Wirtschaft, auch in Pritzwalk, stark eingeschränkt. Neben dem Neu- und Wiederaufbau zerstörter Wohnstätten wurde der industriellen Entwicklung der in landwirtschaftlich orientierter Umgebung liegenden Stadt große Bedeutung beigemessen. Im Osten der Stadt entwickelte sich ein ganzer Industriekomplex mit Produktionsanlagen. In nördlicher Richtung vergrößerte sich Pritzwalk durch ein ausgedehntes Neubauwohngebiet. Gleichzeitig entstanden Gesellschafts- und Versorgungsneubauten, wie ein Sportstadion (1955), ein Kulturhaus und eine Freilichtbühne 1956), 1962 ein Feuerwehrgerätehaus, 1965 eine Großbäckerei, eine Oberschule 1968 sowie Kindergärten und Kinderkrippen (1968 und 1972), Turnhallen 1970 und 1971, ein Waldschwimmbad 1970, das örtliche Ferienzentrum, das Krankenhaus mit Anbau und eine Kaufhalle.
Im Herbst des Jahres 1989 leiteten auch die Pritzwalker die Wende ein.
(Quelle: Stadtverwaltung)

Wirtschaftsstruktur

Die 730jährige Stadt Pritzwalk, die ein Gebiet von ca. 40 qkm umfaßt, liegt in der nördlichen Spitze des Bundeslandes Brandenburg. In der Stadt leben heute gut 12 100 Einwohner. Dabei mitberücksichtigt sind die 5 Ortsteile Birkenfelde, Kammermark, Hasenwinkel, Neuhof und Neuhausen.

Im 14. Jahrhundert war Pritzwalk kurze Zeit Mitglied der Hanse, die Stadt wurde als Handelszentrum der Prignitz zu einer blühenden Ackerbürgerstadt mit vorwiegendem Tuchmacherhandwerk, das sich im 19. Jahrhundert zur Tuchindustrie der Familie Quandt entwickelte und bis Mitte des 20. Jahrhunderts erhalten blieb.

Hinsichtlich der territorialen Lage der Prignitz bietet Pritzwalk Investoren gute Möglichkeiten zur Industrie- und Gewerbeansiedlung. Die Nahrungsmittelproduktion mit einer Brauerei, Molkerei, Unternehmen der Holz- und Metallverarbeitung, vielseitige Handwerksbetriebe sowie Baufirmen und Banken sind in der Stadt ansässig.
(Quelle: Stadtverwaltung)

Sehenswürdigkeiten Ausflugsziele

Pritzwalk ist eingebettet in eine Landschaft der Kontraste, Felder wechseln sich mit Wiesen und Weiden ab, oftmals durch Hecken getrennt. Typisch für das Gebiet ist die Kopfweide. 20 Schutzgebiete sind Ausdruck für eine als intakt zu bezeichnende Flora und Fauna. Viele Aktivitäten werden durch die Naturschützer ausgelöst, um den soliden Bestand an Weißstörchen zu erhalten und die Brutplätze des

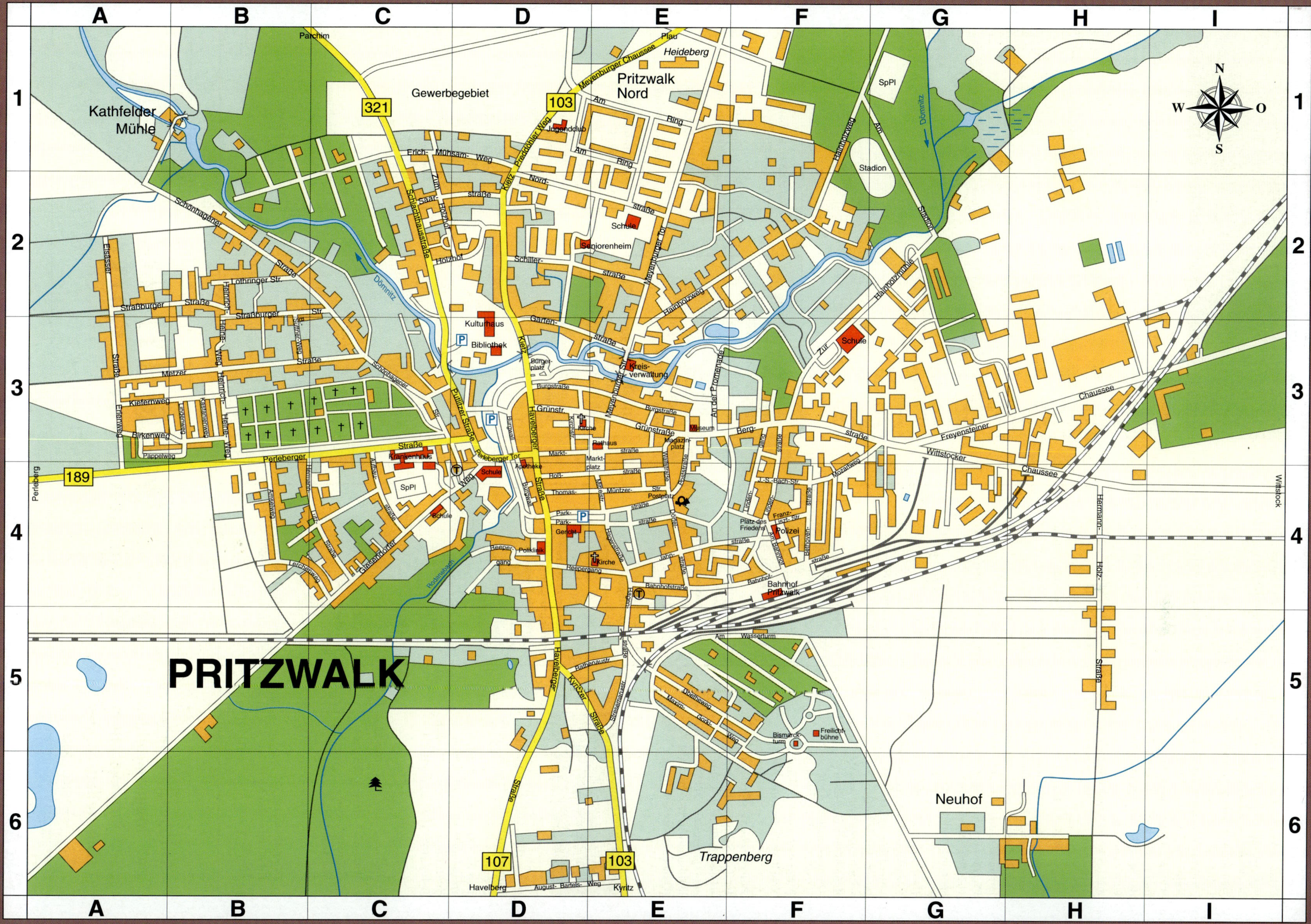

PRITZWALK
Pritzwalk Nord
Gewerbegebiet
Kathfelder Mühle
Heideberg
Neuhof
Trappenberg
Parchim
Plau
Perleberg
Havelberg
Kyritz
Wittstock
321
103
189
107
Meyenburger Chaussee
Schlachthausstraße
Putlitzer Straße
Perleberger Straße
Havelberger Straße
Kyritzer Straße
Wittstocker Chaussee
Freyensteiner Straße
Grünstraße
Burgstraße
Marktstraße
Bahnhofstraße
Hermann-Holz-Straße
Dömnitz
Stadion
SpPl
Schule
Seniorenheim
Kulturhaus
Bibliothek
Kreisverwaltung
Museum
Rathaus
Kirche
Gericht
Poliklinik
Krankenhaus
Apotheke
Polizei
Bahnhof Pritzwalk
Bismarckturm
Freilichtbühne
Jugendclub
A
B
C
D
E
F
G
H
I
1
2
3
4
5
6
N
O
S
W

Kranichs zu sichern.
Beliebte Ausflugsziele für Jung und Alt sind die Kyritzer und Mecklenburger Seenplatten, die man in einer halben Stunde Fahrt von Pritzwalk aus erreicht. Wandern, Rad- sowie Kahnfahrten sorgen für Abwechselung in einer reizvollen wald- und wasserreichen Gegend. In der Stadt bieten gut geführte Gaststätten mit Übernachtungsmöglichkeiten einen angenehmen Aufenthalt.

In den Sporthallen, im Fitness-Center, dem Hainholz mit Schwimmbad, Rad-, Wander- und Reitwegen und im Stadion mit angrenzender Tennis- und Pferdesportanlage bieten sich vielfältige Möglichkeiten zur sportlichen Betätigung.

Heimatmuseum / Magazinplatz
Ehemaliges Salzlager, heute unter Denkmalsschutz stehend, bieten Ausstellungen:
- Stadtgeschichte - von der Gründung bis zur Gegenwart
- Sonderausstellungen

Naturschutzstation - Hainholz
Vogelkundliche Ausstellung

Pfarrkirche St. Nikolaus
Ist dem Schutzheiligen der deutschen Kaufleute geweiht;
eine spätgotische Backstein-Hallenkirche von 1256 bis 1451
(Quelle: Stadtverwaltung)

Verkehrsanbindungen

Pritzwalk liegt unweit der Autobahn nach Berlin, Hamburg und Schwerin.
Den Anschluß an das Bundesstraßennetz bilden die durch die Stadt führenden Bundesstraßen B 103, 107, 189 und die B 321.

Museen, Galerien, Theater
Heimatmuseum,
Magazinplatz,
Tel. 24 78

Bibliotheken
Bibliothek, Am Kietz 64,
Tel. 22 44

Banken und Sparkassen
Deutsche Bank AG,
Jahnstr. 7, Tel. 24 08

Kreissparkasse,
Marktstr. 47, Tel. 23 81

Raiffeisenbank
Pritzwalk e. G.,
Lindenstr. 26, Tel. 23 77/8

Volksbank e. G.,
Hagenstr. 11

Ämter/ Beratungsstellen
Stadtverwaltung
Marktstr. 46,
Tel. 60 21

Krankenhäuser/ Apotheken
Krankenhaus,
Perleberger Str. 2,
Tel. 60 71

DRK Rettungsdienst
Tel 22 22

Hirsch-Apotheke,
Perleberger Tor,
Tel. 23 12

Apotheke,
Marktstr. 19, Tel. 24 12

Bäder, Sport- und Freizeiteinrichtungen
Hainholzschwimmbad,
Tel. 26 95

Hainholzstadion,
Tel. 24 21
Sportzentrum
Freyensteiner Chaussee,
Tel. 50

Fremdenverkehrseinrichtungen
Prignitzer Fremdenverkehrsverein e. V.,
Havelbergstr. 48,
Tel. 26 71

Hotels/Pensionen
Zimmervermittlung:
Stadtverwaltung,
Marktstr. 46,
Tel. 60 21

- Waldhotel „Forsthaus Hainholz“,
Hainholz Nr. 2,
Tel. 27 95

- Hotel „Birkenwäldchen“,
Havelberger Str. 48,
Tel. 26 71

Straßenverzeichnis der Stadt Pritzwalk

Am Bahnhof	F4
Am Ring	D1-E1
Am Stadion	F1-G2
Am Wasserturm	E5-F5
Amselweg	B4
An der Promenade	E3
Aufbaustr.	C3-C4
August-Bartels-Weg	D6-E6
Bahnhofstr.	E4-F4
BVeethovenstr.	F4
Bergstr.	F3-G3 B3
Berta-Suttner-Weg	B3
Birkenweg	A3-B3
Bürgerplatz	D3
Burgstr.	D3-E4
Burgwall	D3-D4
Dörtelstr.	E4
Elsässer Str.	A2-A3
Erich-Mühsam-Weg	C1-D1
Erlenweg	A3
Franz-Liszt-Str.	F4
Freyensteiner Chaussee	G3-H3
Gartenstr.	D3-F3
Giesendorfer Weg	C4-D4
Goetheweg	E5-F5
Grünstr.	D3-E3
Hagenstr.	E4-E5
Hainholzweg	E3-F1
Havelberger Str.	D3-D6
Heinrich-Heine-Weg	B2-B3
Hermann-Holz-Str.	H4-H5
Hermann-Lutz-Str.	B4-C4
Holzhof	C2-D2
Jahnstr.	E4-F4
J.-S.-Bach-Str.	F4
Kaqstanienweg	B3
Kiefernweg	A3-B3
Kietz	D2-D3
Kirchstr.	D3
Kyritzer Str.	D5-F5
Lerchenweg	B4-C4
Lindengang	F3-F4
Lindenstr.	F3-F4
Lindenweg	B3
Lothringer Str.	B2
Magazinplatz	E3
Marktplatz	D3-E4
Markt	D3-E3
Maxim-Gorki-Weg	E5-F5
Metzer Str.	A3-C3
Meyenburger Chaussee	D1-E1
Meyenburger Str.	E3
Meyenburger Tor	E2
Mittelstr.	E4
Mozartweg	F4-G3
Nordstr.	D2-E2
Pappelweg	A3-B3
Parkstr.	D3-E4
Perleberger Str.	B3-D3
Perleberger Tor	D3
Platz d. Friedens	F4
Postplatz	E4
Poststr.	E3-E4
Preddöhler Weg	D1
Putlitzer Str.	C3-D3
Rathenaustr.	Dd5-E5
Reepergang	D4-E4
Roßstr.	D4-E4
Saarstr.	C2-D2
Schillerstr.	D2-E2
Schlachthausstr.	C1-C3
Schönhagener Str.	B2-C3
Straßburger Str.	A2-C2
Stresemannstr.	E5
Th.-Müntzer-Str.	D4-E4
Wallstr.	E3-E4
Wittstocker Chaussee	G3-H4
Zum Holzhof	C1-C2
Zur Hainholzmühle	F3-G2

- Hotel und Restaurant „Pritzwalker Hof“,
Havelberger Str. 38,
Tel. 20 03

- Hotel „Falkenhagen“,
Rapshagener Str.,
16928 Falkenhagen,
03 3986 / 82 125

- Hotel „Priegnitzer Hof“,
16928 Buchholz,
Tel. 03395 / 23 91

- Hotel „Germania“,
Wilhelmsplatz 3,
16945 Meyenburg,
Tel. 033968 / 398

- Farmhotel Neudorf
16928 Neudorf,
Tel. 03395 / 60 56

- Motel,
Putlitzer Str. 24,
Tel. 23 37

- Pension „Hänsel & Gretel“,
Lange Straße 12,
16928 Schönebeck
Tel. 0161 / 219 491

- Pension
Groß Langerwisch,
16928 Groß Langerwisch,
Tel. 03395 / 25 91

-„Putlitzer Hof“,
Ernst-Thälmann-Str. 13,
16945 Putlitz,
Tel. 033981 / 288

- „Liebners Gasthof“,
Steindamm 24,
16928 Groß Pankow,
Tel. 033983 / 280

- Gaststätte „Linden Gasthof“,
Chausseestr. 4,
16928 Groß-Pankow,
Tel. 033983 / 216

- „Gemütliches Eck“,
Havelberger Str. 82,
Tel. 28 36

- „Waldblick“,
Buchholzer Weg 3,
16928 Sarnow

- „Lindenkrug“,
Dorfstr. 21,
16928 Steffenshagen,
Tel. 03395 / 20 11

- „Zum Dorfkrug“,
Dorfstr. 9,
16928 Kemnitz

SCHWEDT

Aus der Stadtgeschichte

Am nördlichsten Rand der Mark Brandenburg liegt die Stadt Schwedt/Oder. Schon in pommerscher Zeit entwickelte sich Schwedt aus einem Burgflecken zur Stadt. Im Jahre 1265 wurde Sewet erstmals in einer Urkunde des Herzogs Barnim I. als Civitas (Stadt) erwähnt. Die mittelalterliche Stadt, deren Blüte in der Zeit zwischen 1481 und 1609 lag, lebte vom Handel, begünstigt durch die Lage an der Oder bzw. zu zwei wichtigen europäischen Handelsstraßen. Sogar einen Roland, als Wahrzeichen ihrer Markt- und Stadtrechte, besaß die Stadt.

Das mittelalterliche Stadtbild wurde durch den 30jährigen Krieg fast vollständig ausgelöscht. Der ständige Wechsel der Besitzrechte tat ein übriges. Erst vom Jahre 1670 an, mit der Übernahme in den Besitz des hohenzollerischen Hauses durch Kurfürstin Dorothea, gewann die Stadt ein neues Antlitz. Nach Plänen der Niederländer Michael Mattysch Smids und Cornelis R yckwaert entstand eine barocke Stadtanlage, die ebenbürtig neben solchen von Ludwigslust, Mannheim und Oranienbaum stand und bis 1945 nahezu unverändert erhalten blieb.
Das Schwedter Schloß, erbaut zwischen 1670 und 1686, bildete das Zentrum der Stadt, dem alles andere untergeordnet war. Die Schloßfreiheit führte bis zum Lustschlößchen „Monplaisir", beiderseitig flankiert von gestutzten Lindenbäumen. Die heutige Lindenallee läßt diese großzügige Anlage noch erahnen.

Wirtschaftlichen Aufschwung erfuhr die Stadt mit der Ansiedlung französischer Hugenotten ab dem Jahre 1985. Sie machten Schwedt zu einem Zentrum der Tabakerzeugung und -vermarktung sowie des Tabakhandels.
1945 wurde das Städtchen Schwedt abermals fast vollständig zerstört. Erst mit der Ansiedlung von Industrie ab dem Jahre 1958 - der Petrolchemie und der Papierindustrie - wuchs hier im Odertal eine Stadt heran, die heute 50.000 Einwohner zählt.

Die alte Linde vor der Kirche in Schwedt

Sie ist vor einigen hundert Jahren von der Tochter des Pfarrers von Schwedt gepflanzt worden. Diese wollte in den Ehestand treten, aber böse Zungen sagten ihr nach, sie habe schon Verkehr gehabt und trage die Brautkrone mit Unrecht. Da beteuerte die Bedrängte ihre Unschuld. Vor dem Altar beschwor sie, daß sie eine reine Jungfrau sei. Zum Zeichen dessen, daß sie die Wahrheit sagt, pflanzte sie vor der Kirche einen Lindenzweig und sagte: „So wahr, wie aus diesem Zweig ein stattlicher Baum sich entwickeln wird, so wahr ist meine Unschuld." Und sie selbst mit vielen Kindern, Enkeln und Urenkeln erfreute sich noch lange Zeit am Grünen und Blühen dieser Linde.

Der Spuk bei der Gedächtnishalle

Die Alten sagen, daß man in der Neujahrsnacht zu der alten Französischen Kirche, der jetzigen Gedächtnishalle in Schwedt, gehen soll. In einem Sack, welcher mit neunundneunzig Knoten zugebunden sein muß, sperre man einen lebendigen Kater ein. Nun klopfe man dreimal an die Tür der Halle und laufe zwischen jedem Klopfen einmal um die Kirche. Alles muß ohne ein Wort geschehen. Nach dem dritten Klopfen tut sich die Tür auf, und der Teufel (oder ein Geist) erscheint. Er fragt, auf den Sack weisend: „Was hast du da? Einen Hasen? Überlaß ihn mir, ich gebe dir einen Taler für ihn!" Nun gibt der Teufel den Taler und empfängt dafür den Sack. Jetzt gilt es, schnell mit dem Geldstück in eine offene

STADT

SCHWEDT/ODER

SCHWEDT

PLZ 16303
Vorwahl 03332

Kfz.-Kennz.: SDT

Einwohner Stadt:
50.000

Fläche Stadtgebiet:
76 qkm

Vierradener Straße

Haustür zu laufen, denn der Teufel hat die neunundneunzig Knoten bald gelöst.
Da springt ihm ein schwarzer Kater ins Gesicht.
Wütend über den Betrug, verfolgt der Teufel den listigen Händler. Ereilt er ihn vor der Haustür, so dreht er ihm das Genick um.
Gelingt aber die Flucht, so hat man einen Hecktaler.
Eine etwas andere Form der Sage lautet:
In der Johannisnacht lege man ein Geldstück vor die Tür der Gedächtnishalle und laufe dreimal um die Kirche.
Dann ist das Geldstück verschwunden. Kommt man nach Hause, so findet man auf dem Tische einen Hecktaler.
(Quelle: Stadtverwaltung)

Wirtschaftsstruktur

Schwedt ist die Stadt der Chemie- und der Papierindustrie im Land Brandenburg und den Neubundesländern. In Schwedt sind Baubetriebe mit ca. 1600 Beschäftigten ansässig. Die

Großindustrie investiert in den nächsten Jahren ca. 2,5 Milliarden Mark am Standort Schwedt. Diese angekündigten Investitionen bedeuten eine immense Belebung des Wirtschaftsstandortes Schwedt. In diesem Zusammenhang wird auf eine weitere Belebung des Mittelstandes gesetzt und für Neuansiedlungen geworben. Gesucht werden Anschlußbranchen und solche mittelständischen Firmen, deren Logistik entsprechend Schwedt die Brücke zum Osten sein kann. Großes Interesse besteht an innovativen Leistungen, die sich dem neuen Markt zuwenden.

Auch Dienstleistungen haben ihren Platz. In diesem Sinne werden Schwerpunkte der regionalen Entwicklung zum Beispiel in Schwedt darin gesehen, - Anschlußbranchen an die Kraftstoff- und Papierindustrie zu finden, - wissensbasierte Produktion auszubauen bzw. neu anzusiedeln, - montageintensiven Gewerke- und Gerätebau zu entwickeln (besonders auch im Hinblick auf Frauenarbeitsplätze), - das Spektrum der Dienstleistungen zu erweitern. Eingeschlossen in dieses Konzept sind spezielle Zielstellungen zur Entwicklung der Verpackungsindustrie, zur Ansiedlung von High-Tech-Betrieben u. a. auf dem Gebiet der Elektronik; dabei sind auch Anforderungen der chemischen Industrie zu beachten.

Weitere spezifische Zielstellungen werden in neuen bzw. erweiterten Strukturen des Maschinenbaues, der Metallverarbeitung und der Automobilzulieferindustrie gesehen.
(Quelle: Stadtverwaltung)

Sehenswürdigkeiten Ausflugsziele

Vor den Toren der Stadt erstreckt sich, soweit das Auge reicht, ein großes Polderfeuchtgebiet. Im Frühjahr 1992 wurde dieses Areal zum Vorbehaltsgebiet für den grenzüberschreitenden deutsch-polnischen Europa-Nationalpark „Unteres Odertal“ erklärt. Durch Flutungspolder entstand auf der deutschen Seite des Nationalparks eine Kulturlandschaft mit einem weitverzweigten Gewässernetz und blumenreichen Wiesenniederungen.

Im polnischen Teil befindet sich das größte noch intakte Überflutungsmoor und eine urwüchsige Vegetation, wie sie in keinem Flußmündungsarm Zentraleuropas mehr zu finden ist. Im Gebiet des deutsch-polnischen Nationalparks konnten weit über 500 Pflanzen- und 226 Vogelarten nachgewiesen werden, darunter so seltengewordene Arten wie Seeadler, Schwarzstorch, Sumpfohreule und verschiedene Schnepfenarten sowie kaum noch anzutreffende Pflanzen wie Sandnelke, Küchenschelle und Kreuzenzian.

Der Nationalpark wird die Natur um ihrer selbst willen schützen, erholungs- und bildungssuchenden Menschen zur Verfügung stehen und nicht zuletzt die in der Vergangenheit vernachlässigte Wirtschaft der Grenzregion beleben. Besonders im Frühjahr und Herbst lohnt es sich, zwischen dicht umwachsenen Teichen, Seen und Gräben in den Wiesen spazieren zu gehen. Naturfreunde kommen bestimmt auf ihre Kosten!

Weitere Ausflugsziele:

Kloster Chorin - Schiffshebewerk Niederfinow - Stolper Turm, größter und stärkster Burgfried Deutschlands mit 28 m Durchmesser und 6 m Mauerstärke. Hauptturm einer Mittelalterlichen Burg, relativ gut erhalten. - Motorschiffahrten und Wasserwanderungen auf der Hohensaaten-Friedrichsthaler Wasserstraße und der Oder.

Der Berlischky-Pavillon, erbaut wurde er 1776 - 1779 von Wilhelm Berlischky, Landbaumeister, mit ellyptischem Grundriß, kupfernem Kuppeldach, aufgesetzter Dachlaterne mit Turmuhr und vergoldeter Bekrönung. Von 1785 - 1908 wurde er als Gebetshaus der Refugies und Grabkapelle der markgräflichen Familie genutzt. Nach Instandsetzung 1925 diente das Gebäude als Gedächtnishalle für die Gefallenen des I. Weltkrieges. Nach dem II. Weltkrieg erfolgte eine notdürftige Renovierung und Nutzung als Kirche der französisch-reformierten Gemeinde. Seit 1984, nach einer mehrjährigen grundlegenden Erneuerung, trägt das Bauwerk die Bezeichnung „Berlischky-Pavillon“ und dient als Haus der Uckermärkischen Bühnen kulturellen Aufgaben (Kammermusik, musikalisch-literarische Veranstaltungen, Chanson- und Liederabende, Podiumskonzerte).

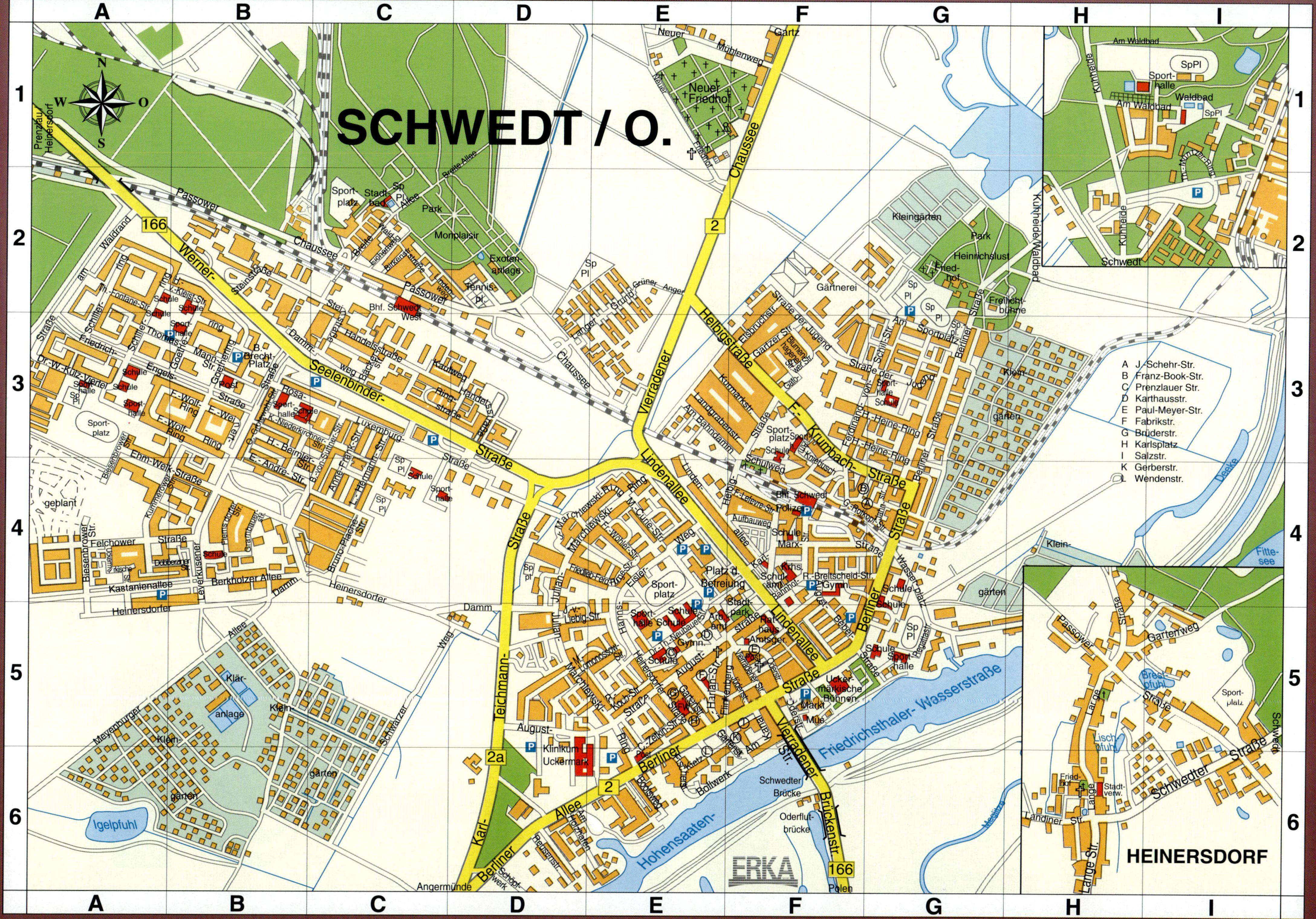

SCHWEDT / O.
HEINERSDORF
A J.-Schehr-Str.
B Franz-Book-Str.
C Prenzlauer Str.
D Karthausstr.
E Paul-Meyer-Str.
F Fabrikstr.
G Brüderstr.
H Karlsplatz
I Salzstr.
K Gerberstr.
L Wendenstr.
Seelenbinder-Straße
Werner-
Lindenallee
Vierradener Chaussee
Heinersdorfer
Helbigstraße
Krumbach-Straße
Teichmann-Straße
Karl-
Berliner Allee
Berliner Straße
Vierradener Str.
Brückenstr.
Hohensaaten-Friedrichsthaler-Wasserstraße
Schwedter Brücke
Oderflutbrücke
Kleingärten
Park
Heinrichslust
Monplaisir
Exotenanlage
Neuer Friedhof
Klinikum Uckermark
Bhf. Schwedt West
Bhf. Schwedt
Igelpfuhl
Kläranlage
Kuhheide/Waldbad
Sportplatz
Sporthalle
Gärtnerei
Gartz
Angermünde
Polen
Prenzlau Heinersdorf
Passower
Chaussee
Platz d. Befreiung
Stadtpark
Rathaus
Amtsger.
Uckermärkische Bühnen
Markt
Mus.
Heinersdorfer Damm
Kastanienallee
Berkholzer Allee
Am Waldbad
Waldbad
Schwedter Straße
Gartenweg
Passower Straße
Lange Str.
Landiner Str.
2
2a
166
ERKA

"Uckermärkische Bühnen"

Theodor Hahns Seifenfabrik

Das Haus wurde 1893 im fränkischen Fachwerkstil fertiggestellt.
Der Besitzer, Theodor Hahn, betrieb hier eine weit über Schwedter Grenzen hinaus bekannte Seifenherstellung und -auslieferung. Ein Relief mit einem großen Hahn am Gebäude zeugt heute noch von der emsig betriebenen Werbung.
1912 ging der Besitz an die märkische Reisstärkefabrik GmbH, die bis 1922 einen Betrieb unterhielt. Danach wurde in den Fabrikräumen eine Getreidemühle eingerichtet. Heute hat die Sparkasse hier ihren Sitz.

Katholische Kirche

Wir betrachten nun die Katholische Kirche, errichtet im neugotischen Stil. Baubeginn war 1895, im Mai 1898 wurde die Kirche geweiht. Der Entwurf stammt vom Königlichen Landbauinspektor Max Hasak, dem Erbauer des Pergamonmuseums.
Der spitze Turm und das hohe Dach (grauer Moselschiefer), die Verwendung von dunkelrotem, kleinformatigem Ziegelstein geben dem Bauwerk den Anblick von Leichtigkeit und Zierlichkeit.
Zum wertvollsten Inventar gehören ein hölzernes Kruzifix (Ende des 15. Jahrhunderts) und die Holzplastik der Heiligen Anna Selbdritt aus dem gleichen Zeitraum.
Seit 1971 hat die Kirche eine äußerst moderne Innenausstattung (Altar, Tabernakel und Taufstein von Friedrich Press, Bildhauer aus Dresden).

Ermelerspeicher

Er entstand um die Mitte des 19. Jahrhunderts als Speicher des Berliner Tabakgroßhändlers Wilhelm Ferdinand Ermeler (1784-1866). Ermeler war auch als Kunstmäzen wirksam. 1987 erfolgte die Rekonstruktion für die Verwendung als Galerie und Buchhandlung.
Seit 1990/91 stehen vor dem Haus die Kleist-Steine von Axel Schulz.
Die sechs Reliefs aus Reinhardsdorfer Sandstein zeigen Szenen aus Stücken von Kleist, u. a. aus dem „Zerbrochenen Krug". Heute beherbergt der Speicher eine Buchhandlung und die Kunstgalerie.

Jüdisches Ritualbad

Schwedt gehörte vor allem im 18. und 19. Jahrhundert zu den Orten mit einem relativ hohen jüdischen Bevölkerungsanteil. Seit 1789 diente ein Privathaus in der Jüdenstraße der jüdischen Gemeinde für religiöse Zusammenkünfte. 1862 konnte außerhalb der Stadtmauer neben dem Berliner Tor eine Synagoge eingeweiht werden, die in der „Kristallnacht", am 9. November 1938, verwüstet wurde. Als einziges Bauwerk blieb in dem jüdischen Kultbereich die Kuppel des Ritualbades erhalten.

Nur die Kuppel des etwa 4 m im Durchmesser betragenden Schachtes ist oberirdisch. Der Zugang erfolgt unterirdisch von einem Nebengebäude an der Stadtmauer.

Straßenverzeichnis der Stadt Schwedt

Am Bahndamm	E3 - F3
Am Graben	H6
Am Holzhafen	D6 - E6
Am Kanal	F5 - F6
Am Kniebusch	F3 - F4
Am Sportplatz (A.-Bartel-Str.)	G3
Am Waldbad	H1 - I1
Anne-Frank-Str. (H.-Rau-Str.)	C3 - C4
Aufbauweg	F4
August-Bebel-Str.	F4 - G5
Augustr.	KD5 - F5
Bäckerstr.	C3
Bahnhofstr.	F4
Berkholzer Allee	B4
Berliner Allee	D6 - E6
Berliner Str.	E6 - G2
Berta-von-Suttner-Str. (Dr.-O.-Nuschke-Str.)	B3 - B4
Bertolt-Brecht-Platz	B3
Biesenbrower Str.	A4/A3 - A4
Birkenstr.	C2
Blumhagener Str.	F3
Bollwerk	E6 - F6
Bootsweg	E6
Breite Allee	C3 - D1
Brückenstr.	F6
Brüderstr.	E5
Bruno-Plache-Str.	C4
Clara-Zetkin-Str.	E5 - E6
Dammweg	B3 - C3
Dobberziner Str.	A4 - B4
Dr. Theodor-Neubauer-Str.	E5
Dr.-Wilhelm-Külz-Viertel	A3
Edgar-André-Str.	B3 - B4
Ehm-Welk-Str.	A3 - B4
Eichenweg	C2
Elsbruchstr.	F2 - F3
Erich-Weinert-Ring	B3
Fabrikstr.	E5
Felchower Str.	A4 - B4
Ferdinand-von-Schill-Str. (Straße der DSF)	F3 - G3
Finkenberg	E5 - F5
Fischerstr.	E6
Flemsdorfer Str.	B4
Franz-Lefevre-Str.	F4
Franzu-Book-Str.	F4 - G4
Friedlieb-Ferdinand-Runge-Str.	D4 - E4
Friedrich-Engels-Str.	A3 - B3
Friedrich-Wöhler-Str.	E4
Friedrich-Wolf-Ring	A3 - B3
Fritz-Krumbach-Str.	F3 - G4
Gartenstr.	E5 - F6
Gartenweg	H5 - I5
Gartzer Str.	F3
Gatower Str.	F3
Gerberstr.	F5
Goethering	B3
Grambauerstr.	B4
Grüner Anger	E2
Gustav-Rotkopf-Str.	F4 - G4
Handelsstr.	C3 - D3
Hanns-Eisler-Weg	E4 - E5
Hans-Beimler-Str.	B3 - C4
Heinersdorfer Damm	A5 - D5
Heinersdorfer Str.	E5
Heinrich-Heine-Ring	F3 - G3
Heinrich-von-Kleist-Str.	A2 - b2
Helbigstr.	E2 - E4
Jahnstr.	G4
John-Schehr-Str.	F4 - G4
Jüdenstr.	F5
Julian-Marchlewski-Ring	E4 - E6
Justus-von-Liebig-Str.	D5 - E5
K.-Niederkirchner-Str.	B3 - C3
Karl-Marx-Str.	F4 - G4
Karl-Teichmann-Str.	D4 - D6
Karlsplatz	E5
Karthausstr.	E5
Kastanienallee	A4 - B4
Kaufweg	C3 - D3
Kietz	E6
Kuhheide	H1 - H2
Kummerower Str.	A4
Kurmarkstr.	E3 - F3
Landgrabenstr.	E3 - F3
Landiner Str.	H6
Lange Str.	H4 - H6
Langer Grund	D3 - E2
Leverkusener Str. (O.-Grotewohl-Str.)	B3 - B4
Lilo-Herrmann-Str.	C3 - C4
Lindenallee (Leninallee)	E3 - F5
Louis-Harlan-Str.	E5
Marie-Curie-Str.	E4
Markt	F5
Meyenburger Allee	A6-B5
Michael-Lomonossow-Str.	D5 - E5
Neuer Friedhof	E1 - E2
Neuer Mühlenweg	E1 - F1
Oderstr.	F5
Passower Chaussee	A2 - E3
Passower Str.	H5 - I6
Paul-Meyer-Str.	F5
Platz der Befreiung	E4
Prenzlauer Str.	E5
Regattastr.	G5
Reusenstr.	D6
Ringstr.	C3 - D3
Robert-Koch-Str.	E5
Rosa-Luxenburg-Str. (W.-Pieck-Str.)	B3 - D4
Rudolf-Breitscheid-Str.	F4 - G4
Salzstr.	F5
Schillerring	A2 - A3
Schöpfwerk	D6
Schulweg	F3 - F4
Schwarzer Weg	C6 - D5
Schwedter Str.	H6 - I5
Steinstr.	B2 - C3
Straße am Waldrand	A2 - A3
Straße der Jugend	F2 - G3
Theodor-Fontane-Str.	A2
Thomas-Mann-Str.	A3- B3
Thomas-Müntzer-Ring	I1 - I2
Uckermärkische Str.	A4
Vierradener Chaussee	E3 - F1
Vierradener Str.	F5 - F6
Waldstr.	C2
Wasserplatz	G4 - G5
Wendenstr.	E6
Werner-Seelenbinder-Str.	A2 - D4

Zur Beleuchtung der Badenische diente eine Öffnung in der von einer Laterne bekrönten Kuppel. Der Kuppelbau ist in Mauerwerk ausgeführt und wurde 1878 fertiggestellt.

Kirche St. Marien

Tabakscheune

Am Karlsplatz finden wir auch die letzte erhaltene Tabakscheune. Für das einstige Stadtbild von Schwedt waren Tabakscheunen typisch. Vor der Rekonstruktion und Neubebauung des Stadtkerns wurden noch 78 Tabakscheunen, 65 Speicher und 74 Schuppen gezählt.

Stadtmuseum Schwedt/Oder

Das Haus bietet Ausstellungsbereiche von der Ur- und Frühgeschichte bis zur Herausbildung der Stadt Schwedt.

Berlischky-Pavillon

Zu sehen ist Interessantes über die Markgrafschaft Schwedt, den Tabakanbau und die Tabakverarbeitung, über Stadtgeschichte und Volkskunde.

Ehemaliges Sanatorium

Im Jahre 1894 wurde dieser Fachwerkbau mit Backstein im „Heimatstil" als Sanatorium erbaut. Später wohnten hier Schwedter Familien, bis die Musikschule J.A.P. Schulz für einige Jahre das Haus mit Leben füllte.

Katharinenkirche

Um 1300 entstanden, in der wechselvollen Geschichte der Stadt oft zerstört und immer wieder aufgebaut. Nach dem verheerenden Brand 1887 wurden rings um das mittelalterliche Bauwerk neugotische Anbauten angefügt, desgleichen ein neugotisches Chorpolygon sowie vor der Westfront ein aufwendiger neugotischer Turm. Während des I. Weltkrieges wurden 1917 die drei großen Kirchenglocken eingeschmolzen und 1921 dafür drei Stahlglocken (d,f,gis) angekauft. Diese gelten heute als technisch-künstlerisches Denkmal. Als ältestes Stück gilt der silberne Kelch, vergoldet und aus der zweiten Hälfte des 15. Jahrhunderts stammend. In den letzten Kriegswochen 1945 brannte die Kirche bis auf die Umfassungsmauern aus, die reiche Innenausstattung war vernichtet. Bei den Kriegshandlungen 1945 stürzten die Glocken in die Tiefe, blieben aber unversehrt. Wenige erhaltene Sachzeugen sind u. a. der gußeiserne Taufstein in der Kapelle mit vier vollplastisch ausgeführten Figuren und ein alter Schrank mit Schnitzwerk und Eisenbeschlägen.

Park Heinrichslust

Der Park wurde vom letzten Schwedter Markgrafen Friedrich Heinrich (1771-1788) angelegt und nach ihm benannt. Vor dem Park erinnert ein 1931 aufgestelltes Denkmal an den schwedischen König Gustav Adolf, der hier im 30jährigen Krieg ein Feldlager eingerichtet hatte. In dem Park befand sich einst das Schützenhaus mit der Schießbahn der Schützengilde.

Jüdischer Friedhof

Hier wird an die jüdischen Bürger erinnert, die in Schwedt gelebt und gearbeitet haben. Die fast unversehrt erhaltene Friedhofsanlage stellt eine Besonderheit dar. Die 121 Grabsteine, Grabdenkmäler und -tafeln sind wertvolles historisches, kultur- und stadtgeschichtliches Quellenmaterial. Sie vermitteln einen Eindruck von der Gestaltung jüdischer Begräbnisstätten mit Grabsteinen aus der Zeit vom Anfang des 19. Jahrhunderts bis hin zur leidvollen Geschichte der jüdischen Gemeinde während des Faschismus.

Dem Besucher des Friedhofs fällt sofort die hebräische Schrift auf. In der Regel ist sie auf der Vorder- oder Schauseite des Grabmals angebracht, während die deutsche Inschrift auf der flachen, nicht dekorierten Rückseite zu finden ist. Steine nur mit hebräischer oder nur mit deutscher Inschrift sind selten.
Auf diesem Friedhof finden wir auch ein gemeinsames Grabdenkmal mit Gedenktafeln für Gefallene des I. Weltkrieges.
(Quelle: Stadtverwaltung)

Verkehrsanbindungen

Binnenwasserstraßen
Schwedt liegt an der Hohensaaten-Friedrichsthaler-Wasserstraße und hat im Stadtbereich mehrere Verladebollwerke. Diese Wasserstraße hat zwei Verbindungen zur Ostsee, zum einen die direkte schleusenfreie Verbindung über die Westoder und zum anderen über die Schwedter Schleuse in die Stromoder oder Ostsee bei Stettin. Die Stromoder ist der Grenzfluß zwischen der Bundesrepublik und der Republik Polen. Schwedt hat weiterhin Schiffahrtsverbindungen nach Frankfurt/Oder und in das schlesische Industriegebiet. Über Schleusen und zwei Schiffshebewerke (Niederfinow und Rothensee) können das Elbe- und das Rheingebiet erreicht werden.

Eisenbahn
Schwedt/Oder hat zwei Gleisanschlüsse der Deutschen Reichsbahn. Ein Gleisanschluß für Personen- und Güterverkehr führt von Angermünde nach Schwedt. Angermünde ist ein Knotenpunkt an der Hauptstrecke Berlin-Stralsund. Ein zweiter, teilelektrifizierter Gütergleisanschluß zweigt von der Hauptstrecke Berlin-Stettin, nördlich von Angermünde, im Bahnhof Passow zur PCK AG ab. Beide Anschlußstrecken werden im Hauptbahnhof Schwedt vereint. Die Stadt Schwedt verfügt über einen zentralen Umschlagplatz für über Gleis und Straße angelieferte Produkte, auch für einen Güterumschlag der SPK GmbH Schwedt.

Straßen
Schwedt liegt östlich der Bundesautobahn A 11 Berlin-Stettin. Zwischen Schwedt und der Autobahn bestehen zwei Bundesstraßenverbindungen. Die Ent-

fernungen zwischen Schwedt und den Anschlußstellen Joachimsthal (B 198/B 2) und Prenzlau betragen jeweils 38 km. Über die Oderbrücke Schwedt erreicht man nach 3 km in östlicher Richtung die Grenze zur Republik Polen. Sie ist ein wesentliches Bindeglied für ein vereintes Europa. Der ÖPNV der Stadt Schwedt wird im Verkehrsverbund mit dem Kreis Angermünde durch Omnibusse realisiert. Umliegende Ortschaften und Stadtgebiete von Angermünde und Schwedt wie auch die Großbetriebe PCK AG und SPK GmbH werden durch günstige Linienführungen erreicht. (Quelle: Stadtverwaltung)

Museen, Galerien, Theater
Uckermärkische Bühnen Schwedt (UBS)
Berliner Straße 46-48
Tel. 2 10 31
Spielstätten:
Großer Saal,
intimes theater,
Park-Cafe,
Berlischky-Pavillon;
Stadtmuseum
Markt 4, Tel. 2 34 60;
Galerie im Ermelerspeicher
Lindenallee 36
Tel. 2 32 45;
Musik- und Kunstschule „J.A.P. Schulz
Karl-Marx-Straße 30
Tel. 2 21 86;
Klub „Bertolt Brecht“
Berliner Straße 117
Tel. 51 07 52;
Kulturhaus „Neue Zeit“
Berliner Straße 117
Tel. 25 10 66;
Theater „Stolperdraht“
Berliner Straße 52
Tel. 51 59 88 / 51 54 34

Bibliotheken
Erwachsenenbibliothek
Lomonossowstraße 23 a
Tel. 2 32 49;
Zweigbibliothek
Friedrich-Engels-Straße 11
Tel. 3 10 07;
Kinderbibliothek
Dr.-Th.-Neubauer-Str. 4
Tel. 2 23 79;
Zweigbibliothek;
Schillerring 3, Tel. 3 17 63
E.-Welk-Str. 67,
Tel. 3 10 76

Banken und Sparkassen
Stadtsparkasse
Vierradener Straße 44
Tel. 2 10 75
Kreditbank AG,
Filiale Schwedt
Bahnhofstraße 1

Tel. 2 10 71
Commerzbank
Vierradener Straße 37-39
Tel. 51 65 40;
Raiffeisenbank Uckermark e. G.,
Berliner Straße 26
Tel. 2 20 86;
Dresdner Bank
Platz der Befreiung
Tel. 2 32 01

Ämter / Beratungsstellen
Stadtverwaltung
Lindenallee 25-29,
Tel. 2 90

Krankenhäuser u. Apotheken
Klinikum Uckermark
Auguststraße 23-25
Tel. 530
Ambulantes Gesundheitszentrum
Passower Chaussee
Tel. 46 30 13,
Klinik für Geniatrie
Bahnhofstraße 11
Tel. 2 10 11;

Bäder, Sport- u. Freizeiteinrichtungen
Stadtbad,
Breite Allee 11
Tel. 46 39 33
(Schwimmbad, Sauna);
FEZ Waldbad
Am Waldbad 28
Tel. 25 10 38
(Schwimmbad, Sauna, Solarium, Wanderstützpunkt);
Jugendclub „Ausspanne“
Flemsdorfer Straße 12
Tel. 3 30 29;
Jugendclub „Karthaus“
Karthausstraße 5
Tel. 2 22 66;
Freizeittreff HIT
Berliner Str. 56,
Tel. 2 20 56;
Freizeittreff Heinrichslust
Berliner Str. 143
Tel. 25 11 10

Femdenverkehrs-einrichtungen
Schwedt-Information
Platz der Befreiung 6
Tel. 2 34 56;
Fremdenverkehrsverein Schwedt e. B.
Vierradener Straße 29
Tel. 2 32 33

Hotels / Pensionen
Zentrale Zimmerbörse
Vierradener Straße 29
Tel. 2 32 33;
Bürohotel
Platz der Befreiung 6
Tel. 2 10 81;
Zimmerservice
Ringstraße 18,
Tel. 3 22 54;
Wohn.-Grundstücksgesell. mbH „Uckermark“
Thomas-Mann-Straße 1-3
Tel. 3 22 44/45, 3 11 57

RATHENOW

Kreisverwaltung Rathenow Foto: Stadtverwaltung

Aus der Stadtgeschichte

Der aus dem Jahre 1157 stammende Burgwall an der heutigen Eisenbahnbrücke (jetzt Steckelsdorfer Gemarkung) ist der eigentliche Ursprung von Rathenow.
1216 erste urkundliche Erwähnung Rathenows. Um 1220 entsteht der Vorgängerbau der heutigen St.-Marien-Andreas-Kirche.
1288 erhält der Ort die Gerichtsbarkeit und 1295 das Stadtrecht durch Otto IV., Markgraf von Brandenburg.
1517-1518 erfolgt der gotische Umbau der Kirche; um 1540 zählt Rathenow etwa 2500 Einwohner.
1564 Bau des Rathauses (1945 zerstört).
1636 Bau einer Walk- und 1646 einer Schneidemühle.
1648, nach dem 30jährigen Krieg, leben noch 40 Bürger in Rathenow.
1675 Das Heer des Großen Kurfürsten befreit die Stadt von den Schweden.
1733 wird Rathenow Garnisonsstadt. Dadurch macht sich eine Stadterweiterung notwendig. Zwischen 1733 und 1738 entsteht so die Neustadt. Um 1740 Bau einer Zollmauer um die Neustadt mit dem Berliner und Brandenburger Tor. Zu dieser Zeit hatte Rathenow etwa 3820 Einwohner. Es gibt 22 Braustellen, in denen 9375 Liter Bier unter dem Namen „Ehrenpreis" gebraut werden.
1765-1767 entsteht die Webersiedlung (heutige Neufriedrichsdorfer Str.).
1801 Der Prediger J.H.A. Duncker erhält das Privileg zum Bau einer optischen Industrieanstalt.
1815 wird Rathenow Kreisstadt.
1815 In Rathenow leben - einschließlich des Militärs - etwa 4000 Menschen. Es erscheint die erste Rathenower Zeitung unter dem Titel „Rathonowisches gemeinnütziges Wochenblatt für alle Stände".

RATHENOW

PLZ 14712
Vorwahl 03385

Kfz.-Kennz.: RN

Einwohner Stadt:
29.109

Fläche Stadtgebiet:
45,7 qkm

1825-1828 wird der Kirchturm erneuert.
1830 Gründung der Schützengilde.
1836 findet das 1. Märkische Musikfest statt. Das Erbe wird durch den „Wolffschen Männergesangs-Verein" fortgesetzt.
1843 stirbt Johann Heinrich August Duncker, der Begründer der optischen Industrie in Rathenow.
1848-1856 Bau der ersten von Rathenow ausgehenden Chaussee über Bamme nach Brandenburg.
1851 ziehen die Zietenhusaren in Rathenow ein.
1854 wird die Schule am Schulplatz (heute Schule „Am Weinberg") gebaut.
1856 erfolgt der Abriß des Ratsturmes.
1898-1900 Bau der kreiseigenen Kleinbahn Rathenow-Senske-Nauen („Stille Pauline", 1945 Abbau zu Reparationszwecken für die SU - heutige GUS).
Ein Jahr länger dauerte der Bau der Neuen Schleuse bei Rathenow auf Steckelsdorfer Gebiet. Der Großschiffahrtsweg von Berlin nach Hamburg führt nun nicht mehr durch die Stadtschleuse. Gleichzeitig entsteht eine Siedlung bei der Neuen Schleuse, die zunächst noch zu Steckelsdorf gehört. Erst 1910 wird diese Siedlung selbständig und erhält offiziell den Namen der Schleuse. Im Zuge der Verwaltungsreform wird 1952 Neue Schleuse dem neugebildeten Kreis Rathenow zugewiesen und erhält die Bezeichnung Rathenow-West.
1902 Mit dem Bau des Wasserwerkes werden auch die Wasserleitungen in der Stadt verlegt. Im gleichen Jahr wird die Altstädtische Gemeindeschule (1945 zerstört und nicht wieder aufgebaut) errichtet.
1904 Betriebsöffnung der Brandenburgischen Städtebahn. Im gleichen Jahr entsteht das Elektrizätswerk auf dem Gelände der ehemaligen Ratsziegelei in der Altstadt. Ein Jahr später, 1905, wird das Amtsgericht gebaut. Zu dieser Zeit leben in Rathenow etwa 23 000 Einwohner.
1908-1910 werden die Jederitzer Brücke als Hubbrücke und die Lange Brücke aus Stein und Beton gebaut.
1913 beginnt der Unterricht am Lyzeum in der Schleusenstraße.
1914 wird auf dem Weinberg der Bismarckturm eingeweiht. Der

Kurfürstendenkmal Foto: Kuberski

erste Weltkrieg hinterläßt auch seine Spuren in Rathenow. Um die große Wohnungsnot zu lindern, werden in den Jahren 1919 bis etwa 1924 die Nord- und Südsiedlung gebaut. 1925 wird Rathenow kreisfreie Stadt (bis 1952) und hat etwa 25 000 Einwohner. 1927 sind es bereits 27 700. 1936-1938 werden von der optischen Firma Emil Busch AG große Industrieanlagen in der Berg- und Fabrikenstraße errichtet. Sie sind noch teilweise erhalten.
1938 wird in der „Kristallnacht“ die Synagoge der Stadt geplündert und teilweise zerstört.
1939 Rathenow ist eine blühende Stadt. Es leben 31 600 Einwohner in ihr (ohne Garnison). Man registriert 2 655 Wohnhäuser mit 10 587 Haushaltungen.

Wirtschaftsstruktur

Bedeutende Industriezweige sind die Feichmechanik/Optik, der wissenschaftliche Gerätebau, der Werkzeugbau, die Lebensmittelindustrie mit Molkerei, Brauerei, Backwaren- und Nährmittelherstellung und der Schlachthof, die Möbelherstellung, Raumheizerfertigung, Metallwarenfabrikation, Betonteilherstellung und der Behälterbau. In Rathenow sind ca. 1350 Gewerbetreibende in den verschiedensten Branchen tätig.

Um den zahlreichen Ansiedlungsinteressenten die Möglichkeit zu geben, sich in unserer Stadt niederzulassen, wird neben mehreren Mischgebieten ein ca. 23 ha großes und auf mehr als 100 ha erweiterungsfähiges Gewerbegebiet, verkehrsgünstig an der B 102 und der Bahnlinie Rathenow-Brandenburg sowie in unmittelbarer Hafennähe gelegen, bereitgestellt.
Die Erschließungsarbeiten sind abgeschlossen und gestatten den ersten Investoren zu produzieren.
Neben Fremdinvestoren (vor allem der für die Stadt traditionellen Branchen) sind es auch sehr viele sich neugründende und expandierende ansässige Firmen, die hier eine breit gefächerte neue Wirtschaftsstruktur entstehen lassen.
Bis 1994 werden hier ca. 14 Betriebe mit etwa 450 Beschäftigten ihre Arbeit aufgenommen haben.
(Quelle: Stadtverwaltung)

Sehenswürdigkeiten Ausflugsziele

Jederitzer Brücke
Hubbrücke von 1908
Ziegelmeisterhaus
Letztes Zeugnis der Rathenower Stadtziegelei; 18. Jahrhundert.
Webersiedlung
Neufriedrichsdorfer Straße, 1765-1767 erbaut.
Geburtshaus Dunckers
Kirchberg
Duncker-Büste
Am Hauptbahnhof; 1885
Duncker-Grab
Auf dem evangelischen Friedhof.
Bismarck-Turm
Am 24. Juni 1914 zu Ehren von Otto Fürst von Bismarck (preußisch-deutscher Staatsmann) eingeweiht.
Medialfernrohr
Erbaut von Ing. Edwin Rolf in den Jahren 1949-1960.
Plastiken und Reliefwand vom Rathenower Bildhauer Karl Mertens

Verkehrsanbindungen

Rathenow ist Knotenpunkt der B 102 und B 188. Die Entfernungen zu den Anschlußstellen der Autobahnen betragen:
Berlin-Hamburg (Rostock) - 50 km
Berlin-Hannover (München, Frankfurt/Main) - 40 km
Berlin erreicht man auf der Nordroute über die B 5 (ca. 60 km), auf der Südroute über die B1 über Brandenburg/Postdam (ca. 70 km).

Museen, Galerien, Theater

- Museum (mit ständiger Optik-Ausstellung)
Rhinower Str. 19 d, Tel. 26 81
- Kulturhaus,
Am Märkischen Platz, Tel. 21 90
- Galerie am Märkischen Platz,
Tel. 21 90

Bibliotheken

- Bibliothek mit Phono- und Artothek, R.-Luxemburg-Str. 5,
Tel. 26 83

Banken und Sparkassen

- Deutsche Bank AG,
Karl-Liebknecht-Str. 3,
Tel. 27 02

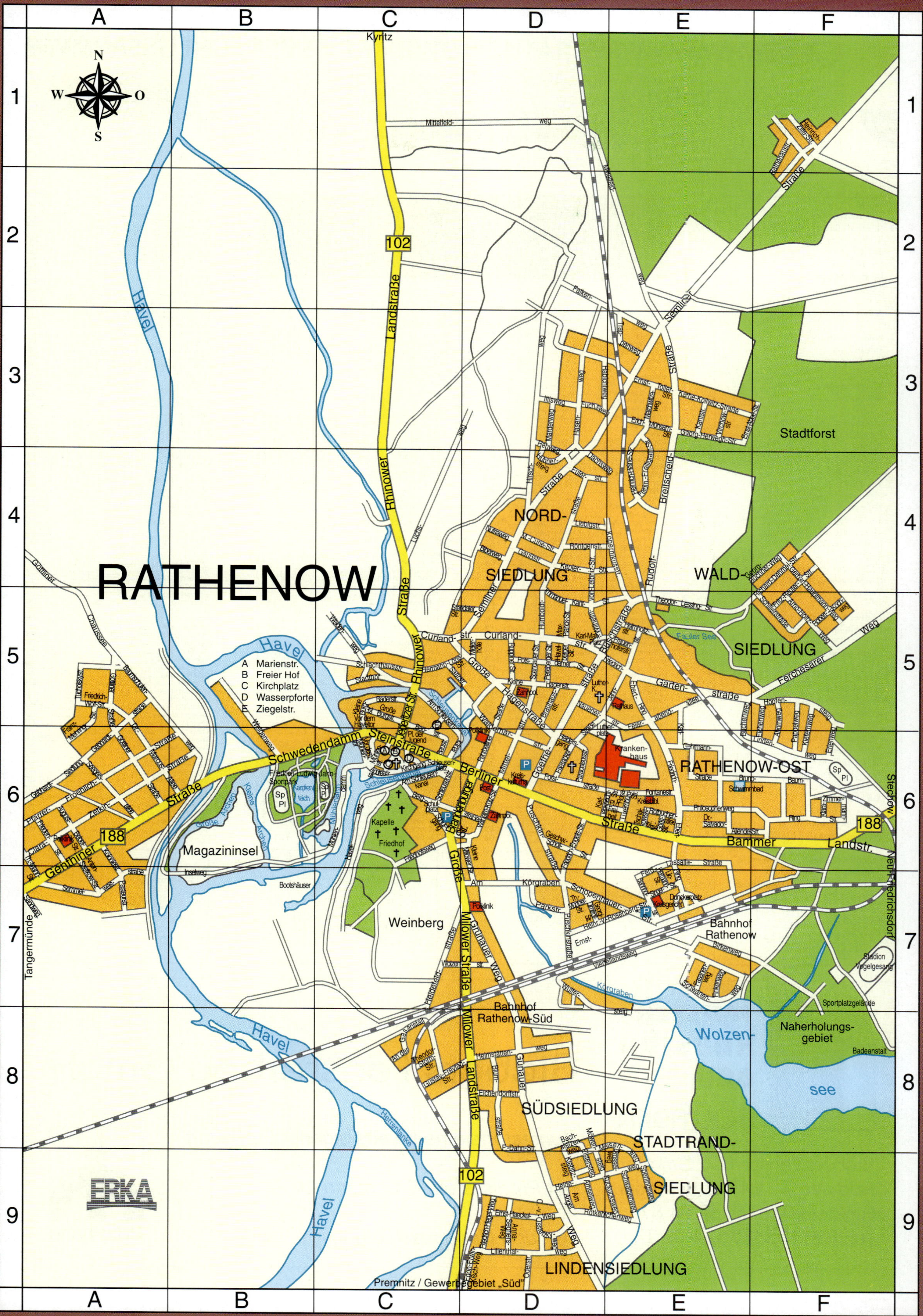

RATHENOW
A Marienstr.
B Freier Hof
C Kirchplatz
D Wasserpforte
E Ziegelstr.
Kyritz
Premnitz / Gewerbegebiet „Süd“
Tangermünde
Stechow
Neu-Friedrichsdorf
NORD-SIEDLUNG
WALD-SIEDLUNG
RATHENOW-OST
SÜDSIEDLUNG
STADTRAND-SIEDLUNG
LINDENSIEDLUNG
Stadtforst
Magazininsel
Weinberg
Havel
Wolzensee
Naherholungsgebiet
Badeanstalt
Sportplatzgelände
Stadion Vogelgesang
Bahnhof Rathenow
Bahnhof Rathenow-Süd
Krankenhaus
Kapelle
Friedhof
Bootshäuser
Rhinower Straße
Landstraße
Schwedendamm
Steinstraße
Berliner Straße
Bammer Landstr.
Genthiner Straße
Große Milower Straße
Milower Landstraße
Curland-str.
Garten-straße
Rudolf-Breitscheid-Straße
Fauler See
102
188
ERKA

- Raiffeisenbank Westhavelland e. G., Berliner Straße 53, Tel. 27 54
- Volksbank e. G., Berliner Straße 11, Tel. 22 84

Ämter/ Beratungsstellen

Stadtverwaltung, Jahnstr. 34, Tel. 59 60

Krankenhäuser Apotheken

- Paracelsus-Krankenhaus, Paracelsusstr. 3, Tel. 60 21
- Altstädtische Apotheke, Steinstraße 1, Tel. 34 45
- Neustadt-Apotheke, Forststr. 58, Tel. 21 88
- Paracelsus-Apotheke, Lutherplatz 13, Tel. 25 23
- Südstern-Apotheke, Große Milower Str. 67, Tel. 25

Bäder, Sport- und Freizeiteinrichtungen

- Schwimmhalle mit Sauna, Bruno-Baum-Ring 105, Tel. 41 31
- Freibad Wolzensee m. Ausflugsgaststätte, Tel. 69 05
- Stadion Vogelsang, Am Vogelsang
- Jahnstadion, Am Schwedendamm
- Tennisplätze, Am Stadthof

Fremdenverkehrseinrichtungen

Fremdenverkehrsverein Westhavelland e.V. Informationsbüro mit Zimmervermittlung, Schleusenplatz 4, Tel. 23 36

Straßenverzeichnis der Stadt Rathenow

Ahornweg	F5-F6
Am Anger	D9
Am Körgraben	D7
Am Schleusenkanal	C5-C6
Amselweg	D9
An der Gasanstalt	C8
Andreasstr.	C6
Anna-Seghers-Weg	D9
Anton-Saefkow-Str.	A6-A7
Arno-Holz-Weg	F5
August-Bebel-Str.	A6
Bachstelzenweg	D8-D9
Bäckersteig	A6
Baderstr.	C5
Bammer Landstr.	E6-F6
Baumschulenweg	A5-B6
Baustr.	C5-C6
Bergstr.	C6-D6
Berliner Straße	C6-E6
Biberweg	D4
Birkenwege	D7
Blumstraße	D8
Brandenburger Str.	C6-D6
Brauhausstr.	D5
Bruno-Baum-Ring	E6-F6
Buchenweg	E5-E6
Buschstr.	D5-E5
Carl-von-Ossietzky-Weg	D9
C.ara-Zetkin-Str.	A6-B6
Curlandstr.	C5-D5
Dachsweg	D4-E4
Dr.-Marcus-Allee	A5-B6
Dr.-Salvador-Allende-Str.	E6-F6
Drosselweg	E9
Dunckerplatz	E7
Egon-Erwin-Kisch-Weg	D9
Eichendorffstr.	D8
Eichenweg	F5-F6
Elstersteig	D9
Erich-Mühsam-Str.	E3
Erlenweg	F5-F6
Ernst-Abbe-Str.	E3-F3
Ernst-Haeckel-Weg	D9
Ernst-Toller-Str.	E3
Eulerstr.	D4
Falkenweg	D2-D3
Fasananweg	E7
Fehrbelliner Str.	D5-D6
Feierabendallee	E5
Felix-Dahn-Str.	D8-D9
Ferchesarer Weg	F5
Ferdinand-Freiligrath-Str.	E3-E4
Ferdinand-Lassalle Str.	D5
Finkenweg	E7
Fontanestr.	E6
Forststr.	D6-E6
Franz-Mehring-Str.	A5-A6
Fraunhoferstr.	E5
Freier Hof	C6
Friedensstr.	A6
Friedhofsweg	C6
Friedrich-Ebert-Ring	E5-D7
Friedrich-Engels-Str.	D6-E7
Friedrich-Hegel-Weg	D9
Friedrich-Wolf-Str.	A5
Friesackerstr.	D5-D6
Fritz-Reuter-Str.	F4-F5
Fuchsweg	D3
Gartenstr.	E5
Gaußstr.	D4
Gebhardtstr.	A5-A6
Genthiner Str.	A7-B6
Georg-Büchner-Weg	E4-F4
Georg-Herwegh-Str.	E3
Georgi-Dimitroff-Str.	D7
Gerhart-Hauptmann-Str.	F4-F5
Geschwister-Scholl-Str.	D6-E7
Goethestr.	D5-D6
Göttlinger Str.	A5-A6
Große Burgstr.	C5
Große Hagenstr.	C5-D6
Große Kirchstr.	D6
Große Milower Str.	C6-D7
Grünauer Weg	D7-D9
Gustav-Freytag-Str.	C8-D8
Habichtweg	D3
Hagenplatz	D5
Hasenweg	D3
Havelberger Str.	D5
Havelweg	C6-C7
Heidefeldstr.	C7
Heidersgang	D6
Heimstättenweg	D8
Heinrich-Heine-Str.	E3-F4
Heinrich-Zille-Str.	F1
Heinrich-von-Rosenberg-Str	D7-E7
Helmholtzstr.	E5
Hermann-Löns-Str.	C5
Hirschweg	D3-D4
Hopfensteig	F5
Hühnersteig	D4
Humboldtstr.	D4-D5
Iltisweg	D3
Immanuel-Kant-Str.	D5-E5
Inselweg	B6-B7
Jahnstr.	E5
Jederitzer Str.	C5-C6
Kantstr.	E3
Karl-Gehrmann-Str.	E5-E6
Karl-Liebknecht-Str.	D6-E6
Karl-Marx-Platz	D5
Käthe-Kollwitz-Str.	E3
Keplerstr.	D4-E4
Kiebitzsteig	D9
Kiefernweg	F5-F6
Kirchgang	C6
Kirchplatz	C6
Klara-Zimmermann-Str.	F6
Kleine Burgstr.	C5
Kleine Hagenstr.	D5
Kleine Kirchstr.	C6
Kleine Milower Str.	D6-D7
Koloniestr.	A6-A7
Kopernikusstr.	D4-E4
Kuckuksweg	E9
Liebigstr.	D4
Lilienthalweg	D9
Lilo-Herrmann-Str.	E6-E7
Lindenweg	E6-F6
Luchsweg	C3-C4
Lutherplatz	D5-F6
Marchwitzaweg	E3
Marderweg	D3
Marie-Curie-Str.	D4
Marienstr.	C2
Märkischer Platz	D6
Max-Planck-Str.	D5
Maxim-Gorki-Str.	E6
Meierhöfe	D5
Meisenweg	D8-E9
Milower Landstr.	D8-D9
Mittelfeldweg	C1-E2
Möwensteig	D8-D9
Mühlendamm	C6
Mühlenstr.	C6
Nauener Str.	D5-E5
Nutriaweg	D4
Oderstraße	D9
Pappelweg	F5-F6
Paracelsusstr.	D6
Parkstraße	D7
Pasteurstr.	A7
Paul-Singer-Str.	E7
Perleberger Str.	D5
Pfarrer-Froehlich-Str.	A6-B6
Philosophenweg	E6
Platz der Freiheit	E6
Platz der Jugend	C6
Potsdamer Str.	D5
Puschkinstr.	D6-D7
Rathenaustr.	F1
Rehweg	D3-D4
Rheinstr.	D9
Rhinower Landstr.	C2-C4
Rhinower Str.	C4-C5
Richard-Dehmal-Str.	F4-F5
Robert-Koch-Weg	F5
Röntgenstr.	D4
Rosa-Luxemburg-Str.	E6
Rotkehlchenweg	D9-E9
Rudolf-Breitscheid-Str.	E3-E4
Ruppiner Str.	D5
Saarstr.	C5-D5
Sandweg	A7
Schillerstr.	F5
Schlachthausstr.	C5
Schleusenplatz	C6
Schopenhauerstr.	D7-E7
Schulgang	C6
Schulplatz	C6
Schwalbenweg	E9
Schwanenweg	E7
Schwedendamm	B6-C6
Seegersallee	A6
Semliner Str.	D5-F1
Semmelweisstr.	A7
Spandauer Str.	D5
Sperlingsweg	E9
Stadthof	C5
Stechower Landstraße	F6
Steinstraße	C6
Stendaler Straße	C5-D5
Rotbuchenallee	E6
Theodor-Lessing-Straße	E5
Theodor-Storm-Straße	C8
Thomas-Mann-Str.	A6-A7
Thomas-Müntzer-Str.	D7
Trappenweg	E3
Tschaikowskistr.	E6
Tucholskystr	Â5
Viertellandsweg	D7-E7
Virchowstr.	E3
Vor dem Haveltor	C5-C6
Vor dem Mühlentor	C65
Waldemarstraße	D5-D6
Wasserpforte	C6
Weidenweg	B5-B6

Hotels/Pensionen

- Zietenhof, Berliner Str. 32, Tel. 8 12 22
- Gaststätte Hubertus, Genthiner Str. 61, Tel. 24 59
- Tivoli Caféthek und Pension GmbH, Karl-Gehrmann-Str. 43 a, Tel. 41 01
- „Pension zur Havel“, Weidenweg, Tel. 36 49
- „Semliner Hof“, Tel. 28 90

SEELOW

Aus der Stadtgeschichte

Seelow liegt am Westrand des Oderbruches, am Anstieg zur Ostbrandenburgischen Platte. Der Höhenunterschied zum Oderbruch beträgt etwa 50 Meter. Die Stadt entstand aus einer Ansiedlung an der Kreuzung alter Handelsstraßen in West-Ost und Nord-Süd-Richtung.

Das Lebuser Land ist ein von Oder, Schlaube, Spree, Löcknitz und Stobberow umgrenztes Gebiet. Es war seit dem Mittelalter hart umstritten. Polnische Fürsten und schlesische Piastenherzöge rangen gegen deutsche Markgrafen um den Besitz.
Die Askanier, Wittelsbacher, Luxemburger und Hohenzollern wechselten als Besitzer. 1123/24 wurde das Bistum Lebus gegründet.

Stadtkirche Foto: Graetz

SEELOW

PLZ 15306
Vorwahl 03346

Kfz.-Kennz.: SEE
Einwohner Stadt: 5.425

Fläche Stadtgebiet: 4,1 qkm

Anfang des 13. Jahrhunderts schickten schlesische Klöster Mönche und Nonnen, um das Land zu kultivieren und Städte und Dörfer anzulegen.
Das Höhenland ist von eiszeitlichen Rinnen durchzogen, in denen sich langgestreckte Seen bildeten. An den Oderhängen hat sich eine südostkontinentale Landschaft mit Adonisröschen erhalten. Das Höhenland wurde Anfang des 13. Jahrhunderts besiedelt und kultiviert.
Überraschend ist der plötzliche Übergang vom welligen Höhenland in die weite Ebene des Oderbruchs. Ausgedehnte Gebiete stehen unter Naturschutz. Das Oderbruch ist etwa 50 km lang und maximal etwa 15 km breit. Um 1540 wurden bereits vorhandene Oderdämme ausgebessert und befestigt. Der Soldatenkönig Friedrich Wilhelm I. (1713-1740) ließ die Anlagen erweitern; Friedrich der Große erreichte eine Trockenlegung durch Grabung eines neuen, über 20 km langen Flußbettes an der Oder von 1747-1752.
Im Anschluß daran entstanden 40 neue Kolonistendörfer im Oderbruch.
Anfang des 13. Jahrhunderts schickten schlesische Klöster ihre Mönche und Nonnen, um das Land zu kultivieren, Städte und Dörfer anzulegen.
Seit dem frühen Mittelalter führte die alte Handelsstraße von Flandern über Magdeburg, Brandenburg, Köpenick durch Lebus nach Osten und seit Anfang des 19. Jahrhunderts die spätere Reichsstraße Nr. 1 von Aachen über Seelow nach Königsberg in Ostpreußen.
Die kleine Stadt Lebus gab dem Territorium und späteren Kreis ihren Namen, war aber zu keinem Zeitpunkt Kreisstadt. Seit 1863 ist der Sitz des Landratsamtes in Seelow.
Seelow selbst wurde 1252 erstmals urkundlich als Dorf „Zelou" erwähnt, seit 1273 ist es Stadt.
1355 stiftete der Papst die Polen zum Einfall in die Mark Brandenburg an. Obwohl der katholische Bischof von Lebus Lehnsherr war, wurden die Stadt Seelow und 140 Dörfer verwüstet. Ein anderer Bischof von Lebus hatte sich bei der Folterung und Verbrennung von Jan Hus besonders hervorgetan, was die Taboriten 1432 zu einem folgenschweren Besuch veranlaßt haben soll.

Im Dreißigjährigen Krieg legte 1630 ein großes Feuer ein Drittel der Stadt einschließlich der Kirche in Schutt und Asche.
Die Aufmärsche zu den großen Schlachten des Siebenjährigen Krieges bei Zorndorf, (8 km östl. von Frankfurt/O.) gingen teilweise durch Seelow. Während der Napoleonischen Kriege, als die Festung Küstrin von 1806 bis 1814 in französischer Hand war, nahmen die Heerzüge ihren Weg meist über Seelow.

Bereits ab 1785 gab es eine Apotheke in Seelow, und ab 1793 praktizierte hier ein Chirurg. Der „Vaterländische Frauenverein“ sorgte 1866 für ein Krankenhaus.

Die 1830/31 erbaute neue Kirche ist maßgeblich von Karl Friedrich Schinkel beeinflußt. Der Turmbau war erst 1837 möglich.
Die 57 Mitglieder der jüdischen Gemeinde hatten ihren Betsaal in der Hinterstraße.
1863 wurde das Landratsamt von Frankfurt/Oder in die Stadt Seelow verlegt.
(Quelle: Stadtverwaltung)

Wirtschaftsstruktur

Die Vorarbeiten für ein Gewerbegebiet von 15 Hektar sind abgeschlossen, die ersten Investoren siedeln sich an, die Eröffnung eines Einkaufszentrums fand im Frühjahr statt.

Im innerstädtischen Bereich, der gleichermaßen entwickelt werden soll, sind die Planungsunterlagen für die Sanierung des Kirchviertels in der Genehmigungsphase.

Das Hotel „Brandenburger Hof“, am 23.12.1992 eröffnet, erfreut sich, auch als Konferenz- und Seminarzentrum, bereits regen Zuspruchs.
Zahlreiche weitere private Investitionen, zum Teil schon sichtbar, laufen gegenwärtig an.

Vorhanden sind:
21 Dienstleistungsbetriebe
56 Einzelhandelseinrichtungen
38 Handwerksbetriebe
1 Käsefabrik
4 größere Baubetriebe
(Quelle: Stadtverwaltung)

Sehenswürdigkeiten Ausflugsziele

Gedenkstätte Seelower Höhen

Die Gedenkstätte Seelower Höhen bildet mit den noch sichtbaren Spuren des Schlachtfeldes, den deutschen und sowjetischen Kriegsgräbern ein auf deutschem Boden nur noch selten zu findendes Ensemble, das Zeugnis gibt von den schweren Kämpfen in der Endphase des zweiten Weltkriegs.

Mit dem Namen Seelow verbinden sich Erinnerungen an jene furchtbaren Tage im Frühjahr 1945, als im Oderbruch wochenlang die Erde Bebte, der Geschoßhagel die Bruchlandschaft umpflügte, die explodierenden Bomben und Granaten die Schmerzensschreie der Sterbenden und Verwundeten übertönten.

Über 33.000 sowjetische und polnische Soldaten sowie 12.000 deutsche Soldaten mußten in den letzten Kriegswochen hier noch ihr Leben lassen.

Die Erinnerung an das Leiden der Menschen während des 2. Weltkriegs wachzuhalten und davon ausgehend eine Stätte des Gedenkens und der Begegnung zu sein, das ist die Zielsetzung der Gendenkstätte Seelower Höhen.

In der ständigen Ausstellung sind Fotos, Lagekarten, Flugblätter, Zeitungsmeldungen, Wehrmachtsbefehle, Augenzeugenberichte, Geländemodelle, Ausrüstungsgegenstände, Gefechtsfeldfunde und Briefe von Angehörigen gefallener Soldaten zu sehen. Damit wird der Verlauf der Kämpfe von Ende Januar bis Mitte April 1945, das Schicksal der Soldaten und das Leiden der Zivilbevölkerung dokumentiert.

Das Museum auf der Gedenkstätte wartet mit einem Dia-Vortrag über die Kampfhandlungen auf, der in 13 Sprachen vorführbar ist. Der Dokumentarfilm „Requiem für Millionen“ aus dem Jahr 1991 und Sonderausstellungen sind weitere Bestandteile.
Darüberhinaus sind weitere Informationen durch ein Archiv, eine Fotothek und eine Bibliothek möglich.

Für Reisegruppen gegen Voranmeldung werden Führungen durch die Anlage sowie die beiden Filme „Das Jahr 1945“ (1985 produziert) und „Befreiung Berlins“ (1945/67 produziert) angeboten. Außerdem ist die gastronomische Versorgung im Klub möglich.
Zusätzlich findet eine breite touristische Beratung, auch zu Reise- und Wanderrouten durch das Oderbruch sowie ein Zimmernachweis für Gaststätten, Motels, Pensionen und Privatquartiere statt.

Alt-Barnim

Kirche, Fachwerk, 1776 erbaut

Altfriedland

ehem. Zisterzienser-Nonnenkloster um 1230 gegründet; Klosterkirche, 13. Jh., Umbau barock, Turmanbau 19. Jh.

Alt Mahlisch

Kirche, Granitsteinbau, 14. Jh.

Diedersdorf

Kirche, romanischer Putzbau, nach 1870 auf alten Mauern Grabplatte von Burgsdorf, 1713, 1722

Friedersdorf

Kirche, im Kern Feldsteinbau des 13. Jh., Umbau 1702, im 2. Weltkrieg schwer beschädigt, an der Nordseite Grabdenkmäder der Familie von der Marwitz

Gusow

Ehem. Schloß, im Kern 17. Jh., im 19. Jh. Ausbau mit Wassergraben, großer Park; Pumpenhaus der ehemaligen Wasserkunst, Anfang 19. Jh.

Lebus

Ehem. Burganlage, ausgegrabene Fundamentreste der Anlage des 13./14./15. Jh.; Kirche, Putzbau, 1810

Letschin

Turm der ehem. Kirche, im Stil der märkischen Backsteingotik, 1819 nach Entwürfen von K.-F. Schinkel
Fontane-Apotheke,
2. Hälfte des 19. Jh.

Lietzen
Dorfkirche, verputzter Feldsteinbau des 14. Jh.

OT Lietzen Nord

Ehem. Komturei des Templerordens, urkundlich seit 1244, Herrenhaus, 16. Jh.; Speicher, Feldsteinbau 14./15.Jh. (neben dem sogenannten Brauhaus im Kloster Chorin das älteste Wirtschaftsgebäude im Bezirk); Kirche, Granitquaderbau des 13./14. Jh., im Innern Grabplatten von Görtzke und Frau 1682 und 1692; Taufengel 1730

Neuhardenberg

Schloß, ehem. Herrenhaus, erbaut 1763, Umbau nach Entwürfen von K.-F. Schinkel, nach 1820; Park, 1821 als Landschaftspark umgestaltet, Frühwerk von P.J. Lenné; Kirche, 14.u.15. Jh., 1814/15 und 1822 durch K.-F. Schinkel umgestaltet;
1823 Gruftanbau für Fürst v. Hardenberg nach Entwurf von

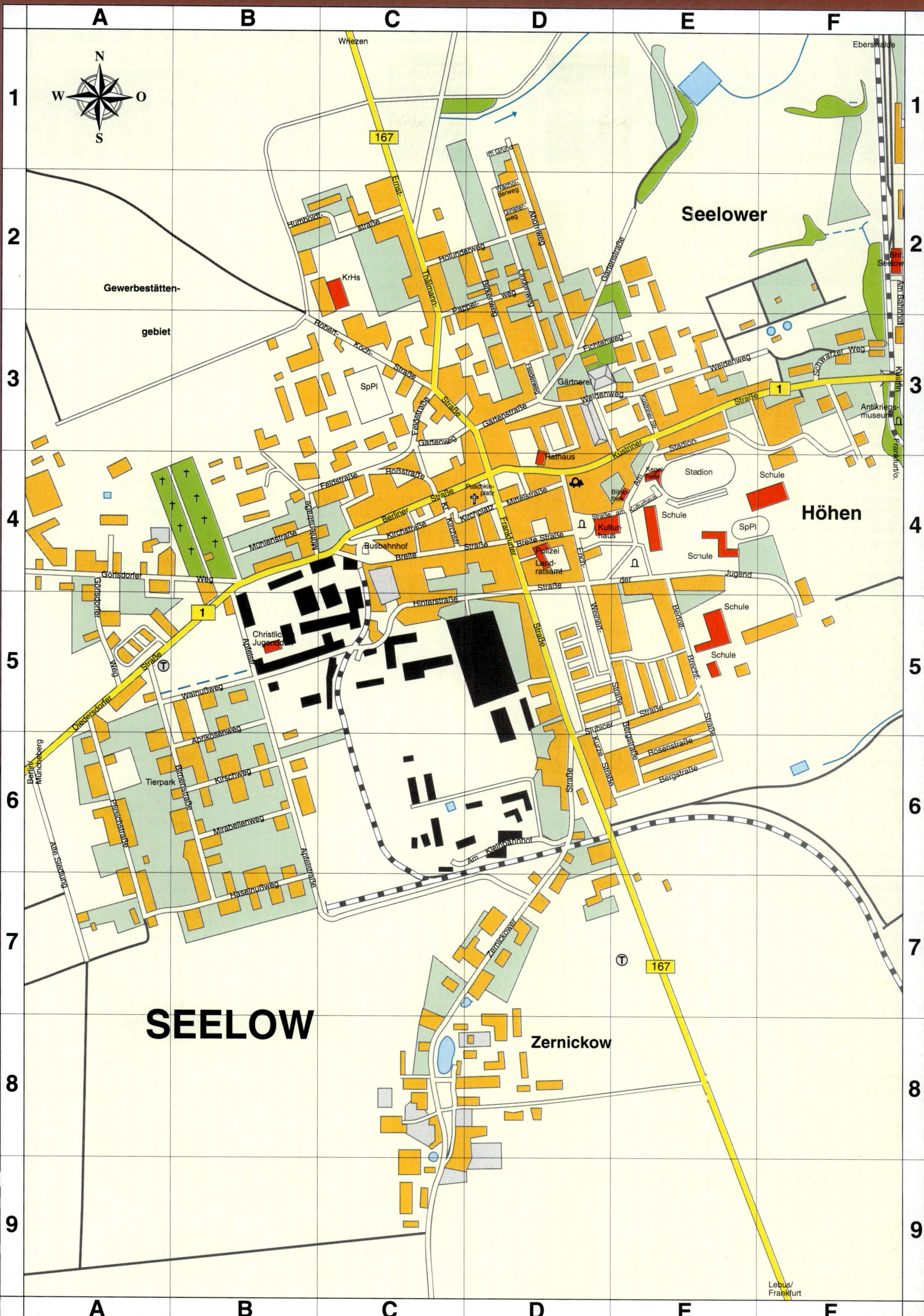

A
B
C
D
E
F
1
2
3
4
5
6
7
8
9
N
W
O
S
Wriezen
Eberswalde
167
Seelower
Höhen
SEELOW
Zernickow
Gewerbestätten-
gebiet
KrHs
SpPl
Gärtnerei
Rathaus
Stadion
Schule
Kultur-
haus
Polizei
Land-
ratsamt
Busbahnhof
Antikriegs-
museum
Bhf.
Seelow
Tierpark
Christliches
Jugenddorf
Lebus/
Frankfurt
Berlin/
Müncheberg
1
Humboldt-
straße
Ernst-
Thälmann-
Straße
Robert-
Koch-
Straße
Gartenstraße
Fichtenweg
Weidenweg
Küstriner
Straße
Berliner
Straße
Frankfurter
Straße
Breite Straße
Hinterstraße
Mühlenstraße
Gorlsdorfer
Weg
Diedersdorfer
Straße
Walnußweg
Aprikosenweg
Kirschweg
Mirabellenweg
Haselnußweg
Apfelstraße
Birnenstraße
Pfirsichstraße
Alte Siedlung
Am Kleinbahnhof
Zernickower
Bergstraße
Rosenstraße
Kurze Straße
Jugend
Schwarzer Weg
Holunderweg
Birkenweg
Lindenweg
Pappelweg
Feldstraße
Hoßstraße
Kirchstraße
Mittelstraße
Stadion

Straßenverzeichnis der Stadt Seelow

Ahornweg	D1 - D3
Alte Siedlung	A6 - A7
Am Bahnhof	F2 - F3
Am Kleinbahnhof	C6 - D6
Am Stadion	E3 - E4
Apfelstraße	B5 - B7
Aprikosenweg	B5 - B6
Bergstraße	E5 - E6
Berliner Straße	B4 - D4
Bertolt-Brecht-Str.	E4 - E6
Birkenweg	D2 - D3
Birnenstr.	A5 - B7
Breite Str.	C4 - D
Diedersdorfer Str.	A6 - B5
Erich-Weinert-Str.	D4 - E5
Ernst-Thälmann-Str.	C1 - D3
Feldstraße	B4 - C3
Fichtenweg	D3 - E3
Fliederweg	D3
Frankfurter Str.	D4 - D6
Gartenstr.	D3 - E2
Gartenweg	C3
Ginsterweg	D2
Görlsdorfer Weg	A5 - B4
Haselnußweg	A7 - B7
Hinterstr.	C5 - D4
Holunderweg	C2 - D2
Humboldtstr.	B2 - C2
Im Grund	D1
Kirchplatz	C4 - D4
Kirchstr.	C4
Kirschweg	B6
Kleine Kirchstr.	C4
Kurze Str.	C6 - E6
Küstriner Str.	D4 - F3
Lindenweg	D2 - D3
Mirabellenweg	B6
Mittelstr.	D4
Mühlenstr.	B4
Pappelweg	C2 - D2
Pfirsichstr.	A5 - A7
Puschkinplatz	D4
Robert-Koch-Str.	B3 - C3
Rosenstr.	E5 - E6
Roßstr.	C4
Schwarzer Weg	F1
Slubicer Str.	D5 - E5
Straße am Kulturhaus	D4 - E4
Straße der Jugend	D4 - F4
Wacholderweg	D2
Walnußweg	A5 - B5
Weidenweg	D3 - F3
Zernickower Str.	C8 - D6

K.-F. Schinkel;
Anger, 1801 neu angelegt nach D. Gilly und K.-F. Schinkel; 2 Wirtschaftsgebäude; Orangerie, 1820; Eiskeller, Mitte 19. Jh.

OT Bärwinkel

Ehem. Vorwerk, Verwaltungsgebäude aus Raseneisenstein 1801/03 nach K.-F. Schinkel

Seelow

Stadtkirche, Putzbau 1830/32 nach Siedler und Schinkel; Rathaus, Putzbau Mitte 19. Jh.; Antikriegsmuseum Seelower Höhen

Werbig, OT Langsow

Schul- und Bethaus unter einem Dach, Fachwerkbau 1832, nach K.-F. Schinkel

Wulkow bei Booßen

Grufthaus, 1695, dekorative Putztechnik;
Kirche, 1687, ursprünglich Fachwerk.
(Quelle: Stadtverwaltung)

Verkehrsanbindungen

Straßen:
Bundesstraße B1, Berlin-Seelow (72 km)
Küstrin-Kietz (Grenzübergang nach Polen
Bundesstraße B 167, Frankfurt/Oder-Seelow (28 km), Eberswalde

Bahn:
Frankfurt/Oder-Seelow-Eberswalde
Bus:
Linienbusse zwischen Seelow und allen Orten des Kreises, sowie nach Frankfurt/Oder, Strausberg und Bad Freienwalde.
(Quelle: Stadtverwaltung)

Museen, Galerien, Theater

Gedenkstätte „Seelower Höhen“
Küstriner Str.,
Tel. 597

Bibliotheken

Stadtbibliothek
Straße am Kulturhaus 3,
Tel. 279

Banken und Sparkassen

Deutsche Bank AG
Puschkinplatz 13,
Tel. 8 06 90

Kreissparkasse Seelow,
Puschkinplatz 14,
Tel. 372

Raiffeisenbank
Seelow e. G.
Puschkinplatz 12,
Tel. 850

Ämter/Beratungsstellen

Stadtverwaltung
Küstriner Str. 61,
Tel. 737

Krankenhäuser/ Apotheken

Krankentransport d. DRK,
Feldstr. 2 a,
Tel. 590

Krankenhaus,
R.-Koch-Str. 36,
Tel. 711

Adler-Apotheke,
Puschkinplatz 5
Tel. 322

Apotheke,
Humboldtstr. 3
Tel. 82 24

Bäder, Sport- und Freizeiteinrichtungen

Zentralstadion mit Kegelbahn,
Am Stadion

Jugendzentrum Gusow
Hauptstr.,
Tel. 233

Fremdenverkehrseinrichtungen

Kulturbund e.V.
Berliner Str. 4

Fremdenverkehrsverein Seelow,
Breite Str. 6
Tel. 85279

Hotels/Pensionen

-Rosencafé
Frankfurter Str. 34,
Lebus, Tel. 231

- Hotel "Brandenburger Hof",
Apfelstr. 1
Tel. 8 89 40

- Motel Gusow,
Hauptstr. 33a
Tel. 233

- Waldhotel
Waldsiedlung
Tel. 8 88 83

SENFTENBERG

Aus der Stadtgeschichte

Die Stadt Senftenberg wurde erstmals 1279 urkundlich erwähnt. Im 13. und 14. Jahrhundert war Senftenberg ein bescheidener Ort mit etwa 320 bis 400 Einwohnern, die vom Ackerbau, Obst- und Weinbau und der Fischzucht lebten. Damals gehörte der Bereich der Herrschaft Senftenberg einem Johann von Senftenberg. 1304 kam die heutige Kreisstadt in die Hände der brandenburgischen Herrschaft. Von 1368 bis 1413 war Senftenberg in böhmischem Besitz. Danach kam der Ort mit der gesamten Markgrafschaft an den Landvogt der Niederlausitz und Pfandinhaber der Region, Hans von Polenz. Durch dessen Kinder erfolgte 1446/48 der Verkauf von Stadt und Herrschaft an das Haus Wettin, aus dem die sächsischen Herrscher hervorgingen. Nach den Befreiungskriegen verlor Sachsen mit dem Wiener Frieden von 1815 einen großen Teil seines Herrschaftsbereiches, und die gesamte Niederlausitz fiel an Preußen.

SENFTENBERG

PLZ 01968
Vorwahl 03573

Kfz.-Kennz.: SFB

Einwohner Stadt:
28.000

Fläche Stadtgebiet:
45 qkm

Große Brände und die Pest ließen die Einwohnerzahlen im 15. und 16. Jahrhundert stagnieren. Erst 1855 zählte man 1450 Personen. Zu dieser Zeit wurde in der Nähe von Senftenberg, 16 km westlich, beim Dorf Kostebrau, Braunkohle gefunden. 1870 wurden die ersten Braunkohlenwerke in Betrieb genommen und Senftenberg in den Eisenbahnverkehr einbezogen. Die wachsende Industrie hatte eine starke Zunahme und Umschichtung in Stadt und Umgebung zur Folge, denn die bäuerlichen Betriebe gingen zurück, und der Zuzug von Fremdarbeitern wuchs. Neue Siedlungen entstanden, und die Stadt wandelte sich in den Jahren 1896 bis 1930 zu einem modernen Gemeinwesen.
Auf dem Markt und den Durchgangsstraßen wurde das Kopfsteinpflaster beseitigt. Die Straßenbeleuchtung erfolgte durch Gaslaternen, die vom 1898 errichteten Gaswerk gespeist wurden.

Als die Stadt nach dem Umzug des Amtsgerichtes 1912 in den Besitz von Schloß und Vorgelände kam, wandelte man das sumpfige Gelände des Schloßteiches in eine Parkanlage um. Das städtische Freibad wurde 1896 erbaut.
Leider sind von der älteren Substanz Senftenbergs nur die beiden Kirchen und einige Häuser am Markt aus dem 17. Jahrhundert mit alten Bogengängen und Fundamentresten des ehemaligen Schlosses erhalten.

Heute zählt die Stadt Senftenberg ca. 31 000 Einwohner. Die Senftenberg prägende Braunkohlenindustrie verzeichnet nunmehr einen Rückgang des Abbaus und verliert mehr und mehr an Bedeutung. Zunehmend entwickeln sich Klein- und Mittelbetriebe, das Dienstleistungswesen, die Gastronomie und der Tourismus.

Galerie am Schloß Foto: Stadtverwaltung

Dort, wo 1965 die letzte Kohle abgebaut wurde, ist ein attraktives Erholungsgebiet entstanden, welches seit 1973 ca. 10 Millionen Urlauber und Gäste zählte. Es lohnt sich, die Schönheiten und Sehenswürdigkeiten dieser Stadt zu entdecken.
Die Region um Senftenberg, im historischen Gebiet der Lausitz gelegen, hat durch den Braunkohlenabbau seit der zweiten Hälfte des 19. Jahrhunderts einen großen Teil Ursprünglichkeit verloren. Aber Geschichten als Berichte, Sagen und Märchen, Sitten und Bräuche, Traditionen, Flurnamen, Aberglauben regen die Phantasie an. Sie helfen uns, die Vergangenheit lebendig zu machen, wie z. B. der Reisebericht eines ungenannten Verfassers nach Mückenberg, Lauchhammer, Friedrichsthal, Ruhland und Guteborn im Jahre 1804: "Von hier aus mache dich gefaßt, ein unfreundliches, mit Wasser und Wald bedecktes Land, zwei bis drei Quadratmeilen groß, stets im Horizonte zu haben. Dies ist der Schradenwald. Boden und Einwohner sind für den Beobachter im gleichen Maße merkwürdig. Statt der reichen Weizenflur der Elbdörfer siehst due hier Sumpfwiesen, Brüche, Heiden, Torfmoore und saures Ackerland, von Hirten, Jägern, Fischern, Holzbauern, Hammerschmieden und den wohlbekannten Schradenbauern bewohnt ...". An anderer Stelle heißt es weiter: "Das Mückenberger Schloß ist eine alte Wasserburg, errichtet in einem Sumpfgebiet, das schon durch seine Natur zur Anlage einer Verteidigungsstätte wie gschaffen schien: Das Schloß scheint, von Morgen oder Mittag gesehen, mit seinem Garten auf dem Wasser zu schwimmen, besonders wenn die Elster die nahen Wiesen überschwemmt hat." Ein Blick auf die Schenk'sche Karte von 1757 bestätigt diese Schilderung. Bis zur Mitte des 19. Jahrhunderts durchströmte eine Vielzahl von Wasserarmen die ausgedehnten Wald- und Sumpfflächen unserer Landschaft. Teiche unterschiedlicher Größe blinkten aus dichten Wäldern hervor. Vierzig Wasser und zehn Windmühlen verarbeiteten in dieser Zeit die Ernteprodukte der Bauern. Während das Mahl- und Stampfwerk Korn zu Mehl mahlte, Hirse stampfte und Leinöl schlug, erzählten sich die Mahlgäste während der Wartezeit Neuigkeiten und alte Geschichten. Die Mühlen waren Orte der Geselligkeit. Sagen und Legenden über Müller, Mühlen Nix und Wassermann haben hier ihren Ursprung. Das Wasser spielte im Leben unserer Vorfahren eine enorme Rolle. Es brachte mit

A
B
C
D
E
1
2
3
4
5
6
7
8
HÖRLITZ
BRIESKE
ERKA
Lange
Otto-Müller-Straße
Straße
Wiede-straße
Schule
Schule
Schule
Klettwitzer
Straße
Post
Grenzstraße
Kirche
Grenz-straße
Kirche
Kirch-straße
Klub-haus
Wünnebergstr.
Klettwitzer
Straße
Heimstättenstr.
Klettwitzer
Straße
Senftenberg
Thälmann-
Ernst-
straße
Stadion
Sportplatz
Schipkauer
Straße
Schipkauer
Straße
Siedlung
Schulstraße
Halle
Schule
Kreuz-
Friedhof
Gartenstraße
Hörlitz
Kleingärten
Mittel-
Linden-
Am Eisenwerk
Eisenbahn-
Klettwitzer
Eisenbahn-
straße
Eisenbahn-
straße
Stadion
Straße
An der Sporthalle
Turnstraße
Sporthalle
Straße des Sports
Meilen-weg
Windmühlen-
Lessing-
Schiller-
Straße
Goethestraße
Freise-platz
Hermanns-platz
Damaschkestraße
Fichtestraße
Freiestraße
Herderstr.
Schule
Sportplatz
Schule
Harbig-
Rudolf-
Albert-Schweitzer-Straße
Bergmanns
Ernst-
An der Ingenieurschule
Planetarium
Großenhainer
Internate
Schule
Thälmann-
Straße
Rehabilitations-zentrum
Schwimm-halle
Schule
Straße des
Nelkenweg
Fliederweg
Veilchen-weg
Dahlienweg
Tulpenweg
Asternweg
Hörlitzer
Eigenheimweg
Wilhelm-
Klein-gärten
Karl-Ziehm-Str.
Heinichstr.
Kaeseckestraße
Straße
Charlottenstr.
Jüttendorfer Str.
Weinert-
Paul-Rilla-Str.
Erich-
Fürnberg-Str.
Adam-Scharrer-Straße
Bertolt-
Brecht-
Friedrich-Wolf-Straße
F.-C.-Weiskopf-
Am Sport-platz
Straße
Sportplatz
Sport-platz
Louis-
Bernhard-Kellermann-Straße
Schule
Jugendclub
Neuer Friedhof
Pieck-
J.-R.-Becher-Straße
Otto-Nuschke-Straße
Johannes-R.-Becher-Straße
Wilhelm-Külz-Straße
Straße
J.-R.-Becher-Straße
Briesker
Drosselweg
Finkenweg
Lerchenweg
Amselweg
Meisenweg
Nachtigallenweg
Blankenberg-Straße
Wolschinkastraße
Polenzweg
Seeadlerstraße
Möwenstr.
Kormoranstr.
Kranichstraße
Rostocker Straße
Hauersteinstr.
Antonien-
Hoyerstraße
Sportplatz
Schule
Bahnhof Brieske-Ost
Gruben-
Feuerwehr
Post
Greifswalder Straße
Post
Poliklinik
Fischreiherstraße
Schule
Stralsunder Straße
Usedomer Straße
Ahlbecker Straße
Ueckermünder Str.
Usedomer Straße
Turnhalle
straße
169
AB-Anschlußst./ Lauchhammer

G
H
I
K
L
1
2
3
4
5
6
7
8
SENFTENBERG
N
S
W
O
Cottbus
169
96
Hoyerswerda / Lauta
Senftenberger See
ERKA
Calauer Straße
Bahnhofstraße
Knappenstraße
Buchwalder Straße
Steindamm
Ringstr.
Westpromenade
E.-Thälmann-Str.
Sportplatz
Schule
Krankenhaus
Poliklinik
Post
SMH
Hauptbahnhof
Busbahnhof
Zahnklinik
Kulturhaus
Theater
Polizei
Am Pionierhaus
Gesundheitsamt
Standesamt
Kreisgericht
Kleingärten
Waldfriedhof
Markt
Kirchplatz
Stadtverwaltung
Neumarkt
Feuerwehr
Turnhalle
Sporthalle
Schloß Museum
Großer Schloßteich
Kleiner
Tierpark
Wildgehege
Landratsamt
Anlegestelle
Bad
Schwarze Elster
Elster
Rainitzagraben
Am See
Kleinkoschener Straße
Salzgraben
Elsterdeich
Gartenweg
Straße der Energie
Dubinaweg
Glück-Auf-Straße
Steigerstraße
Bergwerkstraße
Häuerstraße
Hennecke-Straße
Bergbaustraße
Schulstraße
Rosenstraße
Am Hotel
Schmiedegasse
Brauhausstraße
Salzmarktstraße
Bärengasse
Rathausstraße
Schloßstraße
Ritterstraße
Badstraße
Elsterstraße
Grünstraße
Ostpromenade
Benediktenstr.
Gottschalkstr.
G.-Hauptmann-Str.
Rathenaustraße
Puschkinstraße
Roßkaupe
Adolfstraße
Güterbahnhofstraße
Spremberger Straße
Parzellenstr.
Kurze Straße
Karlstraße
Taubenstraße
Tennisgstr.
Hüttenstr.
Calauer Str.
Albertstr.
Dorothea-Christine-Erxleben-Straße
Virchowstraße
Prof.-Billroth-Straße
Kochstraße
Bahnmeisterstraße
Krankenhausstraße
Straße der Jugend
Rudolf-Breitscheid-Straße
Felix-Spiro-Straße
Robert-Harnau-Straße
Reyersbach-Straße
Paulinenstr.
Augustastr.
Joachimstr.
Laugkstr.
Badergasse
Kirchstr.
Töpferstr.
Blumenstr.
Burglehnstraße
Wehrstraße
Elsestraße

Festungsanlage Foto: Stadtverwaltung

seinen regelmäßig wiederkehrenden Überschwemmungen viel Mühsal, entschädigte die Menschen aber auch mit reichem Fischsegen. In einem Erinnerungsbericht eines Sedlitzer Bauern ist zu lesen: " Ein besonders ergiebiges Fischen war es, wenn im Frühjahr die Überschwemmungswasser infolge eintretender Trockenheit rasch zurückgingen. Meine Großmutter erzählte mir, daß sie in solcher Zeit von ihren Eltern nach Disteln geschickt wurde. Statt dieser brachte sie eine Kiepe voller Fische mit nach Hause."

Wüst gewordene Dörfer inmitten unserer dichten Wälder waren zu allen Zeiten geheimnisumwittert. In einer Grenzscheidungsurkunde von 1279 wird das Dorf NOSSEDIL erwähnt. Auf keiner unserer Landkarten ist dieser Ort heute verzeichnet. Was ist geschehen? Nossedil ist eines der 30 Wüstungen in der Niederlausitz. Sucht man den Platz dieses Dorfes, zwischen Drochow und Saalhausen gelegen auf, entdeckt man mitten im Walde den Rest des Brunnens und zwischen Kiefern und Birken auch noch verstreut einige Obstbäume als letzte Zeugen des Dorfes Nossedil an diesem Platz. Welches Schicksal diese Ansiedlung ausgelöscht hat, ist ungewiß. Vermutlich wurde es Opfer der Hussitenzeit. Vor Jahren war es noch Brauch, daß die Frauen und Mädchen aus der Umgebung in der Osternacht aus diesem Brunnen schweigend das Osterwasser schöpften, das ihnen Schönheit und Jugend erhalten sollte Als weithin sichtbares Wahrzeichen ragte einst im Süden der 176,4 Meter hohe Koschenberg als "Olymp des Elstertales" in das Land. Einer Sage zufolge wurde in seiner unmittelbaren Nähe eine blutige Schlacht zwischen der Streitmacht der hier ansässigen Wenden unter ihrem legendären Führer Radbot und König Heinrich mit seinem Gefolge ausgetragen. Nach dem Gemetzel bot sich ein grausamer Anblick: ein mit Leichen übersätes Gelände und zwei Bäche, deren Wasser rot vom Blut waren. Einige Zeit später wurde an dieser Stelle eine Mühle errichtet und erhielt zur Erinnerung an das grausige Ereignis den Namen "Blutmühle". In einer anderen Sage ist von Goldschätzen im Inneren des Berges die Rede. Ein Schäfer fand die seltene blaublühende Blume am Koschenberg und steckte sie an seinen Hut. Da öffnete sich eine Tür zum Inneren des Berges und unermeßliche Goldschätze funkelten dem Schäfer entgegen. Männer an einem Tische hießen ihn, sich zu bedienen. Beim Bücken fiel sein Hut mit der Blüte zu Boden. Auf dem Weg ans Tageslicht riefen ihm die Männer nach, daß er das Beste nicht vergessen solle. Aber der Schäfer verstand sie nicht und ließ den Hut im Berg zurück. Als er sich darauf besann, war es zu spät. Der Berg hatte sich geschlossen und der Schäfer fand ohne diese Blume nicht mehr den Eingang. Er rief mit Bedauern aus: "Oh, schade!" Für das Gold kaufte er ein Rittergut, das nach seinem Ausruf "SKADO" genannt wurde. Wir fragen heut nach dem Namen dieser blauen Wunderblumeund finden die Antwort in einer Beschreibung zur Pflanzenwelt des Koschenberges. Noch in den dreißiger Jahren, so steht dort geschrieben, blühte im August der blaue Lungenenzian. Möglicherweise war er der Schlüssel zum Glück.

Wirklich zugetragen hat sich die golgende Begebenheit auf dem fast 1000jährigen Schloß

Straßenverzeichnis der Stadt Senftenberg

Straße	Planquadrat
Ackerstr.	F1
Adam-Scharrer-Str.	D6
Adolf-Hennecke-Str.	F6-G6
Adolfstr.	H3
Albertinenstr.	F1-F2
A.-Schweitzer-Str.	C4-C5
Ahlbecker Str.	C8-D8
Am Eisenwerk	E3-F3
Am Elsterdeich	I6
Am Hotel	G5
Am Pionierhaus	G4
Am Salzgraben	I7-K6
Am See	K7
Amselweg	E6-E7
Am Sportplatz	E6
An der Ingenieurschule	D4-D5
An der Sporthalle	D3-D4
Antonienstr.	D7-E7
Asternweg	D5
A.-Bebel-Str.	F4-F5
Baderstr.	H5
Badstr.	H6-I5
Bahnhofstr.	G3-G5
Bahnmeistergasse	F4-G3
Bärengasse	G5
Benediktenstr.	H5
Bergbaustr.	G6-G7
Bergwerkstr.	G6-G7
B.-Kellermann-Str.	D6
B.-Brecht-Str.	D6-E5
Blankenbergstr.	E7
Blumenstr.	G5
Brauhausstr.	G5
Briesker Str.	C8-F5
Buchwalder Str.	I7-L/
Burglehnstr.	H5-H6
Calauer Str.	F1-G3
Charlottenstr.	F5
Dahlienweg	D5
Damaschkestr.	E4
D.-Chr.-Erxleben-Str.	F2-G2
Drosselweg	E6-E7
Dubinaweg	G7
Eigenheimweg	C5-D5
Eisenbahnstr.	C3-G3
Elsestr.	F6
Elsterstr.	H5-K5
E.-Weitert-Str.	D6-E5
E.-Thälmann-Str.	C4-C5/A2-B1
F.C.Weiskopf-Str.	E5-E6
F.-Spiro-Str.	G4-G5
Fichtestr.	E4-F4
Finkenweg	F6-F7
Fischreiherstr.	E8
Fliederweg	C5-D5
Freiseplatz	F3
Freisestr.	F3-F4
Friedenstr.	F5
F.-Wolf-Str.	E6
Gartenstr.	A3
Gartenweg	H7-I7
G.-Hauptmann-Str.	H4
Geschwister-Scholl-Str.	F7
Glück-Auf-Str.	F7-G7
Goethestr.	E3-E4
Greifswalder Str.	G8
Grenzstr.	A1-B2/F2-G1
Großenhainer Str.	D5-F4
Grubenstr.	A7-B8
Grünstr.	H5-K5
Güterbahnhofstr.	H3-I2
Hanseatenstr.	D8-F6
Hauensteinstr.	E7
Häuerstr.	G6
Heimstättenstr.	G2
Heinrichstr.	E5
Herderstr.	E4
Hermannsplatz	E4
Hörlitzer Str.	B5-C5
Hoynstr.	D7-E8
Hüttenstr.	G2
Jahnstr.	F2-F3
J.-Gottschalk-Str.	H4-H5
J.-R.Becher-Str.	C6-D7
Jüttendorfer Str.	F5
Karlstr.	G1
K.-Ziehm-Str.	E5
Kerneckestr.	E5-F5
Kirchplatz	H5
Kirchstr.	H5/B2
Kleinkoschener Str.	K7-L7
Klettwitzer Str.	B1-D3
Knappenstr.	I3-L3
Kochstr.	F2-F3
Kormoranstr.	E7-F7
Kranichstr.	E7-E8
Krankenhausstr.	F4-G3
Kreuzstr.	A3-B1
Kurze Str.	G1
Lange Str.	B1
Laugkstr.	H4
Lerchenweg	E7
Lessingstr.	E3-E4
Lindenstr.	E2-F4
L.-Fürnberg-Str.	D6
Markt	G5-H5
Marthastr.	F6
Meilenweg	D4
Meisenweg	E6-E7
Mittelstr-	E2-G2
Möwenstr.	E7-F7
Mutzkstr.	F4
Nachtigallenweg	E6-E7
Nelkenweg	C5
Neumarkt	G6
Niemtscher Weg	F5-F6
Ostpromenade	H5-I4
O.-Müller-Str.	B1
O.-Nuschke-Str.	C7-D6
Parzellenstr.	G1
R.-Rilla-Str.	D5-E6
Paulinenstr.	G5
Polenzweg	E8-F7
Prof.-Billroth-Str.	F3
Prof.-Virchow-Str.	F2-G2
Puschkinstr.	G4-H3
Radojewskistr.	F4-F5
Rathausstr.	G4-H4
Rathenaustr.	H4
Reyersbachstr.	F5-G4
Ringstr.	G5
Ritterstr.	G6-H6
R.-Harnau-Str.	G4-G5
Rosenstr.	G5-G6
Roßkaupe	H3-H4
Rostocker Str.	D7-E8
R.-Breitscheid-Str.	G4-G5
R.-Harbig-Str.	C4-D3
Salzmarktstr.	G5-G6
Schillerstr.	E3-E4
Schipkauer Str.	A2-C2
Schloßstr.	H5-H6
Schmiedegasse	G5
Schmiedestr.	G5-G6
Schulstr.	A2-A3/F6-G6
Seeadlerstr.	E7-E8
Siedlung	B3
Spremberger Str.	G3-H2
Steigerstr.	F6-F7
Steindamm	H5-H7
Sternstr.	G1-G2
Stralsunder Str.	D8-E8
Straße der Energie	G7
Straße der Jugend	G3-G4
Straße des Bergmanns	C4-C5
Straße des Sports	D3-D4
Taubenstr.	G2
Tennigstr.	G2
Töpferstr.	G5
Tulpenweg	D5
Turnstr.	D3
Ückeritzer Str.	D8
Usedomer Str.	C8-D8
Veilchenweg	D5
Wehrstr.	F5-G5
Westpromenade	G5-H5
W.-Külz-Str.	D7
W.-Pieck-Str.	C5-D7
Windmühlenweg	D3-E4
Wolschinkastr.	E7
Wredestr.	B1
Wünnebergstr.	C2

in der Zeit, als die Stadt und das Amt Senftenberg sächsisch waren. Vom Schloß aus verwalteten damals Amtsleute das Territorium. Einer von ihnen hieß Johann Hektor von Klettenberg. Er ging als Abenteurer in die Analen der Geschichte ein. Hoch verschuldet, versuchte sich Klettenberg durch Betrügereien zu retten und gab sich als Goldmacher aus. August der Starke fiel auf den Schwindel herein und belohnte Klettenberg mit der Stelle des Amtshauptmannes von Senftenberg. Hier führte dieser seinen zügellosen Lebensstil weiter, zum Leidwesen der hiesigen Bürger. Sie beschwerten sich beim sächsischen Landesherren. Der ließ Klettenberg beobachten. Seine Betrügereien wurden aufgedeckt und der vermeintliche Goldmacher auf der Festung Königstein festgesetzt. Nach zwei mißglückten Fluchtversuchen hatte er sein Leben 1720 durch Hinrichtung verwirkt.
In diesem Schloß Senftenberg werden heute die Geschichte und die Geschichten unseres Landkreises bewahrt und gepflegt. Das Kreismuseum zeigt in seinen Ausstellungen die regionale Historie von der Urgesellschaft bis zur Gegenwart.
Gästen, die sich besonders für die Vergangenheit unseres Landstriches interessieren, sei ein Besuch dieser Stätte empfohlen.
(Quelle: Stadtverwaltung)

Wirtschaftsstruktur

Die Stadt Senftenberg ist das Zentrum des Berg- und Energiearbeiterkreises. Größter Arbeitgeber im Territorium ist die Lausitzer Braunkohlen AG (LAUBAG). Weitere Klein- und Mittelbetriebe sind in folgenden Branchen ansässig: Stahl- und Anlagenbau, Elektrotechnik, Hoch- und Tiefbau, Straßenbau, Transportunternehmen, Baustoffhandel, Wasser- und Abwasserwirtschaft, unternehmensbezogene Dienstleistungen, Banken, Sparkassen und Versicherungen, Gewerbeamt, Oberbergamt und Bergamt, Industrie- und Handelskammer, Arbeitsamt.
Die Infrastruktur bietet ein vollerschlossenes Trinkwassernetz, teilerschlossenes Abwassernetz sowie eine Abwasseranlage, deren Neubau vorbereitet wird. Die Versorgung mit Elektroenergie ist gewährleistet.
(Quelle: Stadtverwaltung)

Luftaufnahme Senftenberg Foto: Stadtverwaltung

Sehenswürdigkeiten Ausflugsziele

Die Festungsanlage Senftenberg

Dieses technische Baudenkmal des ausgehenden Jahrhunderts hat als seltene Kostbarkeit der Militärbaukunst die Zeiten überdauert. Die sächsischen Wettiner ließen die vorgefundene Burganlage 1448 zu einem Renaissanceschloß ausbauen. Von den ursprünglich drei Wachtürmen hat das Pulvertürmchen auf der Nord/Ostbastion die Zeiten überdauert. 1991 begannen umfassende Rekonstruktionsmaßnahmen an der Festungsanlage.

Tierpark Senftenberg

Der 1931 aus Privatbeständen gegründete Tierpark umfaßt heute einen Bestand von 350 Tieren, bei etwa siebzig Heimtierarten. Eine Tradition stellt die Braunbärenzucht dar. Das jetzige Braunbärenpaar ist 27 Jahre alt. Dreißig Jungtiere wurden bisher erfolgreich gezogen. Gern besucht sind die Bärenkinderstube und das Streichelgehege.

Erholungsgebiet „Senftenberger See“

Von der Neugestaltung der Landschaft zeugt das zu einem Erholungszentrum ausgebaute Gebiet „Senftenberger See“ mit einer Gesamtflächennutzung von 1900 ha, davon 430 ha Wald sowie 40 ha Strand- und Liegefläche.
Es liegt in einem Landschaftsschutzgebiet, grenzt an Naturschutzgebiete und umfaßt eine ca. 200 ha große Inselfläche mit 60 Vogelarten, Reh- und Schwarzwild.
Mit Motorschiffen werden erlebnisreiche Rundfahrten angeboten, und an den Badestränden finden die Erholungssuchenden Entspannung.

Parkanlagen

Für Erholungssuchende bieten die zahlreiche Parkanlagen mit ihren zum Teil recht wertvollen Baumbeständen eine willkommene Abwechslung. In den Gemeinden Guteborn, Groß- und Kleinkmehlen, Hohenbocka, Kroppen, Lipsa und Niemtsch befinden sich geschütze Parkanlagen. Der Park in Lindenau, mit 23 ha, steht unter Denkmalschutz. Weitere Parkanlagen findet man in Biehlen, Großräschen, Hermsdorf, Lauchhammer, Ruhland und Senftenberg.

Museumgehöft in Großkoschen

In einem typischen Senftenberger Vierseitenhof kann man traditionelle regionale bäuerliche Wirtschaftsformen sehen und erleben.

Anschauenswert und lehrreich werden historischer Feldbau, dreschen auf der Tenne, bäuerliche Müllerei, die Arbeiten von der Flachsriffel bis zum Weberschiffchen und vom Korn zum Brot sowie die Backstube vorgestellt. Das Freiland ist in seiner Gestaltung sowohl für den Museumsbesucher botanisch und ökologisch interessant. Zu erreichen ist das Gehöft von Senftenberg aus über Bus- und Schiffverbindungen und natürlich auch zu Fuß, per Rad oder PKW.
(Quelle Stadtverwaltung)

Verkehrsanbindungen

Senftenberg liegt ca. 12 km von der A 13 entfernt, über welche die Flugplätze Berlin (120 km) und Dresden (60 km) günstig zu erreichen sind. Die Autobahn mit ihren vier ausgebauten Anschlußstellen und drei Bundesstraßen durchqueren das Kreisgebiet. Drei Eisenbahnknotenpunkte vervollständigen die verkehrstechnische Erschließung des Kreises.
(Quelle Stadtverwaltung)

Museen, Galerien, Theater

Theater
„Neue Bühne“
Tel. 72 58

Kreismuseum
Schloß
Tel. 26 28

Galerie am Schloß,
Steindamm 22
Tel. 7 35 27

Kleinplanetarium
Tel. 21 12

Bibliotheken

Stadtbibliothek
Krankenhausstr. 4
Tel. 25 53

Banken und Sparkassen

Kreissparkasse Senftenberg
Schloßstr. 1,
Tel. 72 11

Deutsche Bank AG
Bahnhofstr. 28 a
Tel. 7 06 10

Volksbank e. G.
Bahnhofstr. 15,
Tel. 79 06 00

Raiffeisenbank e. G.
Ernst-Thälmann-Str. 42,
Tel. 24 83

Commerzbank,
Bahnhofstr. 3,
Tel. 79 16 27

Berliner Bank,
Ritterstr. Tel. 79 64 18

Ämter / Beratungsstellen

Stadtverwaltung
Markt 1,
Tel. 70 10

Landratsamt
Dubinaweg 1,
Tel. 860

Krankenhäuser / Apotheken

Kreiskrankenhaus
Krankenhausstr. 10
Tel. 750

Caritas Sozialstation
Calauer Str. 1 a,
Tel. 26 98

Sozialstation der
Volkssolidarität
Steigerstr. 6,
Tel. 39 05

Marienapotheke
Bahnhofstr. 41,
Tel. 27 67

Lindenapotheke
Fischreiherstr. 2,
Tel. 6 10 30

Adler - Apotheke
Markt 19,
Tel. 25 43

Schnelle medizinische Hilfe
Tel. 21 93

Bäder, Sport- und Freizeiteinrichtungen

„Senftenberger See“ GmbH
Am See 5,
Tel. 28 31

Haus der Freizeit
R.-Breitscheid-Str. 17,
Tel. 42 72

Heimattierpark
Im Schloßpark,
Tel. 29 44

Schwimmhalle,
Hörlitzer Straße,
Tel. 24 30

Fremdenverkehrs-einrichtungen

Servicebüro des
Fremdenverkehrsamtes
Kirchplatz 18,
Tel. 21 70

Hotels / Pensionen

Servicebüro des Fremden-verkehrsamtes
Kirchplatz 18,
Tel. 21 70

- Hotel
„Am Damm“,
Eisenbahnstr. 17,
Tel. 79 05 97

- Hotel
„Kronprinz“,
Ernst-Thälmann-Straße 44,
Tel. 21 51 und 21 53

- Hotel
„Farmer-Haus“,
Kreuzstraße 6,
Tel. 28 97

Eine ganz besondere

Geschenkidee!

Die 5 wertvollen Länder-Magazine im Sammelhefter.

Zum Sonderpreis von DM 40,-

(plus Versand- und Verpackungskosten)

erhalten Sie 191 Stadtpläne!

Ein passendes Geschenk zum Geburtstag, zu Ostern, Weihnachten, Jubiläen, für Geschäftspartner, Freunde und den Autofahrer - kurz - zu jedem Anlaß!

Bestellcoupon

Ich bestelle bei Ihnen folgende Sammelhefter:

Stück		Gesamtpreis
	1 Hefter + 5 Magazine zum Komplettpreis von DM 40,- + (z.Z.) 7,- DM Versand- und Verpackungskosten je Sammelhefter	

Senden Sie diesen Coupon an:

ERKA Verlag
Gesellschaft für kartographische Druckerzeugnisse mbH
Neuköllner Straße 308 - 312 · 12357 Berlin

Telefon (030) 6 62 00 71
Fax (030) 6 62 00 70

Meine Anschrift:

Name, Vorname: ______

Straße, Hs.-Nr.: ______

PLZ/Wohnort: ______

Telefon: ______

Gewünschte Zahlungsweise:

❑ bequem und bargeldlos durch Bankeinzug:

BLZ ______ Konto-Nr. ______

Geldinstitut ______

❑ Euroscheck liegt bei

❑ Postwertzeichen in Höhe des Bestellwertes liegen bei

Datum, Unterschrift ______

Diese Bestellung kann ich innerhalb von 14 Tagen schriftlich beim ERKA Verlag widerrufen. Rechtzeitige Absendung genügt. Ich bestätige dies mit meiner 2. Unterschrift.

Datum, 2. Unterschrift ______

SPREMBERG

Aus der Stadtgeschichte

3000 - 1700 v. Chr. - erste Siedler im Spremberger Raum
1000 - frühdeutsche Turmburg zur Sicherung des Spreeübergangs (Vorläufer des Spremberger Schlosses)
1030 - Die Niederlausitz als slawisches Altsiedelgebiet gelang endgültig unter deutsche Herrschaft
1303 - Spremberg gehört zum Markgrafentum Brandenburg
1349 - Die Herren von Kittlitz verkaufen das Spremberger Schloß an den thüringischen Grafen Günther von Schwarzberg zu Wachsenburg
1360 - Spremberg kommt durch Kauf zu Böhmen, Kaiser Karl IV. erwirbt Stadt und Schloß
1429 - Spremberg wird durch die Hussitten belagert, großer Stadtbrand
1568 - Kaspar von Minkwitz auf Drehna wird neuer Besitzer der Herrschaft Spremberg
1642 - Spremberg geht in den Besitz derer von Sachsen-Merseburg über, Erweiterungsbauten am Schloß
1706 - Bauliche Fertigstellung des Kavalierhauses des Herzogs Heinrich von Merseburg in der Langen Straße
1758 - während des Siebenjährigen Krieges Vorpostengefecht zwischen Österreichern und Preußen in der Nähe des Kochsdorfer Kreuzes
1759 - schwere Viehseuche in der Stadt und den benachbarten Dörfern
1767 - Gründung der Glashütte in Friedrichshain, Produktion für die Bedürfnisse des sächsischen Hofes.
1790 - Nutzung des Schlosses für militärische Zwecke, die sächsische Infanterie erhält Kammern und Magazine
1807 - Gründung des Verlages C.F. Saebisch, ab 1837 Herausgabe des Spremberger Anzeigers
1835 - Bau der Landkirche auf den Fundamenten der alten Wendischen Kirche
1843 - erster Kohleabbau in Friedrichshain

SPREMBERG

PLZ 03130
Vorwahl 03563

Kfz.-Kennz.: SPB

Einwohner Stadt: 25.000

Fläche Stadtgebiet: 113,35 qkm

Bismarckturm auf dem Georgenberg Foto: Adam

1844 - Eröffnung der Städtischen Sparkasse
1866 - Spremberg erhält eine Bahnstation an der Berlin-Görlitzer Eisenbahnstrecke
1869 - Gründung der Königlichen Webeschule Spremberg
1878 - Das Schloß wird Sitz der Kreisverwaltung und des Amtsgerichts
1886 - zur Zeit des Sozialistengesetzes (1878-1890) kleiner Belagerungszustand über Spremberg, Slamen und Heinrichsfeld
1887 - Vollendung der katholischen Kirche
1897 Baubeginn des Stadtbahnnetzes

1903 - Errichtung des Bismarckturmes auf dem Georgenberg
1905 - Schweres Eisenbahnunglück bei Spremberg, 14 Todesopfer.
Die Fa. Herrmann Römmler beginnt mit der Kunstharzproduktion.
1911 - Vollendung des Neubaues des Reform-Realgymnasiums, Eröffnung des Museums Spremberg, Gründung der Städtischen Bibliothek
1915 - Bau des Kraftwerkes Trattendorf als Energielieferant fürBerlin
1926 - Bau der Bahnhofstraße
1931 - Die Eintracht-Braunkohlenwerke und Brikettfabriken bestehen 50 Jahre
1945 - Spremberg wird zur Festung erklärt, die Lange Brücke wird durch den persönlichen Einsatz mehrerer Spremberger Bürger vor der Sprengung bewahrt.
1946 - Demontage der Westbahn
1956 - Gründung des neuen Spremberger Stadtblasorchesters
1957 - Beginn des Baues der Talsperre Spremberg
1962 - Fertigstellung des Speicherbeckens der Talsperre Spremberg
1977 - Aufhebung der Stadt Spremberg als Bergbauschutzgebiet, Beendigung der Bausperre
1989 - am 28. Oktober demonstriert die Spremberger Bevölkerung gegen die Mißstände in der DDR
1990 - am 11. Dezember jährt sich der „Runde Tisch" als demokratisches Organ in Spremberg zum ersten Mal - öffentliche Feier zur Vereinigung Deutschlands auf dem Spremberger Marktplatz am 3. Oktober
1991 - Wiedergründung des Spremberger Gymnasiums
1992 - Eröffnung des Erlebnis-Waldbades im Kochsagrund.

Tag und Stunde der Gründung unserer Stadt ist in Dunkel gehüllt. Es gibt keine Urkunden und Berichte, die darüber Auskunft geben, zu welchem Zeitpunkt Spremberg erbaut wurde. Sicher sind viele Unterlagen bei den sieben Stadtbränden zwischen 1429 und 1705 vernichtet worden.
Die älteste vorhandene Urkunde stammt aus dem jahre 1301. Nach dieser Urkunde verkaufte der Landgraf von Thüringen und Markgraf der Niederlausitz, Thiederich der Jüngere, eine Teil der Niederlausitz an den Erzbischof Burchard von magdeburg. In dem Kaufbrief werden die vom Verkauf betroffenen Städte namentlich aufgeführt, unter ihnen auch "oppidum et castrum Sprewnberch". Der Name Sprewenberch hatte sich bis zur nächsten Erwähnung in einer Urkunde von 1346 bereits in Sprembergk gewandelt. Ab 1406 wurde nur noch Spremberg geschrieben. Da frühere Urkunden nicht aufzufinden sind, sind Hisoriker der Meinung, daß Spremberg in der Zeit um 1271 gegründet wurde. Diese Ansicht vertritt auch das Staatsarchiv Potsdam in seinem 'Bestandsnachweis' aus dem Jahre 1964. Daraufhin beschloß die Stadtverordnetenversammlung als Gründungsjahr 1271 festzulegen. Spremberg ist nicht so wie die meisten anderen Städte aus kleinsten Anfängen heraus entstanden, sondern als Siedlung von etwa 100 Familien nach einem vorher festgelegten Plan erbaut worden. Diese Siedler hatte wahrscheinlich der Landgraf von Thüringen, dem damals die Niederlausitz gehörte, im Westen des damaligen Deutschland anwerben lassen, um mit ihnen die um 930 begonnene Kolonialisation des Ostens fortzusetzen. Das ging so vor sich, daß die Siedler den Platz für ein Wohnhaus abgesteckt bekamen. Hinzu kam für jeden Siedler ein Stück Land außerhalb der Stadt für die Eigenversorgung mit Lebens- und Futtermitteln. So wurden in dieser Zeit die Häuser um den Marktplatz und die Anfänge einiger von diesem abzweigenden Straßen angelegt. Die Ansiedlung geschah unter dem Schutze des Schlosses Grodk. Daß die Spremberger Region bereits in vorchristlicher Zeit besiedelt war, belegen Funde aus dem Neolithikum, die im Niederlausitzer Heidemuseum aufbewahrt werden. Im Gebiet der heutigen Talsperre Spremberg ist eine ununterbrochene Besiedelung von 2500 v. Chr. an durch zahlreiche Funde nachgewiesen.
Aufgrund der günstigen Lage der Stadt entwickelte sie sich in wirtschaftlicher Hinsicht äußerst gut. Zwischen Bautzen und Cottbus waren hier die einzigen Brücken über die Spree. Alle Kaufleute, die mit ihren Waren von Osten nach Westen oder von Norden nach Süden und umgekehrt reisen wollten, wählten den Weg über Spremberg, da hier neben drei Brücken noch gute Furtübergänge in der Spree waren.
Die durch Spremberg verlaufende Zucker- oder Niedere Straße, als wichtige Handelsverbinung, beschleunigte die Entstehung eines Marktfleckens und verhalf der Stadt zu Wirtschaftlichem Ansehen.

Funde aus einer mittelalterlichen Abfallgrube auf dem Marktplatz, 1988 ergraben, beweisen, daß Spremberg bereits im 13. Jahrhundert eine Stadt mit pulsierendem Treiben und vielfältigem ansässigen Handwerk gewesen ist. Während dieser Zeit entstand auch die das gesamte Altstadtgebiet umschließende Feldsteinmauer, die in einem einzigen Bauabschnitt errichtet wurde und drei Stadttore sowie mehrere Wehrtürme und Mauerpforten besaß. Große Teile der Stadtmauer und wiederentdeckte Wehrtürme und Mauerpforten wurden dank des "Sozialistischen Wohnungsbauprogrammes " 1988 abgerissen. Durch die starke Zuwanderung von Handwerkern, vor allem Töpfern, Leinewebern und Tuchmachern im 16. Jahrhunder, breitete sich die städtische Siedlung über den engen Rahmen der ursprünglichen Stadtbefestigung weiter nach Westen aus. In den folgenden Jahren trat im Handwerk immer stärker das Tuchmachergewerbe hervor und wurde in den nächsten Jahrhunderten zum Träger der wirtschaftlichen und städtebaulichen Entwicklung.
(Quelle: Stadtverwaltung)

Wirtschaftsstruktur

Die Stadt Spremberg gilt seit jeher als ein dynamischer Wirtschaftsstandort. Sie bildet gleichzeitig eine wichtige Markt- und Verkehrsdrehscheibe entlang traditioneller West-Ost-Handelsrouten.

Landschaftlich und klimatisch begünstigt, bietet die Kommune heute attraktive Rahmenbedingungen für eine Niederlassung von Gewerbe-, Handels- und kleineren Industriebetrieben.
Die Stadt ist ein traditionsreicher Standort der Tuch- und Textilindustrie, wobei seit mehr als 100 Jahren die industrielle Struktur mitgeprägt wird durch Unternehmen der Braunkohleförderung und -verarbeitung, der chemischen und metallurgi-

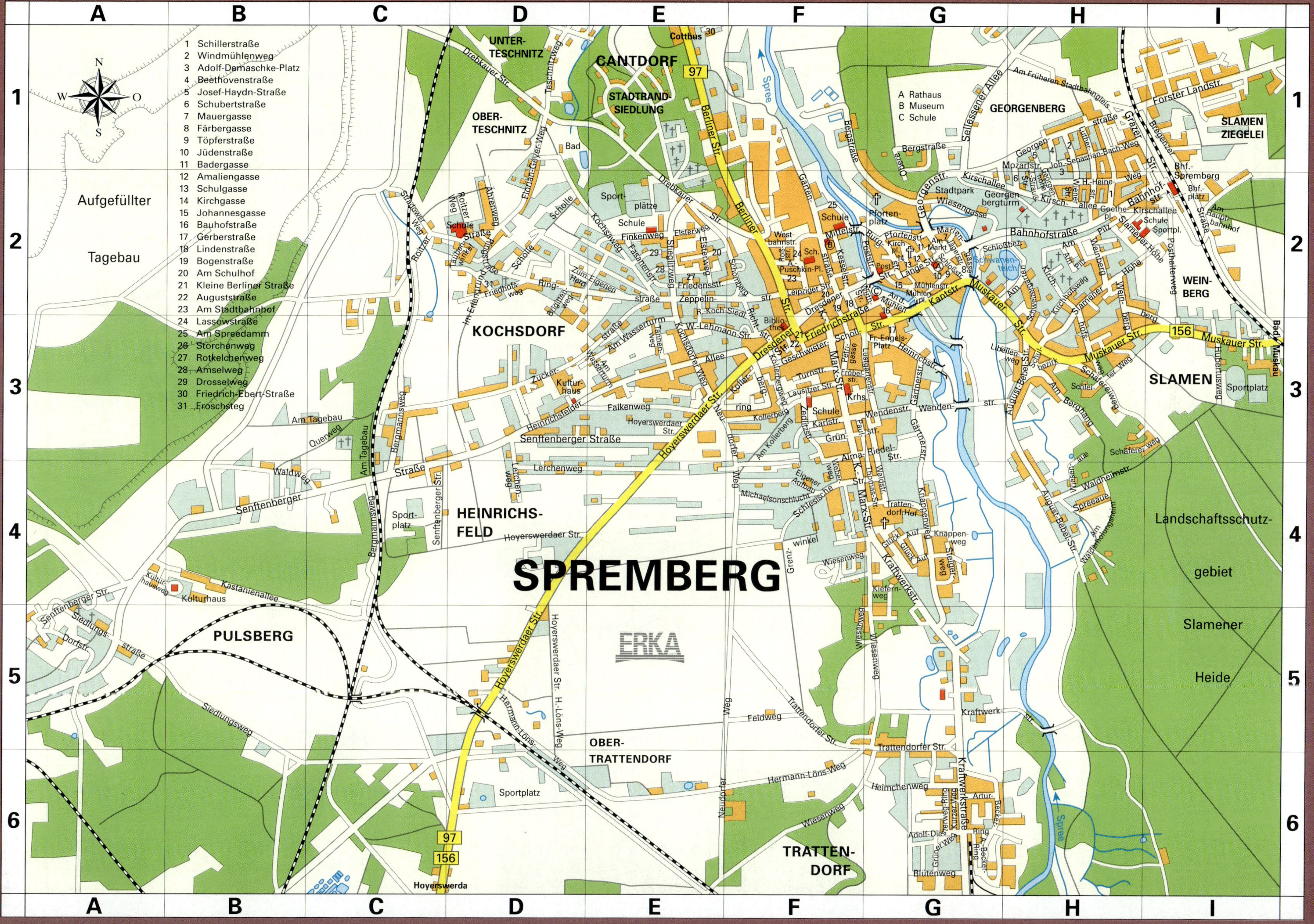

SPREMBERG
1 Schillerstraße
2 Windmühlenweg
3 Adolf-Damaschke-Platz
4 Beethovenstraße
5 Josef-Haydn-Straße
6 Schubertstraße
7 Mauergasse
8 Färbergasse
9 Töpferstraße
10 Jüdenstraße
11 Badergasse
12 Amaliengasse
13 Schulgasse
14 Kirchgasse
15 Johannesgasse
16 Bauhofstraße
17 Gerberstraße
18 Lindenstraße
19 Bogenstraße
20 Am Schulhof
21 Kleine Berliner Straße
22 Auguststraße
23 Am Stadtbahnhof
24 Lassowstraße
25 Am Spreedamm
26 Storchenweg
27 Rotkelchenweg
28 Amselweg
29 Drosselweg
30 Friedrich-Ebert-Straße
31 Froschsteg
A Rathaus
B Museum
C Schule
Aufgefüllter Tagebau
UNTER-TESCHNITZ
OBER-TESCHNITZ
CANTDORF
STADTRAND-SIEDLUNG
GEORGENBERG
SLAMEN ZIEGELEI
WEIN-BERG
SLAMEN
KOCHSDORF
HEINRICHS-FELD
PULSBERG
OBER-TRATTENDORF
TRATTEN-DORF
Landschaftsschutz-gebiet Slamener Heide
Cottbus 30
Bad Muskau
Hoyerswerda
Berliner Str.
Muskauer Str.
Hoyerswerdaer Str.
Senftenberger Straße
Kraftwerkstraße
Spree
ERKA

schen Industrie sowie des Bauwesens.

Von großer Wichtigkeit ist die Tatsache, daß das einzige neue Kraftwerk im Bundesland Brandenburg im wesentlichen auf Spremberger Boden ab 1993 errichtet wird. Es wird mit seinen 1600 MW einen stabilen Absatz der in der Spremberger Region geförderten Braunkohle ermöglichen. Im übrigen lieferte ein Kraftwerk im Ortsteil Trattendorf bereits in den 20er Jahren dieses Jahrhunderts Strom für die Berliner S- und Straßenbahn. Von seinem Hoheitsgebiet her ist Spremberg die drittgrößte Stadt im Bundesland Brandenburg.
(Quelle Stadtverwaltung)

Sehenswürdigkeiten Ausflugsziele

Spremberg, heute im südöstlichen Zipfel des Landes Brandenburg gelegen, war einmal der Mittelpunkt des Deutschen Reiches - Geschichte, die Deutschland in den Grenzen des Kaiserreiches von 1871 betraf. Mit dem Ergebnis der Ersten Weltkrieges stimmte diese Rechnung nicht mehr. Auf diese Besonderheit Sprembergs verweist heute noch ein dicht neben dem Museum in der Gartenstraße stehender Markierungsstein mit dem Reichsadler und der Inschrift „Mittelpunkt vom Deutschen Reiche".

Fast ein halbes Jahrhundert nach dem Zweiten Weltkrieg und in den ersten Jahren des vereinten Deutschland rüstet sich die einstige „Perle der Lausitz" zum Wiederaufbau. Ausschlaggebend für die über viele Jahrzehnte erhalten gebliebene Attraktivität ist die einzigartige Insel- und Tallage der Stadt und die sie umgebende Spreeauenlandschaft. Spremberg ist somit die einzige Stadt der Niederlausitz, die man von oben betrachten kann, entschließt man sich zu einem Bergspaziergang. Ein herrlicher Blick auf die Stadt und Umgebung bietet sich von dem auf dem Georgenberg 1903 eingeweihten Bismarckturm, der als Wahrzeichen der Stadt gilt. Von diesem Aussichtspunkt und dem angrenzenden ehemaligen alten Georgenbergfriedhof, der heute das Zentrum der Stadtparkanlage darstellt, können über ein gut erschlossenes Wegesystem Wanderungen zu den touristischen Sehenswürdigkeiten der Stadt unternommen werden. Das älteste Gebäude der über 700 Jahre alten Stadt ist das Schloß, das aus einer frühdeutschen Sumpfburganlage des 11. Jahrhunderts entstand und 1991/92 mit erheblichem Aufwand nach historischen Vorlagen rekonstruiert wurde. Die angrenzende Parkanlage mit dem Schwanenteich ist wegen des Bestandes seltener Gehölze sehr interessant.

Schloß Foto: Adam

Als recht bedeutendes sakrales Kunstwerk gilt der Hauptaltar aus dem Jahre 1660, ein späteres Renaissancewerk in der Kreuzkirche, die als spätgotische, dreischiffige Backsteinhallenkirche zu Beginn des 16. Jahrhunderts an der Stelle eines früheren Kirchenbaues errichtet wurde. Der mit Abstand älteste Teil ist der rechteckige, in das Langhaus eingeschobene Südwestturm mit seinen 2,60 m starken Wänden, wo der Mauerverband typische Züge des 13. Jahrhunderts trägt.
Ebenfalls von hoher künstlerischer und kulturhistorischer Bedeutung sind vier Holzplastiken aus der Zeit um 1450.

Sehenswert ist auch das Rathaus, das bei sieben Stadtbränden zwischen 1429 und 1705 jedesmal in Mitleidenschaft gezogen und zuletzt im Jahre 1706 in barocker Bauweise wieder aufgebaut wurde. Unter der Einbeziehung von fünf angrenzenden Gebäuden bis 1934 entstand der heutige Rathausbau.

Für Besucher interessant sind die noch erhalten gebliebenen und rekonstruierten Reststücke der ehemals seit dem 13.

Straßenverzeichnis der Stadt Spremberg

Adolf-Damaschke-Platz,	H1-H2
Adolf-Diesterweg-Ring	G6
Ährenweg	D2
Alexander-Puschkin-Platz	F2
Alma-Riedel-Str.	F3-G3
Am Berghang	H3
Am Früheren Stadtbahngleis	H1
Am Hauptbahnhof	I2
Am Kollerberg	F3
Am Markt	G2
Am Pilz	H2
Am Schulhof	F2
Am Schweizergarten	H2-H3
Am Spreedamm	F2
Am Stadtbahnhof	F2
Am Tagebau	B4-C4
Am Walderholungsheim	H4
Am Wasserturm	E3
Amaliengasse	G3
Amselweg	E2
An den Mühlen	G2
Artur-Becker-Ring	G3
August-Bebel-Str.	H3-H4
Auguststr.	F3
Badergasse	G2
Bahnhofstr.	G2-H2
Bahnhofsvorplatz	I2
Bauhofstr.	G2
Beethovenstr	H1
Bergmannsweg	C3-C4
Bergstr.	F1-G2
Berliner Str.	E1-F2
Blütenweg	G6
Bogenstr.	F2-F3
Bregenzer Str.	I1-I2
Brittenweg	D2
Burgstr.	G2
Dorfstr.	A5
Drebkauer Str.	D1-F2
Dresdener Str.	F3-G2
Drosselweg	D2
Eigener Aufbau	F4
Elsterweg	E2
Falkenweg	F3
Färbergasse	G2
Fasanenstr.	E2
Feldweg	F5
Finkenweg	E2
Florian-Geyer-Weg	D1-D2
Forster Landstr.	I1
Friedensstr.	E2-F2
Friedhofsweg	D2
Friedrich-Ebert-Str.	E1
Friedrich-Engels-Platz	F3-G3
Friedrichstr.	F2-G2
Fröbelstr.	F3
Froschsteg	D2
Gartenstr.	F1-F2
Gärtnerstr.	G3-G4
Georgenhöhe	H2
Georgenstr.	G2-H1
Gerberstr.	G3
Geschwister-Scholl-Str.	F3-G3
Glück Auf	G4
Goetheplatz	H2
Grazer Str.	H1-I2
Grenzwinkel	F4
Grüner Weg	G6
Grünstr.	F3-G3
Heimchenweg	G6
Heinrich-Heine-Weg	H2
Heinrichsfelder Allee	D3-F3
Heinrichstr.	G3
Hermann-Löns-Weg	D5-F6
Hoyerswerdaer Str.	D6-F3
Hubertusweg	I3
Im Erlengrund	D2
Jägerstr.	G2
Johann-Sebastian-Bach-Weg	H1
Johann-Strauß-Str.	H2
Johannesgasse	G2
Joseph-Haydn-Str.	E H1
Jüdenstr.	G2
Kantstr.	G2
Karl-Marx-Str.	F3-F4
Karlstr.	F4
Kastanienallee	B4-C5
Kesselstr.	F2
Kiefernweg	G4
Kirchgasse	G2
Kirchhofsweg	H2-H3
Kirchplatz	G2
Kirschallee	G2-I2
Kleine Berliner Str.	F2
Knappenweg	G4-G5
Kochsaweg	D2-E2
Kochsdorfer Weg	E2-E3
Kollerberg	F3
Kollerbergring	F3
Kollerbergweg	F3
Kraftwerkstr.	G4-H5
Kulturhausweg	A4-B4
Kurzer Weg	G6
Lange Str.	G2
Lassowstr.	BF2
Lausitzer Str.	F3
Leipziger Str.	F2
Lerchenweg	D3-F4
Libellenweg	G3-H3
Lindenstr.	F2-F3
Lustgartenstr.	F3-G3
Lutherstr.	H1-H2
Mariengasse	G2
Mauergasse	G2
Michelsonschlucht	F4
Mittelstr.	F2
Mozartstr.	H1
Mühlenplatz	G2
Mühlenstr.	G2
Muskauer Str.	G2-I3
Neudorfer Weg	E3-E6
Obere Bergstr.	G1-G2
Paul-Thomas-Str.	F3-G4
Petrigasse	F3
Pfortenplatz	G2
Pfortenstr.	G2
Posthalterweg	I2
Poststr.	F2-G2
Querweg	B4-C3
Richtstr.	F2-F3
Ringstr.	D2.E2
Robert-Koch-Siedlung	E2-F2
Roitzer Str.	C2-D2
Roitzer Weg	D2
Roßstr.	F2
Rotkehlchenweg	E2
Schäfereiweg	H3-I3
Schillerstr.	H2
Schleiferweg	H3
Schlesische Str.	F4-G4
Schloßbezirk	G2
Schloßstr.	G2
Schollee	D2
Schornberg	E2-F2
Schubertstr.	H1-H2
Schulbezirk	H3
Schulgasse	G2
Selessener Allee	G1-H1
Senfrenberger Str.	A5-E3
Siedlungsstr.	A5
Siedlungsweg	B5
Slamener Höhe	H2-H3
Spreeaue	H4
Steigerweg	G4
Stieglitzweg	E2
Storchenweg	E2
StradowerWeg	C2
Tannenweg	E3
Taubenwinkel	D2
Teschnitzweg	D1
Töpferstr.	G2
Trattendorfer Hof	G4
Trattendorfer Str.	F5-G5
Turmstr.	F3
Waldheimstr.	H4
Waldstr.	G3-G4
Waldweg	B4-C4
Walter-Lehmann-Str.	E3-F3
Weberweg	F4
Weinberg	H2-I3
Wendenstr.	F3-G3
Westbahnstr.	F2
Wiener Str.	H2
Wiesenaue	H3-H4
Wiesengasse	G2
Windemühlenweg	GH1
Wirthstr.	F2-G2
Zedlitzstr.	F3
Zeppelinstr.	E2-F2
Zuckerstr.	C3-E2

Jahrhundert die Stadt umgebenden Stadtmauer.
Ein weiteres lohnendes touristisches Ziel ist das Niederlausitzer Heidemuseum mit seinen reichen Sammlungen zur Geschichte der Spremberger Region und der Museumshof mit dem sorbischen Heidebauernhaus, das 1983 vor dem Abriß durch den Kohleabbau gerettet wurde.

Eine besondere Attraktion ist das im Sommer 1992 neu eröffnete Erlebnis-Waldbad am westlichen Stadtrand von Spremberg.

Für Spremberger wie für Besucher und Gäste besonders reizvoll ist die durch die Stadt fließende Spree mit ihren durchgängigen Spreepromenaden, die in nördlicher Richtung über die Stationen Liebesinsel, Wilhelmsthal und Veilchental auf traditionellen Ufer- und Wiesenwegen direkt in das überregional bekannte Naturschutz-, Landschaftsschutz- und Erholungsgebiet der Talsperre Spremberg führen. Die ca. 960 ha Wasserfläche umfassende Talsperre mit ihren weiträumigen Feucht- und Flachwasserzonen bietet günstige Bedingungen für die verschiedenen Wasservogelindividuen als Überwinterungs-, Brut- und Rastgebiet. Aufgrund ihrer attraktiven, vielgestaltigen Naturlandschaft ist die Talsperre Spremberg ein beliebtes Ausflugsziel und eine Idylle für Erholungssuchende.

Wanderwege und Erholungsgebiete rund um die Talsperre bieten Möglichkeiten der aktiven Erholung und Entspannung. Wenn auch im Spremberg noch viel zu tun ist, um unter dem traditionell verpflichtenden Beinamen „Perle der Lausitz“ die volle touristische Attraktivität wieder zu erlangen, so stellt Spremberg sich bereits heute für jeden Besucher als eine außerordentlich interessante und landschaftlich einzigartige Stadt der Niederlausitz dar.

Sehenswert:

Wendische Kirche
- heute Gemeindehaus der Kreuzkirchengemeinde auf dem Kirchplatz, 1705 durch Stadtbrand vernichtet, Neubau im Lehmfachwerk 1713, 1834 wegen Baufälligkeit abgebrochen. Der auf gleichen Fundamenten danach errichtete und heute noch stehende Kirchenbau ist nach Plänen des preußischen Baumeisters Karl Friedrich Schinkel ausgeführt.

Kirche Pritzen

- 700 Jahre alte Dorfkirche, die dem Braunkohleabbau zum Opfer fiel und unter weitestgehender Verwendung von Originalteilen in Spremberg neu errichtet wurde.

Schloß

- heute Verwaltungssitz. Aus einer frühdeutschen Turmburg um das Jahr 1000 hervorgegangen, erhielt es in der Renaissance seine bauliche Ausdehnung zur Vierflügelanlage. Im Erdgeschoß sind Deckenmalereien aus dieser Zeit erhalten.

Rathaus

- Sieben Stadtbrände zwischen 1429 und 1705 führten jedesmal auch zur Zerstörung des Rathauses. Mehrmalige Turmerhöhungen, der Ausbau des Dachgeschosses 1821 und die Einbeziehung von fünf angrenzenden Grundstücken bis 1934 lassen einen historischen Vorläuferbau nur noch vermuten. Trotzdem ist der Charakter des kleinstädtischen Rathauses bis heute erhalten geblieben.

Kavalierhaus

- vollendet von Herzog Heinrich von Merseburg im Jahre 1706. Von 1680 bis 1738 war Spremberg Residenz des Herzogtums Sachsen-Merseburg. Nach mehreren Umbauten ist das Haus 1844 bereits Städtisches Sparkassengebäude.

Kreuzkirche

- Evangelische Hauptkirche Spätgotische dreischiffige Backstein-Hallenkirche. Nach dem großen Stadtbrand von 1705 wurde der Turm 1732 wieder aufgesetzt. Altäre der Renaissance, Schnitzplastiken und Gemälde des 15. bis 18. Jahrhundert.

Katholische Kirche

- sie gehört zu den vier Bauwerken Sprembergs, die mit ihren Türmen das innerstädtische Bild bestimmen.
Erbaut 1887, Sankt Benno geweiht.

Bismarckturm

- 23 Meter hoher Aussichtsturm und Wahrzeichen der Stadt. Am 1. April 1903 anläßlich des Geburtstages von Bismarck (1815 - 1898) nach einjähriger Bauzeit feierlich eingeweiht.

Burgstraße 9

- Kleinstes und zugleich ältestes Wohnhaus der Stadt Spremberg. Fachwerkbau um 1670. Nach der denkmalpflegerischen Instandsetzung Einrichtung als Bildergalerie mit Ansichten der Stadt Spremberg.

Mittelpunkt vom Deutschen Reich

- Markierungsstein (Kopie), der den Mittelpunkt des Deutschen Reiches in den Grenzen von 1871 in der Spremberger Gartenstraße bezeichnete. Nach dem Ersten Weltkrieg stimmte diese Rechnung schon nicht mehr. Der Rest des Originalsteins, 1946 zerstört, befindet sich im Museum.

Telegrafenturm

- eigentlich Telefonturm. 1890 wurde der Turm, von welchem die Telefonleitungen zu den einzelnen Teilnehmern führten, in Betrieb genommen.

Gymnasium

- als Reform-Realgymnasium 1909 bis 1910 erbaut, Jugendstil-Glasfenster mit Symbolen der Wissenschaften in der Aula.

Niederlausitzer Heidemuseum

- 1.500 qm Ausstellungsfläche. Museumshof mit sorbischem Heidebauernhaus, das 1983 vor dem Abriß durch den Kohleabbau gerettet wurde.

Ausflugsziele in der näheren Umgebung:

Talsperre Spremberg

- größer als der Berliner Müggelsee, Überwinterungs- Brut- und Rastgebiet für zahlreiche Wasservögel aufgrund der weiträumigen Flachwasser- und Feuchtzonen; beliebtes Ausflugsziel und eine Idylle für Erholungssuchende. Wer nicht weiß, daß dieser Stausee angelegt wurde, um den nur 40 km entfernten Spreewald vor Überschwemmungen zu bewahren, muß annehmen, daß er einen der typischen natürlich entstandenen märkischen Seen vor sich hat.

Reuthener Park

- einladende Wanderwege in diesem Natur-Kleinod östlich von Spremberg (Naturschutzgebiet mit typischer Hochmoorvegetation).

Touristische Attraktionen:

Erlebnis-Waldbad im Kochsagrund (Erstes Erlebnisbad im Land Brandenburg)
- Rutsche, 70 m lang
- Strömungskanal
- Rutschberg
- Grotten
- Sprudel, u. v. m.

Behindertengerecht ausgebaut mit Mutter-Kind-Bereich.

Der Europäische Fernwanderweg E10 (Ostsee-Böhmerwald-Mittelmeer) hat seinen Verlauf durch den Kreis und die Stadt Spremberg.
Die interessantesten touristischen Ziele werden vom Wanderer erreicht. Dazu zählen zum Beispiel das Landschaftsschutz-, Naturschutz- und Erholungsgebiet der Talsperre Spremberg, die Stadt Spremberg mit ihren Sehenwürdigkeiten und das Naturschutzgebiet Reuthener Moor, in dessen typischer Hochmoorvegetation zum Teil vom Aussterben bedrohte Tiere ideale Brutbedingungen finden.
Im August findet das jährliche Stadt- und Heimatfest statt.
Im Dezember der Spremberger Weihnachtsmarkt.
(Quelle: Stadtverwaltung)

Marktplatz mit Rathaus Foto: Adam

Verkehrsanbindungen

Spremberg ist zu erreichen über die Autobahn Berlin-Breslau, Abfahrt Cottbus/Spremberg oder Autobahn Berlin-Dresden, Abfahrt Senftenberg, Richtung Spremberg.

Eine weitere Bedeutung erfährt die Stadt im Schnittpunkt der B 97 Cottbus-Dresden sowie der B 156 Spremberg-Polen.
Die Stadt ist Eisenbahnknotenpunkt (Strecke Berlin-Görlitz) und erhält in absehbarer Zeit Anschluß an das innerdeutsche Flugnetz.

Einige Entferungen

20 km bis Cottbus
40 km bis zum Spreewald
45 km bis Bautzen
70 km bis Dresden
25 km bis Bad Muskau (Grenzübergang nach Polen)
120 km bis Berlin
(Quelle: Stadtverwaltung)

Museen, Galerien, Theater
Kulturbund
A.-Puschkin-Platz 1,
Tel. 27 83

Niederlausitzer
Heidemuseum,
Gartenstr. 9,
Tel. 25 50

Freizeitzentrum
„Bergschlößchen",
Bergstr. 11
Tel. 23 95

Bibliotheken
Stadt- und Kreisbibliothek
Berliner Str. 65,
Tel. 26 30

Banken und Sparkassen
Deutsche Bank AG
C.-Zetkin-Str. 41,
Tel. 2451

Genossenschaftsbank
für Handwerk
und Gewerbe,
Gartenstr. 4,
Tel. 29 85

Kreis- u. Stadtsparkasse
Spremberg
Lange Str. 15-16,
Tel. 25 36/37/46

Raiffeisenbank
Spremberg e. G.
Töpferstr. 4,
Tel. 20 65

Volksbank Spremberg e. G.
Gartenstr. 4,
Tel. 29 85

Ämter/ Beratungsstellen
Stadtverwaltung Spremberg
Am Markt 1,
Tel. 34 00

Talsperre Foto: Adam

Krankenhäuser/ Apotheken
Krankenhaus
Karl-Marx-Straße 80,
Tel. 5 20

Notruf:
Feuerwehr Tel. 112
Polizeiwache Tel. 110/560
Rettungswache Tel. 115

Stadt-Apotheke
Lange Str. 39-41,
Tel. 29 84

Robert-Koch-Apotheke
Dresdener Str. 43,
Tel. 20 20

Bäder, Sport- und Freizeiteinrichtungen
Schwimmbad Kochsagrund
Drebkauer Str.,
Tel. 9 19 60

Kultur- und Sportamt,
Am Markt 1,
Tel. 340-0

Fremdenverkehrseinrichtungen
Fremdenverkehrsamt,
Am Markt 1,
Tel. 340-0

Fremdenverkehrsverein,
Schloßbezirk 3,
Tel. 57-0

Hotels/Pensionen
- „Zur Börse"
K.-Marx-Str. 4,
Tel. 24 19

STRAUSBERG

Aus der Stadtgeschichte

Die Stadt Strausberg, die 1985 das 750jährige Jubiläum beging, erhielt ihr Stadtrecht um 1235.
Der Stadtname wurde vermutlich von der slawischen Bezeichnung „Struz“ abgeleitet, was soviel wie „Schote“ bedeutet und auf die Form des Sees hinweist.

1220/30: vermutlich Bau einer Burg am Straussee und Entstehung einer Marktsiedlung - heutiger Lindenplatz.
1247: Ersterwähnung von „Struceberch“
bis 1254: Ummauerung der Stadt und Bau des Dominikanerklosters

bis 1384: Blütezeit der Stadt, Handwerk und Handel entwickeln sich. Die Stadt beteiligt sich am märkischen Städtebund.
134848/1432: Strausberg wird mehrfach belagert und erobert
1540: Das Kloster wird aufgelöst, die Reformation eingeführt.
1549/89: die Pest wütet wiederholt in Strausberg 1618/48, Strausberg wird im Dreißigjährigen Krieg verwüstet 1714,
um 1725: Strausberger Tuchmacher fertigen Uniform- und Futterstoffe für das preußische Heer.
um 1785: Strausberg hat etwa 2000 Einwohner, davon 168 Tuchmacher- und 44 Schuhmachermeister
1806: Besetzung der Stadt durch die Franzosen
nach 1833: Starker Rückgang der handwerklichen Produktion
1867: Eröffnung der Ostbahn Berlin-Küstrin, die an der Peripherie von Strausberg vorbeiführt.
1893: Die Strausberger Eisenbahn nimmt den Betrieb vom Bahnhof Strausberg nach Lustgarten auf
1894: Bau der Fähre über den Straussee
nach 1871: Die Strausberger Vorstadt entsteht. Strausberg entwickelt sich zum Erholungsort für Berlin 1908. Gründung des Heimatmuseums der Stadt durch den Verein für Heimatschutz und Denkmalpflege
1928/32: Alle Schuhfabriken, außer der Firma Tack, gehen in Konkurs (große Arbeitslosigkeit in der Stadt)
1934: Bau einer Munitionsfabrik „Märkische Walzwerk GmbH“
1936: Anlage eines Militärflugplatzes und Bau von Kasernen
1942/44: Etwa 1500 ausländische Zwangsarbeiter arbeiten in der Stadt.
1945: Strausberg wird am 21. April durch die Rote Armee eingenommen und vom Faschismus befreit
1952: Bildung des Kreises Strausberg
1954: Der Hauptstab der Kasernierten Volkspolizei nimmt seinen Sitz in Strausberg, daraus entsteht 1956 das Ministerium für nationale Verteidigung
1955/56: Verlängerung der S-Bahnstrecke bis Strausberg Nord
1982: Wiedereröffnung des Heimatmuseums.
(Quelle: Stadtverwaltung)

STRAUSBERG

PLZ 15344
Vorwahl 03341

Kfz.-Kennz.: SRB

Einwohner Stadt: 28.000

Fläche Stadtgebiet: 32,5 qkm

Der Straussee Foto: Graetz

Wirtschaftsstruktur

Strausberg hatte und hat keine größeren Industriebetriebe. Die Stadt wird geprägt vom Handwerk und kleinen sowie mittleren Betrieben.
Die in Strausberg vorhandenen 118 ha Gewerbeflächen bieten jetzt und in der Zukunft sehr viel Raum für Gewerbeansiedlungen aller Art.

Die Nutzung des Gewerbeparkes Nord (56 ha) begann mit dem Abschluß des 1. Teils der Erschließungsarbeiten am 28. Febr. 1993. Hauptnutzer des Gewerbeparkes Nord, eines sehr schönen durchgrünten Gebietes, werden hochwertige arbeitsstättenintensive Unternehmen mit Dienstleistungscharakter, des Handwerks und des produzierenden Gewerbes sein.
Der in direkter Nachbarschaft liegende Flugplatz garantiert den Investoren die Lösung von Material- und Ersatzteilproblemen in kürzester Zeit, sowie die Anreise der Kunden auf direktem Wege. Übrigens, auf dem Flugplatz werden Gewerbeflächen für luftfahrtspezifische Unternehmen vorgesehen.

In den nächsten Jahren kommt der Entwicklung des Tourismus große Bedeutung zu. Die schöne Umgebung und die verkehrsgünstige Lage Strausbergs werden dabei von großem Vorteil sein.
(Quelle: Stadtverwaltung)

Sehenswürdigkeiten Ausflugsziele

Die Stadt liegt idyllisch inmitten des Landschaftsschutzgebietes Strausberg und der Blumenthaler Wald- und Seengebiete. Strausberg und Bötzsee laden zum Baden, Rudern, Surfen und Angeln ein. In und um Strausberg sind 81 km Wanderwege markiert. Sie führen durch landschaftstypischen märkischen Mischwald entlang mehrerer schöner Seen und Teiche.

Sehenswürdigkeiten in Strausberg
Stadtbefestigung
Entstand im 13. Jahrhundert und ist 1,6 km lang. Teile davon sind in gutem Zustand um den Altstadtring erhalten.

Pfarrkirche St. Marien (Predigerstraße 2)
Ist das älteste erhalten gebliebene Bauwerk Strausbergs.

Landarmen- und Invalidenhäuser - sie befinden sich in der Klosterstraße 14. Die beiden langgestreckten und dreigeschossigen Putzbauten stehen auf historischem Boden. In der Mitte des 13. Jahrhunderts entstand hier anstelle einer zerstörten Burg ein Dominikanerkloster.

Das Stadthaus (Rathaus) am Markt 10 ist ein klassizistischer Putzbau, der 1818-1920 entstand und heute noch Sitz der Stadtverwaltung ist.

Klassizistische Wohnhäuser stehen in der Georg-Kurtze-Straße 12 (1784) und in der Großen Straße 20 (18. Jahrhundert, Fassade um 1820). Sie sind in der Blütezeit des Tuchmacherhandwerkes in Strausberg entstanden.

Slawischer Burgwall
Er befindet sich südlich vom Fängersee im Bereich der Siedlung Spitzmühle.

Die Mühlenräder der „Schlagmühle“ und der „Wesendahler Mühle“ sind heute noch funktionstüchtig.

Seit 1893 verbindet die „Strausberger Eisenbahn“, eine städtische Zweigbahn, die Strausberger Vorstadt mit der Stadt.

Die „Fähre über den See“, die zur Strausberger Eisenbahn gehört, nahm 1894 ihren Betrieb auf (heute mit elektrischer Oberleitung).
(Quelle: Stadtverwaltung)

Verkehrsanbindungen

- Verkehrslandeplatz für Flugzeuge
- Autobahn: östlicher Berliner Ring. Nächste Anschlußstelle Seeberg (16 km) oder Vogelsdorf (16 km)
- B 1/5 Berlin-Müncheberg, Abzweig bei Rüdersdorf und Herzfelde.
- B 158 Berlin-Bad Freienwalde, Abzweig Werneuchen.
- S-Bahnverbindung nach Berlin, Fernbahn nach Müncheberg-Werbig-Kietz-Küstrin Busverbindungen nach Bad Freienwalde, Altlandsberg, Erkner, Seelow, Neuhardenberg, Buckow und Kietz.

(Quelle: Stadtverwaltung)

Museen, Galerien, Theater
Heimatmuseum,
August-Bebel-Str. 33,
Tel. 2 36 55

Heimatmuseum,
Tel. 2 36 55

Banken und Sparkassen
Berliner Volksbank
Große Str.

Dresdner Bank AG
Markt 6

Kreissparkasse
Große Str. 2-3,
Tel. 242 45

Ämter/ Beratungsstellen
Stadtverwaltung Markt 10,
Tel. 2 3225

Krankenhäuser/ Apotheken
Kreiskrankenhaus,
Prötzeler Chaussee 5,
Tel. 520

Gesundheitszentrum
Prötzeler Chaussee 5 u. 8b

Ärztehaus, Am Annatal 60

Schnelle Med. Hilfe,
Tel. 115

Apotheken:
Bahnhofstraße 21
Markt 1

Prötzeler Chaussee 8 b

Bäder, Sport- und Freizeiteinrichtungen
Sport- und Kulturzentrum,
Wriezener Straße

Leichtathletikanlagen
Landhausstraße

Städtisches Freibad,
Fichteplatz,
Tel. 2 30 74

Hallenbad mit Sauna,
Wriezener Straße

Tennisanlagen, Badstraße

Verkehrslandeplatz für Flugzeuge mit Segelflugschule und Flugunterricht auf Ultraleicht-Flugzeugen

Fremdenverkehrseinrichtungen
Tourist-Information
August-Bebel-Straße 55,
Tel. 31 10 66

Hotels/ Pensionen
- Hotel-Pension AWUG
Hennickendorfer
Chaussee 18-20,
Tel. 42 21 03, Fax 42 21 25

A Richardsdorfer Straße
B Wegendorfer Straße
C Gielsdorfer Straße
D Hirschfelder Straße
E Fischerkiez
F Predigerstraße
G Violingasse
H Karl-Liebknecht-Straße
I Jungfernstraße
J Schulstraße
K Grünstraße
L Lindenplatz
M Straße der Jugend
N Kopernikusstraße
O Fritz-Heckert-Straße
P Erich-Weinert-Straße
Q Max-Liebermann-Straße
R Heinrich-Heine-Straße
S Poetensteig
T Am Igelpfuhl
U Rudolf-Breitscheid-Straße
V Rennbahnstraße
W M.-Reichpitsch-Ring
X Scharnhorststraße
Y K.-Legien-Straße
Z Kavelweg
1 Schule
2 Hst. Lustgarten
3 Hst. Käthe-Kollwitz-Straße
4 Hst. Wolfstal
5 Hst. Landhaus
ERKA
STRAUSBERG
Strausberg Nord
Gartenstadt
Friedrich- Schiller- Höhe
Straussee
Fängersee
Bötzsee
Herrensee
LSG
Spitzheide
Strausberger und Blumentaler Wald- und Seengebiet
Spitzmühle
Wesendahler Mühle
Flugplatz
Gewerbegebiet
Marienberg
Postbruch
EGGERSDORF
Vorstadt
Annatal
Der Dickmantel
Bullenwinkel
REHFELDE
Rehfelde Siedlung
Rehfelder Heide
Herrensee
Mittelheide
NSG
Lange Dammwiesen
Unteres Annatal
Rollberge
Fasanenpark
Annafliess
Collegenberge
Wiesengrund
Johanneshof
Bahnhof Strausberg
Bahnhof Strausberg Nord
Hp. Herrensee
Hst. Hegermühle
Hst. Schlagmühle
Alte Walkmühle
Neue Mühle
Herzfelde
A B C D E F G H
1 2 3 4 5 6 7 8 9 10 11

- Hotel-Pension „Süd“
Kelmstraße 6,
Tel. 2 23 92

- Hotel-Pension-Café „Am Annatal“
E.-Thälmann-Str. 82 a,
Tel. 42 39 27/47 18 29

- Hotel „Neue Spitzmühle“
Spitzmühlenweg,
Tel. 2 25 33

- Pension und Gaststätte „Schützenhaus“
Gielsdorfer Chaussee 6,
Tel. 2 34 71

- „Pension am Straussee“
Georg-Kurtze-Straße 21,
Tel. 31 38 21

- Promenaden-Café u. Pension
Gustav-Kurze-Prom. 53 a
Tel. 47 23 44

- Pension Balz
E.-Thälmann-Str. 57,
Tel. 42 20 62

- Pension KATI
August-Bebel-Straße 27,
Tel. 2 30 53

Straßenverzeichnis der Stadt Strausberg

Straße	Planquadrat
Ahornallee	G11-H11
Ahornstr.	A8
Ahornstr.	G1
Akazienstr.	A7
Albin-Köbis-Ring	A10-B10
Altlandsberger Chaussee	A7-C7
Am Annatal	C8
Am Försterweg	A10
Am Herrensee	D8
Am Igelpfuhl	E6
Am Marienberg	D7
Am Walde	B6
Am Waldessaum	G1
Amselweg	D3-E3
An der Schnellstr.	D3-E3
An der Stadtmauer	F3-F4
Anna-Marie-Str.	H10
Artur-Becker-Str.	F4
August-Bebel-Str.	E4-E5
Backmannstr.	B10
Badstr.	F2-F3
Bahnhofstr.	A10-B10
Barnimstr.	B10
Beerenstr.	G5
Bergstr.	G1-G2
Birkenhag	F10
Birkenstr.	B10
Blockweg	A7-B7
Blumenstr.	H10
Bötzseestr.	A7-A9
Bruno-Bürgel-Str.	D6-E6
Buchenstr.	G1
Buchhorst	F3-F4
Burgwall	A3-A4
Catolystr.	A8
Clara-Zetkin-Str.	G9
Drosselweg	D3-E3
Eggersdorfer Str.	A9-C8
Eichbaumstr.	F10
Eichenallee	A9
Eichenstr.	G1
Eisenbahnstr.	F11
Elisabethstr.	E5-F5
Erich-Weinert-Str.	E5
Ernst-Haube-Str.	G9
Ernst-Meyer-Str.	B10
Ernst-Thälmann-Str.	B10-D7
Ernst-Thälmann-Str.	F11-H11
Eschenallee	A8
Eschenstr.	G1
Fasanenpark	F7-G7
Fichtenstr.	A9
Fichtenweg	F10
Fichteplatz	E4
Finkenweg	D3
Fischerkietz	E4
Fischersteig	C5
Fliederweg	B11
Fließstr.	E5-E6
Flurstr.	G3
Fontanestr.	D6-E5
Freiligrathstr.	E6
Friedensstr.	G1
Friedrich-Ebert-Str.	E5-E6
Friedrich-Engels-Str.	C9
Fritz-Heckert-Str.	D5-E5
Fritz-Reuter-Str.	F3
Gartenstr.	G1
Gartenstr.	H9-H10
Garzauer Chaussee	G5-H7
Garzauer Str.	C8-D8
Geort-Kurtze-Str.	E4
Gerhart-Hauptmann-Str.	D5-E5
Gielsdorfer Str.	E2-G2
Goethestr.	D7-E6
Goethestr.	H10
Gorkistr.	E6
Grazer Str.	A8
Grenzstr.	A7-A8
Grenzweg	F5-G5
Große Str.	F3-F4
Grüner Weg	F2
Grünstr.	F4
Gustav-Kurtze-Promenade	B10-C8
Hans-Beimler-Str.	F4-F5
Hauptweg	B6-B8
Hegermühlenstr.	F4-F7
Heidestr.	A9
Heidestr.	F2
Heinrich-Dorrenbach-Str.	A10-B10
Heinrich-Heine-Str.	D6
Heinrich-Rau-Str.	F4-G5
Hennickendorfer Chaussee	B10-B11
Hermann-Löns-Str.	A9
Herrenseeallee	D7-E7
Herrenseestr.	F10
Hinter der Rennbahn	A9-B8
Hirschfelder Str.	F2
Hohensteiner Chaussee	F4-H5
Hufenweg	G3-H4
Im Grund	B11
Jägerstr.	D8-D9
Josef-Zetter-Ring	F9
Jungfernstr.	F4
Karl-Legien-Str.	G9
Karl-Lehnert-Str.	D5-E5
Karl-Liebknecht-Str.	E4
Karl-Liebknecht-Str.	G9-H9
Karl-Marx-Str.	C9
Karlstr.	G9
Kastanienallee	F4-G3
Käthe-Kollwitz-Str.	D5-D6
Kavelweg	E2
Kelmstr.	E5
Kiefernstr.	A9
Kirschallee	F5-G5
Klosterdorfer Chaussee	G3-H2
Klosterdorfer Str.	H9-H11
Klosterstr.	E3-E4
Konradstr.A10Kopernikusstr.	E5
Krumme Str.	E5
Kurt-Elsner-Str.	H10
Kurze Str.	H9
Landhausstr.	A9-B11
Leistkowweg	D5-E5
Lessingstr.	E6
Lindenallee	A9
Lindenplatz	F4
Lindenpromenade	B10
Linzstr.	A8-B8
Marienbergstr.	F10
Markt	E4-F4
Max-Liebermann-Str.	D6
Mitschurinstr.	F11
Mittelallee	F5-G5
Mittelstr.	A9-A7
Mittelstr.	F3
Müncheberger Str.	F4
Nelkenweg	B6
Nordstr.	F3-G3
Otto-Grotewohl-Ring	F4-G4
Otto-Langenbach-Ring	F4-F5
Paddenstr.	F4
Pappelstr.	G1
Parkstr.	G3
Paul-Singer-Str.	B10
Peter-Göring-Str.	F3-G3
Philipp-Müller-Str.	F4-G3
Platanenallee	A9
Poetensteig	D6
Predigerstr.	E4-F4
Prötzeler Chaussee	G2-H2
Quellweg	H9
Rehfelder Str.	F5-F7
Rennbahnstr.	B10
Richardsdorfer Str.	E2
Ringstr.	F3
Rosa-Lusemberg-Str.	C8
Rosenwe4g	A6-B6
Rudolf-Breitscheid-Str.	C9
Rudolf-Engelhofer-Str.	A10-B10
Ruhlsdorfer Str.	F6-F7
Scharnhorststr.	A10
Schillerhöhe	E2
Schillerstr.	D6-E6
Schillerstr.	H10
Schlagmühlenstr.	C9-D8
Schlagweg	E9-F10
Schulstr.	F4
Schulstr.	H10
Seestr.	F2
Spitzmühlenweg	D5-D6
Stadtweg	B7-C7
Stephanstr.	F9
Straße der Jugend	E4-E5
Straße des Friedens	B11
Straße32	H9
Strausberger Str.	A9
Strausberger Str.	F9-H10
Strausseepromenade	D5-E4
Tolstoistr.	D6-E6
Tulpenweg	A6
Turmgestell	B4-D4
Uhlandstr.	D6-D7
Ulmenstr.	A8
Umgehungsstr.	D6-F2
Viktoriaallee	A8
Violingasse	E4-F4
Waldemarstr.	B10-C9
Waldhausstr.	D3
Waldmühlenstr.	F4-F5
Waldstr.	H9-H10
Wallstr.	F4
Wegendorfer Str.	E2
Weinbergstr.	E5
Wesendahler Str.	E2-F2
Wiener Str.	B8
Wiesengrund	B7
Wiesenweg	F6
Wilkendorfer Str.	G1
Wilkendorfer Weg	H2
Wirtschaftsweg	G3-G4
Wriezener Str.	F3-G3
Zilleweg	D6
Zum Göritzsee	A7-B7

TEMPLIN

Aus der Stadtgeschichte

Templin, gelegen im Norden des Landes Brandenburg, wurde durch die Söhne Albrecht des II. Johann und Otto im Jahre 1230 durch Kauf erworben. Der Stadtplatz ist aber schon im Neolitikum bzw. in der Bronzezeit bewohnt gewesen. Eine genaue Deutung des Namens der Stadt konnte aber bis heute nicht gefunden werden. Ihre Entstehung verdankt die Stadt in erster Linie ihrer günstigen geographischen Lage.

Eine Burg der Pommern deckte hier die Übergänge der Handelsstraßen von Magdeburg nach Stettin und von Stargart nach Preussen. Im Zuge der Ostexpansion der Askanier wurde die hier ansässige Bevölkerung, die Wenden, ausgerottet oder eingebürgert. Die neuen Siedler kamen in erster Linie aus dem Harzgebiet und der Altmark. Templin bot mit den breiten geraden Straßen, der Rechtwinklichkeit der Straßenecken - völlige Gleichberechtigung aller Anlieger - das typische Bild einer norddeutschen Kleinstadt des 13. Jahrhunderts. Zusammen mit den Städten Neubrandenburg, Straßburg und Angermünde bildete Templin zum Schutz des Landes ein Festungsviereck.

Zum besseren Schutz der Stadtbevölkerung und der umliegenden Dörfer errichtete man im 14. Jahrhundert die Stadtmauer. Die Stadtbefestigung besteht aus einer 7 - 8 m hohen Feldsteinmauer, 48 Wiekhäusern (Kampfhäuser), zwei freistehenden Türmen (Pulvertürme) und drei Stadttoren. Die Länge der Mauer beträgt 1735 Meter. Abgesehen von nachträglich durchgeführten (8) Mauerdurchbrüchen, ist die Stadtmauer noch vollkommen erhalten und der ganze Stolz der Templiner. Für viele Besucher ist sie der Hauptanziehungspunkt. - Damals galt die Stadt als uneinnehmbar. Naturkatastrophen im Jahre 1492, 1546, 1618 und Brände im Jahre 1735 zerstörten die Stadt jedoch fast vollständig. Auch brachte der 30-jährige Krieg und die Pest unvorstellbares Leid über die Bevölkerung.

TEMPLIN

PLZ 17268
Vorwahl 03987

Kfz.-Kennz.: TP

Einwohner Stadt: 14.367

Fläche Stadtgebiet: 83 qkm

Auf Grund der günstigen Lage der Stadt und ihrer Zugehörigkeit zur Hanse, wurde Templin zum Schnittpunkt der Reiserouten von vielen Kaufleuten. Das hatte seine Auswirkungen bei der Entwicklung des Handwerks. Im Vordergrund standen dabei die Leineweber, Sattler, Schneider, Schmiede, Böttcher, Fischer und das Braugewerbe. Wie umfangreich der Fernhandel in erster Linie mit Salz war, erkennt man an der großen Anzahl von ca. 26 „Rademachern" in der Stadt. Der spätere Bau der Chaussee von Berlin nach Stettin - über Schönebeck und Prenzlau - folgte nicht der alten Heer- und Handelsstraße über Templin. Das hatte zur Folge, daß die Bedeutung Templins als Handelsplatz und Verkehrsknotenpunkt merklich zurückging. Durch den Bau des Finow-Kanals gingen der Stadt weitere Einnahmen aus dem Salzhandel verloren. Die Stadt, somit aus dem Brennpunkt des Verkehrs und des Ost-Westhandels ausgeschieden, sank fast in die Bedeutungslosigkeit. Auch der Übergang vom Feudalismus

Rathaus Foto: Stadtverwaltung

zum Kapitalismus brachte für das Leben der Bürger wenig Änderung.

1816 wird Templin durch die Stein-Hardenbergsche Reform Kreisstadt, aber die industrielle Entwicklung in Deutschland fand, abgesehen von einigen wenigen Ausnahmen, keinen großen Anschluß.

In den Jahren 1860 - 1880 blüht das Handwerk wieder auf - man zählt 264 Gewerbetreibende. Für den Aufbau einer Industrie unter kapitalistischen Bedingungen fehlen jedoch alle natürlichen und ökonomischen Voraussetzungen. Die Stadt stellt sich deshalb auf den Fremdenverkehr ein und nutzt die idyllische Umgebung, die Wälder und Seen für ihre Zwecke.
(Quelle: Stadtverwaltung)

Wirtschaftsstruktur

Vor der Wende war ein großer Teil der Bevölkerung in der Landwirtschaft, der Forstwirtschaft und im Erholungswesen tätig.
Diese Bereiche sind zum Teil völlig zusammengebrochen und die Region Templin registriert heute eine hohe Arbeitslosenquote.

Durch finanzielle Hilfe vom Bund soll die private gewerbliche Wirtschaft im Beherbergungs- und Gaststättenbereich gefördert werden und damit für die Region, im Hinblick auf die Entwicklung des Tourismus, Arbeitsplätze schaffen.

(Quelle: Stadtverwaltung)

Sehenswürdigkeiten Ausflugsziele

Die Perle der Uckermark - Templin-, ist die Stadt in der Natur. Nur wenige Schritte vom Zentrum entfernt erschließt sich die von der Eiszeit geformte reizvolle Hügellandschaft, laden Seen zum Bade ein und ausgedehnte stille Wälder zum Wandern. 180 große und kleine Seen zählt man in der Umgebung, dazu Moore und Wiesensenken, stille Weiher und Kanäle.

Die Stadt Templin kann man entlang der mittelalterlichen Stadtmauer umrunden. Diese ist

KT INVEST CONSULTING GMBH

*Die **KT Invest Consulting GmbH** ist Ihr professioneller Partner in allen Hoch- und Tiefbauangelegenheiten.*

Die angestellten Ingenieure und Architekten übernehmen die fachgerechte Vorbereitung von Vorhaben, von der Erarbeitung von Flächennutzungsplänen und Bebauungsplänen bis hin zur Vorbereitung einzelner Bauvorhaben.

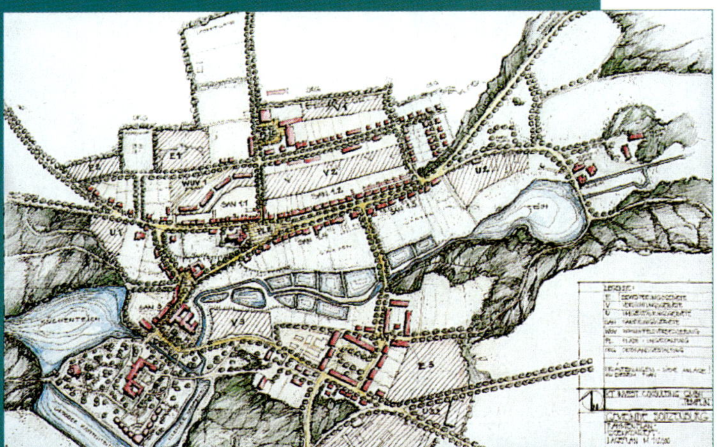

Rahmenplan Boitzenburg

*Die **KT Invest Consulting GmbH** findet durch Ihr Ausschreibungssystem die für Ihr Projekt geeigneten Bauunternehmer. Sie führt dann die Bauüberwachung bis hin zur schlüsselfertigen Übergabe des Objekts durch.*

Die Projektbetreuung durch Vorlageberechtigung in allen für den Bau relevanten Bereichen ist innerhalb des Unternehmens gewährleistet.

Erweiterung/Umbau Feuerwehrgerätehaus

Manches bestehende Gebäude, das zunächst einen schlechten Eindruck macht, entpuppt sich im nachhinein als vielversprechendes Objekt und hinter mancher Fassade steckt mehr, als Sie vermuten.

*Die **KT** ermittelt mit kühlem Kopf den Wert Ihrer Bauobjekte und übernimmt ebenso gutachterliche Tätigkeiten als freie Sachverständige sowie die Erarbeitung von Verwertungskonzepten.*

Einkaufscentrum Lychener Str., I. Bauabschnitt (Märkte)

Geschäftsführer:
Dipl.-Ing. Hermann Kistenfeger
Dipl.-Ing. Rainer Thiersch
Beratende Ingenieure des VBI
Am Lübbensee 7
17268 Templin
Telefon: (03987) 4 02 10/4 05 25
Telefax: (03987) 4 02 08

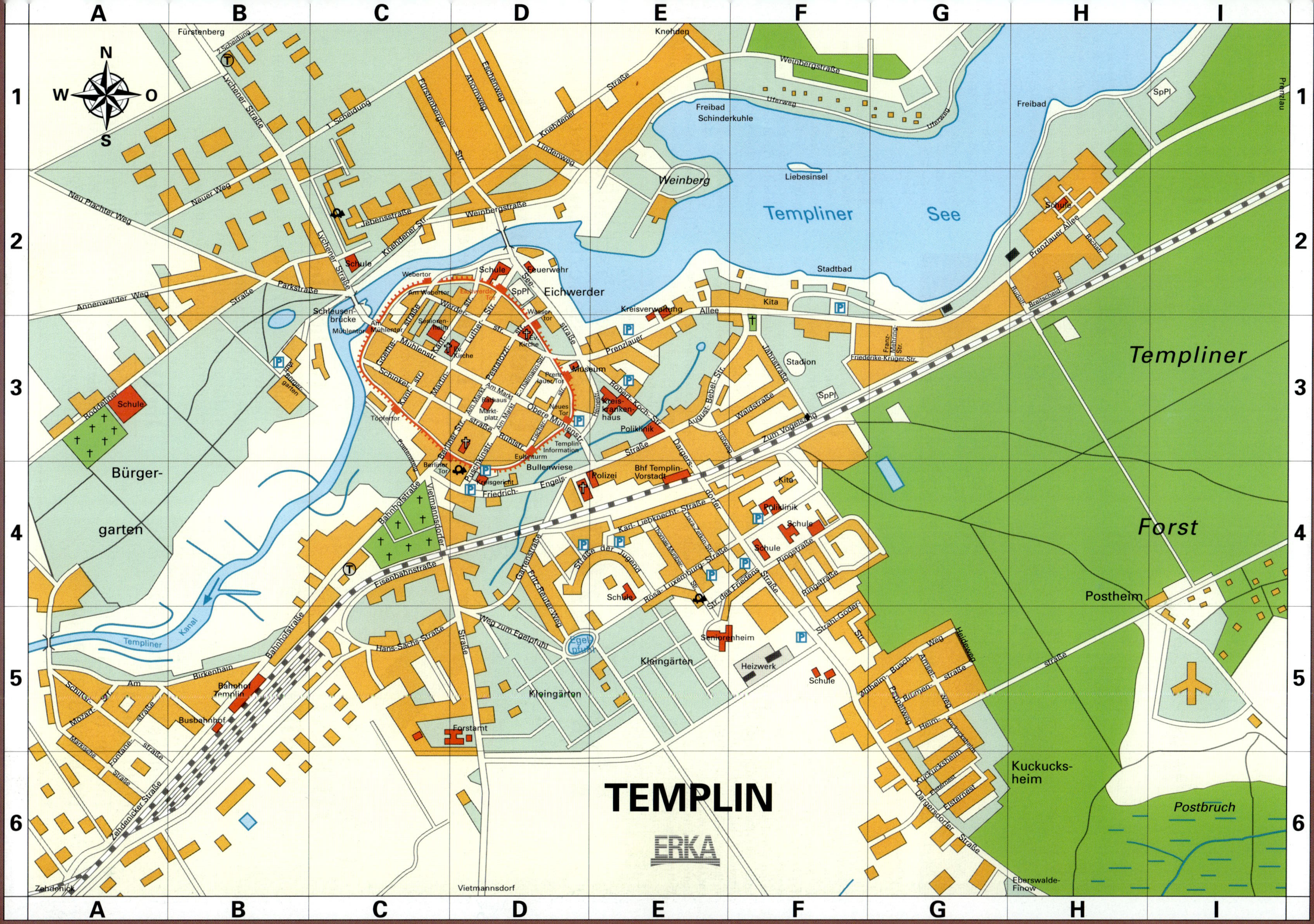
TEMPLIN
ERKA
Templiner See
Templiner Forst
Eichwerder
Weinberg
Liebesinsel
Stadtbad
Freibad
Freibad Schinderkuhle
Bürger-garten
Postheim
Kuckucksheim
Postbruch
Kleingärten
Heizwerk
Seniorenheim
Forstamt
Bahnhof Templin
Busbahnhof
Bhf Templin-Vorstadt
Polizei
Poliklinik
Kreis-kranken-haus
Museum
Stadion
Kita
Schule
Kreisverwaltung
Bullenwiese
Templiner Kanal
Fürstenberg
Prenzlau
Knehden
Zehdenick
Vietmannsdorf
Eberswalde-Finow
Weinbergstraße
Prenzlauer Allee
Lychener Straße
Parkstraße
Annenwalder Weg
Neu Plachter Weg
Bahnhofstraße
Zehdenicker Straße
Dargersdorfer Straße
Eisenbahnstraße
Hans-Sachs-Straße
Weg zum Egelpfuhl
Karl-Liebknecht-Straße
Rosa-Luxemburg-Straße
Straße der Jugend
Fritz-Reuter-Weg
Friedrich-Engels-Straße
Robert-Koch-Str.
August-Bebel-Str.
Jahnstraße
Waldstraße
Zum Vogelsang
Ringstraße
Heideweg
Fürstenberger Str.
Ahornweg
Eschenweg
Lindenweg
Knehdener Str.
A B C D E F G H I
1 2 3 4 5 6

Stadtansicht Foto: Stadtverwaltung

1735 m lang, durchschnittlich 7 m hoch und hat drei gotische Backsteintore. Das Prenzlauer Tor beherbergt das Museum, das Berliner Tor das Landeskulturkabinett und im Mühlentor haben künstlerisch tätige Schnitzer und Weber Arbeits- und Ausstellungsräume gefunden. Erhalten sind alle in die Mauer eingebauten Wiekhäuser, die der Verteidigung dienten. Das älteste Gebäude der Stadt ist die gotische Georgenkapelle (14. Jh.) mit schönem Kreuzrippengewölbe und spätgotischem Flügelaltar.

Die Stadtkirche St. Maria Magdalena ist ein dreischiffiger barocker Hallenbau auf älterem Fundament. Das barocke Rathaus wurde um 1751 erbaut.

Gut markierte Wanderwege führen zu reizvollen Zielen der näheren Umgebung. An der gemütlichen Gaststätte Fährkrug vorbei kann man den 3 km langen Templiner Stadtsee umwandern. Ein Ganztagsausflug führt auf idyllischem Uferweg am 10 km langen Lübbesee entlang. Am Gleuensee liegt die Markgrafenquelle, an der der „Falsche Waldemar“ im 14. Jahrhundert gerastet haben soll. Der Opferstein ist ein Findling aus der Eiszeit zwischen Gleuensee und Herthasee.

Die kleine Stadt Lychen (20 km) ist romantisch inmitten von 6 Seen gelegen und bietet gute Wander-, Wassersport- und Bademöglichkeiten. In Boitzenburg (20 km) ist die Ruine des Zisterzienser-Nonnenklosters Marienpforte (1269) zu besichtigen. Unweit davon befindet sich die Klostermühle (Museum) mit Klostercafe. Mit viel Sinn für Natur und etwas Glück kann man auf den Wanderungen eine vielfältige Tier- und Pflanzenwelt beobachten: Rothirsche, Rehe, Damhirsche, Mufflons, Kraniche, Eisvögel, Fisch- und Seeadler sind hier heimisch. Im Herbst lohnt sich die Pirsch auf Pilze.

In der gewässerreichen Umgebung findet man überall gute Plätze zum Baden, so u. a. am Lübbesee (Ferienhotel), am Stadtsee (Stadtbad) und am Fährsee. Die Templiner Gewässer, die an das Wasserstraßennetz der Havel angebunden sind, sind ein ideales Revier für Wasserwanderer, Segler und Surfer, natürlich auch für Angler. Das Gestüt Lindenhof, eines der ältesten und traditionsreichsten Gestüte der deutschen Traber-

Straßenverzeichnis der Stadt Templin

1. Scheidung	B1-D1
2. Scheidung	B1
Ahornweg	D1
Am Birkenhain	A5-B5
Am Bürgergarten	B3
Am Markt	D3
Am Mühlentor	C3
Am Webertor	C2
Amselweg	G5
Annenwalder Weg	A2-B2
August-Bebel-Str.	E3-F3
Bachstrße	H2
Bahnhofstr.	B5-C4
Berliner Str.	C3-D3
Blumenstr.	G5
Clara-Zetkin-Str.	E4
Dargersdorfer Str.	E3-G6
Eisenbahnstr.	C4-C5
Elsternest	G6
Ernst-Thälmann-Sr.	D3
Eschenweg	D1
Fischerstr.	D3
Flötweg	E3-F3
Fontanestr.	A5
Franz-Mehring-Str.	G3
Friederike-Krüger-Str.	F3-G3
Friedrich-Engels-Str.	C4-E3
Fritz-Reuter-Weg	D4-D5
Fürstenberger Str.	C1-D2
Gartenstr.	D4-D5
Goethestrl.	C2-C3
Hans-Sachs-Str.	C5
Heideweg	G5
Heimstraße	G5-H5
Heinestraße	D3-E3
Jahnstraße	F3
Jeberstraße	C2
Kantstraße	C3-D2
Karl-Liebknecht-Str.	E4
Knehdener Str.	C2-E1
Kuckucksheim	G5-G6
Lindenweg	D1
Lychener Str.	B1-C2
Märkische Str.	A5-A6
Marktplatz	D3
Martin-Luther-Str.	C3-D2
Mühlenstr.	C3-D3
Neu Plachter Weg	A2-B2
Neuer Weg	A2-B1
Obere Mühlenstr.	D3
Pappelweg	G5
Parkstraße	B2-C2
Pestalozzistr.	D3
Poetensteig	C3-C4
Prenzlauer Allee	E3-H2
Puschkinstr.	D3-D4
Ringstraße	F4-G4
Robert-Koch-Str.	E3
Röddeliner Str.	E3
Rosa-Luxemburg-Str.	C4-E5
Rudolf-Breitscheid-Str.	H2
Rühlstraße	D3
Schillerstr.	A5-A6
Schinkelstr.	C3-D3
Seestraße	D2-D3
Strahl-Goder-Str.	F4-F5
Straße der Jugend	D4-E4
Straße des Friedens	E4-F4
Thomas-Müntzer-Str.	E4
Uferweg	E1-G1
Vietmannsdorfer Str.	C4-D5
Waldstraße	E3-F3
Weg zum Egelpfuhl	D5
Weinbergstr.	C2-F1
Werderstr.	C2-D3
Wilhelm-Busch-Weg	F5-G5
Zehdenicker Str.	A6-B5
Zum Vogelsang	F3

Mühlentor Foto: Stadtverwaltung

zucht, bietet Reitstunden für Kinder und Erwachsene, Fahrten mit Kutsche, Planwagen und Original-Traberwagen. Reiten kann man auch auf dem Reiterhof Steindamm bei Storkow. Den Urlaubern stehen Tennisplätze, Fahrradausleihen, Ruderboote zur Verfügung.

Ringenwalde befindet sich im Zentrum des Biosphärenreservates Schorfheide/Chorin. Der Naturliebhaber findet hier eine fast unberührte Landschaft mit einer einmaligen Artenvielfalt in Flora und Fauna vor.

Das Gebiet entstand als jüngste gestaltete Landschaft der Eiszeit vor 15.000 Jahren. Ausgedehnte Nadel- und Mischwälder wechseln mit einer von Hecken und Wasserläufen durchzogenen welligen Ackerlandschaft, mit vielen kleinen und größeren Seen und mit zahlreichen Mooren und Feuchtbiotopen.

Hier brüten ca. 150 Vogelarten wie der See-, Fisch- und Schreiadler, der Kranich, die Rohrdommel und der Schwarzstorch. Hier gibt es Schwarz-, Rot- und Damwild in großer Zahl. Und hier wachsen viele seltene Kräuter, Rasen- und Wiesenpflanzen bis hin zu Orchideen.

(Quelle: Stadtverwaltung)

Verkehrsanbindungen

Bahn:
S-Bahn von Berlin bis Oranienburg, dann Strecke 912 über Löwenberg
Von Berlin bis Eberswalde, dann Strecke 916 über Britz/Joachimsthal
Von Rostock bis Fürstenberg, dann Strecke 916
Von Stralsund bis Prenzlau, dann Strecke 912

Bus:
Von Neubrandenburg (Strecke C-4)
Von Prenzlau (Strecke C 340)
Von Potsdam bis Zehdenick, dann per Bahn weiter

Kraftfahrzeug:
Autobahn A 11, Abfahrt Joachimsthal oder Pfingstberg
Autobahn A 24, Abfahrt Neuruppin, Richtung Löwenberg
Bundesstraße B 96 über Löwenberg, Gransee oder Fürstenberg
Bundesstraße B 109 Richtung Prenzlau, führt mitten durch den Kreis Templin

Rad:
Von überall her
(Quelle: Stadtverwaltung)

ERKA

Am Templiner Stadtsee Foto: Stadtverwaltung

Museen, Galerien, Theater
Kulturbund e. V. Templin
Am Markt 12,
Tel. 30 86
Volkskundemuseum
Prenzlauer Tor,
Tel. 27 25
Landeskulturkabinett
Berliner Tor, Tel. 32 75
Kleine Galerie des Kulturbundes e. V.
Dargersdorfer Str.

Bibliotheken
Stadt- und Kreisbibliotheken
Fr.-Engel-Str. 7, Tel. 27 98
Kinderbibliothek
Am Markt 13, Tel. 30 87

Banken/Sparkassen
Deutsche Bank AG
Bahnhofstr. 31,
Tel. 29 36
Kreissparkasse Templin
Berliner Str. 12,Tel. 22 66
Raiffeisenbank
Templin e. G.
Am Markt 3, Tel. 22 69
Deutsche Volksbank
Prenzlau E. G.
E.-Thälmann-Str. 16,
Tel. 24 68

Ämter/ Beratungsstellen
Stadtverwaltung
Rathaus am Markt,
Tel. 26 03

Krankenhäuser/ Apotheken
Ärztehaus
Robert-Koch-Str. 24
Krankenhaus
Rober-Koch-Str. 14
Adler-Apotheke
Am Markt 1, Tel. 22 58
Kastanienapotheke
Robert-Koch-Str. 1,
Tel. 24 31

Bäder, Sport- und Freizeiteinrichtungen
Zeltplätze im Kreis Templin:
- Am Dreetzsee bei Thomsdorf
- Am Wurlsee bei Retzow (Rehberge)
- Am Wurlsee bei Lychen
- Am Großen Lychensee in Lychen
- Am Röddelinsee bei Röddelin
- Am Fährsee bei Templin
- Am Gleuensee bei Klosterwalde

Fremdenverkehrseinrichtungen
Fremdenverkehrsverband
Uckermark e. V.
Am Markt 12,
Tel. 25 49
Fremdenverkehrsverein
Templin e. V.
Am Markt 12,
Tel. 26 31

Hotels/Pensionen
- Ferienheim Brennickenswerder, 17279 Lychen,
Tel. 9 35
- Ferienheim Seeberg
Rutenberg, Tel. 4 84
- Ferienheim Templin,
Am Lübbesee, Tel. 4 50
- Ferienhof Hammelspring,
Etashof 4, Hammelspring,
Tel. 33 02
- Ferienhotel Sängerslust,
Am Zenssee,
17279 Lychen, Tel. 2 77
- Ferienpark Schlüßhof,
Schlüßhof 1,
17279 Lychen,
Tel. 4 81
- Gästehaus Ahlimbsmühle,
An der B 109,
Tel. Gollin 3 52
- Hotel Hohenlychen,
17279 Lychen,
Tel. 8 59
- Hotel Seehof,
Am Fährsee, 17268 Ahrensdorf,
Tel. 26 66
- Pension „Haus am Lübbesee“, Petersdorfer Siedlung
17268 Ahrensdorf,
Tel. Milmersdorf 5 17
- Pension „Haus Seeblick“,
Steindamm,
17279 Lychen,
Tel. 2 59
- Pension Lindenhof
Lindenhof,
17279 Lychen,
Tel. 5 01
- Pension „Reiherhals“,
Wurlgrund,
17279 Lychen,
Tel. 9 70
- Pension Schreibermühle,
Am Küstrinsee,
17279 Lychen,
Tel. 6 07
- Pension Zenssee,
Wuppgarten,17279 Lychen,
Tel. 2 47
- Reiterhof, Steindamm,
17268 Storkow,
Tel. 20 39
- Forsthaus Metzelthin,
Dorfstraße 20
Tel. Jakobshagen 20 33
- Schloßhotel Götschendorf
Am Kölpinsee,
Tel. Milmersdorf 2 3

WITTSTOCK

Aus der Stadtgeschichte

Wittstock, eine märkische Kleinstadt, mit ca. 14.000 Einwohnern, im Norden des Landes Brandenburg gelegen, entstand aus einer slawischen Siedlung am Zusammenfluß von Dosse und Glinze.
Der Name „Wittstock“, früher Wizoka/Wistok, bedeutet „hochgelegener Zusammenfluß“ und ist slawischen Ursprungs.
Bereits in der Gründungsurkunde des Bistums Havelberg von 948 ist Wittstock erwähnt.

Marienkirche Foto: R. Mantey

WITTSTOCK

PLZ 16909
Vorwahl 03394

Kfz.-Kennz.: WK

Einwohner Stadt: 13.700

Fläche Stadtgebiet: 72 qkm

Die Stadt kann also auf eine mehr als tausendjährige Geschichte verweisen. Genau dreihundert Jahre nach der Ersterwähnung erhielt Wittstock Stendaler Stadtrecht. Die Bedeutung der Stadt wuchs durch die Bischöfe von Havelberg, die ihren Sitz hierher verlegten und hier fast dreihundert Jahre residierten.

Burg- und Stadtanlagen wurden ausgebaut. Schon im Mittelalter lag Wittstock am Schnittpunkt wichtiger Handelsstraßen.
Während des Dreißigjährigen Krieges erlebte die Stadt 1936 die wohl blutigste Schlacht des gesamten Krieges. Sie endete mit dem überraschenden Sieg der zahlenmäßig deutlich unterlegenen Schweden unter Johan Banér über die Kaiserlichen und Sachsen. Durch Grimmelshausens „Simplizissimus“ wurde ihr ein bleibendes Denkmal gesetzt. Noch heute erinnern Straßennamen und die Schwedenpappel an das Ereignis.
1691, zu einer Zeit, als es in Preußen erst 70 Poststationen gab, nahm die „Güstrower Geschwinde“ den ständigen Verkehr zwischen Berlin und Güstrow über Wittstock auf.
Erst 1885 erhielt die Stadt Anschluß an das Bahnnetz in Richtung Wittenberge, 10 bzw. 14 Jahre später nach Neustrelitz und Berlin.

Um die Jahrhundertwende entwickelte sich Wittstock zur Handels- und Schulstadt der Ostprignitz. In den zwanziger Jahren begann der Tourismus namentlich von Berlin nach Zechlin und Wittstock.
Die reizvolle märkische Landschaft trug dazu ebenso bei wie die Sehenswürdigkeiten der Stadt Wittstock.
Die St. Marienkirche mit dem Claus-Berg-Altar und der Wittstocker Sandsteinmadonna. Der Amtsturm, noch erhaltener Torturm und Bergfried der ehemaligen Bischofsburg, in dem sich heute das Ostprignitzmuseum Wittstock befindet.

Die Stadt ist eine der wenigen in den neuen Bundesländern, deren historischer Stadtkern von einer vollständig erhaltenen Stadtmauer umgeben ist. Auf Schritt und Tritt erwarten den Besucher Sehenswürdigkeiten und Sehenswertes, das über die Zeitläufe hinweg Ursprünglichkeit weitgehend bewahrt hat. Auf dem Weg durch die Stadt begleiten den Besucher romantische Fachwerkhäuser.
Viele dieser Häuser sind in der

Amtsturm mit Stadtmauer Foto: R. Mantey

Zeit unmittelbar nach dem Stadtbrand von 1716 entstanden. Der historische Stadtkern und die zahlreichen Fachwerkhäuser haben Wittstock den Ruf eines „märkischen Rothenburg“ eingebracht.
Vor den Toren der Stadt befindet sich ein großes Waldgebiet, die „Wittstocker Heide“, die dem Wanderer und Fahrradfahrer Ruhe und Entspannung bietet.
1952 wurde Wittstock Kreisstadt, was jedoch keine Auswirkung auf die zielgerichtete Entwicklung der Stadt hatte. Erst Anfang der 70er Jahre des 20. Jahrhunderts, mit dem Ausbau von Betrieben der Möbelindustrie, der Metallverarbeitung und der Textilkonfektion, wuchs die Stadt und konnte trotzdem ihren ländlichen Charakter bewahren.
(Quelle: Stadtverwaltung)

Wirtschaftsstruktur

Um die Jahrhundertwende nimmt die Stadt einen raschen wirtschaftlichen Aufschwung. Trotz der industriellen Entwicklung in Deutschland dominieren vorerst Handwerk und Gewerbe. Mit dem Ausbau und Neubau von Betrieben der Textil-, Holz- und metallverarbeitenden Industrie in den 70er Jahren kam es zum Anschluß an die industrielle Entwicklung.
Durch den Umbruch verloren die Großbetriebe ihre wirtschaftliche Bedeutung, und es kam zur Bildung einer Vielzahl von Gewerbebetrieben.
Durch die verkehrsgünstige Lage, Eisenbahnanschluß und direkte Autobahnverbindung nach Berlin, Rostock, Schwerin und Hamburg, sehen viele Unternehmen ihre zukünftige Entwicklung im Raum Wittstock.

Die Stadt bietet günstige Ansiedlungsmöglichkeiten auf gut vorbereiteten Industrie- und Gewerbestandorten:
Papenbrucher Chaussee 7 ha
Stadtberg 50 ha
Pritzwalker Chaussee 12 ha
Scharfenberg 12 ha.
Weitere, teilweise bebaute Gewerbegebiete liegen im Umfeld der Stadt.
(Quelle: Stadtverwaltung)

Sehenswürdigkeiten Ausflugsziele

Stadtmauer - 2.500 m lang, erbaut aus Backsteinen, mit mehr als 30 Wiekhäusern;
Amtsturm - noch heute erhaltener Torturm und Bergfried der ehemaligen Bischofsburg, heute Sitz des Museums;
Gröpertor - einziges, noch vorhandenes Stadttor von ursprünglich drei Toren.
Auf dem Wall am Gröpertor befindet sich das Friesen-Jahn-Körner-Denkmal; drei Findlinge mit Bronzereliefs von G. Marschall.
Rathaus - Backsteinbau von 1905, Teile des mittelalterlichen Gebäudes wurden wieder verwendet.

Der Markt - Fußgängerzone, bauliche Zeugnisse aus den letzten 300 Jahren.
St.-Marienkirche - kreuzrippengewölbter, dreischiffiger, gotischer Backsteinhallenbau mit wertvoller Innenausstattung: zwei gotische Schnitzaltäre, deren untere aus der Werkstatt des Lübecker Bildschnitzers Claus Berg, Wittstocker Sandsteinmadonna, Sakramenthäuschen;

Heiliggeistkirche - rechteckiger verputzter Backsteinbau aus der ersten Hälfte des 14. Jahrhunderts.

Wertvolle Bürgerhäuser - Putzbau und zweigeschossige Fachwerkbauten (Pfarrhaus am Kirchplatz 2, Bürgerhaus Auf der Freiheit und das letzte alte Giebelhaus) an der Stadtmauer in der Nähe des Dosseteiches.
Daberturm - 3 km nördlich der Stadt, letztes erhaltenes Außenwerk der mittelalterlichen Stadtbefestigung.
(Quelle: Stadtverwaltung)

Heiligengrabe, Kloster/Stift zum Heiligengrabe:
Das ehemalige Zisterzienser-Nonnenkloster, erbaut 1287 in Backstein, ist seit Mitte des 16. Jahrhunderts evangelisches Stift.
Die Stiftskirche ist ein einschiffiger Rechteckbau, an dessen Nordseite sich eine dreiflügelige Klausur mit bemerkenswertem vierseitigen Kreuzgang anschließt, dessen Kreuzrippengewölbe vorwiegend aus der Zeit um 1500 stammt.
Die Blutkapelle, westlich der Stiftskirche, ist ein einschiffiger Rechteckbau, der 1512 geweiht wurde.
Bei Grabungen 1984-87 wurden Vorgängerbauten entdeckt und Reste des „Heiligen Grabes“ freigelegt, die aus dem 13. Jahrhundert stammen.
In den Sommermonaten finden regelmäßig, samstags um 19.00 Uhr, Konzerte statt. Führungen werden ganzjährig durchgeführt: Mo.-Sa. um 10.30 Uhr und um 16.00 Uhr. Gruppen, die zu anderen Zeiten geführt werden möchten, melden sich bitte unter der Telefonnummer 274 (Heiligengrabe) an.

Rossow, Dorfkirche
Spätgotischer Feldsteinbau mit umfangreicher Wandmalerei in szenischer Folge, Schnitzaltar von hervorragender Qualität aus der Zeit um 1300, vermutlich ehemaliger Hochaltar des Havelberger Doms, seit 1607 in Rossow.

Dorfkirche in Königsberg
Stattlicher Feldsteinbau mit vorgesetztem rechteckigen Turm und schönem Staffelgiebel, reiche Renaissanceausstattung in z. T. origineller Farbfassung, erbaut Anfang des 16. Jahrhunderts, Patronatsgestühl von 1597, mit Wappen der bekannte-

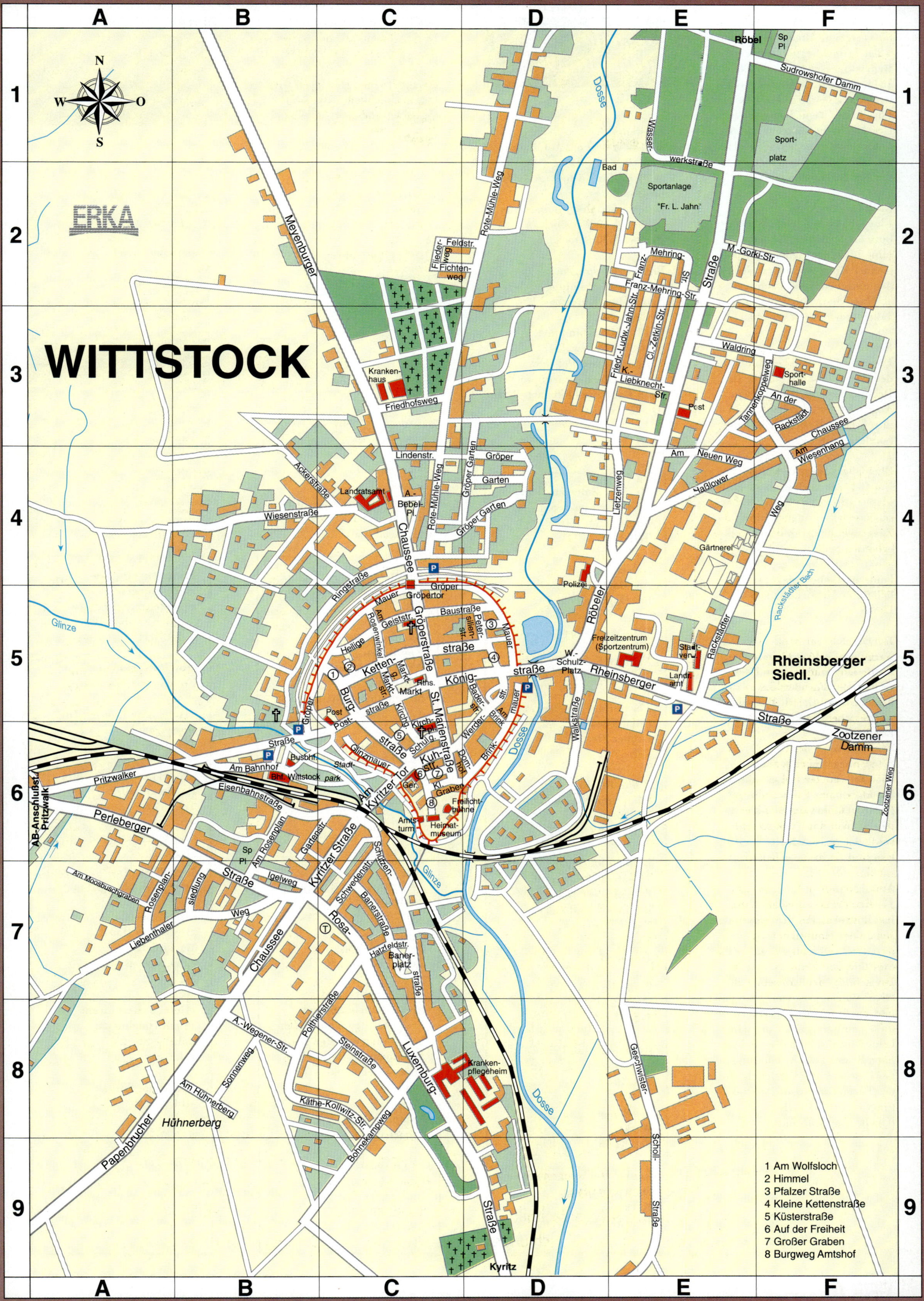

WITTSTOCK
ERKA
A B C D E F
1 2 3 4 5 6 7 8 9
N S W O
Meyenburger
Chaussee
Rote-Mühle-Weg
Flieder-weg
Feldstr.
Fichten-weg
Kranken-haus
Friedhofsweg
Lindenstr.
Gröper Garten
Gröper
Garten
Gröper Garten
Landratsamt
A.-Bebel-Pl.
Ackerstraße
Wiesenstraße
Ringstraße
Gröpertor
Gröper Mauer
Geiststr.
Baustraße
Peter-silien-str.
Am Rosenwinkel
Heilige
Gröperstraße
Ketten-
straße
König-
straße
Markt
Rths.
Burg-
Post
Post-
straße
Kirchg.
Kirch-pl.
Bader-str.
Am Brink
Mauer-str.
Werder-
Brink-
straße
St. Marienstraße
Kuh-str.
Schulg.
Glinzmauer
Dom-hof
Graben
Ger.
Amts-turm
Heimat-museum
Freilicht-bühne
Stadt park
Am Kyritzer Tor
Am Bahnhof
Busbhf.
Bhf. Wittstock
Eisenbahnstraße
Pritzwalker
AB-Anschlußst. Pritzwalk
Perleberger
Straße
Chaussee
Am Moosbuschgraben
Rosenplan-
siedlung
Liebenthaler
Weg
Am Rosenplan
Gartenstr.
Igelweg
Sp Pl
Kyritzer Straße
Schützen-
Schwedenstr.
Banerstraße
Rosa-
Hatzfeldstr.
Baner-platz
straße
Luxemburg-
Straße
Kranken-pflegeheim
Kyritz
Pollnerstraße
Steinstraße
A.-Wegener-Str.
Sonnenweg
Am Hühnerberg
Hühnerberg
Käthe-Kollwitz-Str.
Bohnekampweg
Papenbrucher
Glinze
Dosse
Röbel
Sp Pl
Sudrowshofer Damm
Wasser-
werkstraße
Bad
Sportanlage
"Fr. L. Jahn"
Sport-platz
Franz-Mehring-Str.
Mehring-Str.
M.-Gorki-Str.
Straße
Friedr.-Ludw.-Jahn-Str.
Cl.-Zetkin-Str.
K.-Liebknecht-Str.
Waldring
Tannenkoppelweg
Sport-halle
An der Rackstädt
Chaussee
Post
Am Neuen Weg
Am Wiesenhang
Haßlower
Weg
Lietzenweg
Gärtnerei
Polizei
Röbeler
Rackstädter Bach
Rackstädter
Freizeitzentrum (Sportzentrum)
Stadt-verw.
Landr.-amt
W.-Schulz-Platz
Rheinsberger
Straße
Walkstraße
Rheinsberger Siedl.
Zootzener Damm
Zootzener Weg
Geschwister-
Scholl-
Straße
1 Am Wolfsloch
2 Himmel
3 Pfalzer Straße
4 Kleine Kettenstraße
5 Küsterstraße
6 Auf der Freiheit
7 Großer Graben
8 Burgweg Amtshof

sten märkischen Adelsgeschlechter versehen, Altar von 1631 mit 4 Tafelgemälden und reichem Renaissanceschmuck, Orgel von 1844, das erste selbständig gefertigte Werk des Orgelbaumeisters Lütkmüller (seine heute größte Orgel steht im Güstrower Dom); unter der Kirche befinden sich zwei große Grufträume (etwa 2/3 der Kirche einnehmend).

Burg Goldbeck
Ehemalige, wohl letzte Wasserburg an der Dosse, Ersterwähnung 1274; unregelmäßiger polygonaler Ring, von hohen Gebäuden umgeben, z. T. Fachwerk, z. T. Massivbau, wurde im 19./20. Jahrhundert stark verändert.

Fretzdorf
Ehemaliges Schloß/Gutshaus an der Dosse; im Kern des 18. Jh. Dreiflügelanlage, 1835/40 von August Stüler umgebaut, 1936 durchgreifend verändert, heute Sonderschule.

Ehemaliges Inspektorhaus
Um 1840, zweigeschossiger spätklassizistischer Putzbau, wahrscheinlich von August Stüler im Zusammenhang mit dem von ihm erbauten Schloß, mit dazugehöriger Parkanlage, 19. Jh., landschaftliche Anlage, vermutlich unter Mitwirkung von Lenné.

Dorfkirche
Barocker Fachwerkbau mit westl. Turmaufsatz, um 1704, neugotisch verändert um 1888, Ausstattung 16. - 18. Jh., sehenswert u. a. ein spätgotischer Kelch.

Freyenstein
Altes, burgähnliches Schloß, 1556 erbaute Dreiflügelanlage; die Außenmauer des Südflügels mit Durchfahrt und flankierenden halbrunden Turmstümpfen sowie das Nordende des Westflügels sind als Ruine erhalten.

Neues Schloß
17. Jh., dreigeschossiger Putzbau mit turmartigen Vorsprüngen an der Hauptfront.

Stadtkirche
Dreischiffige frühgotische Feldsteinhalle mit geradem Ostschluß und quadratischem Westkern, in diesen einbezogen der ursprüngliche Westabschluß des Vorbaus, nach Brand 1718 Erneuerung der Gewölbe, des Ostgiebels und des Turmabschlusses; Ausstattung: 15., 18., 19. Jh.
(Quelle: Landratsamt)

Verkehrsanbindungen

Autobahn
Wittstock liegt am Autobahndreieck Wittstock
(A 19 Berlin-Rostock, A 24 Berlin-Hamburg).
Günstig sind die Autobahnausfahrten A 19 Wittstock, A 24 Pritzwalk/Wittstock.

Bahnverbindungen
Ost-West-Verbindung:
Neustrelitz-Wittstock-Wittenberge
Nord-Süd-Verbindung:
Wittstock-Pritzwalk-Neustadt/Dosse-Potsdam
oder Wittstock-Neuruppin-Velten-S-Bahnanschluß nach Berlin
(Quelle: Stadtverwaltung)

Museen, Galerien, Theater
Kreisheimatmuseum
Amtshof 5
Tel. 37 25

Galerie WaK,
Am Markt 11
(Marktgasse)

Ostprignitzmuseum
Wittstock,
Amtshof 5,
Tel. 37 25

Theater des Friedens,
(Film-Theater),
Gröper Str. 29,
Tel. 37 22

Bibliotheken
Stadt- und Kreisbibliothek
Königsstr.
Tel. 39 92

Banken und Sparkassen
Volksbank Neuruppin,
Zweigniederlassung der
Berliner Volksbank e. G.,
Filiale Wittstock,
Markt 2,
Tel. 35 41

Deutsche Bank AG
Markt 2
Tel. 37 35

Raiffeisenbank Pritzwalk
e. G. Burgstr. 2
Tel. 36 54

Sparkasse
Markt 7
Tel. 34 66

Ämter/ Beratungsstellen
Stadtverwaltung
Markt 1,
Tel.: 34 42/3

Straßenverzeichnis der Stadt Wittstock

A.-Wegener-Str.	C9-D9
Ackerstr.	D4-D5
Am Bahnhof	C7-D7
Am Brink	F7
Am Hühnerberg	C10
Am Kyritzer Tor	E7
Am Neuen Weg	G4-H4
Am Rosenplan	C8-D7
Am Rosenwinkel	E6
Am Wolfsloch	D6
An der Rackstädt	H3-H4
Auf der Freiheit	E7
August-Bebel-Platz	E5
Banerplatz	E9
Banerstr.	D8-E8
Baustr.	E6
Bohnekampweg	D10-E10
Brinkmauer	E7-F6
Burgstr.	D6-E7
Burgweg	E7
Clara-Zetkin-Str	G3
Dornhof	E7
Eisenbahnstr	C7-D7
Feldstr.	E2
Fichtenweg	E2-E3
Fliederweg	E2
Franz-Mehring-Str.	G2.G3
Friedhofsweg	E4
Friedrich-Ludwig-Jahn-Str.	G3-G4
Gartenstr	D7-D8
Glinzmauer	D7-E7
Gröper Garten	E4-F5
Gröper Mauer	D6-F6
Gröper Str.	E5-E6
Haßkower Chaussee	G5-H4
Hatzfeldstr.	E9
Heilige-Geist-Str.	D5-E5
Himmel	D6
Igelweg	D8
Käthe-Kollwitz-Str.	D10
Karl-Liebknecht-Str.	G3-G4
Kettenstr.	D6-E6
Kirchgasse	E6-E7
Kirchplatz	D7
Kleine Kettenstr	F6
Kleiner Graben	E7
Königstr.	E6-F6
Küsterstr.	E7
Kuhstr.	E7
Kyritzer Str.	D8-E7
Liebenthaler Weg	B9-D8
Lindenstr.	E4
Markt	E6
Marktgasse	E6
Marktstr	E6
Maxim-Gorki-Str	H2-H3
Meyenburger Chaussee	C1-E5
Papenbrucher Chaussee	B10-D8
Perleberger Str.	B7-D8
Polthierstr.	D9-D10
Pritzwalker Str.	B7-D7
Petersilienstr.	F6
Pfalzer Str.	F6
Poststr	D7-E6
Rackstädter Weg	H4-H6
Rheinsberger Str.	F6-H7
Ringstr	D6-E5
Röbeler Str	F6-G4
Rosa-Luxemburg-Str.	D8-E10
Rosenplansiedlung	C8
Rote-Mühle-Weg	E5-F1
Schützenstr.	E7-E9
Schulgasse	E7
Schwedenstr.	D8
Sonnenweg	C9-C10
St. Marienstr.	E6-E7
Steinstr	D9-E10
Sudrowshofer Damm	H1
Tannenkoppelweg	H4
Waldring	G3 u. H3
Walkstr	F6-F7
Walter-Schulz-Platz	F6
Wasserwerkstr	G1-H2
Werderstr	E7-F6
Wiesenstr	C5-D5

Landratsamt
Meyenburger Chaussee 6,
Tel. 50

Krankenhäuser/ Apotheken
AWO Krankenhaus
Wittstock,
Meyenburger Chaussee 23,
Tel.: 33 54

AWO-Centrum Dosse Park,
- Krankenpflegeheim
- Seniorenheim
Tel. 32 12

Adler-Apotheke,
Gröper Str. 3,
Tel. 36 58

Sonnenweg Apotheke,
Sonnenweg 1,
Tel. 26 36

Rettungsdienst,
Tel. 33 33; 112; 36 91

Bäder, Sport- und Freizeiteinrichtungen
Freizeitzentrum mit Hallenbad, Sauna und Bowling,
Segelflugplatz Berlinchen,
Sportschießen Skeet-Tauben

- Finnlandsauna,
Scharfenberg 15,

- Tennisplatz,
Fitneß-Center
Ringstr. 24
Tel. 32 81
Kegelbahn, Reiten

Fremdenverkehrseinrichtungen
Fremdenverkehrsbüro
Auf der Freiheit 10,
Tel.: 37 21

Hotel/ Pensionen
Fremdenverkehrsbüro,
s. o.
- Hotel „Am Röbeler Tor“
Dosseteich 1,
Tel. 35 56

- Hotel „Zur Post“
Poststraße 30,
Tel.: 34 29

- Restaurant u. Pension
„Balkan“,
St.-Marienstr. 29,
Tel. 38 13

- Hotel-Gaststätte
„Deutsches Haus“,
Marktplatz/
Ecke Kirchgasse,
Tel. 34 70

- Hotel u. Restaurant
„Stadt Hamburg“,
Röbeler Str. 25,
Tel. 640

- Reiterhof Wulff,
Alt Daber 8.

ZOSSEN

Aus der Stadtgeschichte

ZOSSEN

PLZ 15806
Vorwahl 03377

Kfz.-Kennz.: ZS

Einwohner Stadt:
6.000

Fläche Stadtgebiet:
28,6 qkm

Stadtpark Zossen

Zossen ist eine der ältesten Ansiedlungen in der Mark Brandenburg überhaupt und schaut auf eine Vergangenheit von etwa tausend Jahren zurück. Die Gründung der Stadt fällt in die Zeit, als sich die Wenden in der Mark niederließen. Sie siedelten sich gern in wasserreicher Gegend an, was zu der Zeit für Zossen zutraf. Es wird auch durch viele verlandete Seen belegt, deren Gewässernamen noch heute gebräuchlich sind. Andere Belege aus der Urzeit bzw. Frühzeit der Stadt fehlen. Die älteste Geschichte der Stadt ist vollkommen unbekannt. Zossen wird in der Mitte des 14. Jahrhunderts als Parochie oder Präpositur genannt. Als solche soll es Zossen schon gegeben haben. Es wird dafür das Jahr 965 angegeben. Das ist auch ein Hinweis für den frühzeitigen Einzug des Christentums in dieser Region.

Es steht jedoch fest, daß Zossen zur Niederlausitz gehört hat. Die Burg galt als uneinnehmbare Grenzfeste gegen den Teltow. Zossen hat alle Schicksale der Lausitz geteilt. Es gehörte mit der Niederlausitz zu der von Heinrich dem Vogelsteller um das Jahr 930 gegründeten Ostmark, welche bis 1031 von den Nachkommen des gewaltigen Markgrafen Gero, bis 1120 von den Grafen aus dem Hause Wettin und bis 1124 von Wipprecht von Groitsch verwaltet wurde. Nach dessen Tod fiel Zossen mit der Niederlausitz an den berühmten Albrecht den Bären aus dem Hause Anhalt, Markgraf von Brandenburg. Jedoch 1136 mußte er das Land an Konrad Wettin, Markgraf von Meißen, abtreten. Albrecht der Bär strebte danach, seine Länder mit Deutschen zu besiedeln. So kam es zur Ansiedlung deutscher Bürger in Zossen.

Obwohl Wenden und Deutsche den Landesausbau gemeinsam vornahmen und sie in gemischten Ansiedlungen lebten, ging es aber verschiedentlich für die Wenden nicht ohne Härten ab. Es kam zu zwangsweisen Ausweisungen. In Zossen bauten sich die Wenden auf dem Kietz, dem heutigen Leninplatz, wieder auf. Die Burg Zossen scheint um diese Zeit schon gestanden zu haben, denn als 1244 Markgraf Heinrich von Meißen von dem brandenburgischen Kurfürsten vor Mittenwalde geschlagen wurde, flüchtete ein Teil von Heinrichs Heer in die Feste Zossen und verteidigte sich standhaft. Wann und wie die Burg entstanden ist, weiß man bis heute nicht genau.

Bei Nachgrabungen und Neubauten hat sich herausgestellt, daß der Burghügel künstlich aufgeschüttet ist. Die Höhe der Schüttung beträgt 3-5 m. Wie schon gesagt, galt die Burg durch ihre natürliche Befestigung, nämlich den umliegenden Sümpfen und Seen, lange Zeit als uneinnehmbar. Am 18. März 1671, einem Aschermittwoch, brannte Zossen fast vollständig nieder. Nur die Kirche und einige Häuser in der Fischerstraße blieben unversehrt. Ursachen für die verheerenden Brände waren die Rohrdächer und die Holzbauweise. Die Straßen waren sehr eng. Quergassen fehlten. Durch Funkenflug wurden deshalb viele Häuser eine leichte Beute für die Flammen. Die Stadt wurde danach wieder aufgebaut. Schon bestehende sog. unordentliche Häuser blieben stehen. 1719 hatte die Stadt wieder 106 Häuser, und im Jahr 1720 hatte Zossen 520 Einwohner.

Über die Geschehnisse in der Stadt Zossen im 19. und 20. Jahrhundert gibt es nicht allzu viel zu berichten. Nachdem am 14. Oktober 1806 in der Schlacht bei Jena und Auerstädt das preußische Heer von den Franzosen besiegt worden war, mußte König Wilhelm III. am 9. September 1807 in den Frieden von Tilsit einwilligen, obwohl ihm die Russen zu Hilfe eilten. Nach dem Frieden behielten die Franzosen die Oderfestungen Stettin, Küstrin und Glagau besetzt. Der preußische Staat mußte ihre Truppen ernähren und hohe Kontributionen bezahlen. Bis zum Herbst 1808 blieben die Franzosen in den preußischen Provinzen und laugten das Land völlig aus.

Als im Frühjahr 1812 die Franzosen gegen die Russen zu Felde zogen, marschierten sie auch durch Zossen. Die Reiterregimenter der Franzosen hinterließen einen stolzen Eindruck, an den nicht mehr zu denken war, als sie im Frühjahr 1813 zerlumpt, ohne Schuhe, mit erfrorenen Händen und Füßen zurückkehrten. Die Russen folgten ihnen auf dem Fuße. Der Preußenkönig rief sein Volk zum Freiheitskampf auf. Der Stadtrichter und Justizbeamte Brandes wurde zur Aufstellung der

Landwehr eingesetzt und in Zossen das Teltower Landwehrbataillon ausgehoben. Superintendent Wolf hat die Landwehrmänner in der Zossener Kirche vereidigt. Das Amt Zossen wurde verschanzt. Vor jedem Tor legte man Schanzen an. Der Feind sollte nicht nach Berlin vordringen.

Bei uns in Zossen lag das Uckermärkische Landwehrbataillon. Am 21. August 1813 waren die Franzosen auf dem Vormarsch nach Berlin. Als das Vorpostengefecht zwischen den bei Mellen stehenden Pommerschen Jägern und einer Füsilierkompanie gegen 11.00 Uhr begann, ließ der Kommandant von Zossen namens Stattdorf sämtliche Obstbäume in den Gärten der Häuser Nr. 18 und 19 und im Schloßgarten, im ganzen 400 Bäume, abhauen. Außerdem wurden die Kirche und die Häuser Nr. 18 bis 21 voll Stroh gestopft. Sollte der Feind angreifen, sollte alles brennen. Ein Strohkranz in der Sakristei der Kirche erinnert an diesen Tag. Die tapferen Pommern schlugen den Feind an der Notte bei Mellen. Die Franzosen zogen über Wietstock, Großschulzendorf nach Großbeeren, wo sie am 23. August 1813 durch die vereinten Heere von Russen und Preußen geschlagen wurden.

Am Ausgang des Ortes Mellensee in Richtung Zossen sind noch heute die Gräber von vier bei den Vorpostengefechten an der Notte gefallenen preußischen Soldaten zu finden.
(Quelle: nach L. Günther)

Wirtschaftsstruktur

Obwohl für eine Bebauung und für gewerbliche Zwecke nutzbare Flächen begrenzt sind, gibt es doch noch Reserven, deren Erschließung nach Maßgabe des Flächennutzungsplanes erfolgen wird.

Es gibt zur Zeit ca. 200 Gewerbetreibende in Zossen. Um den zahlreichen Wünschen nach Ansiedlung von Gewerbetreibenden gerecht zu werden, bemüht sich die Stadtverwaltung um die Erschließung weiterer geeigneter Standorte.

Sehenswürdigkeiten Ausflugsziele

Auf der Denkmalliste sind folgende Objekte eingetragen, die gleichfalls als Sehenswürdigkeiten von Zossen gelten können: die Stadtkirche, das Marktplatzensemble, davon die gesamte Fläche des Platzes und alle Häuserfassaden.

Sehenswert ist die ehemalige Schloßanlage. Wir lesen bei „Spatz. Der Teltow, Teil III": Unweit der Pfarrkirche liegen die Baulichkeiten des Gutes. Noch um 1756 war trotz aller Verwüstungen in den vorhergehenden Zeiten genug erhalten, wie aus einer Beschreibung in Bekmanns Nachlaß zu erfahren ist: Das Schloß ist mit einem großen Morast umgeben, über welchen man aus dem Städtlein über eine lange Brücke hinangehet. Der Wall herum ist durch und durch, wiewohl nur mit niedrigen Gewölben versehen. Vor der Brücke ist ein gemauertes Tor, bei dem Eingang des Schlosses gleichfalls ein starkes und mit vier geschlossenen Gewölben verwahrtes Tor, durch welches man in das Schloß gehet. Auf dem Schloßplatz lieget ein hoher viereckiger, inwendig aber rund angelegter Turm, so bis oben in die Spitze gemauert und mit Dachsteinen unterleget, auch mit vier gemauerten Giebeln nach der alten Art gezieret ist. Die Mauern seien bis 6 und 7 Fuß dicke, anbei mit etlichen Schießlöchern versehen."
Da Zossen verkehrsgünstig liegt, ist es ein leichtes, in die weitere und nähere Umgebung der Stadt zu gelangen.
(Quelle: Stadtverwaltung)

Baruth
- ehem. Schloß und Park
Schloß zweigeschossiger Putzbau, im Kern 17. Jh., stark verändert im 19. und 20. Jh.
Parkanlage von P. J. Lenné 1838 mit Gärtnerhaus u. Eiskeller
- Pfarrkirche St. Sebastian
Backsteinbau 16. Jh. dreischiffige Hallenkirche von 3 Jochen
- Fachwerkhaus - Oberpfarre Ende 18. Jh.
- Holländerwindmühle auf Steinsockel Mitte 19. Jh.
- Sowjetischer Ehrenfriedhof
(Quelle: Fremdenverkehrsverband)

Verkehrsanbindungen

Durch Zossen führen die Bundesstraßen 96 und 246, und der Anschluß an die Autobahn A 10 beträgt 12 km. Mit den umliegenden Ortschaften ist Zossen durch Autobuslinien verbunden. Vorteilhaft ist der Anschluß an die S-Bahn in Berlin und die Fernbahnlinie Berlin-Dresden. Durch die Stadt fließt in west-östlicher Richtung die Notte, die im 19. Jahrhundert als Kanal ausgebaut wurde.
(Quelle: Stadtverwaltung)

Museen, Galerien, Theater

Studio für Kultur und Freizeit,
Bahnhofstr.,
Tel. 24 34

Kleine Galerie
Bahnhofstr.

Bibliotheken

Stadtbibliothek,
Otto-Grotewohl-Str.,
Tel. 28 88

Banken/Sparkassen

Kreissparkasse Zossen,
Puschkinstr. 23,
Tel. 27/48

A B C D E F
1 2 3 4 5 6 7 8 9
N O S W
Berlin
96
Kläranlage
Pfählingwiesen
Landschafts-
schutzgebiet
DABENDORF
Pfählingsee
Prierowsee
Naturschutzgebiet
Prierowsee
Luch-
wiesen
Nottekanal
NÄCHST NEUENDORF
ZOSSEN
Beelitz
246
Gärtnerei
Nächst Neuendorfer Chaussee
Bhf. Zossen
1 Straßenverkehrsamt
2 Einwohnermeldeamt
3 Rathaus/ Stadtverwaltg.
4 Landratsamt
5 Feuerwehr
Haack-wiesen
Mittenwalder Str.
Puschkin str.
Bahnhofstraße
Luckenwalder Straße
Johne-wiesen
Natur-schutzgebiet
See
Straße der Jugend
Weinberge
Kindergarten
Gericht
Schule
Gerichtstraße
Kläranlage
Baruth
96

Alte Stadtmauer

Straßenverzeichnis der Stadt Zossen

Straße	Planquadrat
Alte Trebbiner Str.	B2-B3
Am Bahnhof	C7-B4
Am Busch	C3-D4
Am Gericht	E8
Am Kanal	C8
Amselsteg	B4
Bahnhofstr.	C7-C8/B4
Berliner Str.	D1-D3
Birkensteg	C3-C4
Breite Str.	C7
Dahlewitzer Str.	C2-D1
Dorfaue	B4
Elisabetzstr.	C2
Erlenring	B4
Ernst-Thälmann-Str.	A1-B3
Feldweg I	D4
Feldweg II	D3
Feuerbachstr.	E7-E8
Fischerstraße	F7-D8
Friedhofsweg	E7-E8
Friesenstr.	C7-C8
Fritz-Dornke-Str.	D5
Gartenstr.	C8
Gerichtstr.	E8-F7
Glienicker Str.	A3-B4
Goethestr.	C4-D3
Grüner Weg	E9
Heideweg	C3-D3
Herrmann-Balzer-Str.	C4
Herrmann-Löns-Str.	B3
Hoppegarten	E7-E8
Jängerstraße	A3-B3
Johneweg	C9
Kastanienallee	C4
Kietzer Weg	C7
Kirchplatz	D8
Kleinstückenweg	E8-F7
Kranichweg	D3
Lehmannstr.	E8-F9
Leninplatz	D8
Lohengrinstr.	C2
Luchweg	F7
Luckenwalder Str.	C8-C9
Lückenwaldstr.	B3
Machnower Chaussee	C5-D3
Mahlower Str.	C2-D2
Marktplatz	D8
Marktstraße	D8
Menzelstr.	E7-F8
Mittenwalder Str.	D8-E8
Nächst Neuendorfer Chaussee	A7-C7
Nebenbahnhof	C7
Otto-Grotewohl-Str.	D8
Pappelallee	C4
Pfählingstr.	C3
Prierowseestr.	D4
Puschkinstr.	D8
Rahlingsweg	A2
Rangsdorfer Str.	B2-B3
Rennbahnstr.	B3
Sachsenstr.	A2
Schienenweg	C2
Schmachtenhagener Str.	A2-A3
Schützenstr.	A3
Siegfriedstr.	C2
Straße der Befreiung	F7
Straße der Jugend	Du-D9
Stubenrauchstr.	C5-C7
Telzer Weg	D3
Thüringer Str.	A3-B3
Töpchiner Weg	E8-F8
Trebbiner Str.	C2-D3
Triftstr.	B3-C2
Uhlenhorst	C3
Verlängerte Kirchstr.	C8-D8
Wasserstr.	C8
Weidenweg	D2-D3
Weinberge	E8-F9
Westfalenstr.	A3
Wiesengrund	F7
Wiesenweg	C2
Wilhelm-Pieck-Str.	C4

Deutsche Bank,
Marktplatz 20-21,
Tel. 27 48

Raiffeisenbank
Zossen e. G.,
Kirchstr. 1,
Tel. 25 20

Ämter/ Beratungsstellen

Stadtverwaltung,
Marktplatz 20/21,
Tel. 27 10 - 17 13

Krankenhäuser/ Apotheken

Krankentransport,
Rettungsdienst,
An der Gerichtsstr.,
Tel. 22 22, 27 81

Stadtapotheke,
Otto-Grotewohl-Str. 7,
Tel. 3 20

Bäder, Sport- und Freizeiteinrichtungen

Stadion des Friedens,
Thomas-Müntzer-Str.1
Tel. 2710

Sportplatz Dabendorf,
Goethestr.4

Kegelbahn Dabendorf,
Machnower Chaussee

Fremdenverkehrs-einrichtungen

Fremdenverkehrsverband
Zossen e. V.,
Geschäftsstelle Rangsdorf,
Seebadallee,
15834 Rangsdorf,
Tel. 033708/223 84

Amt Baruth,
Tourismusinformation,
E.-Thälmann-Platz 2,
15837 Baruth,
Tel. 033704/269

Hotels/Pensionen

Amt Baruth,
Tourismusinformation,
E.-Thälmann-Platz 2,
15837 Baruth,
Tel. 033704/269

-Gasthof "Saalow"
Dorfstr. 9
Tel. 2290

-Pension "Zur Kegelbahn"
Potsdamer Str. 84
Tel. 033703/2581

1. Wie sind Sie auf unser Magazin aufmerksam geworden?

- Durch Freunde und Bekannte
- Durch Zeitungsanzeigen
- Durch Rundfunkwerbung
- Sonstiges

2. Wo haben Sie unser Magazin erworben?

- Im Einkaufsmarkt
- Im Hotel
- Im Zeitschriftenhandel
- Im Buchhandel
- An einer Tankstelle
- Per Bestellcoupon
- Sonstiges
  Wenn möglich, nennen Sie uns deren Name und Adresse:

____

3. Welche Magazine besitzen Sie bereits aus unserer Länderserie?

____

4. Welche Magazine interessieren Sie darüber hinaus?

- Brandenburg-Magazin
- Sachsen-Magazin
- Sachsen-Anhalt-Magazin
- Hessen-Magazin
- Baden-Württemberg-Magazin
- Schleswig-Holstein-Magazin
- Thüringen-Magazin
- Mecklenburg-Vorpommern-Magazin
- Niedersachsen-Magazin
- Rheinland-Pfalz-Magazin
- Nordrhein-Westfalen-Magazin
- Bayern-Magazin

5. Welche Informationen interessieren Sie am meisten in unserem Magazin?

- Stadtkarten
- Beschreibung der Kreise und Städte
- Die Ansiedlung der leistungsstarken Unternehmen in der Region
- Sonstiges ______________________________

6. Wie beurteilen Sie den Preis des Magazins?

- zu teuer
- angemessen
- preiswert

7. Wie beurteilen Sie den Inhalt unseres Magazins?

- Sehr gut
- Gut
- Befriedigend
- Nicht so gut

10 Fragen

an unsere Leserinnen und Leser!

8. Wo haben Sie unser Magazin nicht erhalten?

- Zeitungshandel
- Buchhandel
- Tankstelle
- Hotel

Bitte teilen Sie uns Name, Adresse und Tel. mit:

____

____

9. Welches Magazin, das Sie kennen, vermittelt Ihnen zum ähnlichen Preis gleichwertige Informationen?

- Kein anderes Magazin
- Folgende/s: ______________________________

10. Welche Anregungen könnten Sie uns für unsere Magazinserie geben?

____

____

____

____

Absender:

____

____

____

Vielen Dank für Ihre Mithilfe!

Senden Sie den Fragebogen bitte an:
ERKA VERLAG
Neuköllner Str. 308 - 312
12357 Berlin

II/6